CW01677847

DISTANZE STRADALI

	SANLURI	ORISTANO	OLBIA	NUORO	LANUSEI	CARBONIA	CAGLIARI
CARBONIA							80
LANUSEI						220	140
NUORO					65	210	180
OLBIA				105	165	310	265
ORISTANO			170	90	145	120	95
SANLURI		50	235	135	195	90	45
SASSARI	170	120	105	120	175	245	210

Le distanze stradali sono calcolate secondo i percorsi più brevi o più rapidi, sono quindi indicative o approssimate.

Sardegna

Guide Verdi d'Italia

Touring Club Italiano

Touring Club Italiano
Presidente: *Franco Iseppi*
Direttore generale: *Giulio Lattanzi*

Touring Editore
Direttore contenuti turistico-cartografici: *Fiorenza Frigoni*
Responsabile editoriale: *Cristiana Baietta*

Editor: *Michele Lauro*
Redazione: *Veronica Cornelli*
Cartografia: *Paola Zetti*
Segreteria: *Laura Guerini*
Coordinamento tecnico: *Francesco Galati*

Indirizzi utili a cura della Banca Dati Turistica
Coordinamento: *Giulia Cammareri*
Redazione: *Elisa Zorzin*

Hanno collaborato:
Gino Cervi, per la scrittura dei testi di visita della sezione Popoli culture ambiente e per i capitoli 6, 7
Michele Esposito, per la sezione Preparare il viaggio e il capitolo 11
Roberta Ferraris, per i capitoli 1, 2, 3, 4, 5, 8, 9, 10
Massimo Onofri, per i testi alle pagg. 22-23, 45-46, e per i box firmati
Rossotto Editing - Torino, per la revisione redazionale, l'aggiornamento degli Indirizzi utili e l'impaginazione
Pagliardini Associati, per la revisione grafica
marco pennisi & c., per il progetto grafico di copertina
Graffito - Cusano Milanino (MI), per l'esecuzione cartografica
Emmegi Group - Milano, per la prestampa

Grande cura e massima attenzione sono state poste, nel redigere questa guida, per garantire l'attendibilità e l'accuratezza delle informazioni. Non possiamo tuttavia assumerci la responsabilità di cambiamenti d'orario, numeri telefonici, indirizzi, condizioni di accessibilità o altro sopraggiunti, né per i danni o gli inconvenienti da chiunque subiti in conseguenza di informazioni contenute nella guida.

Concessionaria di pubblicità: *Progetto srl,* sede centrale via Grazioli 67, 38122 Trento, t. 0461 231056; corso Italia 10, 20122 Milano, t. 02 8526800; piazza di Campitelli 2, 00186 Roma, t. 06 69380225. info@progettosrl.it - progettosrl.it

© 2017 Touring Editore
Corso Italia 10, 20122 Milano
touringclub.it
touringclubstore.com

FSC
www.fsc.org
MISTO
Carta
da fonti gestite in
maniera responsabile
FSC® C023419

Codice: H2680A
EAN: 9788836570430

Stampa e legatura: *L.E.G.O Spa - Vicenza*

Prima ristampa: marzo 2018

In copertina: *la Pelosa, Stintino* (Montico Lionel/Hemis.fr)
A pag. 11: *il Trenino verde e sullo sfondo il nuraghe Succoronis* (N. Russo)
A pag. 21: *murales nel centro di Loceri* (V. Giannella)
A pag. 49: *l'emozionante affaccio su cala Goloritzé* (M. Lauro)
A pag. 279: *terrazzo con vista sui tetti di Cagliari* (Ewamewa2/Dreamstime)

Touring Club Italiano è un marchio registrato del Touring Club Italiano (corso Italia 10, Milano, touringclub.it), e concesso in licenza da Touring Servizi srl a Touring Editore srl.

S A R D E G N A
Civitavécchia
Bosa
Bosa Marina
C. Marárgiu
Montresta
Pádria
Pozzomaggiore
Monteleone Rocca Dória
Giave
Bonorva
Foresta di Burgos
Búrgos
Bono
Bultei
Nule
Benetutti
Terme Aurora
Bitti
Lula
Orune
Lóculi
Galtellì
Orosei
Marina di Orosei
Golfo di Orosei
Dorgali
Cala Gonone
GROTTA D. BUE MARINO
M. Ortobene
NUORO
Oliena
Orgósolo
Mamoiada
Sarule
Orani
Ottana
Orotelli
Cant. d. Tirso
Bolótana
Bortigali
Silánus
Sindia
Macomèr
Suni
Tresnuraghes
Scano di Montiferro
Cúglieri
Bórore
Dualchi
Noragúgume
Sédilo
S. Leonardo de Siete Fuéntes
M. Ferru
Santu Lussúrgiu
NUR. LOSA
Abbasanta
Ghilarza
Lago Omodeo
Bonárcado
Séneghe
S. Caterina di Pittinuri
Paulilátino
Ula Tirso
Neoneli
Ortueri
Busachi
Fordongiánus
Állai
Samugheo
Meana Sardo
Láconi
Asuni
Ruínas
Siamanna
Villanova Truschedu
Villaurbana
Solarussa
Bauladu
Tramatza
Mílis
NUR. S. URACHI
Riola Sardo
Zeddiani
Simáxis
Cábras
Putzu Idu
C. Mannu
Í. DI MAL DI VENTRE
S. Salvatore
S. GIOVANNI DI SÍNIS
THÁRROS
IL CATALANO
Capo S. Marco
Marina di Torre Grande
ORISTANO
S. Giusta
Golfo di Oristano
Capo d. Frasca
Arborea
S. António di Santadi
Terralba
Uras
S. Nicolò d'Arcidano
Marina di Árbus
Terme di Sárdara
Sárdara
Mógoro
Collinas
Turri
Gonnosnò
M. Arci
Áles
Usellus
Sénis
Giara di Gésturi
Nurágus
Barúmini
NUR. SU NURAXI
Villanova-franca
Villamar
Mándas
Gergei
Serri
Isili
Nurallao
Nurri
Orroli
Escalaplano
Perdasdefogu
Tertenia
Marina di Gáiro
Jerzu
Ussássai
Gáiro
Gáiro Scalo
Seúi
Seúlo
Aritzo
Gennargentu
L. Alto d. Flumendosa
Désulo
Tonara
Sórgono
Atzara
Ovodda
Teti
Aústis
Olzai
Gavoi
Fonni
Monti del Gennargentu
P. so di Caravai
Cant. di Genna Silana
Genna Cruxi
Urzulei
Talána
Triei
Baunei
C. di M. Santu
PARCO NAZ. DEL GENNARGENTU E DEL GOLFO DI OROSEI
S. Maria Navarrese
Lotzorai
Árbatax
Tortolì
Villagrande Strisáili
Villanova Strisáili
LANUSEI
Barì Sardo

Con più di 100 titoli in catalogo le Guide Verdi sono un osservatorio sul mondo che cambia e raccolgono conoscenze, esperienze, coordinate geografiche e culturali in continua espansione.

Nel 1961 nacquero come Guida d'Europa – tempestiva risposta del Touring Club Italiano alla presenza dell'Italia tra i sei paesi fondatori del primo nucleo di Comunità Europea (1958) – unendo alla rigorosa cultura redazionale guidistica della collana-madre del Touring (le Guide Rosse d'Italia, nate nel 1914 e ancora riconosciute dal Ministero per i Beni e le Attività Culturali come il repertorio del patrimonio storico-artistico del nostro paese) una moderna e, per l'epoca, anticipatrice, capacità di sintesi. Il boom del turismo nei favolosi anni Sessanta portò loro fortuna.

Ne è passata di strada ma il motivo di orgoglio delle Guide Verdi continua a essere quello di conferire significato e importanza al tempo dedicato al viaggio, lo stesso che da oltre cento anni anima la nostra associazione. La bellezza e la cultura certo. Ma anche la cura, la preparazione, l'apprezzamento della diversità. L'amore per i paesaggi e le storie di chi li vive. Aperte all'infinita varietà dei modi che fanno di un viaggiatore anche un lettore curioso e attento (e viceversa), le Verdi sono un invito al viaggio. Sottovoce e, in certa misura, in soggettiva, con stile ben riconoscibile e precise scelte di campo orientate alla sostenibilità ambientale e alla salvaguardia dei territori, all'incontro e allo scambio con le culture locali, alla fruizione attiva della natura e della vita sociale.

Dall'Italia con le sue regioni e le sue città, abbracciano oggi la quasi totalità d'Europa e le principali mete turistiche del mondo. Aggiornate sul campo da un pool di autori e scrittori, redattori, cartografi, reporter, fotografi, si offrono come una sorta di restituzione collettiva dei luoghi col loro carico di arte e di storia, di esperienza e di vita. Per questo si possono usare in mille modi. Per prepararsi alla visita sfruttando le informazioni pratiche e gli spunti sulle cose da fare e da vedere. Per visitare il meglio a seconda del tempo a disposizione. Per [illegible]

Sono per voi, le Guide Verdi, che avete già deciso di cercare nuove strade non solo nello spazio ma anche nel tempo. Il tempo interiore della libertà e della fantasia, dell'immaginazione e dell'amore. Buona lettura e buon viaggio.

Franco Iseppi
Presidente del Touring Club Italiano

SOMMARIO

Le due colonne del tempio di Tharros

CONSIGLI TOURING

INDIRIZZI UTILI

QUADRO D'UNIONE DEGLI ITINERARI DI VISITA E INDICE DELLE CARTE E DELLE PIANTE

Il quadro d'unione indica, schematicamente, le aree territoriali e le tavole cartografiche relative agli itinerari di visita della Sardegna; le città sottolineate in rosso sono dotate di pianta. Nell'elenco numerato sono riportati il titolo e il numero di pagina di ciascuna tavola.

Il nuraghe Su Nuraxi di Barùmini

Piante di aree archeologiche

La Sartiglia di Oristano

La roccia dell'orso a Palau

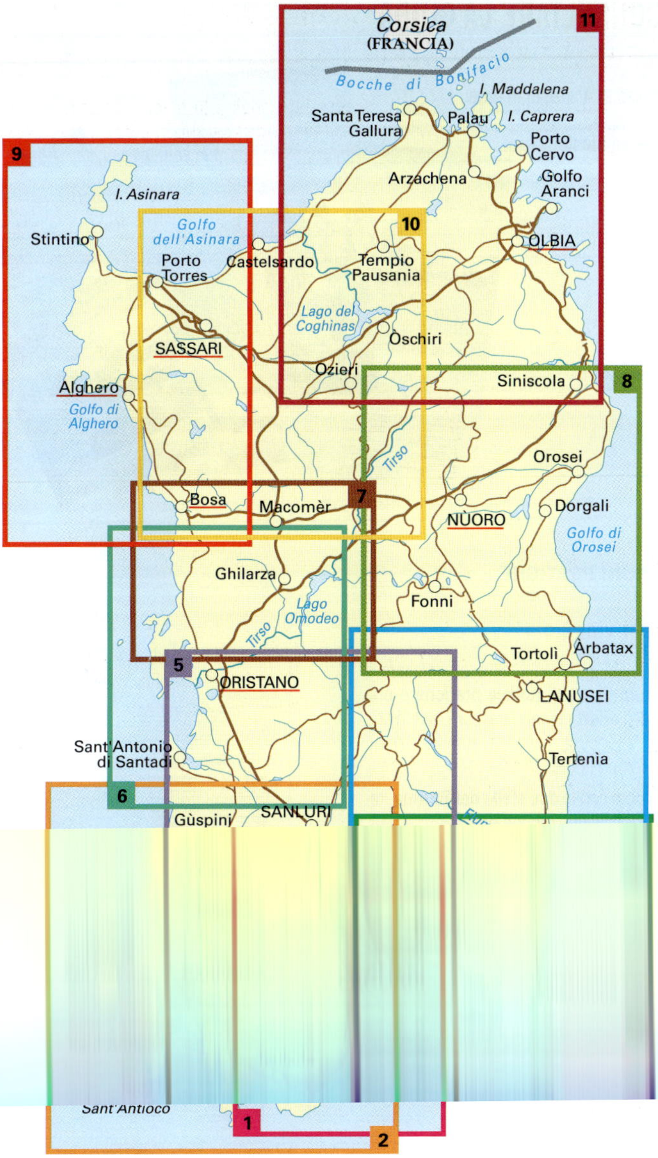

Carte e piante tematiche

Piante di città

COME CONSULTARE LA GUIDA

La guida è divisa in 4 sezioni interne:
Preparare il viaggio,
Popoli culture ambiente,
Itinerari di visita,
Indirizzi utili.

INFORMAZIONI PRATICHE

Preparare il viaggio

• Raccoglie le informazioni utili a organizzare il viaggio, con un elenco di **notizie pratiche** e una panoramica dell'**offerta locale**: trasporti, ricettività, gastronomia, shopping, eventi e manifestazioni, spunti per il tempo libero.

• La sezione apre con le **due stelle del Touring**: tavola riassuntiva di luoghi, monumenti, opere d'arte, esperienze che offre al viaggiatore una rapida ricognizione dei tesori da non perdere.

Indirizzi utili

• Contiene una **selezione di strutture ricettive** per mangiare e per dormire in tutte le località di interesse turistico, suddivise per fasce di prezzo, e una serie di suggerimenti per la sera e il tempo libero.

• I **prezzi**, dal più economico al molto costoso, sono indicativi e si riferiscono, per il pernottamento, alla camera doppia, e per i ristoranti al costo medio di alcune portate.

• Il simbolo ★ indica gli esercizi convenzionati che riconoscono uno **sconto** al Socio TCI. Per l'elenco completo: *touringclub.it*

• Le coordinate (es. *5, A6*) poste alla fine delle informazioni dell'esercizio consentono la localizzazione nelle piante di città.

Informazioni sempre aggiornate on line su **touringclub.it/guideverdi** - Registrati e inserisci il codice **H2680A** per consultare e scaricare il relativo pdf con tutti gli aggiornamenti.

POPOLI CULTURE AMBIENTE

Brevi saggi introducono alla geografia, alla storia, all'archeologia, all'arte e alla letteratura della regione. Completano il **quadro d'insieme** una cronologia essenziale e un breve dizionario d'arte e cultura.

LA VISITA

La guida è organizzata per itinerari, al cui interno i luoghi da vedere sono presentati in **ordine di apparizione** sul percorso. La descrizione delle cose notevoli rispetta una gerarchia di importanza. I punti di interesse sono sempre **localizzati** nelle piante di città.

- Il titolo azzurro individua le soste o tappe dell'itinerario, spesso coincidenti con le emergenze di maggior rilievo.
- I caratteri **nero** e *corsivo* segnalano l'importanza maggiore o minore di luoghi, edifici, opere d'arte citati nel testo
- L'**asterisco singolo (*)** o **doppio (**)** evidenzia lo speciale o eccezionale interesse del luogo o del monumento.
- Le **indicazioni alfanumeriche** poste accanto al titolo si riferiscono ai quadranti delle piante di città. L'eventuale abbreviazione ***f.p.*** indica che il luogo citato si trova fuori pianta in corrispondenza del riquadro individuato.

Approfondimenti

Info visita

Percorsi d'Autore

Vita, cultura, società

Manifestazioni

Natura, escursioni, turismo attivo

Shopping

Itinerari

Cinema

Enogastronomia

Musica

Piante di città

Oristano 1:13 000 (1 cm = 130 m)

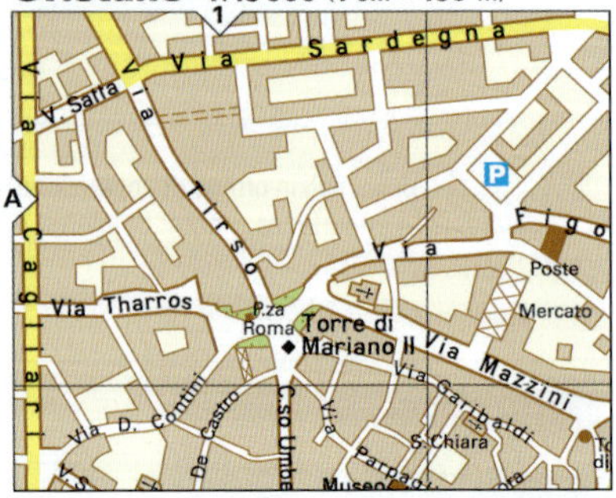

Suddivise in **quadranti**, definiti da lettere e numeri a cui rimandano le indicazioni lungo gli itinerari di visita, visualizzano la **rete viaria** cittadina (in giallo, le grandi arterie di attraversamento), i **punti di interesse** e i maggiori **servizi di pubblica utilità**.

Carte di itinerario

7 Bosa e il Montiferru

Il percorso da seguire è segnato dal **tracciato in colore** lungo il quale sono evidenziati i luoghi descritti come soste di visita. Una bandiera di forma diversa segnala la partenza e l'arrivo dell'itinerario.

Cartografia stradale

Sardegna 1:900 000 (1 cm = 9 km)

- Grande arteria di attraversamento
- Via principale
- Altre vie
- Ferrovia e stazione ferroviaria
- Monumento di grandissimo interesse
- Monumento molto interessante
- Altro monumento interessante
- Chiesa
- Ufficio di informazione turistica
- Parcheggio
- Ospedale / Giardino
- Itinerario e direzione seguita
- Partenza itinerario
- Arrivo itinerario
- Àrbatax — Località principale dell'itinerario
- Sàdali — Località nei dintorni
- Gadoni — Altre località
- Area urbana
- Parco, riserva, area protetta
- Confine di Stato
- Strada principale
- Altre strade
- Chiesa / Castello
- Nuraghe / Grotta
- Rovina, resti archeologici / Curiosità naturali
- Aeroporto

La carta stradale della regione è riprodotta nel risguardo anteriore della guida: illustra la **rete viaria**, i **collegamenti ferroviari** e le **località** di maggior interesse turistico.

PREPARARE IL VIAGGIO

DA NON PERDERE **

LE DUE STELLE DEL TOURING

Le due stelle del Touring Club Italiano, che tradizionalmente segnalano luoghi, monumenti, ambienti e opere d'arte, sono una sorta di 'certificato di garanzia' della meta di visita e nel contempo offrono al viaggiatore una rapida ricognizione sui tesori da non perdere. Questi possono accogliere oggi una gamma più ampia di eccellenze aperta ai beni cosiddetti 'immateriali', che abbraccia a tutto tondo l'offerta turistica di una località: dall'enogastronomia alle feste e al folclore, dall'escursione all'aria aperta al panorama. In molti casi sono tesori rinomati e riconosciuti in tutto il mondo (come i Patrimoni dell'Umanità tutelati dall'Unesco, segnalati dal simbolo), ma spesso riveliamo al viaggiatore anche autentiche 'perle', poco note o dimenticate.
Le 'due stelle' non esauriscono ovviamente l'elenco delle eccellenze: nella guida si trovano numerosi altri punti di grande interesse, contrassegnati da una sola stella. Nel loro insieme costituiscono i tesori che il Touring valorizza per richiamarne sia l'interesse turistico e culturale, sia la necessità di una particolare attenzione e tutela.

1 Cagliari**, pag. 50
   Castello**, pag. 56
   Museo archeologico nazionale**, pag. 59
   Sagra di S. Efisio**, pag. 62
   Birdwatching negli stagni di Cagliari**, pag. 71
2 Parco archeologico di Nora**, pag. 75
3 Vista dal belvedere di Nèbida**, pag. 97
4 Tempio di Àntas**, pag. 98
5 Trekking geominerari nel Sulcis-Iglesiente**, pag. 99
6 Spiagge di Piscinas e Scivu**, pag. 99
7 Spiagge e calette di Villasimìus**, pag. 104
8 Viaggio nel tempo sul Trenino verde Àrbatax-Mandas**, pag. 116
9 Nuraghe e villaggio nuragico Su Nuraxi**, pag. 131
10 Oristano*, pag. 140
   Cristo crocifisso nella chiesa di S. Francesco**, pag. 142
   Sartiglia, la giostra equestre di Oristano**, pag. 144
11 Giganti di Mont'e Prama nel Museo civico di Cabras**, pag. 147
12 Tharros**, pag. 150
13 Spiagge di Is Arutas e Mari Ermi**, pag. 153
14 S'Ardia, la giostra equestre di Sèdilo**, pag. 159
15 Nuraghe Losa**, pag. 160
16 Santuario nuragico di S. Cristina**, pag. 161
17 Bosa**, pag. 164
   Panorama dal castello di Serravalle**, pag. 165
   S. Pietro**, pag. 167
18 Degustazioni sulla Strada della Malvasia di Bosa**, pag. 167
19 Museo del Costume** a Nùoro, pag. 186
20 Golfo di Orosei**, pag. 192
21 Selvaggio Blu, trekking nella wilderness mediterranea**, pag. 195
22 Oasi di Bidderosa e spiaggia di Bèrchida**, pag. 210

La Bandiera Arancione che segnala le località di **Àggius**, **Galtellì**, **Gavoi**, **Làconi**, **Oliena** e **Sàrdara** è il marchio di qualità assegnato dal Tci alle località dell'entroterra con meno di 15 000 abitanti, che si distinguono per l'accoglienza, per i servizi turistici, per i fattori di attrazione e per la sostenibilità ambientale.

Caprera
33
Castelsardo
28
Àggius
Stintino
24
San Teodoro
32
Sassari
23
SS. Trinità di Saccargia
30
29
S. Maria del Regno ad Àrdara
Capo Caccia
25
26
Alghero
31
Nuraghe Santu Antine
Oasi di Bidderosa e spiaggia di Bèrchida
22
27
Alghero-Bosa
Galtellì
Strada della Malvasia di Bosa
18
Nùoro
19
Oliena
17
Bosa
20
Golfo di Orosei
Sèdilo
14
21
Selvaggio Blu
Gavoi
15
Santuario nuragico di S. Cristina
16
Nuraghe Losa
Is Arutas e Mari Ermi
13
11
Cabras
10
Tharros
12
Oristano
Làconi
Trenino verde Àrbatax-Mandas
8
9
Barùmini (Su Nuraxi)
Sàrdara

NOTIZIE UTILI

PRIMA DI PARTIRE

Carte e piante

Nel catalogo di Touring Editore, la Sardegna è rappresentata nelle seguenti pubblicazioni:

• *Atlante stradale d'Italia* in tre volumi (1:200 000), volume *Italia Centro*, acquistabile singolarmente e disponibile anche nel cofanetto in tre volumi;

• *Atlante stradale d'Italia* (1:200 000), in volume unico, anche in confezione tascabile a spirale (1:500 000);

• Carte stradali *Sardegna* (1:200 000), *Italia meridionale e isole* (1:400 000), *Italia centro sud* (1:500 000);

• Carta&Guida - smart map *Costa Smeralda e Arcipelago della Maddalena* (1:175 000).

Budget

Dormire. Le tariffe di hotel e B&B toccano il culmine nel periodo di luglio-agosto per arrivare quasi a dimezzarsi nei periodi autunnali e primaverili. Per una camera doppia in alta stagione il prezzo medio è di circa 70 euro in un hotel tre stelle e 50 euro in un B&B. Soluzioni più economiche sono i campeggi, dove le piazzole possono costare tra i 15 e i 20 euro a notte, e l'affitto di appartamenti per brevi periodi. Nelle zone della Costa Smeralda e di Carbonara-Villasimìus si incontrano le strutture di fascia più alta con prezzi che possono raggiungere i 1000 euro a notte.
Mangiare. Per un pasto completo di specialità regionali, bevande escluse, in una trattoria di medio livello si possono spendere in media 25-30 euro, cifra che si ridurrà per i menu turistici a prezzo fisso (circa 15-20 euro). Più economico lo street food, specie in occasione di sagre e fiere dei prodotti tipici. La mancanza di acqua potabile in molti piccoli comuni sardi rende necessario il consumo di acqua confezionata: nei bar o nei chioschi una bottiglietta da mezzo litro può costare fino a 2 euro.
Visitare. I siti più importanti e i musei hanno tariffe che variano dai 4 agli 8 euro. Previste riduzioni per fascia di età (bambini o anziani) e categoria. Per informazioni: *www.sardegnacultura.it*

Bambini al seguito

Sono la costa orientale e quella meridionale in Sardegna a offrire acque calme con fondali bassi e sabbiosi adatti per famiglie con bambini. I numerosi siti di epoca nuragica, punica e romana costituiscono un'occasione per un tuffo in un passato misterioso e ricco di fascino, specie i siti fenicio-punici di **Nora** e **Tharros**, la cittadella preistorica **Su Nuraxi di Barùmini** e le *domus de janas* sparse sul territorio. Affascinanti per i più piccoli sono le gallerie minerarie come **Porto Flavia** a Masùa, all'interno del Parco geominerario storico ambientale della Sardegna. Tra i musei dedicati a bambini e ragazzi si segnalano il **Museo del Giocattolo tradizionale di Sardegna** a Zèppara, nel comune di Àles, e il **Museo del Territorio 'Sa Corona Arrùbia'** (*www.sacoronarrubia.it*) nei pressi di Collinas, con un'esposizione di giochi antichi.
Numerosi Centri di educazione ambientale nelle aree protette offrono opportunità di svago e formazione. Tra i più importanti quello della **Laguna di Nora** (*www.lagunadinora.it*), quello del **Molentargius** (*www.parcomolentargius.it*) il **Ceamat di Porto Conte** (*www.parcodiportoconte.it*) e il **Ceas di Cala Gonone** (*www.ceafocamonaca.it*) con un museo dedicato alla foca monaca.

Persone con disabilità

L'elenco aggiornato delle **spiagge** accessibili si trova sul sito *www.disabili.com* nella sezione 'spiagge accessibili' e nella Guida Blu di Legambiente (*www.legambiente.it*). Nei centri urbani molte **strutture museali** sono state adeguate: informazioni sull'accessibilità si trovano sul sito *www.sardegnacultura.it*, nelle schede dedicate ai singoli siti e istituzioni. L'Associazione 'Acque libere', operante all'interno dell'Arcipelago di La Maddalena, attraverso manifestazioni ed eventi dedicati ha contribuito a promuovere una sensibilità specifica rivolta alle persone con disabilità, ponendosi come interlocutore attivo per informazioni relative alle strutture accessibili (*www.acqueliberebIog.wordpress.com*).

Narrativa di ispirazione

La Sardegna è un'isola intensamente letteraria e fin dai primi del Novecento ha ispirato più generazioni di scrittori. Il nume tutelare è **Grazia Deledda** (1871-1936), premio Nobel per la letteratura nel 1926, a cui Maria Elvira Ciusa ha dedicato una ricca biografia a 80 anni dalla scomparsa (*Grazia Deledda. Una vita per il Nobel*, 2016).

Data 1936 anche il capostipite dei moderni reportage di viaggio nell'isola: *Sardegna come un'infanzia* del siciliano **Elio Vittorini**. Fra i capolavori della letteratura sarda del dopoguerra si segnalano *Paese d'ombra* (1972) di **Giuseppe Dessì**, *Padre padrone. L'educazione di un pastore* (1975) di **Gavino Ledda**, *Il giorno del giudizio* (1977) di **Salvatore Satta**, e *Procedura* (1988) di **Salvatore Mannuzzu**.

• Fra gli scrittori contemporanei è una figura di culto il cagliaritano **Sergio Atzeni**, scomparso prematuramente nel 1995: ricerca etno-sociologica, scavo introspettivo e sperimentazione linguistica d'avanguardia trovano compimento in poesie, racconti e nei romanzi *Il quinto passo è l'addio* (1995) e *Passavamo sulla terra leggeri* (1997).

• Nùoro e la Barbàgia sono per **Marcello Fois** la quinta ideale per inscenare i drammi dell'uomo contemporaneo come nei romanzi della trilogia *Stirpe* (2009), *Nel tempo di mezzo* (2012) e *La luce perfetta* (2015), preceduti dal saggio *In Sardegna non c'è il mare* (2008).

• In *Accabadora* (2009, premio Campiello) e *L'incontro* (2012) **Michela Murgia** ha reinterpretato l'archetipo dell'insularità come scrigno di simbologie, allusioni, riti e trame millenarie.

• Le forze contrapposte del rifugio e della minaccia nelle 'isole dell'isola' sono indagate nel delicato reportage della poetessa [illegible]

[illegible] operano le principali compagnie aeree con voli giornalieri da quasi tutti gli scali italiani e dai principali europei, a cui si aggiungono i frequenti voli stagionali del periodo estivo e i collegamenti low cost.

Dall'Air Terminal di piazza Matteotti le navette Arst (*www.arst.sardegna.it*) raggiungono il centro di Cagliari in circa 10 minuti. Le corse partono ogni mezz'ora, dalle 7.25 alle 23.15 per Cagliari, e dalle 5.20 fino alle 22.30 in direzione dell'aeroporto.

• **Aeroporto di Olbia - Costa Smeralda** (*www.geasar.it*). A 2 km dalla città, si raggiunge con la strada a scorrimento E 840, quindi con la statale 125 Orientale Sarda. Vi atterrano le principali compagnie aeree:

Antonella Anedda, *Isolatria, Viaggio nell'Arcipelago della Maddalena* (2013).

• **Massimo Onofri** ha narrato l'epica isolana in *Passaggio in Sardegna* (2015), travolgente guida-romanzo fatta di paesaggi reali e luoghi letterari, metafisica e passioni, fughe e incontri.

• Un borgo nuragico di artigiani, orti e pastori dove si parla l'antico idioma dei ramai fa da sfondo alla storia raccontata da **Cristian Mannu** in *Maria di Ísili* (2016), romanzo corale in cui i codici culturali isolani risuonano all'interno di una tragedia senza tempo.

Film per farsi l'occhio

• *Banditi a Orgosolo*, capolavoro di **Vittorio De Seta** (1961), ricostruisce con fedeltà la società e la cultura della Barbàgia della prima metà del '900.

• *Padre padrone* dei **fratelli Taviani** (1977), liberamente tratto dal romanzo omonimo di Gavino Ledda, racconta con disincanto la dura realtà pastorale degli anni '40.

• *Bellas Mariposas* di **Salvatore Mereu** (2012), dall'omonimo racconto di Sergio Atzeni, narra con il piglio del realismo magico un storia d'innocenza e degrado ambientata nella periferia di Cagliari.

• *SuRe* (2012) di **Giovanni Colombo** racconta la Sardegna arcaica scostandosi dal folclore stereotipato, un mondo non ancora [illegible]

[illegible] località intermedie (*www.arst.sardegna.it*, *www.deplanobus.it*).

• **Aeroporto di Alghero-Fertilia** (*www.alghero airport.com*). Circa 12 km a nord di Alghero, si raggiunge con la strada provinciale 42, poi con la 44. Vi atterrano voli delle maggiori compagnie aeree, inclusi voli charter e low cost dalle principali città italiane: vi operano Air One da Roma Fiumicino, Bologna, Torino; Easy Jet su Malpensa. Si raggiunge Alghero centro con l'autobus navetta delle Ferrovie della Sardegna (*www.arst.sardegna.it*), che parte con cadenza oraria dalle 5 alle 22.30. Collegamenti estivi con Santa Teresa Gallura e Stintino, e tutto l'anno con le principali città sarde mediante le corriere Arst.

IL TRENINO VERDE

Il Trenino verde della Sardegna, ferrovia a scartamento ridotto gestita dall'Arst, propone varie tratte: la linea **Àrbatax-Mandas** (e viceversa) è usata oggi a scopi turistici – nel solo tratto Mandas-Seùi, in attesa della messa in sicurezza del tratto tra Seùi e Àrbatax –, con un calendario regolare di partenze in estate; con la linea **Monserrato-Ìsili**, con partenza da Mandas, si raggiunge, oltre ad Àrbatax, Sòrgono a ovest del massiccio del Gennargentu; da Macòmer, sulla **Macòmer-Nùoro**, si prosegue verso la costa per Bos; da Nulvi sulla linea **Alghero-Sassari-Nulvi**, attraversando la Gallura si arriva a Palau, con partenze da Nulvi, da Alghero e da Sassari. Per il calendario delle partenze e le modalità di prenotazione: *www.treninoverde.com*

Treni e stazioni ferroviarie

• La rete ferroviaria è gestita dalle **Ferrovie dello Stato** per le tratte Cagliari-Sassari, Cagliari-Decimomannu-Carbonia/Iglèsias, Cagliari-Ozieri-Chilivani, che consente di raggiungere Oristano, Golfo Aranci-Olbia-Ozieri-Chilivani-Porto Torres. Le linee non sono elettrificate; da Cagliari a Oristano si impiega un'ora e mezza e quasi un'ora per Carbonia e Iglèsias; da Cagliari a Olbia, 3.30 o 4 ore, altrettante da Cagliari a Sassari.
• La rete per il trasporto civile delle **Ferrovie della Sardegna,** della fine del XIX secolo, è stata costruita a scartamento ridotto per affrontare la complessa orografia. È gestita dall'*Arst Sardegna* (*www.arst.sardegna.it*). Le linee sono la Monserrato-Ìsili con partenza dalla stazione Gottardo alla periferia di Cagliari; la Macomèr-Nùoro; la Sassari-Alghero; la Sassari-Sorso e la Sassari-Nulvi.

Porti e linee di navigazione

• **Porti.** Porto Torres, Golfo Aranci, Olbia, Àrbatax, Cagliari sono collegati con i principali porti del Tirreno e del mar Ligure.
• **Collegamenti. Da Genova:** *Moby Lines* ha partenze per Olbia da maggio a ottobre, e per Porto Torres da maggio a settembre (*www.mobylines.it*); *Grandi Navi Veloci* fa servizio per Olbia e Porto Torres con partenze quotidiane in estate (*www.gnv.it*, *www.snav.it*). *Tirrenia* effettua la tratta tutto l'anno per Porto Torres e da aprile per Olbia e Àrbatax (*www.tirrenia.it*). **Da Livorno:** *Moby Lines* offre corse per Olbia tutto l'anno, e *Corsica Ferries* per Golfo Aranci (*www.corsica-ferries.it*). **Da Piombino:** *Moby Lines* fa servizio sulla tratta per Olbia da maggio a settembre. **Da Civitavecchia:** si raggiungono i porti di Golfo Aranci, Olbia, Àrbatax e Cagliari, con le principali compagnie di navigazione. *Moby Lines* effettua corse per Olbia con partenze quotidiane da aprile a settembre. *Tirrenia* ha collegamenti quotidiani con Olbia, con Àrbatax due volte alla settimana e con Cagliari tutto l'anno, con partenze quasi quotidiane. **Da Napoli:** *Tirrenia* effettua due viaggi settimanali da Napoli a Cagliari tutto l'anno. **Da Palermo e da Trapani:** collegamento effettuato da *Tirrenia* con Cagliari una volta alla settimana. **Dalla Corsica:** tra Bonifacio e Santa Teresa Gallura fa servizio *Moby Lines*, da aprile a settembre ogni 50 minuti.
• **Collegamenti interni.** La Maddalena è collegata a Palau dalla compagnia di traghetti *Delcomar* (*www.delcomar.it*) e in estate dalla *Maddalena Lines* (*www.maddalenalines.it*). La Delcomar collega anche Portovesme con Carloforte, sull'isola di San Pietro, e Carloforte con Calasetta sull'isola di Sant'Antìoco.

Autolinee e trasporto pubblico locale

• **Arst** (Trasporti regionali della Sardegna: *www.arst.sardegna.it*) gestisce la maggior parte dei trasporti dell'isola, coprendo il trasporto pubblico locale su gomma extraurbano e urbano e quello metrotramviario a Cagliari e a Sassari. Il servizio raggiunge tutte le località e, in estate, molte spiagge.
• Le **autostazioni** Arst sono collocate nei principali centri (a Cagliari, piazza Matteotti 6; a Oristano, via Cagliari; a Nùoro, viale Sardegna 45; a Sassari, via Padre Ziranu, di fronte alla stazione ferroviaria; a Olbia, via Vittorio Veneto, alle spalle della stazione).

Automobile e rete viaria

Una rete di superstrade collega le principali località con l'entroterra: da Cagliari a Iglèsias con la **statale 130**; da Cagliari a Oristano, attraverso il Campidano, a Sassari e Porto Torres, sulla **statale 131 Carlo Felice**; da Oristano a Nùoro con la **131 d.c.n.** e la **statale 129**. Da Olbia si scende verso il centro dell'isola e Nùoro con la **statale 131 d.c.n.** La **statale 125 Orientale Sarda**, da Palau a Cagliari, è un percorso più tortuoso, anche se sono state aggiunte molte varianti ad alto scorrimento. La **nuova Orientale Sarda** copre con brevi interruzioni dal litorale di Quartu (Cagliari) fino a Santa Maria Navarrese.

Bicicletta e piste ciclabili

Tra i numerosi percorsi, in grado di soddisfare diverse esigenze, si segnalano quello su strada **da Cabras a Bosa** (64 km), quello **da Castelsardo a Stintino** (66 km) e quello metropolitano di **Cagliari** (23 km). Per informazioni: *www.piste-ciclabili.com/regione-sardegna*

EVENTI E MANIFESTAZIONI

Un fitto cartellone di eventi alle feste religiose e alle ricorrenze tradizionali, distribuite nei diversi paesi in tutto l'arco dell'anno, affianca iniziative che spaziano dal cinema alla letteratura, alla poesia e alla musica. Delle principali diamo un sintetico elenco, mentre per un aggiornamento puntuale: *www.festeinsardegna.it*

Febbraio

• Il **Carnevale,** in tutta l'isola, è celebrato con rappresentazioni che rievocano riti e tradizioni antiche. A *Mamoiada* si festeggia con le figure mascherate dei *mamuthones*, addobbati di campanacci (*www.mamuthones mamoiada.it*); a *Ottana* con i *boes* dall'aspetto bovino e i *merdules* rivestiti di pelli di pecora e con maschere lignee (*www.carnevaleottana.it*); a *Orotelli*, con i *thurpos*, figure vestite di nero e aggiogate a un aratro. A *Oristano* il Carnevale prende il nome di Sa Sartiglia (*www.sartiglia.info*) e si celebra con la rievocazione di una giostra medievale. A *Santulussurgiu* 'Sa Carrela 'e nanti' è un altro genere di agone di origine medievale durante il quale i cavalieri si sfidano in corse a cavallo per il centro cittadino.

Maggio-giugno

• **Festa di S. Efisio,** Cagliari. Il 1° maggio si celebra il santo patrono: una sfilata dei costumi tradizionali dei paesi dell'isola precede il cocchio del santo all'uscita della chiesa di Stampace nel cuore del capoluogo. [illegible]

[illegible]

• **Le isole del Cinema,** isole minori della Sardegna. Circuito di festival del cinema che si articola, da luglio a inizio ottobre, nelle isole minori della Sardegna: primo appuntamento con *Creuza de Mà* nell'isola di San Pietro, dedicato alla musica per cinema (il secondo appuntamento della rassegna è a Cagliari a inizio dicembre); *La valigia dell'attore* (*www.valigiattore.it*) a La Maddalena, dedicato a Gian Maria Volonté e alla professione dell'attore; *Una notte in Italia* (*www.cinematavolara.it*) a Tavolara, incentrato sulla regia; *Pensieri e Parole* (*www.festivalasinara.it*) all'Asinara, dedicato alla sceneggiatura (*www.leisole delcinema.com*).

• **Time in jazz,** Berchidda. A cavallo di Ferragosto, il più importante festival musicale della regione (*www.timeinjazz.it*).

• **Ai confini tra Sardegna e jazz,** Sant'Anna Arresi. Tra fine agosto e inizio settembre, festival musicale sperimentale, che propone un ventaglio di concerti tra word music e jazz (*www.santannarresijazz.it*).

• **Dromos Festival,** comuni della provincia di Oristano. Tra fine luglio e inizio agosto, appuntamento caratterizzato da *location* suggestive, attenzione alle arti figurative e rassegne letterarie (*www.dromosfestival.it*).

Settembre

• **Capudanne de sos poetas,** Seneghe. Festival di poesia a fine settembre (*www.settembredeipoeti.it*).

• **Marina Café Noir,** Cagliari. A settembre migliaia di persone si riversano nello storico quartiere Marina riscoprendo angoli meno conosciuti e abitandone i locali, i caffè, i ristoranti (*www.marinacafenoir.it*).

Dicembre

• Cap d'A[illegible]

[illegible]

[illegible] 6 camere, ristorante e posti tenda in esterno. *www.coopgoloritze.com*

- **Cooperativa Isule** A **La Maddalena**, conduce alla scoperta dell'Arcipelago attraverso i sentieri dell'isola di Caprera e in mare per uscite di avvistamento delfini, in compagnia di giovani guide ambientali. *www.isule.it*
- **IchnusaBike** Con sede a **Cagliari**, organizza la Transardinia, traversata da nord a sud dell'isola, con due percorsi, uno orientale da Olbia e uno occidentale da Alghero, con arrivo a Cagliari. *www.transardinia.it*
- **Siclus escursioni** Da **Iglèsias** accompagna alla scoperta della cultura mineraria dell'isola: escursioni, visite guidate e iniziative di educazione ambientale. *www.siclus.it*

DORMIRE

Sulla costa e nei centri principali si trovano **alberghi e resort** con soluzioni e servizi per ogni budget ed esigenza. In genere lontani dai centri abitati, i **villaggi turistici** costituiscono con gli **appartamenti privati** l'altra soluzione più diffusa specie nelle località balneari. Fra le strutture recuperate per usi turistici in luoghi di grande pregio paesaggistico si segnalano l'ex edificio minerario sulle dune di Piscìnas, l'ex miniera di Rosas a Narcao e il faro nei pressi di capo Spartivento di Teulada.

Disseminati nell'entroterra, gli **agriturismi** offrono buon rapporto qualità-prezzo, esperienze a contatto con la natura e una cucina genuina. Nei centri urbani alla ricettività nei **bed & breakfast**, perfetti per una vacanza itinerante, si affianca l'ospitalità in **dimore storiche** restaurate (a Santu Lussurgiu e a Collinas, ad esempio), con cucina di territorio, e in **alberghi diffusi** con unità abitative dislocate in edifici storici restaurati con cura. Soluzioni ideali per una vacanza a basso costo sono gli **ostelli** e i **campeggi**, alcuni organizzati come villaggi turistici o situati nell'entroterra presso aziende agrituristiche. Per descrizioni e indirizzi delle strutture ricettive suddivise per tipologia e località: *www.sardegnaturismo.it*

DOMUS AMIGAS

Il circuito **Domus Amigas** è nato all'interno dell'associazione 'Centro sperimentazione autosviluppo' per promuovere uno sviluppo alternativo del territorio e la valorizzazione di tradizioni e cultura del Sulcis e dell'Iglesiente. L'associazione mette in rete circa 20 bed & breakfast, altrettanti punti di riferimento per la conoscenza della storia delle attività minerarie e per la diffusione di consumi critici e consapevoli: la rete di Domus Amigas comprende anche aziende agricole e artigianali del territorio, con particolare attenzione alle produzioni biologiche. In estate organizza laboratori su pane, erbe, fiori, ma anche sulla fabbricazione dei *ladiri*, i mattoni in terra cruda con cui venivano costruite le case campidanesi, oggi materiale rivalutato per la bioedilizia.

Per informazioni: *www.domusamigas.it*

MANGIARE

I prodotti tipici

La Sardegna è una regione a forte vocazione agricola e pastorale e a questa tradizione sono da ricondurre le materie prime – prettamente mediterranee – e i piatti tipici della cucina sarda, il cui gusto, a eccezione per la cucina carlofortina, oristanese e algherese che attingono dai prodotti del mare, è orientato verso la terra come dimostra la qualità dei prodotti ovicaprini: salumi, insaccati e formaggi. Il **pane** si presenta nella forma tipica del *carasau*, un pane di grano duro, cotto due volte per garantirne la conservabilità e alleggerirlo dell'acqua. Tra i formaggi spiccano il **Pecorino sardo Dop** e il **Fiore sardo Dop**, prodotti, in genere, con latte pastorizzato. Tra i formaggi freschi troviamo il **'casu axeddu'**, di latte di pecora o di capra, e ottime **ricotte**, di capra e di pecora. Hanno sapore deciso alcuni formaggi fermentati, come la **crema del Gerrei** e il **casu marzu** (meglio noto come 'formaggio con i vermi').

Sono 6 i **Presìdi Slow Food** della Sardegna: il **casizolu**, pregiato formaggio di vacca a pasta filata prodotto nel Montiferru, il **Fiore sardo dei pastori**, formaggio di pecora in particolare della Barbàgia, il **pecorino di Òsilo**, la **pompìa**, agrume prodotto nelle zone delle Baronìe, di cui si impiega solo la buccia nella preparazione di dolci e liquori, le carni bovine della **razza sardo-modicana** (Montiferru), lo **Zafferano di San Gavino Monreale** nella provincia del medio Campidano.

I piatti tradizionali

Primi piatti. Le paste tradizionali (**culurgiones**, **malloredus**, **lorighittas**), normalmente condite con sughi di carne, sono alla base dei primi piatti. Alcune varianti sono rappresentate dalla **zuppa cuata** (sformato a base di pane raffermo, formaggio e brodo di pecora) in Gallura, dalle **panadas** (timballo di pasta sfoglia ripieno di carne), tipiche della zona di Assemini, dalla **zuppa di pesce** nelle località marinare.

Le carni. Specie nell'entroterra sono molto diffuse le **carni di agnello** e **di pecora** arrostite alla brace o stufate in vari modi. L'agnello sardo si fregia della denominazione Igp. È previsto nel menu di molte aziende agrituristiche **'su proceddu'**, il maialino da latte arrostito sulle braci e aromatizzato con mirto e altre essenze mediterranee. **'Sa trattalia'** è uno spiedo di interiora di agnello cucinato alla brace.

Il pesce. Ricercati sono i **frutti di mare** (vongole, arselle, cannolicchi, murici ecc.), la **cozza di Olbia** e il **riccio** (*Paracentrotus lividus*), diffuso nelle zone di Cagliari e Alghero. Tipica dell'Oristanese è la **bottarga**, un composto di uova di muggine essiccate e salate impiegato come condimento per vari piatti. L'**aragosta alla catalana** è diffusa in tutto il Nord costiero a partire dalla tradizione algherese.

I dolci. Tipici fra i molti sono le **seadas** (dischi di pasta fritti ripieni di formaggio e conditi con miele caldo), i **papassinos** (biscotti fatti con semola, noci, uvetta, mandorle e nocciole), le **casadinas** (tortine di pasta ripiene di un basso strato di formaggio fresco aromatizzato al limone), i **gueffus** (dolcetti di pasta di mandorle).

Nel bicchiere

Tra le Doc della Sardegna il robusto **Cannonau** ha un'ampia zona di produzione che comprende fra gli altri i territori di Oliena, Dorgali, Mamoiada, Jerzu. Si coltiva soltanto nel Sulcis il **Carignano**, vitigno a bacca rossa resistente ai venti salmastri. Dal **Mònica**, che è tra i vitigni più antichi dell'isola, si ottengono il rosso Mònica di Sardegna Doc e Mònica di Cagliari Doc e, con altre uve, il **Mandrolisai Doc**. Sempre tra i rossi si segnala il raffinato **Cagnulari**, del Nord dell'isola.

Il più noto dei bianchi a Denominazione di Origina Controllata è il **Vermentino**, ottenuto da un vitigno di probabile origine iberica e coltivato principalmente in Gallura. Di provenienza iberica è anche il **Torbato**, coltivato ad Alghero, da cui si ottiene il Torbato di Alghero Doc.

Il **Malvasia**, arrivato dalla Grecia in epoca bizantina, è prodotto nel Campidano e nella zona di Bosa, con due Dop diverse: il Malvasia di Cagliari e il Malvasia di Bosa. Il **Nuragus**, portato forse dai fenici nell'isola, è alla base del bianco Nuragus di Cagliari Doc.

IN PILLOLE

Aria aperta e sport

Birdwatching. La Sardegna è un punto di sosta, transito e nidificazione per circa 330 specie di uccelli. Siti di osservazione privilegiati sono lo stagno di Cabras, la costa di Oristano, l'isola di San Pietro nel [illegible] fornisce informazioni su itinerari, operatori del settore e tour organizzati, cartografia e road-book dei percorsi. La mappa delle ciclabili è scaricabile anche sul sito *www.sardegnaturismo.it*

Climbing. L'arrampicata sportiva trova luoghi da sogno nel golfo di Orosei a Cala Goloritzé, Cala Luna, punta Giràdili; in altri siti del Supramonte, tra cui la gola Su Gorropu, ci si arrampica su pareti calcaree; nell'Iglesiente sono aperte numerose vie tra le quali spicca la scogliera di Masùa; ci si arrampica su granito a capo Testa, in Gallura, e ancora su calcare a capo Caccia.

Equitazione. I numerosi maneggi e i centri equituristici offrono svariati programmi, dalla passeggiata in riva al mare alle escursioni nell'entroterra. Per un elenco dettagliato: *www.turismoequestre.com*

Golf. I campi più prestigiosi sono, di regola, collegati a strutture alberghiere di lusso: tra questi quelli a 18 buche del Pèvero a [illegible] capo Caccia nella Nurra. Mappe dei siti di immersioni e indirizzi di centri diving si trovano sul sito *www.madebysardinia.it*

Trekking. Vari operatori nazionali e internazionali organizzano trekking in autosufficienza, con bivacchi nelle zone pastorali. Il Gennargentu e il Supramonte, la Giara di Gèsturi in Marmilla, il Màrghine e il Goceano, i Sette Fratelli sono alcune fra le mete più popolari. A causa della scarsità di **sentieri segnati** sull'isola, è preferibile la formula del viaggio organizzato con guide locali. Tra i percorsi segnalati negli ultimi anni a cura di associazioni, enti locali o dell'Ente Foreste: la rete di sentieri **Miniere nel Blu** nell'Iglesiente e i **percorsi del Monte Albo** nelle Baronìe.

Vela. I venti costanti e l'abbondanza di insenature fanno della Sardegna uno dei paradisi di questo sport. Tra le scuole della disciplina segnaliamo il **CVC - Centro velico Caprera** (*www.centrovelicocaprera.it*), uno dei più antichi e grandi del Mediterraneo, fondato dal Tci nel 1967. Tra gli eventi sportivi di rilevanza internazionale si svolge in Sardegna la Rolex Cup.

Windsurf e kytesurf. La presenza del vento, specie sulla costa occidentale, garantisce emozioni agli appassionati. Per motivi di sicurezza questi sport sono di norma vietati sulle spiagge in stagione balneare, ad eccezione di lidi come Porto Botte, di fronte a Sant'Antìoco, la spiaggia del Poetto a Cagliari, Porto Pollo in Gallura e la spiaggia della Cinta di San Teodoro.

Farmacie

Sul sito *www.federfarma.it* si possono trovare informazioni sulle farmacie di turno suddivise per località e altri dati utili sulla composizione e reperibilità dei farmaci.

Ospedali

Nel portale regionale Sardegna salute (*www.sardegnasalute.it*) è possibile ottenere informazioni sulle strutture sanitarie dell'isola. Nelle principali località segnaliamo:

- **Cagliari,** San Giovanni di Dio, via Ospedale 46, t. 070 6092215; Binaghi, via Is Guadazzonis, t. 070 6093149; Marino, via Poetto, t. 070 6094412; SS. Trinità, via Is Mirrionis 92, t. 070 6095768;
- **Sassari**, SS. Annunziata, viale Italia, t. 0792061000;
- **Olbia,** San Giovanni di Dio, via Aldo Moro, t. 0789 552200;
- **Nùoro**, San Francesco, via Mannironi, t. 0784 240237;
- **La Maddalena**, P. Merlo, via Ammiraglio Magnaghi, t. 0789 791200.

Shopping

Coltelli. La produzione di antica e pregiata scuola artigianale è ancora attiva a Pattada, Àrbus e nel Campidano, tutti con manici di osso e di corno.

Gioielli tradizionali. Celebri i gioielli degli artigiani di Bosa, le creazioni in filigrana, diffuse in molte località, e quelle in corallo rosso di Alghero.

Legno. Ricercate le cassapanche, intagliate con decorazioni geometriche, e le maschere carnevalesche di Mamoiada e di Ottana.

Oggetti intrecciati. Veri capolavori artigianali sono realizzati con la fibra estratta dalla palma nana (il giunco e altre erbe palustri nell'Oristanese e la pianta dell'asfodelo in Barbàgia). I disegni sono in genere geometrici.

Sughero. Gli oggetti in sughero sono tipici del territorio di Tempio Pausania, vocato anche alla produzione industriale di tappi per il mercato vitivinicolo internazionale.

Tessitura. In tutta l'isola l'artigianato tessile è legato alla produzione dei costumi tradizionali locali. Pregevoli le produzioni di tappeti a Nule e di arazzi a Mògoro, Morgongiori, Ploaghe e Sant'Antìoco.

Uffici e portali turistici

Il portale turistico ufficiale della Regione Sardegna (*www.sardegnaturismo.it*) consente ricerche tematiche su musei, centri storici, parchi ed eventi, ma anche alberghi, ristoranti, enogastronomia, artigianato e prodotti tipici. La Regione dedica inoltre il sito *www.sardegnacultura.it* al patrimonio museale e monumentale del territorio. Per le attività all'aria aperta il sito *www.sardegnaambiente.it* propone itinerari e attività nelle principali aree protette dell'isola.

Oltre che nei capoluoghi, gli uffici turistici sono presenti anche nelle principali località:

- **Cagliari** (Info point del Comune), c/o Palazzo Civico, via Roma 145, 09124 Cagliari, *www.cagliariturismo.it*
- **Oristano** (Ufficio informazioni turistiche), piazza Eleonora 18, *www.provincia.or.it* - *www.gooristano.com*
- **Nùoro** (Ufficio informazioni turistiche), piazza Italia 7, *www.provincia.nuoro.gov.it*
- **Sassari** (Ufficio informazioni turistiche del comune), Palazzo di Città, via Sebastiano Satta 13, *www.comune.sassari.it*
- **Olbia** (Ufficio informazioni turistiche del Comune), via Dante Alighieri 1, *www.olbiaturismo.it*
- **La Maddalena** (Ufficio informazioni turistiche del Comune), via XX Settembre 24, *www.comunelamaddalena.gov.it*

NUMERI DI EMERGENZA

- Aci - Soccorso stradale – **803116**
- Emergenza sanitaria – **118**
- Emergenza in mare – **1530**
- Polizia di Stato - Soccorso pubblico di emergenza – **113**
- Carabinieri - Pronto intervento – **112**
- Vigili del fuoco – **115**
- Emergenza incendi – **1515**
- Emergenza ambientale - Servizio antincendi boschivo (Corpo forestale dello Stato) – **1515**
- Cciss - Viaggiare informati – **1518**
- Guardia di Finanza – **117**
- Telefono Azzurro – **144**

POPOLI CULTURE AMBIENTE

Di terra e di mare: passaggio in Sardegna

Il villacidrese Giuseppe Dessì, che visse da subito con una certa insofferenza l'idea d'una Sardegna incompatibile con ogni idea di modernità, divulgata prima dalla Deledda e poi dagli stessi scrittori sardi che se ne proclamarono eredi, ci restituì di quel paesaggio, negli ultimi anni della sua vita, un'immagine assai suggestiva: «un pezzo di luna caduto nel Mediterraneo». Crateri, asperità senza cigli, silenzio assordante: e, se si vuole, una certa magia della desolazione. Una visione non tanto lontana da quella mozzafiato che ci colpisce, scendendo da Sassari per la vertiginosa scala di Giocca – la strada di tornanti da montagne russe, che s'immette spericolatamente sulla statale 131 la quale, da Porto Torres a Cagliari, taglia in verticale tutta l'isola –, quando ci si trova di fronte all'improvviso una catena di altipiani di maestosa e sconfinata uniformità.

Un'epica del silenzio e della lontananza

La stessa visione che indusse il David Herbert Lawrence di *Sea and Sardinia* (1921) ad affermare che il paesaggio sardo sia del tutto diverso da quello italiano, «molto più spazioso, molto più semplice, niente su e giù, ma piuttosto sfuggente in lontananza», suggerendo un senso dello spazio, «che invece manca totalmente in Italia». In effetti, le creste di roccia mai troppo alte, le colline sfuggenti, i pascoli che dismisurano brulli, consentono agli occhi di spingersi lontanissimo, magari sino all'avvistamento d'una mandria di cavalli allo stato brado o di qualche solitario nuraghe, fino a spingersi, con la fantasia però, sino agli ovili del Gennargentu. Per poi raggiungere davvero in macchina, alla periferia di Oristano, un centinaio di chilometri più a sud, un paese abbandonato, San Salvatore, che, con le sue casette a schiera d'una sola stanza, lungo la strada per Is Arutas, è diventato famoso a metà degli anni Sessanta, grazie alla Corronca Company, come set per film western all'italiana d'un certo successo.

Ne sono sicuro: vi sentirete protagonisti d'una specie di epica del silenzio e della lontananza, di certo con la complicità di tutti quei sardi dell'isola più interna, che volge disinteressata e infastidita le spalle al mare. Gli stessi che, magari davanti a un prelibatissimo e tenero porcetto allo spiedo o arrostito, unitamente a formaggi di pecora della più diversa stagionatura, accompagnati poi da una gloriosa *seadas* – il dolce nutritivo di semola, formaggio, miele o zucchero tipico dell'isola –, vi proveranno a convincere che soltanto lì è Sardegna vera. E lo faranno, alzando di sicuro in alto i calici d'un secco e sapido Cannonau, per invitarvi a percorrere con oziosa disposizione la strada di quel medesimo vino, là dove il tipico vitigno a bacca rossa, il più diffuso nell'isola, fruttifica meglio che altrove: Nùoro, Oliena, Dorgali, Orosei, Galtellì, Lula, Tortolì, Orani, Gavoi, Mamoiada, Orgòsolo, solo per citare qualche tappa. Epperò: che, forse, Sardegna non deve essere considerata la metropolitana e multietnica Cagliari, con quell'elegante Poetto, che s'affaccia sul mare del Golfo? E che ne faremo, allora, della catalana Alghero e di tutta la Riviera del Corallo? E non voglio parlare poi delle liguri e tabarchine San Pietro e Sant'Antìoco, o della Maddalena, ora molto british, come fu garibaldina.

Quella costellazione di spiagge dall'impossibile turchino

Ecco: nessuno potrebbe negare, nemmeno il sardo più secessionista che, a fronte della monolitica Sardegna nuragica delle Barbàgie, a se stessa identica, sussistano e si moltiplichino diverse, le Sardegne di mare, da quelle d'acque ossigenatissime e toniche del Nord a quelle tropicali del Sud. Per spiagge che ovunque, con l'ausilio dell'insolente e giocoso maestrale, consentono di coltivare al meglio, per chi ne ha passione, l'arte della vela e del surf. E tutto ciò, in vista, se si vuole, di una condizione che, molto più che in qualsiasi altra regione italiana, consacra il primato d'una Natura ancora indomabile: di terra e di mare. Ecco allora, per passare al mare, e se ci muoviamo da nord-ovest a sud-est, due destinazioni che resteranno indimenticabili per la memoria soprattutto biologica. Da una parte, La Cinta, l'incredibile spiaggia di San Teodoro, lunga cinque chilometri dove è possibile spesso ammirare una colonia di superbi fenicotteri rosa, e più giù Cala Gonone, da cui ci si può imbarcare per una visita della grotta del Bue marino, ove un tempo ormai lontano venivano a rifugiarsi e amoreggiare le foche monache, o organizzare una profittevole gita al villaggio nuragico del monte Tìscali. Dall'altra parte, la Costa Verde, Piscinas, Scivu e Portixeddu, località del Golfo del Leone, con la sua lunga spiaggia ai piedi d'un pendio e a ridosso d'una piccola scogliera, clarissima per il singolare celeste del mare così carico di imprevisti riflessi, per la sabbia fine e chiara, per la pineta che la protegge, ove trovare solitudine e riparo anche dal caldo più feroce. Ma non si può tacere, a nord, nella più conclamata Gallura, della Valle della Luna, delle sue tre piccole cale sabbiose su cui s'affacciano massicci pietrosi erosi dal tempo e dai venti, seppure vi costerà una faticosa camminata a piedi, inoltrandovi per la strada della Cala Grande, che s'insinua impervia e scoscesa all'interno delle vecchie cave di granito d'epoca romana, dentro un paesaggio lunare di notevolissima suggestione. E, con probabilità, vi assicurerete la compagnia di qualche nudista arrivato lì a praticare il turismo più estremo.

Particolare di un murale a Orgòsolo

Regione, la Sardegna, che si moltiplica in ulteriori piccole isole che le fanno da corona mentre ci stupiscono per gli ancora più diversi giuochi di acque e sabbia. Prendete l'Arcipelago della Maddalena: come si fa a resistere alle seduzioni alcinesche della spiaggia rosa, di corallo sgranato e sminuzzato, dell'isola di Budelli e di quella sua ingannevole promessa di acque che dissetano, talmente ci si restituiscono all'occhio dolci? E che dire dell'impossibile turchino di cala Coticcio, a Caprera, che s'insinua tra incredibili scogli altrettanto rosati?

Dal paradiso della Natura all'inferno della Storia

A ogni modo, il mio itinerario dentro la Sardegna di mare io lo concluderei con una visita guidata all'Asinara, parten- [illegible] istituendo un lazzaretto che poi, a partire dalla prima guerra mondiale, sarebbe diventato campo di prigionia, ove morirono molte migliaia di soldati austriaci, sino alla storia recente del supercarcere che ospitò Matteo Boe, l'unico evaso della storia penitenziaria dell'Asinara, e Totò Riina. Qui, ove la dolorosa storia umana di malattia e detenzione è testimoniata dalle strutture ancora in piedi e visitabili, vive e muore – animale autoctono, se non endemico – lo struggente asinello albino, l'essere più leopardiano riscontrabile in natura, il quale, allergico al sole, si riproduce proprio là dove il sole trionfa e acceca, così consegnandoci una universale verità: che la vita ci punisce e fulmina, proprio mentre ci illude e lusinga.

Massimo Onofri

Territorio e popolazione

Se isola vuol dire non solo una terra tutta circondata dal mare, ma anche una 'zattera' di terra sufficientemente lontana dalla terraferma, la Sardegna è, tra quelle maggiori, l'unica vera isola italiana. Le sue coste distano 180 km dall'Africa, 190 dall'Argentario, 230 da Civitavecchia, 280 dalla Sicilia, 330 dalle Baleari, 375 da Marsiglia, 395 da Genova. Collocata fra il 41° e il 38° parallelo, è divisa quasi per metà dal 40° parallelo, che passa anche (tanto per avere un'idea della latitudine) a Toledo e Minorca a occidente, a Lecce, il monte Olimpo e Ankara a oriente. Delle sue due città principali, Cagliari è alla stessa latitudine di Cosenza, Sassari di Salerno e Napoli.

Un'isola antica

Dal punto di vista geologico la Sardegna ingloba, nel sottosuolo del Sulcis-Iglesiente (il rettangolo sud-occidentale dell'isola), la zolla più antica del territorio italiano, che qui ebbe origine nel Cambriano, tra i 600 e i 500 milioni di anni fa. Ma tutta la Sardegna è poi emersa dal mare e si è venuta plasmando in una serie di convulsioni vulcaniche, di sprofondamenti e di corrugamenti che nel corso di processi durati decine di milioni di anni l'hanno lavorata, limata e 'invecchiata'. Paese di molte colline e di brevi pianure, salvo la grande piana alluvionale del Campidano, un tempo granaio dell'isola, la Sardegna ha poche montagne e di moderata altitudine. La più alta dell'isola, la punta La Marmora nel massiccio centro-orientale del Gennargentu, supera di poco i 1800 m. A un viaggiatore dell'Ottocento l'isola si presentò all'orizzonte «come un vasto altopiano azzurro posato sul mare». Strana contraddizione con l'impressione che invece più frequentemente il visitatore riceve e gli stessi sardi amano comunicare della loro terra: un'isola-montagna, abitata da un popolo fatto quasi tutto di pastori. E pastori, in Sardegna, vuol dire ancora montagna, come qua si chiama anche l'alta collina. Il fatto, spiegano i geografi, è che la montagna sarda è tutta 'spaccata', fessurata, divisa da grandi gole, un tempo pressoché invalicabili. «La Sardegna – ha scritto Le Lannou, uno dei più grandi geografi francesi del XX secolo, autore di un libro indimenticabile e fondamentale, tradotto col titolo *Pastori e contadini di Sardegna* – è come un grande mosaico di terra, le cui tessere siano state furiosamente scompigliate». Una montagna difficile, aspra, severa: una montagna 'vera'. Questa durezza della tettonica sarda ha anche avuto due conseguenze storiche che hanno operato direttamente sulle vicende e i caratteri dei sardi: ha isolato i villaggi l'uno dall'altro, alimentando nei secoli la

La profonda gola di Su Gorropu, nel Supramonte

Stagno retrodunale e macchia mediterranea sul litorale di San Teodoro

disunione e l'estraneità fra gruppi pure contigui (dunque, impedendo la nascita di una più vasta unità nazional-regionale), e ha isolato la montagna dal resto dell'isola, rendendone difficili gli accessi e spesso negando alla montagna più frequenti contatti con le pianure 'civilizzate'. Il grande storico Fernand Braudel notava che dell'isolamento della Sardegna, connotato importante della sua storia millenaria, la montagna fosse responsabile nella stessa misura del mare, e forse anche di più.

La Sardegna ha 1 656 960 abitanti (dati Istat al 31 marzo 2016). Distribuiti su una superficie di 24 083 km^2, fanno una densità di 69,75 abitanti [illegible] della vita che questa corsa alla città porta sempre con sé; e la nascita del turismo, come conseguenza della eradicazione della malaria, con l'intensificarsi delle abitazioni – ossia del cemento – sulle coste un tempo pressoché inabitabili. Cagliari ha circa 150 000 abitanti (2011): ne ha avuti anche più di 200 000, ma dal corpo centrale si sono staccati molti sobborghi, diventati comuni autonomi; e anzi si calcola che la conurbazione cagliaritana superi oggi i 500 000 abitanti. Quartu Sant'Elena, così contigua a Cagliari che è ormai impossibile distinguere i confini fra i due centri, è con i suoi circa 69 000 abitanti la terza città dell'isola. Quasi un terzo della popolazione vive raccolta negli agglomerati urbani: la campagna, che già colpiva i visitatori del passato per i suoi grandi silenzi, è ancora più deserta. E siccome in questi ultimi decenni due sardi su cinque hanno abbandonato i paesi dove erano nate e vissute le generazioni dei padri e dei nonni, i piccoli comuni sono diventati anche più piccoli e hanno visto moltiplicarsi i problemi dei servizi essenziali (tre per tutti: la scuola, l'assistenza medica, il sistema dei trasporti). Gran parte di loro ha reagito rivalutando orgogliosamente le radici della propria identità particolare: quasi tutti i paesi della Sardegna hanno oggi piccoli e spesso intelligenti musei archeologici o etnografici, della vita contadina o dell'abbigliamento tradizionale.

Trekking costiero presso Buggerru, ex villaggio minerario riconvertito al turismo

Le regioni nella regione

La geografia, e con essa la storia, ha lavorato a dividere l'isola in zone fortemente caratterizzate, ciascuna con la sua vicenda passata e la sua economia presente, diverse perfino nelle varianti della lingua regionale, sino a qualche decennio fa, nel modo di vestire nella quotidianità e nelle feste: le grandi sagre-rassegne in cui i sardi indossano i loro costumi ne sono la testimonianza visiva più efficace. Ognuna di queste sub-regioni ha una sua specificità: del paesaggio e della gente. Sicché, talvolta, parlare di Sardegna come di un tutt'uno, di una entità indistinta, presuppone una sintesi di impressioni, di tratti, di suggestioni che sono di singoli 'segmenti' dell'isola.

Al viaggiatore che arriva in Sardegna dal Nord (nei grandi porti di Olbia, Golfo Aranci e Porto Torres, o negli aeroporti di Olbia-Costa Smeralda e Alghero-Fertilia) è soprattutto la **Gallura** a dare l'impressione di questa vastità e diversità insieme. Dai primi anni '60 del Novecento, quando sui bordi del mare gallurese nacque la Costa Smeralda, le rocce e il mare della Gallura sono entrati a far parte dell'immaginario collettivo del turista: i possenti contrafforti di granito, che arrivano sino al bordo del mare, modellati in mille forme dalla forza erosiva del vento, delle onde e della pioggia, appartengono in realtà quasi soltanto a questa cuspide nord-orientale dell'isola, anche se una catena di montagne granitiche si svolge lungo tutta la costa tirrenica.

Il **Logudoro**, a nord-ovest, è invece regione di brevi pianure e dolci colline. Il suo nome (*logu de oro*, cioè dorato) deriva forse dal biondo delle messi, quando un po' dappertutto, nell'isola, si coltivava il grano: è una delle regioni più 'storiche', protesa dal mare settentrionale sin verso il centro dell'isola. I suoi abitanti si vantano – non correttamente, secondo i filologi – di parlare il 'vero' sardo. Il **Gocèano** è la zona di transizione verso la montagna centrale: e intanto si affaccia sulla valle del Tirso (il padre dei fiumi sardi, ma i fiumi in Sardegna sono sempre assediati dalla siccità) dall'erta costa del suo **Màrghine**, dove i piccoli centri stanno arroccati verso le foreste delle cime. A occidente la **Planargia**, terra d'altopiano, scende da Macomèr verso il mare di Bosa. Il centro della Sardegna è, paradossalmente, spostato a oriente: è il grande acrocoro del Gennargentu con le **Barbàgie** il cuore di pietra dell'isola, regno dell'economia e della vita pastorali, che i sardi sentono come un nucleo, un nodo saldo di patria all'interno della più grande patria regionale. Dopo l'altopiano di Abbasanta e le creste vulcaniche del Montiferru, nella Sardegna meridionale si apre il grande corridoio del **Campidano**, orlato a oriente dalla catena del monte Arci e a occidente dalle montagne dell'Arburese, dell'**Iglesiente** e del **Sulcis**, sacre alle memorie del lavoro minerario. Il Campidano fu per secoli destinato alla cerealicoltura, granaio dei conquistatori di turno; oggi ha saputo convertirsi all'agricoltura intensiva e ha già al suo attivo numerose esperienze nel campo delle colture biologiche. Dal Campidano si può risalire, volgendo a ovest, la valle del Cixerri, che porta all'Iglesiente e al Sulcis (con i loro ricordi di Cartagine, di Roma e del medioevo, ma anche con litorali fra i meno toccati dell'isola), oppure, prendendo a est, arrivare alla imponente costa dell'**Ogliastra** attraverso i paesaggi contadini della **Marmilla** e della **Trexenta** o la 'piccola Svizzera' delle groppe montane del **Gerrei**.

Biodiversità e tutela dell'ambiente

L'isola è un autentico santuario di biodiversità, con circa 2000 specie vegetali censite e specie animali rare, come la foca monaca, o endemiche come il cervo sardo. Conserva rarissimi ambienti primari – soprattutto foreste – mai trasformati dal lavoro dell'uomo, quasi del tutto assenti perfino nel bacino del Mediterraneo. Paradossalmente, però, i parchi in Sardegna hanno avuto vita dura. Ne è un caso esemplare la difficile gestazione del Parco nazionale del Gennargentu, istituito nel 1998 ma che da allora, dopo infiniti contenziosi tra amministrazioni locali e governi centrali, non privi di strumentali polemiche politiche, vive in una specie di 'limbo giuridico'. Sono soprattutto i parchi costieri e marini ad aver assunto nel tempo maggiore visibilità e presenza sul territorio, in termini di percorsi di visita, centri di accoglienza e attività rivolte a visitatori e turisti, mentre altre aree

Per una salvaguardia del patrimonio costiero

Dopo lo sfregio di alcuni tratti di litorale nel secolo da poco trascorso, la Regione Sardegna si è dotata di strumenti legislativi a tutela del suo territorio a cominciare dal 'decreto salvacoste' del 2004, successivamente convertito in legge nel 2006 con il Piano paesaggistico regionale. Dal 2007 la **Conservatoria delle coste della Sardegna** tutela gli ambienti costieri del demanio pubblico, impegnandosi nella loro valorizzazione e gestione integrata (con enti locali e operatori privati) secondo i principi dello sviluppo sostenibile. Sono 15 i fari e le stazioni semaforiche appartenenti al pubblico demanio, in parte già in fase di restauro, che saranno destinate ad attività culturali o turistiche, mentre fra i progetti di valorizzazione completati spiccano il Museo dei Maestri d'ascia a Sant'Antìoco (con annesso ostello) e il centro immersioni attivo a Cala d'Oliva, nel Parco nazionale dell'Asinara. Dal 2014 una fase di stallo, determinata dal commissariamento dell'ente, ha bloccato innumerevoli bandi e progetti già avviati su tutta la fascia costiera dell'isola.

Lo scoglio del Pan di Zucchero di fronte alla costa di Nèbida

La formazione dell'identità regionale

Più ancora della geografia, sono state le lunghe vicende della storia a conferire alla Sardegna i tratti essenziali della sua identità. Della storia e anche della preistoria. L'inizio della preistoria sarda risale circa al 14 000 a.C.: intorno a quel periodo si collocano i primi resti di qualcosa di 'umano', ritrovati in una grotta del Nuorese, famosa perché si dice che lì avesse eletto il suo temuto, rispettatissimo rifugio una sorta di 'patriarca' del banditismo sardo di fine Ottocento. In Sardegna tutta la storia sembra svolgersi in un'infinita linea di continuità; l'archeologia finisce alle soglie della storia contemporanea. In realtà, non è da molto tempo che gli studiosi dell'antichità sarda hanno indicato in alcune pietre d'un greto di torrente presso Pèrfugas (nella Sardegna settentrionale, ai bordi della Gallura), scheggiate al modo clactoniano (come lo chiamano gli studiosi, dal nome della località inglese in cui per la prima volta ne furono trovate e individuate di simili), le tracce dell'uomo sardo del Paleolitico inferiore, un'età che va da 200 000 a 150 000 anni fa.

La civiltà dei nuraghi

La preistoria vera, quella più gremita di frequenze e di presenze umane, si fa iniziare intorno a 6-5000 anni prima di Cristo, e la si segue nel suo svolgimento lungo tutto il Neolitico sino al 1500 quando inizia quella che Giovanni Lilliu – il maestro degli archeologi sardi – chiama «la bella età dei nuraghi». In quei tre-quattro millenni che dura il Neolitico, gli studiosi individuano nell'isola il susseguirsi di una serie di culture ognuna delle quali prende nome, in genere, dalla località in cui per la prima volta furono trovate le testimonianze che la connotano: una dopo l'altra, la cultura di S. Michele, dalla denominazione di una grotta di Ozieri, quella di Abealzu-Filigosa, quella di Monte Claro e di Bonnànaro, tra le quali si colloca la cultura detta del Vaso campaniforme.
A partire dalla prima metà del II millennio a.C. si dispiega l'età nuragica: i suoi monumenti coprono, si può dire, l'intero territorio isolano. Sono circa 7000 torri, in pietra scura di trachite o basalto, che dominano – allineate in gran parte sui crinali delle colline – il paesaggio. In alcune aree se ne contano più di una per chilometro quadrato. Costruite con grandi massi sovrapposti in file circolari tenute insieme dalla sola forza di gravità, alte spesso sino a 20 m, sono non soltanto una sorta di monumento-simbolo della Sardegna. Sono anche l'emozionante testimonianza di una vicenda che, svolgendosi per quasi un millennio, ha lasciato un patrimonio sterminato di monumenti e di memorie: dalle sepolture dette tombe di giganti (tanto grandi e forti si pensava che ne fossero i costruttori) ad alcune centinaia di piccole statue in bronzo, in cui il popolo nuragico è ritratto con i suoi capitribù, i guerrieri, gli arcieri, i sacerdoti, i pastori, gli animali. Eppure queste manifestazioni di vita associata, di senso religioso, di modi di lavorare, di conoscenze tecnologiche, di articolati assetti sociali, di fantasia architettonica e plastica – che ben meritano, tutte insieme, il nome di civiltà – non sono arrivate a costruire una nazione: e meno ancora uno Stato. La civiltà dei sardi nuragici fu eminentemente 'cantonale', cioè frammentata in tante piccole comunità (clan, tribù), separate anche dalla tormentata orografia dell'isola. Ne è derivata, sin dalle origini, una sorta di debolezza, politica e civile, che sembra aver poi funzionato come una costante di tutta la storia isolana.
Un altro deficit della civiltà nuragica – e di tutte le culture che l'hanno preceduta – è

Il villaggio nuragico di S. Cristina

che essa non arrivò mai a creare la città: il massimo dell'insediamento si espresse in villaggi di 100 o 200 capanne, spesso raccolte ai piedi d'un nuraghe. Questa ruralità della preistoria sarda fa sembrare il paesaggio dell'isola ancora più antico. È un effetto curioso, ma esiste. E permane come una sensazione profonda nel visitatore. Isolamento, insularità, antichità della terra, ruralità della preistoria, severità del paesaggio e del carattere: sono già alcune linee di rotta per capire meglio la Sardegna e le direttrici stesse della sua storia. Che è, dopo il periodo 'felice' dell'indipendenza nuragica, quasi tutta storia di dominazioni e invasioni.

Nuovi popoli e la nascita delle città

Le prime invasioni cominciano con i fenici, intrepidi viaggiatori di tutto il Mediterraneo. Collocata al centro del bacino occidentale, non eccessivamente lontana dalle altre terre abitate, la Sardegna era un'isola-scalo ma anche, a quei tempi, un'isola ricca di risorse. La prima materia sarda a essere esportata fu l'ossidiana: una pasta vulcanica, nera dura e vetrosa, impiegata in molteplici usi: primo fra tutti, le punte di freccia. Ne ha vasti giacimenti il monte Arci, che domina a oriente la pianura del Campidano settentrionale, seguendo con le sue creste arrotondate il lento svolgersi della piana subito dopo Oristano. Partendo dall'isola, l'ossidiana circolò praticamente in tutto il mondo occidentale allora conosciuto: gli archeologi l'hanno chiamata, con efficace immagine, l''oro nero dell'antichità'. I fenici arrivarono nell'isola intorno al 1000 a.C.: i loro insediamenti si fecero sempre più stabili e costruiti, rispetto ai primi scali, sicché quando Cartagine e poi Roma s'acquartierarono nell'isola, le loro città andarono a posarsi sui resti e le strutture dei primitivi insediamenti fenici.

Ai cartaginesi questa successione dovette riuscire più facile: i cartaginesi erano infatti i fenici d'Occidente: la parola romana 'punici' viene, come si sa, dalla stessa parola *phóinix* (nome greco della conchiglia da cui si estraeva la porpora), che è anche alla radice della parola fenici. I cartaginesi arrivarono in Sardegna intorno al 550 a.C. Il loro insediamento fu molto più stabile ed esteso. Nacquero così le prime città della storia sarda, quasi tutte disposte lungo il Sud-ovest isolano, quasi in linea di mare con Cartagine: da Cagliari (forse *Kàrales*, roccia, collina) sino a Tharros, passando per Nora, Bithia, Sulci. Fatta eccezione per Bithia, di tutte le altre città esistono ancora ruderi imponenti, sebbene nascosti dalle sovrapposte architetture d'età romana. La dominazione cartaginese – che [illegible] Qualcosa come quasi 1000 anni di romanizzazione, le cui tracce sono profondamente incise soprattutto nella lingua sarda, la più latina delle lingue neolatine. Roma, che pure in città come Cagliari aveva lasciato sopravvivere religione e perfino magistrati punici, estese in ogni angolo dell'isola la sua presenza attraverso insediamenti di guarnigioni militari e una straordinaria rete di grandi strade che mise in collegamento le città del Sud – e in particolare Cagliari, che proprio sotto Roma venne assumendo quel ruolo di città-leader che avrebbe poi conservato e rafforzato nei secoli – con le nuove realtà del Nord, dove erano nate città come Olbia e *Turris Libisonis* (l'attuale Porto Torres), abitata quest'ultima da famiglie di coloni e magistrati romani. C'era solo la zona della montagna a opporre una lunga resistenza: non per niente i romani indicavano quelle terre come popolate dalle *civitates Barbariae*, dove il termine Barbària, da cui deriva alla regione intorno al Gennargentu il nome attuale di Barbàgia, segnala il difficile rapporto fra i conquistatori e le genti della montagna sarda.

Per Roma la Sardegna era importante, e per molti motivi. La sua collocazione geografica ne faceva l'ideale testa di ponte verso l'Africa e perfino verso la Spagna. Le montagne del Sulcis-Iglesiente erano già famose dai tempi dei fenici per i loro giacimenti di piombo e d'argento: spesso Roma mandava *ad metalla* i 'devianti' dell'Urbe. E soprattutto c'era il Campidano, una pianura lunga 80 km e larga 20, dove già i cartaginesi avevano proibito, pena la morte, che si piantassero alberi per lasciare tutto lo spazio e tutto il sole alla coltivazione del grano. Con la Sicilia e l'Africa, la Sardegna era, come diceva Cicerone, uno dei *tria granaria Reipublicae subsidia firmissima*, solidissimo granaio della Repubblica. Anche da Bisanzio vennero alla Sardegna pezzi importanti della sua civiltà: l'esperienza del monachesimo e della religiosità orientali, nuove magistrature e una diversa organizzazione dell'amministrazione statale, colture nuove (per esempio, si dice, il fico), architetture chiesastiche, l'uso – presto dimenticato – della lingua greca, perfino l'onomastica bizantina: i sardi arrivarono a eleggere santo, a furor di popolo, l'imperatore Costantino, al quale è dedicato il più famoso santuario sardo e in onore del quale si celebra ogni luglio, a Sèdilo, sulle sponde settentrionali del lago Omodeo, la più drammatica e animata delle feste equestri isolane.

L'età dei giudicati

Ma c'è, nella storia della Sardegna, un 'buco nero' di quasi mezzo millennio, che va dal 500 d.C. (in questo periodo si colloca una passeggera, ma anche crudele dominazione vandalica) sin verso il Mille. La furia predatoria delle flotte arabe radicalizzò l'isolamento di una terra già isolata dalla sua stessa geografia. Quando cominciano a riaffiorare i primi documenti scritti, la Sardegna ci appare già divisa in quattro territori sostanzialmente separati uno dall'altro e praticamente ormai indipendenti dalla lontana, irraggiungibile Bisanzio. Si chiamano giudicati, e giudici, *judikes*, i loro signori; e alla memoria di questi piccoli e autonomi Stati i sardi affidano volentieri anche oggi (come all'altro periodo 'eroico', quello nuragico) i titoli del proprio spirito regionale.
I giudicati si chiamano, dai loro territori o dalle città principali, di Logudoro (o Torres) e di Gallura a nord, di Arborèa (con capitale Oristano) e di Cagliari a sud. Sulla loro origine si sa ancora poco. L'ipotesi più accreditata è che si tratti di una divisione del territorio operata per motivi di difesa e di controllo amministrativo e politico, in cui

Lingue, dialetti, varianti: sa limba sarda

Tra gli idiomi che hanno avuto origine dal latino, la lingua sarda (*sa limba sarda*) è quella che ha maggiormente conservato tratti della lingua madre. Lo storico isolamento della regione ha preservato il sardo da fenomeni evolutivi che hanno determinato invece le sorti linguistiche di altre aree romanze. La lingua sarda presenta una grande varietà di parlate locali, riunite in due gruppi principali: la variante **logudorese-nuorese**, diffusa al Nord dell'isola, e il **campidanese** nel Sud. Le differenze tra le due varietà riguardano la fonetica e il lessico, ma le due parlate sono mutualmente comprensibili per la fondamentale somiglianza della morfologia e della sintassi. Soprattutto nel logudorese e nuorese, che sono più arcaici e conservativi, è facile riconoscere vocaboli di diretta derivazione dal latino di epoca repubblicana, sopravvissuti fino ai giorni nostri con poche variazioni: *mannu da magnus* per l'italiano 'grande', *domu da domus*, per casa, *janna* (porta) da *janua*, *ego* per io. Poco variata rispetto al latino è anche la coniugazione del verbo, mentre i caratteristici articoli *su* (il), *sa* (la), *sos*, *sas* e il neutro *is* (gli) derivano dal pronome dimostrativo *ipsus*, invece che da *illus*, da cui vengono tutti gli articoli dell'italiano.
Sempre riconducibili alle stesse cause di isolamento sono le sopravvivenze di forme prelatine, ascrivibili alle popolazioni nuragiche o puniche. I toponimi recano spesso i segni più evidenti di questi 'fossili' linguistici: la parola *nurra*, esclusiva dell'area sarda col significato di 'cumulo di terra, di sassi' – da cui ha origine *nuraghe* – si ritrova in Nuràminis, Nurallào, Nurachi, Nuragus, oltre che nel coronimo Nurra, la subregione nord-occidentale dell'isola. Altra origine prelatina è da attribuire alla base *gon(n)-*, correlata al significato di 'altura, monte': Goni, Gonnesa, Gonnosfanàdiga, Gonnosnò, Gonnostramatza (in questo ultimo caso il tema si unisce con la parola *tramatzu*, 'tamerice').
La lingua sarda è lingua ufficiale della Regione Sardegna a pari diritto con la lingua italiana. Nel 2006 è stata adottata sperimentalmente dalla Regione Sardegna **sa Limba Sarda Comuna** (Lsc), variante scritta della lingua sarda, per la redazione di documenti ufficiali. Vi sono poi altre isole linguistiche: la legge regionale riconosce al **tabarchino** (dialetto genovese arcaicizzante delle isole sulcitane), al **catalano** di Alghero, al **sassarese** e al **gallurese** la stessa valenza culturale e tutela riconosciute alla lingua sarda.

quella che potrebbe essere stata un'unica potente famiglia patrizia di Cagliari (i de Làcon, forse) avrebbe distribuito fra i propri componenti le diverse 'province' di quello che era, all'inizio, un unico possedimento. Ma la caratteristica più interessante di questi nuovi Stati è appunto la loro novità: pur riecheggiando modelli di statualità e di organizzazione sociale presenti nell'Europa loro contemporanea, i giudicati se ne discostano per dare luogo a una società in parte anche democratica – le *coronas de logu*, cioè le assemblee dei maggiorenti del territorio, coadiuvano il signore nel governo del regno – ma in parte anche più arretrata di quella europea: non esiste il feudalesimo, ma la maggioranza della popolazione è di servi, tenuti alle più diverse specie di tributi e di servizi.

I bastioni di Cagliari

Rapidamente i giudici entrano nel mirino di altre potenze continentali. Nel 1016 una sorta di grande crociata navale bandita dal pontefice Benedetto VIII per liberare la Sardegna dalle incursioni dei mori, sempre più frequenti negli ultimi tre secoli, vede Pisa e Genova prima sconfiggere il potente emiro Mugiahid al-Amiri, poi invadere l'isola con i loro mercanti e le loro famiglie patrizie, che si legano ai signori sardi in una fitta rete di alleanze politiche, commerciali e matrimoniali. Arrivano in Sardegna, in questo stesso periodo, anche gli ordini monastici, chiamati dai giudici a coltivare la terra e a insegnare la fede di Roma a popolazioni che hanno conosciuto, semmai (e in tempi di scisma), l'osservanza della Chiesa orientale. Energici lavoratori, bonificatori indefessi, educatori del popolo, i monaci creano nell'isola potenti centri di riferimento, il cui nucleo è costituito spesso da nuove, grandi chiese, figlie del romanico, che essi [illegible]

[illegible] Nord dell'isola, dove i Doria hanno fondato Castelgenovese – oggi Castelsardo – e la città-fortezza di Alghero, e i Malaspina controllano centri importanti come Òsilo e Bosa. L'unico giudicato che sopravvive è quello di Arborèa. Gli abitanti di Tharros si sono trasferiti a Oristano portandosi appresso, si dice, non solo l'arcivescovo ma anche le pietre della città romana. I signori si sono imparentati con la potente famiglia catalana dei Bas-Serra, e molti dei loro figli sono educati alla corte di Barcellona.

Nel 1297, per dipanare l'aggrovigliata matassa di problemi internazionali creati dalla guerra dei Vespri, papa Bonifacio VIII cede la Sardegna in feudo a Giacomo II d'Aragona. Così nel 1323 il principe ereditario Alfonso sbarca in Sardegna con una potente armata e nel giro di pochi mesi s'impadronisce dell'isola. Padrone, o quasi: perché il giudice di Arborèa, che era stato suo alleato al momento dell'invasione, diventa quasi improvvisamente il principale nemico degli aragonesi fino a capeggiare una lunga sollevazione, praticamente estesa a tutte le zone della Sardegna. È quella che alcuni storici sardi chiamano, magari con una punta di esagerazione, una 'guerra di liberazione nazionale'. Dietro il vessillo d'Arborèa (che ha al centro l'albero sradicato che diventerà quasi il simbolo della resistenza sarda) comunità, tribù, piccoli eserciti si organizzano per opporsi al conquistatore, che intanto, come premio della conquista,

ha spartito i trecento villaggi dell'isola fra i nobili catalani che lo hanno accompagnato nell'impresa. Così la Sardegna conosce ora quel feudalesimo che di fatto è scomparso da tempo in quasi tutto il resto d'Europa.
La resistenza arborense dura sino al 1409, anno della battaglia di Sanluri. L'Arborèa diventa un marchesato e finisce la stirpe dei suoi giudici: eppure ancora nel 1478 un loro lontano discendente rialzerà la bandiera della rivolta. Occorrerà batterlo in campo aperto, a Macomèr, per poter considerare definitivamente domata la regione, proprio negli stessi anni in cui, per il matrimonio fra Isabella di Castiglia e Ferdinando d'Aragona, comincia quella che si chiama l'età della Sardegna 'spagnola'.
Resta, del periodo giudicale, il ricordo sempre affascinante di una libertà e di un'autonomia che saranno vagheggiate nei secoli avvenire come un diritto inestinguibile dei sardi. E resta la memoria della grande Eleonora che, giudicessa d'Arborèa durante la prigionia del marito, non solo continuò a guidare la guerra 'nazionale', ma emanò anche, intorno al 1392, un codice di leggi conosciuto come *Carta de Logu* (il 'codice del territorio' arborense). Gli aragonesi lo estenderanno di lì a qualche anno a tutta la Sardegna rurale e sarà in vigore sin quasi il 1830. Si dice che perfino Caterina di Russia invidiasse, a distanza di secoli, quella donna sarda così guerriera e così saggia.

L'infelice parentesi spagnola e i Savoia

Il periodo spagnolo è considerato, dai sardi, quello in cui l'isola conosce – sotto il governo dei viceré che seggono a Cagliari (la Sardegna è un regno per decreto pontificio) – il suo periodo più infelice: pesti, carestie, spopolamento, povertà; nelle città l'arroganza dei funzionari spagnoli, nei paesi l'inesausto bisogno di denaro dei feudatari, gran parte dei quali abitano in Spagna, e dei loro ufficiali. Il dominio spagnolo dura sin verso il 1720, quando, a conclusione di una serie di guerre (prima fra tutte la guerra di successione spagnola), l'isola passa – dopo una breve parentesi di presenza asburgica – nelle mani dei Savoia, costretti dalla pace dell'Aia a cedere la ricca Sicilia (da cui hanno ottenuto il titolo di re) in cambio della povera Sardegna. Finiscono così quattro secoli in cui i sardi sono vissuti nell'orbita non solo d'un potere iberico ma anche della cultura e della civiltà di Spagna: i rapporti con l'Italia non si sono mai interrotti (sebbene qualche legge li vietasse espressamente), ma le istituzioni, la lingua, la letteratura, la religiosità, le tendenze dell'arte e perfino alcuni elementi 'archetipici' del carattere spagnolo lasceranno tracce profonde nella civiltà della Sardegna. Il bilancio ha anche qualche voce attiva: come la fondazione delle due Università di Sassari e Cagliari tra fine Cinquecento e inizi del Seicento, come l'affascinante produzione dei retabli, e come la stessa esistenza (secondo le usanze prima di Aragona e poi di Spagna) di un Parlamento che esercita una qualche funzione 'nazionale' di rappresentanza del popolo sardo (o, se si vuole, delle sue classi dominanti). Ma il lascito più originale e fascinoso dei quattro secoli catalano-spagnoli è un'intera città: ancora oggi Alghero, pure fondata dai Doria a immagine di una città fortificata di tipo genovese, è chiamata *Barceloneta*, la piccola Barcellona. Carlo V, che fu qui di passaggio nel 1541, la trovò «*bonita y bien asentada*», graziosa e felicemente collocata. Alghero lo è ancora oggi che è diventata, come diceva uno slogan degli anni pionieristici, la 'porta d'oro del turismo sardo'.

La Sardegna piemontese e feudale

La Sardegna fu piemontese per quasi 150 anni, sino all'Unità. In realtà si potrebbe dire che fu il Piemonte a essere sardo, visto che dalla Sardegna prendeva nome il nuovo regno. Ma piemontesi erano i monarchi, i viceré, gli alti magistrati, i grandi funzionari: il destino della Sardegna veniva deciso, un giorno dopo l'altro, più a Torino che a Cagliari. E perché non ci fossero equivoci, i Savoia non convocarono più il Parlamento che pure, al momento dell'acquisto dalla Spagna, si erano impegnati a convocare ogni 10 anni, come si era fatto nel passato.
All'inizio, in realtà, i Savoia non volevano tenersi quell'isola lontana, spopolata e malarica, praticamente priva di risorse, più bisognosa d'aiuto che capace di contribuire al reddito dello Stato. Poi, a partire dal 1743, il conte Gian Lorenzo Bogino, ministro di Carlo Emanuele III, cominciò a introdurre elementi d'un cauto ma sapiente riformismo: furono riaperte le università, travolte nel Seicento dalla crisi dello smisurato impero spagnolo; furono riformati e rafforzati i consigli 'comunitativi', antenati delle moderne assemblee civiche; furono creati i Monti frumentari, per incrementare l'agricoltura con prestiti in grano e attrezzi, e i Monti nummari per far girare un po' di denaro fra

i contadini. Ma, morto il re, il figlio Vittorio Amedeo III, nel momento stesso in cui gli succedeva, licenziò il Bogino.

La Sardegna era ancora nelle mani di un centinaio di feudatari: solo le città maggiori (esse stesse 'baronesse' della campagna circostante) ne erano esenti, e alcune di loro profittavano di questa condizione per crescere con istituzioni scolastiche e iniziative commerciali. Tempio diventa sempre più importante in Gallura, mentre la regione tutta intorno si va popolando di coloni, molti dei quali provenienti dalla Corsica: il dialetto gallurese nasce così, come il corso, su radici toscane; viene fondata Carloforte (1738), popolandola con coloni d'origine ligure che ancora oggi conservano in parte parlata e costumi d'un tempo, e viene occupato l'arcipelago della Maddalena (1767), dove crescerà presto una robusta piazzaforte militare marittima; Bosa schiera sui bordi del fiume Temo le sue attive concerie; Nùoro e Ozieri si sviluppano da grossi borghi a piccole città (e tali lo stesso Carlo Alberto le consacrerà nel 1836).

Il secolo dei lumi finisce in Sardegna, come nel resto d'Europa, tra le fiamme della rivoluzione. Anzi, di quella che si chiamò la 'sarda rivoluzione', un vasto moto antifeudale (e antipiemontese), animato da intellettuali borghesi di città, da pastori e contadini di paese, da coraggiosi parroci di villaggio: ma il suo capo, Giommaria Angioj, giudice della massima magistratura isolana, sconfitto, fu costretto all'esilio (morì a Parigi nel 1808, dopo aver inutilmente cercato di convincere i governi francesi a 'liberare' la Sardegna).

L'editto 'delle chiudende' e le origini del banditismo

Gli anni cruciali dell'Ottocento sono i decenni centrali del secolo: nel 1839 prende concretamente corpo un editto, già emesso nel 1820, che permette a chi possiede la terra di chiuderla con muri, siepi o fossati (di qui il nome di editto 'delle chiudende'), nella speranza di attivare la formazione di una piccola borghesia agraria imprenditrice; nel 1836-39 viene abolito il feudalesimo; fra il 1859 e il 1865 vengono aboliti gli ademprivi, cioè i diritti che le comunità avevano sulle terre feudali e demaniali.

Sono tre grandi serie di provvedimenti legislativi, volti (come altre misure coeve) ad allineare il più rapidamente possibile la Sardegna al resto d'Europa o, come minimo, al resto continentale del Regno di Sardegna. Ma sono leggi che sconvolgono, nell'isola, assetti plurisecolari: con esiti, nella gran parte dei casi, che vanno nella direzione opposta a quella per la quale erano stati pensati. L'abolizione del 'comunismo' agrario non crea la borghesia imprenditrice [illegible]

Il Compendio garibaldino sull'isola di Caprera

I resti dell'antica miniera di Malacalzetta, nell'Iglesiente

L'unificazione e la crisi di fine Ottocento

L'anno dei portenti, in Sardegna, è il 1847. Tra ottobre e novembre un moto di borghesie urbane, intellettuali e commerciali, chiede e ottiene la 'fusione perfetta' fra Sardegna e Stati di Terraferma: è la fine dell'autonomia del *Regnum Sardiniae*, la rinuncia ai pochi privilegi d'origine spagnola, l'inizio di un'integrazione diseguale nel resto dello Stato, un processo non ancora compiuto e ancora drammaticamente in discussione. La stessa unificazione della penisola avvia in Sardegna, di fronte ai problemi che crescono, un ripensamento di quel moto con cui i sardi, in fondo, avevano anticipato gli unitarismi del risorgimento. «Fu una follia collettiva», dirà, a qualche anno dall'evento, uno dei capi delle 'radiose giornate' del 1847. La Sardegna sperimenterà così, con quasi quindici anni d'anticipo, il difficile rapporto Nord-Sud.
Il secolo finisce con una crisi epocale: chiusi gli sbocchi commerciali con la Francia dalla 'guerra delle tariffe', crollano una dietro l'altra le banche, falliscono le industrie agricole, il banditismo nel Nuorese scoppia così violento che Pelloux ordina, nel 1899, una vera e propria spedizione militare. Resiste la pastorizia, e industriali del Lazio cominciano a produrre in Sardegna quel 'pecorino romano' che ora si fa quasi soltanto nell'isola; resiste, anzi cresce, l'industria mineraria che ha la sua area privilegiata nel Sulcis-Iglesiente, dove si sviluppa una classe operaia insieme disperata e combattiva (oggi che le miniere sono arrivate al loro anno zero, le nere architetture minerarie sono uno dei più emozionanti spettacoli dell'archeologia industriale italiana). Le due città maggiori, Cagliari e Sassari, sulla spinta di attive borghesie commerciali o delle professioni, aprono nuovi, eleganti quartieri.
L'età giolittiana, in cui l'Italia si avvia a passare da paese contadino a potenza industriale, è segnata in Sardegna dallo straripare della pastorizia e da sanguinosi scontri nelle miniere (l'eccidio di Buggerru, settembre 1904) e nelle città (i moti per il carovita, maggio 1906): anche i sardi cominciano a emigrare.

La Grande Guerra e il ventennio fascista: bonifiche e 'città nuove'

Questa 'appendice incerta' dell'Italia entra prepotentemente nell'immaginario nazionale quando, nel novembre del 1915, il bollettino del Comando Supremo cita «gli intrepidi Sardi della Brigata Sassari», conquistatori di una «munitissima posizione nemica». C'è un sussulto d'orgoglio anche in Sardegna: dopo il Piave, il presidente Orlando dirà alla Camera: «Quando ho visto i soldati della Brigata Sassari ho sentito l'impulso di inginocchiarmi davanti a loro». La media regionale dei caduti in guerra è per l'isola una delle più alte d'Italia.

Il dopoguerra dovrebbe essere il momento in cui lo Stato paga i suoi debiti. Nasce nell'isola il più forte movimento regionale di ex combattenti, che chiede nuova attenzione dai governanti e l'autonomia politico-amministrativa. È la matrice non soltanto di un'originale formazione politica, il Partito sardo d'Azione, ma anche d'un vasto moto di rivendicazionismo regionalista che, covando durante il fascismo «come il fuoco sotto la cenere» (l'immagine è di uno dei più prestigiosi 'capitribù' della Sardegna moderna, Emilio Lussu), avrà una sanzione costituzionale nel 1948 con lo Statuto regionale di autonomia speciale. Il fascismo non è neppure in Sardegna una 'parentesi'. Nell'isola il governo conduce il suo più vasto esperimento di bonifica agraria 'integrale' (e nascono così le 'città nuove' di Mussolinia, oggi Arborèa, presso Oristano, e Fertilia sul golfo di Alghero), attiva nelle miniere le produzioni più funzionali alla politica autarchica (nel 1938 viene fondata Carbonia), finanzia con 'la legge del miliardo' (1924) un vasto programma di opere pubbliche, prova a combattere il più antico dei mali dell'isola, la malaria.
Al censimento 'imperiale' del 1936 i sardi superano il milione di unità e Cagliari i centomila abitanti. Ma il mondo della campagna – questa vasta, imprendibile, inabitata campagna sarda – resta sostanzialmente intatto. Non solo: alla fine del ventennio più di quattro quinti dei paesi sardi non avranno ancora acqua, luce, fognature, scuole, in qualche caso neppure cimitero. E il mondo delle miniere – risorsa strategica del Paese – s'arrenderà in pochi anni alla concorrenza internazionale.

La modernizzazione novecentesca

Nel 1950, l'anno della grande svolta: nessun sardo s'ammala di malaria. Un grandioso esperimento igienico-sanitario, condotto da tecnici italiani, finanziato e diretto da americani, ha portato in meno di quattro anni all'eradicazione dell'*Anopheles maculipennis*, la zanzara portatrice di questa millenaria piaga delle coste mediterranee. La scomparsa della malaria sgombra da un pericolo micidiale ogni insediamento nel territorio: da quello dell'industria a quello nelle stesse campagne e, soprattutto, nelle zone costiere. Il turismo sardo è figlio, quasi tutto, del 'miracolo' del Ddt, il famoso disinfestante nell'occhio del ciclone ecologista. Molti sardi conservano ancora, e con qualche gratitudine, i 'marchi' del passaggio dell'operaio-disinfestatore sullo stipite delle porte.
Nel 1962 il primo Piano di rinascita lancia un imponente programma per la modernizzazione della Sardegna: basato sulla creazione di alcuni robusti poli industriali (Sassari, Porto Torres, Cagliari, Olbia, Arbatax e poi ancora Oristano, Macomer, Ottana), si ferma però alla creazione di una massiccia industria petrolchimica di base, esposta ai capricci del mercato mondiale del petrolio. Nel 1974 la prima crisi del Golfo avvia una fase di forte recessione da cui la Sardegna non è ancora del tutto uscita; numerose manifestazioni di malessere isolano (anche la più clamorosa, quella del banditismo delle zone interne, che si esprime soprattutto nell'industria dei sequestri di persona) sono da ricondurre, in parte, a queste nuove, difficili condizioni di vita e di lavoro.

L'isola nel XX secolo: crisi economica e nuove tecnologie

Negli anni '80 del XX secolo, dopo circa 8000 anni di attività pressoché ininterrotta, una dopo l'altra hanno chiuso quasi tutte le miniere storiche della Sardegna. Quelle di carbone perché la lignite del Sulcis è un minerale poco competitivo e troppo ricco di zolfo, incompatibile con le direttive europee e, a maggior ragione oggi, con il protocollo di Kyoto. I filoni metalliferi (piombo, zinco, rame) erano ormai esauriti e in ogni caso poco competitivi. Per la miniera di Nuraxi Figus a Gonnesa (Carbosulcis), di proprietà della Regione Sardegna e l'unica rimasta attiva in Italia – teatro di una clamorosa e drammatica protesta che, nell'agosto 2012, vide asserragliarsi i minatori a 373 m di profondità per impedirne la chiusura – si prevede la cessazione dell'attività estrattiva nel corso del 2017. In realtà le attività minerarie in Sardegna si sono spostate su altri settori, come i minerali non metalliferi (argille, caolini e feldspati per l'industria ceramica e del refrattario). Restano, soprattutto nel Sulcis e nell'Iglesiente, i villaggi minerari ormai abbandonati, i pozzi e le laverie, decine di siti dove si è scritto un capitolo importante della storia sarda. Nel 1997 l'Unesco ha inserito le miniere sarde nella sua rete di geositi, che ha il fine di tutelare il patrimonio tecnico, ambientale e culturale delle zone minerarie. L'anno successivo la Regione Sardegna ha istituito il Parco geominerario della Sardegna, primo al mondo, diffuso su tutto il territorio regionale con otto aree e innumerevoli siti, alcuni dei quali visitabili.

Sono stati fortemente ridimensionati anche alcuni dei poli industriali sorti negli anni '60 e '70. Hanno senza dubbio offerto prospettive di lavoro alle aree più depresse dell'isola, ma al prezzo di enormi costi ambientali e sociali. L'industria pesante sta segnando il passo a favore però di altri settori. L'isola è da tempo all'avanguardia nelle tecnologie informatiche e delle telecomunicazioni, come dimostra il successo internazionale di Tiscali, che affonda però le sue radici in un fertile humus tecnologico. A Pula ha sede il Parco tecnologico della Sardegna, frutto dell'impegno della Regione Sardegna e della Comunità europea a partire dagli anni '80. Esteso su 160 ettari ai piedi del massiccio del Sulcis, è un sistema di infrastrutture avanzate e servizi attivi nel campo delle tecnologie dell'informazione e della comunicazione, nelle biotecnologie e nelle energie rinnovabili. Un analogo polo tecnologico ha sede ad Alghero.
Ma la Sardegna resta terra di pastori: le proteste degli allevatori, sfociate nel 2010 in scontri con le forze dell'ordine e proseguite negli anni successivi con varie manifestazioni organizzate dal 'Movimento Pastori Sardi', hanno messo in luce l'estremo disagio di quella che è la più autentica vocazione della terra sarda. L'isola contribuisce per più della metà della produzione nazionale di latte ovicaprino, in gran parte destinato alla produzione industriale di pecorino romano. Ma il prezzo del latte in caduta libera da anni sta mettendo a forte rischio la sopravvivenza di quel mestiere millenario, con drammatiche conseguenze economiche e ambientali, oltre che di dispersione di un patrimonio di tradizione e cultura.

Murale della serie 'Memoria e identitade' a Urzulei

Il boom del turismo, da élitario a internazionale

Da tempo ormai il turismo è una delle principali voci dell'economia dell'isola. Debellata definitivamente la malaria nel secondo dopoguerra, alla scoperta delle coste settentrionali – la Costa Smeralda e l'arcipelago della Maddalena, Alghero e dintorni – da parte del turismo d'élite ha fatto seguito lo sviluppo di una vera e propria industria dell'ospitalità. Particolari contingenze internazionali hanno fatto sì che nel biennio 2015-16 il grafico dei flussi turistici sia ritornato a far segnare un incremento di presenze, dopo alcuni anni di crisi. Significativo il 'sorpasso' nel corso della stagione 2015 dei turisti stranieri nei confronti di quelli italiani. Diventate meno sicure, a causa di conflitti e della paura di attentati terroristici, le mete nordafricane e mediorientali, ma anche le grandi capitali del Nord Europa, l'isola è oggi in cima ai desideri di vacanza per esempio dei tedeschi, che con oltre 560 000 presenze hanno stabilito il record di afflusso straniero: poco meno della metà i francesi (252 000) seguiti da svizzeri, britannici, olandesi, austriaci. In risposta a questo interesse è il tentativo di allungare la stagione turistica tradizionale, facendola iniziare da maggio e prolungandola fino a ottobre. Questo è possibile anche grazie all'ampliamento di un'offerta che mira a far conoscere il territorio sardo non soltanto come straordinaria meta balneare ma anche per le bellezze naturalistiche dell'interno.

Cronologia

Paleolitico inferiore (400 000-120 000 a.C) Prime testimonianze della presenza umana in Sardegna: ritrovamenti di strumenti di selce a Pèrfugas, nell'Anglona.

Neolitico (6000 a.C.) L'ossidiana del monte Arci è utilizzata dall'uomo ed esportata.

Neolitico recente (3700-3000 a.C.) Pratica della sepoltura nelle *domus de janas* diffusa su gran parte del territorio regionale; data a questo periodo l'altare di monte Accoddi.

Età del Bronzo antico (2500-1500 a.C.) Prima fase della civiltà nuragica: edificazione di tombe di giganti, protonuraghi o nuraghi a corridoio.

Età del Bronzo medio (1500-1200 a.C.) Seconda fase della civiltà nuragica: edificazione di nuraghi semplici a *tholos*.

Età del Bronzo recente (1200-900 a.C.) Terza fase della civiltà nuragica: edificazione di nuraghi complessi, pozzi sacri, templi a *megaron*.

Età del Ferro (900-750 a.C.) Quarta e quinta fase della civiltà nuragica: produzione di elaborate ceramiche nello stile geometrico orientalizzante. Ristrutturazione o anche abbattimento di molti complessi nuragici.

800-755 a.C. Prime presenze fenicie nel Sulcis e fondazione delle città di Nora, Bithia, Tharros, Bosa, Olbia. Edificazione del complesso di monte Sirai. Frequentazioni puniche anche nel golfo di Cagliari.

509-238 a.C. Dominio cartaginese sull'isola. Rapido sviluppo della città di *Karales* (Cagliari).

238 a.C. Approfittando di una rivolta a Cartagine, Roma prende possesso della Sardegna al termine della prima guerra punica.

227 a.C. La Sardegna è provincia romana.

46 a.C. *Karales* è *municipium* romano.

II secolo d.C. Prime deportazioni di cristiani nell'isola.

IV secolo d.C. Durante le persecuzioni di Diocleziano sono martirizzati i santi Lussorio, Saturnino, Simplicio, Gavino e, secondo la tradizione, Efisio.

456 I Vandali occupano la Sardegna.

534 I bizantini riconquistano l'isola che diventa una delle sette province africane dell'Impero d'Oriente.

VII-VIII secolo Frequenti incursioni arabe e longobarde nell'isola; le spoglie di S. Agostino di Ippona sono traslate da *Karales* a Pavia, per volere del re longobardo Liutprando.

IX-XI secolo Formazione dei quattro giudicati di Torres, Arborèa, Gallura e Cagliari.

1015 Gli arabi invadono e conquistano buona parte dell'isola, ma sono espulsi l'anno seguente dai genovesi e dai pisani, che allacciano relazioni commerciali e dinastiche con le più influenti famiglie giudicali.

XI secolo Le dinastie giudicali favoriscono con donazioni di terre gli insediamenti monastici dei benedettini, provenienti dalle case madri di Montecassino e S. Vittore di Marsiglia.

1216-58 Per iniziativa del pisano Lamberto Visconti viene edificato il Castello (*Castrum Karalis* o *Casteddu*) di Cagliari, inizio della fine del giudicato di Cagliari, nel 1258. Sono pisani anche il giudicato di Gallura (Visconti), Arborèa (conti di Capraia), mentre il Sulcis è dei Della Gherardesca, conti di Donoratico.

1284 Con la sconfitta pisana nella battaglia della Meloria, inizia la penetrazione genovese nell'isola. I Doria sono a Sassari e in varie località del Logudoro e dell'Anglona.

Macomèr: reperto del Museo etnografico 'Le Arti antiche'

1297 Papa Bonifacio VIII concede in feudo il regno di Sardegna e Corsica a Giacomo II d'Aragona, che rinuncia alle sue pretese sulla Sicilia.

1323 Invasione catalano-aragonese della Sardegna.

1326 I pisani abbandonano definitivamente il castello di Cagliari, che viene insediato da popolazione catalano-aragonese.

1353 Mariano IV d'Arborèa inizia la guerra contro gli aragonesi.

1354 Da Alghero, dopo la rivolta al dominio aragonese, sono cacciati gli abitanti sardi, sostituiti da popolazione catalana.

1383 Inizia la reggenza di Eleonora d'Arborèa.

1392 Eleonora d'Arborèa promulga la *Carta de Logu*.
1409 Battaglia di Sanluri; fine del giudicato di Arborèa, trasformato in marchesato del regno d'Aragona.
1520 Iniziano le incursioni barbaresche sulle coste dell'isola, che dureranno fino al XIX secolo. Dal 1587 viene sistematicamente rinforzato il sistema delle torri costiere.
1652-57 Da Alghero la peste si diffonde sull'isola. Cagliari si vota a S. Efisio perché fermi il contagio.
1708 La flotta inglese bombarda Cagliari durante la guerra di successione spagnola.
1713 Con il trattato di Utrecht la Sardegna passa all'Austria degli Asburgo.
1720 Con la pace de L'Aia i Savoia assumono il titolo di re di Sardegna.
1738 Fondazione di Carloforte, in onore a Carlo Emanuele III, che accoglie i profughi liguri di Tabarqa, in Tunisia.
1793 Falliscono i tentativi francesi di occupazione dell'isola, a Sant'Antìoco, a Cagliari e alla Maddalena.
1794 È pubblicato l'inno *Su patriottu sardu a sos feudatarios (Procurade 'e moderare)* di Francesco Ignazio Munnu.
1796 Falliscono i moti rivoluzionari sardi; Giovanni Maria Angioy va in esilio a Parigi.
1799-1814 La famiglia reale dei Savoia si trasferisce in Sardegna dopo l'invasione napoleonica del Piemonte.
1820 Viene emanato l'editto 'delle chiudende', che poneva termine agli usi collettivi della tradizione, a favore della diffusione della proprietà privata.
1822-29 Costruzione della strada carrabile Carlo Felice.
1856 Giuseppe Garibaldi acquista la metà settentrionale dell'isola di Caprera.
1871-72 Costruzione della linea ferroviaria Cagliari-Porto Torres.
1827 Il Codice Feliciano sostituisce la *Carta de Logu*.
1904 I militari sparano sui minatori in sciopero a Buggerru.
1926 Il premio Nobel per la letteratura va a Grazia Deledda.
1928 Fondazione di Mussolinia, poi rinominata Arborèa.
1936 Fondazione di Fertilia.
1938 Fondazione di Carbonia.
1946 Inizia la campagna contro la malaria, debellata entro il 1950 grazie allo spargimento di 11 milioni di litri di Ddt.
1950-54 Si acuisce il fenomeno del banditismo nel Nuorese.
1962 Stanziamenti per il primo Piano di rinascita; si costituisce il Consorzio Costa Smeralda. A partire dagli anni '60 nascono poli industriali a Porto Torres, Portovesme, Sarroch, Ottana, Àrbatax, alcuni dei quali oggi chiusi o in via di dismissione. Nella seconda metà del decennio è attiva in Barbàgia l'anonima sequestri.

L'ingresso dell'ex miniera di Porto Flavia

1970 La squadra del Cagliari vince il campionato di calcio di Serie A: tutta l'isola festeggia la storica impresa di Gigi Riva, giocatore simbolo di quella compagine, e dei suoi compagni.
1997 L'Unesco inserisce i siti minerari sardi, quasi tutti chiusi nel corso degli anni '80, nella sua rete dei geositi. Ribadisce l'anno successivo l'alto valore del patrimonio minerario con la Carta di Cagliari, preludio all'istituzione del Parco geominerario nel 2001.
2004 Il 'decreto salvacoste' voluto dal governatore della Regione Sardegna Renato Soru (centrosinistra) diviene legge, ponendo rigidi vincoli sull'edificazione lungo le coste.
2006 È varato il Piano paesistico regionale e, l'anno successivo, la Conservatoria delle coste.
2007 Firma di un'intesa tra Regione e Ministero della Difesa per il trasferimento al Demanio di 10 siti militari, tra cui l'ex arsenale della Maddalena. È il primo atto dell'auspicata dismissione delle servitù militari dell'isola. Il sito della Maddalena era destinato a ospitare il 35° vertice del G8 del 2009, poi trasferito a L'Aquila.
2010 Esplode la protesta dei pastori sardi sul prezzo del latte e sulla crisi del settore lattiero-caseario.
2012 In agosto e settembre, drammatiche iniziative di lotta dei minatori del Sulcis per difendere dalla chiusura la miniera di carbone di Nuraxi Figus a Gonnesa (Carbosulcis): 200 lavoratori occupano i pozzi a 373 m di profondità.
2015 La Dinamo Basket Sassari vince il campionato italiano di pallacanestro: è la prima società sarda a riuscire nell'impresa.

Il percorso artistico

La Sardegna preistorica

Alcuni sporadici reperti attestano la presenza dell'uomo in Sardegna fin da tempi anteriori al Neolitico antico. L'industria litica è ben rappresentata dall'ossidiana del monte Arci, che costituisce anche merce d'esportazione. Nella prima metà del IV millennio a.C. si colloca la *cultura di Bonuighinu*, già del Neolitico medio, documentata sia in caverne sia in villaggi all'aperto, soprattutto grazie a reperti ceramici con eleganti decorazioni incise. Attorno al 3000 a.C. le subentra la *cultura di Ozieri*, riferibile al Neolitico recente e al primo Calcolitico, nel cui ambito si manifestano relazioni culturali più strette con il Mediterraneo orientale, soprattutto nell'importante santuario megalitico di Monte d'Accoddi presso Porto Torres. A partire da quest'epoca si diffondono i culti funerari, documentati specialmente dalla presenza di grotticelle artificiali, dette *domus de janas* (si segnalano quelle di Anghelu Ruju presso Alghero), talvolta decorate con simboli elementari o anche dipinte. Dal 2000 a.C. fanno la loro comparsa figurette in pietra riferibili alla Dea Madre, il cui culto è diffuso nell'intero bacino mediterraneo e in Medio Oriente. A queste si affiancano le stele-menhir con attributi femminili; in un secondo momento compaiono anche statue-menhir con attributi maschili (sono notevoli quelle di Pranu Mutteddu presso Goni). Queste ultime segnano un'epoca di transizione, nella quale la diffusione della metallurgia è sintomo di una pratica della guerra, apparentemente sconosciuta fino ad allora in Sardegna. Il quadro di riferimento è quello della *cultura dolmenica*, che segnala relazioni con il continente italico ed europeo, esplicitate dalle *culture del Vaso campaniforme*, *di Monte Claro* e *di Abealzu-Filigosa*.

La cultura nuragica

Verso il 2000 a.C. la Sardegna rielabora in modo originale le due componenti culturali costitutive delle origini, quella orientale e quella occidentale, soprattutto con la creazione delle forme iniziali di nuraghe a pianta circolare o allungata. Intorno al 1500 la *cultura di Bonnànaro* produce le prime forme di nuraghe complesso, particolarmente apprezzabili nelle fasi evolutive del grandioso complesso di Su Nuraxi a Barùmini, nel quale al mastio centrale si aggiunge una cinta di torri, con sviluppo del villaggio circostante. Tra il XVI e il IV secolo a.C., la *cultura nuragica* rappresenta l'elemento di continuità locale nell'isola interessata via via dalla frequentazione dei mercanti micenei (sino al 1200 a.C.) e fenici (sino al VII secolo a.C.), quindi dalla conquista militare a opera dei cartaginesi e dei romani

Un nuraghe isolato nella campagna di Castelsardo

(238 a.C.). Oltre che con il suo monumento più caratteristico, che è il nuraghe (Santu Antine a Torralba, Serra Òrrios a Dorgali, Losa ad Abbasanta, Arrubiu a Orroli), essa si esprime con santuari (Santa Vittoria a Serri), pozzi sacri (Su Tempiesu a Orune, Santa Cristina a Paulilàtino), sepolture dette *tombe di giganti* e, dal punto di vista plastico, non solo con le piccole sculture in bronzo di guerrieri, navicelle, figure femminili di dea madre o di sacerdotessa (oggi soprattutto a Cagliari nel Museo archeologico nazionale), ma anche – ed è una scoperta recente – con la statuaria monumentale in pietra, documentata dai frammenti di monte Prama nell'Oristanese.

L'architettura del nuraghe

Il nuraghe è, per definizione, una torre a forma di cono costruita con file sovrapposte l'una sull'altra di grandi massi, senza l'uso di malta cementizia. La costruzione è generalmente alta 4-5 m, ma a volte anche più di 10; può essere isolata, ma più spesso è articolata con bastioni, cortili, antemurali, torri minori. Il termine nuraghe deriverebbe da *nur*, vocabolo protosardo – la lingua parlata prima della conquista romana – che probabilmente indicava un mucchio di pietre con all'interno una cavità, vale a dire la struttura del monumento. Castelli di capi tribali, palazzi simbolo del potere aristocratico del clan, fortezze-rifugio per gli anziani e la gente del villaggio, tombe-tempio di eroi: qualsiasi cosa fossero, i nuraghi restano lì a testimoniare una civiltà unica e originale. Il complesso di Su Nuraxi a Barùmini, tutelato dall'Unesco come Patrimonio dell'Umanità, è il più bello e il più completo esempio di questa straordinaria forma di architettura preistorica.

La colonizzazione fenicio-punica e la romanizzazione

Il primo momento della frequentazione fenicia della Sardegna corrisponde alla fase precoloniale (XI-IX secolo a.C.), cui subentra, tra l'VIII e il VII secolo, la fondazione di colonie lungo la costa sud-occidentale, fra le quali assumono speciale rilevanza Nora (che ha restituito la più antica iscrizione semitica nell'isola), Bithia (attuale Chia), Sulci (attuale Sant'Antìoco), Tharros nel Sinis e Càralis o Kàralis (Cagliari).
Per garantire la sicurezza delle proprie colonie i fenici intraprendono la costruzione delle prime fortezze nell'entroterra (Monte Sirai presso Carbonia), potenziate dai cartaginesi nel momento in cui, a partire dal VI secolo a.C., la città africana assume un ruolo egemone fra le colonie d'Occidente. Fuori dalle città, configurate come porto-mercato attorniato da un tessuto non regolare di case, botteghe, officine e santuari urbani, si collocano le necropoli e i *tophet*, luoghi deputati alla sepoltura di fanciulli e di piccoli animali. Nelle botteghe transitano i manufatti d'importazione, sia italica sia orientale; nelle officine si producono vetri, oggetti d'oreficeria, terrecotte (di particolare interesse le maschere votive nel Museo archeologico di Cagliari), sculture in metallo e in pietra, fra le quali spiccano le stele aniconiche o antropomorfe dei *tophet*.
I siti, le produzioni e la stessa vita quotidiana delle città puniche non subiscono sostanziali variazioni nel passaggio della Sardegna da Cartagine a Roma, dopo il 238 a.C. La continuità devozionale è documentata nel tempio di Àntas (Fluminimaggiore), già dedicato alla suprema divinità paleosarda, poi al dio semitico Sid-Addir, quindi al *Sardus Pater* ricordato nelle fonti classiche. Nei primi secoli della romanizzazione la città egemone è Nora, fra le cui rovine si conservano ambienti termali, pavimenti musivi di ville e il teatro; dal I secolo a.C. emergono Càrales, dove si segnala soprattutto l'anfiteatro, e *Turris Libisonis* (Porto Torres), colonia di fondazione augustea, della quale restano ruderi dell'acquedotto e le strutture termali del cosiddetto palazzo di Re Barbaro. I manufatti della Sardegna romana, sia quelli d'importazione (notevole la serie marmorea di ritratti imperiali giulio-claudi recuperata a Sulci), sia quelli di produzione locale, rivelano l'adeguamento alle mode extraisolane, in tutto simili agli analoghi reperti del continente italico e dell'Africa, dai cui centri proviene la ceramica sigillata, esportata fino all'alto medioevo (VI-VII secolo).

L'età tardoantica e i modelli bizantini

Bisogna arrivare alla fine del III-inizi del IV secolo per trovare il più antico frammento di sarcofago marmoreo di soggetto cristiano, rinvenuto a Olbia e oggi nel Museo nazionale di Cagliari. La cristianizzazione dell'isola, iniziata fin dai primi secoli, non conosce interruzioni nemmeno nell'epoca della dominazione vandalica, fra il 455 e il 534. In quest'anno le truppe di Giustiniano, nel quadro della campagna africana, riconquistano

la Sardegna, che entra a far parte dei territori dell'Impero romano d'Oriente e fra il VI e il X secolo vive un corso storico differente rispetto a quello dei territori italici e dell'Occidente in genere: non viene occupata da popolazioni germaniche, non entra a far parte dei domini carolingi, mantiene un'ininterrotta dipendenza politico-amministrativa da Costantinopoli, dunque dall'Impero che si suole definire bizantino. Nella produzione artistica i riflessi sono immediati: alle importazioni di manufatti da Roma si affiancano quelle dall'Oriente. È databile alla prima metà del VI secolo un notevole capitello marmoreo del Museo archeologico di Cagliari, lavorato nelle botteghe presso Costantinopoli e quindi esportato in Sardegna. Altre sculture, come i capitelli con colombe riutilizzati nella basilica romanica di S. Gavino a Porto Torres, documentano l'adattamento locale dei modelli di provenienza orientale. Anche le architetture superstiti mostrano di risentire dei modi bizantini, ma restano fedeli al prototipo tardoantico del *martyrium* a pianta cruciforme con cupola all'incrocio dei bracci voltati a botte. Tale doveva essere l'originale configurazione strutturale di tre grandi chiese, erette fra il V e il VII secolo: S. Saturnino di Cagliari (ristrutturata in forme romaniche dopo la donazione ai monaci vittorini nel 1089), S. Antìoco del centro omonimo e S. Giovanni di Sinis (Cabras). Esiste poi un gruppo di chiese cruciformi cupolate, di minori dimensioni, delle quali è difficile stabilire l'esatta cronologia: il santuario di Bonàrcado, S. Teodoro di San Vero Congius (Simàxis), S. Elia di Nuxis, S. Salvatore di Iglèsias, S. Maria di Cossoìne, S. Croce di Ittireddu. È possibile che siano state costruite fra il IX e i primi decenni dell'XI secolo, quando la Sardegna bizantina evolveva nella Sardegna giudicale.
In questi secoli i locali rappresentanti dell'autorità imperiale di Costantinopoli si trovano ad agire praticamente in autonomia da Bisanzio e, a partire dalla metà dell'XI secolo, elevano se stessi al rango di 'giudici', di fatto autorità supreme nelle quattro città più importanti dell'isola: Cagliari, Oristano, Porto Torres e Olbia. Nella sua fase formativa, l'istituzione, la cultura e l'arte giudicale avvertono il bisogno di legittimare la propria realtà storica attraverso il riferimento a Bisanzio, mediante la lingua greca delle iscrizioni e il linguaggio bizantino delle sculture marmoree. Queste ultime, giunte a noi frammentarie, rivelano forti relazioni con la costa campana, sede di ducati di cultura bizantina. Si trattava di pilastrini e plutei di recinzione presbiteriale, fra i quali riveste uno speciale interesse la lastra con grifo e pegaso, ritrovata in mare presso l'isola di San Macario (Pula) e custodita nel Museo di Cagliari.

L'architettura romanica al tempo dei giudicati

Nel giudicato di Torres, il giudice Gonnario-Comita si fa promotore della grandiosa ricostruzione romanica della basilica di S. Gavino, caratterizzata dalla pianta a due absidi, che si aprono nei lati brevi del corpo trinavato. Nei setti divisori si utilizzano colonne e capitelli di spoglio; la muratura è di tipo lombardo, con paramenti scanditi da lesene e conclusi in alto da archetti.
Nella seconda metà dell'XI secolo si assiste all'avvio di un'intensa attività edilizia, che nel secolo successivo dà origine a un panorama architettonico fra i più intatti e significativi del romanico europeo, destinato a caratterizzare il paesaggio storico dell'isola. Il crescente controllo che le repubbliche marinare di Pisa e Genova esercitano sulla vita politico-sociale dei giudicati determina la diffusa presenza di maestranze di provenienza toscana e ligure, che si radicano in Sardegna e sviluppano modi locali. La scala dimensionale si rapporta alla funzione delle chiese: è infatti massima nella cappella palatina di S. Maria del Regno ad Àrdara; in cattedrali come S. Simplicio di Olbia, S. Pietro di Bosa, S. Antìoco di Bisarcio (Ozieri), S. Pietro di Sorres (Borutta), S. Nicola di Ottana (consacrata nel 1160), S. Giusta nel centro omonimo; in chiese monastiche benedettine cassinesi come S. Maria di Tergu, S. Nicola di Silànis (Sèdini), S. Pietro delle Immagini o di Simbranos presso Bulzi, camaldolesi come la SS. Trinità di Saccargia (Codrongiànos) e S. Maria di Bonàrcado (consacrata nel 1146), cistercensi come S. Maria di Corte (Sindìa), vittorine come S. Efisio di Nora (Pula). Variano dalla media alla minima scala dimensionale le altre chiese, anch'esse monastiche o parrocchiali; meritano una menzione S. Maria di Sibiola, S. Platano di Villa Speciosa e S. Maria di Uta.
La caduta del giudicato di Cagliari in mano pisana, nel 1258, è la premessa storica per la costruzione nella città della cattedrale di S. Maria e della cinta muraria del quartiere di Castello, che si conclude nel 1305-1307 con le torri di S. Pancrazio e dell'Elefante, progettate da Giovanni Càpula e tuttora superstiti. Nella seconda metà del XIII secolo si amplia S. Maria di Bonàrcado e si costruisce la cattedrale di S. Pantaleo di Dolianova,

La basilica romanica di S. Antìoco di Bisarcio

nel cui cantiere si formano le maestranze che erigono numerose chiese minori del territorio; nel 1293 l'architetto Anselmo da Como dirige la fabbrica di S. Pietro di Zuri (Ghilarza), che denota analoghe forme di transizione dal romanico al gotico. Tutte queste chiese romaniche sono caratterizzate da un esuberante apparato di decorazione architettonica, che si esplica nei peducci delle archeggiature esterne e talvolta nell'uso di colonne e capitelli di spoglio.

L'età aragonese: il gotico

Fin dalla metà del Duecento la presenza dei francescani determina l'introduzione in Sardegna di tipologie architettoniche e decorative legate ai modi gotici italiani, in base ai quali viene intrapreso l'ampliamento della cattedrale cagliaritana di S. Maria di Castello. Nel 1323 Alfonso d'Aragona sbarca nell'isola e nel 1326 conquista il Castello pisano di Cagliari. Negli anni dell'assedio della città gli aragonesi costruiscono il santuario della Madonna di Bonaria, primo edificio gotico-catalano in Sardegna, e dopo il 1326, nella Cattedrale, alla cappella 'pisana' a destra del presbiterio si affiancherà, a sinistra, quella 'aragonese', simbolo visivo della presa di possesso da parte dei nuovi dominatori. Inizia il lento processo di catalanizzazione dell'isola, che si svolge lungo l'arco di un secolo. Per tutto il corso del Trecento si verifica la sostanziale continuità dei rapporti artistici con il continente italico e la Toscana in particolare, documentata da opere come gli affreschi della cappella del castello di Serravalle a Bosa, la pala di Ottana (commissionata fra il 1339-43 dal vescovo Silvestro e da Mariano IV, futuro giudice d'Arborèa) e la statua marmorea del santo vescovo nella chiesa di S. Francesco a Oristano (firmata da Nino Pisano attorno al 1360).

Espressioni dell'arte sardo-catalana

Fin dagli inizi del Quattrocento si assiste a un mutamento delle rotte commerciali e culturali, che non fanno più capo a Pisa bensì a Barcellona e a Napoli. Nell'arredo liturgico delle chiese si impone il retablo, la grande pala lignea d'altare, decorata e dipinta, di tipologia e provenienza catalano-valenzana; il primo esemplare giunto fino a noi, per quanto incompleto, è il retablo dell'Annunciazione, del 1406-1409 circa, attribuito al pittore catalano Joan Mates. Attorno alla metà del secolo la committenza isolana non si limita a importare retabli dalla Catalogna, ma richiede il trasferimento degli artisti nell'isola: nel 1455-56 due pittori iberici, Rafael Tomás e Joan Figuera, dipingono a

Cagliari il retablo di S. Bernardino. La personalità più rappresentativa della pittura sardo-catalana quattrocentesca rimane ancora oggi anonima: si tratta del Maestro di Castelsardo, cui si attribuisce un corpus di opere a Barcellona, in Corsica e in Sardegna, delle quali l'unica sicuramente datata è il retablo di Tuìli, che gli fu pagato nell'anno 1500.

Il periodo spagnolo: la scuola di Stampace e il barocco d'importazione

Il Cinquecento segna l'ingresso del reame di Sardegna nei domini della corona di Spagna. Esso vede da un lato l'ultimazione delle parrocchiali campidanesi esemplate sul S. Giacomo di Cagliari (S. Pietro di Assèmini, S. Giorgio di Sestu, S. Pietro di Settimo San Pietro), dall'altro l'elaborazione di un analogo modello, applicato alla fabbrica di quelle della Sardegna settentrionale (S. Giorgio di Pèrfugas, S. Giulia di Padria, S. Maria di Cossoìne, S. Vittoria di Thiesi, S. Giorgio di Pozzomaggiore). Il presbiterio di queste chiese, di tipologia gotico-catalana, rappresenta lo spazio ideale per l'inserimento dei retabli, che talvolta dominano anche all'interno di edifici romanici: è il caso del retablo di S. Maria del Regno di Àrdara, datato al 1515, il più grande nell'isola. A Cagliari, fin dal secondo decennio del Cinquecento la scena pittorica è dominata dalla *scuola di Stampace* e dalla personalità di Pietro Càvaro, che nel 1518 firma il retablo di Villamar. Nella seconda metà del secolo saranno il figlio Michele e Antìoco Mainas ad assumere le commissioni sempre più numerose che giungevano alle botteghe di Stampace. In ambito sardo settentrionale si segnala l'attività di un altro anonimo, il Maestro di Ozieri, nella cui pittura è constatabile un adeguamento ai canoni manieristi, analogo a quello apprezzabile nell'opera matura di Pietro Càvaro e dei suoi epigoni. Nei decenni finali del secolo l'orientamento classicista impresso all'ambito cagliaritano dalla politica culturale di Filippo II ha riflessi non solo nelle imprese architettoniche, con la costruzione della chiesa di S. Agostino Nuovo (1577-80), ma anche nella committenza, che spezza il monopolio delle botteghe locali e si rivolge nuovamente a quelle extraisolane. Questa tendenza si registra anche per l'intero corso del Seicento, quando giungono nell'isola numerosi dipinti di scuola genovese, romana, napoletana; della stessa provenienza sono anche le sculture lignee che si inseriscono nelle nicchie di retabli di tipologia barocca. L'interazione fra l'opera dei costruttori e degli scalpellini locali e quella dei maestri che giungevano dal continente italico si constata soprattutto nella fabbrica sassarese della chiesa gesuitica di S. Caterina (1579-1609), nella ristrutturazione della Cattedrale di Cagliari (iniziata nel 1615 con il santuario dei Martiri e conclusa nel 1703 con la facciata barocca) e nella costruzione dell'imponente portico della cattedrale di S. Nicola di Sassari, datata 1714 e caratterizzata da un esuberante apparato decorativo barocco.

La Sardegna sabauda: tardobarocco e neoclassicismo

Il definitivo passaggio della Sardegna ai Savoia nel 1720 non segna un'interruzione delle fabbriche in corso, contrassegnate dall'adesione al linguaggio tardobarocco, destinato a perdurare sino alla fine del secolo. Tra il 1674 e il 1712 viene costruito il complesso gesuitico di S. Michele a Cagliari, decorato ad affresco da Giacomo Altomonte. Nel 1722 Antonio Felice De Vincenti esegue i disegni per la nuova basilica di Bonaria a Cagliari, secondo i modi di Guarino Guarini e Filippo Juvarra. Dallo schema di questa facciata, mai realizzata, deriveranno quelli di altre chiese sarde. Il linguaggio tardobarocco si esplica soprattutto nel complesso (chiesa e monastero) del Carmine di Oristano, progettato nel

Lo splendore dei retabli

Retablo (in catalano *retaule*) è parola castigliana che deriverebbe dal latino *retrotabula altaris*, e indica le grandi pale d'altare dipinte su legno che costituiscono la manifestazione più interessante della pittura sarda fra la metà del Trecento e i primi anni del Seicento. Composti di due parti principali, in basso una predella orizzontale, in alto una vasta composizione verticale articolata su scomparti dipinti, piccole sculture e una fitta serie di cornici, i retabli vennero introdotti in Sardegna dalla Catalogna subito dopo la conquista dell'isola. All'inizio venivano direttamente da Barcellona, poi gli stessi artisti catalani si trasferirono in Sardegna per realizzarli, infine furono maestri sardi (in particolare la cosiddetta *scuola di Stampace*, dal nome di un quartiere cagliaritano) a riprodurli. Il retablo, che all'inizio riprende la lezione della pittura gotica catalana e poi subisce sempre più l'influsso della cultura italiana, è un trionfo della figurazione e dei colori: l'uso dei fondi oro dà a questi dipinti uno splendore inusitato.

Nùoro: le sculture di Costantino Nivola in piazza Sebastiano Satta

1776 dal piemontese Giuseppe Viana. L'allineamento alle mode degli ambienti artistici italiani si intensifica nell'Ottocento con l'opera di alcuni architetti nativi dell'isola ma formatisi a Torino, al corrente delle forme neoclassiche che andavano diffondendosi in Europa. Ma il protagonista del secolo XIX in Sardegna è l'architetto cagliaritano Gaetano Cima, cui si devono la chiesa di S. Maria Assunta a Guasila (1839-52) e l'ospedale di S. Giovanni di Dio a Cagliari (1844-48), che pone il Cima al passo con il funzionalismo in campo internazionale. Alla metà del secolo il pittore più rappresentativo è Giovanni Marghinotti (1798-1865), che nel 1830 dipinge la grande tela con *Carlo Felice munifico protettore delle Belle Arti in Sardegna*, oggi nella sala del sindaco nel Palazzo civico di Cagliari, e lavora poi per il Palazzo Reale di Torino.

La ricerca dell'identità fino all'epoca contemporanea

La lenta e difficile integrazione nell'Italia delle nazioni ha come contropartita, nel primo trentennio del Novecento, l'invenzione di un'identità artistica sarda, perseguita dallo scultore Francesco Ciusa (1883-1949), dai pittori Giuseppe Biasi (1885-1945), Filippo Figari (1885-1974) e Mario Delitala (1887-1990), e dalla poliedrica attività, fra arte, artigianato e design, dei fratelli Melkiorre e Federico Melis. Il processo di costruzione di un'arte connotata da caratteri regionali sardi si arresta nel ventennio fascista, quando in campo architettonico si assiste a una decisa accelerazione verso la modernità, secondo i canoni funzionalisti perseguiti dagli architetti di regime.

Il dopoguerra vedrà da un lato la stanca ripetizione di quelle formule folcloriche inaugurate da Biasi, Figari e Delitala, dall'altro l'adeguamento agli stimoli che provenivano dalla contemporaneità internazionale, soprattutto nell'opera di Eugenio Tavolara (1901-63), tra i promotori di Isola (Istituto Sardo Organizzazione Lavoro Artigiano), singolare esperienza di handicraft design che a lungo ha saputo reinventare l'artigianato sardo alla luce di un incontro fra tradizione e gusto contemporaneo; di Mauro Manca (1913-69), già direttore dell'Istituto d'Arte di Sassari; e di Foiso Fois (1916-84). Negli ultimi decenni del XX secolo la Sardegna è inserita pienamente nella globalizzazione che interessa ormai l'intero ambito della cultura non solo occidentale. A distinguersi sono soprattutto le sculture di Costantino Nivola (1911-89), nelle quali l'esperienza maturata negli Stati Uniti si coniuga a un'originale riscoperta delle radici classiche e mediterranee del linguaggio artistico-artigianale del popolo sardo; e le opere di Pinuccio Sciola (1942-2016), noto in tutto il mondo per l'originalità delle sue sculture sonore, blocchi di basalto o di calcare incisi e lucidati che, se toccati, risuonano con diverse tonalità.

Una lunga e amorosa fantasticheria identitaria

Un'isola: ma, soprattutto, un silenzio e una solitudine che s'increspano in paesaggio. Una natura aspra, insormontabile e irriducibile. Un'umanità che coltiva e onora verità ancestrali, non di rado magiche, prima ancora che razionali. Una geografia certamente molto concreta che, però, è andata assai presto a coincidere con un mondo interiore. E che si identifica col nome dell'ultima scrittrice che ha potuto plausibilmente raccontare storie, inventare personaggi, secondo la sintassi – linguistica, antropologica – di una civiltà agro-pastorale che resiste soprattutto nel folclore e nell'autorappresentazione, non di rado coi tratti di leggenda, nella cultura e nella letteratura sarde e che trovò definitiva codificazione in un'opera giustamente memorabile del filosofo del diritto Antonio Pigliaru, e cioè *La vendetta barbaricina come ordinamento giuridico* (1959).

Grazia Deledda e la civiltà agro-pastorale fra banditismo e matriarcato

Il nome cui mi riferisco è quello di Grazia Deledda, nata a Nuoro nel 1871 e morta a Roma nel 1936, la quale, prima ancora di vincere il Nobel, che avrebbe imposto al mondo il marchio Sardegna, ha potuto registrare, nelle pagine di *Sea and Sardinia* (1921), vergate dal celeberrimo David Herbert Lawrence, la riduzione di quello stesso marchio a esotismo etnico e primitivismo, secondo un processo di glorificazione, ma anche di rischiosa stereotipizzazione. Per conoscere, la Deledda, anche la trasformazione di se stessa in sacra madre di un'isola nuragica e pastorale, fatale e irredimibile, forgiata nel sangue delle faide. Certamente, la Sardegna deleddiana si nutre di quel fascino arcaico che funge da scenario nei suoi romanzi sardi più significativi. Con l'inevitabile cast in costume: dai banditi di *Cenere* (1904) con le loro *bardanas* (e cioè le imprese: «non per fare del male, ma per spiegare in qualche modo la loro forza e la loro abilità!») a quello di *Marianna Sirca* (1915), Simone il fuorilegge buono, che antepone alle promesse d'amore il codice brigantesco, sino alla «figlia d'anima» di *L'edera* (1908), e cioè Annesa, la trovatella adottata dalla nobile famiglia Decherchi, che s'innamora del rampollo. Insomma: banditismo e matriarcato, balentìa («*Su balente* è l'uomo che vale, che sa farsi valere», scrive Pigliaru) e sequestri di persona, ovili, berretta e vellutini, scialli neri frangiati e ricamati, formaggio «marcio» coi vermi e «il caratteristico – sono parole della Deledda – pane sardo detto carta da musica». L'isola, fuori dalla storia e dalla cultura italiana, che già un giovanissimo Giuseppe Dessì, sardo del Sud con ambizioni cosmopolitiche, respingeva, dalla Deledda infastidito, sottolineandone la disposizione anacronistica e regressiva, l'implausibilità, se non l'inammissibilità.

Bisognerà aggiungere che la civiltà agro-pastorale, con tutti i suoi codici, implose definitivamente in quell'apocalisse che è stata *Il giorno del giudizio* (1977) di Salvatore Satta, capolavoro assoluto del secolo appena trascorso: libro scritto dal punto di vista della morte e del nulla, di radicale nullificazione di tutte le Sardegne del passato, del presente e del futuro. Sicché, far finta che quei codici esistano ancora e possano essere addirittura impiegati in una narrazione contemporanea, potrebbe davvero rappresentare il principale peccato capitale d'uno scrittore sardo di oggi: che è poi quanto va sostenendo, nei fatti della sua vicenda letteraria e nelle dichiarazioni che l'accompagnano, il maggiore scrittore isolano vivente, un altro cosmopolita, dico Salvatore Mannuzzu. Mannuzzu, ripeto: quello che ci ha restituito, come dentro una ellissi di reticenza, la Sassari di oggi, e che fa morire spesso i suoi personaggi, chissà perché, in quel salotto di antiche concerie sul fiume che è la città di Bosa.

La scrittrice Grazia Deledda

I dilemmi dell'uomo contemporaneo nella nuova narrativa sarda

Eppure l'identità sarda resiste e continua a fiorire, non solo in certi scrittori che ci hanno consegnato la parodia involontaria del mondo deleddiano, caricando la propria pagina di simboli facili e ancestrali, esotici e pittoreschi, scrittori i quali non vale la pena nemmeno menzionare, ma anche nei suoi figli migliori quasi tutti in attività. In quale modo però? Magari impegnando la propria scrittura in una serrata e complessa ricerca antropologica, come ha fatto Sergio Atzeni, purtroppo precocemente scomparso, almeno a partire dalla seconda metà degli anni Ottanta, complicando e valorizzando, in chiave affabulatoria e leggendaria, le stratificazioni d'un mondo arcaico per certi aspetti ancora resistente, epperò coniugandolo alle suggestioni d'una cultura, soprattutto giovanile, già globalizzata. O come continua a fare Marcello Fois, che ha saputo rivitalizzare quell'abecedario antropologico barbaricino, per un verso decostruendolo e demistificandolo, per un altro portando alle estreme conseguenze biologiche il nichilismo e la disperazione deleddiani, facendo di Nuoro e della Barbàgia l'ennesimo teatro per inscenare i drammi dell'uomo contemporaneo. Senza dire di Michela Murgia, la quale ha resuscitato la figura misteriosa dell'accabadora, secondo una tradizione più favoleggiata che reale, e cioè colei che, nelle case di chi soffre a uno stadio terminale, induce, su richiesta dei familiari o dello stesso morente, una morte assistita, ma anche la figura molto concreta – la Murgia stessa lo è – della «fill'e anima», la figlia d'anima, ovvero di una figlia adottata da nuovi genitori col consenso di quelli naturali, senza però

Un'artigiana di Cabras impegnata nell'antica arte dell'intreccio con le cannucce palustri

perdere i rapporti con la famiglia originaria. Si tratta d'un recupero di aspetti spesso rimossi, se non scandalosi, del passato atavico, questo della Murgia, per affrontare i problemi della contemporaneità, come, appunto quello dell'eutanasia o l'altro della famiglia allargata. Fino ad arrivare ai più giovani Flavio Soriga e Alessandro De Roma i quali, non importa se in chiave rock e giovanilistica o di denuncia anche civile, parlano solo per ventura Sardegna, per il fatto di esserci nati, ma avrebbero potuto dire Italia. Viva la grande Deledda, allora: ma diffidando dei deleddiani conformisti e ortodossi, che vogliono continuare a credere, celebrandolo, in un mondo ormai in via di estinzione. È inevitabile notare l'assoluta contraddizione che c'è tra la Sardegna aspra e montuosa, selvaggia e feroce, che continua a tramandarci gran parte dei suoi scrittori e quella, invece, ormai accreditata da un immaginario diffuso su scala mondiale, su cui lavorano i tour operator, e cioè l'isola della costa Smeralda, o potenzialmente smeraldizzabile, tutta affacciata su un'acqua tra le più cristalline del globo. Se si sta ai suoi scrittori, insomma, verrebbe da affermare, parafrasando il titolo di un libro di Fois, che in Sardegna non c'è il mare, di contro a un popolo di turisti entusiasti che invece formicola, davanti a panorami mozzafiato, solo sulle coste e sulle litoranee. Un popolo rinserrato nell'interno e vissuto nei secoli con la paura del mare, incalzato dai più diversi e feroci colonizzatori, e ora dal mare sommamente beneficiato.

Massimo Onofri

Dizionario d'arte e cultura

Ambone. Piccolo palco o tribuna rialzata, situato nei pressi dell'altare e riservato al lettore di testi sacri.
Arcosolio. Tipo di sepoltura costituita da un'arca sepolcrale incassata in una parete e sormontata da una nicchia; in uso dal III secolo d.C.
Arenaria. Roccia sedimentaria che in Sardegna, per il colore caldo, è nota anche come 'giallo Campidano'; è diffusa in molti edifici della Trexenta.
Bacu o **baccu.** Indica un vallone, una gola stretta tra pareti montuose; deriva da una radice semantica paleosarda.
Badde. Valle. Il termine entra nella composizione di molti toponimi: *Badde 'e Sàlighes*, *Badde Suelzu*, *Badde Pentumas*.
Basalto. Roccia effusiva di origine vulcanica, di colore scuro o anche nero. In conci di basalto sono costruiti molti nuraghi e altri monumenti megalitici.
Bètilo. Grande pietra sacra che segnava la dimora di una divinità.
Bruncu. Cima di montagna, ma anche elevazione su cui sorge un nuraghe, talvolta ancora interrato o nascosto dalla vegetazione.
Cardo. *V. Decumano.*
Còdula. Letteralmente ciottolo, sasso di fiume. Nella toponomastica del Supramonte indica i canyon dove scorrono i torrenti.
Controfacciata. La parte interna della facciata di un edificio.
Cùccuru, cuccureddu. Collina, cima, piccola elevazione collinare sulla quale spesso si erge un insediamento nuragico.
Cuìle o **cuìli** o **coìle.** Ovile, riparo per animali, spesso composto da vari recinti e *pinnettas* (*V.*). Un tempo realizzato con legno di ginepro e pietra a secco, oggi è assemblato con i materiali di recupero più disparati.
Cumbessìas. Bassi edifici in muratura composti da una serie di stanze con accesso diretto alla corte di un santuario campestre; sono destinati ad accogliere i pellegrini in occasione di processioni e novene. Sono dette anche *muristenes*.
Dolium. Enorme recipiente rotondo in terracotta, aperto nella parte superiore e munito di coperchio, in cui si conservavano olio e vino. Aveva all'incirca la capienza di 1000 litri.
Dolmen. Monumento funerario preistorico costituito da due o più lastroni di pietra piantati verticalmente nel terreno e sormontati da un grande blocco di pietra orizzontale.
Domus de janas. Tombe scavate nella roccia e risalenti a 2-3000 anni a.C. Si compongono di vari complessi ipogei con vani per le sepolture e luoghi di culto. Nel primo cristianesimo furono riutilizzate come chiese rupestri.
Ena. Sorgente. Compone numerosi toponimi: *s'Ena Arrubia* (sorgente rossa), *s'Ena 'e sa Vacca* (sorgente della vacca)
Foxi, foghe. Indica sia la foce di un torrente sia lo stagno o palude che si forma alle spalle della duna e della spiaggia. La pronuncia del grafema 'x' in sardo campidanese è quella della 'j', come nel nome francese *Jean*. La voce *foxi* è comune nel Sud dell'isola, *foghe* nel Nord.
Furriadroxu. Nella Sardegna meridionale, e soprattutto nel Sulcis, indica un insieme di basse case in muratura spesso edificate con i *làdiri* (*V.*), a un solo piano, destinate ad abitazione di un nucleo familiare. Intorno vi erano gli annessi per le attività pastorali e agricole.
Genna o **jenna.** Dal latino *janua*, porta, indica un valico montano. La parola compare in toponimi quali *Genna Sìlana* o *Gennargentu*, storpiatura del sardo *Genna 'e Bentu* (porta del vento).
Giara o **jara.** Dal latino *glarea*, ghiaia, per la natura sassosa e povera dei suoli, indica un altopiano di origine vulcanica formato da colate di basalto. Meno erodibili delle rocce circostanti, queste elevazioni di basalto segnano l'orizzonte sardo con il loro caratteristico profilo piatto, che termina improvvisamente in ripide pareti soggette a frane.
Granito. Roccia ignea a struttura cristallina, presente in varie parti della Sardegna e soprattutto in Gallura, dove si trovano alcuni tra i graniti più pregiati del mondo. È stato utilizzato come materiale da costruzione dall'epoca nuragica.
Gremio. Con questo nome si indicano le confraternite di arti e mestieri, ancora vive in molti centri dell'isola e attive in molte feste patronali. I *gremi* si fanno carico dell'allestimento e del trasporto di pesanti apparati processionali, come i celebri candelieri di Sassari o di Iglèsias.
Gùtturu. Valle stretta, canyon o gola: compare in molti toponimi come *Gùtturu 'e Flumini*, *Gùtturu Mannu*.

Làdiri. Mattoni fatti con argilla cruda e paglia: sono tipici del Campidano, dove non vi era grande disponibilità di pietra.
Laveria. Impianto di trattamento del materiale estratto in miniera, attraverso una serie di lavaggi e altri processi con il fine di separare il minerale utile da quello sterile.
Lolla. Il cortile coperto da loggiati della casa campidanese, dove si trovava il forno.
Medaus. Agglomerato di case simile al *furriadroxus* (*V.*).
Menhir. Monumento preistorico costituito da un grande blocco di pietra a forma di parallelepipedo piantato verticalmente nel terreno; aveva probabilmente una funzione religiosa.
Muristenes. *V. Cumbessìas.*
Nartece. Vestibolo delle basiliche paleocristiane e di quelle romaniche più antiche. Poteva essere situato all'interno o all'esterno, ed era riservato originariamente ai penitenti e ai catecumeni.
Nuraghe. Torre a forma di tronco di cono risalente a un periodo compreso tra l'età del Bronzo e quella del Ferro (1500-500 a.C.), costruita con file di grandi massi sovrapposte senza l'uso di malte cementizie. Era generalmente alto 4-5 m e largo alcuni metri alla base; poteva essere monotorre o articolato in bastioni, cortili, antemurali e torri minori.
Paùli, padùle. Sono molti i nomi che designano le aree umide in Sardegna perché la regione ne è ricchissima. Appare in molti toponimi lungo la costa, a indicare paludi e stagni.
Perda o **pedra.** Pietre, vette o monoliti, memorabili per forme e dimensioni.
Pilastro. Elemento architettonico di sostegno a struttura verticale e sezione non circolare, in pietra, mattoni o cemento armato. Ha funzioni e struttura analoghe alla colonna, ma rispetto a questa sopporta pesi maggiori.
Pinnetta. Capanna pastorale di forma circolare, evocativa del nuraghe (*V.*), costruita interamente in pietra a secco e con copertura conica realizzata in genere in legno di ginepro.
Pischina. Stagno salmastro, di norma utilizzato come peschiera. Dal termine latino di età repubblicana, di cui ha mantenuto il suono duro, velare.
Pluteo. Lastra generalmente marmorea, talvolta decorata di tarsie, mosaici o bassorilievi, che fungeva da recinzione nelle chiese medievali.
Pranu. Sinonimo di *Giara* (*V.*), indica una pianura ma più spesso un altopiano.
Protiro. Struttura architettonica costituita da una volta a botte sorretta da due colonne, addossata al portale principale delle chiese cristiane e romaniche.
Retablo. Termine di origine spagnola che indica una pala d'altare, in genere strutturata come polittico, a scomparti.
Salina, salinedda. Più che una vera salina, indica uno stagno salmastro che in estate si prosciuga, cioè una salina naturale.
Scisti. Rocce metamorfiche caratterizzate dalla tendenza a sfaldarsi in scaglie sottili. Sono presenti in varie zone della Sardegna e in particolare nell'Iglesiente e nella Nurra. Sono tra le rocce più antiche del continente europeo. Sono utilizzati anche come materiale da costruzione nelle abitazioni tradizionali.
Stazzo. Insediamento rurale tipico della Gallura, costituito da un'azienda agropastorale unifamiliare e autosufficiente, creata originariamente da pastori provenienti dalla Corsica, tra XVII e XVIII secolo.
Tacco. Formazione geologica presente in Ogliastra e in Barbàgia, costituita da una serie di altipiani calcarei formatisi nel Giurassico in ambiente marino tropicale, successivamente emersi e sottoposti a erosione, che li ha isolati. Appaiono come rilievi dalla punta piatta.
Tafone. Grandioso fenomeno di erosione sui graniti e altre rocce, ma particolarmente spettacolare su una roccia cristallina come il granito. All'azione del sale e del sole si unisce quella del vento e della sabbia abrasiva, che nel corso dei millenni ha plasmato queste forme fantastiche. Ne esistono lungo tutta la costa sarda: il più famoso è l'Orso di Palau.
Tholos. Falsa cupola, realizzata con una successione di conci di pietra aggettanti verso il centro di una struttura a tronco di cono. Si distingue dalla vera cupola, che è invece una struttura spingente sia verticalmente sia lateralmente.
Tomba di giganti. Sepoltura risalente all'età nuragica che, per le dimensioni, si pensava fosse stata costruita, appunto, da giganti.
Tophet. Nelle città fenicio-puniche, santuario a cielo aperto che accoglieva le urne cinerarie dei bambini nati morti o defunti in tenera età, consacrati al dio Baal e, dal V secolo a.C., anche alla dea Tanit.
Trabeazione. L'insieme degli elementi orizzontali (architrave, fregi, cornici, modanature) che costituiscono la parte superiore di una struttura a colonne o a pilastri e che sorreggono a loro volta la copertura sovrastante.

ITINERARI DI VISITA

1 Cagliari e il golfo degli Angeli

Profilo della città

Un panorama di pietra e di mare, di stagni e di sole. Le case a picco sui precipizi, i bastioni inondati di luce dorata, lo specchio lucido delle saline appena dietro la spiaggia del Poetto fanno di **Cagliari**** (m 6, ab. 154 500 circa; *pianta alle pagg. 54-55*) la quintessenza della città mediterranea. Una «Gerusalemme bianca» raccolta nell'insenatura del golfo degli Angeli, come la vide lo scrittore inglese David Herbert Lawrence negli anni '20 del Novecento. Sono molte però le anime che la compongono: Cagliari è città portuale, turistica e universitaria, multietnica e multiculturale, centro religioso di cui sono espressione la famosa Sagra di S. Efisio e i popolari riti della Settimana Santa, riti fastosi che rimandano alla secolare influenza della Spagna. Il primo impatto è sul porto, sulla Cagliari sabauda, con i palazzi austeri di via Roma e via Carlo Felice, e quel monumentale municipio neogotico che pare calato direttamente dai gelidi mari del Nord. Appena oltre la palazzata, nei vicoli medievali simili a quelli di città marinare come Genova o Pisa, ci si perde volentieri nei quartieri di Villanova e Stampace, con le loro basse case di aspetto rurale, i giardini pensili sui balconi. In alto il centro storico di Casteddu, come lo chiamano i cagliaritani, è il nucleo più antico, circondato dagli specchi delle lagune e allineato lungo l'esteso fronte mare. E dappertutto, dispersi nel tessuto urbano, segni del mondo antico: le tombe puniche, la città romana, le antiche cisterne sotterranee utilizzate come ricovero antiaereo nell'ultimo conflitto, quando i bombardamenti colpirono duramente la città. I vuoti lasciati dalle bombe sono ancora oggi visibili.
Accogliente e vivace, Cagliari è oggi un moderno centro del terziario avanzato e della ricerca, con punte di eccellenza soprattutto nei campi delle biotecnologie, dell'energia

VEDUTE CAGLIARITANE

- **Dal mare** L'arrivo in traghetto nel primo mattino e la partenza alla luce del tramonto sono le occasioni per apprezzare «i palazzi color catarro dei nobili ispanici decaduti», come li vide Ruggero Gunale nell'incipit di *Il quinto passo è l'addio* di Sergio Atzeni.
- **Bastione di Saint Remy** Dal 'salotto' all'aperto di Cagliari si contempla tutta la città, dalla laguna di S. Gilla a Stampace e al Capo S. Elia, tra spettacoli dal vivo, ulivi e comodi caffè.
- **Capo S. Elia** Il sentiero per la sella del Diavolo è un punto panoramico eccezionale sul Poetto e sulle saline di Molentàrgius.
- **Monte Urpinu** Il suo belvedere è attrezzato per l'osservazione dei fenicotteri, nella tarda primavera accompagnati dai piccoli appena nati.
- **Cittadella dei Musei** Dal punto più alto del Castello si ha una panoramica completa sull'espansione orientale della città e sulle lagune di Molentàrgius fino a Quartu.

e nell'agroalimentare. Il dato sul possesso di personal computer e di accessi internet non è distante da quello di Milano, e così i dati sulla lettura dei quotidiani. Nel campo delle discipline umanistiche offre un ambiente letterariamente molto fertile, con un nutrito panorama di scrittori, cineasti, fotografi, sceneggiatori, e appuntamenti che si rinnovano di anno in anno forti di una partecipazione in crescita costante. Anche il teatro cittadino, il Lirico, vive stagioni degne di una capitale.

La principale risorsa di un capoluogo così dinamico e proiettato verso il futuro resta però la straordinaria natura della Sardegna. Da Capo Carbonara a Capo Teulada, il golfo degli Angeli descrive un grande arco su cui affaccia la più vasta conurbazione dell'isola. Istituita nel 2016, la città metropolitana di Cagliari conta sedici comuni con circa 430 000 abitanti, quasi un terzo della popolazione sarda. A ovest il litorale, appena oltre le aree portuali e industriali di Macchiareddu e Sarroch, offre scorci suggestivi, splendide spiagge come quella celeberrima di Chia e aree archeologiche importanti come Nora e Bithia. A est, ai margini della conurbazione, si estende il Parco di Molentàrgius, con gli stagni, le ex saline e le colonie nidificanti di fenicotteri, a breve distanza dalla spiaggia urbana del Poetto, amato epicentro della vita notturna cagliaritana. La panoramica litoranea per Villasimìus, oltre Quartu, affronta un tratto di costa mosso e con continui colpi di scena e belle vedute su piccole insenature come la deliziosa Cala di Mari Pintau, dai bellissimi colori. Nell'immediato entroterra, la conurbazione si estende senza soluzione di continuità nella piana del Campidano, con altre aree industriali, a Elmas, Sestu e San Sperate. Ambienti naturali particolarmente integri e raggiungibili in giornata sono i primi rilievi del Sulcis a ovest e il massiccio dei Sette Fratelli, con le estese foreste quasi del tutto prive di insediamenti, attrezzate con percorsi escursionistici e centri visita.

Storia e sviluppo urbano

Pietraia nuda e solitaria nel significato dell'antico toponimo *Kàralis* (o *Càralis*), nel medioevo fu *Calaris* e *Calares*, ma con i pisani divenne *Callari*, nome che i successivi dominatori spagnoli pronunciavano col suono attuale. I primi insediamenti risalgono a epoche preistoriche, come

Cagliari: il Poetto e gli stagni del Molentàrgius dalla Sella del Diavolo

attestano i ritrovamenti, riferibili al Neolitico, di Borgo S. Elia e S. Bartolomeo, Monte Urpinu e Monte Claro. Attratti dalla posizione costiera, i fenici fondano i loro empori (circa VIII secolo a.C.) nel promontorio di S. Elia e nella laguna di S. Gilla. I cartaginesi realizzano poi la prima forma di tessuto urbano, con strutture commerciali e luoghi di culto (necropoli di Tuvixeddu, *tophet* di S. Paolo, ai margini di S. Gilla, dove sono comparsi numerosi reperti votivi, i templi di via Malta e delle colline di Bonaria e di S. Elia). Il dominio romano (dal 238 a.C.) porta significativi cambiamenti nell'assetto urbano. Cagliari viene dotata di vie e piazze, case di prestigio, magazzini, nuove necropoli. Nel 46 a.C. Cesare la dichiara *municipium*. Il declino arriva con la decadenza dell'Impero romano. Nel 455 la conquistano i vandali, a cui succedono nel 534 i bizantini. Agli inizi dell'XI secolo le ripetute scorrerie arabe provocano l'intiepidimento dell'interesse bizantino alle sorti dell'isola. Le istituzioni passano ai 'giudici' locali, giuridicamente e formalmente autonomi. La decadenza del centro urbano si aggrava quando il giudicato di Cagliari, per ragioni di sicurezza, sceglie come sede di governo la periferica S. Igia, nella laguna di S. Gilla.

Nel 1258 Pisa, vittoriosa nella lunga guerra con Genova per il predominio sulla città, dà una nuova legislazione amministrativa e giudiziaria: il colle di Castello diventa la rocca fortificata sede degli uffici pubblici; si incrementano le attività mercantili. Nel 1323 gli aragonesi sbarcano nell'isola, assumendo negli anni successivi la guida della città e del suo giudicato. Gradualmente viene introdotto un ordinamento che esclude i sardi dalla vita pubblica e li fa oggetto di pesanti prevaricazioni da parte dei nuovi dominatori. È uno dei periodi più oscuri per Cagliari e la Sardegna che si prolunga, sotto la Spagna, sino al 1720 (con un breve intervallo austriaco, 1708-17). Il trattato di Londra (1718) consegna però la Sardegna a Vittorio Amedeo II di Savoia. Con l'arrivo dei piemontesi Cagliari si avvia verso una lenta ma sostanziale trasformazione. La Cittadella, sulla punta nord di Castello, è l'ultima importante opera militare in una città che si sviluppa in altre direzioni. Progressivamente l'assetto feudale perde definizione ed emerge, seppure a fatica, la classe borghese.

Avvenimenti di grande rilievo politico agitano la società sarda sul finire del Settecento. È del 1793 il bombardamento della città da parte di una flotta francese. L'anno successivo una sollevazione antisabauda culmina nella temporanea cacciata dei piemontesi. Dopo la restaurazione, il governo sabaudo punta alla trasformazione urbana: illuminazione pubblica, collegamento stradale con Sassari, servizio postale, edifici civili e chiese. Con l'attuazione del piano regolatore di Gaetano Cima comincia il lento abbattimento delle mura (in Castello, dove la configurazione del quartiere le lascia sostanzialmente intatte, perdono il carattere difensivo). Con l'Unità, Cagliari rafforza la sua posizione di preminenza nell'economia isolana, anche per merito di una classe politica matura. Nel periodo fascista, evita almeno le devastazioni del 'piccone risanatore'.

Come muoversi a Cagliari

Traghetti e mezzi pubblici arrivano in pieno centro cittadino: stazione FS e terminal delle corriere Arst sono entrambi in piazza Matteotti *(D2)*, dove si trova anche il Municipio. La piazza affaccia sul porto e sui moli Sanità, Rinascita e Sabaudo, dove attraccano i principali **traghetti**. In piazza Matteotti fanno anche capolinea le navette per l'aeroporto di Cagliari Elmas. In auto, si trovano **parcheggi** gratuiti nelle vie Diaz e Colombo, a est del centro storico; a pagamento, accanto alla stazione FS e Metrocagliari, in piazza della Repubblica.

Nel centro storico sono **zone a traffico limitato** Castello, Stampace, Marina, Villanova, il lungomare del Poetto; è quindi consigliabile lasciare l'auto fuori da queste aree. Nelle aree limitrofe al centro storico il parcheggio è di norma a pagamento (*www.comune.cagliari.it*).

Gli **autobus** urbani della Ctm (*www.ctmcagliari.it*) garantiscono collegamenti capillari in città; i biglietti si acquistano nelle tabaccherie o sul mezzo. Sono previste corse notturne (linea Blu Notte) tra il centro storico e il Poetto nel periodo estivo, il venerdì e il sabato, fino alle 4 del mattino. Una **linea metropolitana** di superficie è attiva da piazza della Repubblica a Monserrato, nella periferia nord-orientale.

Il servizio di bike sharing **Bicincittà** (*www.bicincittà.com*) è disponibile con cinque ciclopósteggi e l'acquisto di una card annuale presso il Comune (di fronte alla stazione FS, in piazza Matteotti).

Uno scorcio di piazza Yenne nel quartiere Stampace

Il dopoguerra – medicate le tremende ferite dei bombardamenti del febbraio e maggio 1943 – è stato per Cagliari una corsa verso le campagne del Campidano, gli stagni, il mare, con l'abitato che si è velocemente esteso sino a sfiorare i comuni più vicini. A partire dagli anni Ottanta, il movimento migratorio dalle campagne e la crescita demografica si sono arrestati ed è iniziata una progressiva emorragia di abitanti dal centro storico verso i centri dell'hinterland, che nell'arco di vent'anni hanno aumentato la loro popolazione residente anche del 100%. Mentre l'espansione del dopoguerra aveva interessato, pur in modo disordinato, le aree di pregio ambientale dello stagno di Cagliari e delle saline del Molentàrgius, i quartieri del centro storico sono stati vittima di un lento e costante degrado fino agli anni Novanta, quando una serie di progetti di valorizzazione ha cominciato a porre rimedio a una crescita 'senza qualità' e a migliorare la vivibilità degli ambienti urbani. Sul litorale del Poetto – oggetto di accese polemiche dopo il ripascimento della spiaggia, avvenuto con sabbie qualitativamente inadatte nel 2002 – è in corso un piano di riqualificazione che prevede il totale rifacimento dei chioschi, della passeggiata e il completamento della ciclabile fino a Quartu Sant'Elena. Dopo anni di chiusure e vertenze giudiziarie, il parco archeologico della necropoli di Tuvixeddu ha riaperto al pubblico e sono in corso laboriosi restauri ai bastioni di Saint Remy. Tra le polemiche dei commercianti, ha preso il via un progetto di pedonalizzazione del centro storico che ha interessato via Manno, via Garibaldi e alcune zone di Villanova. Ma la Grande Cagliari ha ancora una serie di sfide da affrontare nell'immediato futuro: dalla riqualificazione del centro storico a un più equilibrato rapporto tra il centro e le periferie dei comuni 'dormitorio', alla tutela delle aree di interesse naturalistico come il magnifico litorale del Poetto e le lagune.

La visita

Il **primo itinerario**, tutto pedonale, sale al Castello e ha come punto di interesse principale la Cittadella dei Musei, che raggruppa alcune prestigiose istituzioni culturali. Il **secondo itinerario** esplora a piedi e con i mezzi pubblici i quartieri storici, con particolare riguardo alle aree archeologiche di Stampace, e il mare, con escursioni a Capo S. Elia e al Poetto. Sempre con i mezzi pubblici si visitano località e siti rilevanti dell'area metropolitana. Il **terzo itinerario**, automobilistico, è dedicato alle foreste del basso Sulcis, nel Parco regionale di Gùtturu Mannu in fase di costituzione, e alle spiagge della Costa del Sud, dove si trovano anche gli importanti siti archeologici di Nora e Bithia.

Cagliari 1: 13 000 (1 cm = 130 m)

ORISTANO km 94
ÁRBATAX km 145
POETTO km 5
S. Paolo
P.za Giovanni XXIII
S. Marco
Teatro Lirico
GENNERUXI
P.za Michelangelo
Mercato di S. Benedetto
P.za S. Rocco
P.za S. Benedetto
P.za G. Galilei
Villanova
Amministrazione Provinciale
S. Domenico
P.za Garibaldi
GENNARI
REPUBBLICA
P.za Repubblica
Pal. di Giustizia
S. Caterina
Campi di Tennis
P.za Gramsci
Parco d. Rimembranza
Exmà
P.za S. Cosimo
S. Saturno
MONTE URPINU
Cimitero Monumentale di Bonaria
P.za d. Cimitero
Nostra Signora di Bonaria
P.le Bonaria
P.za Paolo VI
Fiera Campionaria
Via O. Bacaredda
Via Ottone Bacaredda
Via G. Torbeno
Via Efisio Cao di S. Marco
Via Sant'Alenixedda
Via Dante
Via N. Tommaseo
Viale G. Marconi
Via Genneruxi
Via Praga
Via S. Giovanni
Via S. Rocco
Via F. Cocco Ortu
Via Petrarca
Via S. Benedetto
Via Pergolesi
Via Palestrina
Via A. Manzoni
Via Paoli
Via Ozieri
Via dei Conversi
Via Bosa
Via G. Puccini
Via G. B. Tuveri
Viale Europa
Via S. Domenico
Via G. Garibaldi
Via S. Farina
Via Sonnino
Via Alghero
Via Antonio Scano
Via Pietro Leo
Via Carboni Boi
V. Oristano
Via G. Deledda
Via Cugia
Via Pessina
Via S. Lucifero
Via Logudoro
Via De Gioannis
Via Giuseppe Dexart
V. Zurita
Via Nuoro
Viale del Cimitero
Via Stanislao Caboni
Viale Bonaria
Viale Armando Diaz
Via Colombo
Calata Trinitari
Via Ravenna
Via Milano
Via Messina
Viale della Pineta
Via dei Colombi

1.1 Castello

Itinerario pedonale urbano

Il colle di **Castello**** *(B-C3)*, con la cinta bastionata e le torri come sentinelle, fa da corona alla vasta espansione urbana della città. Da piazza Matteotti *(D2)*, capolinea di autobus, treni e navi, si segue l'ampia e alberata via Carlo Felice, quindi via Manno, a vocazione commerciale, che sale al piede del bastione di Saint Remy e della grandiosa porta di accesso alla rocca, meta privilegiata della visita di Cagliari. Il percorso a piedi richiede un paio d'ore (escluso il tempo per le visite ai musei) e si svolge nella fitta rete di strade di segno spagnolo, aperte a improvvise vedute sulla città, con i prospetti dei palazzi nobiliari affiancati da umili abitazioni e le tante botteghe artigiane e antiquarie impegnate nella rivitalizzazione di Castello.
Diverse le vie d'accesso: da piazza Martiri si segue via Mazzini, entrando dalla porta del Leone, in attesa che venga completato il restauro della scalinata monumentale di piazza Costituzione. Alla rocca si sale anche, più velocemente, per mezzo di due ascensori, collocati l'uno a lato del bastione di Saint Remy, a metà del viale Regina Elena, con arrivo al bastione di S. Caterina, l'altro alle Scalette di S. Chiara, da piazza Yenne.

Storia e sviluppo urbano. Proprio qui, in *su Casteddu*, i sardi identificano l'intera città. La sua storia inizia ufficialmente nel 1217, quando la giudicessa di Cagliari, Benedetta, cedette ai pisani il *Kastrum Kàralis*. I toscani innalzarono mura difensive e torri, mentre a rafforzare la cinta bastionata provvidero gli spagnoli prima e poi i piemontesi, che vi costruirono anche l'arsenale e i terrapieni. La struttura del quartiere, bloccata sin dalle origini dalla forma del colle, allungata e in forte pendenza, è rimasta pressoché immutata anche dopo l'abbattimento ottocentesco di parte delle mura. I bastioni meridionali furono trasformati in belvedere dal governo piemontese, che si preoccupò anche di abbellire le porte, attenuando così la chiusura verso i sottostanti rioni di Marina, Villanova e Stampace. Con il progressivo spostamento della sede del potere politico, Castello fu avviato al degrado e abbandonato anche dai suoi abitanti tradizionali, i nobili e i funzionari pubblici. I bombardamenti del 1943 hanno danneggiato ulteriormente le abitazioni, che in parte attendono ancora convenienti restauri.

Bastione di Saint Remy *(D3)*. Edificato fra il 1899 e il 1902 sistemando gli antichi bastioni spagnoli dello Sperone e della Zecca, preannuncia quanto rimane della Cagliari medievale. Lo compongono due terrazze: una grande, intitolata a Umber-

ITINERARI IN BICICLETTA

- **Cagliari-Àrbatax** Facile itinerario in prevalenza litoraneo fino a Muravera con numerosi saliscendi e notevoli scorci sulle spiagge e l'isola Serpentara. Si parte dalla ciclabile del Poetto, per Villasimìus, Costa Rei e Muravera fino alle spiagge di Bari Sardo e Cea.
- **Bosa-Alghero** I 42 km che separano le due città sulla litoranea, privi di centri abitati, sono tra i più emozionanti dell'isola. Seguono il profilo di una costa tormentata con dislivelli impegnativi, sempre con vista mare e traffico assente.
- **Dorgali-S. Maria Navarrese** Per scalatori, perché la statale 125 sale ai 1017 m di Genna Sìlana. Scorci sulla gola di Su Gorropu, praterie montane fiorite di asfodeli, infine la vista sul mare da Baunei.
- **Lanusei-Seùi** Si pedala tra i 'tacchi' d'Ogliastra fino al valico di cantoniera Arquerì (981 m) sulla statale 198, tra le più tortuose e panoramiche dell'isola. Per i ciclisti più allenati dalla cantoniera Arquerì si sale fino al lago Alto del Flumendosa, toccando il passo S'Arcu Pirastu a 1017 m.
- **Pula-Teulada** Si scende all'estremo Sud dell'isola, accumulando discreti dislivelli sulla provinciale 71, in vista del mare e delle spiagge di Chia e Tuaredda. Si torna nell'entroterra passando da Domus de Maria, sulla statale 195 che supera i 300 m slm di quota.

to I, e l'altra, più piccola e sovrastante, dedicata a S. Caterina. Elemento di raccordo fra Castello e Villanova, il bastione nacque come passeggiata e belvedere panoramico, funzione rimarcata dallo scenografico prospetto classicheggiante in granito e calcare, con arco trionfale e lunga gradinata in direzione di piazza Costituzione. Impagabile la **vista*** sulla città, specie la notte, quando i numerosi locali aprono i battenti facendo dei bastioni un vivace punto di aggregazione. L'area dal 2014 è oggetto di radicale restauro, che coinvolge anche un grande locale ipogeo di epoca romana emerso durante i lavori.

Verso il bastione di S. Croce. Dal bastione di Saint Remy si segue via dell'Università *(C-D3)* dove sorge il grande complesso tardobarocco dell'ex *Seminario tridentino* e dell'**Università** *(C3)*, costruito nel Settecento sul bastione del Balice. L'Università cagliaritana venne fondata nel 1606 da papa Paolo V e in seguito approvata dal re di Spagna Filippo IV. A destra, in via Mario De Candia, è invece l'ottocentesco *palazzo Boyl* oltre il quale, superata la torre dell'Elefante, si trovano la *chiesa di S. Giuseppe* (1641) e, in una minuscola piazza, la **chiesa di S. Croce**, edificio fondato dai gesuiti nel 1661. Di fronte, il panoramico **bastione di S. Croce** *(C3)* guarda verso il quartiere di Stampace e la laguna di Santa Gilla. Segue la *chiesa di S. Maria del Sacro Monte di Pietà*, eretta nel 1591 secondo un impianto tardoaragonese.

Il Ghetto. Aggrappato alle mura di cinta del bastione di S. Croce si trova un complesso di costruzioni indicate come *Ghetto degli ebrei*. In realtà, il quartiere dove la comunità ebraica abitò sino al 1492, quando ne fu decretata dalle autorità spagnole la cacciata, si estendeva nelle vicinanze. Gli edifici che vanno sotto questo nome sorsero nel 1738 come caserma militare destinata a ospitare una guarnigione di dragoni. Cessate le funzioni militari, il complesso è ora adibito a spazio espositivo, per eventi culturali e mostre temporanee.

Le torri dell'Elefante e di S. Pancrazio. Presenze caratteristiche nella scenografia cagliaritana, le due torri 'gemelle' in conci di calcare furono costruite rispettivamente

Veduta panoramica dal bastione di Saint Remy

La scala di marmo che conduce al santuario dei Martiri, nella cripta della Cattedrale

nel 1307 e nel 1305 su progetto di Giovanni Capula. Situata alla fine di via dell'Università, accanto alla chiesa di S. Giuseppe, la **torre dell'Elefante** *(C3)*, che segnava l'ingresso alla parte più bassa di Castello, prende il nome da un elefantino inserito su una mensola, eletto a simbolo della città. La **torre di S. Pancrazio** *(B3)*, posta nel punto più alto della rocca, su piazza Indipendenza, permetteva il controllo di tutto il territorio intorno alla città: dal Seicento sino alla fine dell'Ottocento fu adibita a carcere. Tra le due torri – entrambe visitabili per una *vista** mozzafiato – il **quartiere di Casteddu** si articola con strette vie parallele dove si allineano botteghe artigiane e antiquarie.

Cattedrale di S. Maria* *(C3)*. Troppo manomessa per essere considerata un capolavoro architettonico, la Cattedrale (per i cagliaritani *sa Seu*, cioè la Sede) è il monumento più nobile di Castello. Della fabbrica originaria, di impianto pisano, la chiesa conserva all'esterno parti della torre campanaria quadrata, l'architrave del portone centrale, i portali del transetto, frammenti di tarsìe e sculture. Il primitivo prospetto medievale fu ridisegnato nel 1702 in forme barocche e rifatto 'in stile' romanico-pisano-lucchese nel 1933. Anche l'**interno**, a tre navate con presbiterio sopraelevato e transetto, ha subìto ampi rimaneggiamenti seicenteschi nel corpo longitudinale. In controfacciata, ai lati del portale centrale, si ammirano i due **pulpiti*** derivati da un unico ambone realizzato da Guglielmo da Pisa tra il 1159 e il 1162 per il Duomo della sua città; donato a Cagliari dal Comune toscano nel 1312, nel 1669-70 fu smembrato in due parti e i quattro leoni posti alla base delle colonne trasferiti ai piedi del presbiterio.
Nelle navate laterali si aprono tre cappelle per parte: si segnalano, nella 1ª a destra, *Le nozze mistiche di S. Cecilia con S. Valeriano* di Pietro Angeletti e una gotica *Madonna nera* in legno dorato (XIV secolo; 2ª). Il transetto, con la primitiva struttura ad arconi, conserva nel braccio destro un'elegante cappella in stile gotico catalano, a pianta poligonale e volta nervata. Dal transetto destro si raggiungono la sagrestia dei Beneficiati, l'aula capitolare e il **santuario dei Martiri**, scavato nella roccia e diviso in tre cappelle. Di ritorno nell'aula centrale, per

Monumenti Aperti

L'iniziativa è nata a Cagliari nel 1997, ma si è di fatto diffusa su tutta l'isola con lo scopo di coinvolgere per un giorno volontari, associazioni, scuole ed enti pubblici, per accogliere i visitatori e guidarli alla scoperta di quei beni archeologici, storico-artistici e ambientali chiusi di norma alle visite o privati. Oggi 'Monumenti Aperti' ha un fitto calendario di **visite guidate** a Cagliari e nel resto dell'isola, consultabile sul sito *www.monumentiaperti.com*

una scala si sale al presbiterio, cinto da una balaustra in marmo di stile barocco; oltre ai quattro *leoni stilofori* (già dell'ambone di Guglielmo), ai piedi della gradinata vi sono sistemati manufatti in argento e in ferro della produzione artigiana sarda e iberica del Seicento. Nel transetto sinistro si apre una piccola cappella pisana con bifora. Nella cappella centrale della navata sinistra è di qualche rilievo un *Martirio di S. Barbara* di pittore napoletano del XVIII secolo. Le volte sono state affrescate dal cagliaritano Filippo Figari tra gli anni '30 e '60 del Novecento.
Locali annessi ospitano il **Museo del Duomo**, che custodisce manufatti (in parte di produzione locale) databili tra i secoli XVI e XIX, e preziosi paramenti sacri. Spicca, tra i dipinti, il *trittico di Clemente VII**, copia di un quattrocentesco originale perduto del grande pittore fiammingo Rogier Van Der Weyden. Dal 1529 il quadro, che raffigura l'Addolorata con il Cristo dolente, S. Anna e S. Margherita, viene esposto in Duomo il giorno dell'Assunta, 15 agosto.

Piazza Palazzo *(C3)*. Conclusa sul lato sud-orientale dalla Cattedrale, è lo storico spazio centrale della vita politico-religiosa della città. Oltre al luogo di culto e al *Palazzo arcivescovile,* con tracce di strutture pisane, vi sorge il **Palazzo Viceregio** *(C3)*, di impianto catalano, che fu dimora dei viceré spagnoli e sabaudi ed è oggi sede della Prefettura e della Provincia di Cagliari. La sala di rappresentanza fu affrescata tra il 1894 e il 1895 dal perugino Domenico Bruschi, con sei grandi composizioni siglate S.P.K. (*Senatus Populusque Kalaritanus*).

Piazza Indipendenza e la Purissima. Per via Martini si arriva in piazza Indipendenza *(B3)*, delimitata dal settecentesco *orfanotrofio delle Zitelle* e dall'antico *palazzo delle Seziate,* così chiamato per le 'sedute' in cui il viceré ascoltava le suppliche dei reclusi nella vicina torre di S. Pancrazio. Via Lamarmora dalla piazza conduce alla **chiesa della Purissima*** *(C3)*, raffinato esempio di architettura gotico-aragonese. Costruita nel 1554 per volontà della nobildonna cagliaritana Gerolama Rams, ha l'interno a una navata con cappelle laterali e presbiterio rialzato. Tra i preziosi arredi, un trittico del 1593 (1ª cappella destra), un'ancona lignea settecentesca all'altare maggiore e un *S. Girolamo* di Lorenzo Cavaro (1ª cappella sinistra). È aperta al pubblico durante Monumenti Aperti e per la messa delle 8 dal martedì al sabato.

Cittadella dei Musei*

(B3). Al prestigioso complesso culturale si accede da piazza Arsenale. Progettato nel 1962 da Pietro Gazzola e Libero Cecchini, occupa l'area della Cittadella spagnola e, dal 1825, dell'Arsenale militare piemontese. Nei resti delle fortificazioni pisane, aragonesi, spagnole e sabaude trovano posto il Museo archeologico nazionale, la Pinacoteca nazionale, il Museo d'Arte siamese «S. Cardu», la Raccolta delle Cere di Clemente Susini. La Collezione archeologica «Evan Gorga» e il Museo delle Industrie litiche della Sardegna preistorica e protostorica (visitabili su appuntamento) sono presso il dipartimento di Scienze archeologiche.

Museo archeologico nazionale.** Materiali di altissima qualità provenienti da tutto il territorio isolano ed estesi dal Neolitico (6000 a.C.) all'età altomedievale (VII-VIII secolo) ne fanno il museo sardo di maggior rilievo. Sono esposti, e degni della massima attenzione: dell'era prenuragica, vasellame ceramico decorato e **statuine di dee madri** in pietra e osso; dell'era nuragica, armi e forme di fusione per armi e strumenti da lavoro, decine di **bronzetti**** databili dall'età del Ferro (900-750 a.C.) sino al periodo fenicio, che raffigurano navicelle votive, guerrieri, lavoratori e sacerdoti; reperti fenici, punici e romani, tra cui spiccano gli splendidi **gioielli punici di Tharros***, paste vitree, avori, manufatti

La porta neoclassica dell'antico Arsenale, ingresso alla Cittadella dei Musei

Un bronzetto e un vaso di epoca nuragica custoditi nel Museo archeologico nazionale

in osso, statue, stele, cippi, monete, vasi greci e romani; infine, preziosi oggetti di oreficeria dell'età tardomedievale, tra cui è da notare un eccezionale **bronzetto con S. Paolo*** che doveva far parte di una lucerna. Dal 2014 è collocata nel museo in mostra temporanea (in attesa di essere ospitata nel Museo archeologico di Cabras, in fase di completamento) una selezione delle statue rinvenute nella necropoli di Mont'e Prama. Note come i **'Giganti'****, si tratta di statue nuragiche a tutto tondo, raffiguranti arcieri, guerrieri e pugilatori, a cui si aggiungono modelli in scala di nuraghi.

Pinacoteca nazionale*. Articolata su tre livelli, documenta in particolare la penetrazione e diffusione nell'isola del gusto catalano-valenzano nei secoli XV e XVI. La parte più interessante della raccolta, allestita al livello superiore, è costituita infatti dai retabli quattrocenteschi e cinquecenteschi provenienti da chiese sarde: notare, in particolare, il **retablo della Porziuncola** del Maestro di Castelsardo e quelli di Pietro e Michele Cavaro e di Antìoco Mainas, i maggiori esponenti della cinquecentesca scuola di Stampace. Meno interessanti i dipinti al piano intermedio, del XVII e XVIII secolo, per lo più di artisti non sardi. Eterogenea la raccolta al piano inferiore, che spazia da tavole fiamminghe del Cinquecento alla ritrattistica di Giovanni Marghinotti e Giuseppe Sciuti, ai busti di Andrea Galassi, Vincenzo Vela, Giuseppe Sartorio, insieme alle tele di artisti sardi della metà del XX secolo, tra cui Mario Delitala. Alla Pinacoteca è annessa una ricca e interessante collezione artigianale-etnografica.

Museo d'Arte siamese «Stefano Cardu». Di proprietà comunale, comprende oltre 1300 pezzi fra armi, vasellame e oggetti provenienti da Siam, Laos, Celebes, Giava, Malacca, Cina.

Raccolta delle Cere di Clemente Susini. Raccoglie modelli anatomici in cera colorata di grande perfezione. Furono creati dal celebre ceroplasta fiorentino Clemente Susini, tra il 1803 e il 1805, per l'anatomista di Olzai Francesco Antonio Boi, su incarico del futuro sovrano Carlo Felice.

Galleria comunale d'Arte* *(A3)*. Dalla Cittadella dei Musei, con viale San Vincenzo si raggiunge lo spazio verde dei Giardini Pubblici, dove si trova la palazzina neoclassica che ospita l'importante Galleria, formatasi per donazioni, lasciti e acquisizioni. Annovera la più interessante collezione di artisti sardi del Novecento, una prestigiosa raccolta di respiro nazionale legata alle tendenze degli anni '60-'80; nel 1999 si è arricchita di oltre 500 opere del lascito del collezionista romano Francesco Paolo Ingrao: dipinti, sculture e disegni che segnano l'evoluzione dell'arte italiana dalla metà dell'Ottocento a tutto il secolo successivo.

1.2 Stampace, Marina, Villanova

Itinerario pedonale e con i mezzi pubblici

Ai piedi di Castello gli altri storici quartieri cittadini, espansioni della città antica, offrono un profilo caratteristico fatto di strette vie, abitazioni popolari, locali e negozi in un'atmosfera multietnica soprattutto alla Marina. I quartieri storici, raccolti in un'area compatta e poco estesa, si visitano rigorosamente a piedi.

STAMPACE

Ripartito idealmente da via Azuni, la popolare strada di Stampace dove fino al XIX secolo si svolgevano corse a cavallo, in 'Stampace alto' e 'Stampace basso', il quartiere conserva la struttura urbanistica medievale e preziose testimonianze delle civiltà che hanno attraversato la storia di Cagliari. L'anfiteatro romano e la villa di Tigellio, nella parte interna del quartiere, e (già ai margini di S. Avendrace) la necropoli di Tuvixeddu unitamente alla grotta della Vipera (raggiungibili con le linee di bus 8 e 20) confermano l'appartenenza di questi luoghi all'antico insediamento punico e romano.

S. Michele *(C2)*. All'angolo di via Azuni con via Ospedale, è uno dei più felici esempi del barocco spagnolo nell'isola. A costruirla furono i Gesuiti nella seconda metà del XVII secolo insieme alla contigua *casa del Noviziato*, poi sede dell'Ospedale militare. Un portico a tre arcate immette nell'atrio dove è collocato il cosiddetto **pulpito di Carlo V**, scolpito a bassorilievo. Dal pergamo (che però stava allora nella distrutta chiesa di S. Francesco di Stampace) l'imperatore avrebbe assistito alle cerimonie religiose indette nel 1535 in occasione della spedizione contro Tunisi partita dal porto di Cagliari. L'interno della chiesa riprende l'abbondanza di ornamentazioni del prospetto. Bella la *sagrestia* rococò, affrescata nel primo Settecento dal romano Giacomo Altomonte e dal napoletano Domenico Colombino.

S. Anna *(C2)*. Costruita fra il 1785 e il 1817 in stile tardobarocco di ispirazione piemontese, è preceduta da un'ampia *scalinata* d'accesso posta su via Azuni. L'edificio, con interno a unica navata, transetto e cappelle laterali, subì gravi danni nei bombardamenti del 1943 ma è stato fedelmente ricostruito.

S. Efisio *(C2)*. Affacciata sulla via omonima, perpendicolare a via Azuni, la chiesa d'aspetto settecentesco deve la sua notorietà soprattutto al santo, patrono di Cagliari, cui è dedicata. Secondo il rac-

La facciata tardobarocca della chiesa di S. Anna

Al ritmo delle launeddas: la sagra di S. Efisio**

Si celebra a Cagliari da almeno 350 anni e con il concorso di delegazioni da tutta la Sardegna una delle più sentite processioni del Mediterraneo. Assistere alla sagra di S. Efisio, che si svolge ogni 1° maggio, è un'occasione unica anche per ammirare i meravigliosi costumi della tradizione, talora antichi di oltre cent'anni, e le spettacolari cavalcature, che rappresentano l'eccellenza della zootecnia equina dell'isola. I partecipanti – alcune migliaia – sfilano a piedi, a cavallo o su *traccas* (carri a buoi bardati a festa) secondo un preciso cerimoniale e lungo un percorso di 65 km, coperto, tra andata e ritorno, in quattro giorni. Li accompagnano miliziani a cavallo, suonatori di *launeddas* e i membri dell'arciconfraternita di S. Efisio. Preceduta a cavallo dall'*Alternos*, rappresentante della municipalità, la processione è chiusa dal cocchio dorato con una statua lignea del Seicento che ritrae il santo in fogge spagnolesche. Il corteo raggiunge la massima solennità in via Roma per sciogliersi in viale Pula, dove il simulacro viene spogliato degli abiti e dei gioielli e vestito in modo più sobrio. Con un breve trasferimento su un mezzo militare, reso necessario dall'apertura del porto canale, il santo viene posto su un meno elaborato cocchio 'di campagna', e comincia il viaggio verso Nora per ritornare a Cagliari, con processione ridotta, il 4 maggio. Lungo via Roma, piazza Matteotti e piazza del Carmine vengono allestite tribune a pagamento per assistere alla processione, che è comunque possibile (e consigliabile) seguire a piedi lungo il percorso cittadino.
Per informazioni: *www.festadisantefisio.com*

conto agiografico Efisio, ufficiale di Diocleziano (nativo dell'Asia Minore) inviato in Sardegna per combattere barbaricini e iliensi, fu ucciso a Nora nel 303 per non aver rinnegato la religione cristiana. La devozione che ne derivò in città – e che si rafforzò dopo la cessazione della tremenda peste del 1652-56 – continua anche oggi con la celebre sagra di S. Efisio. Dalla chiesa cagliaritana, edificata su una grotta ritenuta la prigione dove fu rinchiuso il santo prima di essere decapitato, parte ogni 1° maggio la processione che fonde religiosità e folclore.

Anfiteatro romano e villa di Tigellio. Importanti testimonianze di *Kàralis* romana si trovano a poca distanza l'una dall'altra. Situato di fronte alla chiesa dei Cappuccini, l'**anfiteatro*** *(B2)*, del I-II secolo d.C., noto ai cagliaritani come *Centu Scalas*, conserva gran parte delle gradinate ellittiche scavate direttamente nel calcare, la cavea, le recinzioni e il *podium* da cui i maggiorenti assistevano ai giochi. Di assoluto interesse il **percorso ipogeo**, che comprende anche il vicino *Orto dei Cappuccini (A-B2)* in vico Primo Luigi Merello e il cisternone 'Vittorio Emanuele II': la visita esplora un sistema di acquedotti, cisterne, antiche cave di calcare, utilizzate dall'antichità fino al secondo dopoguerra, quando servirono come rifugio antiaereo e ricovero di sfollati e senzatetto. Nel 2012 il sito archeologico è stato chiuso alle visite per restauri, mentre è accessibile l'*Orto Botanico (B2)* dopo una recente riqualificazione.

La cosiddetta **villa di Tigellio** *(C2)* è in realtà un complesso di ruderi che mostrano un sistema di tre ricche *abitazioni* ad atrio tetrastilo, *impluvium* e *tablinum* con vani laterali e altri ambienti nella parte retrostante. Si distinguono la *casa del tablino dipinto* e la *casa degli stucchi,* che conservano i resti di eleganti decorazioni murali.

Orto Botanico *(B2).* Adiacente al viale Fra Ignazio, si sviluppa su un'area di 5 ettari questo grande giardino all'aperto nel quale sono raccolte oltre 3000 specie vegetali, fra autoctone e importate da altri paesi.

Necropoli di Tuvixeddu *(A1, f.p.).* Sorge sul colle omonimo, raggiungibile da via Falzarego, all'interno di un vasto parco pubblico aperto nelle ore diurne. La necropoli è di origine fenicio-punica, in seguito utilizzata anche dai romani. Gli scavi, iniziati nel XIX secolo, hanno messo in luce centinaia di tombe prevalentemente a pozzo verticale, a una o due sepolture e ricche di corredi funerari, databili tra il VI secolo a.C. e il I d.C. Di particolare rilievo la *tomba dell'Ureo* e quella *del Combattente*, in cui è dipinta la figura di un guerriero, forse il divino Sid liberatore da tutti i mali. All'interno del complesso della necropoli, ma con ingresso all'inizio di viale S. Avendrace, si trova la **Grotta della Vipera**, un ipogeo funerario, scavato nella roccia, il cui nome deriva dall'emblema di due serpenti scolpiti nel frontone. Si tratta della tomba di una nobildonna romana,

Sfilata in abiti tradizionali durante la sagra di S. Efisio

Attilia Pomptilla, che avrebbe offerto agli dei la propria vita in cambio di quella del marito Cassio Filippo. Deve la notorietà alle belle iscrizioni poetiche in greco e latino che raccontano l'edificante storia dei due coniugi.

Piazza Yenne e dintorni *(C2-3)*. Si apre sullo scenografico sfondo del bastione di S. Croce ed è, con i suoi palazzotti ottocenteschi e la bella pavimentazione, lo spazio pubblico più rappresentativo di Stampace. Intitolata al viceré sabaudo Yenne, mostra una **colonna** in pietra, datata 1822, che indica l'inizio della strada, voluta da Carlo Felice, per Sassari e Porto Torres. Un monumento al sovrano sabaudo si alza poco più avanti, in cima al largo omonimo. La statua, che ritrae il re in foggia romana, fu commissionata dagli Stamenti sardi ad Andrea Galassi nel 1827, ma collocata sul basamento in granito (disegnato da Gaetano Cima) solo nel 1860. Singolare la posa assunta dalla figura in bronzo, che indica una direzione opposta a quella della strada che intende celebrare.
Da piazza Yenne si diparte il **corso Vittorio Emanuele II** *(B-C1-2)*, con i suoi molti ristoranti, particolarmente vivace nelle ore serali e notturne. Al termine della parallela via Mameli, la **Mem - Mediateca del Mediterraneo** *(B1)* occupa gli spazi usati precedentemente come Mercato civico: la struttura polivalente in vetro e acciaio raccoglie l'Archivio storico, la Biblioteca generale e di studi sardi, oltre a spazi per eventi culturali e mostre temporanee.

MARINA

Il lato opposto di largo Carlo Felice delimita il rione Marina, un quadrilatero che richiama la struttura del *castrum* romano: lo segnano, in basso, la palazzata ottocentesca di via Roma e il porto, in alto via Manno (l'antica *sa Costa*, oggi fulcro commerciale della città) e a est viale Regina Margherita. L'andamento delle strade, regolare nella parte pianeggiante più vicina al mare, perde linearità quando comincia a salire verso il colle, divenendo ripido sotto le fortificazioni di Castello.

S. Sepolcro *(D3)*. Scendendo da piazza Yenne e seguendo via Baylle e via Dettori, si giunge alla piazza che dà il nome a questa chiesa. Appartenuta ai Templari, è di impianto tardogotico, a navata unica, presbiterio coperto da volta a crociera e cappelle laterali, ma rivela tracce evidenti di interventi in epoca barocca; a questa fase è da ricondurre la grande **cappella della Pietà**, voluta nel 1686 dal viceré Lopez de Ayala; un bel retablo ligneo reca l'effigie della *Vergine della Pietà*. Sotto la chiesa si apre una cripta funeraria costruita a fine Seicento modificando una grotta naturale.

S. Agostino *(D2)*. La chiesa, cui si accede sia dal largo Carlo Felice sia da via Baylle, venne progettata nel 1577 da Giorgio Palearo, il Fratino, ed è una delle poche architetture di impronta rinascimentale in Sardegna. Vi era annesso il convento degli agostiniani, smantellato nella secon-

S. Benedetto e i mercati di Cagliari

Dal quartiere di Villanova una passeggiata nella Cagliari moderna ha come meta il **mercato civico di S. Benedetto** (via Coccu Ortu 50), esteso sugli 8000 m^2 di uno stabile a due livelli: è sicuramente tra i mercati più grandi e vari in Italia e il più esteso mercato coperto in Europa. Aperto tutti i giorni, tranne la domenica, ospita circa 300 concessionari. Il piano terra è dedicato al pesce: crostacei vivi, ostriche da consumare sul posto, fritto di pesce preparato al momento, da asporto – previa lunga coda – sono attrattive anche per i turisti che lo affollano. Al piano superiore si acquistano frutta e ortaggi, in un tripudio di colori e varietà che testimoniano la ricchezza del patrimonio agroalimentare dell'isola. Si svolge all'aperto tutte le domeniche, alla mattina, un vivace mercato del pesce, ortofrutta e altri generi alimentari al **Lazzaretto di Borgo S. Elia**. Un tempo luogo di quarantena, il complesso è oggi un centro polifunzionale e di aggregazione sociale. Arte, artigianato e oggettistica si trovano ogni sabato mattina, a settimane alterne, in *piazza del Carmine*, nel centro storico della città, e in *piazza Giovanni XXIII*, nell'espansione moderna a nord dei quartieri storici.

da metà dell'Ottocento. Gli scavi hanno riportato in luce reperti romani e tardoantichi, che sembrano ricollegare tutta l'area a una complessa struttura termale. Il prospetto sobrio e lineare, appena arricchito dai motivi floreali della cornice dell'architrave, introduce all'interno con pianta a croce greca, con bracci voltati a botte e sormontati da una cupola emisferica, che custodisce preziosi arredi e altari in legno dorato.

S. Eulalia *(D3)*. La parrocchiale di Marina è questa quattrocentesca chiesa in stile gotico catalano, a navata unica e cappelle laterali. Occupa un'area antichissima, messa in luce da scavi ancora in corso, dove sono affiorati resti di una via lastricata e di edifici romani. Sul retro della chiesa si visita l'**Area archeologica e Museo del Tesoro di S. Eulalia**, ospitato in un palazzo attiguo alla chiesa, con ingresso da vico del Collegio 2. Il museo espone argenti, preziosi paramenti sacri, crocifissi e statue lignee (già, in parte, nella vicina chiesa del Santo Sepolcro), con alcuni pezzi pregiati provenienti dalla bottega dello scultore del Settecento Giuseppe Antonio Lonis. Dal museo si accede all'area archeologica, estesa su 900 m^2, dove si ripercorrono varie fasi dello sviluppo urbano di Cagliari, dall'epoca romana al XIX secolo.

Via Roma *(C-D1-2)*. Il lato sud-ovest del quartiere Marina è definito da questa ampia arteria che corre a fianco dell'area portuale con la sua palazzata tardottocentesca di gusto eclettico. È una delle più frequentate passeggiate cittadine e vi affacciano il **Palazzo civico** *(D2)*, del primo Novecento, e

La stretta via Napoli nel rione Marina

la sede del **Consiglio regionale** *(D3)*, degli anni '80 del XX secolo, dove si ammirano alcune belle sculture di Costantino Nivola.

Via Sardegna *(D-E2-3)*. Parallela a via Roma verso l'interno, è una strada piena di carattere per il susseguirsi di piccoli ristoranti e trattorie, con cucina soprattutto di mare. All'incrocio tra via Sardegna e via Napoli si trova l'area archeologica della *chiesa di S. Lucia di Civita*, fondata dai pisani nel 1119. Parte della muratura laterale è quanto rimane della chiesa, danneggiata dai bombardamenti del 1943 e demolita nel 1947.

VILLANOVA

Viale Regina Margherita e, più in alto, la panoramica salita di viale regina Elena, detta il Terrapieno *(B-C3)*, indicano a levante l'inizio di Villanova (Città nuova), che fu il quartiere dell'espansione di Cagliari verso la campagna. Il confine orientale si è progressivamente spostato nell'ultimo secolo, dando origine, soprattutto nel secondo dopoguerra, a nuovi grandi quartieri. Scomparse le mura che cingevano il nucleo storico, Villanova continua a mantenere nella parte più antica la vocazione 'rurale' delle sue abitazioni. Tra case basse e uniformi, prive di architetture pubbliche o private di rilievo, si nascondono infatti non pochi orti e giardini.
Dalla salita del Terrapieno si raggiungono largo Giuseppe Dessì e poi, lungo viale S. Vincenzo, i giardini pubblici e la Galleria comunale d'Arte. Scendendo per i vicoli ripidi e le scalette che tagliano trasversalmente il quartiere, si giunge alla chiesa di S. Domenico, per tornare quindi indietro in piazza S. Giacomo, dove sorgono la chiesa e l'oratorio del Crocifisso, punto di partenza delle processioni che animano i riti della Settimana Santa. Verso sud-est, con un lungo percorso a piedi ben oltre Villanova, si arriva alla basilica paleocristiana di S. Saturno. Più oltre la basilica di Nostra Signora di Bonaria domina il colle di fronte al mare. Dalla direttrice di viale Armando Diaz, sottostante alla chiesa, si accede al grande recinto della Fiera Internazionale della Sardegna, aperta tra aprile e maggio con un'esposizione campionaria annuale.

S. Domenico *(C4)*. Raggiungibile da via S. Domenico, la chiesa, in stile moderno, è annunciata da un campanile dalla cupola ellissoidale, che sorge di fronte alla facciata e un po' staccato da essa. La cripta e il chiostro sono ciò che rimane dello storico complesso edificato dai domenicani nel XIII secolo, ristrutturato nel XV-XVI e distrutto dalle bombe, nel 1943, in misura tale da imporne la ricostruzione. Il nuovo edificio, progettato per il recupero delle parti antiche sopravvissute, e inaugurato nel 1954, ha un interno a navata unica con presbiterio sopraelevato e sovrastato da cupola ogivale. L'ingresso al convento si apre su via XXIV Maggio, da cui si accede al chiostro a pianta quadrata, in buona parte risparmiato dalle bombe. I diversi stili dei bracci ne rimandano la costruzione (come per la cripta) a tempi distinti: quelli a sud-ovest, coperti da belle volte a crociera gemmate, appartengono alla fine del Quattrocento, gli altri due al XVI secolo.

Una delle sculture di Costantino Nivola davanti al palazzo del Consiglio regionale

Piazza S. Giacomo *(C3)*. Luogo nodale del quartiere Villanova, raggiungibile da via S. Domenico, è dominata dalla **chiesa**

TRATTORIE CAGLIARITANE

- **Stella Marina di Montecristo** Defilato rispetto alle trattorie 'per turisti' della Marina, si trova oltre il complesso del Consiglio Regionale. Ambiente tranquillo e pesce di prima qualità. *Via Sardegna 140, t. 3475788964*
- **Lillicu** Ambiente senza fronzoli e cucina di pesce per questo storico locale della Marina, osteria del porto dai primi del Novecento frequentata anche dai cagliaritani. *Via Sardegna 78, www.lillicu.com*
- **Basilio** Un classico della buona tavola cagliaritana, aperto dal 1950. Cucina tipica sarda (ma non solo) con ottimo rapporto qualità prezzo. *Via Satta 112A, www.ristorantebasilio.it*
- **Antica Hostaria** Nel quartiere della Marina, propone una cucina (pesce e crostacei) di ottimo livello. Ambiente ricercato e servizio curato. *Via Cavour 60, www.anticahostaria.it*
- **Ci pensa Cannas** Popolare, alla mano, una vera osteria dal buon rapporto qualità prezzo. *Via Sardegna 37, www.cipensacannas.it*

Il santuario di Nostra Signora di Bonaria

di S. Giacomo *(C3)*, documentata nel 1346, che conserva ancora lo schema catalano a navata unica con 'capilla mayor' rialzata e cappelle laterali. Ampliata e dotata di campanile tra il 1438 e il 1442, venne trasformata nel Settecento, mentre l'attuale prospetto neoclassico fu disegnato da Gaetano Cima nel 1838. Dopo i bombardamenti dell'ultima guerra è stata ripristinata con interventi che hanno riportato in luce gli elementi gotici di alcune cappelle. Tra gli arredi è degno di nota (1ª cappella sinistra) il *gruppo del Sepolcro* in terracotta policroma (XV-XVI secolo).
Degno di nota, a fianco della chiesa, l'**oratorio del Crocifisso** (o *del Santo Cristo*) fu edificato fra 1665 e 1667 su una precedente struttura. Custodisce le *statue* lignee *dei sette Misteri di Cristo*, scolpite da Giuseppe Antonio Lonis a metà del XVIII secolo e tuttora portate in processione il venerdì precedente la domenica delle Palme. Tra i riti della Settimana Santa, di ascendenza spagnola, di grande suggestione è anche la processione del Cristo morto, che il Venerdì Santo porta i simulacri del Cristo e dell'Addolorata da piazza S. Giacomo al Duomo. La mattina di Pasqua, sempre da piazza S. Giacomo, parte la processione de S'Incontru, che prevede l'incontro tra le statue del Cristo risorto e della Madonna.

S. Saturno* *(D4)*. Si raggiunge da piazza Costituzione, seguendo via Garibaldi, quindi via S. Lucifero, questa prestigiosa basilica – che sorge sul *martyrium* del santo cagliaritano Saturno o Saturnino, in un'area connessa alla necropoli romana orientale e paleocristiana – il cui primo impianto risale al V-VI secolo, ed è quindi uno dei più antichi dell'isola. La struttura era a croce greca, sovrastata da una grande cupola emisferica, e furono i Vittorini di Marsiglia, cui venne affidata nel 1089, a trasformarla in senso basilicale. La distruzione dei bracci a nord e a sud coincise con l'abbandono dei monaci, che determinò la decadenza dell'edificio di culto. L'edificio è visitabile in occasione di Monumenti Aperti e nella festività di S. Saturnino, il 30 ottobre.

Via S. Lucifero *(D4)*. Lungo la strada si visitano il **complesso archeologico di S. Lucifero** *(D4)*, di età tardoromana, situato sotto la seicentesca chiesa omonima; e l'**Exmà** *(D4)*, l'ex mattatoio cagliaritano costruito nel 1845 su progetto di Carlo Barabino: restaurato e adibito a centro culturale, accoglie mostre temporanee, conferenze, spettacoli, oltre alla collezione permanente «Nicola Valle», che raccoglie oltre 650 stampe di incisori sardi, italiani e stranieri.

Nostra Signora di Bonaria* *(E-F5)*. Costeggiando il grande *Cimitero monumentale di Bonaria*, costruito nel 1828 (tombe liberty), si raggiunge la sommità della collina 'della buona aria' (perché distante dai miasmi pestilenziali che avvolgevano le sottostanti spiagge). È questo il luogo dove si insediarono le truppe aragonesi prima di togliere il Castello ai pisani nel 1326. E alla dominazione catalano-aragonese si riallaccia il **santuario**, la parte più antica dell'intero complesso, col suo bel *portale* gotico in facciata (proveniente dalla distrutta chiesa di S. Francesco in Stampace) e, all'interno, la *statua* lignea *della Madonna* che, secondo una leggenda, sarebbe qui approdata nel 1370 (in realtà è della seconda metà del Quattrocento).
Nonostante i rimaneggiamenti ottocenteschi, la contigua **basilica**, edificata nel 1704, conserva lo schema originario a navata unica con presbiterio a base poligonale e cappelle laterali. La monumentale costruzione, con prospetto in calcare e lunga scalinata d'accesso, interno a croce latina diviso in tre navate e cupola ottagonale all'incrocio dei bracci, è uno degli elementi caratterizzanti del paesaggio cittadino.
Merita una visita anche l'annesso **Museo del Santuario**, interessante testimonianza della devozione alla Madonna di Bonaria, considerata la patrona dei naviganti, come attestano i numerosi ex voto.

Cagliari e le sue anime meticce

Lo dicono tutti, sull'isola, che Cagliari non è Sardegna. Soprattutto, con una certa perfidia, nella città che, nel corso dei secoli, ha provato a contenderle il primato, e cioè Sassari. Epperò, una qualche plausibilità questa convinzione ce l'ha: se, infatti, la sardità si caratterizza per un esibito e celebrato spirito identitario, a Cagliari l'identità si moltiplica, diventa plurima, si fa meticcia, se non si annulla. Basta incamminarsi, tra il porto e la stazione centrale, salendo verso il Quartiere **Castello**, con le sue torri di San Pancrazio e dell'Elefante, e quei bastioni che ci consegnano un panorama struggente, dentro quel dedalo di viuzze che diramano, in una toponomastica ancora sabaudo-risorgimentale, da via Roma, largo Carlo Felice, piazza Yenne, via Manno, viale Regina Margherita, via Garibaldi *(nella foto)*, piazza Costituzione, intorno alle chiese di Sant'Agostino e Santa Eulalia, per rendersi conto d'una vocazione all'interculturalità meno problematica e conflittuale di tante altre città italiane.
Intendiamoci: Sardegna o non Sardegna, Cagliari è dolce e bellissima. Ed è l'unica vera città dell'isola. Dicevo dei bastioni: dai quali ci si affaccia su una laguna che al tramonto si placa e sul **Poetto**, che a me pare la più bella spiaggia d'Europa che viva in simbiosi con la città, che respiri con essa, una spiaggia da raggiungere in ciabatte direttamente dall'albergo, magari il *Quattro Mori* o l'*Italia*. Un dedalo di viuzze, ripeto: ove mangiare nei ristoranti di maggiore cordialità popolare, dal servizio allegro e disimpegnato: come *Lillicu*, su quei tavoli tutti uguali e di marmo, ove atterrano squisiti antipasti di pesce, non mancando mai anemoni fritti e ottimi spaghetti alle vongole, nonché il pescato del giorno; o come *La Pola*, coi suoi risotti e le sue fritture di mare, ove conversare con allegria sino a notte fonda, motteggiando con intelligentissime cameriere. Non vi parlo dei vini, perché immagino che vi arriviate d'estate, a Cagliari, in una di quelle giornate in cui l'arsura e l'umidità fanno stagnare l'aria, annichiliscono. Le giornate ideali, allora, per parlare delle pregiatissime acque minerali di Sardegna, implacabilmente frizzanti, come la *Santa Lucia* e la *San Martino*, un'acqua salatissima la quale, invece di dissetare, alla sete istiga e incendia, senza placare mai, un'acqua per palati lussuriosi, insomma, imbottigliata per il vizio, non per il bisogno.
Non fatevi mancare, durante il vostro soggiorno in cttà, una visita al **Museo Archeologico**: giusto per ricordare che la storia antica non s'incardina soltanto sull'asse greco-romano, ma conosce anche l'altro nuragico ed etrusco, militarmente perdente, certo, ma di sicuro più misterioso e stupefatto. Tanto più che ora vi si possono anche ammirare gli stupefacenti *giganti di Mont'e Prama*.

Massimo Onofri

1.3 Capo S. Elia, il Poetto e la città metropolitana

Itinerario pedonale e con i mezzi pubblici *(carta a p. 72)*

Poche grandi città costiere possono vantare, come Cagliari, un litorale così bello con una spiaggia rinomata e vivacissima come il Poetto. Separa il centro storico dal suo litorale il Capo S. Elia, un bastione calcareo rimasto esente fino a oggi da sviluppo edilizio a causa della sua natura impervia e delle servitù militari a eccezione del vecchio borgo dei pescatori. A nord e a est della città storica, la moderna espansione urbana si estende senza soluzione di continuità, inglobando quelli che erano paesi, con salde radici nel vecchio mondo rurale e che ne conservano il ricordo nelle case dai grandi portali e dai mattoni di fango e paglia, nelle chiesette medievali, nelle sagre, nei costumi, nei dolci d'una volta. Dove non ha imperversato il cemento affiorano ogni tanto, come tessere disperse di un antico mosaico, resti di villaggi neolitici, ceramiche del primo Calcolitico sardo, tombe monumentali e pozzi sacri d'età nuragica, insediamenti punici e romani, chiese bizantine. Tutti si raggiungono con i mezzi pubblici a partire dal centro storico.

Borgo S. Elia. A sud-est del centro storico, raggiungibile con i mezzi pubblici da piazza Matteotti (linea 6), si visita, oltre lo stadio calcistico, il vecchio borgo di pescatori, una sorta di appendice della città affacciata sul golfo degli Angeli in prossimità del colle omonimo. Il suo contesto storico, naturale e paesaggistico presenta elementi di pregio, seppure in contrasto con elementi di degrado cui da qualche anno si sta

Le spiagge dei cagliaritani dal golfo di Quartu a Solànas

Proseguendo oltre il Poetto e i lidi di Quartu Sant'Elena, lasciata gradualmente la conurbazione cagliaritana lungo la tortuosa strada litoranea (SP 17) per Villasimìus, si scoprono tratti incantevoli di mare. Le scogliere si alternano alle spiagge ritmate dalle antiche torri di guardia, di cui quella di **Cala Regina** è di origine cinquecentesca. In tutta la fascia costiera si moltiplicano gli insediamenti turistici, intervallati da qualche tratto rimboschito a pini ed eucalipti. Dopo Solànas, distesa su un arco di spiaggia che arriva fino a Capo Boi, la strada si inerpica per aggirare lo sperone roccioso del promontorio; poi, allo sbocco verso l'altro versante, la vista inquadra *Capo Boi* e si apre, grandiosa e suggestiva, su *Capo Carbonara*.

La vicinanza del capoluogo fa delle molte calette presenti su questo tratto di costa la meta preferita dei cagliaritani. Le prime spiagge, tutte raggiungibili lungo la provinciale 17, si trovano oltre la torre di Cala Regina: piccole falci di sabbia grossolana e ciottoli, ma dagli splendidi fondali. La più bella di tutte è **Mari Pintau** ('mare dipinto'; *nella foto*), all'altezza di *Geremeas* (m 12), con sabbia candida e acque turchesi. Simili, ma con invasiva edilizia residenziale che incombe sul litorale, le successive calette intorno al promontorio di **Torre delle Stelle**. La spiaggia di **Solànas** è vasta e con sabbia chiara: la folla si trova solo in prossimità dell'insediamento turistico, mentre la parte più orientale del litorale offre angoli di natura, con stagni retrodunali e i primi contrafforti rocciosi di Capo Boi.

Il candido arenile del Poetto

cercando di porre rimedio. Caratteristico il mercato del pesce che vi si tiene ogni domenica. Il panoramico **Lazzaretto di S. Elia**, antico ricovero per gli equipaggi delle navi ritenute infette, è stato restaurato, aperto alla visita e utilizzato per mostre e iniziative culturali di vario genere.

Cala Mosca e la Sella del Diavolo. Raggiungibile con mezzo pubblico dal centro (linee 5 e 11), Cala Mosca è un'appartata insenatura dotata di una piccola spiaggia, a ovest della quale è possibile un'escursione a piedi di un paio di ore alla *sella del Diavolo*, su sentiero segnalato e attrezzato di tabelle. L'ambiente è calcareo, con bassa macchia mediterranea. Sulla cima del promontorio si apre un **panorama*** grandioso sulla città, il Poetto e le saline di Molentàrgius. Sul punto più alto svettano i resti di una torre spagnola, fortificazioni risalenti alla seconda guerra mondiale e una cisterna di epoca romana.

Il Poetto *(B6, f.p.)*. Frequentato fin dai primi del Novecento (a quell'epoca risalgono gli storici bagni Lido e D'Aquila), è un cordone di dune sabbiose lungo 8 km che separa dal mare le saline e gli stagni di Molentàrgius. Sul litorale si susseguono stabilimenti balneari e locali, con un'offerta assai articolata di sport e vita notturna. Molti i ristoranti che servono in modo assai informale pesce e crostacei. I vari settori della spiaggia sono noti ai cagliaritani come 'fermate', perché corrispondono alle fermate delle linee urbane PF, PQ e QS. Il Poetto è servito anche da una pista ciclopedonale, che si imbocca dal lungomare Su Siccu, fino a Quartu Sant'Elena.

Colle S. Michele*

Per una veduta d'insieme dei paesaggi dell'hinterland e del Campidano meridionale il consiglio è di salire su questo colle, nella periferia nord-ovest, raggiungibile con i mezzi pubblici (linea urbana 58). Con un percorso che si snoda entro un bel parco, tra vegetazione spontanea e prati verdi, si raggiunge sulla cima l'omonimo **Castello**: originario del X secolo, poi munito di torri da pisani e aragonesi, quindi adibito ai più disparati usi, oggi appartiene al Comune e, restaurato, è sede di iniziative culturali. Da questo punto panoramico, a 120 m di altitudine, la **vista*** abbraccia tutta Cagliari circondata dal mare, dagli stagni e dalle montagne: quelle del Sulcis a ovest e del Sàrrabus a est.

Monte Urpinu

Nella parte orientale della città si può seguire l'asfalto di viale Europa *(D-E6)* o i mezzi pubblici (linea urbana 10) e arrivare al *Parco urbano di Monte Urpinu*, con ingresso principale da via Pietro Leo e altri due in viale Europa e al Belvedere. Ammantato di pini e impreziosito da laghetti artificiali, popolati di oche e anatre, il colle, nella parte più elevata, offre un ec-

Veduta aerea di Cagliari con il porto e le lagune sullo sfondo

cezionale **panorama** sulla città e sulle sue lagune. La terrazza di viale Europa è anche punto di osservazione sulla nidificazione dei fenicotteri, attrezzato di binocoli a cura dell'ente Parco di Molentàrgius e con l'assistenza di personale esperto.

Parco naturale regionale Molentàrgius-Saline*

Estesa su 1622 ettari, questa zona umida di importanza internazionale con accesso da viale La Palma è raggiungibile anche con la ciclabile dal lungomare Su Siccu. Un punto informativo e centro visitatori si trova nell'edificio Sali Scelti della *Città del sale*, interessante sito di archeologia industriale che conserva le infrastrutture realizzate negli anni '30 del XX secolo a servizio delle saline. L'area protetta è dotata di percorsi liberi, ideali per la bicicletta (noleggio presso il punto informativo), che consentono di osservare l'avifauna, esplorare i segreti dello stagno e conoscerne da vicino gli eccezionali abitatori: fenicotteri rosa, falchi di palude, garzette, avocette, polli sultani e molte altre specie. La visita è consigliabile sia a primavera, in occasione della nidificazione del fenicottero, sia in autunno, quando migliaia di esemplari delle specie di passo si ritrovano assieme nei vari **stagni**, che hanno diverso grado di salinità: il *Bellarosa Minore* e il *Perdalonga* sono di acqua dolce, mentre il *Bellarosa Maggiore* o Molentàrgius e lo *stagno di Quartu* sono i bacini di prima evaporazione delle ex saline di Stato. Il parco tutela l'integrità di fatto delle saline, pur essendo cessata la produzione, proprio per preservare la biodiversità dell'area umida. In collaborazione con l'Associazione per il Parco Molentàrgius-Saline-Poetto, il Parco organizza visite guidate su prenotazione.

Quartu Sant'Elena

Raggiungibile da Cagliari con autobus urbani (linea PQ), la cittadina (m 6, ab. 71 000 circa) deve al boom edilizio degli anni '60 l'espansione urbana che ne ha fatto la terza città della Sardegna. In via Eligio Porcu, al N. 271, una tipica casa campidanese ospita il **Museo etnografico 'Il Ciclo della Vita'***: una raccolta di oltre 5000 reperti, databili dal XVIII al XX secolo, che testimoniano le tradizioni della società agro-pastorale sarda e dei rituali propiziatori a esse legati. Raccontano il passato le *chiesette* medievali *di S. Maria di Cepola* e *di S. Pietro del Ponte*, mentre richiama lontani riti pagani il carro a buoi a forma di prua di nave che, nella sagra di S. Giovanni, trasporta in processione sino alla chiesa campestre di S. Andrea sette giovinette, 'is traccheras', vestite con i costumi della lontana tradizione.

Selàrgius

Raggiungibile da Cagliari con autobus Arst (varie linee e corse frequenti), il paese (m 11, ab. 29 000 circa) sorge nell'area preistorica di *Su Coddu*, che ha restituito numerosi reperti di età neolitica, e altri ne avrebbe restituiti se gran parte del sito non fosse stato sepolto sotto il cemento dell'hinterland. Ne sanno qualcosa le vecchie *domus* campidanesi, le case a corte dai grandi portali archivoltati e dai muri in *làdiri* (mattoni di argilla cruda e paglia), in passato sacrificate alle necessità della città che cresceva. Oggi l'uso dei làdiri registra un rinnovato interesse, perché compatibile con le tecniche di bioedilizia. Di queste case a corte solo alcune resistono tra la *via Roma*, dove s'incastona il carcere seicentesco dei marchesi di Quirra, e la *piazza Si' e Boi*, dove la ciminiera in mattoni rossi di una ex distilleria di liquori sfida in altezza la cupola della parrocchiale dell'Assunta. Sulla sinistra di questa, a richiamare l'attenzione è un gioiello di arte romanica: la piccola **chiesa di S. Giuliano***, un tempio costruito fra XII e XIII secolo con materiale di spoglio d'età romana (come mostrano eterogenei fusti di colonne e capitelli), che gli storici dell'arte considerano, pur nelle sue minute dimensioni, una mirabile opera di architettura medievale. È qui che in settembre si svolge l'atto finale della rievocazione dell'antico 'matrimonio selargino', allorché gli sposi – dopo la suggestiva celebrazione del rito nuziale nella parrocchiale dell'Assunta in lingua sarda e in costume tradizionale – si legano simbolicamente con una catena e scrivono in una pergamena un messaggio per i futuri eredi.

Settimo San Pietro

Meno di 4 km separano Selàrgius da Settimo San Pietro (m 70, ab. 6700 circa), dove sorge, preceduta da un ampio sagrato panoramico sulla campagna, la *parrocchiale di S. Giovanni Battista,* di fondazione gotico-catalana. Il *Museo archeologico 'Arca del tempo'*, a carattere multimediale, inserito nel **Parco archeologico di Cùccuru Nuraxi**, sull'omonima collina, accoglie un nuraghe di tipo complesso, in parte distrutto, con un pozzo sacro realizzato con blocchi di arenaria di dimensioni piccole e medie.

Un popolo rosso in volo: birdwatching negli stagni di Cagliari**

Per i milioni di uccelli che, di stagione in stagione, migrano dalle zone fredde alle regioni più calde, attraversando da nord a sud il Mediterraneo, la Sardegna è la sede ideale per riposarsi prima di riprendere il volo. Sono soprattutto gli stagni, e in particolare quelli della parte meridionale dell'isola (a clima più temperato), ad attirare queste legioni di visitatori volanti. È stato calcolato che nel solo **stagno di Molentàrgius**, ai bordi del grande lido cagliaritano del Poetto, abitano 230 delle 330 specie che compongono l'intera famiglia degli uccelli sardi, più di un quarto della più grande famiglia degli uccelli europei. In certi periodi dell'anno arrivano a superare anche i 20 000 individui. Di questi abitatori delle zone umide il più amato è il fenicottero, che sverna in Sardegna da ottobre a marzo-aprile. I suoi luoghi di riferimento nell'isola sono in particolare, oltre a quello di Molentàrgius, gli stagni del Sinis, presso Oristano, e di Sant'Antìoco. Da qualche tempo i fenicotteri hanno ripreso a nidificare e si possono osservare anche nel periodo estivo in buona parte delle zone umide costiere meridionali dell'isola. Nell'Oristanese li chiamano *sa genti arrubia*, 'il popolo rosso': è un'emozione vederli levarsi in volo, con le fiammeggianti ali spiegate. Il parco naturale di Molentàrgius e gli stagni di S. Gilla – entrambi inscritti nell'elenco delle aree umide di importanza internazionale, ai sensi della convenzione di Ramsar, e Siti di interesse comunitario (Sic) e Zone di protezione speciale (Zps) – sono i luoghi dove è più facile vederli, e dove sono più numerosi. A Cagliari, all'interno del **Parco urbano di monte Urpinu**, accessibile da viale Europa, in occasione della nidificazione e della schiusa dei pulli è allestito un punto di osservazione guidato sull'area di Molentàrgius e in particolare, nella tarda primavera, sulla straordinaria colonia nidificante sugli isolotti degli stagni, dove i pulli, di colore grigio, accuditi da pochi adulti, si accalcano numerosi. Un percorso di birdwatching si trova anche alla **laguna di S. Gilla**, nella parte più meridionale dell'area umida (lo stagno di Capoterra), raggiungibile dalla statale 195 Sulcitana in direzione di Pula, all'altezza del lungo pontile di Macchiareddu: vi si trova un itinerario di visita a piedi, ma anche adatto alla bici, che si addentra nella palude, con punti di osservazione della fauna selvatica. Sono anche qui i fenicotteri la maggiore attrazione, ma lo stagno di Cagliari ospita anche numerosi limicoli, come il cavaliere d'Italia, l'avocetta e la pettegola. Numerosa la popolazione di gabbiano comune e roseo, dell'ormai onnipresente cormorano e delle sterne, che depongono le uova sugli arginelli dei bacini delle saline.

1.4 Il territorio di Cagliari

Due itinerari automobilistici da Cagliari all'Oasi di Monte Arcosu (45 km circa), e lungo la Costa del Sud (77 km circa)

Ambienti naturali di pregio a breve distanza dalla città e raggiungibili in giornata, zone palustri tra le più importanti di tutto il Mediterraneo. Gli stagni e le saline di S. Gilla, a ovest del capoluogo, sono limitrofi all'area industriale e agli impianti eolici di Macchiareddu, mentre spazi di natura selvaggia offrono la valle di Gùtturu Mannu e l'Oasi di Monte Arcosu, situati sulle prime alture del Basso Sulcis.
Per chi alla montagna preferisce il mare, la panoramica SS 195 è la naturale direttrice che conduce ad alcune delle più belle spiagge che fanno da corona a Capo Spartivento.

DA CAGLIARI A MONTE ARCOSU

Sestu e la chiesa di S. Gemiliano

Dalla SS 131 Carlo Felice una strada provinciale raggiunge in 6 km *Sestu* (m 44, ab. 20 000 circa). Meno di 5 km a nord, la romanica **chiesa di S. Gemiliano** è un bel tempio a due navate (XIII secolo) dove la terza domenica di maggio e la prima di settembre si celebrano rispettivamente la sagra e la festa dedicate al santo titolare con processioni a piedi. Il colle su cui sorge il tempio fu abitato per un lungo arco di secoli da comunità neolitiche, calcolitiche e nuragiche.

1 Cagliari e il golfo degli Angeli

Quadro d'unione a pag. 6-7, riquadro n. 1

Assèmini

Disposta in pianura una decina di chilometri a ovest di Sestu, Assèmini (m 6, ab. 26 700 circa) merita una visita per il nucleo storico, raccolto attorno allo svettante campanile della *parrocchiale di S. Pietro* (sorta nell'XI secolo, ricostruita nel XVI) e qualificato dall'**oratorio di S. Giovanni***, piccolo e ben conservato, eretto nel X-XI secolo adattando alla tradizione locale modelli bizantini. Numerosi i laboratori di ceramiche e terrecotte, i cui diversi metodi di lavorazione si possono confrontare presso il *Centro pilota per la ceramica*, in via Lazio, che conserva 250 manufatti artistici di produzione nazionale.

Uta: la chiesa di S. Maria

Uta

Nel borgo (m 6, ab. 8500 circa), a circa 4 km da Assèmini, si può ammirare una pregevole architettura romanica come la **chiesa di S. Maria***. Edificata dai Vittorini tra il 1135 e il 1145, con maestranze di ambito francese e pisano, è giunta a noi pressoché intatta nella decorazione dei capitelli, nelle sculture sulle mensole, nel fregio arabeggiante che chiude il primo ordine della facciata. Il campanile a vela, di età gotica, è formato da un largo arco a tutto sesto. L'interno, a tre navate di cui la centrale absidata, pare più vasto del reale per la risonanza della luce e l'ampiezza degli intercolumni; le colonne, che riutilizzano materiale di spoglio, hanno capitelli di varia foggia che rivelano, come le belle decorazioni scultoree dell'esterno, il confluire di modi stilisticamente diversi. Anche la pila dell'acquasantiera reimpiega un bel capitello corinzio d'epoca bizantina. Al centro del paese svetta la **parrocchiale di S. Giusta**, tardocinquecentesca, di stile gotico catalano.

Stagni di S. Gilla

Da Uta la strada dorsale consortile per Macchiareddu si affaccia sugli stagni e le saline di S. Gilla, tuttora attive. Lo **stagno di Cagliari**, o di S. Gilla, è compreso tra l'area industriale, l'aeroporto e il porto canale. Un tratto di costa radicalmente antropizzato che ha obbligato tra l'altro la tradizionale processione di S. Efisio a trovare un percorso alternativo alla vecchia statale posta sul cordone dunale. L'ambiente, di grande fascino, è costituito da stagni, bacini di evaporazione, oltre a tratti di laguna costiera, salicornieti e steppe salate, habitat di molte specie di uccelli.

Gùtturu Mannu e la fonte di Fanèbas

Dall'area industriale di Macchiareddu si segue la Seconda Strada Ovest fino alla *chiesetta* campestre *di S. Lucia*, per poi proseguire in direzione della montagna, tra lecci e lentischi, negli ambienti naturali della **valle di Gùtturu Mannu**, profondamente incisa nella montagna e caratterizzata da una estesa copertura forestale. Vari bivi portano alla miniera abbandonata di S. Leone, alla diga di S. Antonio e, ancora oltre, alla zona di **Is Pauceris** dove affiorano ruderi e ceramiche di un insediamento punico-romano. Il costituendo parco naturale regionale di Gùtturu Mannu comprende tre oasi di protezione faunistica gestite dall'Ente Foreste della Sardegna e l'oasi di Monte Arcosu, di proprietà del Wwf. Le foreste montane del Basso Sulcis, ricche di acque, sono habitat di numerose specie pregiate, tra cui il cervo sardo (*Cervus elaphus corsicanus*), l'aquila reale (*Aquila chrysaetos*), il gatto selvatico sardo (*Felis lybica sarda*).
Più avanti a un incrocio si prende a destra per la **fonte di Fanèbas**, una sorgente frequentata già nell'antichità. In questo luogo, attrezzato come area sosta, si trovano i resti muschiati d'un villaggio nuragico nascosto tra i lecci e l'acqua limpida di un attraente laghetto.

Oasi Wwf di Monte Arcosu

Circa 400 m oltre la chiesa campestre di S. Lucia una deviazione su sterrata porta in 2 km all'Oasi in località *Sa Canna*. La riserva naturale, un tempo riserva di caccia, si estende su 3600 ettari all'interno del complesso Monte Arcosu-Monte Lattias, diviso dalla valle del rio Guttureddu, e si inserisce nella più estesa foresta di macchia mediterranea del bacino del Mediterraneo, all'interno di un'area di circa 35 000 ettari. La specie animale più pregiata è il cervo sardo, presente con circa 1000 capi. Molto difficile da vedere, essendo animale molto schivo, è possibile ascoltarne il bramito nei mesi di agosto e settembre. Aperta tutto l'anno il sabato e la domenica, la riserva offre escursioni guidate, una rete di sentieri di circa 80 km e un centro visite con recinto faunistico, dove è possibile osservare alcuni esemplari di daino.

LA COSTA DEL SUD

Memorie dell'antichità, tra cui la città punica di Nora e la suggestiva chiesetta di S. Efisio, sorgono su un tratto di costa – quello compreso tra Cagliari e Teulada – di eccezionale pregio naturalistico e grande ricettività turistica, dove si alternano scogliere, promontori e candide spiagge.

Pula

Al centro di un ambiente costiero in parte ancora lussureggiante, il paese (m 15, ab. 7500 circa) si segnala per la *villa S. Maria*, di belle forme neoclassiche (Gaetano Cima, 1838) e per il **Museo archeologico «Giovanni Patroni»** (*nel 2016 in fase di ristrutturazione*) con sede in una vecchia struttura a due piani in corso Vittorio Emanuele 67, nelle forme tipiche dell'architettura locale, con ampio loggiato e due piccoli cortili interni. I materiali esposti provengono in parte dagli scavi antichi e recenti nell'abitato di Nora, in parte da ritrovamenti effettuati sull'istmo e nei fondali marini. Significativi i reperti del *tophet* punico con stele figurate databili dal V al III secolo a.C.; le raffigurazioni riportano alla sfera religiosa con rappresentazioni della divinità in forma umana ma più frequentemente in forma simbolica. Vi sono inoltre corredi provenienti dalla necropoli punica (secoli V-III a.C.) nei quali è ben documentata la ceramica a vernice nera, importata da Atene. Alcuni bei contenitori in vetro, rinvenuti nelle necropoli romane (II secolo a.C.-III d.C.), esemplificano produzioni ampiamente diffuse a quel tempo. Anfore e àncore, provenienti da recuperi subacquei nei fondali prospicienti la zona di Nora, testimoniano gli intensi traffici che facevano capo alla città in epoca punica e romana.

Il litorale di Pula

La presenza del porto canale e dell'area industriale di Macchiareddu sconsiglia la frequentazione balneare del tratto di costa da Cagliari ai modesti rilievi che precedono la piana di Pula, un litorale che tuttavia, in passato, fu il primo lido del capoluogo per le sue belle spiagge sabbiose. Bisogna superare i vari insediamenti residenziali di La Maddalena e Torre degli Ulivi, quindi la grande azienda agricola di Villa d'Orri e, soprattutto, l'ingombrante polo petrolchimico di Sarròch per ritrovare la Sardegna delle belle spiagge.
Le prime che s'incontrano, a Pula, sono quelle di **Foxi Durci** e **Guventeddu**, rispettivamente a est e a ovest di punta S. Vittoria; poco oltre si trova il *litorale* sabbioso *di S. Efisio*, con qualche stabilimento balneare. Poco affollata è la spiaggia di **Foxi**

Il sito archeologico di Nora
con resti di mosaici pavimentali

'e Sali, la più meridionale del territorio di Pula, con la pineta alle spalle. Ancora orlati da una folta vegetazione sono i *litorali di Santa Margherita*, di *Is Morus* e di **Calaverde**, dove si trovano resort e villaggi turistici a cinque stelle, con spiagge private dotate di tutti i comfort. L'arenile, bianchissimo, è molto ampio, con fondali cristallini. Questo tratto di costa è facilmente accessibile dalla statale 195 Sulcitana.

Chiesa di S. Efisio

Oltre Pula, precede l'ingresso all'area archeologica di Nora questa chiesa costruita sul luogo dove, secondo la tradizione, fu martirizzato il santo (anno 303?); nonostante le alterazioni sette-ottocentesche, conserva la fisionomia romanica che, tra XI e XII secolo, le diedero i monaci vittorini. Le modeste dimensioni nulla tolgono alla monumentalità della struttura, che ha un suggestivo **interno** a tre navate con cripta, dove è visibile il loculo che avrebbe contenuto i corpi dei santi Efisio e Potito. La chiesa è punto d'arrivo dell'annuale processione da Cagliari il 1° maggio, in occasione della sagra di S. Efisio.

Laguna di Nora

La bella laguna è formata dal sistema di canali e isolotti alla foce del rio Arrieras, separata dal mare da un argine artificiale e dalla penisola di Fradis Minoris. Vi è attivo un **Centro di educazione ambientale**, con un *aquarium* per le specie ittiche più rappresentate nei mari sardi e una sala con vasche ospitanti gli organismi della fauna acquatica. Il Centro si occupa anche di recuperare, assistere e curare gli esemplari feriti di delfini e tartarughe marine. La laguna è habitat di numerose specie di uccelli, sito di birdwatching, escursioni in canoa, immersioni e snorkelling.

Nora**

La fondazione di questo importante centro costiero, a opera dei fenici, è da collocarsi tra il IX e l'VIII secolo a.C., mentre il passaggio sotto il controllo cartaginese risale al finire del VI. Durante il periodo romano aveva lo status di *municipium*, mentre numerosi miliari testimoniano l'importanza della città soprattutto fra II e III secolo d.C., epoca alla quale risale la maggior parte delle strutture ora visibili. Verosimilmente le scorrerie dei vandali e

Chia: l'acqua cristallina di Cala Cipolla

le incursioni di pirati arabi provocarono il rapido decadere di Nora, seguito dal suo abbandono (attorno al VII secolo).
La visita al **Parco archeologico**, splendidamente situato sulla piccola penisola del Capo di Pula, consente di vedere i resti di alcuni edifici tipici della città romana e mosaici tra i più importanti della Sardegna, caratterizzati dall'uso pressoché esclusivo dei colori bianco, nero e ocra. Passerelle di legno sono state predisposte per consentire la visita alle persone con disabilità. Immediatamente a sinistra dell'ingresso all'area vi sono alcuni ruderi di un edificio termale. Si incontra poi la grande piazza del *Foro* pavimentata in andesite, così come tutta la rete viaria. Vicino alla piazza si conserva un *tempio* con un pronao di sei colonne e altare, grande cella e piccolo penetrale. Continuando sul tracciato viario si trova uno degli edifici meglio conservati, il **teatro**, datato fra l'epoca di Traiano e quella di Adriano: sotto il palcoscenico, originariamente in legno, rimangono dei grandi *dolii*, forse destinati ad amplificare i suoni. Ben conservati i resti delle *Terme a mare*, che presentano sui lati nord ed est due porticati da cui si accedeva all'interno. Un altro resto importante è il **complesso di Esculapio**, dedicato alla divinità salutifera, con una grande *terrazza* mosaicata databile al IV secolo: forse qui si celebrava il rito dell'incubazione, per ottenere dal dio i rimedi ai mali da cui i devoti erano afflitti. Oltre alle *Piccole terme* e alle *Terme centrali*, si segnala quanto resta del cosiddetto *tempio di Tanìt*, cartaginese, da cui la vista spazia sull'area degli scavi. Gli edifici residenziali sono costituiti da agglomerati di piccole case con uno o due vani, ma anche da abitazioni signorili delle quali la meglio conservata è la **casa dell'atrio tetrastilo**, preziosa testimonianza del tipo di abitazione patrizia separata dal centro urbano vero e proprio. Vi sono preservati in gran parte i **mosaici pavimentali**; notevole in particolare quello con *Nereide su centauro marino*.

La costa fra Santa Margherita e Chia

Affiancata da una **strada panoramica** che consente un percorso agevole ed estremamente suggestivo, costituisce uno dei tratti più interessanti del litorale sulcitano. È caratterizzata da uno sviluppo mosso e frastagliato, con dolci o aspri declivi che spesso giungono fino al mare, alternati a calette sabbiose e a cordoni di dune, mentre dal mare affiorano qua e là scogli e isolotti. Nella vegetazione costiera, varia e rigogliosa, spiccano vaste formazioni a macchia di ginepro.
Prima di Chia, e subito dopo il basso valico di *S'Arcu de Genneruxi*, la Sulcitana continua a destra per **Domus de Maria** (m 66, ab. 1700 circa), località in territorio boscoso originatasi nel Settecento da un'azienda agricola fondata dai padri scolopi. Nei pressi dell'agglomerato di **Chia** (m 13) una breve deviazione porta al mare fin sotto la *torre di Chia*, manufatto seicentesco che faceva parte, con quelle

di Budello, Malfatano e Piscini, del sistema di difesa approntato nel corso dei secoli XVI e XVII contro le frequenti incursioni barbaresche.

La baia e le spiagge* di Chia

I promontori rocciosi attorno a Chia racchiudono alcune tra le più belle spiagge della costa meridionale: sabbia candida, stagni retrodunali frequentati da uccelli acquatici e dune colonizzate da ginepri. A ovest della torre, la baia di Chia è orlata da splendide formazioni di dune colonizzate da secolari ginepri. Alle spalle le zone umide, talvolta asciutte e talvolta allagate, sono frequentate da colonie di fenicotteri, aironi e altre rare specie limicole. Le varie spiagge, bianchissime e separate da isolotti rocciosi – nell'ordine, **Sa Colonia**, **Porto Campana** e **Su Giudeu** – sono ben attrezzate con chioschi e stabilimenti balneari, sono molto affollate specie in estate. Un'edilizia residenziale invadente ha compromesso questo autentico paradiso naturale, che meglio si apprezza nei suoi valori ambientali fuori stagione. Più appartata e raggiungibile con un sentiero tra la macchia da Su Giudeu, l'incantevole **Cala Cipolla** è contornata da una corona di contorti ginepri.

Bithia

Alle spalle del promontorio di Chia sono custoditi i resti dell'antica Bithia, fondata dai fenici e vissuta con alterne vicende fino a epoca tardoromana. A identificarne il sito fu, nel 1835, il generale Alberto La Marmora mentre la necropoli, sulla spiaggia a ovest della torre, fu messa allo scoperto da una mareggiata nel 1933. I resti attualmente riconoscibili sono relativamente scarsi, ma importanti reperti, oltre all'accurata ricostruzione di una tomba fenicia, si trovano presso il Museo archeologico nazionale di Cagliari e il Museo civico di Domus de Maria.

Costa del Sud*

La dirupata mole del **Capo Spartivento**, tutto emergenze rocciose e vigilato da un faro, preannuncia il brusco cambiamento del paesaggio litoraneo, che da qui fino al piccolo golfo detto Porto di Teulada, cioè lungo la celebrata Costa del Sud, presenta un intenso alternarsi di alti tratti rocciosi e piccole rade, in un ambiente naturale quasi integro. Il suggestivo percorso ciclabile si snoda in un susseguirsi di splendidi panorami come quello che si gode dal **Capo Malfatano**. Questo promontorio scistoso, sormontato dalla torre omonima (m 64), chiude il cosiddetto *Porto di Malfatano*, caratterizzato dalla presenza di alcune calette ciottolose e dall'incantevole **spiaggia di Tuerredda*** che fronteggia l'isoletta omonima. La sabbia bianchissima e l'inconsueta forma convessa dell'arenile, che si protende verso il mare, ne fanno una meta pregiata così come, poco oltre, la *spiaggetta* di **Porto Piscinni**.

Teulada

Disposto ad anfiteatro attorno alla **chiesa della Madonna del Carmelo**, del tardo Settecento, il paese (m 50, ab. 3600 circa) presenta un tessuto viario singolare. Vi sorge la **chiesa di S. Francesco** di forme tardogotiche, con aula coperta da capriate lignee, facciata semplice con finestra ottagonale sul portale e campanile a vela. Toccante, nella Settimana Santa, il rito della Deposizione di Gesù dalla Croce, detto *S'Iscravamentu*. Particolarmente interessante è l'artigianato teuladino: ricami dai punti delicatissimi e raffinati, arazzi, tappeti, lavori in sughero e in pelle e caratteristiche pipe in terracotta.

Il litorale di Chia visto dalla torre

2 Il Sulcis e l'Iglesiente

Profilo dell'area

Felicemente trascurata dall'industria del turismo più invadente, questa terra di miniere e un tempo di minatori offre emozioni uniche per la bellezza ancora selvaggia delle coste. Un mare non per tutti, esposto com'è al maestrale, con onde oceaniche e spiagge non sempre facilmente raggiungibili e attrezzate, paradiso degli appassionati di surf e sport acquatici. L'offerta del territorio non si ferma però alle dune dorate di Piscinas e alle spiagge semideserte di Plagemesu, Cala Domestica e Portixeddu, né al monumento naturale del Pan di Zucchero: la zona sud-occidentale dell'isola è frequentata dalla preistoria, come testimoniano i numerosissimi siti archeologici di epoca nuragica. In seguito furono soprattutto i fenici e i punici che privilegiarono questa parte di Sardegna per i loro insediamenti come Sant'Antìoco, tra le città più antiche del Mediterraneo, Monte Sirai e il tempio di Àntas. Seguendo il filo della storia si scoprono gli edifici del culto cristiano: dalla cattedrale di S. Maria di Monserrato, rimasta a guardia del villaggio deserto di Tratalìas si passa al santuario di Sant'Antìoco, con le tombe dei primi cristiani, quindi alle chiese di Iglèsias, tra cui spicca la cattedrale di S. Chiara, gioiello romanico-gotico. Sentita e autentica è la partecipazione alle tradizionali feste religiose come la processione dei Candelieri, il 15 agosto a Iglèsias, la sagra di S. Antìoco ad aprile e la processione, a maggio, della Madonna di Monserrato da Iglèsias a Tratalìas, con il corredo di carri ('traccas'), addobbati di fiori, bande di paese, corse equestri, costumi tradizionali e danze in piazza. La storia degli ultimi 150 anni la raccontano le testimonianze di archeologia industriale: le montagne di detriti, le gallerie, i pozzi, gli umili villaggi e un'intera città: Carbonia. Un

Il nucleo urbano di Buggerru, disposto in una gola digradante verso il mare

ARTIGIANATO SULCITANO

- **Arburesa** Meno noto del classico Pattada, il coltello (*arresoja arburesa* o *guspinesa*) prodotto dai fabbri di Gùspini e Àrbus ha lama a foglia larga e in origine era utilizzato per scuoiare. I coltelli artigianali sardi sono vere opere d'arte, con manici in osso di montone, legno di mirto e anello in ottone o anche in oro.
- **Cesteria** Sempre più rari (e costosi) quelli autentici, lavorati a mano: i cesti più raffinati sono fatti con la fibra della palma nana, a maglie strette e fini oppure con la rafia e l'asfodelo. A Capoterra si fabbricano con il giunco, che cresce abbondante negli stagni intorno a Cagliari.
- **Tovaglie** Il 'punto Teulada' è vanto del Sulcis, che dal paese prende il nome. Motivi geometrici monocromi, realizzati su tela di cotone o lino con filo bianco o écru, decorano soprattutto tovaglie. Pezzi unici oggi eseguiti solo su commissione.
- **Tappeti** A Villamassargia si producono raffinati tappeti, copriletti, tende e altri elementi d'arredo con la tecnica di tessitura a *pibiones* (grani), su telai orizzontali a battuta manuale.

patrimonio cospicuo che costituisce parte significativa del Parco geominerario storico e ambientale della Sardegna e si può esplorare anche a piedi, lungo gli itinerari segnati di Miniere nel Blu e lungo il Cammino di Santa Barbara.

La visita

Il **primo itinerario** da Carbonia conduce nel Sulcis interno, oggi prevalentemente agricolo, dove sono però evidenti i segni del suo passato minerario. Dall'entroterra si torna alla costa e alle spiagge di Porto Pino. Il **secondo itinerario** da Carbonia si affaccia, seguendo belle strade rettilinee, alle lagune del golfo di Palmas, quindi approda alle isole di Sant'Antìoco e San Pietro. Lungo e articolato, il **terzo itinerario** esplora da Iglèsias le zone minerarie e la selvaggia costa dell'Iglesiente e dell'Arburese, su strade talora impervie e tortuose ma del tutto prive di traffico.

2.1 Carbonia e il Sulcis

Itinerario automobilistico da Carbonia a Porto Pino, 57,4 km

Da Carbonia si procede verso est, sulle modeste alture del Basso Sulcis, dove, non distante da Villaperuccio, si visita l'importante sito archeologico neolitico di Montessu. Tra i borghi agricoli spicca Santadi, di particolare rilevanza soprattutto per i suoi vini. I momenti migliori per la visita del Sulcis sono la tarda primavera o la fine dell'estate, quando è possibile apprezzare le spiagge candide di Porto Pino senza la folla dell'estate.

Carbonia

Il centro più popoloso del Sulcis-Iglesiente (m 111, ab. 29 000 circa) fornisce un interessante esempio di 'città nuova', interamente progettata. Fu costruita, infatti, nel 1937-38 in seguito all'impulso dato alle miniere di carbone dalla politica autarchica dello Stato fascista, a sua volta indotta anche dalle 'Sanzioni' applicate all'Italia dalla Società delle Nazioni, nel 1935, in seguito alla guerra d'aggressione all'Etiopia. Costò intorno ai 325 milioni di lire.
Agli anni di sviluppo e ripresa dopo la stasi bellica seguì la profonda crisi dell'attività estrattiva degli anni '70, con la chiusura delle miniere carbonifere e la conseguente brusca recessione demografica. La reazione si ebbe sia con il nuovo discorso industriale avviato nel vicino Portovesme (impianti metallurgici di piombo-zinco-alluminio, carpenteria meccanica, energia), sia con la ricerca di nuovi equilibri economici nel settore commerciale, nell'artigianato e nei servizi, con effetti di dinamismo evidenti anche nella costruzione di nuovi quartieri. Con la crisi definitiva del settore metallurgico di Portovesme, oggi Carbonia ha ritrovato una nuova identità urbana nella riqualificazione del patrimonio architettonico di città di fondazione, e nel graduale recupero delle infrastrutture della grande miniera di Serbarìu, museo-laboratorio, polo della cultura e della ricerca.

Piazza Roma. La tipica edilizia del borgo pianificato originario – disposto verso nord secondo linee curve, appoggiate alla mossa morfologia del territorio, e verso sud secondo un tessuto a maglia ortogonale – si concentra attorno a quest'ampia piazza, la cui centralità è sottolineata dalla presenza di edifici pubblici che si caratterizzano per l'uniforme paramento in conci di trachite a bugnato rustico. Sul lato est sorge la **parrocchiale di S. Ponziano**, con campanile modellato, in scala ridotta, su quello di Aquileia. Sul lato alla destra della chiesa si trovano la *Torre civica* (ex littoria) e il *Teatro*, su quello opposto è situato il *Municipio*. Il quarto lato si apre sui giardini pubblici, delimitati dai viali lungo i quali furono edificati i complessi residenziali più rappresentativi e le sedi delle società

Una miniera abbandonata presso Carbonia

2 Il Sulcis e l'Iglesiente

Quadro d'unione a pag. 6-7, riquadro n. 2

carbonifere. Le strade attorno mostrano la successione simmetrica delle costruzioni, oggi variamente trasformate, destinate a ospitare i minatori.

Civico Museo archeologico 'Villa Sulcis'. In via Campania, all'interno del **parco di Villa Sulcis**, il museo si articola in tre grandi sale con materiali datati fra il VI millennio a.C. e il periodo bizantino, provenienti in gran parte dal territorio comunale e in particolare dagli scavi del vicino insediamento fenicio-punico di Monte Sirai. L'esposizione ha carattere didattico e illustra la vita quotidiana nell'insediamento, attraverso la ricostruzione di ambienti domestici e delle varie modalità di sepoltura.

Parco archeologico Cannas di Sotto. Dal museo si raggiunge il vicino parco urbano 'Sa Grutta' (accessibile da via Alghero e via Iglèsias), dove si prosegue la visita all'area archeologica di Cannas di Sotto, una necropoli a *domus de janas*, databile tra la fine del Neolitico e la prima fase dell'Eneolitico. All'interno dell'area, il restaurato 'medau', insediamento rurale campidanese, ospita esposizioni temporanee.

Grande Miniera di Serbarìu. Situata a sud-est dell'abitato e parte del Parco geominerario storico e ambientale della Sardegna, fu attiva dal 1937 al 1964: è stata la più importante risorsa economica della città. All'interno, nei locali della lampisteria (dove i minatori prelevavano quotidianamente le lampade prima di scendere in galleria), nella sala argani e nella galleria sotterranea, è allestito il **Museo del Carbone**, a cura del *Centro italiano della cultura del Carbone*, che documenta l'attività di estrazione del carbone con esposizione di macchinari, attrezzi, fotografie, documenti e filmati d'epoca. Nella ex officina il **Museo dei PaleoAmbienti sulcitani «E. A. Martel»** raccoglie antichissimi fossili di provenienza sulcitana, databili dal Cambriano alla comparsa dell'uomo.

Fortezza fenicio-punica di Monte Sirai*

Raggiungibile in auto da Carbonia, da cui dista circa 5 km, seguendo la statale 126 Sulcitana, che sale sull'altura di monte Sirai (m 191), è un'area archeologica di rilevante interesse e punto panoramico di notevole ampiezza a pochi chilometri dalla costa.

Storia e sviluppo urbano. Frequentata già in epoca nuragica, fu occupata dai fenici sul finire dell'VIII secolo a.C., con lo scopo di controllare la via di penetrazione verso le fertili piane sulcitane, l'accesso alle ricche miniere dell'Iglesiente e le strade di collegamento con la pianura del Campidano. A questo primo periodo, che durò fino agli ultimi anni del VI secolo a.C., sono da attribuire l'impianto dell'acropoli, in forme probabilmente in gran parte differenti da quelle attuali, e l'impianto della necropoli a incinerazione. Con il passaggio ai cartaginesi, l'insediamento crebbe di dimensioni, la necropoli a incinerazione fu abbandonata e si costituì il monumentale impianto della necropoli con tombe a camera ipogeica. In seguito, all'inizio del IV secolo, l'acropoli e parte del pianoro furono racchiusi in un impianto fortificato organico e sorse il *tophet* con l'annessa area templare. La conquista romana portò ad ampie ristrutturazioni dell'impianto urbano, ma verso la fine del II secolo a.C. il centro fu completamente abbandonato per cause non ancora ben accertate.

Acropoli. Qui si trova la zona della cosiddetta **opera avanzata,** un complesso di edifici situato davanti alla fronte dell'acropoli. Nell'area dell'abitato fortificato si può notare, sulla destra, una rientranza: probabilmente il posto di guardia per una sentinella. Procedendo si sbocca sul piazzale principale dell'acropoli: vi affacciano numerosi edifici, il più importante dei quali è il poderoso **mastio** che, costruito sulle rovine di una più antica torre nuragica, costituisce l'opera edilizia più robusta sulla quale faceva perno la difesa dell'abitato; al suo interno era ospitato un luogo di culto (vi si custodiva la statua dell'Ashtart guerriera, ora al Museo nazionale archeologico di Cagliari). L'aspetto attuale è quello relativo all'ultima fase di vita dell'abitato.

Necropoli. Si trova, insieme all'area sacra extraurbana, al di là dell'acropoli. Nell'area funeraria sono visibili, seppure appena accennate, le fosse della necropoli fenicia a incinerazione, mentre di fronte a sinistra si possono scorgere i corridoi gradinati di accesso alle tombe sotterranee, eseguite in epoca punica. Lungo le pareti loculi, destinati a contenere i defunti, e nicchie, nelle quali talvolta veniva posta una parte del corredo di accompagnamento. Su un pilastro nella roccia è scolpito a rovescio il simbolo di Tanìt, massima divinità femminile per i cartaginesi.

Area sacra. Si compone del **tophet** e di un **sacello contiguo**. Una gradinata monumentale, ai piedi della quale erano deposte le urne e le stele, conduceva a un tempio che ripete lo schema dei santuari fenici e punici: vestibolo, anticella, cella o penetrale e vano di servizio.

Furriadroxiu di is Meddas

Lasciata Carbonia dalla Grande Miniera di Serbarìu, in direzione di Narcao (m 125, ab. 3300 circa), paese derivato da un *furriadroxiu* settecentesco, si raggiunge lungo la provinciale (SP 80) per Villaperuccio (m 64, ab. 1100 circa) questo insediamento agricolo tradizionale: sulla corte a pianta quadrata affacciano la residenza padronale e le basse case dei contadini.

Necropoli di Montessu*

Sulla collina di *Montessu* (o monte Essu, m 278), 2 km circa a nord-ovest del paese, il parco archeologico ospita uno dei più importanti e vasti siti di età prenuragica della Sardegna: la **necropoli di Montessu*** a *domus de janas*, scavata in uno splendido anfiteatro naturale. Le tombe – oltre una trentina, risalenti al Neolitico recente – hanno forme e dimensioni diverse ed erano chiuse in origine da portelli di pietra; alcune conservano decorazioni incise o in rilievo collegate al culto delle due divinità principali del mondo prenuragico: la dea Madre e il dio Toro. Le simbologie più ricche e più complesse si trovano nella **tomba delle Spirali**, ma la tomba più bella è quella in cui corna scolpite in bassorilievo ornano la volta con stile quasi 'baroccheggiante' e una protome taurina a tutto tondo fa da scalino. Quattro notevoli tombe monumentali hanno ampi padiglioni e allineamenti di grosse pietre che delimitano, nella parte antistante, un'area più o meno circolare.

Ballo a tre passi sulle dune del Sulcis

Opera prima del regista sardo **Salvatore Mereu**, *Ballo a tre passi* (2003) è un poetico affresco della Sardegna sotto forma di un viaggio ideale dalla natura selvaggia alla dimensione urbana. Il film vanta una scena indimenticabile: un bambino – nato e vissuto nell'arido entroterra di Dèsulo, nel Gennargentu – vede per la prima volta il mare quando, con altri ragazzini, sale su un camion diretto alla costa. Lo scopo della gita è procurarsi sabbia per qualche lavoretto edilizio e la sabbia, si sa, si trova gratis sulle dune. Che sono quelle, meravigliose, di Porto Pino. Girato anche fra Carbonia e Iglèsias il film, suddiviso in quattro onirici episodi (ispirati alle quattro stagioni dell'anno e della vita), è recitato interamente in lingua sarda. Nel 2012 Mereu ha scritto e girato nei sobborghi di Cagliari il poetico *Bellas mariposas*, tratto dall'omonimo racconto di Sergio Atzeni.

Santadi e dintorni

Il borgo agricolo (ab. 3500 circa), diviso dal rio Mannu nei due nuclei di *Santadi Basciu* (m 107), di formazione ottocentesca, e *Santadi 'e Susu* (m 135), di impianto medievale, vanta una nota *Cantina sociale* produttrice di pregiati vini Doc del Sulcis, tra cui il Carignano e il Monica. Nel nucleo più antico dell'abitato, in un edificio degli inizi del Novecento che rispecchia nella struttura di base le tipiche abitazioni contadine (*furriadroxius*) dell'area sulcitana, la **Casa-museo Sa Domu Antiga** rappresenta, in ambienti ricostruiti, gli aspetti della vita quotidiana del territorio. Gli ambienti principali si affacciano sulla strada, mentre sul retro ampio spazio è occupato dal cortile con il pozzo e dagli ambienti di lavoro. Nei pressi del Municipio si visita il *Museo civico*, con reperti provenienti da siti archeologici della zona.

L'insediamento fenicio-punico di Monte Sirai

Mare, dune e laguna presso Porto Pino

Ogni prima domenica di agosto si rinnova a Santadi l'antica e suggestiva cerimonia del *matrimonio Mauritano* (*Sa Coia Maureddina*), ripresa dal 1968: due giovani in costumi tradizionali vengono uniti in matrimonio sulla pubblica piazza, secondo un rito religioso speciale; seguono festeggiamenti fino a notte.
Su un vicino colle si trova l'area archeologica della **fortezza di Pani Lóriga**, fenicio-punica (VIII-VII secolo a.C.), aperta al pubblico nel 2016, dopo un campagna di scavi durata quindici anni. Articolato in una necropoli e un'acropoli, il sito ingloba precedenti strutture nuragiche e *domus de janas*. Nel **Museo archeologico di Santadi**, nella parte alta del centro storico, è esposto il materiale ritrovato a Pani Lóriga, nella grotta e tempio ipogeico di Su Benatzu, nella grotta Is Zuddas e in altri siti del Sulcis.

Grotte Is Zuddas*

Lungo la strada per Teulada, circa 7 km a sud di Santadi, queste grotte si aprono nel calcare cambrico del monte Meana, costituendo uno splendido scenario sotterraneo creato dall'azione dell'acqua a partire da circa 600 milioni di anni fa. Particolarmente suggestivi sono la bellissima *sala dell'Organo*, che deve il suo nome a una colonna stalatto-stalagmitica che ricorda quello strumento, con pareti ricoperte da cristalli di bianchissime aragoniti aghiformi, l'imponente *salone del Teatro* e la *sala delle Eccentriche*, nella quale rarissime aragoniti di un bianco abbagliante ornano in alto la volta.

Il promontorio di Porto Pino*

La SS 293 riporta verso la costa, in ambiente rurale. Base per raggiungere la costa è il borgo di *Sant'Anna Arresi*, dove dal 1985, tra fine agosto e inizio settembre, si svolge un importante festival jazz.
Un arco di sabbie candide si estende dalle pinete di pino d'Aleppo che ammantano il promontorio di Porto Pino, fino ai primi rilievi di Capo Teulada. Sono circa 4 km di cordone dunale che ripara dal mare aperto un sistema lagunare (*stagno di Is Brebeis*, *stagno di Maestrale*, *stagno di Foxi*), a sua volta collegato con le vicine *saline di Santa Caterina*, oltre punta Menga. La **Prima Spiaggia** – il suo primo tratto – è molto frequentata in estate, perché ben attrezzata di servizi turistici e servita da un ampio parcheggio comunale. Un altro accesso si trova poco prima dell'abitato di Porto Pino, seguendo a sinistra la *via Corru Manciu*, che procede tra due stagni, fino al parcheggio della **Seconda Spiaggia**, meno affollata e con sabbia bianchissima. La parte finale dell'arenile, caratterizzato da alte dune, visibili anche dall'isola di Sant'Antìoco, è compresa all'interno del poligono militare di Capo Teulada, ed è accessibile solo nel periodo estivo.
Poco frequentata è la spiaggia oltre il canale della peschiera, raggiungibile con una pista sterrata alle spalle della pineta, lungo lo stagno. A nord di **punta Menga** si trovano altre interessanti calette, quindi il basso litorale del **golfo di Palmas** alterna spiagge e lagune. A *Porto Botte* il litorale è riservato a chi pratica il kitesurf.

2.2 Sant'Antìoco e San Pietro

Itinerario da Tratalìas alle isole di Sant'Antìoco e di San Pietro *(carta a pag. 87)*

Tra Carbonia e il suo mare si estende un lembo di terre basse, il mosaico di coltivi della Piana di San Giovanni Suergiu, che si affaccia sulle lagune protette dalle due isole di Sant'Antìoco e San Pietro. Isole nell'isola, Sant'Antìoco (108,9 km^2) è collegata da un istmo alla terraferma mentre San Pietro (51 km^2) è raggiungibile via mare. Entrando mostrano verso l'isola maggiore coste basse e quasi prive di spiagge, per contro il versante occidentale è un susseguirsi di impervie scogliere trachitiche, intervallate da calette sabbiose di assoluta bellezza. I centri abitati – così rari sulla costa sarda – sono vivaci e autentici. Sant'Antìoco è ricca di testimonianze archeologiche, mentre a Calasetta e Carloforte spicca la presenza della comunità tabarchina, di origine genovese.

Tratalìas

La nuova cittadina (m 17, ab. 1100 circa), con case indipendenti, grandi giardini e ampie aree verdi, sorge su un'altura, a nord del vecchio abitato. Fu costruita per accogliere gli abitanti dell'antico borgo, già importante centro sulcitano in età medievale, in seguito alle infiltrazioni d'acqua e ai gravi dissesti provocati dalla formazione nel 1951 del lago artificiale di Monte Pranu. Nel caratteristico vecchio centro, dove si conservano alcune case che mantengono l'impianto originario (di cui è in corso il parziale recupero), si ammira la romanica ex **cattedrale di S. Maria di Monserrato***, risalente al 1213, come testimonia un'epigrafe in controfacciata. Elementi caratteristici della chiesa sono le due losanghe sulla facciata, di derivazione pisana, e la scaletta d'accesso al tetto, lasciata in vista nel suo ultimo tratto. La facciata, divisa orizzontalmente da una cornice modanata e da archetti pensili su mensole scolpite, ha nella parte inferiore un bel portale con lunetta, inserito tra esili lesene e sormontato da un rosone lobato. I fianchi e l'abside sono ornati di teorie di archetti pensili spartiti da lesene. Di grande interesse le sculture sui capitelli del portale sul lato meridionale, di derivazione pisana, e il bassorilievo raffigurante due leoni affrontati sull'architrave del portale settentrionale. Nell'interno, con copertura a capriate, delle tre navate quella centrale è absidata; il presbiterio è rialzato e illuminato da una finestra. Alla sinistra dell'altare maggiore, *Madonna in trono fra S. Giovanni Battista e S. Giovanni evangelista*, interessante retablo datato 1596. Per visitare la chiesa occorre rivolgersi al *museo*, che ha sede nella piazza ed espone una raccolta di immagini e la ricostruzione della Tratalìas antica. All'interno del borgo sono attive varie botteghe artigiane; nel periodo estivo si organizzano eventi. Un appuntamento molto sentito è l'annuale *processione di Sa Festa Manna*, che si tiene a maggio, la domenica successiva all'Ascensione, attestata già nel XV secolo. Il simulacro della Madonna di Monserrato, adorna di ex voto, viene portato fino a Tratalìas dalla cattedrale di Iglèsias, in passato da un corteo di carri trainati da buoi, oggi sostituiti da trattori addobbati di drappi, fiori e spighe. Al suo ritorno a Iglèsias, la Madonna di Monserrato, patrona del Sulcis, fa tappa a Gonnesa (m 40, ab. 5000 circa), festeggiata con musica e danze fino a notte.

Da Tratalìas al mare

Da Tratalìas il mare è a pochi chilometri, oltre la piana bonificata dove sorge **San Giovanni Suergiu** (m 17, ab. 6100 circa), che un rettilineo collega all'istmo artificiale tra la terraferma e l'isola di Sant'Antìoco. Sull'istmo, una strada parallela alla SS 126 (si esce seguendo le indicazioni per la Capitaneria di Porto) costeggia l'argine dello

La cattedrale di S. Maria di Monserrato a Tratalìas

Piazza Umberto a Sant'Antìoco

stagno di S. Caterina (molti fenicotteri visibili), fino alle saline di Sant'Antìoco, tutt'ora attive ma visitabili (*escursioni guidate a cura della cooperativa Destinazione Sulcis*). Il tratto di costa bassa e lagunare che fronteggia le isole sulcitane – compreso tra l'istmo di Sant'Antìoco (7 km da Tratalìas) e la punta s'Aliga – è in generale poco interessante per la balneazione, ma importante per gli allevamenti di mitili di Matzaccara. Seguono l'area industriale e portuale di *Portovesme* e l'abitato di *Portoscuso* (18 km circa dall'imbocco dell'istmo), con la graziosa **spiaggia di Portopaleddu**. Superato Capo Altano, la costa si fa alta e impervia fino a **Porto Paglia.**

Istmo di S. Antìoco

Lungo quasi 3 km, costruito dai cartaginesi e completato dai romani, collega una serie di isolette formatesi in seguito agli apporti fluviali del rio Palmas fino all'isola di Sant'Antìoco.

ISOLA DI SANT'ANTÌOCO

L'isola più grande dell'arcipelago sulcitano ha il centro nevralgico nell'omonimo capoluogo, sulla sponda orientale affacciata sulla terraferma. Partendo da piazza De Gasperi, seguendo via Calasetta e percorrendo una strada che attraversa campagne e vigneti, si raggiunge il secondo centro dell'isola, Calasetta. Dal porto (interessanti i gozzi carlofortini e le bilancelle, tipiche imbarcazioni armate di vela latina), partono le corse per l'isola di San Pietro (30 minuti di navigazione).

Sant'Antìoco

Si specchia nella laguna che lo separa dalla terraferma il compatto e colorato centro abitato (m 7, ab. 11 300 circa) erede dell'antica Sulci, fondata dai fenici verso il 750 a.C. L'abitato moderno, dall'ordito compatto di case basse, si è sviluppato a sud del nucleo antico e lungo il litorale. Arteria principale dell'abitato è l'alberato corso Vittorio Emanuele, che con via Roma e le due piazze Umberto e Italia è il vivacissimo luogo di aggregazione serale del paese.

Storia e sviluppo urbano. Fiorente sotto i cartaginesi, anche dopo la conquista romana (238 a.C.) Sant'Antìoco mantenne, grazie in particolare al commercio dei minerali del territorio iglesiente, la sua importanza tanto da essere elevata, probabilmente nel corso del I secolo d.C., alla condizione di *municipium*. Delle non poche testimonianze di quei tempi – rivelate anche da indagini archeologiche – le più cospicue si possono vedere nella parte alta del centro, attorno al cosiddetto Fortino sabaudo. A nord di questo, sotto il declivio, si situa l'acropoli della città punica. Sede di una struttura templare in età romana, venne, in periodo tardo-romano, nuovamente ristrutturata con destinazione imprecisata. Rimane un tratto delle mura che difendevano l'acropoli punica, costruite in blocchi di trachite squadrati e risalenti al IV secolo a.C. La struttura templare di epoca romana (II secolo a.C.) si trova a meridione del complesso fortificato ed è disposta a diversi livelli.

Ponte romano. A destra della strada di accesso, poco prima del ponte moderno si trovano i ruderi di un ponte romano a più arcate, che indica quale fosse il primitivo tracciato. Conserva segni di più antica frequentazione, quali due pietre in trachite, dette popolarmente *su para* e *sa mongia*, il frate e la suora: sono due menhir risalenti all'epoca prenuragica.

Lungomare Colombo. Si segue dapprima il Lungomare Vespucci, quindi il Lungomare Colombo, dove si trova il *MuMa - Museo del Mare e dei Maestri d'Ascia*, con un allestimento multimediale sugli ecosistemi lagunari e una mostra sui fari di Sardegna. Proseguendo fino alla fine del lungomare, si raggiunge, percorrendo via Insula Plumbaria, l'area archeologica che comprende il Museo archeologico, il Museo etnografico e il villaggio ipogeo, il fortino sabaudo, la necropoli punica e il *tophet* fenicio.

Museo archeologico «Ferruccio Barreca». Il museo offre un'esaustiva esposizione delle principali tappe dello sviluppo storico della città e dell'isola: dai primi insediamenti neolitici (III millennio a.C.) alle fasi tarde della romanizzazione. Le testimonianze di epoca preistorica nel moderno museo sono piuttosto ridotte, meglio documentata è la più antica presenza semitica nell'isola grazie alla scoperta e allo scavo dell'insediamento fenicio arcaico nell'area del Cronicario. È il più antico insediamento civile fenicio finora scoperto in Sardegna, sviluppatosi tra la metà dell'VIII e i primi decenni del VII secolo a.C., anche se la maggior parte dei reperti sono di epoca punica e romana. Si tratta per lo più di vasellame ceramico: bocchette bilobate, con orlo a

S. Antìoco e S. Pietro 1: 270 000 (1 cm = 2,7 km)

fungo, anfore e lucerne dalla caratteristica forma a conchiglia, oggetti aurei (anelli, collane, pendenti ecc.), amuleti, unguentari e portaprofumi in pasta vitrea. Ampio spazio è dedicato ai materiali provenienti dal *tophet*, con stele e urne che ne ricompongono uno spaccato esemplificativo; la selezione delle stele rappresenta le tipologie principali, dalle rappresentazioni più strettamente simboliche a quelle figurative. Per quanto concerne l'età romana i materiali riguardano la vita quotidiana e le necropoli fino alla tarda età imperiale.

Museo etnografico. In via Necropoli, è allestito in una tipica struttura, databile al XVIII secolo, completa di grande cortile coperto, la *lolla*, secondo uno schema comune agli ambienti di lavoro di area sulcitana. Sono esposti attrezzi collegati alle varie attività economiche. Accanto al museo, il **villaggio ipogeo** è formato da una serie di tombe puniche utilizzate dall'alto medioevo fino ad anni recenti come abitazioni rupestri, note anche come *is gruttas*: ospitavano una famiglia per ogni doppia camera ipogea.

Fortino sabaudo e necropoli punica. In posizione dominante sull'abitato, la necropoli punica ipogeica occupa praticamente tutto il colle su cui sorge il **Fortino sabaudo**, chiamato anche *forte Su Pisu*, costruito nella prima metà del Settecento in difesa dagli attacchi barbareschi; le tombe puniche sono costituite da una camera sotterranea, semplice o doppia, accessibile mediante un lungo e stretto corridoio in discesa munito di gradini, scavato nella roccia a cielo aperto.
Molto meno resta della **necropoli romana** poiché essa, impiantata proprio sopra quella punica ipogeica, dopo una fase di abbandono fu utilizzata in periodo cristiano, come mostrano sarcofagi aperti nel pavimento oppure ricavati nello spessore delle pareti, talora sormontati da arcosolio. Verso la base del pendio dell'acropoli si trovano i resti dell'*anfiteatro romano*, databile intorno al II secolo d.C.
A circa 400 m dall'acropoli, impostato su un'alta emergenza rocciosa trachitica, si colloca il **tophet*** fenicio-punico, le cui testimonianze si protraggono per oltre sei secoli, dal VII al I secolo a.C. Il suggestivo percorso di visita conduce nei pressi di molte urne originali (altre sono copie).

Parrocchiale di S. Antìoco*. Vi si arriva seguendo dal Fortino sabaudo via Castello, che porta al punto più elevato del paese. Edificata dai monaci vittorini di Marsiglia tra il 1089 e il 1102 su un cimitero paleocristiano e una preesistente chiesa bizantina a croce greca, la parrocchiale appare oggi profondamente trasformata da interventi successivi. Recuperata nelle strutture medievali superstiti (1967), è a pianta longitudinale, con aula a tre campate, transetto e presbiterio absidato; è coperta da volte a botte con una cupola all'incrocio dei bracci. Fu nel Seicento, dopo il ritrovamento delle reliquie del santo, che si aggiunse all'aula la terza campata, mentre nel Settecento fu costruita l'attuale facciata tardobarocca. In una piccola nicchia nel vano destro del transetto si trova un grande **reliquiario** in legno intagliato e dorato che ne contiene uno più piccolo in argento dorato, creato nel XVII secolo per custodire le reliquie del corpo di Antìoco, il santo patrono.
Al di sotto della chiesa si trovano la cripta e il nucleo principale delle **catacombe**. La cripta ospita il sarcofago-altare che si ritiene abbia conservato le spoglie del santo ed è adornata con colonne marmoree recuperate da edifici di varie epoche. Le catacombe sono state realizzate sfruttando per lo più i precedenti ipogei punici e modificandoli secondo le nuove esigenze, per cui sono caratterizzate da percorsi irregolari e intricati. La varia tipologia delle sepolture testimonia l'utilizzo per un lungo arco di tempo (secoli IV-VII). In alcuni punti si possono percepire resti della decorazione dipinta che interessava, originariamente, molte delle tombe, come la parte inferiore della figura del *Buon Pastore*. In uno degli ambienti la tradizione colloca la cosiddetta *camera del Santo*, il luogo dove questi si sarebbe recato a pregare e a morire di fronte ai soldati romani giunti per arrestarlo. La denominazione popolare è stata certo influenzata dall'esistenza di un tipo di tomba diverso dai consueti, detto a baldacchino, con pilastri che si alzano sino alla volta e databile per gli studiosi fra i secoli V e VI.

Cale e spiagge di Sant'Antìoco

Piccole ma suggestive, sono incastonate in una scogliera a tratti molto impervia. Sulla costa orientale dell'isola, a sud di Sant'Antìoco e ben protetta dal maestrale, la **spiaggia di Maladroxia** ha alle spalle un piccolo insediamento residenziale e qualche ristoro aperto in estate sulla piazzetta. Poco più a sud si trova la grande **spiaggia di Porto Coqquaddus** e, oltre **Torre Cannai,** la spiaggia omonima, raggiungibile solo su sentiero. Oltre Capo

La profonda insenatura di Cala Lunga nell'isola di Sant'Antìoco

Sperone la costa diviene scoscesa. Altre spiagge balneabili si aprono sul versante occidentale, a **Cala Sapone** e alla bellissima **Cala Lunga**, un fiordo con acqua turchese e rada macchia mediterranea alle spalle. Impraticabili in caso di forte maestrale, le cale sono raggiungili da Sant'Antìoco paese anche con i mezzi pubblici, in estate.

Calasetta

Viene da Cala di Seta – una piccola insenatura presso cui, nel 1769, si stabilirono nuclei familiari di origine ligure provenienti da Tabarqa in Tunisia – il nome del paese (m 9, ab. 3000 circa) dove ci si imbarca per Carloforte e l'isola di San Pietro. Situata sulla punta settentrionale dell'isola di Sant'Antìoco, a circa 10 km dal centro principale, Calasetta tuttora mantiene, nei costumi e nel dialetto, un'impronta genovese (resta comune onorario della città metropolitana di Genova), mentre la struttura, a maglia regolare con tessuto viario a scacchiera, è tipica della tradizione piemontese.

Questo borgo di pescatori e viticoltori colpisce per il suo spiccato carattere, con le case tinteggiate di bianco o di colori pastello, sulle quali emerge la barocca parrocchiale e, in cima alla collina, la *torre* del XVII secolo. Ma c'è anche, nel ristrutturato ex mattatoio, l'interessante **Macc - Museo d'Arte contemporanea Calasetta** con opere, donate da Ermanno Leinardi, che documentano le tendenze dell'arte astratta e informale dagli anni '30 ai '70 del Novecento.

Sul tratto di costa occidentale si trova la spiaggia delle **Saline**, orlata di bellissime dune, mentre la successiva, **La Tonnara**, la più grande dell'isola, è attrezzata di stabilimenti balneari.

ISOLA DI SAN PIETRO

Raggiungibile con una traversata di circa 30 minuti in traghetto da Portoscuso o Calasetta, presenta coste alte e a strapiombo a eccezione di quella orientale, nella quale si aprono diverse cale accessibili e belle spiagge sabbiose. Denominata in punico *Inosim* (isola degli sparvieri), San Pietro è tutt'ora luogo di svernamento e riproduzione del falco della regina (*Falco eleonorae*). Frequentata a più riprese, ma mai popolata stabilmente, fu concessa nel 1736 da Carlo Emanuele III a un nucleo di liguri di origine pegliese, i cui ascendenti erano stati portati a forza nel 1540 a Tabarqa in Tunisia; altri 'tabarchini-liguri' si aggiunsero in seguito, nel corso della seconda metà del secolo.

Da Carloforte si possono seguire diversi percorsi su strada asfaltata fino ai punti costieri più significativi dell'isola, collegati anche con linee pubbliche. Partendo dal lungomare verso nord si può arrivare in località la Punta, nell'estremo settentrione. Un'altra strada litoranea, lasciando il porto verso sud, lambisce la costa orientale e meridionale. Un terzo percorso conduce, sempre partendo dall'estremità meridionale del paese, al Capo Sandalo.

Capo Sandalo, sulla punta più occidentale dell'isola di San Pietro

Carloforte*

Unico comune dell'isola, Carloforte (m 10, ab. 6200 circa) fu edificato a partire dal 1738 secondo un impianto planimetrico a blocchi abitativi di forma quadrata, disposti a sud e a nord dell'asse centrale che congiungeva i tre poli: piazza Carlo Emanuele sul mare, piazza della Repubblica al centro e la parrocchiale sul fondo. Di aspetto tutto ligure-piemontese è il centro storico, che si estende compatto a partire dal lungomare Battellieri. Le case, bianche o tenuemente colorate, con balconcini a mensola, si sviluppano lungo strade ortogonali spesso molto strette (i *carrugi*), o seguendo le curve di livello della collina con suggestive scalette e archi di raccordo. In paese si visitano la settecentesca *parrocchiale di S. Carlo Borromeo*, semplice ma armoniosa; l'*oratorio della Madonna dello Schiavo*, pure del XVIII secolo, che conserva all'interno forme ispirate al rococò; il **Museo civico 'Casa del Duca'**, nel settecentesco forte Carlo Emanuele III, che raccoglie testimonianze storiche sulla nascita e lo sviluppo della colonia tabarchina, sulla pesca del tonno e una consistente collezione di conchiglie del Mediterraneo. La **chiesa di S. Pietro** fu riedificata nel tardo Settecento sulle rovine di una duecentesca dedicata ai Novelli Innocenti, a ricordo di un naufragio in cui perì una parte dei giovinetti che intorno al 1212 si avventurarono nella semileggendaria 'Crociata dei fanciulli'. Nella parte alta dell'abitato si possono vedere i resti delle fortificazioni e delle mura che definivano il perimetro urbano, pressoché quadrangolare. A sud del paese, a pochi passi dal centro, lungo il perimetro esterno delle ex saline si trova la settecentesca **Torre di San Vittorio**, già sede dell'osservatorio astronomico, che ospita un allestimento multimediale sulla storia di Carloforte, a cura del MuMa (Museo del Mare di Genova).

Capo Sandalo

Dalla zona meridionale di Carloforte, costeggiando le ex saline dove è spesso possibile vedere i fenicotteri, si prosegue in direzione ovest. Attraversando l'interno dell'isola si incontrano cave dei giacimenti non più coltivati di manganese, diaspri, ocre rosse e gialle e distese di vigneti punteggiati dalle 'baracche', le tipiche case bianche di campagna che caratterizzano l'entroterra di San Pietro. La provinciale termina nel piazzale di Capo Sandalo con ampio panorama su tutta la costa ovest. Sul promontorio sorge il *faro*, costruito nel 1864 per il traffico marittimo nel Tirreno occidentale.

L'area del capo è tutelata da un'*oasi Lipu*, estesa su 236 ettari, con centro visite e percorsi escursionistici; da aprile a novembre è possibile avvistare i falchi della regina e altre specie nidificanti sulle falesie a strapiombo sul mare, tra cui il gabbiano corso e il falco pellegrino.

Il litorale e le spiagge

La costa rappresenta uno degli aspetti più interessanti dell'isola di San Pietro, soprattutto nella parte occidentale dove l'azione

Un carrugio a Carloforte

Le Colonne di Carloforte

demolitrice dovuta all'erosione marina ha creato strapiombi, grotte, falesie, rientranze di suggestiva bellezza. Il litorale orientale si presenta invece basso, rettilineo e sabbioso. Per ammirare nella loro interezza gli scorci più belli è consigliato il **periplo dell'isola in barca**; solo alcune località si possono raggiungere via terra. Dalla periferia nord di Carloforte si va a **la Punta**, dove è ancora attiva la tonnara. Un'altra tonnara, proprio di fronte al promontorio, sull'Isola Piana, è oggi un villaggio turistico. Prendendo invece la direzione sud, si può seguire la costa sud-orientale con le sue numerose spiagge: quella di **Girìn**, quella detta di **Punta Nera** (dal piccolo promontorio che la divide in due), dove si apre una grotta sepolcrale della prima età del Bronzo, e la **spiaggia di Bobba**. Da qui, presso **punta delle Colonne**, si possono facilmente raggiungere a piedi le famose *Colonne*, due suggestive guglie trachitiche emergenti dall'acqua, ultimi residui di una coltre lavica demolita dal mare.

Proseguendo sulla via costiera si perviene alla strada provinciale per la Caletta, ma è prima consigliabile una breve deviazione a sinistra per visitare l'ampia **Cala Mezzaluna**, con le sue maestose falesie e grotte, habitat ideale della foca monaca in un tempo non molto lontano, visto che ne permane il ricordo degli anziani. Rientrati nella strada principale si prosegue a sinistra per la bellissima **spiaggia della Caletta**, incastonata tra la *punta dei Cannoni* e la *punta Spalmatore*.

Girotonno a Carloforte

A cavallo tra maggio e giugno la rassegna gastronomica internazionale sul tonno di qualità celebra la tradizionale attività della pesca del tonno e della **tonnara di Carloforte**, ultima rimasta in attività sulla costa sarda e tra le più antiche del Mediterraneo. In occasione della mattanza del tonno, che dura circa 45 giorni, è possibile assistere alla pesca, oggi molto meno cruenta che in passato, su imbarcazioni messe a disposizione dalla tonnara. Il tonno rosso è specie in pericolo di estinzione per l'eccessivo sfruttamento, legale e di frodo. La pesca è estremamente redditizia per chi la pratica, e i pescherecci industriali non esitavano fino a qualche anno fa a catturare anche il novellame, pesci non ancora in grado di riprodursi, mettendo a rischio gli stock di questa fondamentale risorsa ittica. Dal 2009 è in vigore un piano di ricostituzione del tonno rosso nell'Atlantico occidentale e nel Mediterraneo, in ambito Cee, con specifiche quote per ogni paese e maggiori restrizioni sulle modalità di cattura. Il pregiato **tonno Bluefin**, o tonno rosso, è oggetto di una competizione internazionale tra cuochi stellati. Per quattro giorni le strade del paese sono animate da laboratori culinari tematici e degustazioni con l'accompagnamento di artisti di strada da tutto il mondo. Per informazioni: *www.girotonno.org*

2.3 L'Iglesiente e il Campidano

Itinerario automobilistico da Iglèsias a Siliqua, 145 km deviazioni escluse *(carta a pag. 81)*

Un ambiente montano impervio e selvaggio, dove gli impianti e le strutture a servizio delle millenarie attività estrattive appaiono lungo le strade, talvolta ormai nascosti dalla rigogliosa vegetazione mediterranea; un susseguirsi di foreste e sugherete centenarie, e poi un tratto di costa a cui si arriva con percorsi disagevoli, ma che ripaga la fatica con ambienti naturali intatti: questi gli scenari che si presentano a chi si avventura, da Iglèsias, alla scoperta di un territorio fino a qualche anno fa ignorato dai flussi turistici. Tra Portoscuso e le lagune di Oristano il mar Mediterraneo mostra tutta la sua forza, incalzato dal maestrale. Ai litorali sabbiosi di alte dune (le più importanti in Europa) si alternano scogliere e faraglioni che testimoniano la complessità geologica dell'Iglesiente. Agevola la visita di questo territorio la rete di impianti minerari visitabili, parte del Parco geominerario della Sardegna, e alcuni itinerari escursionistici ben segnati che raggiungono i siti di interesse naturalistico. Il percorso, da Iglèsias, segue due direttrici. La prima conduce alle belle spiagge della costa, dove si trovano anche gli insediamenti minerari di Nèbida e Masùa. La seconda direttrice attraversa i monti del Fluminese a nord della città, per affacciarsi nuovamente al mare sulla costa di Buggerru. Il percorso prosegue nell'entroterra meno impervio dell'Arburese, con un'imperdibile escursione al litorale di Piscinas, per tornare al Campidano di Villacidro e Siliqua.

Iglèsias

Il centro storico della cittadina (m 200, ab. 27 200 circa; *pianta a pag. 94*), delimitato dai cospicui avanzi delle trecentesche mura aragonesi, è tra i più interessanti della Sardegna meridionale. Un intrico di vie strette e lastricate si dipana dalla bella piazza dove sorge la cattedrale di S. Chiara, il monumento più significativo della città. Iglèsias è stata tra i più importanti centri minerari del paese: l'attività estrattiva, durata vari secoli, ha contribuito non poco al ricco patrimonio architettonico dell'abitato.
Lo sviluppo turistico è legato alla valorizzazione del suo patrimonio culturale come degli impianti e dei villaggi minerari ormai dismessi: a Iglèsias ha sede il Parco geominerario storico e ambientale della Sardegna, l'istituzione cui è affidata la tutela degli ex siti minerari della regione.

I candelieri dell'Assunta

Nel giorno dell'Assunta, il 15 di agosto, si svolge a Iglèsias la solenne processione dei Candelieri o **Festa di Sancta Maria di mezo di gosto**, durante la quale varie confraternite sfilano nelle vie cittadine trasportando otto pesanti macchine devozionali dalla Cattedrale alla chiesa della Purissima. Ripresa in tempi recenti, la festa ha origini antichissime e nell'occasione viene esposta e portata in processione l'effigie dell'Assunta, raffigurata, secondo una consuetudine di origine bizantina, come dormiente, adagiata su un letto e vestita di abiti sontuosi.

Storia e sviluppo urbano. Importante già in età altomedievale per la sua funzione di cerniera tra le aree minerarie dell'entroterra settentrionale e sud-occidentale dell'isola, Iglèsias acquisì forte rilevanza solo a partire dalla conquista pisana (XIII secolo). Col nome di *Villa Ecclesiae* (o Villa di Chiesa), prosperò sotto i potenti conti di Donoratico e della Gherardesca, crescendo e arricchendosi di chiese e palazzi; protetta dalle mura e dal castello di Salvaterra, venne organizzata sul modello dei comuni toscani, con proprie leggi e il diritto di coniare moneta. Lo statuto regolamentava, tra l'altro, lo sfruttamento minerario e, all'avanguardia per i tempi, prevedeva interventi sociali per i lavoratori delle miniere. Ma la conquista aragonese, partita proprio da Iglèsias nel 1324, segnò l'inizio del declino.

A partire dalla seconda metà dell'Ottocento lo sfruttamento minerario venne nuovamente incrementato da gruppi industriali della penisola, ma negli anni '60 e '70 del XX secolo la crisi dell'attività estrattiva coinvolse anche Iglèsias. Il tessuto topografico di Iglèsias riflette le tre fasi di sviluppo urbanistico: quella di impostazione medievale, contenuta all'interno delle fortificazioni pisano-aragonesi; quella ottocentesca che vide l'espansione delle attività minerarie; e quella del secondo dopoguerra, tesa a colmare i vuoti dell'edilizia precedente. Interessante è lo schema del primitivo insediamento medievale, del quale rimangono talune chiese e i ruderi delle strutture militari, mentre non è rimasto nulla dell'apparato civile, sostituito pressoché interamente nel corso del XIX secolo. Lo sviluppo programmato si svolse all'esterno delle antiche mura, lungo direttrici volte a raccordare la città sia con le miniere adiacenti sia con la stazione ferroviaria, inaugurata nel 1871.

Cattedrale di S. Chiara* *(B2)*. Si trova nell'unica vera piazza del nucleo antico, quella del Municipio, sulla quale affacciano anche l'ottocentesco *palazzo del Comune* e il *Palazzo vescovile*, di fine Settecento. La chiesa, edificata fra 1285 e 1288, come ricorda una lapide inserita a lato del portale, fu ampliata e trasformata in stile gotico catalano tra 1576 e 1588; tra Sei e Settecento furono invece realizzate le cappelle laterali coperte da volta a crociera e il **retablo di S. Antìoco** con le pitture e le statue che contiene. All'interno, pregevoli arredi e, tra i numerosi argenti, la *Croce* astile tardogotica con *Pietà* scolpita nel riccio, opera di argentiere cagliaritano del Cinquecento. Vi si conservano anche numerose statue e alcuni dipinti: in particolare la grande tela settecentesca che ritrae la *Vergine Assunta tra santi*.

Piazza Lamarmora *(B2)*. È punto di intersezione di varie vie, tra cui la principale arteria commerciale e pedonale della città, via Matteotti. Al centro dello slargo è stata ricostruita la **fontana** detta **Su Maimoni**, dai più attribuita alla fine del XVIII secolo, che venne demolita nel 1872 per ragioni di viabilità. Vi affaccia il *Caffè Lamarmora*, edificio storico in stile liberty, ex sede dell'Offelleria svizzera: sua particolarità è la facciata interamente dipinta a inizio Novecento con pubblicità di bevande, dolciumi e liquori.

S. Francesco *(B2)*. Lungo il fianco sinistro del Municipio la via Satta e, ancora a sinistra, la via Don Minzoni conducono a

La campagna arburese con la spiaggia di Scivu sullo sfondo

questa chiesa, in parte del Quattrocento e in parte del Cinquecento. Ha facciata a capanna, con portale a ogiva ornato di semplici colonne e due piccoli rosoni. All'interno, su capitelli, peducci e gemme si stende una decorazione molto varia sia per le forme adottate che per i temi decorativi. Particolarmente interessante è la decorazione dei **capitelli** dell'arco d'accesso al presbiterio con diversi episodi, molto probabilmente legati alla vita del santo assisiate.

S. Maria delle Grazie *(B2)*. In piazza Manzoni, questo santuario molto suggestivo per la sua posizione fra le antiche case dell'insediamento medievale è degli inizi del XIV secolo ma fu notevolmente modificato nel Settecento. Della primitiva struttura, la facciata conserva solo la parte inferiore con portale a lunetta e cornice di archetti poggianti su piccole mensole. L'interno, ad aula unica con cappelle laterali, è caratterizzato da un ampio presbiterio quadrangolare, con cupola ottagonale. Nella sagrestia si conservano varie tele e statue lignee settecentesche.

Archivio storico *(B2)*. Situato in via delle Carceri, conserva il *Breve di Villa di Chiesa*, l'antico codice di leggi del periodo catalano-aragonese, Oltre a una preziosa raccolta di manoscritti datati dal 1355 al 1767, l'istituzione custodisce la *Collezione archeologica Pistis-Corsi:* 139 pezzi prevalentemente in ceramica, ma anche vetro e metallo, dalla preistoria al basso medioevo.

Iglesias 1: 11 000 (1 cm = 110 m)

La grande avventura mineraria del Sulcis

Murale minerario a Monteponi

Le miniere dell'Iglesiente sono conosciute fin dall'antichità, forse fin dal tempo dei popoli nuragici, certo dall'età fenicia e cartaginese. I romani mandavano qui, *ad metalla*, la gente di cui volevano sbarazzarsi. Nel medioevo Villa di Chiesa (Iglèsias) fu la città dell'argento e sul finire del XIII secolo ebbe un insieme di norme conosciute come *Breve di Villa di Chiesa*, che regolava minuziosamente l'attività estrattiva. Abbandonata e trascurata sotto la dominazione spagnola, l'attività estrattiva riprese con un'autentica esplosione di concessioni a metà del XIX secolo per cessare definitivamente tra gli anni '80 e '90 del XX secolo. Oggi il cospicuo patrimonio di archeologia industriale dell'isola è tutelato dall'Unesco come Patrimonio dell'Umanità. I vari siti sono riuniti nel consorzio del **Parco geominerario storico e ambientale della Sardegna**, con sede a Iglèsias, che conta otto aree di interesse distribuite su tutto il territorio regionale: Monte Arci, Orani-Guzzurra-Sos Enattos, Funtana Raminosa, Argentiera-Nurra-Gallura, Sàrrabus-Gerrei, Sulcis, Iglesiente, Guspinese-Arburese. In alcune di queste aree i siti sono aperti al pubblico, in genere con visite guidate da concordare con enti e cooperative di gestione. Per informazioni: *www.parcogeominerario.eu*

I musei minerari *(C1-2)*. Due interessanti musei qualificano la centrale *via Roma*: al N. 47 il **Museo dell'Arte mineraria**, allestito nel sottosuolo del glorioso *Istituto minerario «Giorgio Asproni» (C1)*, raccoglie le testimonianze e gli strumenti che hanno fatto la storia delle miniere dell'Iglesiente. Al N. 45, e anch'esso parte integrante dell'Istituto, il **Museo mineralogico sardo** espone preziose collezioni petrografiche, paleontologiche e mineralogiche.

Via Cattaneo *(B1)*. Ancora di interesse minerario, la passeggiata in questa via consente di cogliere l'aspetto della città dell'Ottocento, fatto di unità edilizie legate all'intensa attività estrattiva: sul lato sinistro (provenendo da via Roma) si notano le palazzine adibite a uffici amministrativi e il vecchio *ospedale di S. Barbara* destinato ai minatori, mentre sul lato destro si conservano le più modeste vecchie case a due piani dei lavoratori.

Salita al Castello. La moderna *piazza Sella (B2-3)*, punto di ritrovo della città, è impreziosita dal *monumento*, opera di Giuseppe Sartorio, a *Quintino Sella*, promotore nella seconda metà dell'Ottocento del rinnovato impulso dell'industria mineraria in Sardegna. Dalla piazza si imbocca verso nord-ovest l'antica *via Eleonora d'Arborèa (B2)*, all'inizio della quale sopravvive qualche lembo delle mura medievali. Al termine, dallo slargo di porta Faenza, si stacca la via Ghibellina che sale lungo le pendici meridionali del monte Altai al **castello Salvaterra** *(A-B2-3)*. Costruito nel XIII-XIV secolo, poi più volte rimaneggiato, il castello fu utilizzato anche in epoca aragonese ma, perduta la sua importanza militare, andò quasi completamente in rovina nella seconda metà dell'Ottocento, contemporaneamente alla semidistruzione della cinta muraria. Ben conservato, è accessibile solo con visite guidate.

Chiesa della Madonna di Valverde *(C3, f.p.)*. Si raggiunge da piazza Sella per le vie Valverde e Cappuccini. Costruita fuori dalle mura urbane sullo scorcio del XIII secolo, ricalca in modi meno eleganti il prospetto della Cattedrale. Nuova è, invece, la decorazione che si sviluppa sulle mensole e nei fianchi con motivi geometrici e soggetti animali in un contesto gotico. All'interno, radicalmente trasformato alla fine del Cinquecento, il presbiterio ha una bella volta a crociera con gemma pendula scolpita con una *Madonna col Bambino* di tipo rinascimentale.

Nostra Signora di Buon Cammino *(A1)*. La ripida salita che si stacca dalla *via Campidano* (che conserva un tratto delle mura aragonesi) conduce a questa chiesa, dalla quale si apre un vasto **panorama** sulla città e i dintorni.

La miniera di Porto Flavia, nei pressi di Masùa, di fronte allo scoglio Pan di Zucchero

Domusnovas

A est di Iglèsias lungo la SS 130, nella piana del Cixerri e ai piedi del massiccio del Marganai, il grosso centro (m 152, ab. 6300 circa) è l'erede di una 'villanova' fortificata che faceva parte del sistema difensivo costruito dai pisani a protezione dell'antica Villa di Chiesa e del bacino minerario dell'Iglesiente. Ne permangono solo scarse tracce nella **chiesa di S. Barbara**, nel centro storico del paese, rimaneggiata fra Seicento e Settecento, con facciata del XX secolo.

La **parrocchiale di S. Maria Assunta** – da dove ogni 24 giugno parte una processione di antichi carri trainati da gioghi di buoi, diretta alla grotta di S. Giovanni – mostra invece l'impianto tipico delle chiese settecentesche a croce latina, con volta a botte; la facciata è in pietra nera ispirata a forme romaniche. In via Garibaldi si può visitare, su richiesta, **l'Esposizione etnografica 'Sotgiu'**, allestita in un caratteristico *furriadroxiu* in pietra e *làdiri* (mattoni crudi), risalente agli anni '40 del XIX secolo. Vi sono ricostruiti gli ambienti delle attività contadine e pastorali: la panificazione, la vinificazione, la produzione del formaggio, la semina e la raccolta dei cereali.

Grotta di S. Giovanni*

Raggiungibile uscendo da Domusnovas verso nord e percorrendo la strada provinciale che costeggia il rio S. Giovanni, questa grotta carsica si sviluppa per 850 m e contiene una *cappella* dedicata al santo: è stata una delle pochissime cavità naturali percorribili in auto, ma oggi è interdetta al traffico. Presso entrambi gli imbocchi rimangono avanzi di mura ciclopiche, verosimilmente di epoca nuragica. All'interno, in diversi punti, si trovano grandi vasche stalagmitiche. Presso entrambi gli ingressi si trovano palestre di arrampicata.

Foresta demaniale del Marganai

Alle spalle di Iglèsias il massiccio calcareo del Marganai, in passato intensamente sfruttato per le risorse forestali e minerarie, comprende una bella foresta demaniale (in prevalenza leccete e sugherete), parte del costituendo Parco regionale Monte Linas-Oridda-Marganai e attrezzata di percorsi escursionistici. All'interno della foresta, immerso in un bellissimo bosco di lecci, il *Giardino montano Linasia*, su una superficie di circa 9000 m^2 e un'altitudine di 700 m, vanta numerose specie botaniche.

Trekking geominerari nel Sulcis-Iglesiente**

Di grande interesse è la rete di percorsi segnati che uniscono il territorio di Nèbida e Masùa a Buggerru, nell'ambito del *Parco geominerario storico e ambientale della Sardegna*. I percorsi sono segnalati da tabelle e indicazioni a vernice rosse e bianche. Pannelli informativi si trovano nei punti di accesso stradale. Alcuni tratti sono per escursionisti esperti (da **Masùa** al porto di **Canal Grande**); per tutti, invece, è il sentiero che da **Buggerru** porta alla bella spiaggia di **Cala Domestica**.

L'itinerario escursionistico **Sentiero Miniere nel Blu** ha inizio a Fontanamare, al termine della *spiaggia di Plagemesu*, e tocca le rovine del sito di archeologia industriale della *Laveria Lamarmora*, oltre il quale si stagliano sul mare cobalto i mutevoli colori della roccia, dalle verdi cale di Nèbida al rosso di *Portu Banda*, al nero di *Porto Ferro* fino agli scogli di *Porto Corallo* e alle spiagge dorate di Masùa e alle gallerie minerarie di *Porto Flavia*. Si sale quindi sulle falesie e, tra i ginepri piegati dal vento, si arriva alla baia di Canal Grande, scenograficamente racchiusa tra vertiginose scogliere. Ancora tra pareti strapiombanti il sentiero oltrepassa la *baia di Porto Sciusciau* e si conclude sulla sabbia bianca di *Cala Domestica (nella foto)*, presso Buggerru.

Di più ampio respiro il grande **Cammino minerario di Santa Barbara.** Si tratta di 395 km di strade minerarie e sentieri, che mettono in rete i principali siti visitabili, con partenza da Iglèsias o da Carbonia. Il grande anello, che in parte coincide con i sentieri di Miniere nel Blu, tocca i principali siti minerari: Porto Flavia a Masùa, l'isola di Sant'Antìoco, la costa di Piscinas e gli impianti di Ingurtosu, le miniere di Montevecchia. Il percorso prevede 24 tappe.

Vari e importanti sono i siti di **arrampicata sportiva** sulle falesie calcaree di Masùa, Cala Domestica e Buggerru. Pareti calcaree anche a *Gonnesa*, sul monte Onixeddu; si arrampica anche sul Pan di Zucchero, raggiungibile in canoa.

La costa occidentale, esposta al vento di maestrale, è frequentata dagli appassionati di **kite-surf** – a Porto Botte, a nord di Porto Pino, è attiva una scuola (*www.kitesardegna.it*) – e di **surf da onda**, specie le spiagge di Buggerru, S. Nicolò e Portixeddu.

Poche e rare insenature sabbiose incidono la costa dirupata attorno a Buggerru, ma il bellissimo fiordo di **Cala Domestica*** ne conta ben due, collegate da un passaggio scavato nella roccia. Si raggiungono con deviazione (segnalata) dalla provinciale 83 in direzione sud. Poco a nord di Buggerru si trova invece l'ampia **spiaggia di S. Nicolao**, che prosegue fino a Portixeddu, raggiungibile in ogni suo punto dalla litoranea provinciale 83, che attraversa una zona di dune piantumata a pineta. Questo tratto di costa è particolarmente apprezzato dai surfisti.

Le spiagge di Piscinas e Scivu**

Da Ingurtosu si arriva in 8 km (di cui circa 7 non asfaltati) a un tratto di litorale di speciale pregio, non alterato da moderne costruzioni e contornato da una vasta formazione di dune, unica nell'isola per dimensioni e caratteristiche ecologico-paesistiche. Per un raggio di circa 3 km^2, alle montagne di sabbia dorata, alte fino a 50 m e ancora in movimento, si alternano quelle ormai consolidate dove vegetano bellissimi ginepri. A **Piscinas** si trova l'*albergo Le Dune*, ricavato da edifici ottocenteschi adibiti alla raccolta e alla spedizione

La spiaggia di Scivu con le dune contornate di ginepri

via mare del minerale. **Scivu** si apre poco a sud in direzione di Capo Pecora, raggiungibile direttamente su tortuosa deviazione asfaltata dalla statale 126. Con il vicino monte Arcuentu entrambe le spiagge sono sito di interesse comunitario.

Costa Verde

Da Montevecchio, la statale 66 porta in 18 km alla Costa Verde, che si sviluppa a sud di *Marina di Àrbus*. Percorrendo la provinciale della Costa Verde, si può andare (in circa 8 km) alla spiaggia di Piscinas. In direzione nord, invece, Marina di Àrbus dista 15 km dalla **spiaggia di Is Arenas s'Acqua e s'Ollastu**, ai piedi della torre di Flumentorgiu: particolarmente suggestiva per le alte dune dorate, è stata però deturpata da un'invadente edilizia turistica.

I siti minerari di Ingurtosu e Montevecchio

Il percorso tra Fluminimaggiore e i centri di Gùspini e Àrbus offre testimonianze significative di archeologia industriale, in particolare in questi borghi minerari dismessi, tutelati oggi dal Parco geominerario storico e ambientale della Sardegna. Il **centro minerario di Ingurtosu** fu nella seconda metà dell'Ottocento, e fino alla crisi dell'immediato secondo dopoguerra (ma la chiusura definitiva avvenne nel 1973), una realtà mineraria molto importante. Oggi si presenta come un insieme silenzioso e sparpagliato di strutture ottocentesche in rovina, con tocchi liberty nel neogotico complesso direzionale della miniera. All'epoca della gestione inglese il direttore, l'imprenditore inglese Lord Brassey, gestì il complesso minerario con un'impronta paternalistica, dotandolo di servizi non direttamente funzionali alla produzione (ospedale e chiesa). Nel sito si visitano oggi il compendio del *pozzo Gal*, le tramogge e l'ex centrale elettrica. In un edificio restaurato alle spalle del pozzo è allestito il *Museo multimediale della Miniera*.

La **miniera di Montevecchio*** fu nel periodo successivo alla seconda guerra mondiale tra le più grandi e produttive d'Europa; centro di estrazione del piombo e dello zinco all'avanguardia nel continente, da sola produceva circa l'11% dello zinco mondiale. L'antica attività e il relativo benessere si riflettono in particolare nell'elegante palazzina della direzione. I percorsi di visita interessano la stessa palazzina della direzione, gli alloggi degli operai, le officine, il cantiere di *Piccalinna* (1876) in stile liberty francese, con esposizione di macchinari. Nell'officina elettrica si trova il centro di accoglienza con quello di documentazione minerario.

Cavalloni di sabbia e paesi fantasma: sortilegi d'Iglesiente

Magari uno ci potrebbe arrivare, nell'Iglesiente, prendendo alloggio a **Villacidro** nella seconda metà di settembre, quando scocca, dopo una folta settimana di spettacoli e incontri culturali, l'appuntamento con la cerimonia conclusiva del *Premio Dessì*, mentre la non lontana Piscinas assicura al viaggiatore ancora qualche indimenticabile giornata di mare. Dico Dessì: lo scrittore che visse inizialmente con risentimento quella Grazia Deledda che, con la sua fama da Premio Nobel, lo condannava, in quanto scrittore sardo, lui che invece era un raffinatissimo e cosmopolita, a obblighi rischiosamente folclorici da civiltà agro-pastorale. Le strutture ricettive, a Villacidro, sono poche, se si eccettua un piccolo albergo, l'*Ester*, e qualche B&B: epperò vale la pena fermarvisi per quell'evento letterario, approfittando per una bella escursione in montagna fino alla **Cascata di Sa Spèndula**, avendo come Cicerone proprio Dessì, per ammirare il paesaggio dal **poggio di Seddanus**, quando il sole tramonta e il paese comincia ad accendersi di luci. In attesa, magari, d'un sortilegio, non però d'un maleficio, se è vero che Villacidro ha fama di paese delle streghe, che, all'uopo, sapranno essere belle e benevoli.
Parlavo di **Piscinas**: con le sue altissime dune *(nella foto)*, che come cavalloni di sabbia vanno a gettarsi nel mare subito profondo e azzurro, la cui trasparenza è allusa sin dal nome. Una meta da non eludere: anche perché, per arrivarci, si è costretti ad attraversare una dannunziana, seppure proletaria, città morta. Parlo di un villaggio minerario ormai quasi del tutto abbandonato, **Ingurtosu**, che si ingola verso il mare, quasi in cerca di luce e redenzione. Furono i francesi della società mineraria Pertusola a volere il villaggio così com'è: con le sue case suggestivamente dislocate ai due lati della strada, che lo attraversa mentre digrada, le urbanistiche oltranze neogotiche, l'innaturale pineta che sul pendio scosceso gli stessi francesi innestarono, a che gli impianti non rimanessero mai privi del legname necessario al funzionamento degli impianti. Per i viaggiatori affascinati dal mondo della Sardegna mineraria (qui a Ingurtosu, soprattutto, piombo e zinco) e dall'archeologia industriale, sarà inevitabile e interessantissimo completare il percorso con le tappe di Iglèsias e Carbonia. Già, **Carbonia**: una delle città del duce, ove si realizza il sogno di una pianificazione urbanistica moderna, se non modernista, e fascistissima. Arrivateci raggiungendo subito *piazza Roma*, raggiungendo la cima, se possibile, di quella Torre oggi civica e ieri littoria: vi si spalancherà un panorama razionalizzato, perfettamente disegnato sulle movenze, anche capricciose, del territorio, a registrare un precoce sogno di società di massa architettonicamente gerarchizzata, quando quella massificazione era solo agli albori.

Massimo Onofri

La parrocchiale di S. Nicola di Mira a Gùspini

Gùspini

Disposto in una conca di uliveti aperta verso il Campidano, questo paese (m 137, ab. 11 200 circa) è impreziosito dalla scenografica **parrocchiale di S. Nicola di Mira**, tardogotica del XV secolo; per le vie del borgo è allestito un percorso museale urbano che tocca le abitazioni storiche, ognuna dedicata a un mestiere della tradizione. Tra questi l'arte del fabbro, con il *Museo del Ferro e del Coltello* con sede a casa Agus, in via Diaz.

Àrbus

Nel vicino centro di Àrbus (m 311, ab. 6400 circa) desta curiosità e interesse il **Museo del Coltello sardo***, allestito in una settecentesca casa restaurata in via Roma 15: c'è la ricostruzione di un antico laboratorio del fabbro con attrezzi originali dell'Ottocento; e tra i coltelli storici e contemporanei, tipica espressione dell'artigianato isolano, sorprende un coltello di 3 m di lunghezza e 80 kg di peso.

Villacidro e dintorni

A circa 15 km da Gùspini e 20 da Àrbus, la cittadina (m 267, ab. 14 100 circa), di lontana tradizione agro-pastorale e disposta scenograficamente alla base di imponenti roccioni di granito rosa, si è sviluppata in due nuclei. Quello superiore, il più antico e caratteristico, sorge attorno alla piazza dove affaccia la **parrocchiale di S. Barbara** (XVI secolo) con portale architravato sormontato da un timpano curvilineo spezzato; il campanile è a canna quadrata con monofore ogivali. L'interno, a una navata con volta a botte, è arricchito da arredi settecenteschi rococò; del Settecento è anche l'interessante organo a canne.
L'oratorio che la fronteggia ospita il *Museo di S. Barbara*, con argenti, arredi e statue già nella chiesa. Vicino, nei locali dell'ex Monte granatico di piazza Zampillo, il **Museo archeologico 'Villa Leni'** raccoglie reperti dall'età nuragica a quella altomedievale. Un'altra esposizione è, in via Roma, il *Farmamuseo 'Sa Potecaria'*, ricostruzione ideale della farmacia Fanni dei primi decenni del Novecento.
Nella parte bassa del paese, in piazza dei Mille, il **lavatoio pubblico** costruito nel 1893 è un notevole esempio di architettura in ferro di gusto liberty: consta di due padiglioni a pianta quadrangolare raccordati da un corpo centrale, con pilastri e archi finemente decorati. Oltre alle vasche è inserita una fontana in pietra con stemma decorativo e tre bocche a testa di putto. Nel cimitero è sepolto lo scrittore Giuseppe Dessì (1909-77), nativo di Villacidro.
Nei dintorni, la seicentesca **chiesa di S. Sisinnio** spicca bianca su una spianata a destra del rio Leni, immersa tra olivastri secolari. La chiesa è cinta su tre lati da un loggiato con tetto a travature lignee poggianti su pilastrini con capitelli di foggia diversa.
Da Villacidro si possono fare diverse escursioni in un ambiente di mezza montagna dove la macchia mediterranea cede il passo a lecci, castagni, noci con un sottobosco ricco di funghi, orchidee selvatiche e ciclamini. Una delle più facili conduce a **Sa Spèndula*** (la cascata), in un percorso con belle viste verso il monte Margiani (m 859).

Siliqua e dintorni

Situato circa 25 km da Villacidro, nel Campidano di Cagliari, e raggiungibile con le scorrevoli SS 196 e SS 292, il paese (m 66, ab. 3900 circa) merita una sosta per la **parrocchiale di S. Giorgio**, d'impianto gotico catalano con presbiterio e cappelle a volte gemmate e ornate di rilievi, e la seicentesca **chiesa di S. Sebastiano**, dal bel frontone ad arco inflesso.
A sud di Siliqua, a 5 km lungo la strada per Nuxis, spiccano su un colle lavico le rovine dello storico **castello di Acquafredda** (m 253), eretto dopo il 1267 dai conti pisani della Gherardesca, la stessa famiglia del conte Ugolino, protagonista di uno dei più celebri canti dell'Inferno dantesco.

3 Villasimìus, il Sàrrabus e il Gerrei

Profilo dell'area

Meno di 50 km separano Cagliari da Villasimìus e Capo Carbonara, che chiudono l'arco orientale del golfo degli Angeli con un susseguirsi di scorci incantevoli e acque limpidissime, in un tratto di costa frastagliato e roccioso. La valorizzazione turistica di Villasimìus è stata travolgente: in pochi decenni da piccolo villaggio di pescatori, allevatori e contadini è diventato l'epicentro di vacanze balneari all'insegna dello sport, della natura e del divertimento, merito anche dell'attrezzato porto turistico da cui partono le escursioni per la piccola isola dei Cavoli, gioiello dell'Area marina protetta. Una simile sorte è toccata alla Costa Rei, meraviglioso litorale dove villaggi turistici e insediamenti residenziali si alternano a tratti selvaggi e alla campagna coltivata. Centro nevralgico della Costa Rei, Muravera unisce un significativo patrimonio storico alle bellezze naturali della costa, un susseguirsi di lagune, stagni e peschiere delimitate da un lungo arenile orlato di dune. A ridosso delle spiagge spiccano ambienti autenticamente montani, raggiungibili con escursioni di una giornata, come il massiccio dei Sette Fratelli, facile da esplorare lungo la rete di sentieri segnati. I paesi dell'entroterra si affidano a ricchezze che vengono dal passato: è il caso di Armungia, con la memoria di Emilio Lussu, e di Castiàdas, dove l'ottocentesca colonia penale agricola, riconvertita a museo del territorio, racconta la storia della bonifica. Grazie al contributo delle aziende agrituristiche così connaturate con questo ambiente, appartate su sterrate polverose tra le siepi di fico d'India o tra filari di eucalipti frangivento, è un piacere andare alla scoperta di prodotti e cibi del territorio che sfuggono all'omologazione della produzione industriale.

Sul medio corso del Flumendosa vasti altipiani ammantati da sugherete e da rada e bassa macchia mediterranea, incisi da valli profonde, caratterizzano la storica subregione del Gerrei. Scarsa la popolazione, dedita in buona parte all'agricoltura e alla pastorizia, concentrata in pochi paesi di medie dimensioni.

La visita

Il **primo itinerario** da Villasimìus si snoda lungo due direttrici. La prima segue la costa verso il litorale sabbioso di Costa Rei, cui pone termine il promontorio di Capo Ferrato. L'altra si interna nel sorprendente paesaggio agrario della campagna di Castiàdas, per poi scendere sul litorale a nord di Capo Ferrato e risalire nel montano Sàrrabus. Il **secondo itinerario** da Muravera esplora il litorale ricco di lagune costiere per poi spingersi nell'entroterra sugli altipiani del Gerrei.

SPIAGGE A SUD-EST

- **Porto Giunco** Un cordone di sabbia finissima e bianca unisce i contrafforti di Capo Carbonara alla terraferma, separando il mare aperto dallo stagno di Notteri. Una spiaggia di bellezza assoluta, con l'unico difetto di essere in estate troppo frequentata.
- **Cala Sinzias** Dove sbarcarono i detenuti, forzati della bonifica, alla fine del XIX secolo, oggi ci sono i lussuosi villaggi turistici della Costa Rei. La spiaggia è vasta e con sabbia chiara, meno affollata delle altre località costiere.
- **Mari Pintau** Piccola e talvolta affollata, il mare dipinto di bianco e turchese sorprende per il colore dei fondali. Trovare parcheggio può essere un problema, meglio andarci fuori stagione.
- **Piscina Rei** Sufficientemente defilata dall'insediamento di Monte Nai, presenta sabbia bianca e orizzonti vasti, con uno stagno e campi coltivati alle spalle. A servizio dei bagnanti, molti chioschi ben attrezzati.
- **Torre delle Saline** Tra le più belle spiagge di Muravera, ha un arenile molto largo, con sabbia fine e uno stagno alle spalle. Domina il litorale un promontorio su cui sorge una torre di avvistamento spagnola.
- **Punta Molentis** Promontorio granitico raggiungibile su sterrata a nord di Villasimìus, con il mare a lambire l'istmo di terra sui due versanti, sabbia finissima su un lato e scogli sull'altro. Notevoli i fondali.
- **Cala Caterina** Nei pressi della Fortezza di Villasimìus, un mosaico di calette dall'acqua trasparente in cui minuscoli frammenti di granito danno alla battigia una dolce tonalità rosata.

3.1 Villasimìus, Costa Rei e il Sàrrabus

Itinerari automobilistici da Villasimìus a Burcei, 88 km *(carta a pag. 107)*

Spiagge di acqua cristallina, boschi e formazioni montuose: scenari ambientali tra i più belli della Sardegna, dalla morfologia tormentata per la natura granitica delle rocce e dei suoli. Tortuosa ma panoramica, la SP 18 segue il litorale da Simìus. Oltre S. Elmo, conviene avvicinarsi al mare sulla litoranea per Costa Rei e Capo Ferrato. Una seconda direttrice lascia la costa a Cala Sinzias, per Castiàdas. Si segue quindi la veloce variante della SS 125 Orientale sarda, che si innesta, a San Priamo, sul tracciato originale della SS 125, per l'entroterra del Sàrrabus. La statale si interna verso il massiccio dei Sette Fratelli, in un territorio poco trafficato e solitario.

Villasimìus

In zona frequentata fin dalla epoche prenuragica, nuragica, fenicio-punica e romana, l'abitato (m 41, ab. 3700 circa) si formò nella prima metà del XIX secolo come borgo di pescatori e tale rimase fino agli anni '60 del XX secolo, quando la 'scoperta' del mare limpido e delle magnifiche spiagge ha trasformato Villasimìus in una delle perle turistiche della Sardegna meridionale.

Museo archeologico. Allestito in una casa padronale di via Frau, espone nella sala del Mare i frutti dei ritrovamenti nei vicini fondali; in quella del Santuario reperti fenici e testimonianze di epoca romana; in quella del Territorio i reperti dagli insediamenti romani; in quella del Relitto quanto ha restituito una nave catalana del Cinquecento affondata presso l'isola dei Cavoli.

Porto turistico. Con una capienza di 750 posti barca è tra i più attrezzati della costa sud-orientale dell'isola. **Marina di Villasimìus** si trova alla base del promontorio granitico di Capo Carbonara, sul versante rivolto al golfo, ed è dominato dalla cosiddetta *Fortezza Vecchia* cinque-seicentesca (visitabile), con pianta a stella. In prossimità della vicina spiaggia del Riso si trovano tombe rupestri a *domus de janas*.

Spiagge e calette di Villasimìus.** Solitarie, affollatissime, esclusive, popolari o selvagge, si distinguono tutte per il candore della sabbia, la trasparenza dell'acqua e la suggestione delle rocce che separano le varie calette. A occidente di Capo Carbonara dalla provinciale 17 si accede alla spiaggia di **Campus**, mentre alla successiva di **Campu Longu** si arriva deviando per Capo Carbonara. Appena a nord del porto turistico la celebre **spiaggia del Riso** è così chiamata per la presenza di granuli di quarzo granitico. Alle spalle del porto turistico, un ambiente di pregio è lo **stagno di Notteri**, spesso popolato di fenicotteri e chiuso a ovest dalla bellissima e ampia spiaggia di **Porto Giunco***, cui segue il lungo arco sabbioso della **spiaggia di Simìus**. In località **Stella Maris** un piccolo insediamento a ridosso della pineta guida a una lingua di sabbia con

La spiaggia di Punta Molentis a Villasimìus

Sui sentieri dei Cavoli

Facili escursioni per tutti sono un valido complemento alla vita di spiaggia, da affrontare nelle ore meno calde della giornata. Il **sentiero Isola dei Cavoli** consente di conoscere ambienti, fauna e flora della selvaggia isoletta, raggiungibile con i battelli dal porto di Marina di Villasimìus. Sbarcati nella piccola cala (*nella foto*), si sale verso il faro ottocentesco e ci si inoltra osservando la vegetazione endemica (cavolo selvatico, limonio reticolato, gigaro mangiamosche, ferula di Arrigoni) e la fauna (gabbiano corso, cormorano dal ciuffo, berta minore e falco pellegrino). Un altro breve percorso parte da **Porto Giunco**, la lunga lingua di sabbia che separa lo stagno di Notteri dal mare, e arriva alla **torre del Giunco** sul **Capo Carbonara**, punto di osservazione eccezionale sul bellissimo stagno.

fondali trasparenti. Nei pressi della Fortezza c'è la frastagliata **Cala Caterina** mentre la bellissima **spiaggia di Punta Molentis***, a est di Villasimìus, è raggiungibile dalla provinciale 18 su una strada bianca.

L'Area marina protetta di Capo Carbonara

Il promontorio proteso a segnare il confine tra il mare del versante meridionale della Sardegna e quello orientale termina con il **Capo Carbonara**, attorno al quale si estende l'Area marina protetta cui dà il nome, da Capo Boi a oltre punta Molentis (degli Asini); comprende, al largo, l'**isola di Serpentara** e l'**isola dei Cavoli**. L'Area protetta fu istituita nel 1999 al fine di salvaguardare i beni naturali e disciplinare l'impatto dello sviluppo turistico. Sono soprattutto i fondali il punto di maggiore interesse: pinnacoli e bastioni granitici ospitano una variopinta popolazione di fauna e flora marina, tra cui gorgonie e margherite di mare, oltre a specie di pregio come cernie e orate. Nell'Area marina protetta, le immersioni sono consentite senza restrizioni nella zona C, previa autorizzazione nella zona B. Vari diving center si trovano al porto turistico di Marina di Villasimìus. Molti i siti di immersione, tra cui **punta La Guardia**, adatta anche ai principianti, la **Madonna del Naufragio** e il relitto del piroscafo *Egle*, affondato nel marzo 1943.

Il porto turistico di Marina di Villasimìus, alla base della penisola, è punto di partenza anche dei battelli che effettuano escursioni alle isole e a Cala Pira. È in fase di realizzazione una rete di percorsi a piedi nell'immediato entroterra dell'area protetta. Il terzo weekend di luglio si celebra la *Festa della Madonna del Naufrago*: una suggestiva processione di barche e pescherecci raggiunge il punto in cui è stata posta nel 1979, su un fondale a 10 m di profondità, una statua della Vergine realizzata da Pinuccio Sciola a protezione dei naviganti.

Spiagge della Costa Rei

Uscendo da Villasimìus sulla provinciale 18 in direzione Capo Ferrato (25 km complessivi) si incontra per prima **Cala Pira**, una falce di sabbia chiara con alle spalle un incongruo insediamento residenziale; a dominio della baia si alza una delle molte torri spagnole. Proseguendo sulla litoranea si raggiunge **Cala Sinzias**, dall'ampio arenile. Su questa spiaggia nel 1875 sbarcarono i primi detenuti, impegnati nella bonifica protrattasi fino al 1956: l'evento ha ispirato il nome della località, Costa Rei, cioè costa dei colpevoli.

Bellissime le lunghe spiagge che, oltre **Cala della Marina**, si susseguono fino a

Costa Rei: l'onda lunga a Cala Sinzias

Capo Ferrato. Un vero e proprio paese, con edilizia non sempre in sintonia con la bellezza del luogo, si è sviluppato alle pendici del granitico monte Nai. Gli arenili sono tutti attrezzati con stabilimenti balneari e strutture per la ristorazione, ma c'è spazio sufficiente per chi preferisce la spiaggia libera. Il litorale ben si presta alla pratica degli sport acquatici (kitesurf e windsurf) soprattutto in inverno, in assenza di bagnanti e con vento di grecale.

Castiàdas e dintorni

A Castiàdas (m 168) si conserva relativamente integro il complesso dell'ex colonia penale agricola (1877). Nell'ala della direzione è allestito il **Museo del Territorio**, che illustra la storia del carcere e della bonifica. Il complesso della colonia penale comprende anche la chiesa di S. Basilide, il teatro Sa Mandria e il cimitero monumentale. A Castiàdas, **Olìa Speciosa** (m 60, ab. 1600 circa, sede comunale) e in altri centri dell'area si è sviluppata una vivace attività agrituristica: quasi ovunque si possono assaggiare i cibi e i vini locali (Cannonau, Mònica, Malvasìa); in molti casi si può anche pernottare, acquistare i prodotti del luogo (tra cui il miele) e praticare l'equitazione.

Da Castiàdas alla Foresta dei Sette Fratelli

Lasciata la piatta pianura costiera punteggiata di stagni su un breve tratto della statale 125 a scorrimento veloce, all'altezza del **nuraghe Asoru** – di insolita struttura snella in granito, con torre centrale alta 7 m – si imbocca la lunga valle tracciata fra i rilievi dai rii Picocca, Cannas e Màlliu, che si inoltra verso il Sàrrabus interno. Questa si va via via restringendo, con le rocce sempre più incombenti sulla strada che raggiunge, dopo una decina di chilometri, il punto più suggestivo del percorso: l'**arco dell'Angelo**, dove le alte pareti granitiche erose dall'acqua strapiombano sul rio Cannas, fiancheggiato da una folta vegetazione. La statale continua a salire, descrivendo curve e controcurve in un ambiente spettacolare per i dirupati spuntoni rossastri con cui i filoni di porfido emergono dalle gole granitiche. Allo spartiacque del **valico di Arcu 'e Tidu** (m 426) la statale punta verso Cagliari lungo la valle del rio Longu, incassata tra le propaggini della punta Serpeddì, a destra, e la **Foresta demaniale dei Sette Fratelli**, a sinistra, massiccio granitico formato da sette cime intervallate da gole, area di tutela ricchissima di vege-

tazione. Il *Centro Visite*, punto di partenza dei principali itinerari tra cui la salita alla *punta Sa Ceraxa* (m 1023), cima più elevata del gruppo, è allestito nella caserma della Forestale Umberto Noci. Presso la caserma ha sede il **Museo del Cervo sardo**, che illustra con installazioni, diorami, opere d'arte originali e reperti naturalistici la varietà del *Cervus elaphus corsicanus*, specie in pericolo d'estinzione e protetta.

Burcei e dintorni

A destra del valico di Arcu 'e Tidu, dove si trova anche la cantoniera di Campu Omu, una strada asfaltata sale in 7 km a **Burcei** (m 648, ab. 2800 circa), il paese più elevato della provincia di Cagliari. Forse fondato nel Seicento da pastori barbaricini (il nome potrebbe derivare da *burrei*, che significa 'branco di buoi'), mantiene una connotazione pastorale prevalente su quella agricola, ed è noto per la produzione di ciliegie (sagra in giugno) e castagne (sagra in novembre). Oltre l'abitato una strada secondaria, percorribile in auto, conduce in 8,5 km alla *punta Serpeddì* (1067 m) dalla quale si ha un'ampia vista panoramica, nonostante la presenza di numerose antenne e ripetitori.

3 Villasimìus, il Sàrrabus e il Gerrei

Quadro d'unione a pag. 6-7, riquadro n. 3

3.2 Il Gerrei

Itinerario automobilistico da Muravera a Dolianova, 104 km *(carta a pag. 107)*

Il viaggio conduce in zone particolarmente impervie, tra le meno frequentate della Sardegna sud-orientale. Dalla costa di Muravera e Villaputzu si risale la valle del Flumendosa per raggiungere alcuni siti di età nuragica, tra cui spicca il Parco archeologico di Pranu Mutteddu. Tutto montano è l'itinerario che sale agli altipiani del Gerrei fino a Dolianova.

Muravera

Situato ai margini della piana alluvionale formata dal Flumendosa (il cui letto è ora povero d'acque e ricco di canneti e oleandri), costituisce con i vicini Villaputzu e San Vito un agglomerato di circa 14 000 abitanti, che sembra aver assorbito i flussi turistici senza snaturarsi troppo.

La zona, fertile e riparata dai venti, punteggiata di stagni pescosi, fu popolata sin dall'antichità, ma nel corso dei secoli la vita delle popolazioni è stata ostacolata dalle incursioni dal mare e dalle inondazioni provocate dal fiume. Oggi, chiuse alcune miniere, perno dell'economia è l'agricoltura: rinomate in particolare le colture degli agrumi celebrati a inizio primavera dalla vivacissima *Sagra degli agrumi*. Nel cuore dell'abitato, rappresentano l'architettura storica la **parrocchiale di S. Nicola**, tardogotica del XVI secolo, e un piccolo centro storico dove non mancano le tipiche basse case a corte. Il **Mif - Museo dell'Imprenditoria femminile**, sistema museale di Muravera, si articola in due sedi, ognuna dedicata a una singolare figura femminile. In via Marconi 99, davanti alla chiesa di S. Nicola, l'ex caserma dei Carabinieri ospita il *Museo Donna Francesca Sanna Sulis* (chiuso per ristrutturazione fino al 2017), imprenditrice settecentesca attiva nel campo della produzione, filatura e tessitura della seta. Il museo è anche centro espositivo per mostre d'arte temporanee. Poco distante, in via Speranza, in una casa a corte del XVIII secolo, il **Museo dei Candelai** è ispirato dall'attività della sua ultima abitante, zia Savina, che si dedicava alla produzione di candele votive. Il museo, a carattere etnografico, è dedicato ai mestieri tradizionali del Sàrrabus e organizza periodici corsi aperti al pubblico, con il fine di conservare abilità e pratiche del mondo contadino. Tra le feste del periodo estivo la principale è quella di *S. Agostino* a fine agosto. Alle processioni e ai balli prendono parte gruppi in costume tradizionale. Compaiono numerose anche le *traccas*, i carri tirati dai gioghi di buoi ormai scomparsi in buona parte dell'isola, e si esibiscono i maestri delle *launeddas*, l'antichissimo strumento a fiato a tre canne. Particolarmente frequentato è l'appuntamento a inizio agosto, con il Carnevale estivo *Maskaras*, occasione per ammirare costumi e maschere della tradizione sarda provenienti da tutta l'isola.

Muravera si è inoltre dotata di una rete di sentieri escursionistici segnati, da percorrere a piedi o in mountain bike: tra le mete, con partenza dal paese, la *foresta di Baccu Arrodas* e il *monte Nieddu Mannu*, dove rimangono tracce della passata attività mineraria.

Le spiagge da Muravera a San Priamo

Seguendo l'Orientale Sarda da Muravera in direzione di San Priamo e Villasimìus, si raggiungono le spiagge di **S. Giovanni** e, più avanti, di **Torre Salinas**, in un tratto di costa bellissimo e poco affollato. La via che in meno di 1 km giunge a Torre delle Saline, ha sulla sinistra lo *stagno delle Saline*; sul fondo, dominano la spiaggia dall'alto di una collina i resti della torre costruita nel Seicento dagli spagnoli per impedire lo sbarco dei barbareschi. Di lassù si vedono bene le bianche spiagge di **Salinas**

Il mare di Porto Corallo a Villaputzu

(a nord) e di **Cristolaxedu** e **Colostrai** (a sud), segnalate per la purezza e limpidezza delle acque. Dietro quest'ultima si stende lo **stagno di Colostrai**, raggiungibile attraverso un sottile nastro d'asfalto che piega sulla destra prima della torre: con i limitrofi stagni delle Saline e di Feraxi, costituisce un sito di interesse comunitario e zona di protezione speciale (SIC), a tutela della fauna e in particolare degli uccelli. Gli stagni sono estesamente utilizzati come peschiere (muggini, spigole, anguille e molluschi), mentre quello di Colostrai è popolato da varie specie di aironi, di anatre, dal pollo sultano, dal falco di palude e da una colonia di fenicotteri.

San Priamo e le sue spiagge

La piccola borgata agricola (m 11), frazione di San Vito all'innesto nella statale 125 della strada proveniente da Villasimìus, prende nome dalla **chiesetta di S. Priamo**, collocata su uno spuntone di roccia: ristrutturata nel Seicento in luogo forse dedicato nell'antichità al culto dell'acqua, conserva nella parte più antica (forse dell'XI secolo) una cavità da cui sgorga una piccola sorgente. Da San Priamo la SP 20 riporta verso il mare, oltre lo stagno di Feraxi, dove si trovano le belle **spiagge** *di Prumare di Feraxi, Acqua Pudexia* e *Portu de s'Illixi*, raggiungibile, quest'ultima, solo su sentiero.

Villaputzu e le sue spiagge

Situata poco a nord di Muravera, nella piana alluvionale del Flumendosa, è una zona di antico insediamento: in territorio di Villaputzu (m 11, ab. 4800 circa) sorgeva la città fenicia di *Sàrcapos* (da cui, forse, il nome Sàrrabus), che utilizzava un porto realizzato alla foce del fiume e curava in particolare gli scambi con l'Etruria. La tessitura è ancora ben viva (come a Muravera e a San Vito) nella manifattura di coperte, tovaglie e tappeti. Per questi ultimi viene usata la tecnica *a pibiones*, cioè a grani, che rende il tessuto soffice e consistente allo stesso tempo.

Interessante la discesa al mare di **Porto Corallo**, su strada (6 km) che si snoda a fianco della lenta foce del Flumendosa, dove si trova un'ampia e lunga spiaggia di sabbia bianca, poco frequentata perché è raggiungibile solo a piedi. Oltrepassati a sinistra i resti del *castello di Gibas* si arriva in prossimità di una torre spagnola: qui nel 1812 la popolazione riuscì a respingere uno degli ultimi attacchi dei pirati saraceni. Costeggiato il porticciolo turistico di Porto Corallo, si può continuare verso nord sulla litoranea fino alla spiaggia di **Porto Su Tramatzu**, bella baia su cui incombe uno dei tanti insediamenti turistici residenziali.

Da Muravera a San Vito

Procedendo verso l'entroterra da Muravera, sulla SS 387, oltrepassato il raccordo con la SS 125 Orientale Sarda, si imbocca sulla sinistra la strada a fondo naturale che, in circa 4 km, conduce all'ex miniera argentifera di **Monte Narba**. Lungo il percorso si susseguono ampie zone a bosco e alcune *domus de janas*, le tombe prenuragiche scavate nella roccia. Si raggiunge quindi **San Vito** (m 15, ab. 3700 circa) tornando alla piana del Flumendosa. Il paese è noto

per l'artigianato tessile e per la tradizione musicale delle *launeddas*. Merita una visita la piccola **chiesa di S. Lussorio**: situata ai margini dell'abitato, è di fondazione medievale e ha linee semplici e massicce, con due grossi contrafforti sulla facciata; l'interno, a una sola navata, ha copertura in legno e volta a botte. Va inoltre ricordata la *sagra* in onore del santo patrono, che si celebra a giugno e, dopo una solenne processione, si conclude con balli scanditi dal suono delle *launeddas*.

Strada del Flumendosa

Da S. Vito la statale 387 congiunge Ballao con l'Orientale Sarda: un'arteria moderna, con viadotti e gallerie, che collega rapidamente le località dell'entroterra al mare nonostante l'asperità del territorio. La strada procede a mezza costa sul versante destro della valle, tortuosa e a tratti molto stretta. Nel paesaggio dominano qua e là alcune masse rocciose conformate 'a tacco', mentre i versanti delle alture sono ricoperti dalla macchia mediterranea. Circa 4 km a nord di S. Vito, il Flumendosa descrive un meandro chiamato *S'Arcu e s'Arena* (l'arco di sabbia), raggiungibile con una strada asfaltata che si imbocca a destra, e che passa il fiume su un ponte, proprio dove il fiume ha formato una spiaggia e un piccolo lago. Questo tratto del fiume è particolarmente interessante per il kayak.

I formaggi del Gerrei

Oltre ai classici pecorini stagionati, una delle specialità di questo territorio è una crema prodotta a partire da formaggi caprini o ovini non idonei alla vendita, ossia con minime imperfezioni che non giustificano però la perdita di un prodotto così pregiato. I formaggi vengono sminuzzati e fatti fermentare naturalmente, talvolta con l'aggiunta di altro latte, fino a quando l'opera dei batteri non finisce il suo compito, trasformando la massa compatta in una *crema piccante*, di sapore intenso, da spalmare sul pane carasau o abbrustolito. Per chi ama il formaggio dolce, in zona si trova anche il **callau axedu**, detto anche *frue*, o altrove *casu axedu*, una cagliata fresca a pasta molle e leggermente acida, che si aggiunge, tagliata a cubetti, alle minestre. Ancora un formaggio fresco è il **casu de fitta** o *merca*, conservato in salamoia e utilizzato, oltre che nelle minestre, anche nei *culurgiones* di patate.

Armungia*

Con una breve deviazione dalla SS 387 si raggiunge questo piccolo e gradevole centro (m 366, ab. 500 circa) caratterizzato dal **nuraghe** che, raro esempio nell'isola, si conserva in buone condizioni nell'abitato, adiacente all'ex palazzo comunale. Quest'ultimo ospita il piccolo **Museo storico-etnografico Sa Domu de is Àinas** (la casa degli attrezzi da lavoro), con strumenti del lavoro domestico, del contadino, del pastore e del cacciatore. Fa parte del sistema museale del paese insieme ad altre abitazioni del centro storico, alla Bottega del Fabbro, allestita in un edificio del XIX secolo, al Nuraghe Armungia e al Museo storico «Emilio e Joyce Lussu», dedicato allo scrittore e uomo politico antifascista (1890-1975) e a sua moglie. Il museo, con un nuovo allestimento multimediale, ha sede nella 'Casa del Segretario', bella dimora padronale edificata a cavallo tra XIX e XX secolo nella piazza principale del paese. La casa natale dello scrittore, nel *rione Cannedu*, è tra le più belle tra quante si conservano dell'edilizia tradizionale locale, basata sull'impiego di scaglie di scisto: fa parte del percorso di visita collegato al museo.

Ballao e dintorni

Piccolo centro di fondovalle su un'ansa del Flumendosa, Ballao (m 98, ab. 800 circa) è forse l'erede di una *mansio* romana, sorta a difesa delle miniere della zona. L'agglomerato conserva molte abitazioni realizzate con una tecnica antichissima: in pietra scistosa nella parte bassa e per il resto in *làdiri,* i mattoni d'argilla e paglia cotti al sole in uso nel Campidano. Lungo la vecchia strada per Silìus, si conservano alcuni resti del duecentesco *castello Sassai*, edificato dai giudici di Cagliari. Caratterizzate da folta partecipazione, le feste tradizionali: *Su Fogadoni*, il 16 gennaio, con accensione di un grande falò in onore di S. Antonio abate; *S. Maria Nuraxi*, il lunedì di Pasqua, presso la chiesetta campestre di S. Cleofe, con processione, pranzo comunitario e balli; *S. Maria Maddalena* (patrona di Ballao), il 22 luglio, con solenni riti religiosi, balli e canti; *S. Vitalia*, il primo lunedì di ottobre, pure con riti religiosi e musica.
Da Ballao la SS 387 punta verso nord in direzione di Escalaplano. Circa 1,5 km più avanti, a destra una strada porta al sito minerario di **Corti Rosas**, dismesso e in attesa di recupero, compreso nel Parco geominerario della Sardegna. Gli amanti dei minerali possono forse trovare negli ammassi di residui bei cristalli

Le sepolture megalitiche di Pranu Mutteddu

di antimonite. Proseguendo sulla strada per Escalaplano, una breve deviazione su carrareccia a sinistra porta a **Funtana Coberta**, pozzo sacro nuragico del tipo più antico, costruito cioè con pietre lavorate solo in parte: una scalinata conduce alla camera sotterranea (dove si trova una sorgente ipogea) alta più di 5 m, che va restringendosi verso l'alto col sistema a *tholos*, come nelle torri nuragiche.

Necropoli di Pranu Mutteddu*

Seguendo le indicazioni per Goni si giunge al Parco archeologico che tutela questa necropoli preistorica, riferibile all'età neolitica. Si tratta di un'area sacro-funeraria megalitica costituita da un'eccezionale concentrazione di **menhir** (60 circa) e da tombe a circolo: un'area suggestiva e di rare caratteristiche monumentali, che dà vita a un'unità ambientale di pregio per il contesto paesistico in cui è inserita tra castagni secolari ed essenze mediterranee.

San Nicolò Gerrei e dintorni

La SP 25 sale sull'altopiano toccando il centro minerario di **Silìus** (m 565, ab. 1200 circa), da cui scende al caratteristico paese a economia agro-pastorale, considerato il capoluogo del Gerrei. **San Nicolò** (m 367, ab. 800 circa) si dispone in una conca attorno alla parrocchiale dai due campanili. Nella *piazza Naitza* la scultura in pietra è opera di Pinuccio Sciola. In *piazza Lussu*, altra opera di un maestro contemporaneo, Giovanni Campus. Il paese si visita anche per i numerosi caseifici che vendono formaggi ovini e caprini nonché, in vasetti, la piccante 'crema del Gerrei'.

Da Pranu Sànguni a Sant'Andrea Frìus

Da San Nicolò la SS 387 sale al valico (m 623) e alla cantoniera di **Pranu Sànguni** – il pianoro del sangue – così chiamato perché i fiori spontanei gli conferiscono periodicamente un colore rossastro. Il contesto ambientale selvaggio è dominato dalle alture dei monti Cùccuru Orru e Ixi.
Si scende quindi ripidamente nella vallata del rio Coxinas per ritrovare un ambiente più domestico tra i vigneti, gli uliveti e i frutteti che annunciano le case di **Sant'Andrea Frìus** (m 280, ab. 1800 circa): la popolazione, legata alle tradizioni, celebra una grande festa il 23 maggio in onore dei santi protettori Andrea e Isidoro.

Dolianova e dintorni

Raggiungibile da Sant'Andrea Frìus con la statale 387 del Gerrei, è il centro principale (m 212, ab. 9700 circa) della regione storica del Parteolla, a soli 30 km da Cagliari. Nata nel 1905 con questo nome dall'unificazione degli antichi villaggi di San Pantaleo e Sicci San Biagio, fonda la sua economia su una vivace agricoltura: olio e olive da tavola, diversi vini Doc, formaggi con specializzazione nelle varietà del pecorino. Del tempo in cui avevano sede qui il capoluogo del Parteolla e la diocesi di Dolìa, resta splendida memoria nella **chiesa di S. Pantaleo***, costruita in tre diversi periodi, tra la seconda metà del XII secolo e la fine del XIII, che fonde e armonizza lo stile pisano della prima fase costruttiva al misto di romanico e gotico della seconda e agli influssi islamici della terza. In una parete esterna è inserito un sarcofago romano; nell'interno, con rustiche colonne dagli stili diversi, un'ancona d'autore spagnolo del primo Cinquecento (*Martirio di S. Pantaleo*) e un raro *bacile battesimale* in arenaria di arte paleocristiana.
Nella vicina *Serdiana* (m 171, ab. 2600 circa), poco fuori l'abitato, fa bella mostra la romanica **chiesetta** campestre **di S. Maria di Sibiola**, architettura benedettina di derivazione francese fondata nel XII secolo.

4 Àrbatax e l'Ogliastra

Profilo dell'area

A sud del massiccio del Gennargentu la poco popolata regione dei 'tacchi' presenta alti e scenografici torrioni calcarei che emergono solitari dagli altipiani e dalle profonde gole scavate dagli affluenti del Flumendosa. Questo fiume, il secondo della Sardegna dopo il Tirso, delimita a ovest le storiche subregioni dell'Ogliastra e del Salto di Quirra: luoghi meno frequentati dal turismo di massa, anche perché sulla costa incombono i contrafforti rocciosi di rilievi di origine vulcanica. Un litorale estremamente vario, con rapido alternarsi di lunghe e solitarie spiagge e tratti di costa impervi, fa dell'Ogliastra una meta ideale per il viaggiatore a cui non pesino troppo le trasferte, talvolta tortuose, dai paesi dell'entroterra alle località balneari. Basti il caso del promontorio di Sferracavallo, che separa in modo drastico la bella spiaggia di Coccorrocci dai lidi della Marina di Tertenìa: per passare dall'uno all'altro sito occorre aggirare il massiccio del monte Ferru con oltre 32 km di curve, a meno di non volersi inerpicare sul sentiero che in un paio d'ore lo scavalca, con scorci indimenticabili sul mare e sul frastagliato profilo della costa. La mitezza del clima e la docilità di un mare incantevole, solo di rado increspato dal maestrale, fanno dell'Ogliastra in realtà una meta per famiglie, benché restino ancora relativamente poche le strutture alberghiere e numerosi invece i campeggi, a frequentazione prevalentemente nordeuropea soprattutto a inizio e fine estate. Rare, quindi, e di non facile accesso le pur bellissime spiagge, poiché la statale 125 Orientale Sarda si tiene ben distante dalla costa. Tutta quest'area ha sofferto, soprattutto in passato, dell'isolamento dovuto a scarse e disagevoli vie di comunicazione con Cagliari e Olbia. Ma come nelle vicine Barbàgie, un orgoglioso senso di appartenenza connota le popolazioni dell'entroterra, tuttora dedite in buona parte alla pastorizia e all'agricoltura. Notevole il patrimonio archeologico, con il territorio disseminato di siti nuragici, pozzi sacri e *domus de janas*. Piccole capitali di questo territorio sono i centri di Tortolì e Lanusei.

La visita

Un percorso nell'entroterra, ma con divagazioni verso le località costiere di Bari Sardo e Marina di Gairo, propone il **primo itinerario** che da Àrbatax segue la vecchia statale 125 Orientale Sarda nella selvaggia regione del Salto di Quirra. Il **secondo itinerario** si svolge in buona parte sulla statale 198 ed esplora la Sardegna interna sud-orientale, in un contesto naturale di severa bellezza, con il caratteristico profilo dei 'tacchi' visibile all'orizzonte. Il percorso si biforca all'altezza di Gairo: da una parte prosegue nella Barbàgia Seùlo, dall'altra scende a sud su strade provinciali nell'Ogliastra meridionale, in un ambiente eccezionalmente integro.

La lunga spiaggia di Cea, tra Bari Sardo e Tortolì

4.1 Il mare dell'Ogliastra e il Salto di Quirra

Itinerario automobilistico da Àrbatax a Quirra, 62,7 km, escluse le deviazioni

Un territorio pianeggiante e intensamente coltivato, intorno allo stagno di Tortolì, è il solo luogo urbanizzato della costa ogliastrina. Lasciati gli abitati di Àrbatax e Tortolì, per raggiungere le varie spiagge a sud della città si segue la serpeggiante litoranea, poco più di una strada campestre. L'itinerario prosegue, da Tortolì, sul vecchio tracciato della SS 125 Orientale Sarda, poco trafficata perché affiancata dalla più scorrevole ma meno interessante variante. La strada si inoltra nel paesaggio solitario della regione, allontanandosi dal litorale, che si raggiunge con lunghe deviazioni, in contesto agricolo tra Bari Sardo e Gairo, in ambiente più montano nel territorio di Tertenìa. L'Orientale Sarda prosegue il suo cammino verso sud, nel selvaggio Salto di Quirra.

Àrbatax

Sviluppatosi alla base del caratteristico Capo Bellavista attorno a una massiccia *torre* costiera del Seicento, è un importante scalo portuale – capolinea stagionale della Genova-Olbia-Àrbatax e della Cagliari-Civitavecchia-Àrbatax – e un vivace centro turistico, praticamente unito a Tortolì, da cui dista circa 5 km. A dargli notorietà sono le cosiddette **Rocce rosse***, spettacolari scogliere di porfido rossastro che emergono dal mare nei pressi del porto. Di grande suggestione è il *panorama* che si può ammirare dal belvedere presso il faro del **Capo Bellavista** (m 150). Àrbatax è stazione terminale della linea ferroviaria Cagliari-Àrbatax, mentre una scenografica ferrovia a scartamento ridotto, il popolare *Trenino verde*, conduce fino a Mandas (159 km).

4 Àrbatax e l'Ogliastra

Quadro d'unione a pag. 6-7, riquadro n. 4

Ogni anno, da luglio a settembre, ad Àrbatax e in alcune vicine località dell'entroterra il Festival musicale internazionale *Rocce Rosse & Blues* porta sulle coste dell'Ogliastra nomi di primo piano del panorama internazionale.

Tortolì

Antico capoluogo del marchesato di Quirra e sede vescovile (m 13, ab. 11 000 circa) fino al 1927, si presenta come una cittadina ordinata, moderna e particolarmente attiva. Nel centro storico conserva tracce rappresentative del passato in alcuni palazzotti sette-ottocenteschi, nell'antico *Palazzo vescovile* completato da una curiosa copertura cupolata vagamente arabeggiante, e soprattutto nell'ex **cattedrale di S. Andrea**, di forme barocche del tardo Settecento. Il **Museo d'Arte contemporanea 'Su Logu de S'Iscultura'** conta due sedi espositive, una al piano terra dell'ex mercato civico utilizzata per mostre temporanee, l'altra all'aperto, in vari ambienti urbani e naturali, per le vie del centro storico. Espone opere di scultura realizzate da artisti di fama anche internazionale: tra gli altri, Mauro Staccioli, Hidetoshi Nagasawa, Alfredo Pirri, Massimo Kaufmann. Nel centro storico, in via Bosa, l'*ex Blocchiera Falchi*, un immobile di fine Ottocento sede di un dismesso laboratorio industriale, ospita un centro polifunzionale del comune adibito a mostre temporanee.

A nord dell'abitato, il pescoso **stagno di Tortolì** è popolato da una ricca avifauna palustre soprattutto durante il periodo invernale.

Le spiagge da Tortolì a Marina di Gairo

Sono tutte spiagge ben attrezzate quelle prossime all'abitato di Àrbatax, e a frequentazione anche locale: *La Capannina*, la bella **baia di Calamoresca**, chiusa tra scogli di porfido, e la bianca **spiaggia di Porto Frailis** sono le più note. Procedendo verso sud, la lunga spiaggia della **baia di S. Gemiliano** è ideale per chi pratica il windsurf. Costa bassa e litorale sabbioso sono quanto offre il **lido di Orrì**, la spiaggia attrezzata più vicina a Tortolì, facilmente raggiungibile sulla statale 125. Lidi più appartati sono, procedendo verso sud, la bellissima **spiaggia di Cea***, una falce di sabbia bianca con fondali turchesi e un'insolita sequenza di scogli di porfido rosso (*Iscolius Arrubius*) allineati a chiudere la baia.

A sud della punta Su Mastixi si dispiega il lunghissimo litorale sabbioso di **Torre di Bari** (ben 8 km), raggiungibile dal paese e dalla statale 125 con una strada che at-

traversa la campagna, intensamente coltivata e punteggiata di nuraghi. Un piccolo agglomerato di seconde case e strutture di accoglienza si è sviluppato intorno alla torre, una delle molte sistematicamente edificate dagli spagnoli a difesa del litorale. La spiaggia, larga anche 150 m e composta da sabbie a granulometria piuttosto grossa, è ideale per chi non ama la folla.
Da *Bari Sardo* o da Cardedu si raggiungono, con strada litoranea verso sud, altre località balneari poco affollate lungo il dirupato versante orientale del monte Ferru: belle e lunghe spiagge orlate da pinete caratterizzano il litorale di **Cardedu** (m 40, ab. 1700 circa), intensamente coltivato nell'immediato entroterra. Un ultimo tratto di spiaggia a **Sa Perda Pera** lascia il campo, più a sud, a una costiera frastagliata, con rocce vulcaniche di colore rossastro e rare calette. Fa eccezione la lunga falce della **spiaggia di Coccorrocci***, al termine della carrozzabile a *Marina di Gairo* (m 16), interamente composta di ciottoli levigati e multicolori.

Tertenìa
Da Cardedu, il vecchio tracciato della statale 125 affronta il *valico di Genna 'e Cresia* (267 m) per scendere nella valle del rio Quirra. Compresa tra la mole calcarea del 'tacco' di monte Arbu e la granitica cresta dirupata del monte Ferru, la conca di Tertenìa (m 139, ab. 3900 circa) si raggiunge con un percorso tra basse colline coltivate a olivo e a pascolo, con i campi scanditi dai filari di eucalipti frangivento. Il paese ha sostituito l'originaria economia mineraria con le attività agricole e pastorali, ed è da qualche tempo impegnato nella valorizzazione turistica della costa. Il *Museo «Albino Manca»* è dedicato all'artista nativo di Tortolì ma attivo soprattutto negli Stati Uniti, dove emigrò nel 1938: espone opere scultoree, medaglie, cere, disegni e dipinti. A Tertenìa si può fare una sosta anche per assaggiare un *pecorino* tra i più rinomati dell'isola, i dolci della tradizione e le paste ripiene tipiche, come i *culurgionis*.
In vicinanza di due chiese campestri si svolgono due feste tradizionali, con processioni, costumi, canti e balli: l'ultima settimana di giugno quella di S. Pietro, il 31 agosto - 1° settembre quella della patrona S. Sofia, con una processione che dal paese giunge alla chiesa campestre in località *Bidda 'e Susu*, di fondazione bizantina. Il territorio di Tertenìa, e in particolare il monte Arbu e il monte Ferru, sono meta di escursioni a piedi ed esplorazioni speleologiche nelle numerose grotte presenti nella zona dei 'tacchi'.

Il litorale di Tertenìa
Il mare di Tertenìa si raggiunge percorrendo una strada un tempo al servizio di una miniera di barite. Dopo il panoramico **passo Arcu de Sàrrala** (m 233) si scende in una stretta piana costiera che termina con spiagge alternate a scogliere sulle quali affacciano insediamenti turistici: alcuni ricavati dalle vecchie case dei minatori, altri di più recente costruzione. A ridosso dell'arco sabbioso di **Sa Foxi Manna** è facilmente raggiungibile il *nuraghe Aleri*; più a sud, non distante da una torre aragonese e dal villaggio turistico *San Giovanni di Sàrrala*, il suggestivo **nuraghe Su Concali** è caratterizzato da due piccole torri aggiunte.

Salto di Quirra e dintorni
Oltre Tertenìa, il vecchio tracciato della statale Orientale Sarda prosegue parallela al nuovo percorso a scorrimento veloce, in un territorio brullo e selvaggio. Poco prima dell'abitato di *Quirra* (m 12), frazione di Villaputzu, la campestre **chiesa di S. Nicola** è un raro esempio di edificio sacro romanico con paramento in mattoni cotti. Sul colle a

Le Rocce Rosse di Àrbatax

Viaggio nel tempo sul Trenino verde Àrbatax-Mandas**

Con i suoi 159 km, la Àrbatax-Mandas è la più lunga linea ferroviaria turistica italiana e tra le più belle d'Europa. L'esperienza di un viaggio a ritroso nel tempo si compie sui convogli descritti da Elio Vittorini nel romanzo *Sardegna come un'infanzia* (1936). Anche D.H. Lawrence e sua moglie Frida nel 1921 salirono, alla scoperta dell'isola, sul trenino delle 'Secondarie', cosiddette perché la società che le gestiva si chiamava 'Strade Ferrate Secondarie'. La linea a scartamento ridotto entrò in funzione in una prima tratta nel 1893 e fu completata nel 1894. Oggi, dopo la messa in sicurezza del tratto Seùi-Àrbatax (riapertura prevista per l'estate 2017), ha un calendario regolare di partenze nel periodo estivo e la possibilità di noleggiare un convoglio per gruppi organizzati in ogni momento. La tratta Àrbatax-Mandas è coperta in circa 4 ore e mezza e offre la possibilità di ammirare, alla ridottissima velocità delle locomotrici utilizzate (anche le storiche vaporiere, ma mai in estate per il pericolo di incendi), il selvaggio e impervio paesaggio dei 'tacchi' e dei boscosi versanti meridionali del Gennargentu.

Il convoglio di carrozze d'epoca viaggia alla velocità di 25-40 km l'ora costretto a numerose soste e rallentamenti per lasciar passare cavalli allo stato brado e greggi di pecore. Incrocia rare e deserte strade, tutte rigorosamente prive di passaggi a livello: non deve aver fretta né aspettarsi un viaggio confortevole chi si avventura sul Trenino verde nella Barbàgia Seùi. La motrice a diesel arranca su un percorso che asseconda la complessa orografia del luogo, guadagnando quota con curve a raggio stretto e passaggi in galleria. Le soste previste durante il tragitto, che dura l'arco di una giornata, possono variare: ci si ferma a **Gairo Taquisara**, nel suggestivo paesaggio dei 'tacchi', per una visita alle grotte. Quasi stupisce l'apparire delle prime case di un paese, **Seùi**, dove c'è tempo per visitare la sua rete museale. E poi a **Sadali** si scende ancora, per una visita alle grotte de Is Janas. Il treno rallenta di nuovo per affacciarsi sul **lago di Flumendosa**, dove è possibile abbinare il viaggio in treno all'escursione in battello. C'è anche il tempo per assaporare le specialità del territorio, comodamente seduti, ma non è raro essere accolti in stazione con una degustazione, al suono dell'organetto, per un assaggio della migliore ospitalità sarda.

sinistra si vedono gli appariscenti ruderi del duecentesco *castello di Quirra,* che ha dato il nome all'aspra e semispopolata area del **Salto di Quirra**. Salto è, infatti, il termine con cui in lingua sarda (dal latino *saltus*), si designa un luogo boscoso e non coltivato. All'altezza del castello, in località *Corr'e Cerbu*, una sterrata (adatta a essere percorsa in mountain bike) dalla SS 125 si inoltra per circa 10 km nella valle del rio Baccu Locci fino alla dismessa **miniera di Baccu Locci** e al villaggio minerario abbandonato (m 370), tra i siti del Parco Geominerario della Sardegna. Gli edifici, in particolare la laveria, sono stati in parte restaurati e messi in sicurezza.

Il territorio del Salto di Quirra, scelto come sito per il Poligono sperimentale e di addestramento interforze di Perdasdefogu-Salto di Quirra, è stato al centro di polemiche per i numerosi casi di morti sospette tra allevatori e militari e la forte incidenza di tumori emolinfatici nella popolazione. Dopo alcuni anni di chiusura, nel 2016 è tornata accessibile la bellissima **spiaggia della Cala di Murtas**, all'interno del Poligono, con 6 km di arenile sabbioso e stagni costieri alle spalle, raggiungibile con strada sterrata da Quirra. Nel 2016 era comunque in corso un'indagine legale tesa a scongiurare definitivamente ogni rischio per la salute nella fruizione di questo tratto di costa e di altre eccellenze naturalistiche, come il complesso di *grotte di Is Angurtidorgius* sull'altopiano di monte Cardiga *(v. pag. 121)*.

4.2 Lanusei e la Barbàgia Seùlo

Due itinerari automobilistici da Lanusei a Seùlo, 80 km, e da Gairo a Escalaplano, 50,6 km
(carta a pag. 113)

Grandiosi e sempre mutevoli panorami si dispiegano a partire dalla ripida e tortuosa salita che dalla costa porta a Lanusei, con scorci sul mare e sugli stagni di Àrbatax. La bassissima densità di traffico stempera la tortuosità del tracciato della **prima direttrice** da Lanusei a Seùlo, dapprima attraverso un dolce paesaggio collinare, quindi in un ambiente più montano. Particolarmente suggestivo il tratto della statale 198 che porta al valico di Cantoniera Arquerì (m 981), tra rocce dalle forme bizzarre e vasti pascoli montani, in primavera fioriti di asfodeli: strada questa, frequentata da comitive di motociclisti, soprattutto stranieri. Dal colle si diparte la strada per la foresta di Montarbu, per il monte Perda Liana e per il lago alto di Flumendosa. La statale prosegue invece nel cuore della Barbàgia Seùlo, toccando il compatto nucleo di Seùi, interessante per la rete museale diffusa nell'abitato.
La **seconda direttrice** da Gairo si dirige a sud lungo la valle del rio Pardu toccando Ulàssai e rasentando Jerzu, entrambi abbarbicati su 'tacchi' in un ambiente dai caratteri montani nonostante la non elevata altitudine. Il lungo percorso offre splendide viste sul suggestivo muraglione calcareo dei 'tacchi' e sui monti del Gennargentu, davanti ai quali spicca l'inconfondibile slanciato profilo del monte Perda Liana. Quindi scende a sud tra aridi pascoli, sugherete e grandi estensioni di macchia mediterranea, intorno a Perdasdefogu ed Escalaplano.

DA LANUSEI A SEÙLO

Lanusei e dintorni

Immerso nel verde, è un borgo di villeggiatura (m 590, ab. 5500 circa) sospeso tra il mare e la montagna, adagiato in vista del Tirreno sul costone di un ripido colle. Dell'autorevole passato (nel XIX secolo fu capoluogo della provincia dell'Ogliastra) conserva ancora i segni: nell'impianto urbanistico del centro storico, che si adatta alle curve di livello con ripidi collegamenti trasversali, si notano alcuni palazzotti di bella architettura e numerose targhe che ricordano il passaggio di personaggi illustri; una rammenta l'origine lanuseina della famiglia di Goffredo Mameli, l'autore delle parole dell'inno nazionale italiano.

La *cattedrale di S. Maria Maddalena*, dei primi del Novecento, ha linee semplici e gradevoli. Sempre del XX secolo è anche la maestosa **chiesa di S. Giovanni Bosco**, che con la sua alta cupola caratterizza il profilo urbano. È in fase di riallestimento il *Museo diocesano dell'Ogliastra*, che ha sede nel Seminario vescovile, dedicato alle vicende storiche della subregione e della diocesi.
Sulle alture a ovest dell'abitato si estende il **Parco archeologico di Bosco Seleni*** che custodisce un nuraghe, i resti di un villaggio nuragico, tombe dei giganti e fonti sacre. Il sito si trova all'interno di una rigogliosa foresta di lecci secolari, fittissima e cupa, che occupa un altopiano a 978 m in un ambiente quasi incontaminato. Le sorgenti, freschissime, sono particolarmente numerose e la fauna abbondante. All'interno dell'area si trovano un punto di accoglienza, un ristoro e spazi attrezzati per il picnic, oltre a una rete di percorsi pedonali e carrabili.

Gairo e dintorni

Gairo è un comune formato da tre agglomerati distanti fra loro. Il primo che si incontra è **Gairo Sant'Elena** (m 685), sede comunale (ab. 1500 circa) nata nella prima metà degli anni '50 del Novecento per accogliere la popolazione del vecchio abitato, completamente abbandonato in seguito agli smottamenti del terreno determinati dalle eccezionali piogge autunnali del 1951 e 1953. Il nuovo agglomerato sorge in posizione panoramica sulla valle del rio Pardu, con gli abitati di Osini e Ulàssai compatti a mezzacosta sull'altro lato della valle. Dopo 2 km di ripidissimi ma suggestivi tornanti si incontra **Gairo Vecchio***, paese fantasma aggrappato al fianco ripido della montagna. Una visita fra le vecchie case semidiroccate, e saccheggiate dei particolari architettonici più significativi, consente di formarsi un'idea della tradizionale tipologia abitativa dei paesi dell'Ogliastra interna.
Il terzo nucleo del territorio comunale a 9 km da Sant'Elena, è **Gairo Scalo** o *Taquisara* (m 784): un piccolo centro sviluppatosi attorno alla stazioncina delle Ferrovie Complementari Sarde, che si stende in una bella gola fra il Taccu Isara (m 935) e la Perda Irsu (m 1091): i ripidi 'tacchi' calcarei sono ricchi di grotte, tra le quali

particolarmente suggestiva è la **grotta Taquisara** o *del Marmo*, formata da diverse gallerie ricche di concrezioni.
Continuando nella Barbàgia Seùlo, oltrepassato il piccolo paese di *Ussàssai* (m 670, ab. 600 circa) si sale al **valico della Cantoniera Arquerì** (o Arcuerì), a quota 981 m: la strada provinciale asfaltata che si dirama sulla destra conduce al **lago alto del Flumendosa**.

Seùi e dintorni

Principale centro della Barbàgia di Seùlo, il paese (m 800, ab. 1300 circa) è situato in bella posizione sul pendio che domina l'ampia conca del rio di Sàdali, con il lontano sfondo del Gennargentu. Basa la propria economia prevalentemente sull'agricoltura e sull'allevamento, ma vanta una tradizione mineraria legata allo sfruttamento di un ricco giacimento di antracite, attività iniziatasi alla fine dell'Ottocento e protrattasi sino agli anni '50 del Novecento. La vecchia *laveria* della miniera, a 3 km dal paese, è tuttora visibile e costituisce un interessante esempio di archeologia industriale. Il sito fa parte del Parco geominerario, storico e ambientale della Sardegna.
Alla tradizione mineraria di questa comunità è dedicata una delle tappe del **Percorso museale monumentale seuiense**, in un'aggraziata palazzina liberty di inizio Novecento nella centrale *via Roma*. Le altre tappe del percorso si snodano nel centro storico, fra palazzotti ottocenteschi e begli esempi di rustica architettura locale in pietra scistosa, con archi, balconate lignee e tetti in coppo. La **casa Farci** ha una sezione dedicata allo scrittore e uomo politico Filiberto Farci, cofondatore del Partito Sardo d'Azione, agli abiti della tradizione di Seùi, alla storia mineraria, al commercio, all'agricoltura, alla produzione vinaria e pastorizia, alle arti e mestieri; l'**ex carcere spagnolo** nell'interessante *via Sassari*, edificio del 1647 che, restaurato rispettando le originarie strutture interne e arredato secondo il gusto tradizionale barbaricino dell'Ottocento, testimonia le durissime condizioni in cui vivevano i detenuti. Nella sede storica del *Palazzo municipale* (1850) la *Pinacoteca* custodisce tele seicentesche e opere di pittura e scultura moderna e contemporanea. Ultima tappa è la **Omu de sa Maia** (casa della magia, databile alla fine del XVII secolo), significativo esempio

Itinerario dei Tacchi verso il lago Flumendosa

L'itinerario verso il lago alto del Flumendosa è lungo (oltre 30 km) ma caldamente consigliato per l'elevato interesse paesaggistico e naturalistico. Da Ussàssai, lasciata subito a sinistra la *chiesa della Madonna del Carmelo*, teatro la terza domenica di luglio di una suggestiva festa campestre, dopo 6 km si incontra sulla destra la strada che porta alla **foresta demaniale di Montarbu***, fermata anche del Trenino Verde, che si stende per quasi 30 km^2 a 1000 m d'altitudine, ospitando una fauna e una flora ricchissime. Presso il centro visite, facilmente raggiungibile in auto, si possono ottenere informazioni sulla possibilità di soggiorno nella foresteria e sulla rete di itinerari a piedi. Un piccolo museo floro-faunistico illustra le specificità naturalistiche della foresta. La provinciale prosegue costeggiando sulla destra l'alta muraglia calcarea della *catena del monte Tònneri* (m 1323) e rasentando il *nuraghe Ardasai*, posto a dominio della profonda valle del Flumendosa. Si prosegue poi in vista della slanciata sagoma del **monte Perda Liana*** *(nella foto)*, che con i suoi 1293 m troneggia maestoso come un castello su un caratteristico rilievo conico di roccia scistosa. Ai suoi piedi, secondo la tradizione, celebravano le loro feste gli Ilienses, il fiero popolo barbaricino dal cui nome sarebbe derivato quello della bella montagna. Il **lago alto del Flumendosa** è un ampio bacino artificiale che si distende come un fiordo fra boschi e foreste ai piedi del Gennargentu. Il lago è meta turistica frequentata per passeggiate e trekking ed è dotato di attrezzature ricettive e di ristorazione.

Il paese fantasma di Gairo Vecchio

di un'abitazione barbaricina con un'esposizione museale dedicata alla magia e ai riti funerari tradizionali.
La settecentesca **parrocchiale di S. Maria Maddalena**, profondamente modificata nella sua struttura originaria, conserva all'interno un bell'altare ligneo e un fonte battesimale seicenteschi.

Grotte de Is Janas*

Con una breve deviazione a sinistra dalla provinciale per Seùlo si raggiungono queste grotte (il cui nome significa 'delle fate'), in territorio comunale di *Sàdali* (m 705, ab. 900 circa), aperte in uno splendido scenario naturale e circondate da una fitta foresta di lecci. La principale si sviluppa per oltre 300 m formando vari e suggestivi ambienti e inglobando un laghetto sotterraneo. L'ambiente più ampio e spettacolare, con pareti che paiono decorate da preziosi merletti di stalattiti, è caratterizzato dalla presenza di tre grandi **stalagmiti** che, secondo la leggenda, sarebbero appunto tre fate (o streghe) pietrificate. Alcuni ambienti delle grotte hanno restituito nel 2010 preziosi reperti archeologici preistorici (tra cui una statua della dea madre) e pitture rupestri. Le grotte sono aperte al pubblico per visite con guida su percorso illuminato. Proseguendo a piedi nella foresta, su un percorso attrezzato, si raggiunge in un'ora il monumento naturale **Su Stampu 'e su Turrunu**; una cascata, un piccolo lago e una grotta sono l'esito del carsismo della zona.

Seùlo

Piccolo borgo (m 797, ab. 850 circa) a prevalente economia silvo-pastorale, circondato da gole profonde e da brulli torrioni calcarei, sorge in un paesaggio aspro e selvaggio appena ingentilito da piccole vigne impiantate tutt'attorno al paese con una paziente opera di terrazzamento. Da queste vigne si ricavano corposi vini Cannonau Doc e Monica Doc. Il centro, che in passato ebbe una certa importanza tanto da conferire il nome alla più meridionale delle Barbàgie, conserva nella **parrocchiale dell'Immacolata**, risalente al XVI secolo ma rimaneggiata, il bel portale gotico originario. Fuori dall'abitato, presso un albergo, è visibile un gigantesco leccio secolare chiamato *S'Ilixi 'e Dabbareddu*. In via Roma N. 91 si trova il centro d'accoglienza dell'**Ecomuseo dell'Alto Flumendosa**: visite guidate ed escursioni ai principali siti naturalistici del territorio, oltre a laboratori didattici, vengono svolti su prenotazione dalla cooperativa Ecomuseo dell'Alto Flumendosa.

DA GAIRO A BALLAO

Da Gairo Vecchio, superate le case spettrali del borgo abbandonato, quando la statale scende al fondovalle del rio Pardu si imbocca la provinciale 11 che costeggia la valle sull'altro versante, assai panoramico sull'antico paese diroccato e sul nuovo, ricostruito a monte. Attraversati i ruderi di *Osini Vecchio*, anche questo lasciato deserto in seguito all'alluvione tra il 1951 e il 1960. In un contesto di natura severa, con il profilo dei 'tacchi' che chiude a destra l'orizzonte, la strada affronta una lunga e graduale salita verso l'altopiano che culmina con la *punta Su Corongiu* (1008 m), quindi prosegue a mezza costa fino a Ulàssai.

Ulàssai, sorvegliata dai celebri tacchi

Ulàssai e dintorni

È una tranquilla borgata (m 775, ab. 1500 circa) alla base di 'tacchi' calcarei, in parte ricoperti da foreste di lecci, che danno al paesaggio un aspetto montano. In paese riveste notevole interesse il **Museo all'Aperto «Maria Lai»**, un percorso espositivo che si arricchisce ogni anno di opere dell'artista nativa di Ulàssai e di altri artisti contemporanei, collocate in vari ambienti del paese. Tra i siti di maggiore interesse, l'ex **lavatoio pubblico** – costruzione del primo Novecento che gli interventi esterni di Luigi Veronesi e Guido Strazza, nonché quelli interni di Costantino Nivola e Maria Lai, hanno trasformato in un monumento d'arte. Il percorso espositivo si completa, nella dismessa stazione ferroviaria della linea Gairo-Jerzu, con il museo di arte contemporanea **Stazione dell'Arte**.

Un cartello indica la cooperativa di tessitrici 'Su Màrmuri' dove, usando lana sarda, cotone e lino, si producono con diverse tecniche tappeti, tende, asciugamani e copriletti: motivo dominante della decorazione, la figura della capra.

Imboccando la strada a monte dell'abitato, ci si inerpica ripidamente in una stretta valle con orti e zone coperte di pini, tra alte masse rocciose: sono visibili, ora più da vicino, le pareti strapiombanti degli altipiani calcarei, caratteristiche di questa zona e note come 'tacchi' o 'tònneri'. Il percorso, breve ma di intensa suggestione, giunge all'ingresso dell'imponente e interessantissima **grotta Su Màrmuri***, caratterizzata da un susseguirsi di sale enormi e dalla bellezza delle concrezioni calcitiche. Le pareti calcaree sono attrezzate con circa 200 vie chiodate di vari gradi di difficoltà.

Jerzu e dintorni

Centro agricolo (m 422, ab. 3200 circa) con vivace attività vitivinicola, è noto per il suo Cannonau Jerzu Doc, cui dedica una suggestiva festa in agosto, *Calici di Stelle - Jerzu Wine and Music Festival*. Bellissimi scorci panoramici sulla profonda vallata del rio Pardu, a nord-est, si possono inquadrare a tratti passeggiando lungo la *via Umberto*, la principale dell'abitato. Poco a monte del paese, sulla strada che sale al valico

di Genna 'e Cresia (m 267) e alla statale 125 Orientale Sarda, vale la pena visitare la grande cantina cooperativa *Antichi Poderi di Jerzu*. Piacevole e panoramica la sosta alla **fonte Bau 'e Munsa**, con piccola oasi verde. Nelle località *Perda Puntuta* e *Sa Ibba s'Ilixi* sono presenti gruppi di *domus de janas*. Jerzu è frequentato dagli appassionati di arrampicata sportiva, che trovano sulle falesie del Castello – strapiombanti pareti di calcare grigio – vie molto impegnative.

Da Jerzu a Perdasdefogu

La panoramica provinciale 1 attraversa un territorio di inusuale fascino, caratterizzato da altri enormi 'tacchi'. Un'occasione per una breve sosta è offerta dalla campestre **chiesa di S. Antonio**, sulla sinistra della strada, in area rimboschita a pini. Un'altra spettacolare distesa di 'tacchi', più avanti cede il posto a un paesaggio di colline arrotondate e coperte prevalentemente da macchia: si tratta di una delle aree meno popolate dell'isola, costellata, sui due lati della strada, dalle torri degli impianti eolici.

Perdasdefogu

Solitario paese (m 599, ab. 2000 circa), nel cui nome – 'pietre di fuoco' – è forse il ricordo di un'antica attività vulcanica, nel suo territorio ospita il Poligono sperimentale di Perdasdefogu-Salto di Quirra, gestito da un organismo interforze: Aeronautica, Esercito e Marina (l'altra sede è a Quirra). Nella parte alta del paese è stata restaurata e riaperta al culto la preromanica *chiesa di S. Sebastiano*.

Escursione al monte Cardiga

È lunga una ventina di chilometri l'escursione da Perdasdefogu al monte Cardiga (m 676), rilievo che domina sul Salto di Quirra. La strada, asfaltata procede in un paesaggio calcareo desertico, con ampia vista su una serie di sommità collinari arrotondate tutte a macchie di cisto e corbezzolo. Alcune stradelle si inerpicano sul fianco del monte che, insieme ad alcune fonti, conserva parti dei grandi boschi di elci che un tempo lo coprivano per intero e che ospitano ancora interessanti varietà della fauna originaria: cinghiali, gatti selvatici, martore, pernici, astori, aquile. Dalla cima la **vista** è spettacolare. Di interesse esclusivamente speleologico e scientifico il complesso delle *grotte di Is Angurtidorgius*.

Escalaplano e dintorni

Il paese (m 338, ab. 2200 circa) si allunga ai lati della sinuosa arteria principale e presenta numerose abitazioni in pietra di tipologia tradizionale. In via Roma, la

Is culurgionis d'Ogliastra

Piatto tipico della tradizione ogliastrina e della Barbàgia Seùlo, richiede una laboriosa preparazione e pertanto un tempo era riservato alle feste, e in particolare alla ricorrenza dei Santi. *Is culurgionis* sono grossi ravioli ripieni di un composto di patate, formaggio pecorino e menta. La pasta è preparata con sola acqua e farina e tirata molto sottile. La particolarità dei *culurgionis* è il modo in cui il raviolo è chiuso: un disco di pasta viene riempito del composto, quindi ripiegato a mezzaluna; la saldatura dell'involucro viene eseguita (da dita molto abili) pizzicando i bordi, in modo da ottenere una chiusura che imita il motivo della spiga (*a ispighitta*). I *culurgionis* sono serviti con semplice salsa di pomodoro fresco e pecorino grattugiato, in genere disposti a fiore sul piatto, con il sugo al centro.

Il nuraghe Arrubiu al centro di un grande complesso megalitico

cinquecentesca **parrocchiale di S. Sebastiano**, con rosone traforato e bassorilievi all'interno, offre un raro esempio in Sardegna di penetrazione del rinascimento continentale. Assai apprezzabili sono le produzioni agroalimentari e la grande manifestazione a esse dedicata. Si tiene a metà giugno la *Sagra dell'olio di lentischio*, occasione per assaggiare prodotti tipici, tra cui vari tipi di pane, formaggi, salumi, miele. Un'escursione lungo la strada per Orroli offre motivi di interesse paesaggistici, archeologici e gastronomici. A meno di 3 km da Escalaplano, una stradetta a sinistra porta su un cocuzzolo con querce da sughero dove si trova la **chiesa di S. Giovanni Battista**, luogo di una festa tradizionale il 24 giugno; ampio il panorama e, nelle rocce intorno, le *domus de janas di Sa Fossada*. Più avanti, si può deviare a sinistra per raggiungere (in meno di 6 km) le rive del **lago** artificiale **di Mulàrgia**, ottenuto dallo sbarramento dell'omonimo affluente del Flumendosa: dotato di posti di ristoro con cucina specializzata in cibi tipici locali, vi si praticano gare di canottaggio e pesca sportiva.

Nuraghe Arrubiu*

Sulla via per Orroli, una fontana con grande abbeveratoio sulla destra indica il punto nel quale si devia per il vicino nuraghe Arrubiu (cioè 'rosso' per il colore del basalto con cui è costruito). Circondato da un abitato in uso anche in epoca romana, è uno dei maggiori esempi di fortezza nuragica in Sardegna e l'unico munito di ben cinque torri laterali che attorniano quella centrale alta 16 m. Nelle vicinanze il *villaggio nuragico di Su Putzu* custodisce un centinaio di capanne con tempio sacro a pozzo, con cortile a mezzaluna per i pellegrini.

SAGRE D'OGLIASTRA

- **Sagra de Su Prugadorio** A **Seùi** si rinnova la consuetudine del giorno dei Morti, quando i bambini andavano di casa in casa a chiedere un'offerta per le anime del Purgatorio e in famiglia si metteva in tavola un piatto in più. Oggi è soprattutto un momento di festa collettiva, con una ricca rassegna dei prodotti del territorio: vino seuese, *Is culurgionis*, castagne arrosto, miele.
- **Fiera delle ciliegie** A **Lanusei**, per S. Giovanni, a fine giugno, le ciliegie sono il pretesto per un evento che coinvolge agricoltori, pastori, artigiani, gruppi musicali e tutti i ristoratori, con menu a tema.
- **Sagra de Su Nenniri** **Bari Sardo** festeggia S. Giovanni con una sagra che rinnova una tradizione molto antica. La statua del santo viene decorata con germogli di grano (*su nenniri*) e portata in processione fino alla torre spagnola. Lì i germogli di grano, portati in vasi decorati con nastri dalle donne, vengono gettati in mare. Si tiene a luglio per i turisti, anche se in origine era il 24 giugno.
- **Sagra degli agrumi** Evento primaverile a **Muravera**, durante tre giorni di aprile. Da non perdere la sfilata delle *etnotraccas*, carri a tema che riproducono spaccati di vita tradizionale. E poi degustazioni di agrumi e ovunque il suono delle *launeddas*.
- **Sagra dell'olio di lentischio** A **Escalaplano**, nel mese di giugno, si celebra un autentico prodotto di nicchia con vari eventi, spremitura delle piccole bacche della pianta (*Pistacia lentiscus*) e utilizzo dell'olio per la preparazione delle frittelle.

5 Barùmini e la Sardegna delle Giare

Profilo dell'area

Trexenta, Marmilla e Sarcidano, regioni della Sardegna centro-meridionale ricche di storia, tradizioni e peculiari ambienti naturali, corrispondono all'antico granaio dei popoli nuragici e dell'impero romano. Campi coltivati a grano e foraggio, vigneti, mandorli, vecchi ulivi, greggi al pascolo ne caratterizzano ancora i paesaggi, così come nei piccoli centri sono un denominatore comune le ultime case a corte dai portali archivoltati. La mitezza del clima, la fertilità del terreno, la presenza di piccoli corsi d'acqua hanno favorito la nascita di primi insediamenti già nel Neolitico medio. Ne sono testimonianza le cave di ossidiana del monte Arci, le statue-menhir del Sarcidano, i circoli megalitici a 'cromlech' del territorio di Làconi, i villaggi e i santuari nuragici di Barùmini e di Santa Vittoria di Serri, le *domus de janas*, tombe di giganti, pozzi sacri e nuraghi sparsi in tutto il territorio. La Giara, un altopiano basaltico dal profilo trapezoidale che emerge sul dolce paesaggio collinare della Marmilla, è un ambiente dalle caratteristiche uniche, dove vivono pochi esemplari di una razza di cavalli selvaggi dalle piccole dimensioni, un tempo diffusi su tutta l'isola. Il monte Arci sovrasta il Campidano di Oristano, dividendolo dall'alta Marmilla, con il suo profilo 'a schiena d'asino', come lo chiamano i geografi. Di origine vulcanica, conserva testimonianze di presenze umane antichissime nelle cave di ossidiana, la lucente pietra nera utilizzata già nel Neolitico dalle genti protosarde. I molti paesi attraversati dai tre itinerari sono inseriti in un ambiente naturale ancora integro, con estesissime foreste di leccio e sughere. L'offerta del territorio si arricchisce ogni anno di iniziative, dall'allestimento di nuovi musei territoriali alla valorizzazione dei prodotti tipici nelle sagre tradizionali che fondono memorie pagane e fede cristiana, dalla rete di alberghi diffusi e B&B alla proposta di percorsi escursionistici guidati, a piedi e per la mountain bike.

La visita

Il **primo itinerario** – con spunti di interesse archeologico, ambientale ed enogastronomico – esplora il Campidano di Cagliari, la Trexenta e la Marmilla a partire dal capoluogo e fino a Sanluri, attraversando un'area a forte vocazione agricola. Da Sanluri, il **secondo itinerario** si dirige a est verso l'alta Marmilla e il Sarcidano, territori di grande valore paesaggistico e archeologico specie per la presenza del celebre Su Nuraxi di Barùmini. Il **terzo itinerario**, da Mògoro a Villaurbana, esplora il versante orientale del monte Arci, ricco di siti archeologici in un contesto naturale integro.

Il rilievo conico di Las Plassas, nella Marmilla, sormontato dai ruderi di un castello

5.1 La Trexenta e la Marmilla

Itinerario automobilistico, da Sanluri a San Sperate, 97 km escluse le deviazioni

Al centro del Campidano, la più estesa pianura dell'isola, Sanluri è il capoluogo della regione storica del Monreale. Si esplora questo territorio, vocato a un'agricoltura di qualità, salendo verso nord da Sàrdara, alle colline della Marmilla. Da Villanovafranca si punta verso Senorbì e le dolci colline della Trexenta, per tornare alla pianura del Campidano di Cagliari, fino a San Sperate.

Sanluri

Nel vivace borgo (m 135, ab. 8500 circa) del Medio Campidano si nota subito la sagoma quadrata, dominata da quattro torrette merlate, dell'unico castello medievale sardo non in rovina ma, al contrario, abitato e curato con attenti restauri. Conosciuto come **castello di Eleonora d'Arborèa**, giudicessa dal 1383 al 1404, fu in realtà costruito nel XIII secolo e completamente ristrutturato dagli aragonesi attorno alla metà del XIV; gli stessi aragonesi che, con la battaglia di Sanluri del 30 giugno 1409 (*Sa Battalla de Seddori*), avrebbero posto fine al giudicato d'Arborèa e a quel che restava dell'indipendenza sarda. Oggi il castello, di proprietà dei conti Villa Santa, è sede del *Museo risorgimentale «Emanuele Filiberto Duca d'Aosta»*, con cimeli, armi e bandiere del Risorgimento in gran parte provenienti dalla reggia napoletana di Capodimonte, dove erano raccolti sino al 1927. Alcune sale sono dedicate anche alla storia d'Italia nelle due guerre mondiali. Al primo piano un'interessante raccolta di ceroplastiche. Meritano una visita anche il **Museo etnografico dei Padri cappuccini** (*visitabile solo su prenotazione, t. 0703293920*), annesso al seicentesco complesso conventuale, e la barocca **parrocchiale di Nostra Signora delle Grazie**, già gotico-aragonese ma rifatta tra 1781 e 1786 da Carlo Maino e Antonio Ignazio Carta su evidenti modelli piemontesi; custodisce un polittico tardocinquecentesco dipinto a tempera su tavola e un *Crocifisso* ligneo del Cinquecento di scuola catalana.

Sàrdara e le terme

Da Sanluri si attraversa la pianura del Campidano sulla statale Carlo Felice in vista della sagoma scura del *castello di Monreale* (XIII secolo), appartenuto al giudicato di Arborèa. Si è alle porte di Sàrdara (m 163, ab. 4100 circa), località termale insignita della Bandiera Arancione dal Touring Club Italiano. Nella zona nord dell'abitato, accanto alla tardogotica *chiesetta di S. Anastasia* (XV secolo), sorge il notevole **tempio nuragico a pozzo di S. Anastasia**, forse del X secolo a.C., conosciuto come *sa funtana 'e is dolus* (la fonte che cura i dolori). Molti dei reperti qui recuperati sono esposti nel **Museo archeologico Villa Abbas**, allestito in una storica palazzina di piazza Libertà e dotato di un percorso per non vedenti: vi spiccano anche due bellissime statuine in bronzo con gonnellino assiro rinvenute nel sepolcro nuragico di Sa Costa, alla periferia del paese. Da segnalare in centro la romanico-gotica ex **parrocchiale di S. Gregorio**, una delle chiese minori trecentesche sarde più interessanti per l'originalità delle forme.

Il borgo di Sanluri con la parrocchiale di Nostra Signora delle Grazie

5 Barùmini e la Sardegna delle Giare

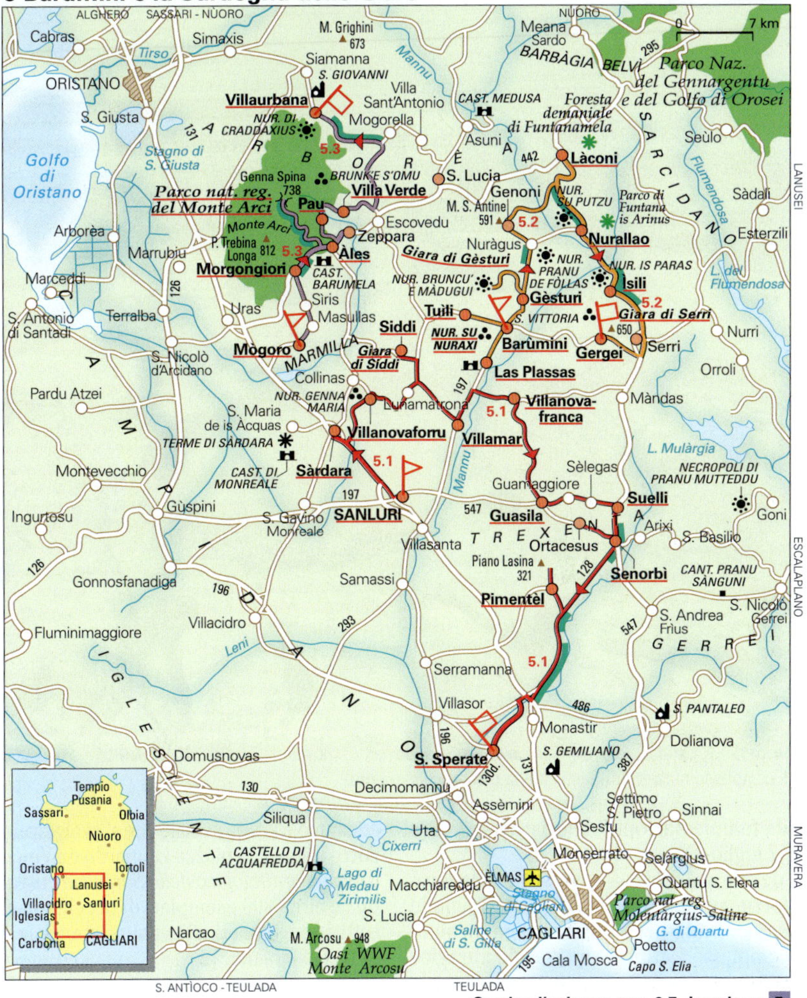

Quadro d'unione a pag. 6-7, riquadro n. 5

Lungo la provinciale per Pabillonis si trova il sito per il quale Sàrdara è maggiormente nota: nella località di *S. Maria de is Acquas* ha sede il moderno complesso delle **Antiche Terme di Sàrdara**, sorto sui resti dell'impianto romano di *Aquae Neapolitanae*. Le acque minerali ipertermali (sgorgano a una temperatura che varia dai 45 ai 60 °C) sono classificate bicarbonato-alcalino-sodiche. Oltre alle cure termali, è accessibile al pubblico il *Thermarium* con un percorso benessere. Avvolte dal verde di un boschetto di eucalipti, le terme si trovano accanto a una chiesetta gotica che, il penultimo lunedì di settembre, si affolla di fedeli in occasione della grande *Festa di S. Maria de Is Aquas:* qui viene celebrata la messa solenne in onore della Vergine. I festeggiamenti civili si svolgono anche a Sàrdara e durano per quattro o cinque giorni.

Villanovaforru e dintorni

Il piccolo borgo (m 324, ab. 650 circa) è un laboratorio di idee e di iniziative che hanno come fulcro il vecchio edificio del Monte Granatico, oggi **Museo archeologico «Genna Maria»**, dal nome del complesso nuragico del quale raccoglie numerosi reperti: askoi, grandi ziri, vasi piriformi a decorazione geometrica, lucerne, portabrace, scorie di fusione di piombo e rame, corredi funerari di epoca punica e romana. Su una collina a sud-ovest del paese sorge la campestre **chiesetta di S. Marina**, originaria del XIII secolo: festa, accompagnata

Il complesso nuragico di Genna Maria presso Villanovaforru

da manifestazioni folcloristiche, il 16 e 17 luglio.
Merita una visita – a ovest di Villanovaforru, su un colle (m 408) raggiungibile dalla strada per Collinas – l'importante **complesso fortificato e villaggio nuragico di Genna Maria***. Tra il torrione centrale del Bronzo medio e il bastione trilobato del Bronzo recente, rinforzato da un antemurale con torri, delle quali quattro ancora riconoscibili, crebbe nella prima età del Ferro un abitato abbandonato nell'VIII secolo a.C. per ragioni rimaste ignote. Luogo sacro deputato al culto agrario di Demetra e Core per più di ottocento anni, è dal 1969 oggetto di scavi sistematici.

Siddi

Questo caratteristico abitato (m 184, ab. 650 circa) merita una breve deviazione dal percorso per il **Museo delle Tradizioni agroalimentari della Sardegna**, ospitato in una seicentesca dimora padronale, *casa Steri*. Con un accurato progetto etnografico e antropologico, il museo si propone di ricostruire l'intreccio di relazioni fra il cibo, le tecniche di lavorazione, i modi di consumo e la vita sociale che si svolgevano entro la casa. In piazza Leonardo da Vinci, il *Museo ornitologico della Sardegna* custodisce circa 300 esemplari di uccelli quasi tutti appartenenti all'avifauna stanziale e di passo isolana.

Giara di Siddi

Detto anche *Pranu Siddi*, questo altopiano che si costeggia percorrendo la provinciale tra Lunamatrona a Collinas deve la sua denominazione alla conformazione e alla copertura di licheni rossi. Ai suoi piedi è stato realizzato il **Sa Corona Arrùbia - Museo Naturalistico del Territorio «G. Pusceddu»**, esposizione permanente articolata in tre padiglioni dedicati alla fauna, alla botanica e all'antropologia. Percorsi didattici sono tracciati nel parco geobotanico, dove si coltivano diverse specie vegetali mediterranee, da cui si estraggono i profumi e le essenze esposte nei laboratori. Con la seggiovia si raggiunge la sommità della Giara, a oltre 300 m di altezza: fra le sue testimonianze archeologiche si segnala **Sa Domu 'e s'orcu**, una tomba di giganti tra le più grandi e meglio conservate dell'intera isola.

Villamar

Il centro (m 108, ab. 2750 circa), nel medioevo capoluogo della curatoria della Marmilla, è oggi il paese dei *murales*, della duecentesca **chiesa di S. Pietro**, tra le migliori espressioni dell'architettura ispanica duecentesca nell'isola, del bel *retablo* di Pietro Cavaro (1518) conservato nella tardogotica **parrocchiale di S. Giovanni Battista**. Tra la parrocchiale e S. Pietro si trova il quartiere maiorchino, fondato tra il XIV e il XV secolo da commercianti di grano provenienti dalle Baleari. In un edificio storico del quartiere si trova la Casa Maiorchina, che ospita l'allestimento 'Sulla via del grano': oggetti d'uso comune e arredi illustrano i rapporti commerciali tra penisola iberica e agro di Villamar (visitabile su prenotazione).

Villanovafranca

Il borgo (m 292, ab. 1400 circa) che apre la porta alla Marmilla si stende tra fertili colline, raccolto attorno alla cupola e al massiccio campanile a canna quadrata della *parrocchiale di S. Lorenzo*. È un richiamo culturale, all'interno della restaurata struttura del Monte Granatico, il *Civico Museo archeologico 'Su Mulinu'*, così denominato perché accoglie, con reperti provenienti dal territorio comunale, interessanti materiali del **complesso nuragico di Su Mulinu**, a qualche chilometro dall'abitato. Il 'pezzo forte' è lo straordinario altare nuragico in arenaria, per il quale il museo ha allestito un'ambientazione scenografica per aver rivelato significativi particolari sulla nascita delle torri a *tholos*, nei secoli del Bronzo medio, e sui rituali sacri praticati nella prima età del Ferro.
Le pregiate produzioni agricole del territorio trovano spazio in vari eventi come la singolare *Sagra delle mandorle*, il terzo sabato di maggio, e la *Sagra dello zafferano*, a inizio novembre, che ha ottenuto la qualifica Dop.

PRODOTTI TIPICI CAMPIDANESI

- **Pane** Tipico di Sanluri e di tutto il Campidano è il *civraxiu*, tondo e dalla crosta croccante. Il nome deriva dal latino *cibaria*, con cui si indicava la farina. Insieme al *coccoi*, a base di grano duro, si può assaggiare alla sagra 'Sapere di pane' che si tiene a fine giugno a Gonnosfanatiga, 'città del pane'.
- **Farina di grano duro** In onore allo splendido paesaggio agrario del Campidano e al pane tradizionale, la varietà di farina Senatore Cappelli, che prende nome da uno dei padri della riforma agraria nell'isola che distinse tra grani duri e teneri, è l'ideale per chi si fa il pane in casa.
- **Zafferano** *(nella foto)* È uno degli ingredienti del condimento dei *malloreddus* (fatti con il grano duro) alla campidanese e spesso entra anche nell'impasto dei tipici gnocchetti. Produzioni di eccellenza si trovano a Turri, San Gavino Monreale e Villanovafranca.
- **Carciofo spinoso** Quasi un simbolo dell'orticoltura sarda, è di ottima qualità e lo si degusta a gennaio, in occasione della fiera che si tiene a Samassi.
- **Asparago** In Campidano se ne coltiva una varietà di pregio, derivata dalla specie selvatica presente in abbondanza nell'isola. A Serrenti, a metà aprile, si tiene la sagra con degustazione dell'ortaggio e dei dolci tradizionali.

Domus de janas della necropoli di S'Acqua Salida, a Pimentèl

Guasila

Il piccolo borgo (m 210, ab. 2700 circa) è noto per la monumentale **parrocchiale della Vergine Assunta**, esempio significativo dell'architettura sacra neoclassica di cui fu artefice, nell'Ottocento, Gaetano Cima: evidenti, nella pianta circolare, nella cupola e nel pronao d'ingresso, i richiami al Pantheon di Roma. Alla Vergine, il 14 agosto, Guasila dedica per la *Festa dell'Assunta* un insolito rito profano chiamato *Sa cassa de s'acchixedda* ('la caccia alla giovenca'), sorta di rodeo che vede i giovani scapoli del paese cimentarsi nella cattura al laccio di una vacca, giovane anch'essa, da restituire indenne al proprietario alla fine della festa. A questa sagra si abbina, il giorno di Ferragosto, il *Palio dell'Assunta*, detto anche Palio dei Comuni, con i contendenti che cavalcano 'a pelo' per conquistare il drappo ricamato in oro zecchino con l'effigie della Vergine Assunta. A metà dicembre si tiene in paese la sagra *'Saboris Antigus'*, dedicata ai prodotti e alla gastronomia del territorio.

Suelli

È il paese (m 256, ab. 1100 circa) di S. Giorgio di Suelli, *episcopus Barbariae*, vissuto tra XI e XII secolo, cui la tradizione popolare attribuisce sorprendenti miracoli. Lo ricorda il medievale **santuario di S. Giorgio**, piccolo tempio a croce greca che sorge su un piazzale dell'abitato a fianco della **chiesa di S. Pietro**. Originaria del XIII secolo ma con facciata rifatta nel XIX, la cattedrale custodisce una pregevole ancona del Cinquecento, opera di Pietro e Michele Cavaro, che raffigura una *Madonna col Bambino e i Ss. Pietro, Paolo e Giorgio vescovo*. Sul piazzale affaccia anche la gotico-aragonese **chiesa del Carmine**, con un interessante pulpito e un pregevole altare (XVII secolo), entrambi in legno policromo e di ambito isolano. Dal piazzale inizia a maggio la grande *Festa di S. Giorgio,* con processione, accensione del falò in località Cea S'Antoni e i festeggiamenti civili (balli, canti e spettacoli pirotecnici).
La bella **casa Ruda** è raro esempio di nobile abitazione campidanese adibita a casa-museo e ristorante, che raccoglie oggetti del mondo contadino e vecchi sapori della cucina d'una volta.

Senorbì e dintorni

Capoluogo nel medioevo della curatoria di Trexenta (m 204, ab. 4900 circa), conserva nel centro storico alcune tipiche case a corte tradizionali, costruite con làdiri, mattoni crudi di argilla e paglia, contraddistinti da grandi e talvolta elaborate porte carraie. Senorbì è un importante centro vitivinicolo, sede della 'Cantina sociale della Trexenta': si trova sulla *Strada del vino del Campidano di Cagliari, Sàrrabus e Trexenda*, luogo di produzione di Cannonau, Monica e Vermentino.
Il **Museo archeologico 'Sa Domu Nosta'**, un'istituzione di pregio culturale ospitata in una casa ottocentesca con il loggiato

(*sa lolla*), l'acciottolato del cortile (*s'impedrau*), il pozzo e le stalle, espone i preziosi reperti venuti alla luce nella necropoli punica e romana di Monte Luna: anfore a fasce dipinte, brocche a bocca trilobata, piatti, lucerne, coppe, monete dei secoli IV e III a.C., anelli e pendenti in oro con scarabei incastonati, orecchini, collane, bracciali, rasoi in bronzo. Non lontano dalla necropoli, a Santu Teru, sono stati individuati i resti dell'abitato cui appartengono quasi certamente i corredi funerari. Gli insediamenti sono tutelati dal **Parco archeologico di Monte Luna** (2 km circa a sud-est dell'abitato), sito che conobbe insediamenti più antichi di quello punico, come dimostrano i frammenti di ceramica decorata, le lame e le cuspidi in ossidiana databili al IV millennio a.C. Comunità neolitiche erano ben presenti anche in altre aree del territorio di Senorbì: dalla località *Sa Turriga* proviene il più grande ed elegante degli idoli sardi di dea madre, una statuina di oltre 42 cm d'altezza, di tipo cicladico (ora al Museo archeologico nazionale di Cagliari).

Su un colle alla periferia nord-est del paese sorge la **chiesetta di S. Maria di Segolai**, detta 'Santa Mariedda', un piccolo tempio campestre romanico edificato verso la metà del XIII secolo. Era l'antica parrocchia dell'abitato di Segolai, abbandonato dopo la peste del 1681.

A **Ortacésus** (m 162, ab. 950 circa), a 4,2 km da Senorbì, vale una visita il *Museo del Grano*: ha sede in un'antica casa padronale restaurata, e racconta la vocazione cerealicola della Trexenta, databile dall'epoca punica e romana. Sono proposti anche laboratori di panificazione e degustazioni.

Pimentèl

Il paese (m 154, ab. 1200 circa) offre, all'inizio della strada per Guasila, due significative testimonianze del Neolitico tardo. La prima è la **domus de janas di Corongiu**, una tomba dove sembra di cogliere negli elementi decorativi e nei simboli a spirale – come scrisse l'archeologo Giovanni Lilliu – «lo schema di un viso umano, in particolare quello della dea degli occhi», immagine idealizzata della dea madre di tradizione neolitico-calcolitica. L'altra è la **necropoli di S'Acqua Salida**, nelle campagne di Pranu Efisi, che esibisce su un rilievo di roccia arenaria otto eccezionali *domus de janas*. Il primo giorno di settembre si tiene a Pimentèl *Su Cramixeddu*, una delle sagre più antiche del Campidano e della Trexenta.

San Sperate

Al centro di una plaga di coltivazioni intensive di agrumi, pesche e ortaggi, il borgo (m 41, ab. 8300 circa) è noto per i **murales** che ornano le pareti esterne delle case. Fu lo scultore sansperatino Pinuccio Sciola (1942-2016), dal 1967-68, a divulgare questa forma d'arte ispirata a esempi figurativi latino-americani e applicata alle modeste dimensioni dell'architettura rurale. Così, per opera di diversi autori per lo più italiani, San Sperate si è trasformato nel 'paese-museo' immaginato da Pinuccio Sciola, vivace di narrazioni e di colori. Oltre ai murales tra le vie e le piazzette del paese si vedono anche sculture in pietra – monoliti di calcare, trachite o basalto – opera dello stesso Sciola e dei suoi allievi. Visite guidate conducono alla scoperta delle celebri 'pietre sonore', nel **Giardino Sonoro**, in via Oriana Fallaci.

Murales nel centro storico di San Sperate

5.2 Le Giare e il Sarcidano

Itinerario automobilistico da Barùmini a Gergei, 62,2 km deviazioni escluse *(carta a pag. 125)*

Isola nell'isola, giardino pensile, perla verde: la fantasia si è impegnata a fondo per esprimere in due parole il fascino di *Sa Jara*, la Giara di Gèsturi. Vasti boschi di sughere, bacini imbriferi, cavallini allo stato brado e testimonianze archeologiche ne fanno un angolo prezioso della terra sarda. L'altopiano basaltico s'innalza sulle basse colline mioceniche della Marmilla e del Sarcidano e domina come una fortezza naturale i centri abitati che lo circondano. In tempi recenti ciascuno di questi paesi ha costruito la 'sua' strada sugli impervi sentieri delle *scalas*, dei passaggi naturali e sui tracciati di *su camminu 'e garru*, i vecchi percorsi del carro a buoi, per raggiungere e tenere sotto assedio l'isola dei cavallini. Punto di partenza dell'itinerario è uno dei più significativi monumenti megalitici dell'isola, la reggia nuragica Su Nuraxi a Barùmini. Visitate le località che gravitano intorno alla Giara di Gèsturi – Las Plassas, Tuìli, Gèsturi – si prosegue verso nord su strade provinciali, lasciando i dolci rilievi della Marmilla per il Sarcidano. Da Làconi, si punta di nuovo verso sud, passando per Nurallao e Isili, sempre in ambiente collinare, per esplorare la giara di Serri.

Barùmini

Barùmini (m 202, ab. 1300 circa), deve la sua notorietà e l'afflusso di turisti al villaggio nuragico che sorge poco distante dal paese, piccolo centro della Marmilla a spiccata vocazione agricola. Accanto alla *parrocchiale dell'Immacolata*, costruita in forme tardogotiche nel XVI secolo, si trova la cinque-seicentesca **casa dei marchesi Zapata**, che richiama gli anni della dominazione spagnola e fu edificata sopra i resti di un insediamento nuragico, Su Nuraxi 'e Cresia, riportato alla luce nel 1990. Il complesso è divenuto sede di un rilevante *polo museale* (archeologico-storico-etnografico). Resiste al tempo, poco distante, la medievale **chiesa di S. Giovanni Battista**: uno dei pilastri che dividono le due navate absidate ha dei buchi lungo gli angoli dove si legavano, in attesa dell'esecuzione, i detenuti condannati a morte. Barùmini è collegata a Ìsili da una pista ciclabile che utilizza il sedime della vecchia ferrovia.

A breve distanza dal centro, il parco a tema **Sardegna in miniatura** è una proposta dedicata ai più piccoli e alle famiglie, con il Parco delle Miniature, riproduzione in

Il complesso di Su Nuraxi sulla collina di Barùmini

scala dei monumenti più rappresentativi dell'isola, il Parco dei Dinosauri, un planetario, un museo dell'astronomia, la biosfera e vari percorsi didattici. Sempre a ovest, sulla strada per Tuìli, prima di Su Nuraxi, merita una visita (meglio su prenotazione) la *Collezione mineralogica «Paolo Locci»*.

Nuraghe e villaggio nuragico Su Nuraxi di Barùmini

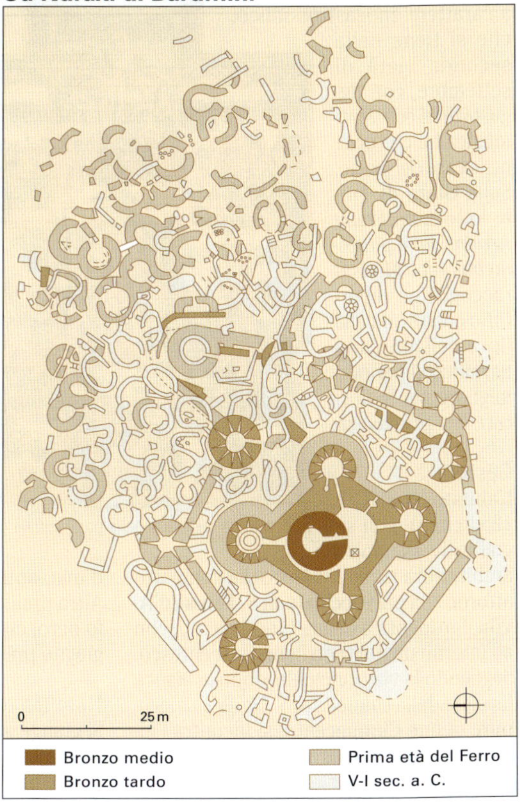

Nuraghe e villaggio nuragico Su Nuraxi**

Patrimonio dell'Umanità Unesco, rappresenta, con i nuraghi Losa *(pag. 160)* e Santu Antine *(pag. 253)*, la più tipica e ben conservata espressione architettonica della civiltà megalitica protosarda. Racchiude in sé molti secoli di storia, dal Bronzo medio (secoli XVI-XIII a.C.), cui appartiene il primo impianto della torre centrale, alla seconda età del Ferro (secoli VI-III a.C.). Fra i resti grandiosi, isolati su un colle dominante la Marmilla, si riconoscono il **nuraghe centrale** polilobato a tre camere sovrapposte (secoli XVI-XIII a.C.), il successivo **bastione** articolato in 4 torri, il **pozzo** profondo 20 m, un più recente baluardo. Distrutto nel VII secolo a.C., il villaggio (che era composto da numerose unità abitative) fu riedificato e abitato fino all'età romana.
Una ricostruzione dell'insediamento nuragico come doveva apparire nel XIV secolo a.C. si può osservare presso il *Centro di comunicazione e di promozione del Patrimonio culturale «Giovanni Lilliu»* (poco distante dall'area archeologica), dedicato all'archeologo nativo di Barùmini (1914-2012) che, tra il 1950 e il 1954, diresse la campagna di scavi che riportò alla luce Su Nuraxi, illustrata da fotografie scattate dallo stesso illustre studioso. Sono inoltre presenti altri nuclei espositivi tematici (permanenti e temporanei) e una mostra-mercato sull'artigianato d'arte sardo.

Las Plassas

Una delle immagini più suggestive della Marmilla è questa **collina** perfettamente conica, isolata nel paesaggio agricolo e incoronata dai ruderi di un castello giudicale degli Arborèa. Alla base dell'altura, nel minuscolo abitato (m 160, ab. 240 circa) è visitabile il *Museo del Castello*; più discosta, la settecentesca **chiesa di S. Maria Maddalena**, a croce greca.

Tuìli e dintorni

L'abitato (m 208, ab. 1000 circa) ai piedi della Giara di Gèsturi presenta una forte impronta rurale e il ben conservato nucleo storico dalle tipiche case a corte. La **par-**
rocchiale di S. Pietro, originaria del XIV-
secolo, custodisce tesori d'arte tra cui
retablo* del primo Cinquecento attr
ito al cosiddetto Maestro di Castels
l'architettura di stile spagnolo co
della bianca *chiesa di S. Antonio*,
nell'ampio muro di cinta; alcuni
edifici neoclassici, come *villa Pi*
gettata da Gaetano Cima, e vi
Punto di partenza per escur
alla Giara di Gèsturi, Tuìli
tradizioni che rivivono n
Antonio abate (28-30 luglio
ne e partecipazione di g

e nell'annuale appuntamento di *September in Tuìli*, rassegna a carattere enogastronomico, che si tiene nella seconda metà di settembre, con degustazioni ed eventi musicali e culturali nelle case del paese. Sulla **Giara di Tuìli**, in località *Pranu Arridroxin*, il *giardino botanico Morisia* raccoglie un repertorio completo della flora dell'altipiano basaltico: il periodo migliore per le fioriture è la primavera.

Tuìli: retablo custodito nella parrocchiale di S. Pietro

Gèsturi

L'abitato (m 310, ab. 1250 circa), con significativi esempi di architettura rurale, si raccoglie compatto attorno alla **parrocchiale di S. Teresa d'Avila**, tardogotica di fine Cinquecento, con all'interno un polittico ligneo seicentesco. Seguendo la via principale, dopo la bianca facciata della *chiesetta di S. Maria Egiziaca*, pure di fine Cinquecento, si incontra l'indicazione per la **Giara di Gèsturi**.

Làconi e dintorni

Bandiera Arancione del Touring Club Italiano, questo centro del Sarcidano (m 551, ab. 1900 circa) è noto per aver dato i natali nel 1701 al venerato S. Ignazio da Làconi (*Museo* annesso alla *Parrocchiale* dal bel campanile gotico-aragonese). Nel centro del paese, di fronte al palazzo municipale, l'ottocentesco Palazzo Aymerich, ultima dimora dei marchesi di Làconi, ospita il [illegible]**useo delle Statue-Menhir***: questa rac[illegible] archeologica di prestigio espone gli [illegible]nti monoliti rinvenuti nel territo[illegible]te, che documentano le forme [illegible]ffuse in età neolitica in Sar[illegible]ta l'area mediterranea. [illegible]n accesso da via Su [illegible]o Aymerich, il più [illegible]lla Sardegna (22 [illegible] su cui sorgono [illegible]lievale *castello* [illegible]orsi d'acqua e [illegible]ecci si scopro[illegible]acili percorsi [illegible]co, e che si [illegible]esi sentieri

A nord del paese si estende la **foresta demaniale di Funtanamela**, oasi faunistica su un'area di circa 500 ettari di bosco e macchia mediterranea, zona di ripopolamento del cervo sardo e di tutela dei cavalli del Sarcidano, allevati allo stato brado.

Il 16 e 17 gennaio si celebra la *Festa di S. Antonio abate* con un grande falò (*Su Fogone*) e degustazione di prodotti alimentari tipici: squisito *Su pani 'e saba* (il pane di 'sapa', condimento a base di sciroppo d'uva, apprezzata specialità dolciaria). Altra prelibatezza del territorio è il tartufo nero, cui è dedicata una sagra a inizio giugno presso il Parco Aymerich.

Nurallao e dintorni

Si giunge a Nurallao (m 403, ab. 1300 circa) da Làconi con la statale 128 Centrale Sarda, ben conosciuta dagli appassionati di archeologia per le statue-menhir che a circa 3 km dal paese, nell'**area archeologica di Aiodda***, sono state rinvenute come materiale di riutilizzo in un'importante tomba di giganti megalitica. Questa ha restituito frammenti ceramici, spilloni di rame o bronzo e spesso riproponenti, incisi o in bassorilievo, i simbolici motivi delle statue-menhir di Làconi.

Di particolare interesse, alle porte di Nurallao, il **Parco di Funtana is Arinus**, con belle cascate; straordinaria l'animazione che vi regna in occasione di feste e sagre tra cui, a maggio, la *Festa* contadina *di S. Isidoro* e la sagra della pecora. Altri momenti di socialità sono, a Pasqua, le celebrazioni de *S'Incontru* e, il giorno successivo, la *Sagra di Is tallarinus nuraddesusu*, piatto tipico locale a base di tagliatelle fatte a mano, zafferano e *casu axeddu*, un formaggio acido.

Ìsili e dintorni

Importante centro (m 523, ab. 2700 circa) con funzioni amministrative, economiche e culturali che si proiettano su Sarcidano e Barbàgia Seùlo, ospita gli ultimi eredi di quell'antica arte del rame che la tradizione vuole di origine zingaresca e che ha radici nelle vecchie case del *rione di Coroneddu*. Qui si producono ancora, artigianalmente, tappeti, arazzi, coperte e bisacce, e vi è attiva la tipica tecnica della lavorazione *a pibiones*. Nel settecentesco ex convento dei Padri Scolopi, il **Museo per l'Arte del Rame e del Tessuto**, dedicato all'artigianato storicamente caratteristico del luogo, nonché all'attività delle straordinarie tessitrici di Ìsili; una sezione linguistica è rivolta agli studi sul particolare gergo che era in uso tra i ramai, conosciuto col nome di *s'arromaniska* o *su romaniscu*.

Alle porte dell'abitato è occasione di sosta lo splendido **nuraghe Is Paras***, a pianta complessa e dal paramento in blocchi calcarei quasi intatto. In paese si visitano la *parrocchiale di S. Saturnino* (XIV secolo) e la *chiesa di S. Giuseppe Calasanzio* (XV secolo).

Giara di Serri

Una Giara più piccola e meno famosa di quella di Gèsturi, seppure nata anch'essa da colate di basalto di remote eruzioni vulcaniche, occupa il petroso **altopiano di Serri**, sul quale non ci sono cavallini e non

Sulle strade bianche della Giara di Gèsturi*

Chiamata anche *Sa Jara Manna* (la Giara grande), è il più vasto e affascinante altopiano basaltico della Sardegna. La strada che vi si inoltra da Gèsturi è l'unica asfaltata per il pianoro. S'inerpica tortuosa sino al ciglio basaltico dove hanno inizio, a un cancello di legno e a un piccolo punto informativo gestito dall'Ente foreste, vari percorsi escursionistici che attraversano l'altopiano, quasi interamente ricoperto da una foresta di sughere piegate dal vento e cinto, sui bordi, da una sequenza di nuraghi. A poca distanza dall'ingresso si erge il **protonuraghe Bruncu 'e Màdugui***, che domina dall'alto le colline della Marmilla. L'arcaico monumento è considerato un importante esempio dell'evoluzione del megalitismo nell'isola. A una cinquantina di metri dal bastione megalitico si estende, verso l'interno, un vasto agglomerato di capanne preistoriche. Un reticolo di **strade bianche** penetra nel pianoro tra mirti, lentischi, fioriture di cisti e profumo di elicrisi e si inoltra verso l'acqua delle *paùli*, specchi d'acqua creati dal ristagno della pioggia negli avvallamenti naturali. Non è difficile incontrarvi i cavallini di giara *(nella foto)*, gli ultimi cavalli allo stato brado in Europa (*Equus caballus jara*): il periodo migliore è la primavera, quando i *paùli* sono allagati e fioriti di ranuncoli d'acqua e le giumente sono accompagnate dai puledri nati da poco. Questi indomiti cavallini sono di altezza modesta (1,20 m al garrese), di colore baio, morello e sauro, con lunghe criniere e caratteristici occhi a mandorla. Specie endemica, introdotta in epoca molto antica (forse dai fenici), sono oggi di proprietà della Comunità montana della Giara e sottoposti a tutela. Per approfondire la conoscenza di questo animale, si visita a *Genoni*, sul margine settentrionale della Giara, il **Museo del Cavallino della Giara**, ospitato in una casa a corte tradizionale, *Casa Serra*, che presenta un allestimento di carattere etnografico e uno multimediale.

Vacanze attive tra i nuraghi

Per chi ama la mountain bike, la **pista ciclabile Barùmini** è stata realizzata sul sedime della ferrovia dismessa che collegava il centro sarcidano con Villacidro. Sono 22 km di facile percorso sterrato, con partenza dalla stazione ferroviaria di Ìsili, collegata a Cagliari dal Trenino verde. Con brevi deviazioni dalla pista si possono raggiungere i siti archeologici di Aiodda, presso Nurallao, e di Su Nuraxi *(nella foto)*, non lontano dalla stazione ferroviaria di Barùmini. La pista prosegue ancora fino a Las Plassas. Facili **escursioni guidate a cavallo** sono organizzate sulla rete di sterrate che percorre la Giara di Gèsturi e nella foresta demaniale di Funtanamela a Làconi. Qui si alleva il cavallo del Sarcidano, una delle razze più antiche della Sardegna e considerato autoctono dell'isola. Di colore baio, sauro e raramente grigio, lo si può osservare allo stato libero proprio nella *foresta demaniale di Funtanamela*, dove vive un nucleo di un centinaio di individui di proprietà del comune di Làconi, che li ha acquistati per impedirne l'estinzione. Questi cavalli si adattano ai principali sport equestri.
Nelle campagne di Ìsili sono diverse le pareti rocciose, apprezzate dai *free-climber* di mezza Europa, dove praticare l'**arrampicata sportiva**. Le più note sono quelle lungo il rio Corrigas, 2 km a nord dell'abitato, con quasi 300 vie attrezzate su calcare; sono ben esposte al sole e frequentabili dall'autunno alla primavera. Per informazioni: *www.sardiniaclimb.com*.

sono molti gli alberi che danno ombra ai pascoli. In compenso emergono le cospicue rovine del grande **santuario e villaggio nuragico di S. Vittoria***, importante centro protosardo con funzione religiosa e forse politica più che insediativa. Ci si arriva da *Serri* (m 603, ab. 650 circa) lungo la stradina che sale al pianoro dove i ruderi si ritrovano insieme a quanto rimane della medievale *chiesa di S. Vittoria*. Un muro di cinta divide l'area sacra del tempio a pozzo da quella del recinto delle feste. Poco lontano sorgono le abitazioni dei custodi del santuario e, in disparte, la costruzione circolare per le riunioni 'politiche', cioè le assemblee dei prìncipi della stagione delle aristocrazie nuragiche dal X secolo al VI a.C., come ha ben illustrato l'archeologo Giovanni Lilliu, ritenuto il maggior studioso della civiltà nuragica. La visita può essere preceduta da quella all'*Antiquarium* di Serri (via Municipio 1), ricco di fotografie aeree e pannelli illustrativi.

Il capolinea dell'itinerario, **Gergei** (m 374, ab. 1250 circa), è noto per l'eccellente olio d'oliva di frantoio e la buona cucina, oltre che per i pregevoli dipinti sacri del XVI secolo custoditi nella coeva *parrocchiale di S. Vito*. Tra gli appassionati di folclore, il paese ha fama soprattutto per un arcaico rito, la *Festa di S. Biagio* (*Santu Brai*), che si celebra il 3 febbraio, quando i bambini portano in processione e in chiesa per la benedizione *su sessineddu*, un grappolo di frutti legati assieme da un'erba palustre, il falasco, in sardo chiamata *su sèssini*.

5.3 Ai piedi del monte Arci

Itinerario automobilistico da Mògoro a Villaurbana, 40,5 km senza le deviazioni
(carta a pag. 125)

Lasciati Mògoro e il paesaggio rurale del Campidano di Oristano, si sale a nord su strade provinciali – talora poco più che vie campestri – verso la verdissima dorsale del monte Arci, che già oltre Masullas è ben visibile. Da Mongorgiori, con la più agevole SS 442, ci si addentra nell'ambiente montano, con scorci panoramici sul mare di colline della Marmilla e sulle 'giare', dal profilo inconfondibile. Da Àles si devia dalla statale per salire verso Pau e Villaverde, in ambiente collinare. Si attraversa quindi l'altopiano della regione storica di Arborèa, con due deviazioni su tranquille provinciali, una verso il castello di Medusa, in un territorio inciso da profonde forre, quindi verso Villaurbana, ormai nella piana oristanese.

Mògoro

Si dispone al piede del rilievo con le sue vecchie case di scura roccia basaltica questo centro (m 132, ab. 4200 circa) dell'alta Marmilla, considerato una sorta di 'capoluogo' del telaio della tradizione. Tappeti e arazzi vengono ancora realizzati con telai in legno perfettamente ricostruiti sul modello di quelli tradizionali, riproducendo gusti, forme, colori di lontana eredità con figure stilizzate di liocorni, pavoncelle, colombe, upupe, tralci di vite, rose e garofani, danze e fontane. Gli **arazzi**, vere e proprie opere d'arte impreziosite dall'oro e dall'argento dei broccati, sono in mostra ogni agosto alla *Fiera dell'artigianato artistico della Sardegna*, che si tiene presso il centro polifunzionale di via Martiri della Libertà. Impreziosiscono l'abitato la barocca *parrocchiale di S. Bernardino* e la trecentesca **chiesa del Carmine**, tardoromanica con elementi gotici.
La strada che collega Mògoro alla statale Carlo Felice è guardata dal **nuraghe di Cuccurada**, al centro di una campagna di scavi che lo ha riportato alla luce nella sua imponenza, tanto da renderlo visibile anche dalla statale.

Morgongiori

Il paese (m 351, ab. 700 circa), conosciuto in campo gastronomico per le *lorighittas,* particolare pasta di grano duro considerata tra le pietanze sarde più prelibate (sagra la prima domenica di agosto), ha notorietà anche per i tipici prodotti tessili ai quali è dedicata la **Mostra Museo vivente dell'Arte tessile**, nei locali dell'ex municipio (nel 2016 chiuso ma in fase di riallestimento). Sopra l'abitato, ai piedi d'una grande croce, si apre nella roccia una profonda fenditura che nasconde due rampe di scale in pietra di un tempio ipogeico d'età nuragica, noto come la **Scala 'e Cresia**. Sottoposto a indagine archeologica dagli anni '70 alla fine degli anni '90, il sito è ancora in parte inesplorato e, per ora, accessibile solo a speleologi. Non lontano dall'ingresso si trova una costruzione megalitica con volta a *tholos*.

Trekking panoramico sul monte Arci

Àles e dintorni

'Capoluogo' storico dell'alta Marmilla e sede di una delle più antiche diocesi della Sardegna, il paese (m 194, ab. 1450 circa) è noto per aver dato i natali ad Antonio Gramsci (1891-1937), eccezionale figura politica e intellettuale precocemente stroncata da una lunga detenzione nelle carceri fasciste. Lungo la strada proveniente da Morgongiori si apre la **piazza** in calcare e basalto a lui dedicata, progettata e realizzata nel 1977, con il monumento che la orna, dallo scultore Giò Pomodoro. Una targa in marmo, lungo la strada principale di Àles, lo ricorda su una casa che ha preso il posto di quella natale. La casa-museo dedicata a Gramsci si trova a Ghilarza, dove abitò. Sugli edifici del centro, accorpata al Palazzo vescovile, al Seminario e all'oratorio della Madonna del Rosario, spicca imponente, con la grande cupola e le due torri campanarie, la **Cattedrale** barocca di Domenico Spotorno, costruita tra il 1683 e il 1688 sulle rovine del tempio preesistente, travolto dal crollo del vecchio campanile. Ricca di marmi e opere in legno intagliato, come il prezioso *coro* in noce della metà del Seicento di Ambrogio Ziquina e un *Crocifisso* trecentesco, custodisce un *Tesoro* di ori e argenti sbalzati e cesellati, dovuti a eccellenti artigiani operosi dal Quattrocento al Seicento.

Nella vicina **Zéppara** (m 165) ha sede il *Museo del Giocattolo tradizionale della Sardegna*, che espone un repertorio rappresentativo dell'intera regione (in fase di riallestimento).

Àles: una torre della Cattedrale

L'oro nero della Sardegna

Il monte Arci era l'Eldorado del Neolitico, una fonte inesauribile di quell''oro nero', **l'ossidiana**, che ha preceduto la storia dei metalli. Con l'ossidiana si producevano, molto meglio che con la selce, lame taglienti, punte di freccia, bulini, raschiatoi. Con un colpo secco su un nucleo già predisposto si staccavano lame perfette e affilatissime, più taglienti di un rasoio. In tutto il Mediterraneo la sua presenza è limitata a pochissime aree. La Sardegna fu una delle mete più ambite per la qualità e l'abbondanza dei giacimenti del monte Arci. Nel fitto dei boschi e lungo i corsi d'acqua si moltiplicarono così, nell'arco di più millenni, centri di raccolta e officine litiche, dove le ossidiane traslucide e opache venivano scheggiate, lavorate, commerciate e portate anche in terre lontane, come Toscana, Liguria, Provenza, Catalogna, Corsica.

Parco naturale di Monte Arci

Sebbene non superi in altezza gli 812 m nei rilievi più elevati di Trèbina Longa, il **monte Arci** appare imponente e maestoso sulle basse colline dell'alta Marmilla e sulla piana solcata dalla statale 131 Carlo Felice. I bastioni rocciosi da cui è formato sono il frutto di antichissime eruzioni vulcaniche. Ricco di ossidiana, il territorio è stato di strategica importanza in epoca preistorica. Origine vulcanica e abbondanza d'acqua sono responsabili anche della fertilità dei terreni collinari ai suoi piedi, verdissimi in primavera e color dell'oro del grano in estate. Le caratteristiche ambientali del comprensorio, destinato a divenire parco regionale, sono illustrate nel *Centro di documentazione* di Morgongiori, dove è allestita anche una mostra fotografica sugli aspetti naturalistici. Il monte Arci è dotato di una ricca rete escursionistica e di percorsi a tema: circa 200 km di sentieri e piste portano alla scoperta di siti paleominerari legati allo sfruttamento dell'ossidiana nel Neolitico, di luoghi archeologici e di ambiti naturalistici tra leccete e sugherete che ammantano le pendici del monte. Di particolare interesse e facilità è il **sentiero di Sa scaba crobina** ('la scala corvina', per i dislivelli e il colore scuro del suolo; partenza dall'abitato di Pau), già descritto dal generale La Marmora nel 1860 e costellato di frammenti di vetro vulcanico. Da Morgongiori parte l'escursione (circa 9 km) a **Sa Trèbina Longa** (m 812), la sommità del complesso montuoso costituita da un ciclopico treppiede naturale formato da due torrioni basaltici. La suggestiva **sorgente di Acqua Frida** si raggiunge (sempre da Morgongiori) attraverso la statale 442 in direzione di Àles. Da qui, nelle giornate terse, si domina parte dell'Arborèa e tutta la piana di Oristano fino al mare.

Pau

Questo gradevole paesino (m 315, ab. 300 circa) custodisce piccole case in pietra provate dal tempo e un prezioso **Museo artistico dell'Ossidiana**, con bellissimi esemplari scolpiti di questo raro minerale. Nella parte alta dell'abitato una strada sale verso il monte Arci e porta in località *S'Onnixeddu*, dove infinite scaglie nere e lucenti rivelano un grande ex giacimento del cosiddetto 'vetro vulcanico'. L'ossidiana è dappertutto e a volte se ne scoprono rari frammenti di un bel rosso mattone. A valle di S'Onnixeddu, dentro la *pineta di Giuanni Corrias*, grosse scaglie di vetro nero sono state incastonate, per devozione di alcuni fedeli, intorno al simulacro della Madonna Nera di Oropa.

Villa Verde e dintorni

Si chiamava *Bannari di Usèllus* il piccolo paese (m 204, ab. 300 circa) che, nel 1952, assunse il nuovo nome dal verde intenso dei suoi boschi. I resti di molti insediamenti nuragici e prenuragici sono immersi nelle leccete che lo circondano. Per il 2017 è prevista l'apertura del **Museo interattivo della Civiltà nuragica**, ospitato nell'ex Casa Carcangiu, in via Indipendenza, e dedicato al patrimonio archeologico del territorio. Di particolare interesse i ruderi megalitici dell'importante **villaggio protostorico di Brunk'e s'omu***, vigilato dalle torri di un nuraghe polilobato. Ci si arriva dall'abitato seguendo lo stretto nastro d'asfalto che s'inerpica tortuoso sino alla *fonte di Mitz'e Mraxani*, da dove si prosegue a piedi su una strada bianca. L'insediamento nuragico, che nasconde più a valle anche un pozzo sacro, semisepolto da materiale di crollo, colpisce per l'arcaicità delle strutture e per la sua vastità: circa 3 ettari.

Villaurbana e dintorni

Al paese (m 79, ab. 1650 circa), di impronta pastorale e conosciuto per lo squisito pane casereccio, si arriva da Villa Verde per Mogorella, passando dall'alta Marmilla all'Arborèa. Soprattutto il circondario richiama particolare interesse per l'elevato numero di nuraghi – ben 58 – e le oasi di verde che conserva sul versante settentrionale del monte Arci. Con l'aiuto di una guida (ci si può rivolgere alla Pro Loco in via Montegranatico) ci si può inoltrare nei boschi e le sorgenti di *S'Utturu 'e su Cadru*, di *S'Arangiu Aresti*, di *Is Aruttas Santas*, dove si ammira una scultura lavica a fessurazione colonnare. Oggetto di richiamo sono anche il **complesso nuragico polilobato di Craddaxius,** con le capanne del villaggio e la tomba dei giganti, e la grotticella funeraria preistorica di *Sa Conca 'e s'Òmini*, dove sono stati rinvenuti resti ossei e frammenti ceramici databili all'Eneolitico.

Popolare appuntamento enogastronomico, la sagra dedicata a *Su pani fattu in domu* ('il pane fatto in casa') si tiene a fine ottobre.

Paesaggi leggendari sulla porta della Barbàgia

Imboccata da Villa Verde, in corrispondenza del bivio di Escovedu, la statale in direzione Làconi, al successivo bivio di S. Lucia si prende a sinistra per **Asuni** (m 233, ab. 365), borgo con un caratteristico centro storico dalle stradine strette dove se ne stanno solitari, l'uno accanto all'altra, un nuraghe e una chiesetta campestre. Da qui si prosegue sulla via asfaltata per il castello di Medusa e, dopo circa 4 km, a piedi su strada bianca. Il paesaggio, aspro e tormentato, è denso di storia e leggende. Questa è la terra di Brabaxana, 'porta della Barbàgia', difesa e vigilata dall'antica **fortezza di Medusa**, di probabile origine bizantina e ridotta a poche rovine. La fantasia popolare vuole che fosse dimora di una leggendaria regina Medusa, il cui fantasma si aggirerebbe ancora tra i severi avanzi. In realtà, il maniero ebbe funzioni di *castrum* a protezione dalle incursioni barbaricine e poi venne utilizzato anche in periodo giudicale. Per visitarlo, il periodo migliore è all'inizio della primavera, quando il sole è già tiepido e le acque torrentizie dell'Araxisi e del Flumineddu danno spettacolo scontrandosi impetuose ai piedi del bianco torrione di calcare silurico, che si eleva per circa 210 m. Dall'alto il *panorama** è superbo e impressionante.

6 Oristano e la valle del Tirso

Profilo dell'area

Il campanile ottagonale della Cattedrale, le cupole di chiese e palazzi rivestite di tegole iridescenti e le altissime palme che interrompono la linea orizzontale tra mare e stagni. Oristano sembra quasi Oriente. Ma ci fu un tempo in cui nella capitale del giudicato d'Arborèa i giudici-re opposero strenua quanto vana resistenza alle armate dei catalano-aragonesi. Agli iberici, nella prima metà del Trecento, proprio gli oristanesi avevano improvvidamente chiesto alleanza per arrestare l'espansione genovese e pisana nell'isola. Andare per le strade lastricate del centro, munite delle targhe viarie che ripetono i nomi antichi delle *rugas* (vie), è un incamminarsi lungo quel tempo perduto, dove la pietra, il mattone, il ferro battuto respirano ancora l'aura della città antica.
La presenza di storia e cultura, nell'Oristanese, è tuttavia molto più antica dell'età dell'oro dell'epoca giudicale. Al VII millennio a.C. risalgono le prime testimonianze paleontologiche, mentre nel Neolitico e nell'Eneolitico (V-III millennio a.C.) fanno la loro apparizione le tombe scavate nella roccia, come testimoniano le *domus de janas*

6 Oristano e la valle del Tirso

Quadro d'unione a pag. 6-7, riquadro n. 6

Un gregge nella campagna di Cabras

di Cabras. I primi nuraghi sono costruiti tra il 2500 e il 1800 a.C. Dopo gli insediamenti fenici e cartaginesi sulle coste del golfo e il successivo dominio romano, le invasioni barbariche e soprattutto, in età bizantina, l'insicurezza dei mari porteranno a un progressivo spopolamento dei territori costieri. L'affermazione di Oristano quale capitale del giudicato d'Arborèa non determinerà tuttavia il ripopolamento nella penisola del Sinis, che ancora oggi ha tratti desertici unici in Italia: dune e macchie basse, lagune salmastre e vastissimi orizzonti, preludio all'incanto archeologico di Tharros. Nell'entroterra, l'ampia estensione dell'altopiano di Abbasanta – *su Pranu* – è solitaria distesa di sughere, olivastri e lentischi. Ai margini scorre il Tirso: la valle del fiume più importante dell'isola fu, nell'antichità, tra le principali vie di penetrazione culturale e commerciale verso l'interno montano. Causa a valle di rovinose inondazioni, le sue piene sono ora contenute dal lago Omodeo, bacino artificiale realizzato nel 1918-24.

La visita

Nel **primo itinerario** la visita urbana di Oristano si combina agevolmente con un soggiorno marino, tra le acque interne degli stagni tra Santa Giusta e Cabras e le coste incontaminate della penisola del Sinis, oggetto del **secondo itinerario**. Alle rovine di Tharros la veduta delle due bianche colonne ioniche stagliate sul blu intenso del mare evoca lo splendore di epoche remote entro la bellezza del Capo S. Marco, sospeso tra il mar di Sardegna battuto dal maestrale, e il mare interno del golfo.

Non meno affascinante è, nel **terzo itinerario**, la scoperta dell'Oristanese interno, con altri segni della civiltà sarda, risalendo la valle del Tirso verso gli altipiani fino al nuraghe Losa di Abbasanta e al complesso nuragico di S. Cristina, santuario della Madre Terra e dell'acqua, con la luce della luna e i raggi del sole a benedirne l'unione.

Le due colonne del tempio di Tharros

6.1 Oristano

Itinerario pedonale urbano

Nell'immediato entroterra del golfo omonimo, al centro della costa di ponente della Sardegna, **Oristano*** (m 9, ab. 31 000 circa) si stende all'estremità occidentale di una vasta pianura, delimitata a nord dal fiume Tirso, a ovest dalle dune litoranee e a sud dallo stagno di S. Giusta. L'itinerario pedonale si svolge all'interno dell'antica cinta muraria, per poi uscirne verso Su Brugu, i borghi esterni dall'impianto ancora popolare. La visita si completa, ai margini del nucleo abitato, con lo stagno di S'Ena Arrubia e i borghi Santa Giusta e Arborèa, fulcro della bonifica di epoca fascista.

Storia e sviluppo urbano. Nel golfo di Oristano in età antica si affacciavano tre centri: Tharros sul Capo S. Marco a nord, *Neapolis* a sud-est del Capo Frasca e *Òthoca* presso l'odierna Santa Giusta. Intorno al VI secolo, al principio dell'età bizantina, risale la prima testimonianza del nuovo insediamento di *Aristanis* – antico nome di Oristano – sorto intorno all'ecclesia di S. Maria Assunta, destinata a divenire nell'XI secolo la cattedrale cittadina. L'interramento dei porti e le incursioni della pirateria saracena provocarono il progressivo spopolamento di Tharros e di *Neapolis*, mentre *Òthoca*, ribattezzata *Sancta Justa*, perdeva importanza rispetto ad *Aristanis*. Nel 1070, con il trasferimento delle autorità politiche e religiose da Tharros in Oristano, la città divenne capitale del giudicato d'Arborèa e sede dell'arcivescovo arborense e crebbe in importanza e in bellezza. C'è un detto popolare che racconta della costruzione della città grazie anche alle pietre asportate dalla città di Capo S. Marco: «Portant de Tharros / sa perda e carros», da Tharros portano pietre a carrettate. La caratterizzazione 'lacustre' di Oristano è già documentata nel VII secolo dallo scrittore bizantino Giorgio Ciprio, che menziona lo stagno di *Aristanis* (*Aristianes limine*). Dal XII secolo si diffonde anche una falsa etimologia del toponimo, che viene fatto derivare dalla forma latina *Aureum Stagnum*, al punto che nello stemma cittadino si raffigura un lembo di terra che emerge da una laguna dorata. La vera origine del nome *Aristianum* è da far risalire invece alla denominazione dei fondi posseduti in quest'area da un membro della romana *gens Aristia*. Dalla fine del XIII secolo il nucleo della città medievale, detto Pottu, era circondato da una cortina muraria turrita. Le porte d'accesso alla città erano due: porta Manna (grande) a nord, aperta sul prospetto della torre di San Cristoforo, nella piazza Roma; e porta Mari (del

Oristano 1:13 000 (1 cm = 130 m)

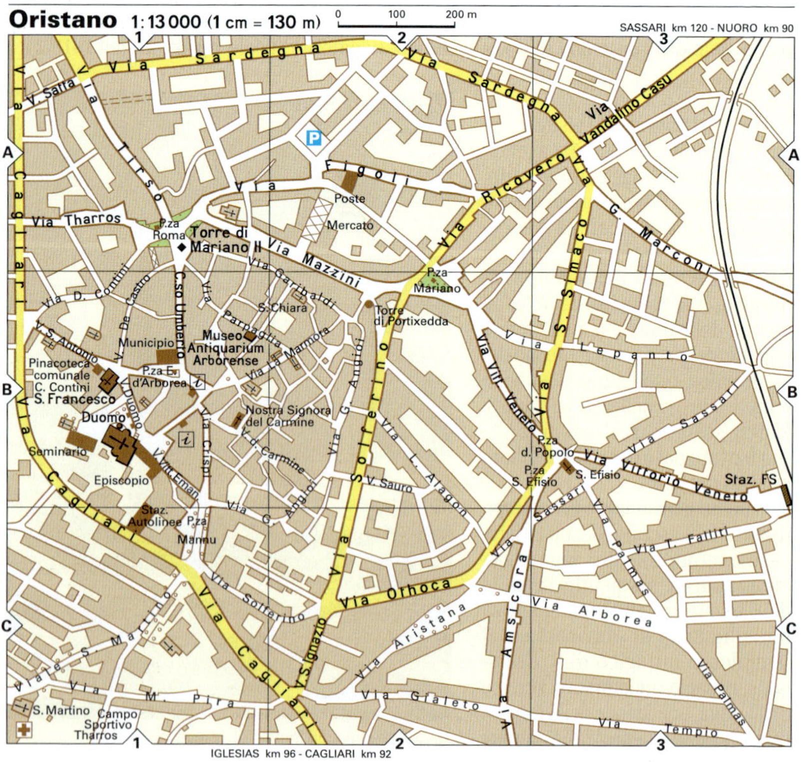

Oristano, l'interno del Duomo di S. Maria Assunta

mare o della laguna), a sud-ovest, distrutta nel 1907, presso la scomparsa torre di S. Filippo in piazza Manno. Il Castello, il Palazzo giudicale, la Cattedrale con l'episcopio, la chiesa conventuale di S. Francesco e altri minori edifici chiesastici, un ospedale e la *ruga mercatorum* erano concentrati a ridosso della linea occidentale delle mura. Gravitante sul lato opposto delle mura è la trecentesca chiesa di S. Chiara con l'annesso convento delle clarisse. Al termine della lunga resistenza condotta dal giudicato di Arborèa, conclusasi con la sconfitta nella battaglia di Sanluri (1409), i successivi tre secoli di dominio aragonese, e poi spagnolo, furono la causa di un profondo declino delle sorti della città. Solo nel XVIII secolo, e ancora di più nel XIX, la città conosce sotto il regno dei Savoia uno sviluppo architettonico-urbanistico notevole.

Duomo *(B1)*. Dedicato a S. Maria Assunta, è una ricostruzione settecentesca (1721-33) in forme barocche di una struttura gotica del XIV secolo, eretta su una precedente fabbrica romanica (XIII secolo). Scavi archeologici sotto il sagrato della chiesa hanno portato alla luce tombe a cassone bizantine del VI secolo, riferibili alla prima area cimiteriale dell'*Aristiane* bizantina.
L'alto **campanile** ottagonale, isolato a fianco della chiesa, venne eretto nel XV secolo, ma la cella campanaria e l'iridescente cupola a corona imperiale sono del XVIII.
L'**interno** è a croce latina; la navata unica, con volta a botte, sulla quale si aprono tre grandi cappelle per lato. All'incrocio col transetto un tamburo ottagonale sorregge l'ampia cupola sovrastata dalla lanterna. Le testate del transetto terminano con due grandi cappelle neoclassiche, aggiunte nell'Ottocento. Nel tondo centrale del presbiterio sopraelevato, la tela dell'*Assunta* attribuita a Vittorio Amedeo Rapous (XVIII secolo). Della basilica romanica restano due frammenti di plutei scolpiti con scene bibliche (*Daniele nella fossa dei leoni* e *Due leoni che abbattono due cerbiatti*). Nel transetto destro la **cappella del Rimedio** è quel che resta della forma gotico-catalana della cattedrale, con volta a crociera gemmata; sulla parete destra un'iscrizione funeraria del canonico giurista Filippo Mameli reca la data 1349.
Sulla piazza del Duomo affaccia anche la severa facciata del palazzo del *Seminario arcivescovile (B1)*, costruito nel Settecento e poi ampliato nel secolo successivo.

In tavola a Oristano

La cucina dell'Oristanese va dal montano al campagnolo e al 'salmastro': come a dire dal *porceddu* alla gallina al mirto (piatto freddo), dalla *burrida* coi gattucci di mare a spigole, anguille e muggini delle peschiere lagunari. Piatto tipico è **sa merca**: muggine di Cabras bollito e fatto insaporire per 2-3 giorni avvolto nella *ziba* (salicornia), erba palustre che cresce sulle rive degli stagni. La **bottarga di muggine**, da molti preferita a quella di tonno, viene usata per gustosi primi piatti o come antipasto, tagliata a fettine sottili: classico l'abbinamento con la **Vernaccia di Oristano**, da un vitigno autoctono remoto che esprime la sua terra.

S. Francesco *(B1)*. Nel centro storico, in via S. Antonio, sorge questa chiesa dalle forme neoclassiche, a cui si accede da un'ampia scalinata di otto gradini. Anche in questo edificio, la ricostruzione dell'originario tempio duecentesco – i frati minori conventuali s'insediarono a Oristano intorno alla metà del XIII secolo – andato distrutto, si deve al cagliaritano Gaetano Cima che nel 1840 progettò un pronao ionico e un'aula a impianto centrale a cupola. Della chiesa originaria rimangono la porzione inferiore della facciata, in conci di vulcanite e calcare e alcune strutture murarie del convento adiacente, tra cui il **portale** del chiostro, al cui interno, come testimoniano le iscrizioni, avevano luogo le solenne adunanze giudicali. All'interno della chiesa spicca sull'altare di sinistra il **Cristo crocifisso**** detto di Nicodemo, massima espressione della scultura lignea di ambiente catalano del XV secolo presente in Sardegna. Nella **sagrestia** sono custoditi il pannello centrale di un grande retablo di Pietro Cavaro (1533), raffigurante *S. Francesco che riceve le stimmate*, e una pregevole statua marmorea trecentesca (forse *S. Basilio Magno*) di Nino Pisano (1368).

Il Cristo crocifisso nella chiesa di S. Francesco

Pinacoteca comunale «C. Contini» *(B1)*. Inaugurata nel 2012 negli spazi dell'antico Ospedale giudicale di S. Antonio, la collezione, intitolata al pittore oristanese Carlo Contini, accoglie opere di maestri sardi del Novecento come lo stesso Contini, Libero Meledina, Antonio Corriga, Giuseppe Biasi, Antonio Ballero, Giuseppe Delitala.

Piazza Eleonora d'Arborèa *(B1)*. Detta anticamente piazza di Città, è il 'salotto buono' di Oristano. Al centro domina il **monumento a Eleonora d'Arborèa**, eseguito nel 1881 da Ulisse Cambi in onore di una delle figure femminili più interessanti della storia non solo sarda, ma anche italiana: la giudicessa che ricoprì tale carica dal 1383 al 1404, esprimendo nella *Carta de Logu* (1395), il codice esteso poi a tutta la Sardegna, una delle forme più evolute di sapienza legislativa medievale. Degni di citazione, nella piazza, sono anche il *Palazzo comunale*, già convento degli scolopi di fondazione seicentesca (e ancor prima sinagoga di una nutrita comunità ebraica oristanese), il settecentesco *palazzo Mameli* con balconi in ferro battuto, l'elegante *palazzo Corrias-Carta*, altra opera neoclassica dovuta a Gaetano Cima, e il palazzo dell'Ufficio tecnico comunale, sede dell'*Archivio storico* cittadino.

Piazza Roma *(A1)*. Ha una pianta a U, con il lato aperto rivolto verso l'interno della città, e si è sviluppata all'esterno della cinta muraria medievale; di questa rimane la massiccia **torre di Mariano II** *(A1)*, eretta nel 1290 come testimonia la copia di una lastra marmorea con iscrizione latina (l'originale è conservato nell'Antiquarium Arborense). La torre costruita in blocchi di arenaria costituiva l'ingresso principale della città, attraverso l'ogivale *porta Manna*, inquadrata entro un fornice a tutto sesto. Alla sommità si eleva una torretta merlata aggiunta nel XV secolo e munita di campana del 1430.

Cinta muraria. Alta tra i 5 e i 6 m, provvista di torri e porte, circondava Oristano nel periodo giudicale, sotto il regno di Mariano II (1241-91). Dalla torre la cortina fortificata correva lungo l'attuale via Mazzini per giungere alla *torre di Portixedda (B2)*; da qui il tracciato seguiva via Solferino, piegando fino all'antica porta Mari, che sorgeva sull'attuale piazza Mannu. Quindi, abbracciava il Duomo e la sede episcopale e si ricongiungeva con la torre di S. Cristoforo. Oltre alle due torri, resti delle fortificazioni sono visibili lungo via Mazzini e Solferino, nel cortile del Seminario e lungo via Cagliari, di fronte a una stazione di servizio.

Museo archeologico Antiquarium Arborense* *(B1)*. Costituito nel 1938 con l'acquisto della raccolta di Efisio Pischedda e dedicato all'illustre studioso oristanese

Nel salotto di Oristano, orgogliosa mater della Sardegna

Come ha sostenuto l'antropologo comparatista Marcel Detienne nell'edizione italiana del suo *Essere autoctoni* (2004), l'identità esiste per come uno se la inventa. Ecco perché Oristano, l'antichissima *Aristanis*, così come la registra nel 636 il bizantino Giorgio Ciprio nella sua *Descriptio orbis romani*, è forse l'unica città dell'isola che potrebbe sfidare Nùoro nell'eventuale candidatura a capitale dell'orgoglio sardo. È proprio qui, infatti, che governò in qualità di giudicessa 'reggente', per conto dei figli minorenni, quella donna leggendaria che è stata **Eleonora d'Arborèa**, morta probabilmente di peste tra il 1403 e il 1404: basamento suggestivo di quel perenne discorso non solo folclorico, ma anche politico, fondato su quel mito antropologico isolano che è il matriarcato. Non per niente è proprio a Oristano che, nel 1921, veniva fondato il **Partito Sardo d'Azione**. E sempre qui, in questa città – in cui le acque dentro un gioco scintillante, tra mare e stagni, cambiano continuamente colore – che conosceva una sua importante seppure brevissima stagione il sardo-fascismo, quello che si lega al nome e alla vicenda di **Paolo Pili** e **Antonio Putzolu**, i quali scesero in città da Seneghe, in nome d'un fascismo di popolo e più democratico, per provare a difendere i pastori dallo strapotere degli industriali del latte e del formaggio.

Ma c'è un altro aspetto che, in Sardegna, rende unica Oristano: e cioè il fatto d'essere anche città-territorio, vivendo in sinergia, se non in simbiosi vera e propria, con tutti i paesi del territorio. Il territorio, insomma, come grande casa comune e accogliente, di cui il capoluogo dà l'impressione di essere un piacevolissimo salotto: che ha il suo elegante e confortevole centro nella **piazza** *(nella foto)* che alla giudicessa è dedicata. Di là potrete, con agio, raggiungere il **Duomo**, che si concentra e articola entro un piazzale alberato, con la sua facciata incompiuta in conci d'arenaria, che impressiona per la sua disposizione sincretica, eppure così elegantemente conciliata, tra un certo Duecento e un fastosissimo Barocco, che continua a regalare a cittadini e turisti la sua bella cupola maiolicata e policroma a cipolla. Non dimenticate di non trascurare il piccolo, epperò attrezzatissimo, **Museo civico**, ormai perfettamente multimedializzato, coi suoi reperti d'un Sinis inseguito dalla preistoria all'età altomedievale, o con gli atri, prenuragici e fenicio-punici, arrivati dagli scavi di Cùccuru Is Arrìus e di Tharros. Se poi ci capitate di Carnevale, non vi perdete, allora, **Sa Sartiglia**: quel cinquecentesco gioco di cavalieri e di tornei, quelle incredibili acrobazie a cavallo in pariglie di tre. A conferma di quanto sia accogliente questa città-salotto, mi piace citare, per una piacevolissima cena di fine giornata, tanto più se il cielo è rimasto sempre azzurro e la temperatura tiepida, l'*Osteria del Vicolo*, organizzata all'uopo anche per vegetariani e vegani, nella più cordiale liberalità.

Massimo Onofri

Giuseppe Pau, dal 1992 è allestito nell'ottocentesco **palazzo Parpaglia**, in piazza Corrias; lo si raggiunge per l'antica via Parpaglia, dal tracciato irregolare (all'inizio, a sinistra, un interessante esempio di edilizia civile del Cinquecento: la cosiddetta *casa di Eleonora d'Arborèa*). La collezione espone corredi funebri di età punica e romana provenienti soprattutto da Tharros e materiali vari di età neolitica e nuragica, dagli utensili di ossidiana ai vasi votivi ai bronzi, dalle zone lacustri circostanti. Due grandi plastici ricostruiscono l'assetto urbanistico, rispettivamente di Tharros nel IV secolo d.C. e dell'Oristano trecentesca, secolo del massimo splendore dell'epoca giudicale. A testimonianza della successiva ricca stagione culturale catalana, una sala è dedicata a tre preziosi **retabli**: quello di *S. Martino* (XV secolo, felice espressione del gotico internazionale), quello del *Santo Cristo* (1533) e quello della *Madonna dei Consiglieri* (1565). È fruibile per i non vedenti e gli ipovedenti un percorso museale tattile che riproduce manufatti del patrimonio archeologico, storico e artistico del territorio oristanese. Completano la visita spazi espositivi multimediali.

Sartiglia, la giostra equestre di Oristano**

La Sartiglia si corre per le vie di Oristano ogni ultima domenica di Carnevale e il martedì grasso successivo. Il significato originario era legato a riti propiziatori di buoni raccolti. La festa inizia di buon mattino con un banditore che l'annuncia per le vie cittadine. A mezzogiorno, in una delle sedi dei due *gremi* (corporazioni) dei falegnami e dei contadini, organizzatori della Sartiglia, inizia la cerimonia della vestizione di **su Componidori**, una misteriosa figura sacerdotale-cavalleresca cui viene affidato il compito sacrale di scandire i tempi e i modi della giostra. Indossa una bianca mantiglia spagnola e un cilindro e al viso gli viene apposta una pallida maschera androgina, tanto più misteriosa quanto più è priva, a differenza di molte altre maschere della tradizione sarda, di espressione o di caratterizzazione di genere. Tre donne sono deputate alla sua vestizione, che avviene al di sopra di un tavolo: dal momento dell'apposizione della maschera, il personaggio non può più toccare terra, a sottolineare la sua avvenuta divinizzazione. Dal tavolo monta quindi direttamente in sella al cavallo. All'esterno, intanto, inizia a muoversi un lento corteo aperto dalle fanciulle della 'corte di Eleonora' cui seguono tamburini, trombettieri e poi il corteo dei cavalieri appariglIati, con in testa *su Componidori*. Solenne, sul cavallo addobbato, passa tra la folla vociante agitando una sorta di scettro floreale di viole ciocche (*sa pippìa 'e maju*, 'la bambola di maggio'). Infine riceve una spada. È il momento: lanciato il cavallo al galoppo, *su Componidori* dà inizio alla gara infilzando la prima sartiglia (*sortilla*, 'anello' in spagnolo), una stella d'argento forata e sospesa in mezzo alla strada. Dopo di lui (e da lui scelti), tenteranno l'impresa altri cavalieri, che anche loro nascondono il volto dietro misteriose maschere. Al termine, seguono le 'pariglie', esibizioni acrobatiche dei cavalieri eseguite a gruppetti su 2-3 cavalli per dimostrare la propria *balentìa*, ovvero il valore e il coraggio.

La chiesa romanica di Santa Giusta

S. Chiara *(B1-2)*. La chiesa gotica (XIV secolo), affiancata dal rustico convento delle clarisse, si presenta con un sobrio prospetto in conci di arenaria, arricchito da due monofore cieche e da un rosone. L'interno, restaurato, mostra l'originaria cappella presbiteriale con volta a crociera e bifora inquadrata da un arco acuto sul fondo. A sinistra l'epitaffio di Costanza di Saluzzo (1348), nonna di Eleonora d'Arborèa.

Torre di Portixedda *(B2)*. Costruita dagli aragonesi su una preesistente torre quadrata giudicale nella seconda metà del Quattrocento per proteggere l'accesso della porta orientale della città (la 'porticina'), originariamente costruita in conci d'arenaria e oggi diroccata, è costituita da due corpi cilindrici sovrapposti e di diverso raggio di curvatura, raccordati fra loro da una superficie inclinata tronco-conica.

Nostra Signora del Carmine *(B1-2)*. Significativo esempio di architettura rococò di matrice piemontese, dovuta alla munificenza del primo marchese d'Arcais (1785) e progettata da Giuseppe Viana, mostra il dorato prospetto di arenaria scandito da paraste ioniche e da un finestrone a rene che sormonta lo stemma gentilizio degli Arcais. Luminoso e leggiadro l'interno, con due cappelle per lato. Nell'adiacente ex convento dei carmelitani si tengono importanti manifestazioni culturali.

Su Brugu. All'esterno del circuito murario si stende il borgo, o meglio i *borghi storici*, i quartieri popolari sorti lungo le strade che si dipartono dalle porte cittadine: **Pontixeddu** (Ponticello), nella via Tirso *(A1)*, **Congidargius** (via Figoli, *A1-2*), **Maddalena** (presso l'oratorio omonimo, piazza Mariano, *A-B2*), **None** (via Aristana, *C2*), **S. Lazzaro** (via Cagliari, *B-C1*). Qui negli ultimi decenni i cambiamenti architettonici sono stati rapidi ed è sempre più raro incontrare i bassi edifici costruiti in *làdiris*, i mattoni crudi, impastati di fango e di paglia, che fino a non molto tempo fa erano il materiale edilizio prevalente nelle costruzioni del Campidano e di Oristano. Quando non sono state sostituite da moderni laterizi, spesso le cortine murarie così costruite sono state intonacate, e quindi 'nascoste'. Solo negli ultimi anni è ripresa la produzione del *làdiris*, che è assai più costoso ma assicura notevoli vantaggi in termini di isolamento termico: i locali interni infatti trattengono il calore d'inverno e restano freschi in estate. Altra caratteristica cittadina in via di estinzione per le strade dei borghi storici sono gli alti muri di cinta da cui traboccano i rami fioriti del gelsomino e del glicine. La festa dei borghi nella settecentesca **chiesa di S. Efisio** *(B3)*, a fine settembre, è una ricorrenza molto sentita dagli oristanesi: la statua del santo, secondo la leggenda campione nella lotta contro le popolazioni barbaricine pagane, viene portata in processione su un carro trainato da una coppia di buoi per le vie cittadine e lungo la strada per Tharros.

Santa Giusta

Circa 3,5 km a sud di Oristano, Santa Giusta (m 10, ab. 4800 circa) è l'erede di *Òthoca*, città fondata dai fenici attorno al 730 a.C. per usufruire tanto delle risorse cerealicole e di allevamento del Campidano quanto della provvida ricchezza ittica offerta dalla laguna. Il nome odierno della cittadina è attestato a partire dal XII secolo in relazione al culto di una martire locale. Gli scavi hanno rivelato resti della cinta muraria fenicia sul colle della cattedrale, tracce dell'abitato e, soprattutto, la necropoli di cui è visitabile presso la **chiesa di S. Severa** una tomba fenicia a camera costruita in blocchi di arenaria, utilizzata fino al I secolo a.C.

A cavallo nello stagno di S. Giovanni, nei dintorni di Arborèa

Sul poggio più elevato dell'area urbana, all'ingresso da nord, sede dell'acropoli antica, si innalza la bella **cattedrale di S. Giusta***, in stile romanico, eretta nella prima metà del XII secolo da maestranze che conoscevano i modelli pisani e che utilizzarono la dorata arenaria del Sinis ravvivata da qualche sobrio inserto di marmo candido e di basalto ferrigno. La severa facciata, che si accende di colori particolari alla luce del tramonto, presenta un'alta triplice arcatura che inquadra il portale con capitelli scolpiti e un'elegante trifora. Al culmine il timpano include il tipico motivo pisano del rombo a gradoni. I fianchi sono ritmati superiormente da arcatelle impostate, con alternanza, da mensole e da lesene. L'abside, solenne, è ripartita da semicolonne. Austero l'interno, suddiviso in tre navate da colonne in marmo e granito con capitelli e basi prevalentemente di spoglio, forse da edifici romani di *Òthoca*.

Nello **stagno di S. Giusta**, regno di folaghe e fenicotteri, la prima domenica di agosto si tiene la *regata is Fassonis*, gara di velocità sulle tradizionali imbarcazioni costruite con fascioni di canne palustri.

Da Santa Giusta ad Arborèa

Sulla strada che va in direzione Arborèa, sulla destra si notano le due arcate superstiti del ponte a cinque arcate che valicava il rio Palmas in corrispondenza della strada romana lastricata che collegava *Òthoca* con *Kàrales* (Cagliari), a sud, e *Turris Libisonis* (Porto Torres) a nord. La strada, accompagnata da filari di eucalipti, rasenta quindi lo **stagno di S'Ena Arrubia** – 'ruscello rosso' – sito di interesse comunitario e oasi di protezione con postazioni per gli appassionati di birdwatching (nella stagione autunnale è zona di passo delle specie migratorie).

Arborèa e dintorni

Fondata nel 1928 col nome di Mussolinia di Sardegna (m 7, ab. 4000 circa), con palazzine liberty e neogotiche che le conferiscono un aspetto assai diverso dalle altre località sarde moderne di analoga dimensione. In viale Italia, negli edifici del mulino è allestito il **Mub - Museo della bonifica di Arborèa**, dedicato alla storia della bonifica del territorio e sede della Collezione civica archeologica: in esposizione, reperti punici, romani e altomedievali derivati da necropoli del territorio; notevole è un **askòs*** (vaso-otre) a busto di fanciulla, del II secolo a.C.

Oltre Arborèa, una strada a destra conduce a *Marceddì* (m 1), borgo di pescatori sorvegliato dalla *Torre vecchia*, manufatto cinquecentesco di difesa costiera. Gli **stagni di Marceddì** e **di San Giovanni**, collegati con la peschiera di Corru s'Ìttiri racchiusa in uno stretto braccio di mare, sono ambiente d'elezione di sterne, gabbiani e cormorani. Nelle valli di Marceddì si allevano prelibati frutti di mare. Da *Terralba* (m 9, ab. 10 500 circa), grosso centro di produzione vinicola e sede episcopale tra il XII secolo e il 1503, la statale 126 conduce a **Marrubiu** (m 7, ab. 4900 circa), 'villa nueva' del XVII secolo con una bella parrocchiale seicentesca

6.2 Il Sinis

Itinerario automobilistico da Oristano a Putzu Idu, 38 km escluse le deviazioni
(carta a pag. 138)

Da Oristano in direzione nord si raggiungono Cabras e poi, lambendo le lagune, San Giovanni di Sinis e Tharros, l'antica città fenicia. Si risale quindi la costa del Sinis fino a Putzu Idu, da dove si può compiere l'escursione marittima all'isola di Mal di Ventre, per secoli covo dei pirati. Le spiagge del Sinis sono raggiungibili anche in bicicletta, evitando la stagione più calda.

Cabras

Sulle sponde del vasto stagno a cui dà il nome, la cittadina (m 9, ab. 9000 circa) sorse nel medioevo intorno a un castello dei signori d'Arborèa, di cui sussistono scarse strutture in laterizio sul bordo dello stagno, alle spalle della cinque-seicentesca parrocchiale di S. Maria. Il **Museo civico «Giovanni Marongiu»**, robusta struttura quadrilatera in rossa trachite, si innalza nella via Tharros sull'orlo della laguna. Vi è disposta con aggiornati criteri museografici un'ampia raccolta di reperti dai villaggi neolitici ed eneolitici del territorio (in particolare da Cùccuru is Arrius), da nuraghi e da villaggi nuragici del Sinis e soprattutto dalla città di Tharros, di cui è ricostruito uno spaccato del *tophet* con urne cinerarie, stele e cippi. Dal 2014, dopo un lungo restauro, è esposta una selezione di uno dei più importanti ritrovamenti archeologici della civiltà nuragica: i cosiddetti **Giganti di Mont'e Prama****. Sono sei delle ventotto statue ritrovate nel sito di Mont'e Prama, nei pressi dello stagno di Cabras, nella seconda metà degli anni '70 del secolo scorso. Si trattava probabilmente di un'area funeraria monumentale che doveva celebrare gli antenati-eroi di una comunità, per esaltarne la potenza e la grandezza. Le maestose e possenti sculture, ricavate da blocchi unici di pietra, rappresentano arcieri, guerrieri e pugilatori tutti provvisti di elaborate decorazioni – guanti, scudi, guaine protettive – e connotate da marcati tratti espressivi: grandi occhi concentrici, naso, sopracciglia. Parte del ritrovamento è attualmente esposto anche presso il Museo archeologico nazionale di Cagliari, in attesa di riunire il complesso nella sede museale di Cabras, in via di ampliamento.

Cabras, una spiaggia di quarzo bianco

Stagno di Cabras*

Con la sua estensione di oltre 2200 ettari, è l'ambiente palustre più rilevante della Sardegna e uno dei principali d'Europa. Fino agli anni '70 del secolo scorso lo stagno, ancora inquadrato in una sorta di sopravvivenza di regime feudale d'uso della laguna, era di proprietà privata e vi si praticava la pesca con caratteristiche barche di giunco, dette in lingua sarda *is fassonis*, oggi utilizzate solo in qualche manifestazione turistica. Le modalità di itticoltura sono state tecnologicamente aggiornate e, nel contempo, le esigenze di redditività della pesca si sono più consapevolmente intrecciate con quelle di salvaguardia del prezioso habitat. Canali, dune, canneti, specie anche rare di uccelli (il fistione turco, che ha qui il più importante luogo di nidificazione d'Italia, il tarabuso, l'airone rosso, la folaga, il pollo sultano) compongono un insieme di straordinario interesse naturalistico. In comunicazione col mare attraverso la *peschiera Pontis*, lo stagno è ricco di pesci, in particolare spigole, anguille e muggini, che hanno un ruolo centrale nella gastronomia dell'Oristanese.

Cabras, un gigante di Mont'e Prama

Marina di Torre Grande

Tra Cabras e Oristano, è una lunga spiaggia molto frequentata, bordata di palme e dall'arenile sabbioso a grana grossa. La spiaggia è molto ben attrezzata e accessibile a tutti, con ampi parcheggi alle spalle e numerose strutture per la sosta – compreso il campeggio – e il ristoro. I fondali che digradano dolcemente ne fanno l'ideale spiaggia per le famiglie con bambini.

San Giovanni di Sinis

Il toponimo indica sia il villaggio, sia la storica chiesa, sia infine la bella spiaggia di 4 km che arriva fin quasi al Capo S. Marco. La sorprendente piccola **chiesa di S. Giovanni***, o *Santuanni* com'è conosciuta in sardo, presenta un'avancorpo a tre navate medievale (IX-XI secolo) che include un corpo quadrato e a cupola che

La penisola del Sinis con il promontorio roccioso di Capo S. Marco

componeva l'originario nucleo paleocristiano (VI secolo), a croce greca, ispirato al modello cagliaritano di S. Saturnino o quello sulcitano della basilica di S. Antìoco sull'isola omonima. Nella parte più antica della chiesa mostra la straordinaria perizia dei costruttori bizantini che eressero la cupola, combinando la base quadrata, delimitata dai pilastri, con l'imposta circolare della volta ricorrendo ad arditi ed eleganti pennacchi. Poco distante, in *pratza 'e sa Festa*, c'è il *Centro visite* dell'**Area marina protetta Penisola del Sinis-Isola Mal di Ventre**, istituita nel 1997 a tutela integrale dell'ambiente marino dei fondali delle coste dell'isola di Mal di Ventre e dello scoglio del Catalano, oltre che di buona parte delle coste della penisola attorno a Capo S. Marco. Nella struttura un *Acquario virtuale* attraverso strumenti multimediali valorizza la biodiversità di questo tratto di costa.

Verso sud, si osservano dune di sabbia e qualche tradizionale *barracas* dei pescatori, intelaiate in tronchi con pareti e spioventi in *crucuris* (il giunco di stagno): alcune, attrezzate, sono affittate ai turisti. Nei pressi di San Giovanni di Sinis, la **spiaggia di Mare Morto** si affaccia sul mare interno del golfo di Oristano e si caratterizza per la tranquillità dell'approdo, apprezzato da molti diportisti.

Il periplo di Capo S. Marco

Un panoramico sentiero prende le mosse presso la **torre** aragonese detta **di S. Giovanni**. Dell'antico insediamento si possono osservare i resti di una cinta muraria tardoantica o altomedievale (forse il *kastron* menzionato dallo storico bizantino Giorgio Ciprio), costruita riutilizzando i blocchi squadrati della cortina muraria cartaginese del IV secolo a.C. Il sentiero conduce fino all'estremità di **Capo S. Marco**, compiendone l'intero perimetro in poco più di 2 ore. Percorrendo la sottile lingua di sabbia che tiene attaccato alla terraferma il promontorio – una sorta di goccia di roccia che pare in procinto di staccarsi e precipitare nel golfo di Oristano – succede di trovarsi il mare da entrambi i lati e di vederne talvolta i burrascosi moti ondosi al largo e la calma piatta delle acque interne. Lungo il percorso, sempre in vista del mare cristallino, si susseguono **calette** riparate, gruppi di capre al pascolo, tane di conigli selvatici e tartarughe e, dall'alto, l'affascinante scenario delle rovine di Tharros; spingendo lo sguardo verso l'interno, si scorge la distesa acquea degli stagni di Cabras e, oltre Oristano, di S. Giusta e di s'Ena Arrubia.

Il sito archeologico di Tharros, nella propaggine meridionale della penisola del Sinis

Tharros**

Le rovine semisommerse di questo antichissimo sito e soprattutto lo struggente contrasto fra la pietra e il mare blu, specie al tramonto, sono tra le icone più rappresentative della costa occidentale. La visita delle rovine prende le mosse dal piccolo locale, all'ingresso degli scavi, in cui sono esposte la pianta generale della città, le planimetrie degli edifici principali e la documentazione fotografica di manufatti fenicio-punici restituiti dalle campagne di scavi attivate nell'area urbana a partire dal 1956. Tharros si rivela, sostanzialmente, nel suo aspetto tardoromano (III-IV secolo d.C.), benché non manchino lacerti cartaginesi e altomedievali.

Storia. Tharros è una città 'bimare', come la greca Corinto. I fenici – che la fondarono sul finire dell'VIII secolo a.C. come scalo commerciale – prediligevano per le loro colonie i promontori affusolati che consentivano alle navi di collocarsi a riparo dei marosi in una delle due rade, qualunque fosse la direzione del vento. Vastissimo, nel VII e VI secolo, fu il raggio d'azione dei mercanti di Tharros, che andava da Cipro all'Egitto, dalla Jonia all'Etruria, dalla Spagna al mondo celtico. Né valse a ridurlo l'egemonia di Cartagine sulla Sardegna (dal 510 a.C.). Fatale al contrario fu l'avvento del dominio romano (238 a.C.): il nuovo orientamento dei traffici commerciali, diretti a Roma, ne determinò la decadenza, in particolare dal 77 a.C. Durante il periodo imperiale Tharros, elevata al rango di colonia onoraria, riacquistò il suo ruolo guida nell'ambito del commercio mediterraneo. Sul piano politico-religioso, le prime comunità cristiane appaiono documentate dal IV secolo, mentre una vera e propria organizzazione vescovile è attestata a partire dal VI. L'insicurezza dei mari in età bizantina portò alla riduzione della città in un *castrum* mentre la popolazione civile dovette costituire il nuovo centro di *Sines*, presso la chiesa di S. Giovanni di Sinis. L'imperversare delle flottiglie saracene portò a un progressivo decremento della popolazione sino all'abbandono di Tharros-Sines nel 1070, a favore della non distante città di Oristano.

Compitum. Lasciato il locale espositivo si prende a destra la strada lastricata in basalto percorrendola fino a una piazzetta (*compitum*), che ospitava un'edicola consacrata probabilmente alle divinità che proteggevano i crocicchi, i *Lares compitales*.

Sul lato nord prospetta un ampio edificio quadrangolare: si tratta di un cisternone o del *castellum aquae*, serbatoio conclusivo dell'acquedotto (II-III secolo d.C.) che alimentava una fontana pubblica.

Verso il tophet. Dalla piazzetta si risale, a nord, lungo la strada principale, che mette in comunicazione i quartieri meridionali con il pianoro di Muru Mannu. La via, che presenta al centro le fognature (oggi ricoperte da un tavolato), disimpegnava, sui due lati, stabilimenti artigianali, negozi e diversi locali di ristoro (*tabernae*, *cauponae*). Alla sommità del pianoro la vista guadagna a nord l'intera regione del Sinis. Si prosegue verso un'arena subcircolare delimitata da un terrapieno, cinto da una struttura muraria composita e destinato a ricevere le gradinate in legno: in questo spazio si riconosce il modesto *anfiteatro* di Tharros (II-III secolo d.C.), dislocato in periferia, forse per evitare pericoli alla comunità, in caso di fuga delle bestie feroci utilizzate nelle *venationes*. L'arena di Tharros occupa parzialmente l'area del **tophet**, il santuario proprio delle città fenicio-puniche, destinato ad accogliere le urne cinerarie dei bambini nati morti o defunti in tenera età, consacrati al dio Baal e, dal V secolo a.C., anche alla dea fenicia Tanìt. Il *tophet* di Tharros, in uso tra l'VIII e il II secolo a.C., venne impiantato sulle rovine di un villaggio nuragico costituito da capanne circolari (XV-XIV secolo a.C.).

L'ecosistema lagunare del Sinis

L'ecosistema lagunare del Sinis comprende, oltre allo stagno di Cabras, anche gli **stagni di Sa Màrdini** (con la settecentesca peschiera) e **di Mìstras**, regno di gabbiani e fenicotteri, nell'area antistante Tharros; più a nord, lo **stagno di Sale 'e Porcus** è un'oasi permanente di protezione faunistica, mentre quello di **Is Benas** accoglie nelle sue acque salmastre il *caniottu*, un'orata di piccola taglia e di profumata squisitezza.

Fortificazioni settentrionali. Oltre il *tophet* si individuano le fortificazioni settentrionali della città. Scavi hanno messo in luce i resti delle mura con torri quadrate, in blocchi regolari di arenaria, della **cinta**

La Corsa degli scalzi

Vanno di corsa, scalzi e vestiti di una bianca camicia legata intorno ai fianchi come un saio. Coprono la distanza di 9 km dalla chiesa parrocchiale di **Cabras** al santuario campestre di **S. Salvatore** portando in spalla la statua del Cristo Salvatore: sono centinaia, esclusivamente maschi, e devono essere rigorosamente nati a Cabras o aver sposato donne del luogo (si fanno rare eccezioni per chi deve compiere un voto specifico). La processione si svolge ogni primo sabato di settembre e si replica, l'indomani, lungo il percorso inverso. Il significato storico è la rievocazione di una leggendaria fuga rocambolesca della popolazione di San Salvatore dalla costa verso l'interno, per sottrarsi alla depredazione dei pirati saraceni. Alla corsa maschile fa da contrappunto silenzioso, all'alba della domenica, una processione femminile, sempre di scalze, che porta un simulacro più piccolo.

cartaginese (fine VI secolo a.C.), cancellate da una cortina muraria in blocchi poligonali di basalto, dotata di due postierle in età romana repubblicana (II secolo a.C.). Coevo a queste mura romane è il fossato con il terrapieno provvisto di muro di controscarpa in tecnica poligonale; colmato nel I secolo a.C., fu adibito entro il I d.C. ad area cimiteriale.

I templi, le terme, il foro. Si ripercorre a ritroso la strada dall'anfiteatro fino al *compitum*, mentre la vista spazia, verso sud, sull'erto promontorio di S. Marco che chiude la penisoletta del Sinis, e, oltre il braccio di mare del golfo di Oristano, sul lungo promontorio della Frasca, sopra il quale si stagliano i monti azzurri dell'Arcuentu e del Linas. Si discende, dal *compitum*, a sinistra verso il golfo. Lungo la strada lastricata, a sinistra, emerge il grande complesso (non del tutto scavato) delle *terme III*, mentre a destra si individuano i resti del **tempio** cartaginese **delle semicolonne doriche**, intagliato in parte nell'arenaria, databile al principio del III secolo a.C. La strada si arresta di fronte alle *terme I* del II secolo d.C., riutilizzate dai cristiani nel V secolo per costruire una basilica con battistero a vasca esagonale. Quest'ultimo è visibile a nord delle terme. Dalle terme I a destra si raggiunge un edificio con due colonne rialzate e restaurate. Si tratta, probabilmente, di un **tempio a quattro colonne**, di ordine corinzio, che dovrebbe risalire al 50 a.C. circa. Seguendo la strada si giunge in un piazzale trapezoidale che conserva il lastricato esclusivamente nel settore destro: il **foro** di Tharros, la piazza degli affari su cui gravitavano gli edifici pubblici principali. Il lato sud-est della piazza era delimitato dal portico di accesso alle *terme II*, dette anche terme del foro, del 200 d.C. Lasciate alle spalle le terme II, si risale lungo la strada a sinistra, tra isolati di modeste abitazioni, per ritornare al *compitum* e, da qui, all'uscita degli scavi.

San Salvatore

Da Tharros si retrocede lungo la provinciale sino al bivio per questo caratteristico villaggio 'religioso', sorto nel XVII-XVIII secolo e composto dalle *muristènes* o *cumbessìas*, le basse casupole un tempo abitate solo in occasione delle novene in onore del Cristo Salvatore, cui è dedicata la chiesetta centrale. Dall'interno dell'edificio di culto, tradizionale architettura campestre ad aula rettangolare, una scala scende all'**ipogeo di S. Salvatore***, santuario pagano di origine nuragica riferibile al culto delle acque. Parzialmente scavato nella roccia, presenta un aspetto dovuto a un intervento di ricostruzione dell'inizio del IV secolo; sugli intonaci si notano figurazioni di divinità del pantheon romano (Ercole, Venere, Marte, Eros, una musa), corse di carri, scene gladiatorie e immagini di navi. Molto frequentato durante

La spiaggia di Mari Ermi, tutelata per la sua rarità geologica

la stagione turistica per le belle spiagge dei dintorni, fino agli anni '60 del secolo scorso San Salvatore era così isolato e solitario che fu più volte utilizzato come set per le riprese di film del genere 'western all'italiana', che trovavano altri ideali scenari nei circostanti paesaggi desertici del Sinis.

Le spiagge del Sinis

Da San Salvatore si procede verso nord attraverso la piana del Sinis, fra le colline di basalto costellate di resti nuragici a sinistra e il grande stagno di Cabras a destra. Il mare alterna in questo tratto splendidi arenili e candide scogliere con l'eccezione delle meravigliose spiagge gemelle di **Is Arutas**** e, poco più a nord, **Mari Ermi****, distese di sabbia composta da grani di quarzo, simili a minuscoli chicchi di riso, che hanno la particolarità di non surriscaldarsi mai, neanche sotto il sole a picco della torrida estate. Uniche in tutta l'isola, i geologi le definiscono paleospiagge, poiché sono il risultato dell'erosione, avvenuta migliaia e migliaia di anni fa, della piattaforma quarzifera su cui poggia l'isola di Mal di Ventre. Fino a pochi anni fa i due arenili erano letteralmente saccheggiati dai turisti, che non mancavano di portarsi via un sacchetto di sabbia come souvenir; oggi questa pratica è proibita e può costare salatissime multe da parte dei guardiani dell'Area marina protetta.

Altre apprezzate mete balneari sono le spiagge di **Maimoni** – la prima che si incontra risalendo la costa lungo i sentieri da San Giovanni di Sinis –, anch'essa con granelli di quarzo rosa e bianco, e di **S'Arena Scoada**, quasi in prossimità di Putzu Idu, col fondale di sabbia finissima e pietre e scogli levigati. Lungo tutta la costa gli insediamenti turistici sono praticamente assenti, a eccezione di pochi chioschi-bar in funzione durante la stagione estiva e qualche sopravvissuto capanno di giunco, rifugio dei pescatori.

Falesie di Su Tingiosu*

Una strada sterrata a nord di Mari Ermi s'inoltra in un tratto di costa che dalle spiagge s'innalza fino a 30 m di altezza sul mare: le falesie di Su Tingiosu sono una formazione calcarea che dà rifugio a numerose specie di uccelli marini. Splendido il **panorama** dall'alto delle scogliere sul profilo dell'isola di Mal di Ventre: cespugli spontanei di elicriso e di rosmarino, che crescono in maniera simbiontica, formano compatti cuscini le cui essenze aromatiche sono ancora più intense – come più intensa è la luce radente – all'alba o al tramonto.

Putzu Idu e dintorni

Tornati dalle spiagge sulla provinciale, si prosegue in direzione di Putzu Idu, che si lascia sulla destra il vasto stagno tem-

poraneo di **Sale 'e Porcus**, oasi Lipu di protezione avifaunistica habitat di molte specie di uccelli tra cui fenicotteri, aironi, sterne, gabbiani.
Oltre Putzu Idu la strada prosegue, costeggiando il cordone sabbioso di **Cala Saline**, per porto Mandriola e di qui, lasciando sulla sinistra il promontorio di **Capo Mannu** (raggiungibile solo attraverso sentieri), la **Cala di Su Pallosu**, rivolta verso la costa nord del mare di Sardegna. Tra Su Pallosu e Capo Mannu la spiaggia assomiglia a una laguna chiusa a poche decine di metri dalla riva da un lungo scoglio piatto affiorante che forma una specie di lunga tavola, *Sa Mesa Longa*, che si può raggiungere facilmente a nuoto. L'effetto di grande piscina naturale dal basso fondale è molto suggestivo, così come il colore cangiante dell'arenile, che va, a seconda della luce, dall'ocra al rosso-rosato, con affioramenti di nere rocce basaltiche.

Surf a Is Benas

Tra Punta s'Incudine e Putzu Idu la spiaggia di S'Arena Scoada ospita l'*Is Benas Surf Club*, una scuola di surf attiva da una ventina d'anni, tra le prime in Italia riconosciute dal Coni. Prende il nome dallo stagno marino alle spalle della spiaggia, collegato al mare da un canale scavato fin dall'antichità. Si noleggiano tavole e si possono prendere lezioni di surf individuali o collettive. Per informazioni: *t. 07831925363*.

Isola di Mal di Ventre

Perla del Sinis al largo di Putzu Idu, 4,5 miglia nautiche dalla costa, è un affioramento – 2 km di lunghezza, 80 ettari di superficie – di graniti paleozoici su un mare smeraldo di acque limpidissime, con fondali che sono un paradiso per i fotografi subacquei. È di proprietà privata, ma l'Area marina protetta la preserva dagli insediamenti. La parte settentrionale, come pure lo **scoglio del Catalano**, che si trova a sud dell'isola, sono a tutela integrale: in questa zona l'accesso è riservato al personale autorizzato per la ricerca e la sorveglianza. Habitat incontaminato di uccelli marini, conigli selvatici, testuggini e rettili (in Sardegna non ci sono serpenti velenosi), il manto vegetale è quello della bassa macchia mediterranea. Il vento ha modellato le rocce costiere nelle più svariate forme. Mal di Ventre è infatti il risultato di una curiosa, quanto impropria, deformazione toponomastica del sardo *malu bentu*, 'vento cattivo', ovvero il maestrale che qui soffia costantemente dando filo da torcere alle imbarcazioni. Le **spiagge** più belle si trovano sul lato orientale; su quello occidentale c'è *Cala Maestra*, tra basse pareti rocciose.
Le escursioni in barca per l'isola di Mal di Ventre avvengono tra maggio e settembre, con partenza da Putzu Idu alle 10 del mattino e rientro attorno alle 16. Lungo il tragitto, con un po' di fortuna non è raro, avvistare i delfini.

Tramonto sullo stagno di Sale 'e Porcus, habitat dei fenicotteri rosa

6.3 La valle del Tirso

Itinerario circolare da Oristano al lago Omodeo e ritorno, 80 km escluse le deviazioni
(carta a pag. 138)

Dopo aver risalito da Oristano la bassa valle del Tirso si giunge alla bella chiesa romanica di S. Lussorio. Da Fordongiànus una deviazione (di 22 km) porta a Samugheo e da qui si continua nella media valle fino a dove lo sbarramento di S. Chiara crea il grande bacino artificiale del lago Omodeo. Si costeggia la sponda occidentale in una stretta vallata fino a Tadasuni. Prima di giungere al borgo di Ghilarza, una deviazione lungo la strada da Nùoro ad Abbasanta permette la visita del santuario di Santu Antine di Sèdilo. Da Ghilarza, seguendo il tratto terminale della Nùoro-Abbasanta e deviando a sinistra sullo svincolo che immette nella statale 131 Carlo Felice, si raggiunge l'imponente complesso del nuraghe Losa. Da qui, percorrendo l'altopiano basaltico di Abbasanta sulla 131, dopo circa 4 km da Paulilàtino una breve deviazione conduce infine al suggestivo santuario nuragico di S. Cristina.

La bassa valle del Tirso

La si risale da Oristano lungo la statale 388. In frazione **Silì** (m 10), nota per la produzione di Vernaccia, si trova sulla sinistra la trequattrocentesca *chiesa della Maddalena*: sull'impianto romanico si sono innestate le suggestioni gotiche degli archetti trilobi e della grande bifora dell'abside. La strada continua attraversando borghi agricoli e la campagna coltivata anche grazie alle opere di ingegneria idraulica che negli anni, con i vari sbarramenti sul Tirso, hanno garantito una regolare regimazione delle acque. Superata Simàxis, **Ollastra** (m 23, ab. 1200 circa) accoglie con le sue due chiese: la seicentesca *parrocchiale di S. Sebastiano*, aula di quattro campate su pilastri più antichi e un arco trionfale, e la cinquecentesca *chiesa di S. Marco*, con cripta.
Intorno a **Villanova Truschedu** (m 56, ab. 300 circa) sorgono altre chiese campestri: *S. Costantino* nei pressi della diga di S. Vittoria e più avanti, oltre un'ansa del Tirso, la tardoromanica *chiesa di S. Gemiliano*, in trachite locale, ornata di un rosone e circondata dalle *cumbessìas*, le casette in cui i pellegrini si recavano per partecipare alle novene. La strada sale lasciandosi alle spalle il Campidano di Oristano e il suo golfo per entrare, scollinando, nella regione storica del Barigadu. Col Tirso a sinistra, comincia la discesa verso la chiesa di S. Lussorio.

S. Lussorio*

In località *Fordongiànus*, la chiesa fu costruita forse dai vittorini, nel primo ventennio del XII secolo sopra un ipogeo paleocristiano dove, secondo la tradizione, sarebbe

La chiesa romanica di S. Lussorio, presso Fordongiànus

stato sepolto S. Lussorio, qui martirizzato durante le persecuzioni di Diocleziano del 304. Il sito rientra nell'area cimiteriale extraurbana di *Forum Traiani* (Fordongiànus). Del primitivo impianto romanico, di influenze provenzali, la chiesa, costruita in blocchi di vulcanite, conserva il fianco nord e l'abside. Interessante, sul basamento, un ciclo di bassorilievi di discusso significato raffiguranti un personaggio maschile, una mandria con pastori e un combattimento tra cavalieri; nell'abside, corteo di uomini e donne. Uno degli altorilievi, assai consunto dal tempo, sembra raffigurare persone che ballano un'antica danza sarda. Il fianco meridionale, crollato insieme all'originaria volta a botte, fu ricostruito fra il 1250 e il 1270 mentre la facciata, con portale gotico-aragonese, è un rifacimento ancora più tardo (XV secolo). Dall'interno, si può accedere all'**ipogeo** dove sarebbero stati deposti i corpi dei martiri Lussorio e Archelao. Formato da un lungo corridoio con un ambulacro laterale, presenta copertura con volta a botte e conserva ancora tracce di affreschi e di mosaici pavimentali databili ai secoli IV e V. Il 21 agosto vi si svolge la *festa in onore di S. Lussorio*, con cerimonie religiose, gare di poesia in lingua (*limba*) sarda e di abilità equestre.

Fordongiànus

Solitario paese (m 35, ab. 900 circa) del Barigadu a economia prevalentemente agricola, fu fondato sulla riva sinistra del Tirso probabilmente verso la fine del I secolo a.C. A dargli notorietà sono le cospicue testimonianze preistoriche del territorio, qualche importante monumento d'età storica e soprattutto le sorgenti termali. Il suo nome più antico fu *Aquae Ypsitanae*, poi *Forum Traiani*, dal quale deriverebbe il nome attuale. Dal V secolo vi ebbe sede un vescovo, mentre sotto Bisanzio, munito di nuove fortificazioni e probabilmente con il nome di *Chrysopolis* (città aurea), fu avamposto militare e luogo di residenza dei comandanti che, come già non era riuscito alle legioni romane, mai poterono imporsi sulle popolazioni barbaricine dell'interno dell'isola.

Presso la riva sinistra del Tirso i romani vi costruirono una vasta **struttura termale***. La parte più antica è quella della grande piscina con portico, che sfrutta le acque calde naturali sulfuree (54 °C di temperatura) e che si data al I secolo d.C.; gli ambienti retrostanti al portico sono invece riferiti agli inizi del III. Alle spalle degli impianti termali è l'ampio spazio lastricato del **foro** sul quale affacciano una scalinata monumentale e i resti di un grande edificio, da alcuni ritenuto un *hospitium* (albergo) e da altri un *macellum* (mercato). Fra le altre tracce archeologiche d'età romana vi sono resti dell'acquedotto, dell'anfiteatro, di un ponte e di edifici urbani. Tra le case del centro, molte delle quali costruite in pietra rossa e grigia delle locali cave di trachite, in via Traiano, nei pressi della chiesa parrocchiale, **casa Madeddu** è un raro esempio di dimora signorile di fine XVI-inizi XVII secolo, con portale e finestre in foggia tardogotica aragonese. Le proprietà termali del luogo sono oggi sfruttate da un moderno stabilimento appena fuori il

I resti delle terme romane di Fordongiànus

La Doc di Oristano

Vernaccia: un nome che riporta la viticoltura mediterranea indietro di 3000 anni, quando i fenici, dopo aver fondato la colonia di Tharros, iniziarono a coltivare l'antichissimo vitigno sui terreni alluvionali della bassa valle del Tirso. I romani lo chiamarono poi *vernacula*, uva 'del luogo', da cui probabilmente Vernaccia. La **Vernaccia di Oristano,** prima Doc sarda (1971), è un vino tra i pochi al mondo (con alcuni Sherry) capace di maturare all'interno di botti mantenute scolme: il velo, la 'flor', che si forma durante i processi di ossidazione biologica gli permette di sviluppare il suo inconfondibile bouquet. L'affinamento avviene nelle tradizionali cantine oristanesi costruite 'fuori terra', con mattoni di terra cruda, e per le migliori vernacce può durare alcuni decenni. Personalità e impatto (anche curativo) del vino sono espresse lapidariamente dallo scrittore sardo Giuseppe Dessì: «Bevendo Vernaccia noi sardi abbiamo combattuto malaria e malgoverno. Senza Vernaccia nessuno avrebbe potuto sopravvivere». Il vino ha colore dorato-ambrato, profumi intensi e mandorlati; esprime al palato alcol deciso (almeno 15 gradi), eleganti morbidezze e grande sapidità: da provare, secondo tradizione, con la bottarga di muggine di Cabras. Come vino da meditazione, ideale l'abbinamento con gli amaretti.

paese sulla strada per Ghilarza. Il 16 e 17 gennaio Fordongiànus si anima per la festa di S. Antonio abate – *Santu Antoni de Su Fogu* – con cerimonie religiose, l'accensione di un grande falò che arde tutta le notte e la degustazione di vini e dolci tipici.

Samugheo

Tra le colline del Mandrolisai, regione storica della Sardegna, il borgo (m 403, ab. 3200 circa) è noto per l'artigianato tessile che si tramanda ancora, seppure con sempre maggiore difficoltà, di madre in figlia, e per la lavorazione del pane, prodotto che ha ottenuto il riconoscimento del marchio Dop e di cui si celebra una rinomata sagra nel mese di ottobre. Nel **Museo unico regionale dell'Arte tessile** si conservano telai tradizionali in legno e una collezione di preziosi manufatti del Settecento in lana, lino e cotone. Molto rari gli *affaciadas*, piccoli tappeti ricamati che si era soliti esporre alle finestre in occasione della processione del Corpus Domini. Al tema tessile sono dedicati anche molti dei **murales** che ornano il paese. Suggestive chiese campestri sono nei dintorni: *S. Sebastiano* e *S. Mari di Abbassa*, costruita sopra un antico tempio pagano.

Busachi

Antico capoluogo della regione storica del Barigadu (m 379, ab. 1400 circa), è diviso in tre nuclei: *Busach'e susu* (di sopra), *Busach'e josso* (di sotto) e *Campu Majore*, posti a diverse altitudini. Nella chiesa sconsacrata di S. Domenico è ospitato il Museo del Costume tradizionale e della Lavorazione del Lino, di cui Busachi fu uno dei centri di produzione più importanti di tutta l'isola. Vengono illustrate le varie fasi della lavorazione dalla coltivazione e raccolta del fiore di lino sino al manufatto tessuto finito. Il lino di Busachi venne a lungo considerato il migliore per la qualità dei terreni in cui veniva coltivato. Sono esposti i principali attrezzi per il ciclo di coltivazione della pianta e per la tessitura della fibra (pettine, conocchia, fuso, aspo, arcolaio, orditoio e telaio), oltre a preziosi manufatti ricamati. Tipico piatto busachese è *su succu*, una minestra di capelli d'angelo cotta in brodo di carne condito con formaggio di pecora fresco e zafferano.

Lago Omodeo

Prende il nome dall'ingegnere milanese Angelo Omodeo, che ne progettò e seguì la realizzazione fra il 1918 e il 1924, quando costituiva il più grande bacino artificiale d'Europa. Lungo oltre 20 km, largo fino a 3, capace di 748 milioni di m^3 d'acqua ed esteso su 29 km^2, venne creato allo scopo di regolare le piene del tratto inferiore del Tirso e costituire una grande riserva d'acqua per la piana di Oristano e Arborèa, oltre che per la produzione di energia elettrica. Il lago fu ottenuto sbarrando il fiume con la *diga di S. Chiara* (1923), alta 70 m e lunga 260, oggi dismessa. Al suo posto, nel 2000 è entrata in esercizio la *diga Eleonora d'Arborèa*, ubicata più a valle in località *Sa Cantonera*. Data la vastità del bacino e la conformazione irregolare delle sue coste, più che inserirsi nel paesaggio l'Omodeo lo ha piacevolmente plasmato, come si può ammirare dal santuario di Santu Antine a Sèdilo. Le acque si prestano anche agli sport nautici.

Sul fondale dell'invaso si trovavano il paesino di Zuri e la chiesa romanica di S. Pietro, poi smontata pezzo per pezzo e ricomposta nelle stesse forme tra le case della nuova Zuri. Sul fondo del bacino sono rimasti invece una quindicina di nuraghi, tre tombe di giganti e una **foresta pietrificata miocenica**, devastata però da furti e azioni vandaliche: i resti dei suoi tronchi fossilizzati riappaiono quando le acque del lago sono in secca. Alcuni di essi sono stati trasportati nell'Orto botanico di Zuri e sul piazzale della *chiesetta di S. Maria Maddalena* a **Soddì** (m 253, ab. 100 circa), minuscolo comune sul versante orientale del bacino dove è possibile noleggiare canoe per escursioni sul lago e dove è pure in funzione un piccolo battello per turisti. Dopo la diga di S. Chiara una diramazione sulla sinistra facilita la visita di alcune chiese campestri, fra cui quella di **S. Serafino***, circondata da un grazioso villaggio di *cumbessìas* che si vivacizza in occasione della novena per la festa del 24 ottobre. La chiesa, il cui primo impianto risale alla fine del XIII secolo, presenta nella lunetta del portale in facciata un concio in cui sono scolpiti l'*Agnus Dei fra serafini* e, nell'architrave del portale meridionale, un *serafino* e *quattro personaggi* assorti in atteggiamento di preghiera.

Tadasuni

Grazioso borgo (m 185, ab. 200 circa) alto sulla sponda occidentale del lago Omodeo, custodisce nella casa parrocchiale di via Adua 7 la **Collezione di strumenti musicali «Don Giovanni Dore»***. Unica nel suo genere in Sardegna, conserva circa 360 strumenti musicali riuniti dal parroco cui è intitolata e strumenti specifici della tradizione sarda e di tipologie diverse, specialmente a fiato (*launeddas*, *benas*, *pipiolos*), nonché alcune *ghitarras* e qualche esemplare del rustico violoncello isolano (*serraggia*). Tra gli strumenti più singolari c'è il *trimpanu* – detto anche *skorriu* – una sorta di tamburo che produce un suono quasi impercettibile all'orecchio dell'uomo, ma particolarmente fastidioso per gli animali. Usato un tempo per disturbare e fare imbizzarrire le cavalcature degli eserciti nemici, era utilizzato ancora non molti decenni fa dai banditi sardi che si davano alla macchia per infastidire i cavalli delle compagnie di carabinieri.

Zuri

Nel piccolo agglomerato (m 265), costruito nel 1922-23 per accogliere gli abitanti del vecchio villaggio omonimo sommerso dalle acque del lago Omodeo, fu ricomposta, con gli stessi conci in trachite rossa e secondo le forme originarie, la **chiesetta di S. Pietro**, gioiello del romanico sardo, di ascendenze lombarde con tendenze gotiche. Come dice un'iscrizione sulla facciata, la fabbrica fu realizzata nel 1291, sotto il regno di Mariano II d'Arborèa, da Anselmo da Como, lo stesso architetto al quale si attribuisce S. Pietro di Bosa. L'edificio ebbe nel Trecento il rifacimento dell'abside, di stile gotico catalano, e agli inizi del Cinquecento, in occasione della costruzione del campanile a vela su arcate, della parte superiore della facciata. Fra i vari rilievi che ornano la chiesa si può osservare, all'esterno, una serie di piccoli personaggi che portano in capo *sa berrita*, il floscio copricapo che i pastori usavano fino a cent'anni fa, e si tengono per mano: è probabilmente una raffigurazione della popolare danza tradizionale sarda detta 'ballo tondo'.

Ghilarza

Posizionato fra il lago Omodeo e l'altopiano di Abbasanta, il borgo (m 290, ab. 4700 circa) è noto per la frequentata **Casa Museo di Antonio Gramsci** (con Centro di documentazione e ricerca), edificio in cui il pensatore e uomo politico nativo di Àles abitò dal 1898 al 1908. L'istituzione conserva, riordinati in esposizione museale, numerosi cimeli e una biblioteca dove sono raccolti suoi scritti, compresi i famosi *Quaderni del carcere*, e tutte le opere a lui dedicate.
Altro luogo d'interesse a Ghilarza è la piazza dove, in una suggestiva ambientazione medievale, si trova la rilevante **chiesetta di S. Palmerio**: edificata nella prima metà del XIII secolo, ha forme romaniche con corsi alternati di conci in trachite scura e chiara e una bella facciata tripartita da arcate. A lato si erge una massiccia *torre* del Quattrocento, bell'esempio di architettura militare catalana: forse in origine sede dei marchesi di Oristano, dal Seicento venne utilizzata come carcere, abbandonata e nuovamente usata come prigione dal 1893, fino a diventare oggi sede di convegni e manifestazioni culturali.
Particolarmente scenografico, il *Carnevale di Ghilarza* inizia una settimana prima rispetto alla tradizione, con *Sa cursa a sa pudda*, una corsa in cui i cavalieri, in piedi sulle groppe dei loro destrieri, hanno come obiettivo quello di catturare delle galline appese lungo le vie del paese. Durante le sfilate di carri allegorici spiccano le maschere nere dei *burrones* e quelle bianche delle *mascheras a lenzolu*.

Sèdilo

Da Ghilarza, tralasciando la veloce statale 131, alta sul lago, e optando per la panoramica strada provinciale che si snoda tra colline coronate da nuraghi, si arriva a questo paese (m 283, ab. 2300 circa), che domina la valle del Tirso e l'alto bacino dell'Omodeo. La sua fama è legata alla presenza, a circa 1 km dal centro, del **santuario di Santu Antine**, e ancor più alla travolgente corsa equestre che il 6 e il 7 luglio vi si svolge per rievocare la battaglia di ponte Milvio del 312. È noto che l'imperatore romano Costantino – in sardo Antine – difensore della nuova fede cristiana, vi sconfisse Massenzio e i pagani, ma non per questo fu fatto santo: se è tanto popolare in Sardegna è per influsso dei bizantini che lo veneravano come *isoapòstolos*, 'uguale a un apostolo'. Il santuario, costruito nelle forme attuali alla fine del Settecento, ha comunque all'interno le pareti tappezzate di *ex voto*. Nel recinto della costruzione sacra si distinguono *su forte*, il terrapieno davanti alla chiesa; *sa muredda*, di forma circolare, con una croce al centro; e le *cumbessìas* che accoglievano i pellegrini; alcuni reperti archeologici (un *bétilo* o pietra sacra, due stele d'età nuragica e alcuni cippi funerari romani). Di fronte, vasto panorama sul lago.

S'Ardia, la giostra equestre di Sèdilo**

Ogni anno, il pomeriggio del 6 e la mattina del 7 luglio il santuario di Santu Antine a **Sèdilo** si anima di pellegrini giunti da ogni parte della Sardegna, anche a piedi. Nello spettacolo – una frenetica galoppata su terreno sterrato e scosceso – hanno parte cospicua anche il vociare della folla, le grida, i canti e le preghiere, gli spari dei fucili e la musica tradizionale che irrompe nella corte del santo. Cerimoniale e costumi sono più semplici di quelli della Sartiglia di Oristano, ma la partecipazione più profondamente sentita e dunque più emozionante, perché devozione religiosa e tensione agonistica vi si fondono appieno. Un'integrale, contagiosa, compenetrazione tra sacro e profano si consuma davanti agli occhi degli spettatori. La corsa inizia da *su frontigheddu*, un piccolo rilievo situato al di fuori del recinto del santuario sul quale, preceduti dai fucilieri, si riuniscono i cavalieri. In testa stanno i portatori di *sas pandelas*, gli stendardi: uno giallo, il più importante, dell'alfiere capo designato, uno rosso e uno bianco. Il meticoloso cerimoniale prevede all'inizio anche momenti di raccoglimento e preghiera. A un certo punto la folla ammutolisce e i cavalieri con le *pandelas* si lanciano all'improvviso a briglia sciolta. Per sette frenetiche volte, spericolati, compiono il percorso stabilito dall'alfiere-capo che conduce la corsa. Costui deve far di tutto per non farsi superare, a guardia (*s'árdia*, appunto) degli stendardi, aiutato da *sas iscortas*, gli amici che lo assecondano e proteggono anche con la forza. Infine *sa prima pandela* si arresta davanti al santuario e la corsa finisce. S. Costantino imperatore è stato così degnamente onorato.

Il nuraghe Losa ad Abbasanta

Nuraghe Losa**

Il celebre complesso archeologico si trova in prossimità di *Abbasanta* (m 313, ab. 2900 circa), raggiungibile in breve dalla statale 131 che dal lago Omodeo torna verso Oristano. È, con Su Nuraxi di Barùmini e il Santu Antine presso Torralba, fra i monumenti preistorici – *losa* in sardo significa tomba – più grandi e meglio conservati dell'isola. Presenta due fasi costruttive principali, entrambe presumibilmente risalenti alla seconda metà del II millennio a.C. La parte più antica è formata da una **torre** a due piani, alta 13 m, con camere centrali sovrapposte (quella del piano inferiore è fornita di tre nicchie), coperte a falsa volta e collegate da una scala elicoidale che parte dall'andito. Questa struttura fu successivamente inglobata in un bastione triangolare dotato di tre torri, due accessibili attraverso corridoi che si aprono subito dopo l'ingresso principale, la terza da un ingresso secondario sul lato nord. Altre due torri con feritoie, raccordate da possenti cortine, proteggono la struttura nella sua parte posteriore, mentre di fronte all'entrata principale si addossa una torre a due ingressi opposti, con funzioni non ancora ben chiarite. Un circuito murario più ampio – ancora oggi alto oltre 2 m – doveva con tutta probabilità proteggere il villaggio che si distribuiva intorno. Poco più a ovest si trovano dei resti di una tomba dei giganti.

Paulilàtino

Situato sul gradino meridionale dell'altopiano di Abbasanta, detto in sardo Su Pranu, il 'piano', Paulilàtino (m 280, ab. 2400) mantiene nel nucleo più vecchio la caratteristica tipologia delle casette basse realizzate tutte in nero basalto. Nel 1995 vi

Il paesaggio delle tanche

Nell'altopiano di Abbasanta come nella Campeda, al margine della Planargia, capita d'incontrare per la campagna resti di alti muri nerastri a blocchi di basalto sovrapposti: sono le *tanche* (dal sardo *tancare*, chiudere) che, fino alle riforme fondiarie del secondo dopoguerra, segmentavano queste terre in un frastagliato reticolo di campi cintati, sempre più ampi man mano che ci si allontanava dai villaggi. A produrre questo paesaggio – oggi archeologico o quasi – fu nel 1820 la 'legge delle chiudende', le *enclosures* sarde, emanata da Vittorio Emanuele I. Il sistema dell'uso collettivo delle terre venne allora scardinato e gli appezzamenti, fino ad allora sorteggiati tra i capifamiglia e divisi a rotazione tra pascolo e seminativo, presero a essere cintati in parcelle di proprietà privata. Ad accaparrarseli – antica storia – furono i già possidenti: questa e altre analoghe leggi di quegli anni, che privarono di ogni mezzo di sussistenza pastori e contadini proletari a vantaggio degli ex feudatari, sono alle origini del banditismo di fine Ottocento.

Il pozzo sacro nuragico nell'area archeologica di S. Cristina

è stato inaugurato il **Museo archeologico-etnografico palazzo Atzori**, che occupa una casa padronale sette-ottocentesca nel centro storico. Gli oggetti in esposizione documentano la vita agro-pastorale nel circondario (il pezzo forte è la stanza del Pane), mentre la sezione archeologica è ricca di reperti provenienti dagli scavi del complesso nuragico di S. Cristina. Nel centro del paese, la **parrocchiale di S. Teodoro**, d'impianto gotico-aragonese, è affiancata da un campanile con cuspide a cipolla. La zona circostante è molto ricca di sorgenti d'acqua da cui il paese si è sempre alimentato e che hanno consentito la realizzazione di numerosi mulini, detti *krakeras*, la cui forza motrice veniva quotidianamente utilizzata fino a mezzo secolo fa.

Santuario nuragico di S. Cristina**

Raggiungibile con una breve deviazione dalla statale 131, l'area archeologica si trova a breve distanza dalle *cumbessìas* che circondano la chiesa di S. Cristina, che ne ha ereditato la tradizione religiosa (la festa si celebra la prima domenica di maggio). Il monumento principale è lo straordinario **pozzo sacro***, forse l'esempio più mirabile di architettura religiosa nuragica nell'isola. Dall'acqua viene la vita, come dal sole che dà luce e calore; e tutto, per gli uomini dei nuraghi, viene dal grembo della Madre Terra. È lei dunque la divinità dell'acqua, da venerare con templi e con riti. I pozzi sacri, di cui pure è ricca la Sardegna, hanno questo significato. La sorgente che alimenta il pozzo è attiva ancora oggi, il che permette di comprendere il significato sacrale dell'edificio e la sua struttura geometrica perfetta: il pozzo è infatti propriamente un 'tempio', databile al x secolo a.C., dedicato alla Madre Terra, racchiuso dentro un vestibolo di pietre lungo 26 m e largo 20. Vi si accede attraverso una scala di 25 gradini, di forma trapezoidale, coperta da un soffitto gradonato. I conci di pietra sono tagliati e commessi così da lasciare tra un filare e l'altro delle rientranze a effetto decorativo. La camera interna ha un diametro di 2,5 m e supera i 7 d'altezza; la copertura a *tholos*, incompleta, termina con un foro da cui entra la luce del sole. Come recenti studi hanno dimostrato, l'architettura del tempio a pozzo fu progettata in modo che, quando la luna raggiunge la massima declinazione, i suoi raggi penetrino dal foro del *tholos*. La costruzione era concepita in modo che, anche negli equinozi di primavera e d'autunno, i raggi del sole, allorché nel suo moto apparente l'astro incontrava l'equatore celeste, penetrassero nella scalinata paralleli ai gradini e andassero a illuminare – quindi a 'fecondare' – l'acqua sorgiva. Purtroppo questo fenomeno, a causa del cambiamento subito dall'inclinazione dell'asse terrestre, non è più visibile. Attorno al pozzo sacro di S. Cristina, circondato da un recinto con sedili, si vede poi il resto del **villaggio nuragico**: attraversata l'area delle *cumbessìas*, si raggiungono un nuraghe che conserva ancora intatta la camera centrale con copertura a *tholos* e, nei pressi, una capanna rettangolare allungata e coperta a ogiva, probabilmente di edificazione romana e forse ricovero per animali.

7 Bosa e il Montiferru

Profilo dell'area

Tre piccole subregioni storiche della Sardegna – la Planargia, il Màrghine e il Montiferru – occupano la porzione centro-occidentale dell'isola a est e a sud di Bosa, delizioso nucleo con personalità ancora autentica e spiccata, città sarda sui generis bagnata dalle acque di un fiume. La **Planargia** si estende dal basso corso del Temo alle pendici settentrionali del massiccio del Montiferru. Il Temo ha inciso un altopiano (in sardo *Pianalza*) che digrada da est a ovest e termina con coste alte interrotte da brevi spiagge – a eccezione di quella alluvionale all'estuario del fiume – affacciate su un mare di un azzurro intenso per la profondità dei fondali. Il microclima, caldo e secco d'estate e fresco e umido d'inverno, ha da sempre favorito le coltivazioni, in particolar modo quella della vite.

Il **Màrghine,** delimitato a ovest dalla direttrice artificiale della statale Carlo Felice, e a est e sud-est dall'orizzonte delle lontane prospettive delle creste del Supramonte e del Gennargentu, prende il nome dalla catena di monti che si estende da est a ovest ed è di fatto un 'margine', ovvero il limite meridionale dell'altopiano di Campeda. Zoccolo di roccia basaltica solcata da valloni ricchi d'acque, declina dolcemente verso la valle del Tirso e il bacino del lago Omodeo, disegnato dal reticolo delle chiudende (o *tanche*), i muretti a secco che dal 1820, gli anni della Sardegna sabauda, profilano in una fitta maglia le proprietà agricole, paesaggio di un'attività agro-pastorale ben più antica. Macomèr ne è il centro principale, mentre gli altri paesi si collocano sulla direttrice pedemontana lungo la statale per Nùoro.

Infine il **Montiferru**, tra il Campidano di Oristano a sud e la Planargia a nord, deve il suo aspetto all'intensa attività eruttiva di un vulcano dai numerosi crateri. Le colate trachitiche e basaltiche hanno caratterizzato gran parte del territorio: da un lato giungono fino all'attuale pianura e al mare, formando un paesaggio aspro e dirupato; dall'altro, verso levante, si espandono fino a creare l'ampia distesa dell'altopiano di Abbasanta. Distese verdi di lecci, roverelle e agrifogli salgono fin quasi alle cime (sui 1000 m) e si alternano a superfici spoglie e a picchi rocciosi, con paesaggi d'altopiano talora selvaggi. Definiscono il rilievo lunghe dorsali sulle quali spiccano alcune cime, antichi crateri spenti: quella più alta è il monte Urtigu (m 1050); un cono perfetto è il monte Acuzzu; il monte Palagalchera ha invece una singolare conformazione con fessure colonnari a ventaglio; il monte Comida ha forma di cupola. Da tutti sgorgano acque oligominerali con proprietà curative.

Panorama di Bosa dal belvedere del Castello

7 Bosa e il Montiferru

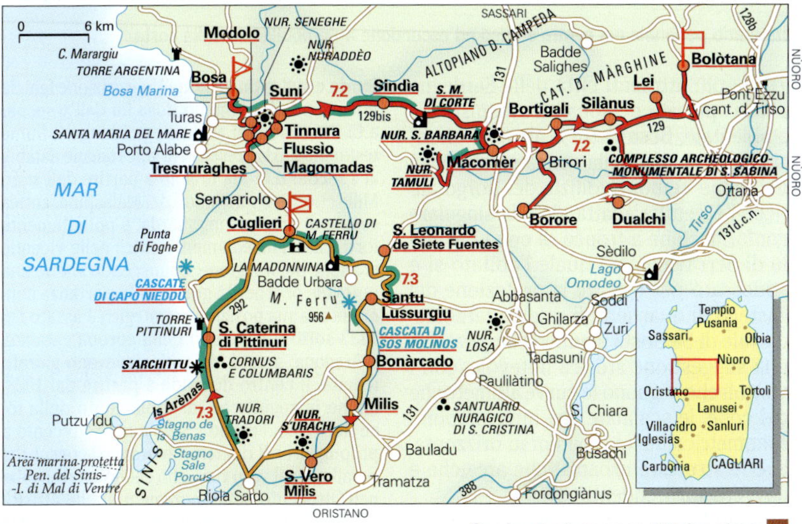

Quadro d'unione a pag. 6-7, riquadro n. 7

La visita

Bosa, oggetto del **primo itinerario**, si distende lungo il fiume sorvegliata dal castello dei Malaspina, che si staglia sul colle di Serravalle a guardia del centro storico: proprio da qui si consiglia di cominciare la visita per cogliere dall'alto la peculiare conformazione urbanistica della città. Meta del **secondo itinerario** sono i centri della Planargia e del Màrghine: a un tour paesaggistico e del gusto sulle tracce della Malvasia locale, pregiato vino da meditazione, segue l'esplorazione di un angolo di Sardegna che rimanda a una dimensione spirituale: sentieri naturalistici che collegano i siti archeologici; feste popolari che uniscono il sacro al profano nella ricca offerta di tipicità artigianali e gastronomiche, e una costellazione di siti nuragici tra le più dense di tutta l'isola.
Il Montiferru, dove si snoda il **terzo itinerario**, è montagna e mare a stretta portata di mano. Le foreste e le fonti, la tradizionale pastorizia e le squisitezze prodotte nei paesi alle pendici degli antichi coni vulcanici (Cùglieri, Santu Lussurgiu) dialogano a breve distanza con le spiagge bianche e le falesie di S'Archittu e Santa Caterina di Pittinuri.

7.1 Bosa

Itinerario pedonale nel centro storico ed escursione automobilistica sulla costa

Tra le più attraenti città della Sardegna per la spiccata personalità urbanistica e ambientale, **Bosa**** (m 2, ab. 8000 circa) si adagia in una bella conca sulla destra del fiume Temo. L'edilizia del borgo antico si è venuta adattando alla singolare conformazione a tronco di cono del colle di Serravalle, sul quale l'abitato si è addossato per cercare la protezione del castello. Il quartiere di origine tardomedievale di Sa Costa mantiene ancora oggi una suggestione storica notevole, con i viottoli che seguono le curve altimetriche del colle, le scalinate che interrompono asimmetricamente il percorso orizzontale e le strutture urbanistiche arcaiche e davvero sorprendenti.

A lungo lasciato andare in un desolante degrado edilizio, poi quasi abbandonato, negli ultimi anni la singolarità del patrimonio architettonico di Bosa ha attirato l'attenzione di investitori stranieri, che hanno comprato e ristrutturato le vecchie case. Il centro ha ripreso vita e, soprattutto d'estate, si anima di rinnovate iniziative come il celebre Carnevale che inizia a fine gennaio con il *falò di S. Antonio abate* e culmina l'ultimo giorno con la *cerca dei Giolzi*, i pupazzetti che rappresentano il Carnevale appena nato e vengono nascosti per le vie della città.

Storia e sviluppo urbano. Un'iscrizione fenicia documenta il toponimo Bosa fin dall'XI secolo a.C. Ritrovamenti archeologici lungo il fiume testimoniano la presenza di ville romane databili al II secolo d.C. Ma fu solo a partire dall'anno Mille che, divenuto feudo dei Malaspina, antica casata di origine longobarda, e potentemente fortificato, l'insediamento entrò nelle vicende storiche della regione, conoscendo anche una notevole prosperità grazie all'importanza connessa alla sua posizione strategica. Passato nel 1323 sotto il controllo della corona catalana d'Aragona, a cui i Malaspina avevano giurato fedeltà, il centro decadde a partire dal 1528, anche in seguito all'insabbiamento della foce del Temo. Furono i Savoia nel Settecento a propugnarne il rilancio, favorendo la pesca del corallo; ma il vero risveglio economico si ebbe nell'Ottocento con l'incremento delle attività artigianali, dalla lavorazione delle pelli a quella dei metalli preziosi (la filigrana in particolare) e dei merletti, fino all'attuale riconversione turistica anche delle antiche tradizioni artigianali.

Castello di Serravalle o dei Malaspina

(B3). Guarda la città dal colle di Serravalle lo scenografico complesso, costruito in varie fasi a partire dal secondo decennio del XII secolo, allorché vennero realizzate per iniziativa dei Malaspina alcune delle torri del mastio: la grande torre è costruita in trachite rosa chiaro; alla base il bugnato è in conci di trachite rossa. Due succes-

Bosa: il ponte sul Temo con la cattedrale e il castello sullo sfondo

Bosa 1:10 000 (1 cm = 100 m)

sivi ampliamenti portarono il castello a raggiungere un perimetro di 300 m, intervallato da sette torri poligonali e quadrate, che racchiudeva una superficie di oltre un ettaro. Altre importanti modifiche furono decise a partire dal 1468 e portarono alla costruzione di spalti per il posizionamento di armi da fuoco.

All'interno della cinta, nella piazza d'armi fu costruita nel XIV secolo la **chiesa di Nostra Signora de sos Regnos Altos** (*B3*; festa la seconda domenica di settembre): negli anni '70 del secolo scorso un restauro ha portato alla luce uno splendido **ciclo affrescato***, riferito ad ambiente italo-provenzale e databile agli anni tra il 1350 e il 1370. Il ciclo è articolato sulle tre pareti principali del corpo di fabbrica primitivo, in due registri divisi da una cornice a mensole; tra i numerosi santi raffigurati, Martino, Giorgio, Costantino con la madre Elena, Cristoforo, Ludovico da Tolosa, Lorenzo, Lucia, Marta, Giacomo Maggiore. Dagli spalti del castello si gode uno straordinario **panorama**** sui tetti del centro storico, sulle cupole delle chiese e sul corso del Temo fino al mare.

Sa Costa (*B2-3*). Scesi dal castello lungo le pendici del colle, per le stradine acciottolate e le scalinate in trachite si attraversa il vecchio quartiere di Sa Costa. In settembre una processione risale il quartiere per concludersi nella piazza d'armi del castello: è la *festa di Nostra Signora de Regnos Altos*. Percorrendo tutta **via del Carmine** (*B2-3*), un tempo la via delle botteghe – *Sas Tendas* – si arriva alla piazzetta alberata su cui affaccia la bella chiesa sette-ottocentesca del Carmine.

Il Carmine (*B2*). Insieme all'annesso ex convento carmelitano (che oggi ospita il Municipio) venne edificata nel 1779 sui ruderi della chiesa di Nostra Signora del Soccorso. La chiesa presenta un campanile e tre cupole disposte asimmetricamente, oltre che sul presbiterio, su due cappelle laterali. L'interno, a unica navata con quattro cappelle per lato, è semplicissimo, con una sola concessione al gusto isolano riconoscibile nel raffinato gioco cromatico delle membrature in trachite rossa. Custodisce una bellissima **bussola**

Il quartiere Sas Conzas, con i fabbricati destinati alla concia delle pelli

del più puro barocchetto piemontese. Più a nord, presso il cimitero, è la *chiesa di S. Giovanni Battista (A2)*, con facciata a capanna del XIV secolo, portale ad arco acuto modanato e rosone. L'interno a navata unica ha copertura lignea.

Corso Vittorio Emanuele* *(B-C2-3)*. È la principale arteria del quartiere di **Sa Piatta**, la parte piana della città, a livello del fiume. Si presenta come un raffinato spazio urbano pavimentato in basalto e ciottoli, fiancheggiato da alte case sette-ottocentesche abbellite da eleganti portali e graziosi balconcini. Nello slargo di *piazza della Costituzione*, luogo ideale per una sosta ai tavolini dei caffè all'aperto, si affaccia il settecentesco *palazzo Don Carlos*. Al N. 74 i locali della ex Biblioteca comunale sono occupati dalla **Pinacoteca Atza**, esposizione permanente delle tele del pittore Antonio Atza, voce importante della pittura sarda del dopoguerra. Le estremità del corso sono da un lato la vasta e alberata *piazza IV Novembre* e dall'altro la cattedrale.

Museo Casa Deriu *(B2)*. Al N. 59 di corso Vittorio Emanuele, disposto su tre piani, è il risultato dell'accorpamento di più abitazioni, interessante testimonianza della tipologia di casa borghese ottocentesca. Il primo piano ospita l'allestimento di mostre temporanee sugli usi, costumi e tradizioni bosane; il piano nobile conserva un autentico appartamento signorile rimasto esattamente com'era nell'Ottocento, con volte affrescate e arredi d'epoca. Una mostra permanente è dedicata, al terzo piano, alla produzione artistica del pittore, decoratore e ceramista bosano Melkiorre Melis, tra i principali promotori delle arti applicate del Novecento in Sardegna.

Cattedrale dell'Immacolata *(B-C3)*. Fiancheggia con le sue caratteristiche cupolette e il robusto campanile in trachite l'estremità est del corso. Venne rifatta nel primo Ottocento a opera dell'architetto bosano Salvatore Are, dopo che già nel XV-XVI secolo si era intervenuti sull'originaria struttura medievale. La **facciata**, divisa in due ordini da una robusta cornice, è nello stile di transizione tra il barocchetto piemontese e il neoclassico. L'**interno** consiste in un'aula spaziosa tutta sviluppata longitudinalmente. Sul profondo coro s'innalza la *cupola ottagonale*, decorata nel 1877 da Emilio Scherer, del quale sono pure gli affreschi sul catino dell'abside e quelli ai lati del presbiterio. Interessanti anche il coro ligneo e i mobili della sagrestia, riferiti al 1803. Sulla tribuna troneggia un organo della fabbrica spagnola De Orqueña, inaugurato nel 1810 e più volte restaurato. Nel *Tesoro* (sagrestia maggiore) sono conservati alcuni notevoli pezzi di argenteria, tra i quali un prezioso reliquiario cinquecentesco di scuola cagliaritana.

Sas Conzas* *(C2)*. Oltre la facciata della cattedrale, via Roma scavalca con un **ponte** il Temo – da qui si ha una delle più belle *vedute** di Bosa, sia verso la collina di Serravalle che sul lungofiume – e arriva nel quartiere artigiano di Sas Conzas. I grandi fabbricati che si affacciano sul corso d'acqua sono stati destinati, dal Settecento fino agli anni '60 del secolo scorso, alla concia delle pelli e costituiscono oggi un vero relitto di archeologia industriale. Dichiarati nel 1989, per decreto ministeriale, monumento nazionale, sono stati sottoposti a tutela e dall'inizio degli anni 2000 è cominciato un intervento di recupero architettonico delle strutture, riadattate a uso residenziale o a locali commerciali. Bellissimo esempio di architettura proto-industriale, gli edifici si presentano come una serie di casette affiancate costituite da due corpi di fabbrica paralleli. In facciata le *porte ad arco* sono incorniciate da trachite rossa; grandi *finestre* protette da grate assicuravano l'areazione all'interno dei locali. Al piano terra, dove avveniva la prima fase della lavorazione delle pelli, si trovavano le *vasche*, dotate di canali di scolo, ricavati dalla pavimentazione in pendenza verso il fiume. Il *piano superiore* era costituito da un soppalco in legno in cui venivano fatte asciugare le pelli, prima della rifinitura. Su via Sas Conzas è visitabile il **Museo delle Conce** *(C2)*, ospitato in un locale conceria, con antiche fotografie, macchinari e attrezzi d'epoca.

S. Pietro** *(C3, f.p.)*. L'antica cattedrale della diocesi di Bosa è situata un paio di chilometri a monte del ponte sul Temo: la si può raggiungere anche a piedi, imboccando la via S. Antonio, sulla sponda sinistra del fiume, oppure noleggiando una barca o un pedalò sotto il ponte di via Roma. Ebbe la sua prima fase costruttiva tra il 1062 e il 1073; un'iscrizione all'interno, sul primo pilastro a destra dell'entrata, ricorda il nome del vescovo che fece edificare la chiesa, Costantino de Castra. A questo primo periodo risale il corpo centrale, di cultura romanico-lombarda, mentre nel secondo decennio del XII secolo vennero eretti (o restaurati, o ricostruiti) l'abside, con le due campate contigue, e il robusto campanile; la terza fase, riferita all'ultimo decennio del XIII secolo, comprende il prospetto e parte della fiancata sinistra, l'uno e l'altra decisamente orientati verso le forme gotiche francesi importate dai monaci cistercensi, cui nel frattempo la chiesa era stata affidata.

La **facciata**, attribuita ad Anselmo da Como (attivo nella seconda metà del XIII secolo), è conclusa da una caratteristica edicoletta con colonnine sulla cuspide: vi spiccano i tre rosoni quadrilobati, molto rimaneggiati, e i tre archi a sesto acuto con alla base i *simboli dei quattro evangelisti*. Sull'architrave del portale, in calcare, sono raffigurati *S. Pietro* e *S. Paolo*, la *Madonna col Bambino* e *Santu Antine*, cioè l'imperatore Costantino, arcaici rilievi popolareggianti in cui confluiscono influenze bizantine, romaniche e gotiche. Nell'abside sono murate iscrizioni pagane – provenienti dalla vicina necropoli romana – e medievali di grande interesse storico. L'interno è a tre navate con tetto centrale a capriate.

Bosa Marina

Poco più di un paio di chilometri separano Bosa dalla sua Marina, sulla sponda sinistra dell'estuario del Temo: agglomerato di moderne case, accoglie in estate con la sua spiaggia ampia e sabbiosa, dotata di porticciolo. La sovrasta un massiccio manufatto a base circolare detto *torre dell'Isola Rossa*, alzato nel primo Seicento dagli spagnoli; all'inizio dell'abitato, presso il fiume, è visibile la piccola **chiesa di S. Maria del Mare**, di architettura tardogotica catalana. La prima domenica di agosto, in occasione della *Festa di S. Maria del Mare*, barche da pesca risalgono di mattina il Temo dalla chiesetta alla Cattedrale dell'Immacolata e rientrano in processione nel tardo pomeriggio.

Il Museo delle Conce di Bosa

Splendide spiagge e panorami tra i più suggestivi della Sardegna si incontrano percorrendo, da Bosa Marina, la **strada panoramica da Bosa ad Alghero** *(descritta in senso inverso a pag. 237).*

Cale e spiagge fra Turas e Punta Foghe

A circa 2 km da Bosa Marina, seguendo il litorale verso sud, **Turas** offre una bella spiaggia di sabbia scura, che contrasta con il blu del mare, qui subito profondo. L'arenile, ricco di sassolini colorati e frammenti di corallo, è meta di surfisti che qui trovano spesso le onde giuste.

Proseguendo lungo la costa, e lasciato sulla sinistra il bivio per Magomadas, si supera **S. Maria del Mare** – alte scogliere e spiaggia bianca –, e dopo circa 3 km si arriva a **Porto Alabe**, la 'marina' di Tresnuraghes. Alabe, in catalano, come i gabbiani di questa bella spiaggia dalla sabbia grossa e di vari colori, dal bianco all'ocra, al rosso dei frammenti ferrosi. Le acque cristalline e i fondali bassi la consigliano alle famiglie. Più impegnativa, se non altro perché per raggiungerla bisogna percorrere gli 11 km che la separano dal centro di Tresnuraghes – attenzione: la strada non è ben segnalata –, è la caletta di **Punta Foghe**, solitaria, incorniciata da falesie rocciose, dalle torri di avvistamento aragonesi e dai faraglioni di Corona Niedda: si può fare il bagno nel punto in cui il rio Mannu sfocia nel mare, mischiando acque dolci e salate.

Degustazioni sulla strada della Malvasia di Bosa**

La **Doc Malvasia di Bosa** si è meritata l'attenzione di esperti e appassionati al punto che è stato pensato un vero e proprio percorso turistico alla ricerca dell'unicità di questo prodotto. La straordinarietà di questo vino era stata già decantata mezzo secolo fa da due grandi appassionati della cultura e delle tradizioni enogastronomiche del territorio come Mario Soldati e Luigi Veronelli. Detto anche localmente *alvarega* (cioè 'greca bianca'), *marmaxia* e *manusia*, la Malvasia di Bosa deriva da un vitigno importato in Sardegna probabilmente fin dal tempo della dominazione bizantina (secoli V-VIII). Colore cangiante, che va dal giallo paglierino al dorato, profumo che ricorda la noce e la mandorla, e sapore secco, alcolico, di retrogusto amarognolo, ma anche amabile nelle malvasie più giovani, è un vino da meditazione, si abbina perfettamente alla tradizionale pasticceria secca a base di pasta di mandorle (sospiri, *pirikittos*, amaretti); se bevuto giovane, ovvero entro i 3 anni di invecchiamento, è anche un ottimo vino da aperitivo. Dal 2002, grazie alla costituzione di un'apposita associazione, è stata tracciata una **Strada della Malvasia di Bosa** che unisce, sotto il coordinamento della Comunità Montana Màrghine Planargia, sei comuni – Bosa, Magomadas, Mòdolo, Flussìo, Tinnura e Suni –, aziende vitivinicole e alcuni esercizi di ristorazione e di ricettività, per offrire un'occasione di conoscenza del territorio attraverso il pretesto della degustazione del vino e della scoperta delle sue realtà produttive e di commercializzazione. Capofila dei produttori è l'azienda vitivinicola di Giovanni Battista Columbu, il vignaiolo reso famoso dall'incontro con Jonathan Nossiter, autore del documentario *Mondovino*. Columbu ha cantina in Bosa (*via Carmine 104, www.malvasiacolumbu.com*), ma vigneti in località Fraus, a Magomadas, e a Campeda, sempre nel comune di Bosa. In località Su e Giagu, nel comune di Mòdolo, hanno vigneti e cantina i Fratelli Porcu, i cui vini, in particolare la Malvasia Riserva e la Malvasia Dolce, hanno ottenuto numerosi riconoscimenti. Emidio Oggianu, altro vignaiolo del posto, si trova a Badde Nuraghe, nel comune di Magomadas (*strada vicinale Pischina, www.malvasiaoggianu.it*), in bella posizione panoramica sopra la marina di S. Maria del Mare; e sempre a Magomadas, in località *Badde Nuraghe* (*strada vicinale Pischina, www.zarellivini.it*) è la cantina di Zarelli Vini, azienda di famiglia da oltre trent'anni, ora condotta da Roberto Zarelli. Infine, a Tresnuraghes, in località Salto di Coloras, con straordinaria vista sul golfo di Bosa fino a Capo Marrargiu, si trova la vigna e la cantina di Angelo Angioi (*www.saltodicoloras.com*). In tutte le cantine, previa prenotazione, è possibile fermarsi per una visita guidata e per una degustazione.

7.2 La Planargia e il Màrghine

Itinerario automobilistico da Bosa a Bolòtana, 60,5 km escluse le deviazioni *(carta a pag. 163)*

Da Bosa si risale la Planargia puntando verso Macomèr e i centri situati ai piedi della catena del Màrghine. Le strade della Planargia sono un bell'itinerario cicloturistico, con spettacolari viste dalla collina sul mare. Un'intelligente alternativa all'auto è il Trenino verde che collega Macomèr a Bosa toccando i principali paesi della Planargia. Per assaggiare la pregiata Malvasia di Bosa è indispensabile l'automobile (molte cantine si trovano infatti fuori paese), così come per visitare i numerosi siti nuragici e le valli del Màrghine. È consigliabile spezzare in due o più giorni l'itinerario, dedicando una giornata ciascuno a Planargia e Màrghine.

Mòdolo

Dalla sponda sinistra del Temo, si stacca una strada che sale con qualche tornante e in meno di 6 km arriva al più piccolo paese (m 131, ab. 150 circa) della Sardegna per estensione del territorio comunale, come del resto conferma l'etimologia del toponimo: dal latino *modulus*, 'piccola misura'. Si trova in una valle rigogliosa di viti, ma anche di ulivi e ciliegi.

Magomadas

Da Mòdolo la strada si apre con bei panorami sulla verde vallata e, da lontano, sul mare di Bosa: molto bella la vista che si gode dal *nuraghe Sebe*, poco prima di giungere a Magomadas (m 263, ab. 650 circa). Nel centro storico, all'interno di un edificio del XVI secolo, si trova un piccolo **Museo del Vino**, che illustra la tradizionale attività vitivinicola della Planargia e a cui è annessa un'enoteca che offre degustazioni di vino del territorio. Nella **chiesa di S. Croce** è conservato un particolare *Crocifisso* ligneo con gli arti superiori snodati, che durante la Settimana Santa viene portato in processione dalla cattedrale alla chiesetta per il rito de *S'Iscravamentu*, la deposizione del Cristo dalla croce.

Tresnuraghes

L'abitato (m 257, ab. 1200 circa) prende il nome da tre nuraghi che un tempo si trovavano nel centro del villaggio, oggi del tutto scomparsi. Nei dintorni, in località Foghe, il *dolmen Su Ju Malmuradu* (il 'giogo pietrificato') evoca una leggenda popolare secondo la quale un contadino, che non aveva smesso di lavorare al passaggio di una processione diretta al *santuario campestre di S. Marco*, venne per punizione pietrificato con il suo giogo.

Flussìo

Gli abitanti di Flussìo (m 305, ab. 450 circa), come quelli di Tinnura, tengono viva la secolare tradizione dell'intreccio policromo dell'asfodelo – ma anche steli di canna palustre, palma nana, mirto, lentisco – per

Il Trenino verde sulle alture della Planargia

Scene di vita quotidiana dipinte sui muri delle abitazioni di Tinnura

la lavorazione di cestini e canestri, esposti per la vendita all'esterno delle abitazioni. In primavera è curioso vedere gli asfodeli stesi ad asciugare lungo le vie del paese. Presso la *chiesa* medievale *di S. Bartolomeo* restano tracce di una *muraglia megalitica* di epoca nuragica. A breve distanza dalla strada principale del paese, presso la **Cantina sociale della Planargia** si può trovare dell'ottima Malvasia di Bosa. Una passeggiata nelle campagne circostanti consente poi di ammirare il *nuraghe Giannas*, il *riu Mannu* e il *ponte di Molineddu*.

Tinnura

Unito a Flussìo, con cui condivide il corso principale che corrisponde alla strada statale 292, è un paese (m 328, ab. 250 circa) ricco di **murales** e di **sculture** di artisti sardi contemporanei, da Stefano Chessa a Simplicio Derosas, da Carmine Piras a Pinuccio Sciola, l'artista che faceva suonare le pietre. Particolare il gioco cromatico della pavimentazione delle **strade**: il basalto grigio, la trachite rossa e la pietra bianca di Orosei. Una caratteristica *fontana* coperta, con ingresso architravato e cupola intonacata con foro centrale, veniva utilizzata fino a non molti anni fa per la macerazione dell'asfodelo. Nei dintorni di Tinnura si trovano il **complesso nuragico di Tres Bias**, a dominio del territorio circostante, e una delle più grandi e importanti tombe dei giganti di tutta la Sardegna: *Su Crastu Covocadu*.

Suni e dintorni

A circa 1 km da Tinnura, dove la statale 292 incrocia la 129 bis, è un paese (m 333, ab. 1200 circa) caratteristico per le casette a un piano: vi si trova la **Casa Museo della Tecnologia contadina 'Tiu Virgiliu'**, che esemplifica al meglio la cultura contadina e artigiana della Planargia tra XIX e XX secolo: molto particolare la ricostruzione di un frantoio di fine Ottocento.
I dintorni di Suni sono ricchi di siti archeologici nuragici che insieme alla Casa Museo *'Tiu Virgiliu'* fanno parte del Parco Archeologico di Suni: sulla strada per Padria, dopo circa 9 km, al centro dell'altopiano di Pedrasenta, il **nuraghe Nuraddèo** si presenta come un mastio alto oltre 12 m e circondato da un bastione munito di tre torri; nelle vicinanze, particolare attrazione naturalistica è la **Pischinas 'e Paule**, una zona umida stagionale frequentato da numerose specie avifaune. Uscendo da Suni in direzione di Bosa, dopo circa 250 m, una strada bianca conduce dopo 500 m, al **nuraghe Seneghe**, in posizione dominante sulla vallata di Mòdolo attraversato in senso longitudinale da un corridoio da cui si staccano tre nicchie.

Sindìa

Già nella provincia di Nùoro, in età medievale appartenne prima al giudicato d'Arborèa e poi a quello di Torres. Al centro dell'abitato (m 509, ab. 1800 circa) sorge, un po' soffocata dall'edificato, la

I ruderi dell'abbazia di S. Maria di Corte, fuori dell'abitato di Sindìa

romanica **chiesetta di S. Pietro**, interessante costruzione del 1150-60 a opera dei monaci cistercensi di S. Maria di Corte e soggetta alla loro giurisdizione: presenta semplice facciata a spioventi sormontata da campanile a vela e abside decorata da archetti pensili. Nella **chiesa di S. Demetrio** si conserva una bella *statua* lignea del santo (seconda metà del XVII secolo), forse di origine iberica. La **chiesa di S. Giorgio**, duecentesca, mescola elementi romanici, gotici e aragonesi, come nella cappella gentilizia dell'inquisitore Gavino Pintor Serra.

Abbazia di S. Maria di Corte*

Lungo la SS 129 bis, a metà strada tra Sindìa e Macomèr, chiusa entro ampio recinto, l'abbazia detta anche *di Cabuàbbas* fu fondata nel 1147 (e consacrata due anni dopo) dai cistercensi inviati da Bernardo di Chiaravalle, su richiesta di Gonario II giudice di Torres (che diventerà beato dell'Ordine cistercense). Il monastero rivestì un ruolo di primaria importanza nel rinnovamento agrario del territorio esteso dal Màrghine alla Planargia, con la realizzazione di unità aziendali autosufficienti (le *grange*) a carattere agro-pastorale e artigiano. Dell'antico complesso rimangono i resti della chiesa, di imponente e suggestiva rusticità: parte del coro quadrato, il braccio sinistro del transetto con due cappelle e la sagrestia, tutti coperti da possenti volte a botte secondo i modi del romanico borgognone. Del primitivo *monastero*, invece, sono visibili soltanto le fondamenta dell'aula capitolare e del chiostro, portati alla luce dagli scavi del 1964.

Macomèr e dintorni

Centro (m 534, ab. 10 500 circa) principale del Màrghine ai margini di un altopiano basaltico, si trova nel cuore di un'area ad alta densità nuragica. Di fondazione punica (*Makopsisa*), ebbe importanza in epoca romana e fu munita nel medioevo di un castello oggi scomparso. Nella sottostante piana, in località Campu Castigadu, si svolse il 19 maggio 1478 la battaglia che vide spegnersi le ultime speranze di scuotere l'isola dal giogo del dominio iberico: sotto il vessillo dell'albero deradicato, l'esercito sardo guidato dal marchese di Oristano, Leonardo Alagon, venne duramente sconfitto dalle truppe aragonesi al comando del viceré. Oggi Macomèr (in sardo *Macumère*), nodo ferroviario e stradale, è uno dei centri di maggior intraprendenza commerciale, industriale e agricola della Sardegna interna: specie per gli allevamenti del bestiame e l'industria casearia (di fama internazionale il pecorino e il Fiore sardo Dop) e tessile.

Il nucleo storico si attesta lungo l'asse del corso Umberto I, lo 'stradone' tracciato a fine Ottocento, al cui inizio presenta qualche pregio architettonico la **parrocchiale di S. Pantaleo**, con elegante facciata degli inizi del Seicento su un precedente edificio

Viaggio lento sul Trenino verde Macomèr-Bosa*

Il Trenino verde asseconda il desiderio del viaggiare lento assaporando i paesaggi dimenticati dalle moderne direttrici di scorrimento rapido. La linea da Macomèr a Bosa, in funzione dalla metà di giugno all'inizio di settembre, consente di godere dei fantastici **panorami** che accompagnano dall'entroterra verso l'azzurro del mare. Quasi tutto in discesa, il mare si annuncia prima ancora di comparire all'orizzonte: sono l'intensificarsi della luce e la progressiva inclinazione dei fusti degli alberi, piegati dalla forza del maestrale che soffia dalla costa, a suggerirne la percezione. Viaggiando lento e sinuoso tra i vigneti della Planargia, il Trenino arriva a **Tresnuraghes** dove finalmente appare il mare, che si abbraccia in ampie vedute da **Capo Marrargiu**, a nord, fino a **Capo Mannu** e l'**isola del Mal di Ventre** a sud. Il tratto più bello è quello tra la stazione di **Nigolosu** e la curva di **Nanio**. L'ultimo segmento costeggia la spiaggia di ciottoli di **Turas**, prima di terminare a **Bosa Marina**. Per informazioni: *www.treninoverde.com*

cinquecentesco; conserva un pregevole *Crocifisso ligneo* che risale alla seconda metà del XVII secolo. Il corso sbocca nella piazzetta Garibaldi, che accoglie l'ottocentesco *Palazzo comunale* e introduce, attraverso una serie di contorti vicoli, nello storico e caratteristico **rione di S. Croce**, nucleo di antica formazione, disposto in età medievale attorno a un castello che andò distrutto nel 1478; vi abbondano portali e finestre gotico-aragonesi con decorazioni scolpite nella trachite rossa di Bosa. In corso Umberto il **Museo etnografico 'Le Arti antiche'** espone, in una tradizionale casa sarda della metà del XIX secolo, circa 3000 oggetti rappresentativi delle attività pastorali, agricole e artigianali del Màrghine. A un paio di chilometri da Macomèr, sulla collina prospiciente l'ospedale civile, si visitano il *nuraghe Ruju* (o *Ruggiu*) monotorre e le *domus de janas di Filigosa*.

Nuraghe Santa Barbara

Raggiungibile dalla statale 131 a nord del bivio Macomèr-Bìrori, quindi su una stradina pedonale che percorre il costone sulla sinistra, è così denominato per la vicinanza dei ruderi di una chiesetta. Costituito da una torre centrale rossa di licheni, alta 15 m, e da un bastione con 4 torri che forma un piccolo cortile davanti al suo ingresso, è stato frequentato dalla metà del II millennio a.C. fino all'epoca romana.

Nuraghe Tàmuli

A 7 km da Macomèr, prendendo una deviazione segnalata sulla provinciale per Santu Lussurgiu, nei pressi di un nuraghe circondato dai resti di un villaggio di capanne circolari si trovano le misteriose **sas Perdas Marmuradas de Tàmuli**. Letteralmente 'le pietre impietrite', sono propriamente sei *bètili* o menhir di forma conica, dei quali tre sono maschi e tre sono femmine con piccole mammelle. I *bètili*, come le statue degli dei nel mondo antico, avevano una profonda importanza nella religiosità arcaica, perché i primitivi ritenevano che le divinità si rendessero presenti tra gli uomini abitando le pietre a essi consacrate.

Bìrori

A circa 4 km da Macomèr, seguendo la SS 129 Trasversale Sarda, è un borgo (m 450, ab. 550 circa) di viuzze tortuose e basse case raccolto intorno alla *parrocchiale di S. Andrea*. Poco discosta dal centro abitato si trova la chiesa più bella, dedicata a **S. Stefano**, con facciata di elegante semplicità. Di origine quattro-cinquecentesca, è a navata unica con successione di archi a sesto acuto e presbiterio rialzato. In via Veneto, ai margini del paese, è la **tomba dei giganti Palatu**: presenta un'ampia esedra, composta da otto grandi pietre piatte conficcate nel terreno, quattro per parte; al centro si trova il lungo corridoio funerario con due nicchie perfettamente conservate.

Bòrore e dintorni

Da Bìrori una deviazione verso sud, porta a Bòrore (m 394, ab. 2200 circa), piccolo borgo noto per le tombe di giganti e il **Museo del Pane rituale**, tutto incentrato sulla produzione di un alimento tanto importante nella cultura gastronomica mediterranea, e ancor più in quella sarda. Oltre alle tipologie di pane quotidiano, sono protagonisti dell'esposizione i pani prodotti nelle occasioni rituali legate al ciclo della vita, come la nascita, il matrimonio e la morte; o ancora quelli destinati a celebrare le festività cicliche dell'anno agrario, come il periodo della semina, a Capodanno, o la trebbiatura, o alle ricorrenze delle feste patronali.

Da Bìrori in direzione Bortigali, si percorre la vecchia strada collinare con belle aperture di panorami sull'altopiano che digrada verso la valle del Tirso e il lago Omodeo e, nelle belle giornate di sereno, sulla chiostra dei monti barbaricini. Lungo il percorso interessante è il *nuraghe Miuddu*, all'incrocio con la statale 129 in direzione Bortigali, edificio complesso con torre centrale racchiusa da un bastione a trapezio con resti di quattro torri angolari.

Bortigali

Appoggiata alle pendici che salgono alla vetta del monte Santu Padre, una delle cime più alte della catena del Màrghine (m 1025), Bortigali (m 510, ab 1417) fu a lungo il borgo di maggiore importanza del circondario: lo dimostrano le belle dimore borghesi affacciate sul corso Vittorio Emanuele, sovrano molto amato tanto da meritarsi l'intitolazione della via parallela a monte, nella curiosa variante di 'via Re Galantuomo'. La **parrocchiale di S. Maria degli Angeli**, che spicca per la slanciata torre campanaria, racchiude un piccolo gioiello di arte sarda: sono le quattro tavole di uno smembrato *retablo* cinquecentesco attribuite al cosiddetto Maestro di Ozieri e alla sua bottega. Tra il 7 e il 17 di settembre prende le mosse da Bortigali la processione-maratona della *sagra di S. Maria de Saucco* (del Sambuco), che ha come meta un piccolo santuario che si trova a oltre 20 km, nella valle dei Salici, oltre la catena del Màrghine.

L'area archeologica di Tàmuli, con i *bètili* conici

Il nuraghe e l'antica chiesa di S. Sabina presso Silanus

Silanus

A mezza costa sulle pendici del monte Arbo, bianco massiccio calcareo – vera eccezione in un contesto geologico di scuri basalti e trachiti – l'abitato (m 432, ab. 2200) fu sfruttato fin dall'epoca romana per le cave di calce. Nella parte alta, a vedetta sull'altopiano, sorge la **chiesa di S. Lorenzo**: fondata intorno al 1150 dai cistercensi dell'abbazia di S. Maria di Corte, ha una semplice facciata in pietre squadrate di trachite scura, dalla cui cima si stacca un campaniletto a vela. Nel cortiletto chiuso che la contorna sono stati collocati alcuni *bètili*. In paese sorgono altre chiese: la *chiesa di S. Maddalena*, quattrocentesca; la *chiesa di S. Itria*, del XVII secolo, e la *chiesa* campestre *di S. Portulu*, a circa 2 km dal centro, meta di una sagra settembrina che dura nove giorni.

S. Sabina*

Il **complesso archeologico-monumentale di S. Sabina**, nella campagna a sud di Silanus, poco oltre la statale 129, è composto da un singolare accostamento tra un nuraghe – un'unica torre a blocchi basaltici con scala interna che porta alla sommità – e di una straordinaria chiesa della prima metà dell'XI secolo. L'edificio sacro, costituito

Il Sentiero natura per Mulàrgia

Da Bortigali si può arrivare a Mulàrgia per una bella strada carrozzabile (7 km), risalendo per un buon tratto la stretta valletta del *rio Manigos*, punteggiata di salici. Ma assai più ricco di scoperte ed emozionanti scorci è il tracciato escursionistico del **Sentiero natura**. Da Bortigali ci si dirige verso la *fonte Burgusada*, a ovest del paese, e da qui, scavalcato su un ponticello il rio Manigos, si arriva in vista del **nuraghe Tintirriolos**. Quindi, seguendo le indicazioni, si toccano numerose testimonianze archeologiche – i **dolmen di Carrarzu Iddìa**, le **domus de janas** intorno al **nuraghe Coattos** – fino all'imponente **nuraghe Orolo** dalla cui sommità si apre un sontuoso panorama. Il sentiero arriva a Mulàrgia attraversando boschi di roverella e una flora dalla ricca varietà: prunelli e bagolari – una pianta simile alla quercia roverella – cisto marino e biancospino, digitali purpuree.

Mulàrgia è un piccolo, affascinante villaggio sul versante occidentale del Màrghine. Antico insediamento romano, *Molaria*, situato sulla via di collegamento tra *Karalis*, l'antica Cagliari, e *Turris*, l'attuale Porto Torres, fu un centro di produzione di macine da grano e da sale e ancora oggi, nei cortili, si trovano gigantesche macine di origine romana o medievale.

da tre vani con cupola centrale, è tra i più arcaici esempi di architettura medievale dell'isola, eretto su un preesistente impianto forse bizantino. Delle due aperture, quella principale è anticipata da un protiro. All'interno, sorprendente è l'effetto dei filari di conci che compongono la semicupola. La vastità degli spazi, la coesistenza a pochi metri di distanza di testimonianze così significative, cui si aggiungono tombe di giganti e un pozzo sacro, danno a questo luogo un fascino che rivela tutta la sua intrinseca, millenaria sacralità.

Dualchi e dintorni

Una deviazione da Silanus, verso sud, porta a Dualchi (m 321, ab. 650 circa). Prima dell'abitato, si trova la **chiesa di S. Pietro**, traguardo dell'*Ardia di Dualchi*, la spericolata corsa a cavallo che si svolge il 28 e il 29 giugno, meno celebre ma non meno spettacolare di quella che si tiene a Sèdilo. La chiesetta, di origine quattrocentesca e con un bel rosone sulla facciata, è circondata dalle tipiche *cumbessìas*. Il paese conserva intorno al *vecchio municipio* e alla **chiesa di S. Antonio** un'atmosfera di austera semplicità. Spiccano alcuni *murales* di forte impatto realistico: quelli sulla piazza della parrocchiale raffigurano, ad esempio, i vecchi del paese seduti a chiacchierare e l'antica pratica della filatura del lino che vedeva impegnate le vecchie e le giovani del paese. Nella campagna, per un sentiero che riporta in direzione di Bortigali, sorge il **complesso nuragico Ponte e Frenugarzu**, costituito da uno splendido esempio di nuraghe a *tholos* (*Ponte*) e da un nuraghe a corridoio (*Frenugarzu*), costruito a picco sul vallone del rio Murtazzolu.

Lei

Piccolo villaggio (m 456, ab. 550 circa) che si allunga tra distese di lecci, castagni, tassi e querce secolari, è la base per escursioni alla scoperta dei boschi, delle sorgenti, delle valli e delle vette del Màrghine, patrimonio ambientale di ricchissima varietà. Lungo i sentieri che portano a *Punta Primaghe* e a *Nidu 'e Corbu* è possibile scorgere gli ampi volteggi dell'astore e della poiana,

Dolci spine

Intorno a Dualchi è un rigoglìo di **fichi d'India**, coltura semiselvatica che non ha bisogno di cure, importante risorsa nel sistema economico agro-pastorale. Dalla lenta cottura e filtratura della polpa si ricava la *sapa*, mosto dolciastro denso e scuro, ingrediente di molti dolci locali: *sos culurzones*, *su tureddu* (tortini di *sapa*, uva passa, noci e mandorle), s'*aligu* (*sapa* e pane *pistoccu*) e *su perla perlazzu* (tortino di ceci e *sapa*), confetture, gelati e un liquore. A questo spinoso ma gustosissimo frutto (*figu murisca*, 'fico moresco', in sardo) viene dedicata una sagra a inizio settembre.

Sui tornanti del Màrghine

Da Bolòtana si snoda un percorso a tornanti tra boschi di lecci e roverelle con vista sulla piana di Ottana e su monti lontani. Ai bordi della strada si incontra – segnalato – il **parco di Ortachis**, area di pregio naturalistico e panoramico con prati, sorgenti e una bella cascata, che confina con un fitto bosco. Subito dopo, anziché continuare sulla strada principale, si segue sulla sinistra quella che attraversa la magnifica regione boscata di **Badde Sàlighes** con i resti, rivalutati turisticamente, della grande tenuta con parco e villa creata a fine Ottocento dal gallese Benjamin Piercy, progettista delle più importanti ferrovie della Sardegna. Raggiunta la statale 131, si rientra a Macomèr attraverso l'altopiano di Campeda.

che campeggia in colore argento anche nello stemma civico del paese. In località *Zuncos* il comune ha attrezzato una baita, ideale punto di riferimento per i trekking. Oltre all'ottocentesca parrocchiale di S. Pietro e all'assai più antica **chiesetta di S. Michele** (XIII secolo), di arcaica semplicità, in una boscosa valletta verso la campagna in direzione di Silanus si trova la **chiesa di S. Marco evangelista**, santo patrono di Lei e meta di popolare pellegrinaggio a fine aprile, quando è tradizione per le donne del paese preparare *cocoieddas* e *cocoi mudada*, pani rituali fatti di semola e lavorati nelle forme più svariate: fiori, uccelletti (*puzzones*), caprioli (*crabolu*), frutti, foglie e ghirlande.

Bolòtana

Grosso centro del Nuorese (m 472, ab. 2900 circa), si dispone ad anfiteatro alle pendici della catena del Màrghine. Merita una sosta la **chiesa di S. Bachisio**, nei pressi del cimitero: edificata in trachite rossa nel Duecento e rimaneggiata più tardi, ha nella facciata un rosone, due nicchie e un bel portale con piccoli originali bassorilievi. In alcuni laboratori artigiani si tramanda l'arte della tessitura antica: si producono raffinati e tipici tappeti in lana e cotone nei quali vengono riportati motivi geometrici ripresi da antichi mosaici.

7.3 Il Montiferru

Itinerario circolare da Cùglieri attorno al monte Ferru, 71,8 km escluse le deviazioni
(carta a pag. 163)

Da Cùglieri, dopo la deviazione a San Leonardo de Siete Fuentes, si raggiunge Santu Lussurgiu, oltre il quale la strada scende sempre più ripida in un paesaggio spoglio che si apre sulla sinistra verso l'altopiano di Abbasanta. In ambiente sempre montano si oltrepassa Bonàrcado, quindi il tracciato in discesa dalle ultime pendici del Montiferru sbocca nella piana del Campidano superiore a Milis. Superata San Vero Milis e raggiunta la statale 292, si volge a nord in direzione di Santa Caterina di Pittinuri (19 km), con le sue belle spiagge.

Cùglieri

Il maggior centro (m 479, ab. 2800 circa) del Montiferru deriva probabilmente il suo nome dalla città romana, oggi scomparsa, di *Gurulis Nova*. Fra l'VIII e il IX secolo vi si rifugiarono probabilmente gli abitanti di *Cornus* respinti verso l'interno dalle ripetute incursioni saracene. Nella parte alta del paese, che conserva affascinanti scorci con case rustiche, vicoli stretti e bei palazzotti signorili, è la seicentesca imponente **parrocchiale di S. Maria della Neve**, costruita su un precedente impianto del XIII secolo; alla chiesa, che custodisce una bella statua in pietra dipinta della *Madonna della Neve* (XV secolo), fanno capo i festeggiamenti di inizio agosto, nei quali alle manifestazioni religiose in onore della Madonna si accompagnano spettacoli folcloristici e musicali. Alla basilica sono anche dirette le suggestive processioni del *Venerdì Santo*, accompagnate dai cori polifonici. L'**Antiquarium comunale**, nel seicentesco ex convento dei cappuccini, raccoglie materiale archeologico proveniente soprattutto da *Cornus* e *Columbaris*.

San Leonardo de Siete Fuentes

Lungo la strada che da Cùglieri comincia a scendere verso Santu Lussurgiu, una breve deviazione sulla sinistra raggiunge questa località termale e di villeggiatura (m 684) all'interno di un bel parco di lecci, olmi e castagni, residuo della foresta estesa un tempo fino a Scano di Montiferro. Qui si trovano anche le sette sorgenti che hanno dato il nome alla località e dalle quali sgorgano acque minerali diuretiche. Il sito era abitato in età medievale e ne è affascinante testimonianza la **chiesetta di S. Leonardo***, in scura trachite. Costruita verso la metà del XII secolo in arcaiche forme romanico-pisane, appartenne dalla seconda metà del XIII ai Cavalieri di S. Giovanni di Gerusalemme, ed ebbe (forse nel primo Trecento) la ristrutturazione che le ha conferito l'attuale aspetto romanico-gotico. Del primitivo impianto mantiene il fianco sinistro, in parte l'abside e la sezione inferiore della facciata. Bello il *campanile* a vela, decorato con sculture come i due portali del prospetto. Presso l'edificio sorgeva un ospedale, oggi scomparso, dove nel 1295, a quanto si tramanda, morì Guelfo della Gherardesca, figlio superstite del conte Ugolino di dantesca memoria. Il 2-3 giugno di ogni anno si svolge qui anche una caratteristica fiera di cavalli sardi, di cui c'è un rinomato allevamento in territorio comunale.

La campagna ai piedi del Montiferru

Santu Lussurgiu

Nel cuore del Montiferru, il borgo (m 543, ab. 2450 circa) è disposto ad anfiteatro entro un cono di origine vulcanica tra uliveti e castagneti, vivace centro di attività artigianali come la tessitura dei tappeti e la produzione di stivali, selle e ogni altro oggetto connesso con la bardatura del cavallo. La base dell'economia di Santu Lussurgiu è di carattere agro-pastorale e si segnala per la produzione del latte e di formaggi saporiti come *il casizolu* e la *trizza*.
In piazza Mercato, la **chiesa di S. Maria degli Angeli** fu costruita nel 1483 dai frati minori osservanti su impulso di S. Bernardino da Feltre: all'interno, presso l'altare maggiore del Settecento, si conserva il gruppo ligneo della *Madonna degli Angeli*, opera di fine Cinquecento-inizi Seicento, forse importata dall'Italia meridionale. Non distante, nel caratteristico nucleo più antico del borgo sorge la **chiesetta di S. Croce**, nel medioevo intitolata a Lussorio, il santo patrono che ha dato il nome all'abitato. Di interesse etnografico è il **Museo della Tecnologia contadina,** in via Deodato Meloni, nato nel 1976 a opera del 'Centro di Cultura per l'Educazione permanente'. Raccoglie oltre 2000 oggetti in un'ampia dimora padronale del Settecento, comprendenti soprattutto attrezzi da lavoro e vari oggetti di uso quotidiano tutti selezionati e raccolti nell'ambito della comunità di Santu Lussurgiu.
Negli ultimi due giorni di Carnevale, lungo via Roma si svolge la spericolata esibizione equestre di *Sa Carrela 'e nanti* ('la strada innanzi'), con cavalieri lanciati in pariglia tra la folla esultante.

Cascate di Sos Molinos

Lasciando Santu Lussurgiu in direzione Bonàrcado, dopo circa 1 km, poco prima del ponte sul rio Molinos, all'altezza di una piazzola con parcheggio un sentiero dapprima corre parallelo alla statale, quindi s'inoltra in discesa in una profonda forra. Attraversando fitti boschi di querce intervallati da pianori erbosi punteggiati, durante la stagione della fioritura, da margherite, ciclamini, crocus e alcune specie di orchidee selvatiche, la vecchia mulattiera a tratti pavimentata e protetta da muretti a secco arriva alla base di questa cascata di circa trenta metri, circondata da rocce e alberi di ogni specie.

Su casizolu, il formaggio delle donne

Un formaggio di vacca in un'isola di pecore rappresenta certo una rarità, ma il *casizolu* era gia conosciuto nel Trecento, quando tra le donazioni versate dalla chiesa di San Pietro di Scano di Montiferro ai camaldolesi di S. Michele compaiono anche i 'caci cavallini'. Si tratta di un tipico formaggio a pasta filata, prodotto con latte vaccino della **razza rustica sardo-modicana** allevata allo stato semibrado sulle colline del Montiferru. Di produzione artigianale e rigorosamente stagionale (primavera), viene ottenuto da latte intero cui viene aggiunto il caglio di vitello; la pasta, dopo una maturazione che può durare sino a 24 ore, viene lasciata 'filare' entro un paiolo in acqua caldissima e quindi modellata a mano fino a che assume la forma di una grossa pera, pesante fino a 3 kg; stagiona, anche per 12 mesi, appeso 'per il collo' a cavallo di lunghi bastoni di legno. Con la stagionatura la pasta, inizialmente tenera e compatta, acquista consistenza, sapidità, piccantezza e intensa aromaticità. Si dice che il *casizolu* sia un formaggio 'al femminile': gli uomini si occupano della mungitura e del trasporto del latte, mentre per tradizione sono le donne, in casa, a occuparsi della produzione del formaggio. È Presidio Slow Food a salvaguardia delle tradizioni agroalimentari della Sardegna.

Bonàrcado e dintorni

Dà importanza a questo borgo agricolo e pastorale (m 282, ab. 1600 circa) il complesso religioso costituito dalla **chiesa** romanica **di S. Maria** (XII secolo), alta sulla strada, costruita entro il 1147 dai monaci dell'annesso monastero camaldolese in basalto scuro e trachite rossa; e dall'attiguo antichissimo **santuario della Madonna di Bonacattu**. Si tratta di una piccola costruzione a croce greca originaria dell'VIII-IX secolo, anch'essa in basalto e trachite, con la facciata finemente decorata da archetti lobati; all'interno, una vasca con pavimento in mosaico appartenente alla fase romana e un bassorilievo del Cinquecento in terracotta policroma della *Madonna col Bambino*. Tra il 18 e il 20 settembre di ogni anno è meta di pellegrinaggi mariani.

Seguendo per 6 km verso ovest la strada per Paulilàtino e poi un sentiero a destra si raggiunge il **nuraghe Lugherras*** (cioè 'delle Lucerne'). Di struttura imponente e complessa, il nuraghe si articola in un mastio a due camere sovrapposte, in un paesaggio caratterizzato da boschi di lecci secolari intervallati da radure erbose.

Milis

L'antico borgo (m 58, ab. 1600 circa) si adagia all'apice della piana omonima, qui particolarmente rigogliosa di agrumeti di secolare tradizione, e viene per questo chiamato il 'paese delle arance'. La coltivazione agrumicola fu introdotta infatti nel territorio di Milis nel medioevo, quasi certamente dai camaldolesi del vicino monastero di S. Maria di Bonàrcado. Di

S'Archittu, l'arco di roccia naturale da cui prende il nome l'omonima caletta

ambito camaldolese è anche la periferica **chiesa di S. Paolo**, bella costruzione romanica edificata nel 1140-50 e completata, fra il 1200 e il 1225, con la realizzazione del paramento murario bicromo della parte superiore della facciata in conci di basalto, arenaria e tufo verde. L'interno, a navata unica con copertura a capriate lignee, custodisce un *retablo* del 1503, dovuto forse a maestri catalani, raffigurante *Crocifissione* e *Madonna col Bambino e angeli*. Al centro del paese, il settecentesco **palazzo Boyl** fronteggia la quattrocentesca *parrocchiale di S. Sebastiano*, centro culturale con una piccola pinacoteca.

San Vero Milis

Centro agricolo (m 10, ab. 2500 circa) dalle basse case e qualche palazzetto, è noto per l'eccellente Vernaccia e il tipico artigianato tradizionale dell'intreccio di cestini e canestri. Al centro dell'abitato la seicentesca **parrocchiale di S. Sofia** presenta un'interessante facciata con tre portali, in cui si combinano elementi gotici e barocchi, e dal maestoso campanile con cupola a cipolla. All'interno si conserva una scultura lignea di *S. Sebastiano* della metà del Seicento. Un'altra pregevole statua lignea raffigurante *S. Michele Arcangelo*, di scuola napoletana, anch'essa della metà del Seicento, è visibile nella vicina **chiesa di S. Michele**, di impianto decisamente barocco.

Nuraghe S'Urachi

Giganteggia sulla destra della strada che da San Vero Milis si dirige verso il mare di *Putzu Idu* nel cuore di una fitta area nuragica. La fortezza principale risulta interrata in corrispondenza del corpo centrale, mentre è ben visibile l'imponente massa muraria, in blocchi poligonali di basalto, dell'antemurale articolato in dieci torri.

Le spiagge tra Is Arenas e S'Archittu

La strada che corre tra le pendici aspre del monte Ferru, sulla destra, e le dune sabbiose di **is Arenas** sulla sinistra, ha contribuito, insieme con una serie di rimboschimenti, a contenere l'avanzata delle sabbie. Prima di questi interventi si stendeva per numerosi chilometri un'area desertica unica nel suo genere in Europa, con dune mobili di sabbia alte sino a 50 m di altezza. Il mare si raggiunge a **Torre Su Puttu** (o Torre del Pozzo), che prende il nome da una torre spagnola del XVII secolo. Proprio ai piedi della torre da una ripida scalinata si accede alla spiaggia di **Sa Capanna**, un piccolo e tranquillo arenile affacciato su un mare dall'intenso colore azzurro-verde. Poco oltre, nel centro abitato di *S'Archittu*, protetta dal grande scoglio detto 'della Balena', la **spiaggia Stella**, solitamente molto frequentata, ha un fondo di sabbia chiara da cui spuntano alcuni scogli. Poco più a nord una pista sterrata raggiunge **S'Archittu***, spettacolare arco naturale scavato nella scogliera calcarea. Il monumento di roccia guarda la bella **cala** omonima, con una piccola spiaggia sabbiosa, affollata in alta stagione.

Santa Caterina di Pittinuri

Dopo il bivio per Cornus si stende questa frazione di Cùglieri e centro balneare: una

La spiaggia di Santa Caterina di Pittinuri

breve diramazione all'uscita dell'abitato conduce alla cinquecentesca *torre di Pittinuri*, dalla quale si gode una veduta splendida della costa. La vicina **spiaggia** di sabbia dorata è cinta da chiare rocce calcaree, con grotte e anfratti. Spesso battuta dal maestrale, è frequentata da surfisti.

Cascate di Capo Nieddu

Lasciata Santa Caterina di Pittinuri in direzione Cùglieri, dopo meno di 2 km un bivio sulla sinistra corre in vista del mare a distanza. Giunta a un piccolo avvallamento, una piazzola sulla sinistra fa da parcheggio. Dopo circa 500 m, superata una casetta rurale, un sentiero tra la macchia mediterranea giunge in 20 minuti alla falesia di Capo Nieddu da cui, in inverno e in primavera, si ammira lo spettacolo della cascata delle acque del rio direttamente a mare. Se battute dal vento, le cascate si aprono a ventaglio creando un effetto arcobaleno.

Amsicora, tra Cornus e Gigi Riva

Il giugno del 215 a.C., nella piana di Cornus, nell'entroterra di S. Caterina di Pittinuri, un esercito sardo-punico di non più di 5000 uomini attaccò di sorpresa le legioni romane di Tito Manlio Torquato, forti di 22 000 *milites* e 1200 *equites*. Superata la sorpresa iniziale, il resto fu un massacro. Oltre tremila sardi morirono sul campo. Il loro capo era il giovane Josto. Il padre di lui, il nobile Amsicora, alleatosi coi cartaginesi, si era messo a capo della resistenza contro la conquista romana della Sardegna. Amsicora aveva ordinato al giovane figlio di aspettare; di aspettare che dal mare arrivassero le navi cartaginesi; di aspettare che lui stesso giungesse alla battaglia campale a capo dei sardi pelliti, i sardi 'vestiti di pelli', le tribù barbaricine da sempre le più irriducibili oppositrici alle invasioni straniere. Ma i rinforzi ritardavano e Josto, come tutti i giovani che fremono di fare da sé, non obbedì. Josto nel massacro di Cornus si salvò, ma la disfatta dei sardo-punici fu solo rimandata. Poco tempo dopo, le legioni romane nella piana del Campidano spazzarono via 12 000 soldati, oltre 3000 ne fecero prigionieri. Josto morì sul campo, trafitto da una freccia scoccata da Quinto Ennio, il poeta-soldato, padre della letteratura latina. Amsicora, fatto prigioniero, si suicidò. La Sardegna poteva dirsi finalmente romana, fatto salvo per le montagne della Barbàgia, dove i 'pelliti' tornarono ad arroccarsi, senza mai di fatto poter essere assoggettati del tutto.

Della città sardo-punica di Cornus che, dicono splendida, fin dalla fine del VI secolo a.C., controllava le coste del mare sardo, non resta quasi traccia. Del nome di Amsicora resta invece traccia nella memoria... calcistica: ad Amsicora – suono arcaico e misterioso – era intitolato il vecchio stadio di Cagliari, dove nel 1970 i sardi vinsero il loro storico, primo e unico scudetto. Da allora il volto del mitico condottiero sardo-punico assume le fattezze di quello eroico del grande Gigi Riva, lombardo da Leggiuno, 'sponda magra' del lago Maggiore, ma da mezzo secolo sardo d'elezione.

8 Il Supramonte, il Gennargentu e le Baronìe

Profilo dell'area

Terre di montagna impervia, le Barbàgie e il Gennargentu sono il cuore pastorale dell'isola, dove l'appartenenza e l'identità sono ancora sentite e continuamente ribadite. La regione storica della Barbàgia prende infatti il nome in epoca bizantina, quando fu definita 'Barbaria' quella parte interna dell'isola mai sottoposta all'autorità imperiale. Dal punto di vista della natura e del paesaggio, questo territorio riserva esperienze di autentica wilderness a contatto con lecci e ginepri millenari. Rari i segni della presenza dell'uomo a parte il tratto di costa tra Capo Comino e Santa Maria Navarrese, che la complessa orografia tutela comunque da insediamenti troppo invasivi.

Il Gennargentu – dal sardo *jenna 'e bentu*, 'porta del vento', poi storpiato dai cartografi piemontesi – è la principale eminenza montuosa della Sardegna, assurta a simbolo della fierezza e dello spirito di indipendenza dei sardi. Con le sue cime dolci, misteriose e inargentate, troneggia solenne su un vasto territorio montano cui una lunga e tormentata vicenda geologica ha regalato un mosaico di paesaggi sempre aspri e selvaggi. Da sempre votato alla pastorizia, il Gennargentu è la regione con più bassa densità d'abitanti di tutta l'isola. La scarsa popolazione vive concentrata in pochi grossi centri, di notevole impatto visivo per la trama edilizia di antica origine, ognuno un mondo a sé con un proprio dialetto, un proprio costume e tradizioni. Sui vicoli stretti e scoscesi affacciano

8 Il Supramonte, Il Gennargentu e le Baronìe

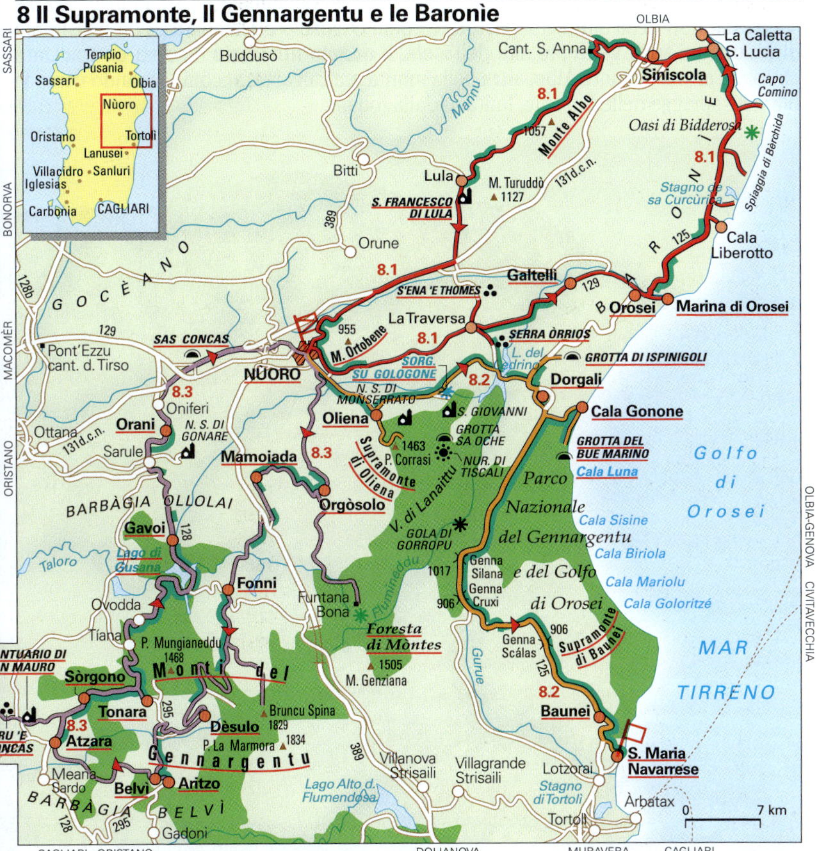

Quadro d'unione a pag. 6-7, riquadro n. 8

le tipiche case barbaricine, di essenziale semplicità, accostate alla più recente edilizia che spesso stride con l'antico contesto. La gente di Barbàgia ripone grande valore nella casa di proprietà, talvolta costruita con le proprie mani e ampliata nel corso degli anni, fatto che spiega il 'non finito' di buona parte delle abitazioni di Oliena, Orgòsolo e altri centri del Nuorese. Ricca e partecipata, la vita sociale sottolinea i momenti di festa riallacciandosi alle tradizioni, ma perché il termine agro-pastorale non suoni come uno stereotipo fuori dal tempo, da queste parti le donne vestono in abiti tradizionali ma usano lo smartphone, mentre il pastore con il suo gregge che si incontra lungo le tortuose strade del Supramonte sarà con tutta probabilità alla guida di un fuoristrada, e ben informato sulle problematiche del comparto agricolo e sulle normative comunitarie... Gli altipiani carsici del Supramonte separano Nùoro e i principali centri barbaricini da uno dei tratti di litorale più incantevoli dell'isola, e forse dell'intero Mediterraneo. La lunga sequenza lunare dei calcari del Supramonte – un altopiano riarso, di rocce bianche, rotto da improvvisi canyon, le 'còdule' – precipita in mare con impressionanti falesie. Altrettanto bello e forse più accessibile è il tratto di litorale delle Baronìe, che si sviluppa al margine del massiccio calcareo del monte Albo. Le spiagge delle Baronìe condividono il colore turchese dell'acqua e il bianco della sabbia con quelle della vicina Gallura, ma conservano un entroterra selvaggio, dove solo la macchia e la pineta si contendono lo spazio tra alte dune e stagni popolati da fenicotteri.

La visita

Il percorso barbaricino ha inizio con la città di Nùoro, la cui visita è oggetto del **primo itinerario** e punto di partenza degli altri tre. Il **secondo itinerario** affronta il Supramonte, con una vasta scelta di escursioni nell'entroterra e su uno dei tratti di costa più belli e più impervi dell'isola, in una delle zone di pregio per la produzione di vino Cannonau. Il **terzo itinerario**, ad anello, aggira il massiccio del Gennargentu toccando alcuni dei centri più noti della Sardegna pastorale come Orgòsolo e Mamoiada, con possibilità di escursioni sulla vetta più alta dell'isola. Il **quarto itinerario** disegna un tracciato circolare attorno monte Albo, altra bella montagna calcarea, accompagnando verso le bianche spiagge delle Baronìe, lontane dalla folla.

8.1 Nùoro e il monte Ortobene

Itinerario pedonale urbano e due escursioni automobilistiche al monte Ortobene, 7 km, e alla necropoli di Sas Concas, 13 km

Spettacolare, per chi vi arrivi dalla costa orientale, è la visione dell'abitato di **Nùoro** (m 549, ab. 37 000 circa; *pianta a pag. 185*) che si estende alto e compatto a cavallo di una dorsale prevalentemente granitica, allungata dal monte Ortobene in direzione nord-ovest. Sede vescovile e centro di servizi istituzionali, commerciali e culturali, la città è per tradizione pluricentenaria un vivace centro, attivo soprattutto nel campo delle lettere e della cultura giuridica. Oggi dispone di istituzioni museali di notevole interesse e modernità, che consentono di conoscere sia le tradizioni barbaricine e la più antica civiltà nuragica, sia la vivace produzione artistica isolana del '900.
L'abitato è attraversato in senso est-ovest dal corso Garibaldi, chiuso al traffico e cuore della città, e dalla via La Marmora che, oltre piazza delle Grazie, prosegue fino a piazza Sardegna. Da piazza delle Grazie le strade che salgono verso nord (vie IV Novembre, Ferracciu, Saffi e Dante) conducono al centro amministrativo della città.

Come muoversi a Nùoro

Pochi e sparsi nel tessuto urbano, i **parcheggi** sono a pagamento nel centro storico. Oltre che in auto, il monte Ortobene si raggiunge anche con la **corriera**, che garantisce corse speciali tutto il giorno in occasione della Sagra del Redentore (fine agosto). Per muoversi in città è a disposizione un comodo mezzo pubblico a chiamata, la **Linea museale**, attiva nel periodo estivo. Per informazioni e tariffe sui servizi pubblici e turistici: *www.atpNùoro.it*

Storia e sviluppo urbano. Il ritrovamento – nel 1975, durante lavori di ristrutturazione di un vecchio stabile in via Ballero – di una tomba a poliandro assegnata all'VIII-VII secolo a.C. (esposta nel Museo archeologico nazionale) ha messo in luce la più antica testimonianza della presenza stanziale dell'uomo nell'attuale sito della città. Sul monte Ortobene sarebbe sorto un primitivo villaggio, abbandonato – una volta stabilizzatosi il dominio romano – in favore di una località più a valle; il nuovo nucleo sarebbe sorto nella zona del rione cittadino di Sèuna.
È al periodo bizantino che presumibilmente risale la formazione di un vero e proprio insediamento, anche se i primi documenti scritti risalgono al XIV secolo. Il toponimo *Nùgor* – da cui *Nùgoro* nella parlata locale – è tuttavia già riportato in diversi registri dei secoli XI, XII e XIII. Nel Cinquecento la città registrò un notevole processo di crescita: nel XVII secolo contava 1600 abitanti e numerosi edifici sacri vennero ad aggiungersi a quelli già esistenti di S. Croce e del Salvatore (fine Cinquecento). Nel 1777 Nùoro risulta il maggiore dei centri della zona; ha un minimo di struttura urbana e conta 15 chiese all'interno dell'abitato. L'Ottocento si apre con un periodo di relativa tranquillità, ben presto interrotto a seguito delle disposizioni regie che ponevano fine all'uso comunitario della terra ('editto delle chiudende', 1820). Una serie di sollevazioni popolari ebbe il suo culmine nel 1868 con la rivolta de *Su Connottu* a seguito dell'attuazione della legge del 1865 che aboliva gli usi e i diritti d'ademprivio, cioè privatizzava quei beni, come pascolo e bosco, da sempre utilizzati in modo comunitario.
A cavallo dei due secoli la città esprimeva una vasta e originale attività culturale e socio-politica che traeva i suoi motivi ispiratori proprio dallo scontro fra la vecchia società sarda e quella nuova espressa dallo Stato nazionale: basta

Il Gennargentu nell'entroterra di Dorgali

Processione (1945) di Giovanni Ciusa Romagna, nel Museo Man di Nùoro

ricordare il poeta Sebastiano Satta (1867-1914), la scrittrice Grazia Deledda (1871-1936), il saggista e uomo politico Attilio Deffenu (1890-1918). Con la ricostituzione a capoluogo di provincia nel 1927, la città conobbe un nuovo sviluppo urbanistico, con un'ulteriore accelerazione del processo di urbanizzazione nella seconda metà del secolo, insieme al progressivo mutamento del carattere agro-pastorale della città in favore di quello amministrativo-commerciale.
Data agli anni '60 la riqualificazione degli spazi di piazza Satta, affidati a un artista come Costantino Nivola, reduce da un lungo soggiorno negli Stati Uniti e aggiornato sui linguaggi della contemporaneità. Ulteriore arricchimento è stata, nel 1999, l'apertura del Man, il Museo d'arte della Provincia di Nùoro, polo di riferimento dell'arte contemporanea per tutta l'isola. L'istituzione, vera eccellenza del territorio, è oggi impegnata nell'allestimento di nuovi spazi espositivi, grazie alla riqualificazione di due stabili affacciati su piazza Satta.

Le piazze centrali. **Piazza Vittorio Emanuele II** *(B-C3)*, ampio spazio scosceso tenuto a verde che comunica con *piazza Mazzini*, è lo snodo chiave del centro. Da qui via Angioi sale al vecchio quartiere che si dispone attorno alla raccolta **piazza Sebastiano Satta*** *(B3)*, sistemata nel 1967 da Costantino Nivola. Dipinti in bianco gli edifici e ricoperto di lastroni di granito il piano di calpestio, lo scultore vi distribuì grandi blocchi pure di granito impreziositi da statuette in bronzo (gli originali sono esposti al Man) che raffigurano il poeta nuorese in diversi momenti della sua vita. Ne è derivato un insieme ambientale che trae carattere e pregio proprio dal contrasto fra gli inserti recenti e le modeste architetture ottocentesche (come la *casa natale di Satta*).

Man - Museo dell'Arte della Provincia di Nùoro* *(B3)*. Collocato in una palazzina al N. 15 di via Satta (prossima a corso Garibaldi), ha tra le sue finalità lo studio, la conservazione e la promozione dell'arte moderna e contemporanea, con particolare attenzione ai linguaggi e alle figure artistiche dell'isola. Dei quattro piani espositivi il primo e il secondo presentano una selezione di opere di artisti sardi del Novecento, prevalentemente di area nuorese. La collezione permanente conta oltre 500 opere e si arricchisce continuamente di nuove acquisizioni, allestite a rotazione, con percorsi tematici o legati a singole personalità. Di particolare rilevanza sono le opere di Antonio Ballero, Mario Delitala, Giovanni Ciusa Romagna, Carmelo Floris, Francesca Devoto, Mauro Manca, Maria

Lai, Costantino Nivola e Gino Frogheri. Alle mostre temporanee sono dedicati il piano terra e il quarto piano.

Piazza Su Connottu *(B3)*. Una discussa sistemazione urbanistica l'ha ritagliata nell'antico tessuto della zona meridionale del quartiere di S. Pietro. La si attraversa longitudinalmente, lasciando sulla sinistra la cupoletta della vicina **chiesa di S. Croce** *(B3)*, di fine XVI secolo (con un *Cristo flagellato* ligneo, forse seicentesco); di fronte alla **chiesetta di S. Carlo** *(B3)*, semplice architettura (XVII secolo) di tipo rurale dall'interno disadorno, si prende via Sassari.

Museo deleddiano* *(B3)*. Raggiungibile percorrendo via Sassari da piazza Su Connottu, al N. 42 di via Grazia Deledda occupa gli ambienti della casa in cui nacque (1871) la scrittrice. Il museo è di proprietà dell'Isre (Istituto Superiore Regionale Etnografico): raccoglie oggetti personali, fotografie, autografi, prime edizioni italiane e straniere delle opere, note di stampa e testimonianze varie attinenti alla vita e all'attività del premio Nobel 1926 per la letteratura. La casa è un dignitoso esempio di abitazione ottocentesca adeguata alle esigenze di una famiglia agiata nuorese. Un attento restauro e il riallestimento del 2015 le hanno restituito l'originaria qualità architettonica, collegando l'organizzazione degli spazi ai caratteri dell'allestimento espositivo. In una parte delle stanze del pianterreno, del cortile e dell'ammezzato sono ricostruiti gli ambienti descritti da Grazia Deledda nell'opera autobiografica *Cosima*.

Nelle Barbàgie con Grazia

«I Parchi letterari sono una scialuppa sul mare tempestoso della vita d'oggi», ha scritto Stanislao Nievo, presidente della Fondazione Ippolito Nievo. Nel Nuorese spicca il **Parco letterario dedicato a Grazia Deledda**, la grande romanziera vissuta fra il 1871 e il 1936, che ha fatto del paesaggio sardo, e in particolare di quello delle Barbàgie, lo sfondo di tanti suoi libri. Le 'porte' attraverso le quali vi si accede, per iniziare un percorso ricco di emozioni, sono a *Nùoro*, *Galtellì* e *Monteleone Rocca Doria*. I percorsi tematici sono riferiti alla Sardegna deleddiana e, a partire dal romanzo *Canne al vento*, al silenzio della magia, alle feste nei santuari campestri, per non dimenticare l'unica scrittrice italiana insignita del premio Nobel per la letteratura (1926).

Museo nazionale archeologico di Nùoro *(B3)*. Al piano inferiore dell'ottocentesco *palazzo Asproni* nella piazza omonima, è dedicato a paleontologia e preistoria:

Nùoro 1:16 000 (1 cm = 160 m)

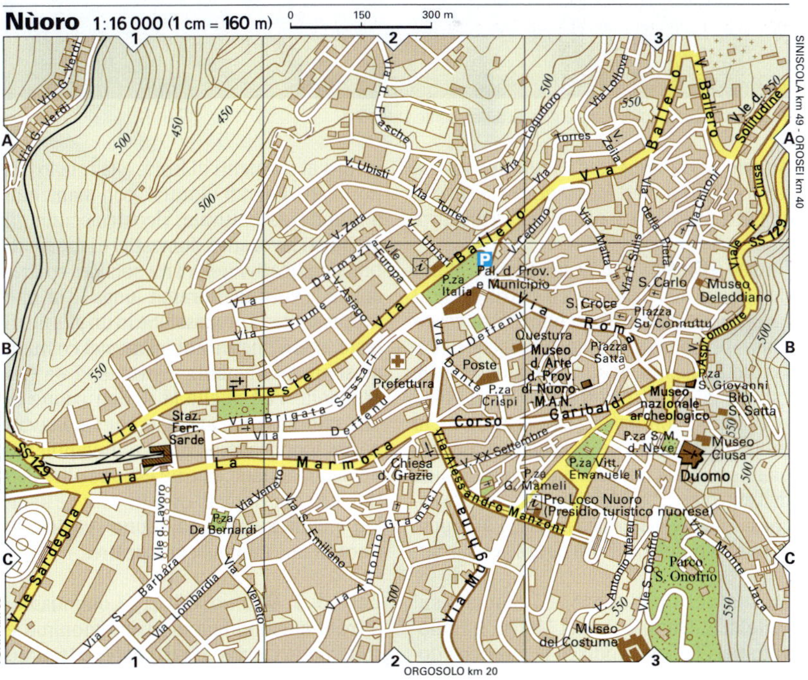

reperti fossili di mammiferi (inaspettato il cranio di una scimmia, animale un tempo endemico sull'isola) e ricostruzioni di monumenti funerari legati alla civiltà nuragica.

Duomo *(B-C3)*. Prospetta sull'alberata *piazza S. Maria della Neve*, con la neoclassica facciata dalle colonne ioniche e due campanili laterali; fu costruito a partire dal 1836 e terminato nel 1854. L'interno custodisce alcuni dipinti di pregio come tra la prima e la seconda cappella destra, una tela con *Disputa di Gesù fra i dottori* attribuita alla scuola di Luca Giordano; e, alla parete destra del presbiterio, un *Angelo che piange sul Cristo deposto*, a lungo attribuito ad Alessandro Tiarini e in seguito collocato ai primi dell'Ottocento.

Veduta di Nùoro, sulla dorsale granitica del monte Ortobene

Museo «Ciusa» *(B-C3)*. In piazza S. Maria della Neve, nel palazzo dell'ex tribunale, il museo è dedicato allo scultore Francesco Ciusa, personalità di spicco all'inizio del XX secolo. L'allestimento, rinnovato nel 2016, espone gessi, terrecotte e lavori in pasta marmorea, con particolare attenzione al progetto del ciclo de *I Cainiti*, un 'poema plastico' dedicato alla Sardegna arcaica dell'entroterra barbaricino. Vi è esposta anche la celebre *Madre dell'ucciso* (1907), opera simbolo della cultura figurativa sarda.

Museo del Costume** *(C3)*. Situato sul colle di S. Onofrio, in via Mereu, e rinnovato nel 2015, custodisce la più ricca documentazione del patrimonio etnografico della Sardegna. Ad accrescerne il fascino è il complesso di edifici in cui si articola, disegnati dall'architetto Antonio Simon e concepiti per riprodurre la struttura di un villaggio sardo nel quale sono aggregate le caratteristiche architettoniche peculiari dei diversi centri isolani.
In esposizione, ripartiti in undici sale tematiche, circa 4000 degli oltre 8000 pezzi conservati dal museo risalenti a un periodo per lo più compreso tra la fine dell'Ottocento e la prima metà del Novecento. Il vastissimo repertorio illustra gli aspetti della vita tradizionale in Sardegna, dal lavoro ai momenti di festa, alla religiosità popolare. Grandi diorami, con manichini a grandezza naturale, ricostruiscono gli ambienti lavorativi, domestici e i momenti più significativi della vita sociale: spettacolare la **vetrina-diorama**, lunga 13 m, che rappresenta la processione in un giorno di festa, con 52 figure abbigliate nei costumi maschili e femminili, provenienti da tutta l'isola. Vi è anche la ricostruzione di una **cumbessia**, l'alloggio che ospitava i partecipanti alle novene, e un ambiente dedicato al pane, che ne espone oltre 300 tipi. La collezione di oggetti votivi e amuleti è contestualizzata in uno spazio che ricorda una cappella campestre.

Colle di S. Onofrio *(C3, f.p.)*. Continuando oltre il museo lungo il viale omonimo e superando l'ampio *Parco pubblico* trattato

Nùoro città del mondo

Il grande **Cesare Brandi** è stato sicuramente ingeneroso quando ha scritto – lo trovate ora in *Terre d'Italia* (1991) – che «Nùoro non ha bellezze, se si eccettua la bellezza montana che la circonda e che offre della Barbàgia come il teatro, ma un teatro al tempo stesso solenne e ridente». Sarà pure vero che, soprattutto negli anni '50 e '60, «le vecchie case superstiti del borgo antico» sono state «lasciate cadere in rovina», sostituite dai palazzi d'una edilizia frettolosa, che inseguiva il boom economico, per una sacrosanta – aggiungo io – democratizzazione dei consumi. Ma Nùoro non può essere ridotta a una città estinta e poi ricostruita, storta e sbagliata, senza grazia né bellezza. Non voglio certo mettere in discussione il fascino di quei monti che le fanno gelida corona, mentre smaltano il cielo come in nessun altro posto d'Italia. Nùoro è, infatti, Nùoro: se non altro perché ha inventato un'idea (e una suggestione) di Sardegna, così come ora ancora circola, che ha poi condizionato i resoconti di tanti illustri viaggiatori, a cominciare da **David Herbert Lawrence** che, nel 1921, congedò *Sea and Sardinia*.

Escursione nazionale del Touring Club Italiano a Nùoro, 17-28 maggio 1921

E l'ha inventata, quell'idea, attraverso due suoi figli illustri, il tardo ottocentesco **Sebastiano Satta**, poeta dialettale sull'isola amatissimo morto nel 1914, e **Grazia Deledda**, cui arrise quel Nobel che avrebbe fatto dell'isola un suggestivo e tenace mito etnoantropologico, tra matriarcato e coppole di velluto, dentro un'araldica del sangue e della vendetta, forgiata nel fuoco degli arcaici codici di una società agropastorale. Due scrittori del cui passaggio rimangono ancora tracce consistenti in città.

Grazia Deledda è stata l'ultima scrittrice a poter raccontare con credibilità quel mondo e quella cultura, che ancora le appartenevano, attraverso indimenticabili e audaci figure femminili, dentro vicende di peccato, rimorso e desiderio di espiazione. Dopo sarebbe arrivato l'altro Satta, l'immenso Salvatore, col suo romanzo *Il giorno del giudizio* (1977), che avrebbe fatto implodere il codice in quella voragine senza redenzione che è il camposanto natale. Ma con **Salvatore Satta** Nùoro diventa finalmente una città del mondo, come la Yoknapatawpha di Faulkner o la Macondo di Marquez. Andateci a Nùoro: magari anche a mangiare agnello, pecora o asino, arrampicandovi sino allo spettacolare *Monti Blu* (dove trovate anche dell'ottimo pesce) o scendendo dagli orgolesi a *La Locanda* (imbattendovi in un sorprendente bollito), sobria e per tutte le tasche. Però non dimenticate di visitare il *Man*, che esibisce quadri di tutti i più importanti pittori sardi della tradizione, e che ha ospitato, con grande intelligenza progettuale, alcune delle più belle mostre d'avanguardia che si siano viste in Italia.

Massimo Onofri

Sfilata di costumi tradizionali in occasione della Sagra del Redentore a Nùoro

a giardini, si giunge alla sommità di questo colle (m 588), che offre un gran **panorama** sulla città, il monte Ortobene e il Supramonte di Oliena.

Piazza delle Grazie e dintorni *(B-C2)*. Oltrepassato in via Manzoni (N. 22) l'ex convento dei francescani, si raggiunge nella piazza delle Grazie il **santuario** omonimo, costruito negli anni '50, dove annualmente (21 novembre) si celebra un rito di ringraziamento per un presunto avvenimento miracoloso del XVII secolo. Di maggiore interesse è la vecchia **chiesa delle Grazie** *(B-C2)*, cui si arriva seguendo alla destra del santuario la stretta via omonima; edificata dopo la metà del Seicento, è fra i pochi brandelli superstiti dell'antico rione di Sèuna.

Salita al monte Ortobene*. Presso via Grazia Deledda si imbocca via Aspromonte *(B3)* e poi a sinistra il panoramico *viale Ciusa (A3)*, sulla destra del quale si incontra, in posizione leggermente elevata, la **chiesetta della Solitudine** *(A3, f.p.)*: edificata nei primi anni '50 del Novecento su disegno di Giovanni Ciusa Romagna, sorge sul sito di una chiesa seicentesca cara a Grazia Deledda, che dal 1959 vi è tumulata. Da qui una strada panoramica (di 7 km) risale il monte Ortobene, di cui la stessa Deledda scrisse: «No, non è vero che l'Ortobene possa paragonarsi ad altre montagne; l'Ortobene è uno solo in tutto il mondo: è il nostro cuore, è l'anima nostra, il nostro carattere, tutto ciò che vi è di grande e di piccolo, di dolce e duro e aspro e doloroso in noi». Vi si trovano, in un paesaggio di enormi massi granitici e di zone a fitta macchia spontanea frequentemente alternate a conifere, la **chiesetta di Nostra Signora di Montenero**, del 1608, e la *statua* bronzea *del Redentore*, opera di Vincenzo Jerace, inaugurata nel 1901. In ricordo dell'evento, da quell'anno, l'ultima domenica di agosto si celebra sull'Ortobene la *Sagra del Redentore**, occasione per una delle più importanti manifestazioni folcloristiche della Sardegna, con il concorso di gruppi nei costumi tradizionali, musiche e danze. I riti religiosi concludono il pellegrinaggio che si svolge all'alba dalla Cattedrale alla vetta del monte. Vastissimo il panorama che si domina dal roccione sormontato dalla statua.

Necropoli di Sas Concas*

Si raggiunge da Nùoro sulla superstrada (direzione Abbasanta) per 13,3 km, uscendo allo svincolo di Oniferi. La necropoli neolitica delle *domus de janas* di Sas Concas, la più vasta del Nuorese, è composta da quindici tombe, alcune delle quali a pianta complessa, che si aprono su un bancone trachitico. Fra di esse quella detta dell'*Emiciclo* presenta incise nelle pareti interne numerose figure umane schematiche disposte capovolte, a significare forse il trapasso dal mondo dei vivi a quello dei morti.

8.2 Il Supramonte

Itinerario automobilistico da Nùoro a Santa Maria Navarrese, 102 km escluse le deviazioni
(carta a pag. 181)

Per attraversare il Supramonte bisogna prepararsi a percorrere strade tortuose – tra cui un tratto della spettacolare SS 125 Orientale Sarda – in genere prive di traffico, in ambienti solitari e impervi. Le zone più aspre – di fatto prive di strade carrozzabili – sono un paradiso per gli escursionisti. Ci si può affacciare al mare dalle falesie del Supramonte di Baunei, che offre percorsi alpinistici impegnativi e di rilevanza internazionale, come il 'Selvaggio Blu', ma anche trekking più brevi per tutti. Lasciata Nùoro, si raggiunge Oliena, ai piedi del Supramonte. Proseguendo verso Dorgali, varie deviazioni, anche su strade sterrate, portano a siti affascinanti, come il villaggio nuragico di Tìscali e la gola di Su Gorropu. Da Dorgali si segue la SS 125 Orientale Sarda, in contesto magnifico, con la deviazione verso la costa a Cala Gonone. Si sale fino ai 1017 m di Genna Sìlana, per scendere di nuovo al mare di Santa Maria Navarrese, passando per Baunei.

Oliena*

Raggiungibile da Nùoro con la SP 22, tra bassi vigneti, rada macchia e sugherete, questo paese (m 379, ab. 7150 circa) fortemente espressivo del mondo culturale del territorio nuorese ebbe a partire dal

Il monolite Pedra Longa nel Supramonte di Baunei

XVII secolo uno sviluppo collegato anche all'insediamento dei gesuiti, i quali fra l'altro introdussero l'allevamento del baco da seta e più avanzati metodi di coltura dell'ulivo e della vite. Ancora oggi Oliena è rinomata per la produzione di olio extravergine e del Cannonau Doc Nepente di Oliena. Insignita della Bandiera Arancione del Touring Club Italiano, la cittadina è nota anche per il suo artigianato artistico e per i pregiati gioielli in filigrana.
Il centro storico, per quanto alterato da interventi edilizi degli ultimi decenni del Novecento, custodisce atmosfere antiche nel **rione di Sa Maddalena** con i ruderi del castello medievale: vicoli tortuosi e stretti sui quali sembra incombere la mole possente della punta Corrasi, casette con piccole corti, scalette esterne, archi, pergolati, minuscoli balconi e fumaioli dalle forme insolite: un'architettura 'spontanea' e mossa. Altro elemento caratterizzante del tessuto urbano è il gran numero di chiese (ben 11) che sorgono nell'abitato, per lo più di modeste dimensioni e di linee semplici ma ingentilite da civettuoli campaniletti a vela. All'ingresso del paese si segnala la vecchia **parrocchiale di S. Maria**, di origine duecentesca ma più volte rimaneggiata, e in corso Vittorio Emanuele II l'attuale *parrocchiale di S. Ignazio di Loyola*, eretta dai gesuiti nei primi decenni del XVIII secolo; vi si conservano alcune interessanti statue lignee seicentesche. Accanto sorge il seicentesco collegio, oggi adibito a sede espositiva; vi è conservato un bel *retablo* del Cinquecento detto *di S. Cristoforo*. Fra gli edifici sacri minori risalta, in uno slargo nella centrale via Deledda, la **chiesa di S. Croce**, la più antica del paese, con un rustico loggiato e un campanile a vela a tre luci.
Danno notorietà a Oliena gli smaglianti *costumi tradizionali*, specie quelli femminili, sfoggiati in occasione delle feste popolari come, la domenica di Pasqua, *S'Incontru*: i simulacri del Cristo risorto e della Vergine vengono portati in processione per le vie da due distinti cortei in costume fino a incontrarsi fra una folla esultante, mentre dai tetti e dalle finestre si spara a salve ripetutamente. Molto sentita è anche, il 21 agosto, la *Festa di S. Lussorio*, patrono del paese. A settembre, il calendario di eventi si infittisce nell'ambito dell'iniziativa 'Cor-

Supramonte di Oliena: panorama da punta Corrasi

tes apertas': i cortili delle case di Oliena si aprono ai visitatori, che possono assistere alla preparazione di manufatti artigianali.

Supramonte di Oliena*

Apparentemente inaccessibile, con le candide pareti del monte Corrasi a picco sull'abitato, si raggiunge da una strada tortuosa e ripidissima ma asfaltata e panoramica, che esce dall'abitato in direzione sud-est e porta in pochi chilometri alla **foresta di Maccione**, una selva di lecci nella quale sorge un *centro-rifugio* dove si possono assumere informazioni e contattare le guide per escursioni nella vasta area circostante. A quota più elevata è tutto un susseguirsi di altipiani di calcare bianchissimo, quasi accecante, privi di corsi d'acqua e con rare macchie di vegetazione, nei quali si aprono numerose grotte ed emergono aspre cime rocciose. La **punta Corrasi** (m 1463) è la più alta del Supramonte e, secondo Salvatore Satta, «il monte più bello che Dio abbia creato». Su queste cime nidificano rapaci a forte rischio di estinzione, come il grifone e soprattutto l'avvoltoio monaco.

Sorgente di Su Gologone*

Uscendo da Oliena sulla SP 46 per Dorgali, a circa 5,5 km dal paese si trova a destra la deviazione per la valle di Lanaittu e Su Gologone. Dalla suggestiva sorgente carsica situata vicino all'omonimo hotel-ristorante sgorga un potente fiotto d'acqua (300 litri al secondo) originato da un fiume sotterraneo che fuoriesce da un crepaccio naturale della roccia granitica, defluendo in un profondo e limpidissimo laghetto sottostante. Da questo prende vita un torrente che attraversa un boschetto di eucalipti e sfocia dopo un breve corso nel fiume Cedrino. Proprio sopra la sorgente la rustica bianca *chiesetta di Nostra Signora della Pietà* accresce la suggestione del luogo.

Grotta di Ispinigoli e dintorni

Oltrepassato il lago del Cedrino, poco prima di Dorgali si devia a sinistra in direzione di Orosei, sulla SS 125 Orientale Sarda. Circa 3 km più avanti si trovano a destra indicazioni per Ispinigoli, cui si arriva con altri 2 km di strada. La grotta, con uno sviluppo di circa 10 km, si visita su percorso attrezzato e illuminato. L'ambiente di maggior suggestione è un grande androne naturale, già frequentato in periodo nuragico e punico e quasi certamente utilizzato allora come luogo di culto; in tempi recenti fu invece utilizzato come ricovero dai pastori. Al centro troneggia un'enorme stalagmite di oltre 38 m. Ai piedi si apre una profonda voragine detta l'*abisso delle Vergini*, di difficile accesso e di interesse esclusivamente speleologico Sul fondo della voragine furono rinvenuti ossa umane e monili femminili di fattura punica, ora conservati presso il Museo archeologico di Dorgali.
Non distante, in direzione di Cartoe, si trova il **Parco-museo S'Abba Frisca**, che propone un percorso naturalistico ed etnografico volto alla conoscenza della cultura barbaricina, e in particolare delle tradizioni pastorali e agricole. Proseguendo

sulla carrozzabile, e quindi con un tratto sterrato, si può raggiungere il mare in corrispondenza dell'appartata **Cala Cartoe**.

Dorgali

Oltrepassato il lago del Cedrino, e imboccata la SS 125 Orientale Sarda in direzione Dorgali, inizia la salita al paese (m 387, ab. 8500 circa), disposto a mezza costa sul calcareo monte Bàrdia (m 882), che lo separa dal mare. Dorgali è un importante centro agricolo con tradizioni d'artigianato artistico e vocazione turistica in tumultuoso sviluppo. Il suo circondario accompagna a una costiera di incomparabile bellezza e a un entroterra di eccezionale interesse naturalistico, ricco di testimonianze del passato. Di pregio sono i vini (soprattutto il Cannonau) prodotti dalla Cantina sociale e i formaggi ovini e caprini preparati dal locale caseificio o direttamente dai pastori. Antiche le tradizioni artigianali, soprattutto nell'oreficeria, nella tessitura dei tappeti e nella lavorazione del cuoio e della ceramica, con molte botteghe intorno a via La Marmora, via Umberto I e Vittorio Emanuele II.

Nel centro storico si conservano ancora alcuni begli esempi di architettura tradizionale in scura pietra scistosa, palazzotti ottocenteschi e chiesette per lo più seicentesche, di linee semplici ed essenziali. Risalta l'imponente settecentesca **parrocchiale di S. Caterina**, al cui interno si con-

Grotte, rupi, nuraghi: viaggio tra i misteri barbaricini*

Poco prima della sorgente di Su Gologone sulla destra una strada sterrata, segnalata da cartelli turistici, si inoltra nella magnifica **valle di Lanaittu*** *(nella foto)*, un mondo sperduto e affascinante. Si procede fra massicce dorsali calcaree articolate in una serie continua di gole, crepacci, guglie e paurosi inghiottitoi, ricche di testimonianze preistoriche. Nella valle si aprono gli ingressi di alcune suggestive **grotte** di esclusivo interesse speleologico. Fra queste, *Sa Oche* ('la voce'), che pare derivi il nome dal rimbombo delle sue acque sotterranee, e *Su Bentu* ('il vento'), tra le più lunghe d'Italia. Le due grotte, ricche di laghetti sotterranei e collegate fra loro, costituiscono un interessante fenomeno carsico.

A breve distanza, più a sud, e attrezzata per le visite, la **grotta** detta **di Corbeddu** deriva il nome da un famoso bandito ottocentesco che la utilizzò come rifugio; scavi recenti vi hanno portato alla luce importanti materiali paleontologici e resti umani risalenti a un periodo compreso tra 11 000 e 7000 anni a.C. Superata la valle di Lanaittu e proseguendo per un erto sentiero (è consigliabile l'escursione guidata, e calzature adeguate) si può raggiungere il **monte Tìscali*** (m 515), imponente rupe calcarea alla cui sommità, in una grotta di cui è sprofondata la volta, fu costruito (forse a cavallo tra il II e il I millennio a.C.) un piccolo **villaggio nuragico***. Imprendibile e pressoché invisibile, costituì probabilmente uno degli ultimi baluardi della resistenza delle popolazioni barbaricine all'invasione romana. I suoi resti, raccolti sotto l'ala di roccia come in un grande tempio, sono ancora di grande suggestione.

servano due maestose *ancone* lignee: una, nel transetto destro, è del 1770; l'altra, nel transetto sinistro, è stata invece realizzata nel 1957 seguendo fedelmente il modello dei grandi retabli sardi del Settecento.
In via La Marmora il **Museo civico archeologico***, riallestito nel 2016, custodisce reperti provenienti dal villaggio nuragico di Serra Òrrios, dalla grotta Ispinigoli e dai siti nei dintorni, nonché monete, armi e vasellame di origine romana e altomedievale. Il nuovo allestimento propone anche la ricostruzione di due figure di guerrieri nuragici, completi di abbigliamento e corredo di armi. In viale Umberto I, al piano terra del Municipio, ha sede l'interessante **Museo Civico «Salvatore Fancello»**, dedicato all'artista nato a Dorgali nel 1916 e morto appena venticinquenne: circa 400 pezzi ceramici oltre a disegni, tempere e incisioni.

Cala Gonone*

Collegata alla statale 125 da una strada che scende al mare dopo aver superato una breve galleria scavata nel monte Bàrdia (abbagliante, all'uscita, l'improvvisa veduta del Tirreno e della costa). Cala Gonone era un tempo borgo di pescatori munito di un porticciolo dal quale si imbarcavano legna, carbone e formaggi e già a fine Ottocento meta di villeggiatura estiva per la borghesia nuorese. A dilatarne anche oltre misura le dimensioni turistiche sono state, negli ultimi decenni, soprattutto le seconde case, mentre dal piccolo porto partono oggi i battelli per la grotta del Bue marino e per altre cale dell'incantevole golfo di Orosei. Di particolare interesse per i più piccoli l'*Acquario di Cala Gonone* (via La Favorita) è ospitato nel moderno edificio progettato da Peter Chermayeff e Sebastiano Gaias.

Golfo di Orosei**

Tra Cala Gonone e Santa Maria Navarrese si dispiega un tratto di costa dalle caratteristiche uniche in Italia: per circa 40 km una bastionata calcarea si alza sul mare, culminando con l'impervio capo di Monte Santu, articolata in piccole insenature in corrispondenza delle varie **còdule**, veri e propri canyon scavati nella roccia dai torrenti che sfociano in mare. L'unica strada che attraversa questo territorio, la statale 125 Orientale Sarda, si snoda molto distante nell'entroterra, con pochissimi accessi sterrati al litorale. Un territorio selvaggio, che alterna falesie verticali – su cui si aggrappano secolari ginepri – e boschi di lecci monumentali, aree umide con canneti e boschetti di oleandri in prossimità dello sbocco delle *còdule* in mare. Le poche, minuscole spiagge, in molti casi raggiungibili solo via mare, sono meta ambita per gli amanti del mare incontaminato. Alcune cale sono tappa lungo l'impegnativo itinerario di trekking Selvaggio Blu *(v. box a pag. 195)*.

Grotta del Bue marino

A sud della spiaggia di **Cala Fuili**, raggiungibile in battello da Cala Gonone e da altre località costiere, o a piedi dal sentiero che

Veduta panoramica dalle falesie del golfo di Orosei

Le ripide pareti di roccia che contornano la spiaggia di Cala Luna

parte dalla stessa Cala Fuili, la grotta del Bue marino è una delle più ampie e suggestive della Sardegna. Come si evince dal nome, è stata uno degli ultimi rifugi mediterranei della foca monaca (nella parlata locale *su boe marinu*), da tempo scomparsa in questo tratto di costa. Il sistema carsico, che interessa anche la còdula di Luna, si estende per oltre 70 km attraverso il massiccio del Supramonte, ed è il più esteso in Italia. Il percorso attrezzato per la visita (solo guidata; sconsigliata nei giorni di Ferragosto per l'eccessivo affollamento) interessa i primi 800 m. Le infinite fantastiche concrezioni che si specchiano nei laghetti interni creano effetti di grande suggestione.

Cala Luna*

Separata da Cala Fuili da un tratto di costa impervia, Cala Luna o *Cala llune* è un'incantevole baia, situata poco a sud della grotta del Bue marino, raggiungibile via mare oppure con un trekking sulla pista interdetta al traffico che segue la *còdula di Luna* (accesso dalla statale 125, per Teletottes). Un candido arenile lungo circa 800 m, un piccolo stagno cinto da un fitto boschetto di coloratissimi oleandri, gli imbocchi di otto grottoni alla base di un'erta parete rocciosa ne fanno un sito di bellezza abbagliante, molto affollato d'estate quando è servito da un punto di ristoro.

Golfo di Orosei: le spiagge e la grotta del Bue marino

Ambienti preziosi da visitare in punta di piedi: tra Cala Gonone e Santa Maria Navarrese calette e spiagge sono visitabili seguendo regole precise che il comune di Baunei stabilisce di anno in anno, con ordinanze consultabili sul sito *www.comunedibaunei.it*

Alcune **spiagge** sono a **numero chiuso** (Cala Goloritzé, Cala delle Sorgenti, Cala dei Gabbiani, Ispuligedenie, Cala Biriola). A Cala Goloritzé non è consentito l'accesso via mare. Nessun limite si pone a chi arriva a piedi, ma l'unica spiaggia raggiungibile attraverso un percorso adatto a tutti è quella di Cala Goloritzé. Per tutti questi siti è previsto il pagamento di un contributo di 1 euro. Il **Nuovo Consorzio Trasporti Marittimi** organizza, da giugno a settembre, regolari collegamenti andata/ritorno a queste spiagge, oltre a minicrociere ed escursioni nel golfo, con partenza da Cala Gonone, Orosei e la Caletta; per informazioni: *www.calagononecrociere.it*

La **grotta del Bue marino** è servita da un regolare **servizio di battelli** con partenza da Cala Gonone (il tragitto in mare dura mezz'ora; la visita all'interno 1 ora circa). Il ramo nord delle grotte (in barca si visita il ramo sud) si raggiunge anche con una escursione a piedi di medio impegno (circa 1 ora la sola andata). Da Cala Gonone si segue la strada litoranea che termina al parcheggio per Cala Fuili, a cui si scende con un sentiero tra rocce e ginepri. Dalla cala, si imbocca il sentiero per Cala Luna: poco oltre una deviazione a sinistra si tiene a mezza costa, per poi scendere ripidamente, anche con l'ausilio di scale metalliche, fino al livello del mare e a una passerella che conduce all'ingresso della grotta (visite guidate).

Le alte pareti della gola di Su Gorropu

Le altre cale del golfo di Orosei

Una inaccessibile costa rocciosa separa Cala Luna da **Cala Sisine**, raggiungibile via mare oppure a piedi sulla pista che segue l'omonima còdula, che si trova lungo il percorso di trekking Selvaggio Blu. Raggiungibili solo via mare sono **Cala Biriola** e **Cala Mariolu**, veri gioielli incastonati ai piedi di impressionanti falesie. Alla perla di **Cala Goloritzé*** invece non si può sbarcare via mare. Sovrastata da guglie rocciose ideali per l'arrampicata sportiva, si raggiunge da Baunei e dall'altopiano del Golgo, a piedi su un sentiero accessibile a tutti, che di per sé rappresenta uno spettacolo, fra boschi, pietraie e scorci panoramici.

L'Orientale Sarda da Dorgali a Baunei*

Da Dorgali, passando dal Nuorese all'Ogliastra, si raggiunge Baunei percorrendo il tratto più panoramico e suggestivo della statale 125 Orientale Sarda: 46 km di curve in un paesaggio selvaggio e solitario, fra picchi dolomitici, gole profonde e ampie valli in cui la macchia mediterranea si alterna a boschi di lecci fittissimi e cupi. Un ambiente integro in cui è pressoché assente ogni traccia di presenza umana: alcune case cantoniere in abbandono sono state recuperate per l'accoglienza dei visitatori. Il percorso è adatto anche alla bicicletta da strada, per l'assenza di traffico, soprattutto fuori stagione, da percorrere con qualche attenzione per la mancanza di banchina.
Nel promontorio di Su Cungiadeddu, a 830 m d'altezza, al km 191 della SS 125 si trova il *Campo Base Su Gorropu*, con sede in una dismessa caserma costruita negli anni '50 per la lotta al banditismo. Si trovano qui informazioni e organizzazione dei percorsi verso le molte mete escursionistiche nel Supramonte e in particolare alla **gola di Su Gorropu***, un impressionante *canyon* scavato dalla forza delle acque del rio Flumineddu, caratterizzato da pareti a picco che raggiungono un'altezza di oltre 200 m. Bel colpo d'occhio sulla valle e sull'imbocco della gola dal punto panoramico

La spiaggia di Cala Biriola nel golfo di Orosei

Selvaggio Blu, trekking nella wilderness mediterranea**

Sette tappe sulle falesie calcaree del golfo di Orosei, lungo sentieri poco segnati e di difficile individuazione, ne fanno uno dei trekking più ambiti e impegnativi d'Italia, specie per l'assenza di fonti d'acqua lungo il percorso, a parte alcune sorgenti di acqua dolce che sgorgano alle quote inferiori, in vicinanza del mare, individuabili facilmente per la presenza di oleandri e di vegetazione rigogliosa. Notevoli difficoltà da affrontare sono i passaggi alpinistici (fino al IV grado), i tiri in corda doppia lunghi anche 45 m, i tratti esposti con passaggi su rudimentali scale costruite dai pastori con rami e tronchi di ginepro. Spesso i dislivelli, in salita e in discesa, sono superiori ai 500 m. È consigliato l'uso di una tenda leggera, perché non esiste alcuna altra possibilità di pernottamento. Il percorso è segnato in modo rudimentale, con rari segnavia azzurri, biancorossi e ometti di pietra: si consiglia di affidarsi a guide escursionistiche locali.

La **prima tappa** ha inizio a *Pedra Longa*, località raggiunta dalla strada comunale e anche da un sentiero che parte da Santa Maria Navarrese. Incornicia la baia il monumento naturale che le dà il nome, *Sa Pedra Longa*. Il percorso, panoramico sul monolite e tutto su sentiero, sale alla bellissima *cengia Giràdili*, che aggira la punta omonima. L'itinerario non ha difficoltà alpinistiche, a parte l'esposizione e il dislivello. Si fa tappa a *Cuile Duspiggius* per proseguire il giorno seguente fino alla **seconda tappa** di *Portu Cuau* ('porto nascosto'), che si raggiunge con 6 ore di cammino aggirando la *punta Ginnircu* e con difficoltà fino al III grado.

La **terza tappa** è impegnativa per la lunghezza (circa 8 ore) ma senza particolari difficoltà alpinistiche. Si arriva alla splendida *Cala Goloritzé (nella foto)*, sito assai apprezzato per l'arrampicata sportiva sul monolite che incornicia la cala, Monumento naturale protetto dalla Regione Sardegna. Comprende la guglia alta 140 m in calcare dolomitico, l'arco naturale, esito di un'antica grotta costiera, e la spiaggia costellata di grandi massi. Da Cala Goloritzé è possibile raggiungere l'altopiano del *Golgo* con un sentiero di circa 3 km nella *còdula*, aggirando così le difficoltà alpinistiche del *Selvaggio Blu*. Si raggiunge *Cala Sisine* su piste sterrate e sentieri, allontanandosi però dal mare e dalla falesia. È possibile fare tappa a *S. Pietro del Golgo*, dove si trova un rifugio e ristorante, o bivaccare al *Cuile Ololbizzi*.

Da Cala Goloritzé il Selvaggio Blu prosegue per *Bacu Mudaloru* nel corso di una **quarta tappa** che richiede competenze alpinistiche (numerosi tiri in corda doppia e arrampicata su pietraie) oltre a un notevole dislivello. La **quinta tappa**, da Bacu Mudaloru a *Cuile Mancosu*, presenta ancora difficoltà tecniche, con arrampicata, percorsi su pietraia e circa 400 m di dislivello in salita. Si attraversano quindi i boschi sospesi di *Biriola*, *Orronnoro* e *Sisine*, sull'ampia cengia affacciata sulla falesia, fino alla còdula omonima e con discese in corda doppia e tratti esposti, ancorché attrezzati di corde fisse.

Conclusa la **sesta tappa** a *Cala Sisine*, la **settima tappa**, verso *Cala Luna* e *Cala Fuili*, ha due percorsi: uno più facile su antica mulattiera di carbonai che sale all'altopiano con oltre 800 m di dislivello, toccando la bellissima 'pinnetta' del *cuile* (ricovero dei pastori) *'e Irove Longu*: l'edificio circolare, in pietra calcarea a secco, ha il tetto di rami di ginepro ed è circondato dal recinto per gli animali e ripari, molto degradati, con copertura sempre in rami di ginepro. Poco oltre la *Sedda Erani*, sull'altopiano, si passa accanto all'arco naturale *s'Arcada Lupiro*. Una via più prossima alla linea di costa e più impegnativa è stata aperta tra Cala Sisine e Cala Luna. Un ultimo tratto di sentiero impervio, ma ben marcato dal passaggio di escursionisti, collega la Cala Fuili alla strada asfaltata che porta in breve a *Cala Gonone*.

Per le modalità di fruizione del percorso e i luoghi dove è consentito il bivacco è opportuno consultare l'ordinanza del comune di Baunei: *www.comunedibaunei.it*

Canti a tenores, patrimonio universale delle Barbàgie

La Sardegna vanta una tradizione musicale antichissima, le cui origini si fanno risalire al canto gregoriano bizantino. Una delle forme più arcaiche di canto polivocale è il **canto a tenore**, tipico delle Barbàgie e del mondo pastorale, Patrimonio immateriale dell'Umanità dell'Unesco. Quattro voci maschili si intonano in cerchio: alla voce solista (*sa oche*), che canta testi poetici della tradizione, fanno da contrappunto le voci gravi e gutturali del *bassu* e del *contra*, e la voce acuta e in falsetto della *mesa oche*, con vocalizzi ritmati, su sillabe 'nonsense' diverse per ogni paese. Tra le formazioni a tenore, noti in ambito internazionale sono i **Tenores di Bitti 'Remunnu 'e locu'**. Anche alcuni strumenti tipici hanno origine antica come le *launeddas*, strumento ad ancia formato da tre canne di lunghezza variabile, di cui una funge da bordone, una descrive la melodia e la terza l'accompagnamento. La *chitarra* proviene dall'area iberica, e si differenzia per dimensioni e diversa accordatura da quella del continente. L'*organetto diatonico*, di origine nord-europea, si è diffuso nell'isola già nel XIX secolo. È ancora viva nell'isola la tradizione delle gare di **canto a chitarra** (*cantu a chiterra*) che impegnano vari *cantadores*, accompagnati da un suonatore di chitarra e talvolta da un fisarmonicista. Ambasciatrice della musica sarda nel mondo è stata la cantadora **Maria Carta** (1934-84). La canzone d'autore annovera brani scritti da poeti in lingua sarda, come *No potho reposare* di **Salvatore Sini** (1873-1954), musicato nel 1921 da Giuseppe Rachel, *Nanneddu meu* (lettera a Nanni Sulis) di **Peppino Mereu** (1872-1901) su musica di Tonino Puddu, *S'inno de su patriota sardu a sos feudatarios*, meglio nota come *Procurade 'e moderare*, scritta da Ignazio Mannu nel 1794. Tra le più note melodie sarde, la laude *Deus ti salvet Maria* (Ave Maria sarda) è attestata dal 1731 in una trascrizione in logudorese di una laude in italiano del gesuita Innocenzo Innocenti (XVII secolo): venne registrata nel 1981 con il titolo di *Ave Maria* in una versione folk-rock nell'album **Fabrizio De André**, in cui il cantautore genovese fa la seconda voce al tastierista **Mark Harris**.

Le guglie rocciose sopra Cala Goloritzé, gioiello della costa di Baunei

a monte dell'edificio. Al **passo di Genna Sìlana** (m 1017), l'albergo-rifugio e punto informativo di cantoniera Sìlana è base di partenza per interessanti escursioni a piedi nel sovrastante Supramonte di Urzulei e alla gola di Su Gorropu, con un percorso a mezzacosta (segnato) che porta all'imbocco del canyon. La statale 125 prosegue in discesa, con scorci panoramici sulla costa e sul Supramonte di Baunei.

Baunei

Scenograficamente sovrastato da un ripido muraglione calcareo, è un borgo (m 480, ab. 3600 circa) dall'aspetto montano a dispetto della vicinanza al mare. Da sempre paese di pastori, oggi Baunei è impegnato nella valorizzazione turistica delle sue splendide coste. Nel caratteristico, scosceso centro storico risalta, lungo la via principale, la bianca **parrocchiale di S. Nicola**, di impianto seicentesco ma ampiamente rimaneggiata, con una graziosa copertura cupolata e portale ornato, staccato dal corpo della chiesa, che funge da finta facciata. Fuori dall'abitato si visita il vecchio *lavatoio pubblico di Osuonu*, con vasche coperte.

Supramonte di Baunei*

Nel vasto entroterra di Baunei spicca il **Golgo**, selvaggio e spopolato altopiano calcareo sopra l'abitato, dove si trova la *chiesa* campestre *di S. Pietro*, circondata da *cumbessìas* e da lecci e bagolari monumentali. Il territorio di Baunei è meta ideale per escursioni a piedi e a cavallo. Percorrendo una strada asfaltata di 4 km che si stacca dalla statale 125 poco oltre Baunei, si raggiunge **Sa Pedra Longa**, ovvero la pietra lunga, un monolite alto 128 m, di calcare dolomitico dell'era mesozoica. Noto ai naviganti dell'antichità come Aguglia o Agugliastra, si ritiene abbia dato il nome all'intera regione dell'Ogliastra ed è oggi protetto dalla Regione Sardegna come Monumento naturale.
Nei suoi pressi le cime dei *monti Argennas* (m 711), *Giràdili* (m 757) e *Ginnircu* (m 811), svettano scoscese sulle acque del Tirreno.

Santa Maria Navarrese

Da Dorgali l'Orientale Sarda scende verso il mare con bellissime vedute sulla costa e sugli stagni di Tortolì, raggiungendo in breve questa frazione (m 9) a vocazione turistico-balneare. Il borgo è sviluppato attorno all'omonima rustica **chiesa*** di origine medievale edificata, secondo la tradizione, dalla figlia del re di Navarra per adempiere a un voto fatto durante un naufragio. Accanto si impone un gruppo di olivastri millenari di eccezionali dimensioni; a breve distanza è ben visibile una massiccia *torre* settecentesca a guardia della spiaggia. Il sito è splendido: al largo della rada si possono ammirare le rosse rocce porfiriche della piccola *isola dell'Ogliastra*. Sul litorale, a nord dell'abitato, il porto turistico di **Marina di Baunei** è dotato di un impianto che consente l'imbarco anche delle persone con disabilità. È punto di partenza dei battelli per il golfo di Orosei e dei pescherecci che praticano il pescaturismo.

La chiesa campestre di S. Pietro in Golgo

8.3 Il Gennargentu

Itinerario circolare da Nùoro, 194 km deviazioni escluse *(carta a pag. 181)*

Questo percorso di prevalente interesse paesaggistico e naturalistico si svolge ad anello lungo le pendici occidentali del massiccio del Gennargentu, meta anche di percorsi escursionistici o adatti alla mountain bike. Da Nùoro, la SP 58 punta verso Orgòsolo, che si lascia con la panoramica SP 22 per Mamoiada. Seguendo il vecchio tracciato della SS 389 si sale a Fonni e da qui si prosegue verso le altre località del Gennargentu, con strade provinciali più tortuose ma scorrevoli, a scarsa densità di traffico e di eccezionale panoramicità. Si aggira il massiccio, toccando Dèsulo, Aritzo e Atzara. Da qui la SS 128 risale verso nord, trovando un ambiente meno impervio nella Barbàgia di Ollolai. Si chiude il cerchio tornando a Nùoro, dopo la sosta a Gavoi e a Orani. La Barbàgia di Ollolai è una regione da sempre votata alla pastorizia, dove le tradizioni sarde sono vivissime negli splendidi costumi, nella raffinata produzione artigianale, nella originalità della musica e del canto, nelle numerose feste dal sapore antico.

Orgòsolo*

Da Nùoro la SP 58 sale in contesto solitario e di grande pregio ambientale fino a Orgòsolo (m 590, ab. 4200 circa), che appare all'improvviso, adagiato in un'ampia conca. Centro di antichissima vocazione pastorale e simbolo del mondo culturale barbaricino, sebbene profondamente cambiato negli ultimi decenni, conserva un nucleo antico con ripidi e tortuosi vicoli su cui affacciano case rustiche ed essenziali: un insieme di grande impatto visivo, per varietà di forme e colori. La nota di colore è data dai **murales** dipinti in gran numero sui grigi muri del centro storico, per lo più negli anni '70 del Novecento: di prevalente contenuto politico-sociale, costituiscono ancora oggi una singolare testimonianza del contraddittorio impatto fra il vecchio mondo pastorale e le sollecitazioni che ne hanno scosso i tradizionali valori. Orgòsolo non ha una vera piazza: il luogo di maggiore aggregazione degli abitanti è *corso Repubblica*, su cui affacciano i molti bar, negozi di artigianato e il museo etnografico **Sa domo e sos Corraine**, che ripropone gli ambienti della casa signorile sarda in uno stabile di inizio '900. Fra i diversi luoghi di culto si segnalano il rustico *oratorio di S. Croce*, risalente agli ultimi anni del Cinquecento, e la seicentesca **chiesa dell'Assunta**, da dove parte, il giorno di Ferragosto, una suggestiva processione accompagnata da un gran numero di cavalieri in costume, che dopo i riti religiosi si esibiscono in spericolate acrobazie equestri. È la *festa dell'Assunta**, uno dei più importanti appuntamenti folcloristici della Barbàgia: la manifestazione costituisce l'occasione per ammirare lo splendido costume tradizionale delle donne di Orgòsolo: il grembiule ricchissimo di ricami geometrici a vivaci colori (l'*antalena*) e il

Banditi a Orgòsolo: il codice barbaricino al cinema

Bianco e nero essenziale, volti scolpiti di veri pastori di Orgòsolo, il deserto di pietra del Supramonte. È una storia di reticenze e povertà quella che racconta il film di **Vittorio De Seta** *Banditi a Orgòsolo* (1961), premiato al Festival di Venezia di quell'anno. Michele è un pastore che, dalla condizione di bracciante, è riuscito ad avere un gregge suo. L'arrivo di alcuni banditi al suo ovile, una sparatoria tra questi e i carabinieri (con un morto tra le forze dell'ordine) lo pone tra i sospettati del crimine. Invece di costituirsi e difendersi, pur innocente si dà latitante. Non può, infatti, pensare di abbandonare il gregge con la prospettiva di un lungo iter giudiziario. Il film mette in risalto la distanza abissale tra la dura vita pastorale della Barbàgia e lo Stato e le sue leggi: incomprensione e insensibilità rendono impossibile qualsiasi rapporto eccetto quello della forza. Il durissimo epilogo, che vede Michele – ormai condannato per associazione a delinquere – perdere il suo gregge e diventare per necessità bandito, mette in luce anche l'estremo individualismo e cinismo della società barbaricina alla metà del XX secolo: Michele ruba il gregge a un altro pastore, in una guerra tra poveri che nessuno può vincere. La cultura anche cinematografica delle Barbàgie si può approfondire presso il **Centro documentazione del Supramonte di Orgòsolo**, che si articola in tre sedi espositive: l'ex biblioteca comunale e due storiche abitazioni del paese, Casa Buscarini e Casa Mesina.
Per informazioni: *http://centrodocumentazionesupramonte.active-net.it*

FESTE POPOLARI DELLA BARBÀGIA

- **Festa dell'Assunta** Il 15 agosto, dopo la messa, a **Orgòsolo** la statua della Madonna dormiente viene portata in processione tra i fedeli vestiti con i bellissimi costumi tradizionali e i molti cavalieri (*sosvardieris*) che, dopo la processione, si esibiscono in ardite figure acrobatiche.
- **Pellegrinaggio a S. Francesco di Lula** L'appuntamento, per una notte in cammino, è a **Nùoro** la sera del 30 aprile, alla moderna chiesetta della Solitudine. L'arrivo è all'alba del 1° maggio alla chiesa campestre di S. Francesco di Lula.
- **S'Incontru** Il giorno di Pasqua, la processione è il culmine delle celebrazioni della Settimana Santa, o *Hida Santa* a **Oliena**. Il rito rappresenta l'incontro tra Gesù risorto e Maria, e fu introdotto dagli spagnoli nel xv secolo.
- **Festa della Madonna d'Itria** In programma l'ultima domenica di luglio a **Gavoi**, è preceduta da un novenario a cui partecipano pellegrini da tutta la Barbàgia. La festa prevede varie competizioni equestri, occasione unica per ammirare la bravura dei cavalieri sardi.
- **Sagra del Redentore** La celebrazione religiosa si tiene il 29 agosto a **Nùoro**, a ricordo della posa della statua del Redentore sulla vetta del monte Ortobene; la festa laica si svolge la domenica più prossima a quella data, con una processione in costume a cui partecipano delegazioni da tutta la Sardegna.

tipico fazzoletto di seta color zafferano (*su lionzu*), acconciato in maniera da coprire quasi interamente il volto.

Escursione nella foresta di Mòntes

All'uscita da Orgòsolo si imbocca sulla sinistra la provinciale 48 che porta dopo circa 6 km all'*altopiano di Pratobello*, caratterizzato da ampi pascoli intervallati da oasi di querce secolari. Giunti a un bivio, si prosegue dritti in un ambiente spoglio punteggiato di rocce affioranti e di querce isolate. Il paesaggio cambia radicalmente quando, dopo 18 km, si giunge alla *Casa del complesso forestale di Funtana Bona* (m 1082), nella **Foresta demaniale di Mòntes**, vasta area di grande interesse naturalistico che conserva la plurisecolare lecceta ad alto fusto di *Sas Baddes*, tra le più importanti foreste primarie del Mediterraneo; a breve distanza sovrasta la sorgente Funtana Bona il rilievo calcareo di *monte Fumai*, ricco di grotte rifugio un tempo non solo di pastori ma anche di banditi. Molti sono gli ovili tradizionali, con i caratteristici *pinnettos*, le capanne tradizionali a pianta circolare, con copertura conica di rami di ginepro. Una bella escursione conduce dalla foresta alla **lecceta primaria di Sas Baddes**, mai stata sottoposta a taglio. Dalla casa del complesso forestale, su carrareccia e quindi sentiero, si può raggiungere l'imponente torrione calcareo di *monte Novo San Giovanni* (m 1316) che si erge, isolato, con pareti a picco di oltre 70 m. Dalla sommità del torrione, grandiosa roccaforte naturale abitata nell'antichità, la **vista** spazia su gran parte dei monti del Nuorese.

Murale nel centro storico di Orgòsolo

S'Urthos (l'orso) e *Sos Buttudos* (i guardiani), maschere tradizionali del Carnevale di Fonni

Mamoiada

A 9 km da Orgòsolo, si raggiunge con la SP 22 il caratteristico borgo (m 644, ab. 2500 circa) a economia pastorale già documentato nel medioevo, quando apparteneva alla curatoria della Barbàgia Ollolai nel giudicato d'Arborèa. Nel centro storico, che conserva qualche antica abitazione con decorazioni di derivazione gotico-aragonese, risalta l'imponente cupola della **parrocchiale di Nostra Signora di Loreto**, con rara pianta circolare e affreschi di gusto popolaresco all'interno.

Mamoiada è nota per il *Carnevale dei mamuthones*: degli ipotetici 'contatti' tra il *milieu* culturale mamoiadino e alcune regioni del mediterraneo orientale si occupa l'interessante **Museo delle Maschere mediterranee**, dove sono esposte maschere lignee della tradizione di Mamoiada e di Ottana, affiancate da esemplari provenienti da Grecia, penisola iberica, Balcani e Alpi orientali. Della rete museale del paese fanno parte anche il **MATer, Museo dell'Archeologia e del Territorio**, allestimento multimediale nella ex casa Golosio, una dimora padronale barbaricina, e il **Museo della Cultura e del Lavoro**, che racconta le vita nella società di Mamoiada, le attività artigianali, le feste e i riti religiosi, gli splendidi costumi.

Mamoiada, il rito dei mamuthones*

Il 16 e 17 gennaio in tutta la Sardegna interna è la festa dei fuochi, omaggio a S. Antonio abate. La leggenda sacra lo vuole 'inventore' del fuoco, che egli portò dall'inferno agli uomini. Al centro del paese si ammucchiano fascine intorno a un grande albero (possibilmente vecchio e ormai cavo, scelto per l'occasione) e intorno al grande incendio si balla, si ride, si mangia e si beve. È l'apertura ufficiale del **Carnevale sardo**. Lo stesso giorno 17 escono a Mamoiada i mamuthones, maschere misteriose che indossano la *mastruca* dei pastori, col vello rivolto verso l'esterno, e sopra di essa una doppia corona di sonagli, più grandi sulle spalle, più piccoli sul petto. Mettono sul viso *sa bisera*, una maschera di legno rozzamente intagliato e tinto di nero, fissata da un grande fazzoletto che copre anche il berretto, *su bonette*. Escono per le vie del paese, avanzando con un passo cadenzato e sussultante che fa squillare i sonagli. Dietro e accanto a loro, vestiti con una vivida blusa rossa e a viso scoperto, gli *issohadores*, i lanciatori di *soka*, il laccio di pelle usato per prendere il bestiame. Lanciano la *soka* con grande abilità, catturano gli spettatori e non di rado anche gli stessi *mamuthones*. Le interpretazioni del rito (perché di rito si tratta) sono tante: forse un corteo di prigionieri e i loro vincitori. Nel **Carnevale di Orotelli** escono i *thurpos*, tutti vestiti di nero, e a **Ottana** le maschere beffarde dei *boes* e dei *merdùles*, impegnati in goffi duelli rusticani.

Sos Merdùles (i contadini), maschera tipica del Carnevale di Ottana

Fonni

Si stende su un pianoro granitico alle falde settentrionali del Gennargentu questo grosso borgo (m 1000, ab. 4000 circa) di antica economia pastorale. La posizione e l'altitudine – è il comune più elevato della Sardegna – ne hanno favorito lo sviluppo turistico, facendone una rinomata stazione di sport invernali con il comprensorio sciistico del *Bruncu Spina*. Sviluppatosi in un sito già frequentato nell'antichità e documentato dal medioevo, Fonni conobbe a partire dal XVII secolo un particolare sviluppo economico e civile, collegato anche all'insediamento di una comunità francescana; divenne presto il principale centro della zona, soppiantando anche Ollolai, il vicino borgo da cui deriva il nome di questa parte settentrionale della regione barbaricina.

Nel centro storico, che conserva esempi di rustica architettura tradizionale in granito a vista (nei rioni più antichi si conserva qualche abitazione con il tetto di tegole lignee, dette *scandulas*), risaltano i due principali monumenti: la **parrocchiale di S. Giovanni Battista**, che mantiene tracce dell'originaria struttura tardogotica, e la **basilica della Madonna dei Martiri***. Questa, con l'annesso convento dei francescani, accoglie un venerato simulacro della Vergine realizzato a Roma alla fine del Seicento con un impasto che si diceva ottenuto dalla frantumazione di ossa e reliquie di martiri. Il vasto complesso sorge nel cuore del paese in un ampio piazzale cinto da *cumbessìas*, i rustici ricoveri per i pellegrini. La chiesa, originariamente intitolata alla SS. Trinità, risale agli inizi del Seicento, ma venne ampiamente rimaneggiata assumendo l'aspetto attuale fra 1702 e 1716. La struttura dell'edificio e la pregevolezza degli inserti e degli arredi, fanno di questo edificio uno dei maggiori esempi tardobarocchi della Sardegna; di particolare interesse è la vasta serie di tempere parietali eseguite da pittori locali del XVII secolo, raffiguranti con modi popolareschi scene della prima diffusione del cristianesimo nell'isola. Un poco defilata rispetto alla centrale via Umberto, in vico Gennargentu, l'ottocentesca *casa Loddo Campana* ospita il **Museo della Cultura pastorale** che ripercorre, attraverso gli arredi originali della casa e un ampio corredo fotografico, i momenti della vita del pastore transumante.

Nel recinto della basilica della Madonna dei Martiri si celebra ogni anno, il primo weekend di giugno, *Sa festa de sos martires*, con processione accompagnata da cavalieri e resa suggestiva dai *gosos*, canti sacri in lingua sarda in onore di Maria.

Escursioni da Fonni al Gennargentu

Il **Bruncu Spina** (m 1829) è raggiungibile con facilità seguendo la strada che si diparte a sinistra, poco più di 5 km dopo Fonni, dalla provinciale per Dèsulo e porta, in ulteriori 9,5 km, agli *impianti sciistici*. Dalla sciovia si sale a serpentina sul fianco del monte fino alla cresta, a 1740 m; la si segue fino alla **vetta** del Bruncu Spina (m 1829), poi si toccano le punte Paulinu e Su Sciusciu e quindi la maggiore, **punta La Marmora** (m 1834). L'escursione richiede almeno 2 ore e mezza di cammino, ma la fatica è ampiamente ripagata dal panorama a 360 gradi che abbraccia, nelle giornate terse, quasi tutte le coste dell'isola.

Da Fonni a Dèsulo

La strada da Fonni a Dèsulo corre tra i monti del Gennargentu, che hanno morfologia poco aspra. Le cime, dalle caratteristiche tonalità argentee, sono in genere dolci, tondeggianti e quasi spoglie. La fitta vegetazione di alberi d'alto fusto delle pendici si dirada man mano che aumenta l'altitudine, fino a divenire pressoché assente nella zona culminale. La vegetazione arbustiva presenta un particolare interesse scientifico per le essenze rare e il gran numero di endemismi. Non meno interessante è la fauna (il muflone) e in particolare l'avifauna: fra le cime volteggiano ancora lo sparviero, il falco pellegrino, l'astore, l'avvoltoio grifone, l'aquila reale.

Dèsulo

Cinto da fitti boschi di castagni, è centro (m 895, ab. 2400 circa) di antica vocazione pastorale oggi in parte soppiantata da quella turistica (escursionismo e sci). Malgrado gli interventi urbanistici recenti, il centro storico – suddiviso un tempo in tre rioni (dai bizzarri nomi di *Asuai*, *Issiria* e *Ovolaccio*), prima separati e poi saldati – conserva ancora angoli suggestivi. Soprattutto negli scoscesi vicoli attorno alla parrocchiale nuova resistono architetture tradizionali in pietra scistosa con balconate lignee.
Sulla sinistra della via principale l'ex **parrocchiale di S. Antonio abate** (XV secolo), di linee tardogotiche, custodisce uno splendido pulpito ligneo del Seicento, mentre quella nuova, attigua, ha un bel Crocifisso del Cinquecento. Sempre nel centro storico, nella casa che fu del poeta Antìoco Casula (1878-1957), in arte Montanaru, ha sede il museo etnografico **Casa Montanaru**. Espone costumi tradizionali, oggetti dell'attività pastorale e quotidiana nell'Ottocento e una mostra fotografica sulla transumanza e l'emigrazione dei desulesi nel Sud dell'isola. Nell'annessa biblioteca si conserva l'archivio del poeta.
In via Gramsci, di fronte alla chiesa del Carmine, il **Museo Multimediale Montanaru** illustra, attraverso la viva voce delle poesie in lingua sarda di Montanaru, le tradizioni, la cultura e lo stile di vita del paese.
Le feste della tradizione sono l'occasione per vedere l'antico costume locale di squillanti colori rosso, giallo e blu, come durante la Settimana Santa, nel rito dell'*Iscravamentu* (deposizione dalla croce). Ancora viva è la tradizione artigianale dell'intaglio del legno, della tessitura dell'orbace e della confezione di dolci tipici. Importante momento associativo è la manifestazione *La montagna produce*, fiera gastronomica che si tiene ai primi di novembre, nell'ambito di 'Cortes Apertas', per valorizzare i prodotti del territorio: prosciutti, salsicce, pane tipico, carni, formaggi, dolci, castagne.

Un timido muflone tra i monti del Gennargentu

Il pane sardo, squisita eredità pastorale

La carta da musica o **pane carasau** *(nella foto)* servito nella maggior parte dei ristoranti dell'isola ed entrato ormai nella grande distribuzione ha le sue origini in Barbàgia. A base di grano duro, viene tirato in sfoglie sottilissime e cotto due volte. La prima volta, lieviterà in forno creando un vuoto interno alla sfoglia. Si separano le due metà e si infornano nuovamente, per ottenere sfoglie (non più spesse di 3 mm), croccanti e di lunga conservazione. Nella versione **guttiau**, il *carasau* è condito con olio e sale prima di essere infornato la seconda volta, e addirittura si trova in sacchetti, tagliato a piccoli pezzi e fritto in olio, valida (e più nobile) alternativa alle patatine. Il **pane pistoccu** è molto simile al *carasau*, leggermente più spesso e in passato a base di farina di orzo. Di forma rettangolare, di norma viene inumidito prima del consumo. Adatte ai panini sono le **spianate**, di varie dimensioni e spessore variabile, ma dalla pasta più morbida. Anche queste si separano in due sfoglie distinte. Il pane più tipico del Campidano è il **civriaxiu**, di forma tonda, con crosta croccante e mollica morbida, ottimo soprattutto se cotto nel forno a legna. In Sardegna ogni località ha il suo pane: ad Alghero si trovano **lascocas**, che in lingua catalana sono lunghe ciabatte morbide, a Perdaxius si produce una focaccia molto saporita e croccante e nel Logudoro la **cozzula**, un pane a forma di ciambella, per citare solo alcune delle forme in cui il grano diventa pane in Sardegna.

Belvì

Un percorso tutto montano, con la SP 7 e la SS 295, porta a questo piccolo borgo (m 660, ab. 650 circa) a economia agro-pastorale, che rivestì in passato una certa importanza tanto da dare il nome alla regione circostante. Come la vicina Aritzo, è luogo di produzione e raccolta di nocciole, castagne e soprattutto ciliegie. L'abitato conserva esempi di architetture rurali tradizionali. In via S. Sebastiano il **Museo di Scienze naturali** comprende una sezione di mineralogia, una di paleontologia e una di entomologia. Nelle vie e nel Parco Comunale, a monte del paese, è allestito il *Museo all'Aperto di Arte contemporanea (Maac)*, con opere realizzate in prevalenza in legno di castagno.

Aritzo e dintorni

Solo 2 km di strada e un crinale separano Belvì dal paese (m 796, ab. 1300 circa), cinto da fitti castagneti (*Sagra delle castagne e delle nocciole* in ottobre) e rinomata località di villeggiatura montana nota per la produzione di cassepanche intagliate in legno di castagno. Nel passato ebbe notorietà per il 'commercio della neve', che veniva conservata nelle apposite neviere (*informazioni sulle escursioni alle neviere presso l'Ecomuseo della Montagna sarda e del Gennargentu*).

Sul centrale corso Umberto I prospetta la **parrocchiale di S. Michele Arcangelo**, risalente al XVI secolo ma ampiamente rimaneggiata; all'interno conserva una statua lignea seicentesca raffigurante *S. Cristoforo*, un gruppo scultoreo intagliato policromo degli inizi del Settecento rappresentante la *Pietà* e alcune moderne tele del pittore locale Antonio Mura. Altri edifici degni di nota sono, sempre sul corso, il cosiddetto **castello Arangino**, edificato nel 1917 in linee neogotiche, e (per una ripida scalinata vicino alla parrocchiale) le **Vecchie carceri**, massiccia e severa costruzione sei-settecentesca in scura pietra scistosa di matrice spagnola, dove è allestito il percorso museale *Sa Bovida*, che illustra le condizioni dei carcerati e il tema della magia e stregoneria nella Sardegna dal XV al XVII secolo. In corso Umberto I, **Casa Devilla** è una dimora signorile di impianto spagnolo del XVII secolo, appartenuta a una famiglia dell'alta borghesia agraria, che conserva i lussuosi arredi originali dei 'Signori della neve'.

In località Pastissu, alla periferia meridionale del paese, l'**Ecomuseo della Montagna sarda e del Gennargentu** documenta la cultura materiale delle comunità pastorali del territorio della Barbàgia Belvì e del Mandrolisai. Di particolare interesse l'allestimento dedicato alla conservazione della neve per la produzione di ghiaccio, indispensabile ingrediente del locale sorbetto, la *'carapigna'*. Ben documentata

Olivastri secolari nel Gennargentu

anche un'altra attività del territorio, la lavorazione del legno, dai preziosi manufatti delle casse lignee alle semplici botti. Meta di una piacevole passeggiata fra i boschi il monumento naturale del **monte Texile** (m 975; raggiungibile anche in auto) è uno scenografico 'tacco', un rilievo calcareo dal curioso profilo che ricorda un fungo e che si erge solitario di fronte ad Aritzo caratterizzando il paesaggio.

Atzara

Disteso in un dolce paesaggio collinare intensamente coltivato a vigneti (squisito il vino nero *Mandrolisai*), è un borgo di origine medievale (m 543, ab. 1150 circa) che custodisce il patrimonio della cultura popolare tradizionale (il costume femminile è tra i più preziosi della Sardegna), specie nella produzione artigianale di *tappeti e arazzi.*

L'originario tessuto urbano, sviluppatosi sul nucleo dell'antica 'Villa di Leonisa', è riconoscibile soprattutto nei rioni **su Frescu** e **sa Montiga 'e josso** (estesi ai lati del principale corso Vittorio Emanuele), nei quali rimangono alcuni edifici con particolari architettonici di epoca aragonese. In uno slargo nei pressi del corso risalta la cinquecentesca **parrocchiale di S. Antìoco** in stile gotico aragonese: alla sobria facciata merlata impreziosita da un rosone in trachite è addossata una massiccia torre campanaria di linee tardoromaniche; all'interno si conservano due pregevoli altari lignei di gusto barocco, una statua lignea della *Madonna col Bambino* del XVI secolo e preziose argenterie cinquecentesche. Altro edificio di un certo interesse è, in un vicolo vicino, l'antica *casa parrocchiale*, con finestre in trachite finemente lavorata di stile aragonese.

In piazza Ortiz Echagüe, in una vecchia casa padronale il **Museo d'Arte moderna e contemporanea «Antonio Ortiz Echagüe»** espone dipinti di pittori sardi contemporanei (tra cui Antonio Ballero), tele di pittori spagnoli, come Antonio Ortiz Echagüe e Eduardo Chicharro Aquera, che operarono ad Atzara nei primi decenni del secolo scorso.

Santuario di S. Mauro*

Sorge lungo la statale 388 per Ortueri, a 5 km dal centro di Sòrgono: d'aspetto cinque-seicentesco, associa armoniosamente forme tardogotiche e manieristiche. A unica navata con volta a botte, presenta una piacevole **facciata** merlata in trachite grigia, impreziosita da un elegante portale rinascimentale e da un bellissimo *rosone* gotico di grandi dimensioni scolpito in un unico blocco. L'aula rettangolare interna è separata da un arco a tutto sesto dal presbiterio, sopraelevato e chiuso da una balaustrata, anch'essa in trachite. Addossato alla chiesa e tutt'attorno a essa si è andato sviluppando nel tempo un caratteristico villaggetto di *muristènes*, le rustiche e minuscole casette altrove

chiamate *cumbessìas* che fungono da ricovero ai pellegrini nei giorni della novena e della *festa di S. Mauro*, che si svolge tra fine maggio e inizio giugno, per tre giorni. L'insieme, anche per il dolce paesaggio collinare che lo circonda, è di notevole suggestione.
A breve distanza, a est del santuario, su un rilievo si trova il **protonuraghe Talei**, del tipo 'a corridoio'. Poco distante (circa 100 m) si trova anche una tomba dei giganti.

Area archeologica di Biru 'e Concas
Proseguendo sulla SS 388 in direzione ovest per circa 1 km, si trova l'accesso alla collina dove, intorno al 1990, fu individuato il monumentale santuario megalitico collocato esattamente al centro della Sardegna. Sono circa 200 i **menhir**, in parte ricollocati in posizione verticale, in parte giacenti a terra, databili tra la fine del IV e il III millennio a.C. I megaliti, alcuni dei quali antropomorfi, sono disposti in vari modi: allineati, in circolo, a coppie. La presenza di tracce di muraglia fa pensare a un recinto sacro, un santuario posto in un luogo strategico, lungo la via di transumanza tra i monti del Gennargentu e le pianure dell'Oristanese. Il sito non è presidiato, ma l'accesso è libero. In occasione della festa di S. Mauro vengono organizzate visite guidate.

Sòrgono
Raggiungibile con la SS 128, il borgo (m 700, ab. 1700 circa) è citato nel trattato di pace del 1388 fra Eleonora d'Arborèa e Giovanni I d'Aragona: giace in un'ampia conca circondato da boschi e vigneti, ed è tradizionalmente considerato il capoluogo del Mandrolisai. Nel centro storico si conservano alcuni begli esempi di rustica architettura locale e qualche dignitoso palazzetto ottocentesco. Cinque-seicentesca è invece la **casa Carta**, interessante esempio di edilizia civile tardogotica che fronteggia, in una piazza lungo la via principale, la **parrocchiale di S. Maria Assunta**: la chiesa, pure di fondazione tardogotica, conserva di quell'età solo il campanile del 1580. In corso Vittorio Emanuele ha sede il **Museo dei Segni sul Legno**, dedicato all'arte dell'intaglio e dell'incisione su legno. Espone la collezione donata al comune dalla famiglia del maestro Antonio Sau. L'antica *stazione ferroviaria*, terminale della linea Cagliari-Sòrgono, costruita nel 1888, fu frequentata nel gennaio 1921 dallo scrittore inglese David Herbert Lawrence, che avrebbe poi raccontato le sue esperienze isolane nel libro *Sea and Sardinia*. Oggi è capolinea della tratta Ìsili-Sòrgono del *Trenino verde*, che fa tappa a Sarcidano, Nurallao, Làconi, Ortuàbis, Meana Sardo, Belvì-Aritzo, Dèsulo-Tonara. Sòrgono è rinomata infine per i balli tradizionali e i vini, in particolare il *Cannonau* prodotto dalla locale Cantina sociale.

Tonara e dintorni
Da Sòrgono la SS 128 Centrale Sarda sale con ampi scorci verso il valico S'Isca de sa Mela (m 917) e, con la SS 295, al vecchio borgo pastorale (m 930, ab. 2000 circa): formatosi dalla fusione dei tre antichi rioni di *Arasulè*, *Toneri* e *Teliseri*, è un apprezzato sito di villeggiatura montana e rinomato centro commerciale e artigianale. Il tessuto urbano è caratterizzato da vicoli stretti e scoscesi nonché da un'architettura rustica ed essenziale come **Casa Museo Porru**, antica dimora padronale sita a borgata Toneri. Frutto di un accurato restauro, si articola in ben 44 ambienti che ricostruiscono la vita domestica e le attività tradizionali. Alcune vie e piazze sono vivacizzate dall'inserto di grandi sculture in pietra e in legno, realizzate di recente da scultori isolani. La **parrocchiale di S. Gabriele**, lungo la via principale, ricostruita agli inizi del Novecento in sobrie linee moderne, esibisce l'originaria torre campanaria seicentesca.
Particolare rilevanza ha nell'economia locale la produzione artigianale dello squisito *torrone* – che nella ricetta barbaricina si distingue per l'uso esclusivo del miele sardo e l'impiego di frutta secca di produzione isolana e locale –, delle *arche* (casse) in legno di castagno, dei campanacci per gli armenti e dei tappeti che ripetono motivi tradizionali. Subito dopo la Pasqua si tiene una *fiera* dedicata al torrone, cui è abbinata la sfida del 'Campanaccio d'oro', che coinvolge gli artigiani del paese.
Interessanti le escursioni nei dintorni: in particolare quelle al **monte Mungianeddu** (m 1467; strada carrozzabile di 4 km da Arasulè) e alla **foresta demaniale di Uatzo**.

Lago di Gusana
La statale 128 costeggia nel tratto fra Ovodda e Gavoi questo specchio d'acqua, paradiso per gli appassionati di pesca, canoa e windsurf, dotato di moderne strutture alberghiere. Un ampio bacino artificiale (m 643) fu realizzato nei primi anni '60 del Novecento sul fiume Taloro e sul rio Gusana, perfettamente integrato nello splendido ambiente naturale che lo circonda, tra fitti

boschi e aspre cime rocciose. Percorrendo per pochi chilometri una strada sterrata che si diparte sulla destra, all'altezza del ponte sul rio Aratu, si raggiungono i quattro alti e monumentali **menhir di Perdas Fittas** ('pietre conficcate'), tutti a breve distanza l'uno dall'altro.

Gavoi

Luogo di villeggiatura estiva, questo borgo del Nuorese (m 777, ab. 2700 circa) a economia prevalentemente pastorale si fregia della Bandiera Arancione, il marchio di qualità istituito dal Touring Club Italiano. Sorge sul pendio di una suggestiva conca boscosa, con le caratteristiche case in granito disposte ad anfiteatro e dominate dall'alto campanile della **parrocchiale di S. Gavino**, di linee tardogotiche e risalente al XVI secolo, con una facciata impreziosita da un elegante rosone e da un portale tardorinascimentale. Al suo interno spiccano un pulpito in legno intagliato del Seicento e un *fonte battesimale* in marmo sormontato da un bellissimo tempietto del 1706, anch'esso in legno intagliato e dorato. Nella parte alta, la rustica *chiesetta di S. Antìoco* è rivestita di singolari ex voto in filigrana d'oro e d'argento. In via Cagliari, in una casa privata è allestito il **Museo della Civiltà dell'Altopiano**, una raccolta etnografica dedicata alle attività tradizionali delle Barbàgie e soprattutto alla pastorizia transumante e al millenario rapporto tra il pastore e il suo compagno di lavoro, il cavallo.

Orani e dintorni

Disteso in una conca verdeggiante dominata dal caratteristico cono di monte Gonare, il grosso centro (m 521, ab. 2900 circa) fu in età medievale capoluogo della curatoria di Dore, poi residenza estiva del vescovo di Ottana; nel XVII secolo venne eretto in marchesato. Testimoniano l'agiatezza del passato alcuni severi palazzetti sette-ottocenteschi e le numerose chiese. Fra queste, per lo più lungo la strada principale o ben visibili da essa: **Nostra Signora d'Itria**, di attardate forme gotiche, con facciata decorata da *graffiti* novecenteschi di Costantino Nivola; **S. Giovanni Battista**, seicentesca, con un bel pulpito di legno intagliato con simbolo francescano; la cinquecentesca **Madonna del Rosario**, con volte affrescate; la **parrocchiale di S. Andrea**, di tarde forme neoclassiche, che custodisce un pregevole polittico di scuola sarda del XVI secolo raffigurante la *Madonna in trono col Bambino*.

Appuntamenti a Gavoi

Tra giugno e luglio si tiene a Gavoi il festival letterario **Isola delle Storie** (*www.isoladellestorie.it*), nato nel 2004, cui partecipa ogni anno un ricco cast di scrittori, musicisti, attori italiani e stranieri, mentre l'intero paese viene coinvolto nell'evento. Un appuntamento della tradizione è il palio equestre di **Sa Itria** o *Sa Ghirada*, che si tiene a conclusione della novena l'ultima domenica di luglio, presso la chiesa campestre della Madonna d'Itria, sull'altopiano di Lidana.

Il **Museo «Costantino Nivola»***, dedicato al noto scultore (1911-88) nativo del luogo, ha sede nell'area dell'ex lavatoio pubblico, nel parco e nei padiglioni annessi, realizzati nella prima decade del XXI secolo dagli architetti Peter Chermayeff e Umberto Floris. Il complesso è adagiato sulla collina *su Cantaru* e si affaccia sul paese con una splendida panoramica. Sono esposte sculture in marmo o travertino, creazioni in bronzo e cemento nonché ceramiche. Una sezione comprendente i bozzetti (*sand-casting*, colata di cemento su sabbia) per i murales che l'artista realizzava sulle facciate di grandi edifici pubblici statunitensi, come quello per lo showroom Olivetti a New York.
Alla periferia dell'abitato sono custoditi i resti della **chiesa di S. Andrea**, che fino ai primi dell'Ottocento fu la parrocchiale di Orani: edificata nel Cinquecento in linee gotico-catalane, ne restano in piedi il restaurato campanile e parte della maestosa facciata in pietra trachitica con il bel portale centrale.
Salendo a piedi da Orani o in auto dalla frazione *Sarule*, su strada di 4 km, al piazzale di *Sa Corte* (m 973), per un ripido sentiero terminale si raggiunge il **santuario di Nostra Signora di Gonare***. Intitolato alla Vergine, si erge suggestivo sulla cima aguzza del monte Gonare (m 1083), da cui la **vista** spazia immensa a 360 gradi. Risalente forse al XII secolo (la tradizione lo vuole edificato da Gonario, giudice di Torres), fu ristrutturato e ampliato nel 1608-19, quando assunse le forme attuali. Interamente in pietra a vista, privo di facciata e sorretto da massicci contrafforti laterali, appare simile a un fortilizio più che a un luogo di culto. L'8 settembre vi si svolge una grande e suggestiva *festa* a conclusione del rito dei novenari, che richiama fedeli da ogni parte delle Barbàgie.

8.4 Il monte Albo e il mare delle Baronìe

Itinerario circolare da Nùoro, 144,6 km escluse le deviazioni *(carta a pag. 181)*

Regione che per morfologia del suolo, vicende storiche e ambiente umano costituisce un unicum nell'isola, le Baronìe sono caratterizzate da pianure fertili e da dolci colline, e alla pastorizia si sostituisce l'agricoltura. Su questa terra, vera oasi di fertilità in un territorio avaro, misero gli occhi i feudatari spagnoli e da loro derivò il nome Baronìa poi soppiantato da Baronìe: quella di Orosei a sud e quella di Siniscòla a nord. Risparmiata dal turismo di massa, la regione offre lunghi tratti di costa immacolata che alterna basse scogliere granitiche, solitarie spiagge e aree protette che interessano gli stagni alle foci dei torrenti. Alle spalle del litorale si estendono vaste foreste demaniali e si eleva il massiccio del monte Albo, meta di percorsi escursionistici e cicloturistici: spettacolari le vedute sulla sottostante vallata e sulla costa. L'itinerario si svolge interamente su strade asfaltate e di scorrevolezza più che discreta, eccettuato in parte il tratto Siniscòla-Lula-Nùoro, che può essere evitato prendendo in alternativa la superstrada. Con partenza da Nùoro, si punta in direzione di Orosei e la costa, per risalire verso nord sulla SS 125 Orientale Sarda. Varie deviazioni consentono di raggiungere le località sul litorale. Da Siniscòla si torna all'entroterra salendo con la panoramica SP 3, che percorre a mezza costa il versante nordoccidentale del monte Albo, fino a Lula. La scorrevole SS 131 consente un rapido rientro a Nùoro.

Villaggio nuragico di Serra Òrrios*

Si lascia la SS 129 in località Traversa, per seguire a destra le indicazioni per Dorgali, sulla SP 38, che si segue per 3 km, fino all'area sosta sulla sinistra, dove ha inizio il sentiero per il villaggio. Al centro dell'altopiano basaltico del Gollei, fra ulivi secolari e macchia di lentischio, è tra i più grandi e meglio conservati della Sardegna. Presenta diversi aggregati di capanne ad andamento circolare, gravitanti su cortili con cisterne e pozzi in comune. Rivestono particolare importanza, al limite ovest, i resti di due edifici rettangolari, forse tempietti, che richiamano per le loro strutture le costruzioni a *mègaron* dell'architettura micenea. I numerosi reperti rinvenuti durante gli scavi, oggi al Museo archeologico di Dorgali, hanno permesso di indicare una datazione al periodo che va dal Bronzo medio al Bronzo recente (grosso modo tra il 1600 e il 1100 a.C.).

Tomba dei giganti di S'Ena 'e Thomes*

Sempre lungo la SP 38, dal bivio di Traversa in direzione di Olbia, percorsi 3,6 km, si trova l'accesso a uno dei monumenti megalitici meglio conservati dell'isola, isolato

La spiaggia di Santa Lucia sul litorale di Siniscòla

in un suggestivo contesto campestre. Al centro dell'esedra presenta una splendida stele centinata, alta oltre tre metri e mezzo e scolpita in un unico lastrone di granito.

Galtellì e dintorni

Tornati alla SS 129, dal bivio di Traversa si prosegue verso Orosei, per circa 11 km, fino a questo grazioso borgo (m 35, ab. 2500 circa) agricolo delle Baronìe. Capoluogo di curatoria e sede vescovile fino al 1496, poi decaduto per la malaria e le incursioni dal mare dei barbareschi, è oggi un apprezzato centro di villeggiatura, Bandiera Arancione del Touring Club Italiano. Nel piacevole centro storico, caratterizzato da case basse imbiancate a calce, con patii e loggette, sorge la **parrocchiale del SS. Crocifisso** che nel rustico interno conserva un pregevole *Crocifisso* ligneo del XIV-XV secolo, una statua della *Trinità* in legno policromo del Cinquecento e un grazioso *organo* settecentesco intagliato e dipinto. Verso la periferia, l'ex **cattedrale di S. Pietro** (XII secolo) presenta arcaiche forme romaniche con un piccolo campanile a torre cuspidata e un interessante ciclo di *affreschi* romanici della fine del XII-inizi del XIII secolo.
Altro notevole richiamo di Galtellì – paese dove raccolgono sentita partecipazione i canti e i riti della *Settimana Santa* – è in via Garibaldi il **Museo etnografico Sa domo de Marras**: in un tipico esempio di abitazione padronale risalente ai primi del Settecento, rispettosamente restaurata, sono stati ricostruiti gli ambienti della vita domestica e del lavoro caratteristici delle Baronìe.
A pochi chilometri dall'abitato insistono su una rupe i resti del *castello di Pontes*, edificato nel 1070 dai giudici di Gallura.

Orosei*

Disteso in una fertile piana tra il mare e le falde orientali del monte Tuttavista, presso il sito in cui sorgeva la romana *Fanum Carisii*, è il capoluogo (m 19, ab. 7000 circa) storico della Baronìa omonima. Nella ben conservata parte antica del paese, articolata attorno ai due fulcri urbanistici costituiti da *piazza del Popolo* e *piazza Asproni*, ricordano l'agiatezza e l'importanza rivestita da questo centro già dal medioevo le numerose chiese e un cospicuo numero di dimore gentilizie risalenti per lo più ai secoli dal XV al XVIII.
Venendo da Galtellì, per primi s'incontrano l'importante **santuario della Madonna del Rimedio**, rifacimento ottocentesco di uno più piccolo del XVII secolo e, all'ingresso del paese la **chiesa di S. Antonio abate**, risalente al XIV-XV secolo, che conserva all'interno una pregevole *statua* lignea trecentesca del santo. Entrambe le chiese sono circondate da ampi recinti che inglobano antiche *cumbessìas*, che evocano il richiamo di fedeli in occasione delle feste tradizionali. Quella del 17 gennaio per *S. Antonio abate* è resa particolarmente suggestiva dall'accensione, la sera della vigilia,

La cittadina di Orosei, capoluogo storico delle Baronìe

La tomba dei giganti di S'Ena 'e Thomes, sito di epoca nuragica

di un enorme falò. E di analoga risonanza è quella della *Madonna del Rimedio*, che si svolge nella prima metà di settembre. Centro del paese è la **piazza del Popolo**, tenuta a giardino e sulla quale affacciano vari edifici religiosi che le conferiscono, oltre a un aspetto insolito, notevole qualità ambientale. La domina scenograficamente dall'alto la **parrocchiale di S. Giacomo Maggiore**, dall'aspetto vagamente arabeggiante per il candido intonaco e per la sorprendente copertura a cupolette; all'interno, con finissimi stucchi dorati, si conserva un bel battistero ligneo settecentesco. Addossata all'abside della parrocchiale è la seicentesca *chiesa di S. Croce*, mentre sul lato opposto della piazza sorgono la *chiesa del Rosario*, anch'essa seicentesca, e quella *delle Anime* (del XVIII secolo), con copertura cupolata e bel portico laterale. Da questa chiesa si sale alla **piazza Asproni**, cuore del *rione Palatzos Betzos* (palazzi vecchi), cosiddetto per la presenza della torre in pietra scura, superstite del castello medievale, e di non poche abitazioni di nobile origine. In una di queste, la seicentesca e ristrutturata *casa Guiso* di via G. Musio, ha sede il curioso e composito **Museo «Giovanni Guiso»**, che comprende fra l'altro una preziosa collezione di teatrini d'epoca, disegni della Scuola romana (Scipione, Mafai, Raphael), un'interessante raccolta di abiti da scena, libri rari di argomento sardo e opere d'arte di artisti senesi.

Panorama dell'oasi di Bidderosa, riserva naturale ad accesso limitato, dalla piccola altura che la sovrasta

Marina di Orosei

Stesa sulla destra della foce del Cedrino, offre un arenile di sabbia ideale per famiglie. Alla sinistra del corso d'acqua la restaurata **chiesetta di S. Maria 'e Mare**, originaria del XIII secolo, è teatro, il 31 maggio, di una suggestiva processione in parte a piedi e in parte sul mare, a bordo di barche infiorate.

Il litorale da Orosei a Siniscòla*

La statale 125 corre parallela alla costa offrendo continue deviazioni per calette sabbiose ben collegate, spesso orlate di stagni e peschiere, dove si sono sviluppati insediamenti turistici e balneari. **Cala Liberotto** ha un arenile di sabbia, ciottoli e scogli affioranti, è bene attrezzata e adatta alle famiglie; dietro si estende la bella pineta, al cui margine nord si trova lo *stagno Sa Curcùrica*, zona umida di pregio vegetazionale e interesse avifaunistico. La vicina **Cala Ginepro** è separata da una lingua di sabbia dal **litorale di Sa Marchesa**, dove si alternano bassi scogli e sabbie bianche. Di speciale bellezza, nel tratto che precede Capo Comino, sono l'**Oasi di Bidderosa**** e la **spiaggia di Bèrchida**** che la delimita a sud. L'Oasi è costituita da 860 ettari protetti dall'Ente Foreste. Nell'area di tutela si aprono cinque calette di natura intatta e mare cristallino, tra ginepri, pini marittimi e macchia mediterranea: le spiagge offrono lo spettacolo incantevole di sabbia argentea, rocce rosate, mare turchese e fioriture di gigli selvatici. La spiaggia di Bèrchida, famosa per il candore della sabbia e la limpidezza dell'acqua, è attrezzata di punto ristoro.

Da Orosei l'Orientale Sarda sale verso nord, avvicinandosi al mare all'altezza di Capo Comino e **Santa Lucia**, frazione marina di Siniscòla. Piccolo borgo di pescatori, si è sviluppato intorno a una massiccia *torre costiera* del XVII secolo e all'omonima chiesetta ottocentesca. Belle le spiagge contornate dai classici stagni e pinete, su cui si affacciano seconde case, campeggi nella pineta e locali ospitati nelle riconvertite case tradizionali.

Al margine meridionale della passeggiata a mare, una sterrata (ideale in mountain bike) prosegue nella pineta a bordo mare

e in circa 5 km porta a *Salina Manna* e alla spiaggia di **Capo Comino***, nota per la sabbia bianchissima, le acque cristalline e la spontanea vegetazione che cresce sul sistema retrodunale meglio preservato della costa orientale.

Da Santa Lucia, seguendo la litoranea verso nord per 5 km, si trova il porto turistico di **La Caletta**, base di partenza per escursioni in motonave verso la costa di Orosei.

Siniscòla

Da Santa Lucia l'Orientale Sarda torna verso l'entroterra e sale a questo centro (m 42, ab. 11 500 circa), il più importante delle Baronìe, la cui economia, tradizionalmente basata sull'agricoltura, ha sempre tratto giovamento dalla fertile piana in cui giace, alle falde nord-orientali della dorsale calcarea del monte Albo. La recente proliferazione di attività industriali, commerciali e turistiche della cittadina (*Thiniscòle*, nella parlata locale) ne ha un po' alterato l'antico tessuto urbano. Nel centro storico la **chiesa del Rosario** ha un'origine seicentesca ed è ricca di statue e preziosi arredi; nella centrale e animata via Sassari la settecentesca **parrocchiale di S. Giovanni Battista** presenta un interno interamente affrescato e con una curiosità: un'insolita lapide datata 1627, che reca incise delle impronte di piedi e una misura d'altezza che si vorrebbero riferite a Gesù Cristo.

Monte Albo*

Si esce dall'abitato di Siniscòla a est, sulla SP 3, seguendo le indicazioni per il Monte Albo e Lodè. L'imponente bastionata calcareo-dolomitica lunga 20 km e larga da 2 a 5, domina con cime comprese fra 1029 e 1127 m il piatto paesaggio delle Baronìe e deriva il nome dal candido colore della roccia. Caratterizzato da altissime pareti a picco, fiumi sotterranei, profondi orridi e numerose grotte naturali conserva residue foreste di lecci con giganteschi esemplari di corbezzolo, tassi e olivastri secolari, ma si presenta nel complesso spoglio e arido, punteggiato da contorti ginepri e da bassi arbusti. La catena culmina nel *monte Turuddò* e nella *punta Catirina* che si elevano entrambi a 1127 m, offrendo un emozionante **panorama** che abbraccia le piane delle Baronìe, la costa orientale, i monti del Gocèano e il Gennargentu. Il monte Albo è un Sito di interesse comunitaro (Sic).

La provinciale 3, che percorre a mezza costa il versante settentrionale del monte Albo, è un vero balcone panoramico sulla costa, privo di traffico e ideale per un **itinerario ciclabile**, mettendo in conto un notevole dislivello (si sale dal livello del mare agli 801 m di cantoniera Guzzurra). Ben organizzata la rete dei 7 *sentieri*, tutti segnati a partire da vari punti della provinciale: il 101 è il principale e percorre tutto il crinale. Informazioni e carte sono

Oasi di Bidderosa

Per accedere alle bellissime spiagge di Sa Marchesa e Bidderosa è meglio arrivare per tempo alla stazione forestale sulla statale 125 (circa 13 km a nord di Orosei), unico accesso all'Oasi. L'**ingresso in auto** è infatti a numero chiuso e a pagamento. Nessuna limitazione se si arriva a piedi, lungo il sentiero naturalistico. L'Oasi è chiusa a tutti, invece, se soffia vento di ponente, per il pericolo di incendio. Prima di giungere al mare, il sentiero tocca lo *stagno Sa Curcùrica* e attraversa una splendida foresta di ginepri ed eucalipti. Per informazioni: *http://oasibiderosa.it*

Un arcobaleno incastonato fra le pendici del monte Albo

fornite dalla *Casa del Parco* in cantoniera S. Anna e dalla cantoniera Guzzurra, dove si trova anche un ristoro. Sempre lungo la provinciale si trova, in corrispondenza del vecchio frantoio (impianto attiguo a una cava di ghiaia), una palestra di *arrampicata* con 10 vie ricavate sulle pareti della cava dismessa.

Santuario di S. Francesco di Lula*

Bianchissimo e immerso nel verde, dominato dalla candida mole del monte Albo, benché situato circa 2 km a sud di **Lula** (m 521, ab. 1400 circa), borgo agro-pastorale dal passato minerario, è ritenuto pertinente più alla tradizione religiosa di Nùoro che a quella delle Baronìe. Risale al XVII secolo e sarebbe stato fondato, come si tramanda, da alcuni banditi nuoresi quale ringraziamento al santo per averli aiutati a dimostrare la loro estraneità ai delitti di cui erano accusati. Il santo che vi si venera – Francesco d'Assisi, ma per i sardi Francesco di Lula – è considerato il protettore dei *balentes* (i valorosi) e la chiesa attuale, edificata nel 1795, è un rifacimento di quella precedente, più piccola, del XVII secolo; conserva all'interno una **statua lignea** del santo di scuola napoletana del Seicento. Tutt'intorno al luogo di culto un gran numero di *cumbessìas*, i caratteristici ricoveri per i novenanti, formano – sebbene in buona parte di fattura moderna – un articolato e suggestivo villaggio campestre. La *Festa di S. Francesco di Lula*, prescindendo dal pellegrinaggio da Nùoro del 4 ottobre, si svolge dal 1° al 9 maggio, con gran seguito di fedeli a cui viene gratuitamente offerto il pranzo dagli organizzatori. Circa 8 km a sud-ovest da Lula, si trova il sito minerario di **Sos Enattos**, attivo dalla seconda metà del XIX secolo agli anni '90 del XX secolo. Vi si estraevano blenda e galena argentifera. Il sito è visitabile su prenotazione nell'ambito del Parco geominerario della Sardegna.

Nel mare delle Baronìe, travolti da un insolito destino

Un'indimenticabile scena di botte e di amore, tra un rude e mediterraneo Giancarlo Giannini e la snob milanese Mariangela Melato – naufraghi su una non meglio identificata isola deserta – ha come paradisiaco scenario le dune di *Capo Comino*. Sulla costa delle Baronìe e del golfo di Orosei fu interamente girato, nel 1974, il film *Travolti da un insolito destino nell'azzurro mare di agosto*, commedia brillante scritta e diretta da **Lina Wertmüller**. *Cala Luna* e *Cala Fuili*, ancora ben riconoscibili, sono i luoghi dove si susseguono vessazioni, litigi e slanci amorosi della male assortita coppia. Che infatti, tornata alla civiltà, non potrà che separarsi tanto è il divario tra la donna 'borghese' e il proletario: l'addio tra i due amanti e nemici di classe avviene tra i pescherecci del porticciolo di *la Caletta*, il più popolare e autentico tra gli approdi di questo tratto di costa. Dodici anni più tardi gli stessi luoghi faranno da cornice a *Notte d'estate con profilo greco, occhi a mandorla e odore di basilico*, sempre della Wertmüller (protagonisti Mariangela Melato e Michele Placido), e nel 2002 al remake *Travolti dal destino* del regista inglese Guy Ritchie, con Madonna e Adriano Giannini, nello stesso ruolo del padre.

9 Sassari, Alghero e il golfo dell'Asinara

Profilo dell'area

Lo stretto promontorio su cui sorge Stintino separa due tratti di costa del tutto diversi. Tanto è aspra e rocciosa, battuta dal maestrale, la costa più occidentale, tanto dolce e domestico si presenta il litorale a est fino a Porto Torres, affacciato sul golfo dell'Asinara: un lungo arco di candide spiagge, che il maestrale non risparmia, ma dove le onde e il vento arrivano smorzati, i fondali sono limpidi e cristallini. L'isola dell'Asinara si protende nel mare aperto, ben visibile dalla spiaggia della Pelosa a Stintino. Alle spalle della costa nord-occidentale, fra Alghero e il capo dell'Argentiera, la regione storica della Nurra presenta altipiani aridi, ricoperti di bassa macchia mediterranea e gariga, e pascoli delimitati da un reticolo di muri a secco in pietra scistosa. Il territorio del Meilogu, nell'entroterra di Alghero e Bosa, è formato da valli profonde e verdi nella valle del Temo. Un ambiente unico è il promontorio calcareo di Capo Caccia, con i suoi sentieri, le falesie di arrampicata, le grotte e fondali sgargianti. Lungo questo tratto di costa aspra, priva di approdi e irta di pericoli per la navigazione, fa eccezione il golfo di Porto Conte, porto naturale sempre affollato di barche a vela.

Spiccano nel fascinoso continuum del paesaggio costiero due centri storici di notevole rilevanza turistica, economica e culturale. Secondo comune dell'isola per numero di abitanti, e quinto in Italia per estensione, Sassari è cinta a sud-est da un altopiano collinare solcato da valli e forre, con estesi uliveti, coltivazioni orticole e boschi. Mentre un'economia prevalentemente terziaria si è gradatamente sostituita alle tradizionali e ricche attività agricole, alla piccola e media industria delle concerie, dei molini, e degli oleifici, la città conserva un'identità elegante e discreta nel centro storico dalle architetture gotiche e barocche, eredità della Spagna mescolate a quelle più recenti di impronta sabauda. L'università sassarese, fondata nel 1617 e oggi attiva con 13 dipartimenti, è il fiore all'occhiello di un'intensa vita culturale che negli ultimi cent'anni ha espresso figure istituzionali come Enrico Berlinguer (1922-84), segretario del Partito Comunista Italiano dal 1972 alla morte, e i presidenti della repubblica Antonio Segni e Francesco Cossiga. Alghero, città costiera di fondazione aragonese e isola linguistica catalana soprannominata la 'Barceloneta' di Sardegna, è una delle rare città marinare dell'isola, con un pregevole centro storico cui fanno da corona quartieri residenziali moderni e una vita culturale esuberante, specie d'estate. Meta balneare di rilevanza internazionale, Stintino conserva l'aspetto del villaggio di pescatori, con le sue case basse raccolte intorno al minuscolo Porto Vecchio. Porto Torres, infine, approdo dei traghetti provenienti per lo più dalla Liguria, merita una sosta almeno per il sito archeologico di *Turris Libisonis*.

La ferrata del Cabirol, sulle falesie calcaree di Capo Caccia

La visita

Il **primo itinerario** è dedicato al centro storico di Sassari, mentre il **secondo** raggiunge il mare a Porto Torres, con le sue memorie romane. Si segue poi la linea costiera del golfo dell'Asinara fino a Stintino e all'Asinara, paradiso naturalistico protetto, solo di recente reso accessibile alle visite. L'aspra e tormentata costa del Mar di Sardegna culmina nelle spettacolari falesie di Capo Caccia. La rada di Porto Conte offre varie possibilità di escursioni a piedi e in mountain bike. Alghero, fulcro del **terzo itinerario**, è una cittadina in cui passeggiare senza fretta, magari fuori stagione per evitare la folla. Il **quarto itinerario** si discosta dalle mete balneari per addentrarsi nell'immediato entroterra di Alghero, con i suoi insediamenti arroccati sulle alture. Di eccezionale interesse panoramico è la strada litoranea che collega Alghero e Bosa.

9.1 Sassari

Itinerario pedonale urbano

Disposto su un declivio al margine della pianura che scende verso il mare del golfo dell'Asinara, il nucleo storico di **Sassari** (m 225, ab. 128 000 circa; *pianta a pag. 216*) si identifica con la città murata, della cui cinta restano significative tracce. Ha come spina centrale il rettilineo corso Vittorio Emanuele II – che ricalca la medievale *Platha de Codinas* – salotto della città deputato al passeggio e allo shopping. Dal corso si diparte una fitta trama di strette e tortuose vie di impianto medievale, con palazzi e chiese di impronta barocca. Negli ultimi decenni del XX secolo i nuovi quartieri hanno inglobato gli orti e gli uliveti che circondavano un tempo la città. Da piazza Castello la visita si snoda sulla linea di cesura tra centro storico medievale ed espansione ottocentesca, mentre a sud, nella parte moderna, hanno sede le istituzioni museali e l'università.

Storia e sviluppo urbano. In età romana il territorio di Sassari era verosimilmente soltanto il retroterra di *Turris Libisonis* (Porto Torres), attiva colonia portuale fondata nel I secolo a.C., ma per trovare il nome della città (*Jordi de Sassaro*) in un atto scritto bisognerà attendere il 1131. In seguito (XIII secolo) lo sviluppo fu favorito dagli scambi commerciali con la penisola, la cui affermazione è confermata dalla stesura, alla fine del Duecento, degli 'Statuti del Comune di Sassari', un vero e proprio corpus normativo redatto in latino e in lingua sarda logudorese.
Nel 1378, nel corso della guerra tra il giudicato d'Arborèa e gli aragonesi, Sassari fu occupata dalle truppe giudicali e rimase sotto il dominio degli arborensi sino al 1410. Nel XV secolo venne pienamente inserita nel nuovo sistema istituzionale e amministrativo della regione che faceva parte, come regno autonomo, della federazione catalano-aragonese. Risale a questo periodo la storica suddivisione dell'isola in Capo di Sotto (la Sardegna meridionale, cioè grosso modo gli attuali territori di Cagliari, Sulcis-Iglesiente, Medio Campidano, Oristano e Ogliastra) e in Capo di Sopra (il Nord, ossia il territorio di Sassari, la Gallura e il Nuorese), con Cagliari e Sassari come rispettivi poli urbani in fiera contrapposizione. Allo stesso periodo risale anche la fioritura del gotico catalano nell'architettura civile e religiosa, che ancora oggi connota la parte antica della città. Malgrado un periodo di crisi dovuto in gran parte alle guerre mediterranee e al ristagno dei traffici e delle esportazioni, il XVI secolo coincide con una crescita civile e culturale del centro egemone del Capo di Sopra.
Nel secolo successivo Sassari, impegnata in un'aspra contesa municipalistica con Cagliari, fu colpita nel 1652 da un'epidemia di peste che

Sassari, la Cavalcata sarda in piazza Italia

falcidiò la popolazione urbana e ne ridimensionò le ambizioni politiche. La ripresa demografica e poi l'affermazione di nuove colture agrarie posero le basi dello sviluppo settecentesco. Negli anni 1793-1802 la città fu al centro delle rivolte antifeudali delle campagne logudoresi. La repressione sabauda fu spietata. Nella prima metà dell'Ottocento spicca il progetto di ampliamento urbanistico del 1836 orientato in direzione sud-ovest, verso la 'strada reale', ultimata nel 1829, che collegava Sassari con Cagliari. Nella seconda metà del secolo venne demolita la quasi totalità delle mura e il trecentesco castello aragonese. Il ventennio fascista è contrassegnato dallo sventramento di un ampio comparto adiacente al Duomo e al corso Vittorio Emanuele II, noto come 'piazza Demolizioni' (oggi piazza Mazzotti). I successivi sventramenti del dopoguerra e la costruzione di edifici moderni nella parte più antica – emblematici i due grossi 'grattacieli' in piazza Castello – hanno contribuito al progressivo degrado di questa porzione urbana, ora interessata da programmi di recupero. L'area di piazza Castello è stata riqualificata, dopo il rinvenimento delle fondazioni del barbacane del castello aragonese, con un percorso archeologico ipogeo a cui si accede da una struttura in vetro e acciaio, elemento di raccordo tra la città antica e quella contemporanea.

Piazza Castello *(B-C2)*. Prende nome dall'antico castello aragonese costruito intorno al 1330 e demolito nel 1877, già sede del tribunale dell'Inquisizione. Del **castello** rimangono gli spazi interni del barbacane: circa 90 m di gallerie – databili alla seconda metà del XV secolo – distribuite su due livelli sovrapposti, collegati da scale a chiocciola e visitabili con un percorso attrezzato ipogeo, a cui si accede a fianco del giardino ottocentesco. Il castello sorgeva sul sito dell'attuale *caserma La Marmora* (1878-81), nel cui cortile si conservano gli stemmi dell'antica facciata. Nella caserma è allestito il **Museo storico della Brigata Sassari**, dedicato alle eroiche gesta dei fanti sardi nella guerra 1915-18.

Nella contigua via Politeama sorge il **Nuovo Teatro Verdi** *(B2)*, inaugurato nel 1884, mentre dalla parte opposta, nella stretta piazza del Rosario, si trova la **chiesa della Madonna del Rosario** *(C2)*, con facciata dei primi del XVIII secolo e, all'interno, un ragguardevole *altare maggiore* barocco in legno dorato, opera di artigiani locali (1686).

Parcheggi a Sassari

Il centro storico di Sassari è **zona pedonale** interdetta alle auto o con forti limitazioni (Ztl). È consigliabile dunque lasciare l'autoveicolo nei **parcheggi** interrati di via Renzo Mossa, piazza Fiume, Emiciclo Garibaldi, via Duca degli Abruzzi, tutti dislocati a sud del centro storico.

Corso Vittorio Emanuele II *(B1-2)*. La via principale della città, un tempo *Platha de Codinas*, cioè 'strada delle pietre', in riferimento alla bella pavimentazione di lastre e ciottoli, è oggi la via del passeggio e del commercio. Nella parte superiore, dove oggi si apre *piazza Azuni (B2)*, sorgevano un tempo la chiesa gotica di S. Caterina e il palazzo del Podestà, mentre nelle vie laterali erano collocate le misure pubbliche, accanto alle porticate botteghe di mercanti e artigiani. Sono sopravvissute alcune *case gotiche* del XV secolo, come quella di via Canopolo N. 20 e l'altra al N. 11 del corso Vittorio Emanuele II, nota come **casa Farris**, con belle finestre e bifore di stile gotico catalano, che mostra murati gli antichi portici. Un impianto analogo di tipo catalano si trova nella cosiddetta **casa di Re Enzo** o *casa Guarino*, del Quattrocento, con uno splendido portichetto dai capitelli scolpiti, e nella *casa* con un bel portico gotico all'angolo con via dei Corsi. L'antico municipio è stato sostituito nel 1826 da un'elegante costruzione neoclassica (N. 35) che ospita il **Teatro civico** *(B2)*, progettato da Giuseppe Cominotti sul modello del Carignano di Torino, e il **Museo della Città**, percorso espositivo dedicato ai luoghi, alla memoria e all'identità urbana. Lo fronteggia il neoclassico **palazzo di S. Sebastiano**, del secondo decennio dell'Ottocento; a destra si leva la facciata barocca della **chiesa di S. Andrea** (1648), ispirata a modelli liguri.

Sassari 1: 15 000 (1 cm = 150 m)

Piazza S. Antonio *(B1)*. Il corso termina allargandosi in questa piazza che custodisce un frammento della cinta muraria medievale con una torre merlata. La **chiesa di S. Antonio abate** *(A-B1)*, ultimata nel 1709, ha una facciata semplice e ben proporzionata di gusto barocco. Capolavoro dell'apparato decorativo interno è il *retablo** dell'altare maggiore, in legno intarsiato e dorato, opera del genovese Bartolomeo Augusto. Nella sagrestia sono custoditi il *Santo diacono*, attribuito al pittore Giovanni Muru (prima metà del XVI secolo) o al Maestro di Castelsardo, e l'*Addolorata* di Giovanni Marghinotti.

Fonte Rosello, monumento storico sassarese

Corso Trinità *(A-B1-2)*. Parallelo a corso Vittorio, a cui è unito da via Saffi, è il luogo in cui meglio si possono osservare i frammenti della **cinta muraria** medievale. Iniziate dai pisani nel Duecento, le mura vennero completate dai genovesi nei primi decenni del secolo successivo. Dal vicolo Godimondo è possibile vedere i camminamenti interni e la successione delle piccole case che vi si addossano. Una torre, appena più alta delle mura, si presenta come una sorta di corpo avanzato. Poco oltre sono murati tre stemmi trecenteschi. Dinanzi sorge la **chiesa della SS. Trinità** *(B2)* con un'interessante facciata barocca dell'inizio del XVIII secolo.

Fonte Rosello* *(A2)*. A destra della chiesa della Trinità, la scalinata scende alla fontana, sita nel vallone del torrente omonimo. Nota fin dall'antichità e simbolo della città, la fonte 'Gurusellu' venne trasformata una prima volta nel XIII secolo da maestranze genovesi, quindi ancora rinnovata in stile tardorinascimentale, sempre da scalpellini liguri, tra il 1605 e il 1606. La fonte, che conta dodici bocche (*cantaros*), è composta da due parallelepipedi sovrapposti, in marmo verde e bianco, coronato con due archi incrociati, al cui culmine venne posta la *statuetta* equestre *di S. Gavino* (quella che si vede è una copia del 1975 dell'originale perduto). Agli spigoli della base sono le statue delle stagioni, copie eseguite nel 1828 di originali distrutti nei moti antipiemontesi e antifeudali del 1795-96.

Piazza Tola *(B2)*. Attigua a corso Vittorio Emanuele, è l'antica *carra manna* dove era posta la misura pubblica (in sardo *carra*) e costituì il centro della vita urbana nel medioevo e nella prima età moderna. Al centro della piazza, il *monumento a Pasquale Tola*, storico e magistrato sassarese, opera di Filippo Giulianotti (1903).
Costruito nel 1577, **palazzo Manca di Usini** *(B2)* rappresenta un raro esempio di architettura civile tardorinascimentale in Sardegna. L'edificio ospita la *Biblioteca comunale* con una ricca collezione di volumi, periodici, stampe, fotografie e manoscritti riguardanti soprattutto la storia cittadina.

S. Caterina *(B2)*. Già chiesa di Gesù e Maria, fu costruita tra il 1580 e il 1607 per la Compagnia di Gesù su progetto di Giovanni De Rosis secondo moduli controriformistici; la realizzazione a opera delle maestranze locali ne spezzò l'austera impronta manieristica. Nell'interno le coperture della navata centrale e delle cappelle con volte a crociera, gli archi del transetto e del capocroce rivelano l'innesto sul progetto originale di elementi di derivazione gotico-catalana. Pregevoli i **dipinti** del gesuita fiammingo Giovanni Bilevelt (attivo a Sassari tra il 1622 e il 1652), tra cui l'*Incoronazione della Vergine* e la *Trinità*.

Il Duomo di Sassari, intitolato a S. Nicola di Bari

MUS'A Museo Sassari Arte *(B2)*. Di fianco alla chiesa di S. Caterina, ha sede nell'ex *Collegio* gesuitico *Canopoleno*, palazzo storico costruito a cavallo tra Cinquecento e Seicento. Ristrutturato a cura della Soprintendenza ai Beni architettonici, il palazzo ospita circa 400 opere di pittura dal medioevo al XX secolo, provenienti principalmente da collezioni private donate alla città, sul finire dell'Ottocento, da eminenti sassaresi. Al MUS'A sono annessi un laboratorio di restauro e l'archivio-catalogo della Soprintendenza, oltre a spazi espositivi per mostre e concerti.

Palazzo Ducale *(B1-2)*. Noto anche come *palazzo del Comune* perché dal 1900 è sede del Municipio, fu fatto costruire dal duca dell'Asinara e rappresenta il più rilevante esempio di architettura civile settecentesca in città. A dirigere la costruzione dal 1775 al 1805 fu probabilmente Carlo Valino, che introdusse nell'edilizia sassarese schemi di derivazione piemontese. La sobria **facciata** a tre piani, orizzontalmente scompartita da fasce e verticalmente da lesene, presenta le finestre del primo piano sormontate da timpani ad arco a cuspide, e quelle del secondo incorniciate da un motivo rococò. L'androne, da cui parte una scala a tenaglia, affaccia su un armonico **cortile**. Un percorso di visita, *'Le stanze e le cantine del Duca'*, si articola al di sotto dei piani pavimentati del palazzo, in ambienti sotterranei pertinenti ad abitazioni cinquecentesche.

Duomo di S. Nicola* *(B1)*. Affacciato sulla piazza omonima, sorge nel luogo dove le indagini archeologiche fanno supporre l'esistenza di strutture dell'antica *Tàthari*, la Sassari romana e tardomedievale. La prima pieve romanica vi fu eretta nel XII secolo, mentre al Duecento risale la parte inferiore del campanile, ripreso nel 1756 con una snella sopraelevazione ottagonale. A partire dal 1480, e probabilmente sino al 1505, la chiesa fu riedificata in proporzioni più ampie che richiamano la tipologia gotica catalana. Tra il 1681 e il 1715 si svolsero i lavori che portarono all'attuale prospetto. L'architetto fu quasi sicuramente il cagliaritano Baldassarre Romero, che seppe esprimere in maniera fantasiosa i motivi plastici decorativi del tardobarocco spagnolo, mescolandoli al repertorio goticheggiante e classico.
Sul portico con volte stellari si innalza l'alta **facciata** minutamente coperta da fitti intagli, su cui si aprono tre nicchie con le *statue dei Ss. Gavino, Proto e Gianuario* e nel fastigio superiore ad arco la *statua di S. Nicola*. L'**interno** a navata unica mantiene ancora l'antica fisionomia gotica. Nelle cappelle laterali sono state messe in luce ulteriori architetture gotiche e decorazioni tardocinquecentesche. Tra i dipinti, si segnalano nella seconda cappella destra la tela dei *Ss. Cosma e Damiano*, attribuita a Carlo Maratta, e nella seconda sinistra la *Madonna del Tempietto* (1626) del sassarese Diego Pinna; nel braccio destro del transetto, è custodita un'*Ultima Cena* di

Giovanni Marghinotti. Nell'ottocentesco altare maggiore è esposta la *Madonna del Bosco*, tempera su tavola di scuola senese del Trecento; a destra dell'altare un *Crocifisso* di scuola spagnola del XVII secolo. A sinistra in una teca è conservata la seicentesca *statua* d'argento *di S. Gavino*, opera forse di argentieri locali. Eccellente lavoro di intaglio è il **coro** in legno di noce sardo del primo Settecento. Nel braccio sinistro del transetto si trova il dipinto di Vittorio Amedeo Rapous raffigurante *S. Anna e il SS. Sacramento*; alla parete destra, *mausoleo di Placido Benedetto di Savoia conte di Moriana*, opera del torinese Felice Festa (1807).

Museo diocesano del Tesoro del Duomo *(B1)*. Attraverso la *sagrestia dei Beneficiati* dalla suggestiva volta a crociera multipla in cotto retta da una colonna centrale in granito (XVI secolo) e la sagrestia capitolare, si accede a una prima sezione del museo. Sistemato in un fabbricato addossato al transetto accoglie importanti pezzi di argenteria (secoli XVI-XIX), paramenti sacri, ori e arredi. Vi è conservato il famoso **stendardo processionale***, dipinto a tempera e olio su tavola, opera di un ignoto artista di fine Quattrocento. Un'altra sezione del museo si trova di fronte al duomo, nella cripta della chiesa di San Michele, che ospita la quadreria, la sezione archeologica e una esposizione di oggetti di pietà popolare.

Un vicolo nel centro storico di Sassari

S. Michele *(B1)*. Fronteggia il Duomo, in largo Seminario 5, la composita facciata di gusto tardomanieristico di questa chiesa risalente al 1708-17. Alla sua sinistra, in fondo al largo, si apre l'adorno portale marmoreo del settecentesco *Seminario arcivescovile*.

S. Maria di Betlem *(B-C1)*. Fuori dall'antico perimetro delle mura, non distante da Porta Utzeri su viale Coppino, si stagliano la facciata a capanna in stile romanico lombardo e la cupola ovale della chiesa. Fondata assieme al convento nel 1106 dal giudice di Torres, Costantino, e affidata ai benedettini, passò negli anni '20 del XIII secolo ai francescani. La parte inferiore della **facciata** risale al 1236-38 ed è il frammento più antico dell'edificio. Sopra un ordine di arcatelle a tutto sesto si innesta la parte superiore ricostruita nel 1465 con un grande rosone e un timpano. Decorazioni e archetti coevi si sviluppano lungo il fianco sinistro, sul cui portale è collocato un medaglione a rilievo, sempre quattrocentesco, raffigurante la *Madonna*. Tra il 1829 e il 1834 Antonio Cano rimaneggiò il presbiterio e costruì la cupola ornandola di numerose statue. All'**interno**, conserva ancora l'originale carattere catalano la *cappella dei Muratori*, subito a sinistra dell'ingresso; le altre sei cappelle che si aprono sulla navata appartengono ad altrettanti *gremi* artigiani e vantano altari barocchi intagliati. Nella cappella a sinistra dell'altare maggiore si conserva un gruppo ligneo della *Madonna col Bambino* della prima metà del XV secolo. Interessante anche il pulpito barocco, opera del sassarese Antonio Giovanni Contena (1741). Nell'elegante sagrestia settecentesca, *Madonna in gloria e quattro santi*, dipinto di Giacomo Cavedoni. Da qui si accede al **chiostro**, in gran parte murato, che conserva lapidi con iscrizioni medievali, catalane e spagnole: al centro, la *fontana del brigliadore* (dal catalano *brillador*, zampillo), opera del XVI secolo.

In passato il complesso svolgeva una funzione istituzionale, raccogliendo attorno a sé i lavoratori organizzati nei *gremi*. In una sorta di continuità col passato, oggi il suo ruolo si esercita nell'annuale *Discesa dei Candelieri** (*Faradda di li candereri*). La sera del 14 agosto i 9 grandi e pesanti candelieri votivi di legno intagliato, che qui si conservano, vengono portati in processione dai rappresentanti dei *gremi* vestiti con costumi del XIX secolo. La festa fa parte del Patrimonio orale e immateriale dell'Umanità Unesco.

La facciata a capanna della chiesa di S. Maria di Betlem

Museo etnografico «Francesco Bande» *(C1)*. In via Muroni N. 44, è dedicato all'organetto diatonico e alla musica di tradizione. Notevole la collezione di costumi e gioielli sardi. Ospita concerti di musica dal vivo.

Palazzo dell'Università *(C2)*. Sorge nell'omonima piazza del centro storico: la nascita dell'Università è legata al testamento del sassarese Alessio Fontana (1558), che lasciò tutte le sue proprietà per fondare un collegio universitario. I corsi tenuti dai gesuiti iniziarono nel 1565; del 1617 è il diploma di Filippo III, riconoscimento ufficiale dell'Ateneo. Alla fine del XVII secolo, il prestigio dell'Università era alquanto decaduto e soltanto in seguito alla riorganizzazione sabauda del 1765 riprese nuovo slancio. L'edificio, costruito tra il 1559 e il 1566 su progetto di Fernando Ponce de Léon, ampliato nel Seicento, si articola attorno a un chiostro circondato da un doppio ordine di logge. La facciata del palazzo risale al 1929, mentre quella originaria è la fronte opposta che conserva ancora l'aspetto cinquecentesco e prospetta sul giardino pubblico. Un ampio *scalone* conduce al **piano superiore**, dove l'Aula Magna (1929) è decorata con tele di Mario Delitala. Nel Rettorato si conservano *ritratti* di sovrani sabaudi, fra cui quelli *di Vittorio Amedeo III* di Giovanni Antonio Molinari (1774-75) e *di Carlo Felice* di Giovanni Battista Biscarra (1830), la *statua* marmorea *di Ebe* (1836 circa) di Andrea Galassi e la *mazza* d'argento con i simboli delle facoltà (1765) del piemontese Giovanni Michele Graneri. La **Biblioteca universitaria** ha un patrimonio librario di oltre 200 000 volumi;

Musica, cortei e pariglie: la Cavalcata sarda*

Quando, nell'aprile del 1899, Umberto I e la regina Margherita vennero in visita in Sardegna, a Sassari si pensò di organizzare in loro onore una sfilata di uomini e donne (della sola provincia di Sassari, che però allora si estendeva per metà Sardegna) nei loro costumi tradizionali. Le cronache parlano di 3000 partecipanti e addirittura 600 cavalli. Dal 1951 la rievocazione dell'antica sfilata ogni **penultima domenica di maggio** segna simbolicamente l'apertura della stagione turistica isolana. Donne di tutte le età, giovani e bambini, anche qualche vecchio patriarca, si danno appuntamento a Sassari da un centinaio di centri isolani e, indossati i costumi da festa, sfilano a migliaia lungo un percorso cittadino con partenza dal corso Margherita di Savoia. Spavaldi cavallerizzi si esibiscono nelle acrobazie della 'corsa a pariglia' e chiudono la manifestazione con un festoso galoppo finale: uno spettacolo corale di colori, musiche e folclore isolano.

fra i manoscritti il celebre *Condaghe di S. Pietro di Silki* (XII-XIV secolo), uno dei primi documenti in volgare sardo.

Piazza d'Italia* *(C2)*. Contigua a piazza Castello rappresenta il fulcro dell'espansione ottocentesca di Sassari, nato negli anni '70 del XIX secolo. L'insieme delle architetture che recingono il simbolico spazio di un ettaro, interrotto al centro dal *monumento a Vittorio Emanuele II* di Giuseppe Sartorio (1899), forma un ambiente armonico e omogeneo. L'edificio più rappresentativo è il maestoso, elegante **palazzo della Provincia** *(C2)*, progettato da Eugenio Sironi e Giovanni Borgnini e costruito tra il 1873 e il 1880 in tardo stile neoclassico. La facciata, imponente ma proporzionata, consta di tre ordini di finestre e culmina con un fregio. Al primo piano è visitabile l'*aula consiliare**, decorata nel 1881 da Giuseppe Sciuti: vi sono raffigurati episodi salienti della storia cittadina; contiguo l'appartamento reale. Sul lato di fronte al palazzo della Provincia il **palazzo Giordano** (N. 19), progettato in stile neogotico da Luigi Fasoli nel 1878, ha due sale affrescate da Guglielmo Bilancioni. Nella attigua piazzetta Banco di Sardegna, nella sede dell'istituto bancario è allestita la **Collezione Sironi**, costituita da quarantadue opere di Mario Sironi (Sassari 1885, Milano 1961), donate da Mimì Costa, compagna dell'artista. Si tratta di disegni, tempere e tecniche miste, studi preparatori per opere di grande respiro. La collezione è visitabile su richiesta.

Museo nazionale «G.A. Sanna»** *(C3)*. Da Piazza d'Italia, seguendo la direttrice di via Roma si trova sulla sinistra il complesso fatto costruire dalla famiglia Sanna Castoldi per le collezioni lasciate da Giovanni Antonio Sanna, finanziere e uomo politico, e per il gabinetto archeologico dell'Università. Donato allo Stato, fu inaugurato nel 1931. Nella **sezione archeologica** sono documentati i periodi della civiltà sarda a partire dalla preistoria, con una breve documentazione sulle foreste pietrificate dell'Anglona, risalenti a 15 milioni d'anni fa. Una sala è dedicata quasi interamente all'altare preistorico di Monte d'Accoddi, nel territorio fra Sassari e Porto Torres. Alle pareti, i rilievi in forma di testa taurina che decorano varie tombe ipogee. Nelle sale successive sono esposti materiali provenienti da necropoli prenuragiche a *domus de janas* e sono illustrate le cosiddette tombe dei giganti. L'epoca nuragica è ampiamente documentata con ricostruzioni in scala di due tipi di nuraghi, a *tholos* e a corridoio; nelle vetrine, numerosi reperti ceramici e materiali in bronzo di uso votivo. Fra gli altri reperti, stele funerarie puniche provenienti da Sulci, materiali fittili e numerosi scarabei e amuleti; per l'epoca romana una cospicua raccolta di lucerne, vasellame ceramico, vetri soffiati e oggetti d'oro. Importanti i documenti scritti, costituiti dalla **tavola bronzea da Esterzili** (nella Barbàgia Seùlo) e dal *diploma militare del soldato Ursarius*. I materiali tardoromani comprendono sarcofagi marmorei istoriati, sculture e mosaici provenienti da *Turris Libisonis* (la colonia romana da cui discende Porto Torres). Nella **sezione medievale** reperti dei secoli IX-XVI documentano la vita materiale della società rurale e urbana del territorio sassarese. Un ricco medagliere raccoglie monete dal periodo punico (con esemplari rari e preziosi) fino a coniazioni di Vittorio Emanuele I.
Dal 2015 l'allestimento è in fase di riorganizzazione, con la chiusura temporanea di alcune sezioni.

Guerriero nuragico custodito nel Museo nazionale «G.A. Sanna»

S. Pietro in Silki* *(D1, f.p.)*. Raggiungibile dal viale S. Pietro *(C-D1)*, la chiesa è annessa al convento francescano omonimo il cui appellativo parrebbe derivato dallo scomparso abitato medievale di *Silki*, risale al XII secolo. Delle originarie forme romaniche rimane solo la parte inferiore del campanile. Le strutture murarie della navata sono quattrocentesche, mentre la semplice facciata che si apre con un grande atrio è del 1675. All'interno, la prima **cappella** sul lato sinistro è uno dei più armoniosi esempi del gotico catalano in Sardegna, con preziosi rilievi scolpiti nella grigia pietra calcarea dei capitelli e della gemma della volta (seconda metà del XV secolo); pregevole l'*altare maggiore* in legno intagliato del XVII secolo, nel quale è collocata la venerata immagine della *Madonna delle Grazie*.
Fronteggia la chiesa il **convento dei Frati Minori**, nel quale è custodita una bella *Visitazione* di anonimo pittore attivo nella prima metà del XVI secolo.

9.2 Stintino e il golfo dell'Asinara

Itinerario automobilistico da Sassari ad Alghero di circa 143 km

Porta verso uno degli angoli di costa tra i più belli e noti il tratto finale della statale 131 Carlo Felice, la storica arteria erede della Strada Reale voluta dal sovrano sabaudo e probabilmente ricalcata su un tracciato di origine antica. Tra Sassari e Porto Torres, si visita il santuario preistorico di Monte d'Accoddi, quindi si fa tappa a Stintino, perla della costa nord-occidentale. Segue, da Porto Torres, la raccomandata escursione all'isola del silenzio: l'Asinara, protetta entro il parco nazionale. La Nurra si affaccia al Mediterraneo con alte scogliere e il promontorio impervio dove sorge il borgo minerario dell'Argentiera. Si continua verso sud fino alla baia di Porto Conte e al promontorio di Capo Caccia, da cui il viaggio prosegue per gli affascinanti siti archeologici di Palmavera e Anghelu Ruju.

Complesso prenuragico di Monte d'Accoddi*

Raggiungibile da Sassari lungo la SS 131 fino al bivio di Bancali, il principale sito prenuragico dell'isola è l'unico esempio nel Mediterraneo occidentale di altare megalitico dove si celebravano i riti propiziatori della fecondità della terra. L'enorme ammasso di pietra e terra (restaurato) ha alla sommità una pietra sacrificale e due bètili: la struttura a tronco di piramide ricorda le *ziqqurat* della Mesopotamia. A detta della maggioranza degli studiosi, il santuario-altare fu in uso dal tardo Neolitico all'età del Rame.

Porto Torres

Adagiata su un pianoro che digrada dolcemente verso il mare del golfo dell'Asinara, è un attivo centro portuale (m 5, ab. 22 000 circa) che smista gran parte del traffico passeggeri soprattutto da e per Genova. Porto Torres può essere visitata nell'arco di una mezza giornata partendo dal centrale corso Vittorio Emanuele II, a vocazione commerciale. Il corso termina sul fronte del porto, dove campeggia una torre aragonese del XIV secolo. Al capo opposto si sale alla basilica di S. Gavino, tra i più significativi monumenti romanici della regione. L'area archeologica della città romana, *Turris Libisonis*, si trova a ovest dell'abitato, in corrispondenza del porto civico. Una pista ciclabile consente di raggiungere cale e spiagge a est del centro.

L'altare megalitico di Monte d'Accoddi

Storia e sviluppo urbano. La nascita dell'antica *Turris Libisonis* risale probabilmente all'età cesariana (46 a.C.) con la deduzione di una colonia (unica in Sardegna per quel periodo) di cittadini romani. L'insediamento ebbe impianto ortogonale con orientamento nord-sud, lasciato poi in eredità alla città moderna la cui via principale, il corso Vittorio Emanuele II, pare ricalchi nel suo ultimo tratto la più importante via di comunicazione della Sardegna romana: *A Turre Kàrales* (da Porto Torres a Cagliari), come a dire l'attuale Carlo Felice. La floridezza economica della città fu determinata dal suo porto, presso il quale venivano imbarcati i cereali prodotti nel ricco entroterra della Nurra. Durante le persecuzioni di Diocleziano del 304, presso *Turris* avvenne il martirio dei Ss. Gavino, Proto e Gianuario (gli studiosi tendono a considerare figura storica soltanto Gavino). In età medievale la città, decaduta dopo essere stata anche capitale del giudicato di Torres, si contrasse fino a ridursi a due piccoli nuclei, uno presso la basilica e un altro presso il porto. La rinascita, dagli inizi dell'Ottocento, è andata di pari passo con il rifiorire dei commerci che nel Novecento hanno fatto di Porto Torres un centro economico di notevole rilevanza, con un vasto territorio che comprende anche l'isola dell'Asinara.

9 Sassari, Alghero e il golfo dell'Asinara

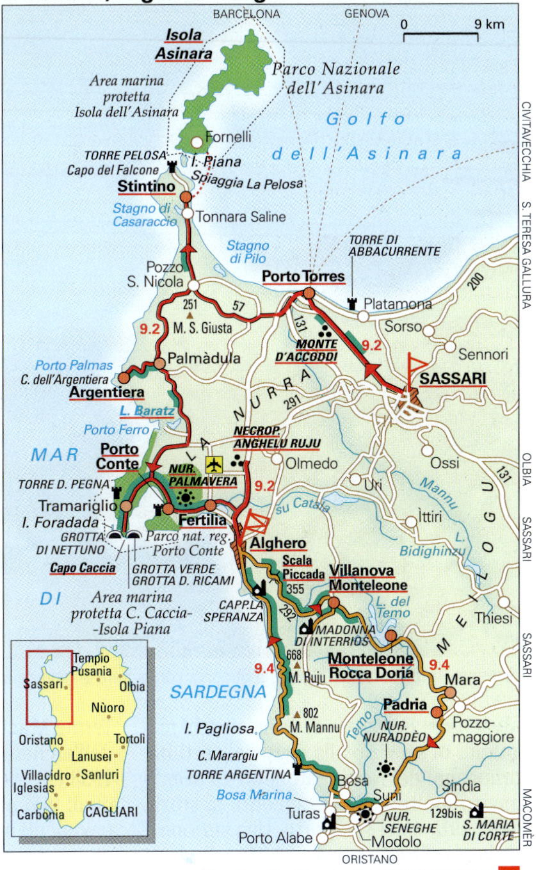

Quadro d'unione a pag. 6-7, riquadro n. 9

Basilica di S. Gavino*. Alla fine di corso Vittorio Emanuele, è tra i più antichi esempi di architettura romanico-pisana in Sardegna. Fu eretta sulla collina detta monte Agellu, sul sito di una più antica basilica sepolcrale. Se ne ha una prima menzione nel *Condaghe di S. Pietro di Silki* di Sassari, riferibile all'anno 1065, sotto Barisone I; un altro documento più tardo attribuisce la costruzione al giudice Comita. La fabbrica presenta due absidi contrapposte, caratteristica unica in Sardegna, e due ingressi per parte nei lati maggiori. Il paramento esterno, realizzato in conci di calcare, si presenta scandito da arcature sulle quali si aprono, alternate, strette monofore. Nel lato nord, sul quale prospettano le costruzioni seicentesche del cosiddetto 'atrio Comita', si conserva l'unico **portale romanico**, riferibile alla seconda metà dell'XI secolo, decorato con sculture di figure umane e animali dalle influenze lombarde. Presso il lato sud si apre invece il mirabile **portale gemino gotico-catalano**, datato 1492.

L'**interno**, ampio e solenne, è diviso in tre navate, con arcate su robusti pilastri cruciformi e colonne di reimpiego. La navata centrale è coperta da capriate lignee, quelle laterali da volte a crociera. Presso l'abside orientale sono esposte, su un catafalco, le *statue* lignee *dei martiri turritani* (XVII secolo); nella navata settentrionale sono una *statua equestre di S. Gavino* (inizi XVII secolo) e un'epigrafe in greco-bizantino (VII secolo) che commemora la vittoria di un duce Costantino sui longobardi che tentavano di invadere la Sardegna. L'anticripta custodisce alcuni pregevoli sarcofagi romani istoriati. Da qui è possibile accedere alla **cripta** dove, entro tre sarcofagi romani, si conservano le ossa ritenute dei martiri uccisi sotto Diocleziano.

Le acque trasparenti della Pelosa, a Stintino, con la torre aragonese sullo sfondo

Museo del Porto. Ha sede nei vecchi magazzini di servizio alla ferrovia, sorti nei primi anni del Novecento. Con un allestimento multimediale, racconta la storia della città e del suo porto. Una sezione è dedicata alla vela latina, un'altra agli eventi bellici del 1943, che causarono l'affondamento della Corazzata Roma e di altre due imbarcazioni nel golfo dell'Asinara.

Area archeologica di Turris Libisonis. Dietro la darsena vecchia, comprende tre impianti termali, resti di abitazioni, botteghe e il ponte romano. Il percorso di visita ha inizio dall'Antiquarium Turritano, in via Ponte Romano.

Antiquarium Turritano*. Custodisce i reperti archeologici provenienti dagli scavi di *Turris Libisonis* e un'interessante collezione comunale con pezzi dall'epoca nuragica alla tarda età imperiale. Al piano terra spicca l'*ara marmorea di C. Cuspius Felix*, dedicata alla divinità egiziana Bubastis sotto l'imperatore Tiberio, e ritrovata presso il palazzo di Re Barbaro. Nel piano superiore si segnala un **mosaico policromo*** di tarda età imperiale, con due iscrizioni funerarie corredate di simboli cristiani, parte della copertura di due tombe rinvenute nella zona di Balai.

Terme Maetzke. L'edificio prende il nome dell'archeologo che ne curò lo scavo tra il 1958 e il 1961. Presenta tre ambienti, dei quali uno absidato, originariamente con pavimenti mosaicati e pareti con intonaci dipinti e rivestimenti marmorei, costruiti nella media età imperiale romana.

Palazzo di Re Barbaro*. Si tratta in realtà dell'area pertinente alle cosiddette *Terme centrali*: ha preso il nome dal mitico governatore che, come vuole la tradizione, avrebbe condannato a morte i tre martiri turritani. Subito dopo l'ingresso, presso l'Antiquarium, si incontrano i resti di un'*insula*, un quartiere abitativo facente probabilmente parte del primo impianto ortogonale della colonia romana. Superata una strada lastricata in basalto (*decumanus*) si accede all'imponente **edificio termale** (realizzato in due fasi distinte nel II e tra la fine del III e gli inizi del IV secolo): il *frigidarium* conserva due vasche a pianta rettangolare con decorazioni musive a pelte e a motivi geometrici; il *tepidarium* è anch'esso mosaicato e con parte delle volte ancora sul luogo. Seguono, in successione, i tre ambienti dei *calidaria*, l'ultimo dei quali presenta ben conservato, nell'abside, il pavimento poggiante su pilastrini e le intercapedini alle pareti per la circolazione

dell'aria calda. All'esterno, strade lastricate fiancheggiano le terme; presso quella con orientamento nord-sud (cardo) si affacciava un portico sul quale si aprivano numerosi locali pubblici (*tabernae*). A nord delle terme centrali sono recentemente emersi i resti di due **domus** di epoca anteriore alla costruzione dell'impianto termale. Di grande rilievo il pavimento musivo di quella che è stata chiamata *Domus di Orfeo*: vi è raffigurato il cantore mentre suona la lira, attorniato da animali.

Terme Pallottino. L'edificio, databile all'età imperiale romana, prende nome dall'archeologo Massimo Pallottino, autore degli scavi tra il 1940 e il 1942. Si conservano parzialmente alcuni ambienti, fra i quali quello settentrionale presenta un'ampia vasca pavimentata a mosaico con un motivo a losanghe e quadrati curvilinei.

Ponte romano*. Gettato sul riu Mannu, fu realizzato probabilmente agli inizi dell'età imperiale; apparteneva alla strada che collegava *Turris Libisonis* con *Kàrales* seguendo grosso modo la costa occidentale. Lungo 135 m, il ponte varca il fiume su sette arcate a sesto ribassato di grandezza crescente da est verso ovest, per consentire una graduale salita della strada dalla città verso la campagna, posta a un livello più alto. Grazie anche al suo ottimo stato di conservazione (sino alla fine degli anni '70 del secolo scorso era aperto al traffico), è la più importante opera di questo genere della Sardegna romana.

S. Gavino a Mare. Collocata presso l'antica necropoli orientale di *Turris Libisonis*, la chiesa (detta anche di Balai Vicino) fu edificata intorno alla metà del XIX secolo sul luogo dove, secondo la tradizione, sarebbe avvenuto il primo seppellimento di Gavino, Proto e Gianuario. Proprio in memoria di questo fatto, ogni anno nel mese di maggio vengono qui trasportate dalla basilica di S. Gavino le statue dei tre martiri. La chiesa presenta, adiacenti, due ipogei utilizzati come sepolture. Proseguendo verso il lido di Platamona, si trova la *chiesetta di Balai Lontano*, sorta sul luogo del martirio.

Stintino* e le sue spiagge

Affacciato sul golfo dell'Asinara, l'ex villaggio di pescatori è oggi un rinomato centro balneare (ab. 1600 circa), posto quasi sull'estremità della penisoletta che si protende verso l'isola dell'Asinara. Ha due porticcioli ben attrezzati, uno peschereccio e l'altro turistico. Fondato nel 1885 per trasferirvi gli abitanti dell'Asinara, conserva il bel nucleo originario, con strade tagliate a maglie rettangolari e linde casette dalle tinteggiature color pastello. Di particolare interesse è il **Mut - Museo della Tonnara di Stintino**, riallestito nel 2016 nel restaurato *ex edificio Alpi*, un dismesso stabilimento per la lavorazione del pesce. Con un percorso multimediale racconta la pesca del tonno e l'attività della Tonnara Saline.
Se la Nurra è avara di litorali sabbiosi, Stintino ha spiagge indimenticabili come quella delle **Saline**, circa 3,5 km a sud dell'abitato, e soprattutto quella della **Pelosa****, ai piedi di Roccaruja, considerata tra le più belle della Sardegna. L'arenile di sabbia bianchissima è protetto dai venti di maestrale e dalle correnti grazie alla barriera naturale dei faraglioni di Capo Falcone, dall'isola Piana e dall'Asinara. I suoi fondali sono bassi e l'acqua presenta trasparenze cristalline e colori che sfumano dal turchese allo smeraldo. Di fronte, l'**isolotto della Pelosa** vigila sul litorale con la sua *torre aragonese*: è raggiungibile anche a piedi, seguendo il guado naturale nella parte settentrionale della spiaggia. Unico neo, l'eccessivo affollamento nel periodo estivo. Nello **stagno di Casaraccio**, vicino all'abitato, esteso per circa 10 ettari in una cornice di macchia mediterranea e palme nane, stazionano fenicotteri, garzette, aironi e cormorani.

Parco nazionale dell'Asinara*

L'**isola dell'Asinara** è, con i suoi 52 km^2 di superficie distesi per quasi 18 km dallo stretto di Fornelli, a sud, fino alla punta Caprara o dello Scorno a nord, quasi la continuazione della penisola di Stintino con cui la Sardegna termina nella sua parte nord-occidentale. L'ambiente è rimasto integro nella flora e nella fauna che annovera specie rare e in via di estinzione come il muflone, una ricca avifauna, tra cui il gabbiano corso e il falco pellegrino, e una specie domestica come l'asinello bianco dell'Asinara.

Storia. Già conosciuta dai romani che la chiamavano *Herculis insula*, punto di riferimento per tutti i naviganti che andavano dalla Spagna verso Roma o uscivano dalle tempestose Bocche di Bonifacio, fu popolata a partire dalla fine del medioevo da alcune famiglie di pastori sardi e di pescatori liguri: questi addetti alle tonnare del litorale, quelli alla custodia delle greggi. Nella seconda metà del Cinquecento sulle rive furono erette e fortificate torri d'avvistamento e di protezione. Nel giugno del 1885 lo Stato italiano decise di impiantare all'Asinara una stazione di quarantena marittima internazionale e una colonia penale all'aperto: il penitenziario di massima sicurezza dove, a partire dagli anni '70 del Novecento, furono reclusi detenuti per terrorismo ed esponenti della criminalità organizzata. L'isola venne interdetta ai suoi abitanti ed espropriata. Le 45 famiglie furono 'deportate' sulla terraferma più vicina, dove fondarono il borgo di Stintino. Nel 1976 il governo decretò il vincolo paesaggistico dell'isola, nel 1995 partì un importante intervento di riforestazione e nel 1997 fu istituito il Parco nazionale dell'Asinara, seguito nel 2002 dall'istituzione dell'Area marina protetta.

Come arrivare al Parco dell'Asinara

Nel parco non è consentito l'ingresso ai mezzi privati a motore. Si arriva a Cala Reale con il trasporto pubblico da Porto Torres, tutti i giorni nel periodo estivo, tre giorni la settimana nei mesi invernali da ottobre a fine aprile. La visita può essere effettuata anche rivolgendosi alle organizzazioni autorizzate e con varie modalità: barche, escursioni di pescaturismo, escursioni con centro immersioni e charter a vela. Le barche a vela private devono chiedere l'autorizzazione all'ormeggio. Vari operatori garantiscono collegamenti giornalieri da Porto Torres e da Stintino (Porto Mannu) per una giornata di visita e di mare nel periodo estivo. Per informazioni: *www.parcoasinara.org;* centro prenotazioni: *http://cpu.parcoasinara.org*

La visita. Sull'isola si trova una rete di **sentieri** (consigliabili da fine estate a primavera), facili e adatti a tutti, a cui si aggiungono numerosi percorsi subacquei, un centro ippico e un ostello, a Cala d'Oliva, in una

Cala Sabina, lungo la costa orientale dell'isola dell'Asinara

delle caserme che ospitavano il personale addetto al carcere speciale. Questo è l'unico punto d'appoggio per chi vuole visitare l'isola. Nell'ex *carcere di Fornelli* è allestito uno dei tre Centri visite del parco. Gli altri sono a **Cala Reale**: nell'ex stazione sanitaria di quarantena, con finalità didattiche e destinato ai bambini; nell'ex laboratorio batteriologico, trasformato in Centro del Mare per illustrare gli ecosistemi dell'Area marina protetta.

Le spiagge. Impreziosiscono il parco bellezze naturali quasi intatte e spiagge di mare limpido, non tutte accessibili per la balneazione. La sosta è consentita a **Cala Sabina**, all'estremità orientale dell'isola e alle due piccole spiagge di **Cala d'Oliva**, dove si trova uno degli approdi dell'isola. A mezz'ora di cammino da Cala Reale si raggiunge la **Cala Trabuccato**, dove sorge una torre aragonese. Nella parte più settentrionale dell'isola è riserva integrale la **Cala Sant'Andrea**.

Argentiera

Raggiungibile da Stintino in direzione sud, con le SP 34, 57 e 4, che attraversano nella bassa macchia l'altopiano della Nurra fino a *Palmàdula* (m 144), poi con altri 6 km sulla SP 18, questo piccolo villaggio semiabbandonato (m 42) fu attivo centro minerario per l'estrazione di piombo argentifero e zinco dalla metà dell'Ottocento fino alla fine degli anni Cinquanta. Anche i romani ne sfruttarono le risorse del sottosuolo. Il nucleo principale e più caratteristico degli impianti minerari ha tutto il fascino e la suggestione di un significativo 'pezzo' di archeologia industriale. Il sito fa parte del Parco geominerario storico e ambientale della Sardegna *(v. box a pag. 99)*, con alcune strutture in fase di recupero. Le selvagge **falesie*** dalla punta Argentiera a Capo Falcone (Stintino) sono Sito d'interesse comunitario. Nella bella **Cala dell'Argentiera**, in una natura solitaria e selvaggia, si dispiega l'arco di sabbia su un mare cristallino.

Lago Baratz e le cale dei dintorni

Oltre Palmàdula, con una breve diramazione dalla strada che conduce a Porto Conte si raggiunge l'unico lago naturale dell'isola, circondato da una fresca oasi di alberi ad alto fusto, rifugio di varie specie di uccelli stanziali e di passo. Dal lago, seguendo il reticolo di sterrate nella pineta di rimboschimento sulla duna, luogo ideale per escursioni in mountain bike, si raggiunge la bella **spiaggia di Porto Ferro**, dominata da due torri di avvistamento spagnole. Da qui il cammino può proseguire, per toccare, in sequenza, *Cala del Turco*, *Cala del Vino*, *Cala del Porticciolo*, *Cala Viola*. Il percorso (circa 8,5 km) ha termine all'area demaniale *Le Prigionette*, nel Parco di Porto Conte.

La miniera abbandonata dell'Argentiera

Le falesie calcaree di Capo Caccia

Porto Conte e Capo Caccia

Una ridente scacchiera di vigneti precede l'avvicinamento alla costa della statale 127 bis, che costeggia il mare alle pendici orientali del monte Timidone (m 361), sommità della formazione calcarea di **Capo Caccia**. Il promontorio, dagli scoscesi contorni intarsiati da aeree falesie e caverne, nido e rifugio di grifoni, si raggiunge anche con un facile sentiero da *Tramariglio*, in circa tre ore di cammino. Il capo chiude a U l'incantevole insenatura di **Porto Conte***, il *Portus Nimpharum* di Tolomeo.

Immersioni a Capo Caccia

Il tratto di costa compreso tra punta del Giglio e Capo Caccia è ritenuto uno dei più interessanti siti naturalistici subacquei al mondo. I fondali articolati e ricchi di grotte sono attraversati da una rete di **percorsi sottomarini** che non ha eguali nel Mediterraneo. Le immersioni di diversa difficoltà, adatte ai principianti e ai sub esperti, permettono incontri ravvicinati con popolazioni di corallo rosso, che vive negli anfratti più ombrosi delle grotte, cernie e murene in un ambiente lussureggiante, con fioriture di margherita di mare e madrepore. Uno dei siti più pregiati è la **grotta di Nereo**, forse la più grande del Mediterraneo, scoperta negli anni '50 del Novecento e a lungo luogo di pesca del corallo rosso. Centri diving sono attivi a Porto Conte, Alghero e Stintino.

L'insenatura di Porto Conte, unitamente al tratto di mare compreso tra la punta Cristallo, limite nord-ovest del promontorio, e il Capo Galera a est, verso Alghero, fanno parte dal 2002 dell'**Area marina protetta di Capo Caccia-Isola Piana** e dal 1999 del **Parco regionale di Porto Conte**, che comprende anche il promontorio di *punta del Giglio* (attrezzato con un bel percorso escursionistico e per la mountain bike dalla spiaggia delle Bombarde a Porto Conte) e lo stagno di Calich. Nell'ex *colonia penale di Tramariglio*, interessante nucleo di edifici realizzati tra il 1939 e il 1941, si trova un centro visite del parco.

Le grotte di Capo Caccia

Nella parete occidentale di Capo Caccia, a strapiombo sul mare, si apre l'**escala del Cabirol*** (capriolo), con 656 gradini scavati arditamente nella strapiombante parete rocciosa che portano all'entrata della **grotta di Nettuno****. Vi si può arrivare anche via mare con i numerosi traghetti che durante la stagione turistica partono ogni ora dal porto di Alghero e da Cala Dragunara, a Capo Caccia. La grotta, fra le più suggestive del Mediterraneo, può essere percorsa lungo una sequenza di laghetti, stretti passaggi, ampi saloni con colonnati, dove le concrezioni calcaree delle stalattiti e delle stalagmiti disegnano scenari fiabeschi.
Quasi di fronte alla grotta sorge la **Foradada**, isoletta attraversata da una parte all'altra da una galleria naturale a fior

Un suggestivo ambiente nella grotta di Nettuno

d'acqua. Nella parete opposta a quella della grotta di Nettuno si apre l'ingresso alla **grotta Verde**, cui si accede dalla parte alta del promontorio vicino alla *torre del Bulo* (XVII secolo); la grotta si trova 80 m più sotto, nel cuore della roccia, quasi a livello del mare. Al suo interno sono stati trovati resti di presenza umana databili al Neolitico antico.

Alla **grotta dei Ricami** si arriva invece solo dal mare, nella parete di Capo Caccia che guarda verso Alghero; l'ingresso si trova a 4 m sulla superficie dell'acqua. Le nivee concrezioni cristalline dell'interno sono singolari per la ricchezza e la straordinaria varietà delle forme.

Nuraghe Palmavera

Si raggiunge costeggiando la baia di Porto Conte in direzione Fertilia: è quasi affacciato sulla strada. Risultato di una lunga serie di rifacimenti che vanno dall'XI all'VIII secolo a.C., restaurato e visitabile, ha una pianta caratterizzata dall'aggiunta di un bastione ellittico e di una torretta alla grande torre che ne costituisce la parte centrale.

Fertilia e le sue spiagge

Popolosa frazione di Alghero, è una delle 'città nuove' di età fascista, fondata nel 1936 come piccolo centro urbano cui doveva far capo il vasto intervento di bonifica integrale nella vicina Nurra. All'inizio fu popolata da gruppi di famiglie ferraresi, cui si aggiunsero, subito dopo la fine della seconda guerra mondiale, profughi giuliani e dalmati provenienti dalle terre passate all'ex Iugoslavia. Intorno al nucleo originale di case in stile razionalista, raccolto intorno alla *parrocchiale di S. Marco* e alla *torre Littoria* (ora sede di uffici amministrativi), si è sviluppata una bordura di ville costruite di recente. Il vasto **lungomare** dominato dal *leone di S. Marco* offre una bella *veduta* sull'ampio golfo di Alghero.

Le spiagge di Fertilia si raggiungono con brevi deviazioni dalla statale 127 bis in direzione Porto Conte: alla **spiaggia di Punta Negra**, di sabbia finissima e attrezzata, seguono la celebre **spiaggia delle Bombarde** con la sua pineta, dotata di parcheggio e di chioschi di ristoro, e la **baia e la torre del Lazzaretto** (XVII secolo), con ampio arenile e accessibilità per le persone con disabilità.

Necropoli di Anghelu Ruju*

Lasciando a sinistra il *ponte romano* di Fertilia (ripreso in età medievale), si raggiunge dalla cosiddetta 'strada dei due mari' per Porto Torres. La necropoli si trova sul bordo a sinistra della strada, subito dopo la deviazione per l'aeroporto di Alghero-Fertilia. È un importante complesso preistorico a *domus de janas* risalente a un periodo anteriore a quello nuragico. Scoperto nel 1905, è composto di 38 tombe ipogeiche che ricalcano la tipologia architettonica delle abitazioni: il vestibolo è in qualche caso preceduto dal *dròmos*, il corridoio d'ingresso, mentre i vani laterali contornano quello principale.

9.3 Alghero

Itinerario pedonale urbano

Adagiata nell'ampia rada compresa tra Capo Marrargiu e punta del Giglio, **Alghero**** (m 7, ab. 44 000 circa; *pianta a pag. 233*) è uno dei principali accessi aeroportuali della Sardegna e polo turistico di prim'ordine, con una città vecchia d'impronta catalana ancora oggi chiamata *Barcelonetta de Sardegna*. Seguendo la via delle muraglie che ne racchiudevano il perimetro, la suggestione della memoria si mescola ai valori urbani di un recupero edilizio intelligente, come le torri adibite a spazi espositivi. Abbattute o inghiottite le mura dentro casermoni da parte di terra, appaiono ancora vive dalla parte del mare. Tra le numerose iniziative turistico-culturali che animano la cittadina d'estate, *FestivAlguer* intreccia teatro, danza, musica, circo, arti figurative ed enogastronomia.

Alghero

Il centro storico è zona a traffico limitato e quindi inaccessibile alle auto dei visitatori. Non è facile trovare **parcheggi**: il più capiente si trova nel piazzale della Pace, alle spalle del porto *(A-B2)*. Ad Alghero è attivo un efficiente servizio di **trasporti pubblici**, con 7 linee urbane (*www.arst.it*). Una breve **pista ciclabile** costeggia il Lido; è possibile raggiungere Fertilia e la spiaggia delle Bombarde con un facile percorso ciclopedonale. Una rete di **piste sterrate** consente di raggiungere in mountain bike anche Porto Conte e la penisola del Giglio.

Storia e sviluppo urbano. L'importanza storica di Alghero ha inizio dopo la conquista catalano-aragonese (1323) della Sardegna. Occupate Cagliari e Sassari, ai catalani occorreva un comodo approdo a nord-ovest dell'isola: puntarono su Alghero, allora piccola fortezza portuale che la famiglia Doria aveva edificato nella prima metà del XII secolo. Così, nel 1354 il re Pietro IV d'Aragona avanzò con un'imponente spedizione. Pochi mesi dopo la roccaforte, cacciati gli abitanti autoctoni, veniva interamente ripopolata da gente proveniente dai domini iberici.
Durante gli anni, seguendo le esigenze militari, vennero abbattute le innumerevoli piccole torri genovesi, rinforzate e ampliate le mura, innalzate torri più alte e solide. Ma Alghero, che nel 1501 era stata elevata al rango di città (la *ciutad de L'Alguer*) godendo sempre dei privilegi che i catalani garantivano alle colonie d'oltremare, trovò i suoi maggiori nemici nella scoperta dell'America e nelle pestilenze. Nel Cinquecento si riaprirono le porte ai 'forestieri', palazzi e chiese crebbero su se stessi per non oltrepassare le mura della fortezza. Nel 1720 la Sardegna era passata ai Savoia, ma Alghero non aveva perduto la sua catalanità, tanto che, nel 1850, a uso degli algheresi venne stampato un catechismo in lingua catalana. Ancora oggi la maggioranza degli abitanti parla una sorta di catalano arcaico. Con l'espansione ottocentesca vennero abbattute le mura che chiudevano la città da terra. Le offese procurate al centro storico dal bombardamento alleato del 17 maggio 1943 e dagli scempi di un'edilizia scriteriata hanno sollecitato la volontà di tutela del tessuto antico, recuperato da un complesso lavoro di restauro e riqualificazione.

Il centro storico di Alghero entro le antiche fortificazioni catalane

Slow life ad Alghero, dalla colazione al dopocena

Ad Alghero ci si può tranquillamente andare in qualsiasi mese dell'anno, persino ad agosto, quando quasi tutti i paradisi sardi si trasformano in inferni, sicché l'isola diventa, sui litorali, un carnaio per dannati: ci sarà sempre, infatti, il borgo littorio di **Fertilia**, a pochi chilometri dalla cittadina catalana, a offrire requie sotto gli archi della via principale che, prolungandosi nel molo, finisce per incunearsi nel mare come il *Titanic* dell'eponimo film con Leonardo Di Caprio, garantendosi pure, nel riposante *Paguro*, una cena di pesce di qualità per niente esosa. Ma dicevo dell'elegantissima **Alghero**: coi suoi tramonti incredibili sui bastioni, che ne potrebbero fare la capitale sarda dell'aperitivo, per una confortante e oziosa *slow life*, intensa e lenta insomma, della quale mi piace ricapitolare qui qualche tappa enogastronomica.
Ecco: colazione, la mattina, a ridosso del centro, alla deliziosa pasticceria di *Ciro*, per godere dell'artigianale cornetteria; pranzo veloce, ma gustosissimo, al *Milese*, vicino al porto, gustando proprio la focaccia che dà il nome al locale, preparata rispettando la ricetta segreta e di grandissimo successo della signora Maria; per una beata merenda, soprattutto se si ha al seguito la prole, proprio a un passo dai bastioni, pizza al taglio rigorosamente margherita, come non ce n'è, *Al Gamber*. Per la cena le alternative sono molte, a seconda che si propenda per la carne o per il pesce. E allora: crostini ai ricci e spaghetti della stessa disposizione, se è stagione, al *Maristella*; ravioli alle erbette in crema di pecorino, carne grigliata, porcetto al meglio della tradizione, al *Sa Mesa*; risotti ittici alla simpatia, e pesce di ogni vocazione, al *Jo'Pier*. Quanto a *Lo Romanì* (*nella foto*) degli affabilissimi Gigi e Vittoria, si può stare tranquilli sia per un menu barbaricino, che per un approfondimento catalano: ravioli di Tonara o l'incredibile pitzudu di Ovodda, che somiglia a una *seada*; stufato di pecora o cappone in umido; tagliata di tonno giallo al pesto della Riviera del corallo; deliziosi dolci fatti in casa, a cominciare dal tipico Menjar Blanc. Classe e alta qualità a Piazza Sulis, davanti alla torre: quella che garantisce *Il Pavone*, cui affianca, per menu più obbligati, ma per avventori che vogliono mangiar bene senza spendere molto, *Il Pavoncello*. Anche gli amanti della pizza non resteranno insoddisfatti al *Poco Loco*, dove la servono al metro, non senza l'accompagnamento di concertini jazz, talvolta assai qualificati.
Non meno consigliato di quello enogastronomico, sulla scorta d'una famosa canzone di Giuni Russo, l'itinerario languido e sentimentale, da stagione dell'amore. Spiagge da sogno: le **Bombarde** e il **Lazzaretto**. Poi il faro di **Capo Caccia** e le **Grotte di Nettuno**. Purché la vita resti lenta, i risultati saranno intensi e indimenticabili.

Massimo Onofri

Vini della Nurra

Terreni di natura calcareo-argillosa, sabbiosi e ricchi di ferro caratterizzano la piana della Nurra che, dalla bonifica dei primi del XX secolo, si è specializzata nella produzione di vini bianchi. Due i vitigni che danno origine a vini importanti: il **vermentino di Sardegna** e il **torbato di Alghero**. Quest'ultimo ha origini lontane: portato dai fenici sulla costa iberica, quindi dai catalani in Sardegna, può considerarsi ormai autoctono dell'isola. Vinificato in purezza dà origine alla Doc Alghero Torbato, ma può anche essere vinificato come spumante brut. Il vermentino è coltivato in Sardegna, e soprattutto in Gallura, da tempo immemorabile. Nella zona di Alghero dà origine all'Alghero Vermentino di Sardegna Doc. Lungo la 'strada dei due mari' si trovano in località I Piani gli ingressi ai **vigneti Sella & Mosca**: producono eccellenti vini bianchi, rosati e rossi che vengono esportati ovunque. La tenuta ospita un museo sulla storia dell'azienda, con una sezione dedicata alla vicina necropoli di Anghelu Ruju.

Torre del Portal *(C2)*. Chiamata anche *torre degli Ebrei*, tra le sette torri ancora esistenti nel tessuto urbano è la più centrale (XVI secolo), posta all'imbocco di via Vittorio Emanuele II. Alta e imponente, ancora nell'Ottocento segnava il limite tra città e campagna, e dai suoi portali, sempre aperti dall'alba al tramonto, era consentito l'unico accesso dalla parte di terra. Adesso, a murare il portale, sorge il monumento ai Caduti.

Torre di S. Giovanni *(C2)*. Sul vicino largo S. Francesco si erge quest'altra torre circolare detta *de Sant Joan,* dirimpetto all'antico Collegio dei Gesuiti, anch'essa risalente al Cinquecento. Le è stato scavato intorno una sorta di moderno anfiteatro.

Torre di Sulis* *(D2)*. Proseguendo verso il mare si arriva in *piazza Sulis*, spazio di ritrovo mondano, davanti alla torre storicamente nota come *torre de l'Esperò reial* o *dello Sperone*, a pianta circolare. L'imperatore Carlo V, nel 1541, vedendola non ancora ultimata, diede alcuni suggerimenti per la sua costruzione; dal 1800 al 1821 vi fu incarcerato il patriota sardo Vincenzo Sulis.

Via XX Settembre *(C2-3)*. Da piazza Sulis in direzione nord-est, è l'asse portante dell'espansione urbana fuori le mura di fine Ottocento. Al N. 8, in una villa liberty, il **Museo del Corallo**, espone una raccolta di manufatti ed è attrezzato con supporti multimediali per illustrare le modalità di pesca dell'oro rosso e la sua lavorazione.

I bastioni. Camminando sui **bastioni Colombo** e godendo del mare sulla sinistra e della vista dei campanili e dei tetti dei vecchi palazzi catalani sulla destra, si arriva alla *Torre di S. Giacomo* o *de Sant Jaume (C1)*, l'unica a pianta ottagonale: consenti-

La spiaggia del Lazzaretto ad Alghero con la torre che domina la baia

va una discesa coperta sul livello del mare e in tempi non lontani fu utilizzata come canile (tra gli algheresi anziani c'è ancora chi la chiama *torre dels Cutxus,* dei cani). Proseguendo ancora verso il mare si cammina sui **bastioni Marco Polo**, il primo tratto ancora visibile dell'antica muraglia catalana. Poco dopo si raggiunge la punta estrema della penisoletta rocciosa su cui venne edificata la roccaforte. A guardia della città e a riferimento dei marinai sta la torretta già munita di lanterna, dietro la quale si elevano la *Torre della Polveriera* o *de la Polvorera* (XVIII secolo; *B1*) e l'enorme edificio dell'ex ospedale di Santa Chiara, oggi sede universitaria.
Si prosegue con il mare sulla sinistra, da ammirare attraverso le feritoie nella muraglia. Dopo una sosta sulla cinquecentesca *torre di Castiglia (B1)*, magnifico belvedere, lungo i **bastioni Magellano** si arriva alla scalinata che dà sul porto, da cui si comincia a percepire la grande muraglia su cui si è passeggiato. Più avanti, a destra, si incontra il **forte della Maddalena** *(B2)*, riattato ai primi del Settecento, con la relativa *torre* intitolata a Giuseppe Garibaldi. A chi non ha la possibilità di vedere la città dal mare si consiglia di proseguire la passeggiata fino alla lanterna sul **Molo nuovo**. È un lungo tratto, ma è come camminare in mare aperto stando a pelo d'acqua, e quando finalmente si è all'estremità e si guarda indietro, l'idea del ritorno al passato è chiarissima: le enormi muraglie, che dalla parte del mare sono ancora integre, restituiscono viva l'immagine di una città d'età medievale.

Alghero 1:9500 (1 cm = 95 m)

Alghero: piazza Teatro, con il Teatro civico in primo piano

Piazza Civica e dintorni *(B1-2)*. Rientrati in città attraverso *Porto Salve* o *Porta a Mare (B1)*, il vero ingresso all'anima 'forte' di Alghero, quella marinara, si accede alla piazza medievale della città, la *Pláia Cívica*, cui è stato restituito l'antico selciato di lastre e ciottoli. Da una delle finestre gotiche dell'imperioso **palau Albis** (già De Ferrera), interessante esempio di architettura civile del XVI secolo, nel 1541 Carlo V salutò la folla poco prima di salpare verso la campagna d'Africa. Da segnalare anche, compreso tra le vie Carlo Alberto e Maiorca, il *palazzo del Veguer* (Vicario), dalla classicheggiante facciata con portale architravato e finestre a timpano.
Nel primo tratto della popolare **via Maiorca** sorge l'ex *chiesa* settecentesca *del Rosario*, sede dal 2000 del **Museo diocesano d'Arte sacra** *(B1)*, che raccoglie il Tesoro della Cattedrale e qualche pezzo notevole delle altre chiese storiche cittadine: importanti il cinquecentesco *reliquiario della Vera Croce* (in argento) e, nella sezione delle sculture lignee, la bella statua dorata della *Madonna dei Naviganti*, opera catalana del Quattrocento.

Cattedrale di S. Maria *(B1)*. Divenuta sede vescovile nel 1503, Alghero intraprese la costruzione di una cattedrale che fosse degna di una città regia; e dal secondo quarto del XVI secolo diede l'avvio alla grandiosa fabbrica che avrebbe dovuto emulare le architetture religiose catalane. Di stile gotico catalano sono, infatti, la zona absidale e l'alto **campanile** prismatico cuspidato, alla cui base si apre la bella porta secondaria (*porta petita*). Nel 1594 i lavori, continuati con l'inserimento di schemi tardorinascimentali, erano conclusi. Importanti testimonianze d'età sabauda sono l'**altare maggiore** tardobarocco in marmi policromi del 1727 e, nel braccio sinistro del transetto, il neoclassico *monumento funebre a Maurizio di Savoia*, morto in città nel 1799. Nel 1862 alla facciata manieristica fu addossato un pronao tetrastilo su alto stilobate con scalinata centrale.

Museo Casa Manno *(B1)*. In *via Santa Barbara (B1)*, conserva scritti, arredi, opere d'arte appartenuti all'intellettuale sardo Giuseppe Manno (1786-1868), senatore del Regno d'Italia.

Piazza Teatro *(C1)*. Percorrendo via Principe Umberto si raggiunge questa piazza detta anche del vescovo (o *Pláia del Bisbe*), su cui affaccia il **Teatro civico** dal bel prospetto neoclassico, edificato nel 1862 da Francesco Poggi. È uno dei pochi teatri lignei conservati pressoché integralmente; dopo un lungo restauro è stato riaperto al pubblico. Sulla piazza prospettano anche il settecentesco *Palazzo vescovile* e il **palazzo** (*palau*) **Machin*** *(C1)*, dal nome di un vescovo algherese che l'abitò, ma detto anche *casa Doria*. Il palazzetto, databile alla metà del XVI secolo, è uno splendido esempio di architettura gotico-catalana: notevoli le elaborate finestre architravate a cortina con cornici a bilancia e il portale dagli influssi rinascimentali. Alla fine della strada si trova la seicentesca **chiesa della Misericordia** *(C1)*, con il celebre *Cristo ligneo* (dei primi anni del Seicento), singolare scultura dalle braccia snodabili che ogni anno durante gli affascinanti riti spagnoleschi della Settimana Santa i 'baroni' depongono dalla Croce in mezzo alla folla.

Chiesa di S. Michele* *(C1-2)*. Affacciata su piazza Ginnasio, è un pregevole esempio (seconda metà del XVII secolo) della cultura gesuitica in Sardegna, detta anche *S. Miquel*. Malgrado la colorazione risalga agli anni '60 del XX secolo, all'esterno l'elemento più appariscente è la bella **cupola** lastricata di maiolica valenciana; all'interno si ammirano il *Battesimo di Cristo*, un ispirato *Crocifisso* settecentesco, e soprattutto il *coro* ligneo pure del Settecento.
In via Carlo Alberto ha sede il nuovo **Museo archeologico** *(C1-2)* della città, nel complesso monastico in passato annesso alla chiesa di San Michele. L'esposizione testimonia la presenza dell'uomo sul territorio di Alghero, dal periodo protostorico all'epoca romana.

Chiesa di S. Francesco* *(C1-2)*. Fu costruita alla fine del XV secolo secondo il gusto gotico-catalano, come mostrano il presbiterio, alcune cappelle e il campanile poligonale gugliato, salvatisi dal crollo del 1593. La ricostruzione trasformò l'aula originaria in un impianto a tre navate. Restaurata tra il 1973 e il 1983, oggi *S. Francesco* ospita nel bel **chiostro** quattrocentesco importanti manifestazioni musicali. D'interesse sono l'**altare maggiore** tardobarocco in marmi policromi (1773) e la scultura lignea pure settecentesca del *Cristo alla colonna*, proveniente dalla scomparsa chiesa di S. Croce.

Aragosta alla catalana

Dicono che le aragoste di Alghero e del suo litorale siano le più pregiate del mondo, grazie ai fondali ricchi di nutrienti e fortemente salini. Un tempo esportate in tutta Europa, oggi le aragoste sono sempre più rare perché disturbate dall'eccessivo traffico di natanti sottocosta. Questi crostacei si pescano con metodi tradizionali, reti o nasse fatte a mano col giunco, ma la pesca è consentita solo da aprile ad agosto, per rispettare il periodo di riproduzione. La ricetta più nota da queste parti è 'alla catalana': un'insalata preparata con la polpa lessata dell'aragosta, condita con cipolle, pomodori crudi e una salsa composta emulsionando olio extravergine d'oliva, succo di limone e il liquido scuro contenuto nella testa dell'animale, chiamato 'corallo'.

Spiaggia di S. Giovanni. Nella rada di Alghero si distende il magnifico 'lido' lungo circa 3 km che dalla città giunge sino a Fertilia. Facilmente accessibile dalla **passeggiata Busquet**, offre tutti i servizi ed è popolata di stabilimenti balneari (i primi furono fondati nel 1862). Ideale per vacanze con bambini, anche grazie ai fondali che digradano dolcemente, e accessibile alle persone con disabilità, è aperta ai campeggiatori e vanta sabbie profonde e finissime dove allignano, a pochi metri dal mare, monumentali palme e piante di ginepri dalle contorte radici. Sulle dune fioriscono i bellissimi gigli della sabbia (*Pancratium illyricum*), specie endemica – e protetta – della Sardegna, della Corsica e di Capraia.

Uno scorcio della cupola di S. Michele fra i palazzi del centro

9.4 Il territorio di Alghero

Itinerario circolare a sud-est di Alghero, di circa 126 km *(carta a pag. 223)*

Strade tortuose salgono agli altipiani a cavallo tra la regione storica del Meilogu e della Planargia, mentre si affacciano al mare le aspre e brune scogliere di Capo Marrargiu, un tratto di costa inaccessibile e privo di insediamenti. Nell'entroterra, dai fertili suoli vulcanici, si alternano sugherete e coltivi, paesi lindi e animati dove è ancora viva la cultura dell'artigianato tradizionale. Oltre Villanova Monteleone ci si affaccia sul profondo solco della valle del Temo, con belle vedute sul lago e su un ambiente verde e boscoso. Il ritorno verso Alghero da Bosa Marina segue la strada panoramica a ridosso del mare, che costituisce anche un itinerario ciclabile di eccezionale qualità ambientale.

Scala Piccada*

La statale 292 per Villanova sale dal mare quasi improvvisamente, arrampicandosi tortuosa per i tornanti di Scala Piccada, cioè 'strada scavata col piccone'; dalla cantoniera omonima (m 355) il **panorama*** spazia su Alghero, sul golfo e sulla possente sagoma di Capo Caccia: si ha la sensazione di trovarsi in un sito ben più alto anche perché i venti dominanti di ponente e maestrale vengono su fragranti e salmastri dal mare aperto. Poi la strada prosegue tra formazioni rocciose, boschi di roveri e cespugli di palma nana, uno dei tanti endemismi vegetali dell'isola.
A un paio di chilometri da Villanova Monteleone si trova sulla sinistra, proprio al margine della carreggiata, la **fontana del Paradiso**, cosiddetta per le acque fresche e leggermente dolci, alle quali si attribuivano un tempo «sicure proprietà magiche contro la tristezza e la sfortuna».

Villanova Monteleone e dintorni

Disposto all'innesto della provinciale proveniente da Bosa e Montresta, è il centro (m 567, ab. 2300 circa) più importante del Paese di Villanova, caratteristico per un ben conservato nucleo di vecchie case in pietra e per la via principale fiancheggiata da dignitosi palazzetti ottocenteschi.
Noto per l'allevamento di ovini e cavalli da competizione e per attività artigianali quali la tessitura dei tappeti, degli arazzi e delle coperte di lana ruvida (*fressadas*), venne fondato dai profughi di Monteleone Rocca Doria, nel 1436 in fuga di fronte alle milizie di Sassari, Alghero e Bosa.
La cinquecentesca *parrocchiale di S. Leonardo da Limoges* è stata in parte alterata dalla ristrutturazione del 1789. Nella zona di Calvia furono rinvenute 38 monete d'oro puniche, ora conservate nei musei di Cagliari e Sassari. In via Roma N. 13, nell'ottocentesco edificio scolastico, il 'Palatu 'e sas Iscolas', è allestito il **Museo etnografico 'Sa Domo Manna'**, dedicato alle tre attività che hanno caratterizzato la vita del paese e che sono ancora presenti: la panificazione, la produzione di formaggi e la tessitura. A qualche chilometro dal centro abitato, immersa in un vasto parco alberato, sorge la seicentesca **chiesa della Madonna di Interrìos**.

Monteleone Rocca Doria e dintorni

Proseguendo sulla statale 292, superato il *lago* artificiale *del Temo*, s'incontra sulla sinistra il minuscolo borgo (m 368, ab. 100 circa), caratteristico e di pregio ambientale, con la tardoromanica **chiesa di S. Stefano**. In una casa tardottocentesca a due piani con un antico forno ha sede il *Museo della panificazione*. Vi sono esposti, oltre ai vari tipi di pane quotidiano, anche gli elaboratissimi pani nuziali, veri e propri gioielli di acqua e farina.
Proseguendo, un paio di chilometri prima del piccolo centro agricolo di *Mara* (m 257, ab. 600 circa), è consigliabile deviare per gli scarsi resti del **castello di Bonu Ighinu**, rocca medievale dei Doria. Poco più a monte, la **chiesa di Nostra Signora di Bonu Ighinu** (m 349) presenta una straordinaria facciata settecentesca lavorata con ornati di gusto popolaresco come un retablo ligneo.

Padria e dintorni

Ai confini con il Meilogu sud-occidentale, l'antico borgo (m 304, ab. 600 circa) fu un importante centro cartaginese, chiamato poi dai romani *Gurulis Vetus*. L'archeologia è documentata dalle necropoli superstiti e nel **Museo civico archeologico**, in cui si conservano olle, anfore ed embrici di epoca punica e romana, ma anche curiosi e interessanti ex voto. Apprezzabile anche la *chiesa di S. Giulia* (1520).
La statale 292 digrada dolcemente verso la costa e oltrepassa il **nuraghe Nuraddèo**, a pianta trilobata, che si staglia maestoso sulla destra con la sua torre centrale conservata fino al terrazzo.

On the road sulla panoramica Alghero-Bosa**

Protagonista di spot pubblicitari automobilistici d'effetto, di quelli che fanno credere di guidare una spider lungo il *Big Sur* californiano con Jack Kerouac sul sedile di fianco, la strada provinciale 105 (che a metà strada tra Alghero e Bosa diventa 49) è un nastro grigio di circa 45 km sospeso tra mare e montagna, teatro di irresistibili panorami soprattutto al tramonto. Non è detto che la si debba percorrere al volante di quattro ruote. Due sono più che sufficienti, anzi sono meglio. Ma il consiglio per tutti è di farla in direzione nord-sud, per tenere il mare a destra. Si lascia Alghero dopo aver sorpassato le **spiagge di Las Tronas**, che prendono il nome da due scogli cilindrici a forma di trono: sulla scogliera che divide le due lingue di sabbia s'innalza il palazzo liberty che ora ospita un lussuoso hotel. Appena fuori dall'abitato, la prima spiaggia che si incontra è **Calabona**, rocce di calcare rosato che diventano comode piattaforme per i bagnanti. È un posto molto amato dai subacquei, che s'immergono in un mare dai fondali colorati di vegetazione e ricchi di pesci. Sub e *snorkeller* si danno appuntamento anche all'appartato **Canal dell'Omo Molt** ('canale dell'uomo morto' in catalano): nonostante il nome poco augurale, la caletta è una piccola piscina naturale tra gli scogli, dai colori cangianti che trapassano dal verde smeraldo al blu cobalto. La strada si stacca dalla costa e attraversa un pianoro punteggiato di oliveti. Non fatevi illudere dalle deviazioni sulla destra: raggiungere **Cala Burantinu**, una delle più belle di questo tratto di costa, è diventato impossibile da quando alcuni residenti hanno interdetto il passaggio pubblico lungo lo sterrato che porta al mare. L'unico modo per arrivarci resta la barca o, per i *trekker* più irriducibili, il sentiero in costa che parte dal Canal dell'Omo Molt. Ma come consolazione la **spiaggia della Speranza**, ampio semicerchio dalla sabbia rosso-azzurrina, in località Poglina, ha un invitante ristorante a pochi metri dall'acqua.

Nel territorio comunale di *Villanova Monteleone* la costa si fa alta scogliera con piazzole panoramiche dove accostare per gettare lo sguardo sullo spettacolare tratto di litorale tra **Porto Tangone** e **Capo Marrargiu**, Sito di importanza comunitaria (SIC). Per i ciclisti, giusto a metà strada c'è una zampillante fontanella. Alzando la testa vi capiterà di veder planare, altissimi, i grifoni che nidificano proprio tra le scogliere di Capo Marrargiu – un'altra cospicua colonia si trova a Capo Caccia – e fanno la spola dal mare all'altopiano di Campeda, nell'entroterra, dove grazie alla presenza di bestiame brado è più facile trovare cibo. Il grifone, anzi l'*entolzu*, come si dice in lingua sarda, è ormai un'attrazione turistica: lungo le pendici di Capo Marrargiu, un sentiero conduce in posti di avvistamento e l'osservazione del grifone *(nella foto)* è diventato un tema di offerta per molte agenzie locali.

Avvicinandosi a Bosa, il mare e le calette di acqua verde-azzurra tornano a essere protagoniste. Gli scogli piatti della **Cala di Torre Argentina**, contrassegnata da una torre cinquecentesca, sono la meta ideale dei camperisti; l'area di Tentizzos ('tentacoli') tiene fede al suo nome: spiaggette sabbiose e di ciottoli, anfratti e piccole insenature, scogliere e piscine naturali dall'acqua color smeraldo. Dalla provinciale, in 15 minuti a piedi nella macchia si raggiunge **Cala Cumpoltittu** dalla fine sabbia bianca incastonata tra le pareti di roccia, mentre, ormai in prossimità della meta, sono le tre belle **cale di S'Abba Druche** ('acqua dolce'). L'arrivo a Bosa, risalendo l'estuario del Temo, è il perfetto coronamento di questo eccezionale itinerario cromatico: al verde della macchia e al blu del mare fa da controcanto la policromia quasi da quadro *naïf* delle casette verticali abbarbicate tra il fiume e la collina del castello dei Malaspina.

10 Castelsardo, l'Anglona e il Logudoro

Profilo dell'area

La rocca trachitica su cui sorge Castelsardo, protesa nel mare del golfo dell'Asinara, è l'unico rilievo significativo lungo un tratto di costa dove si susseguono grandi spiagge sabbiose, ben attrezzate per vacanze con bambini. Alle spalle del litorale un cuneo di verdi colline si inoltra verso le alture del Màrghine e del Gocèano, nelle regioni storiche dell'Anglona – di cui oggi Castelsardo è il centro più vivace – e del Logudoro. Clima dolce, fertilità dei terreni e una certa disponibilità di acqua (il Coghìnas, il primo tratto del Tirso) hanno favorito le condizioni di vita in queste terre. Le colline, arrotondate dagli agenti atmosferici e dal lavoro degli agricoltori, sono vocate a produzioni agroalimentari di qualità: dai pregiati pecorini all'olio d'oliva, ai vini, agli ortaggi. Nei monti di Alà (Pattada è il paese più alto della provincia di Sassari) e in quelli del Gocèano (oltre i 1000 m) i paesi sorgono distanti uno dall'altro, e si ha la percezione di visitare luoghi autentici, dove è ancora vivo lo spirito comunitario. Nonostante il calo demografico che interessa tutte le località dell'entroterra, le attività tradizionali – agricoltura e artigianato, esercitate a livello familiare o in società cooperative – si coniugano con un'offerta turistica che punta sull'ospitalità in famiglia e nelle aziende agrituristiche, e sulle attrattive di un ambiente naturale integro. Il patrimonio artistico e archeologico dell'Anglona comprende il grande nuraghe Santu Antine al centro di un'area ribattezzata 'valle dei Nuraghi', e alcune tra le più significative chiese romaniche del Nord della Sardegna come S. Pietro di Sorres e la SS. Trinità di Saccargia, in splendido isolamento nella campagna.

La visita

Da Sassari il **primo itinerario** si dirige verso il mare e le spiagge che cingono l'Anglona. La litoranea da Castelsardo punta verso l'interno e i paesi sull'estuario del Coglines, fino alle terme di Casteldoria. Il **secondo itinerario** da Sassari si spinge nell'entroterra rurale dell'Anglona. Filo conduttore del percorso, le chiese romaniche in un contesto ambientale campestre. Il **terzo itinerario** da Ozieri si addentra nelle sugherete e leccete del Gocèano, con possibilità di escursioni naturalistiche e una puntata nella 'valle dei Nuraghi'.

Il borgo di Castelsardo su una rupe a dominio del golfo dell'Asinara

10.1 Castelsardo e la costa dell'Anglona

Itinerario automobilistico da Sassari alle terme di Casteldoria, di circa 70 km
(carta a pag. 240)

Dopo una corsa veloce da Sassari al 'suo' mare, Platamona, segue una passeggiata lungo tutto l'arco del golfo dell'Asinara fino al centro più caratteristico, Castelsardo, con una digressione fino a Tergu e la sua bella chiesa. Oltre il promontorio roccioso su cui sorge Castelsardo sono ancora le spiagge sabbiose la maggiore attrattiva fino alla foce del fiume Coghìnas. Ed è proprio nel letto del fiume alla spiaggia di Li Caldani, nell'immediato entroterra, che sgorgano le acque sorgive calde sfruttate nelle vicine terme di Casteldoria.

Da Sassari a Platamona

Si esce dalla città in direzione nord-ovest per imboccare a sinistra la *provinciale* detta *di Buddi Buddi*, che in leggera discesa si dirige al litorale attraverso una zona di uliveti e frutteti punteggiata di abitazioni. Si rivela qui l'antica vocazione agricola della città, quasi un verde bastione che la lambisce da nord. Dopo 9 km, verso la fine della discesa che offre per prima la vista del mare, si rasenta la romanica **chiesa di S. Michele di Plaianu**, tutta in blocchi calcarei, una delle più antiche del Capo di Sopra. Esisteva già nel 1082, poi divenne sede centrale dei Vallombrosani di Sardegna, ma in seguito conobbe secoli di abbandono fino ai restauri di fine Novecento. La facciata è armoniosa, segnata da tre grandi arcate che racchiudono nella parte alta altrettante formelle intarsiate e una bifora.

Platamona, sulla strada litoranea Porto Torres-Castelsardo, si affaccia sul golfo dell'Asinara preceduta da una zona rimboschita a pineta e densa di insediamenti balneari. Il primitivo nucleo dell'insediamento fu creato a partire dal 1951 per iniziativa di un intraprendente sindaco sassarese che voleva dare alla città un suo sbocco al mare, alternativo a quelli tradizionali di Alghero e Porto Torres. Sulla sinistra si allunga uno stagno costiero di una novantina d'ettari, che ha intorno begli esemplari di ginepro e ospita folaghe, germani reali e altri volatili.

Le spiagge del golfo dell'Asinara

Villaggi turistici immersi nella pineta e una spiaggia di sabbia dorata apparentemente interminabile: il **lido di Platamona** ha alle spalle uno stagno e una campagna coltivata a vite e olivo. Il litorale prosegue verso est a **Marina di Sorso**, con la pineta e il bosco di eucalipti frangivento che nascondono i molti insediamenti residenziali. Anche qui, sabbie dorate e spiagge attrezzate e affollate

10 Castelsardo, l'Anglona e il Logudoro

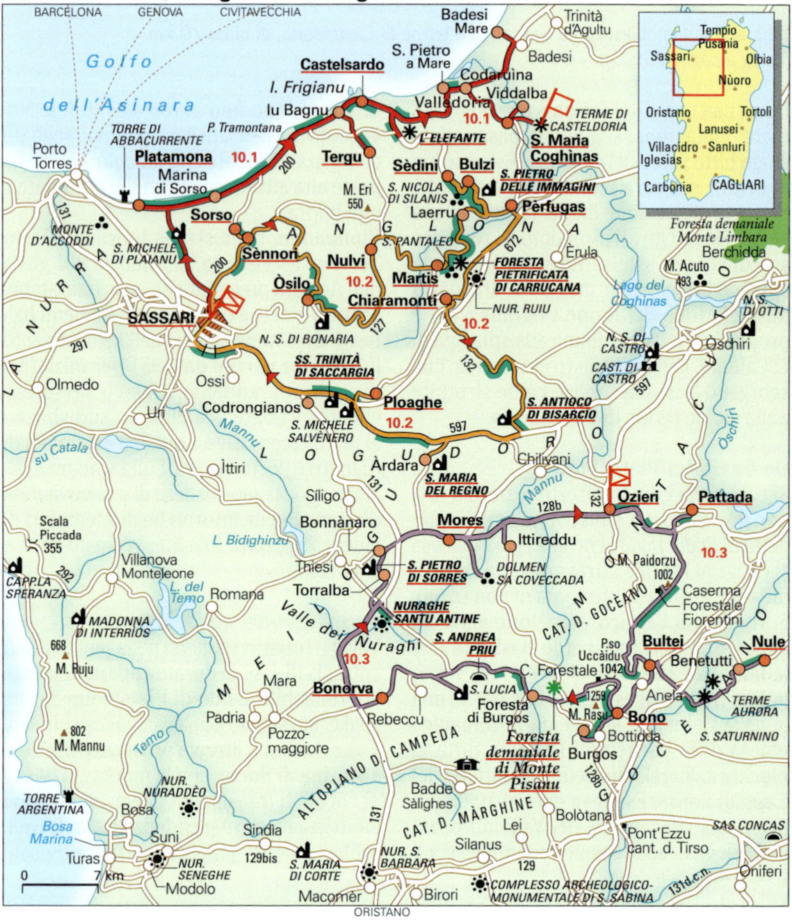

Quadro d'unione a pag. 6-7, riquadro n. 10

nel periodo estivo. Per trovare meno congestione bisogna allontanarsi dagli accessi stradali disposti a pettine dalla litoranea. Oltre **punta Tramontana**, il litorale diventa più articolato e con bassa scogliera.
La litoranea per Castelsardo corre pressoché rettilinea tra i pini finché i villaggi turistici si fanno meno fitti; sulla sinistra di tanto in tanto un breve tratto d'asfalto conduce a un parcheggio al bordo della spiaggia. Ci si immette sulla statale 200 dell'Anglona: quando la costa si fa alta e rocciosa, la strada offre a ogni curva piacevoli scorci e infine appare l'abitato di Castelsardo, scenograficamente avvolto al suo monte proteso sul mare. Il disordinato insediamento balneare di **lu Bagnu** (m 24), offre fondali bassi e sabbiosi e molti scogli piatti a pelo d'acqua. Deviando a destra su via Sardegna, all'inizio dell'abitato, si sale a Tergu.

Tergu
Il piccolo villaggio (m 284, ab. 600 circa) è situato in una fertile conca dell'Anglona abitata sin dalle epoche più antiche: ha un piccolo nucleo centrale e le altre abitazioni sparse nella campagna circostante. Le occupazioni principali sono l'agricoltura e l'allevamento; da qualche tempo sono state avviate iniziative agrituristiche. I cestini che vi si intrecciano gareggiano con quelli di Castelsardo. Dal centro del paese, seguendo il rettilineo di via dei Benedettini si raggiunge la solitaria e bella chiesa romanica nota come **Nostra Signora di Tergu***. Il tempio, con intorno i resti dell'antico monastero benedettino che gli era unito, risale al XIII secolo ed è di stile romanico pisano, con un tozzo campanile quadrato sul fianco. Leggiadra la facciata: realizzata alternando armonicamente blocchi di trachite rossa e di calcare chiaro, è segnata

La chiesa romanica di Nostra Signora di Tergu

da una serie di arcate, un rosone a quattro lobi e pregevoli formelle intarsiate.

Castelsardo*

Proseguendo da lu Bagnu sulla SS 200, il borgo storico murato (m 114, ab. 6000 circa) si affaccia da una rupe trachitica sul golfo dell'Asinara. Fondato forse nel 1102 dai Doria (uno dei quali, Brancaleone, si unirà in matrimonio nel 1376 con Eleonora d'Arborèa), il borgo fortificato si chiamò *Castella Jane* ossia Castel Genovese fino al 1448 quando, espugnato dagli aragonesi, assunse il nome di Castel Aragonese. Fu poi città regia e, nel Cinquecento, sede vescovile; ebbe il nome attuale, da Carlo Emanuele III di Savoia, nel 1769. L'economia, fondata tradizionalmente su pesca e agricoltura, poggia oggi sul turismo, che ha prodotto la creazione di molteplici strutture ricettive, e sulla rivalutazione dell'artigianato locale.

Lasciata la parte bassa dell'abitato, *Pianedda*, si sale sulla rocca per raggiungere la più antica, **Casteddu**, pavimentata in pietra e assai caratteristica con stradine scoscese e ripide scale, su cui aprono i battenti negozi, bar e ristoranti. Al culmine i resti, consolidati e restaurati, del panoramico *Castello dei Doria*, di epoca medievale, ospitano il **Museo dell'Intreccio mediterraneo**, attraente esposizione che mette a confronto le tecniche dell'intreccio e i loro prodotti nei paesi che si affacciano al Mediterraneo. Gli oggetti sono raccolti e ordinati a seconda dell'uso, dai cesti ai setacci usati per la panificazione in varie zone dell'isola, ai manufatti per la vita domestica, la pesca, l'agricoltura, la pastorizia. Tipici dell'artigianato di Castelsardo,

Sport di mare e di terra in Anglona e Logudoro

Protetto dallo scirocco e dal grecale, il litorale del lido di Platamona è esposto ai venti di maestrale, che fanno la gioia di chi pratica il **surf** da onda, il **kite** o il **windsurf**, con spiagge frequentate anche in inverno. A Platamona c'è l'unico corridoio di lancio autorizzato per il **kite surf** del litorale settentrionale. Il tratto terminale del fiume Coghìnas e l'omonimo lago artificiale sono lo scenario di facili escursioni in **canoa** o **kayak**, adatte anche ai bambini. Centri specializzati a Valledoria e sul lago organizzano e affittano le attrezzature. In circa 6 ore si scende il fiume dalle Terme di Casteldoria alla Foce.

A Òsilo, le pareti calcaree raggiungibili lungo la strada per Sassari offrono 28 vie attrezzate di vario livello per l'**arrampicata sportiva**, adatte anche al periodo estivo perché in ombra nel pomeriggio. Da vari siti elevati (tra cui il castello Malaspina) si pratica il volo libero con il **parapendio**. Ozieri è la capitale del cavallo sardo, ed è dotata di varie infrastrutture: centri di **equitazione**, aziende agrituristiche con stalle, un maneggio coperto alla frazione di Chilivani (m 229), annesso all'ippodromo. Varie le attività possibili, dai corsi di base di equitazione all'ippoterapia, alle passeggiate a cavallo sull'ippovia che, dal maneggio, segue per circa 20 km la dismessa linea ferroviaria Tirso-Chilivani.

ancora vivace, sono i cestini fabbricati con le foglie della palma nana, che qui crescono abbondanti anche sulla riva del mare. Il **panorama** spazia sul golfo dell'Asinara, percorrendo il *camminamento delle sentinelle* (compreso nel percorso di visita del museo) che univa il castello al convento di S. Martino e che sale agli spalti di Manganella, dove è stato ripristinato l'accesso al mare detto *Mandracho del socorso*, così come sono stati recuperati il ponte levatoio e la porta Pisana.
Scendendo dal Castello nel centro storico si arriva, passando dalla *Casa comunale* con porticato gotico, all'originale **chiesa di S. Maria delle Grazie**, senza facciata, dove è conservato *lu Criltu Nieddu** (il Cristo Nero), uno dei più antichi in Sardegna. Da qui ha inizio e qui si conclude, il lunedì successivo alla domenica delle Palme, la *processione del Lunissanti**, che al mattino raggiunge Nostra Signora di Tergu e a sera inoltrata si svolge tra le vie del borgo illuminate da fiaccole: a sfilare sono i membri della confraternita di S. Croce divisi in tre cori di quattro voci ciascuno.
Ancora più in basso si affaccia sul mare col suo campanile aragonese l'ex **cattedrale di S. Antonio abate**, del XVI secolo; all'interno, di qualità l'arredo ligneo sei-settecentesco e una *Madonna assisa in trono*, una delle parti smembrate di un prezioso **retablo**, opera giovanile (XV secolo) del Maestro di Castelsardo. Nelle cripte della cattedrale è allestito il *Museo diocesano di S. Antonio abate*. Vi sono custoditi reliquiari, arredi sacri e altri tre pannelli del retablo del Maestro di Castelsardo, raffiguranti la *Trinità*, *S. Michele* e i *Quattro Apostoli*.
Sulle vie affacciano alcuni pregevoli edifici: in via Bastione si trova il **palazzo Eleonora d'Arborèa**, sede del Centro d'accoglienza turistica.

Spiagge di Castelsardo

In paese si trova la piccola e raccolta **spiaggia della Marina**. Le altre spiagge di Castelsardo, tutte libere, non molto grandi e raggiungibili con scalette a est del paese, sono cinte da suggestive scogliere: la **Vignaccia**, **Pedra Ladda** (pietra piatta, dalla forma degli scogli), **Lu Poltu di la Rena** e **Calagostina**, quest'ultima riparata dal maestrale.

Roccia dell'Elefante

Lasciata Castelsardo la SS 134 si allontana dalla costa e, poco oltre Multeddu, costeggia uno dei monumenti naturali più noti della Sardegna: la roccia dell'Elefante – posta proprio sul ciglio della strada – è un grande masso trachitico, che prende il nome dalla bizzarra forma 'pachidermica'. Ospita anch'esso, nella parte bassa, alcune *domus de janas*; nel vano a destra si vedono, scolpite su pareti contrapposte, due coppie di corna taurine, simboli di una divinità maschile cui veniva attribuita la virtù di rigenerare dopo la morte. La zona era fittamente abitata nel periodo nuragico: rimane tra gli altri il **nuraghe Paddaggiu**, al bordo della vecchia strada per Coda-

La famosa roccia dell'Elefante, sul ciglio della SS 134

La musica del vento fra i vicoli di Castelsardo**

Sia che si parta da Alghero, dove magari si sta villeggiando, sia che lo si faccia da Sassari, per andare in Gallura, da Castelsardo, l'antica Castelgenovese fondata dai Doria, bisogna passarci: anche solo per ammirarla da lontano. Paese insolito, se non unico, rispetto alla consueta urbanistica isolana, e che, per tale ragione, entusiasma moltissimo i sardi, più ancora che i continentali: in virtù del fatto d'essere tanto diverso dagli altri borghi dell'isola, e invece arieggiante il Medioevo d'uno ligure o toscano, come del resto testimonia l'antico toponimo. Certo è che si tratta d'un paese delizioso il quale, se arrivate in macchina parcheggiando nei pressi del porticciolo, potete conquistare a piedi, con lenta pazienza, per arrivare lassù in cima e, magari, essere sorpresi dalla prepotenza del maestrale, che s'incunicola nei vicoli ripidi e stretti, fino a rabbrividire sulla pietra. Non senza sedersi, se la stagione è buona, al tavolo di uno degli aerei caffè che proliferano nel borgo, magari per sorseggiare con calma un buon aperitivo. Contro ogni saggio proposito io vi consiglio di andarci proprio quando il vento lo flagella nei più diversi modi: se avete buoni orecchi, vi accorgerete, allora, che le correnti agitano i più diversi spartiti, a comporre le musiche più sorprendenti e inaudite.
Salite dunque a piedi sino al vecchio borgo di Castelsardo, perché la posta in palio è sempre alta. Di lassù, infatti, si può contemplare un paesaggio raro, smisurato e commovente: a sinistra, tutto intero, vi si spalancherà il golfo dell'Asinara, a destra le montagne e le coste della Gallura, di fronte, nelle giornate terse, persino gli aspri monti della Corsica. Seppure la natura vi trionfi anche nelle sue più audaci intemperie, mai si dovrà dimenticare che Castelsardo fu anche, in una Sardegna non ricchissima di capolavori pittorici, il paese del **Maestro** che dal borgo prende il nome, straordinario e misterioso artista attivo a cavallo tra Quattro e Cinquecento, grande mediatore tra la pittura gotica di provenienza iberica, quella fiamminga e il Rinascimento italiano, soprattutto gli influssi antonelliani. Non perdetevi nemmeno la **cattedrale di S. Antonio abate**, che esibisce, ancora intatto, tutto l'arredo ligneo sei-settecentesco e una *Madonna col Bambino* e sei angeli musicanti, sopra l'altare maggiore, parte centrale di un retablo smembrato: sebbene gli altri tre pannelli (una *Trinità*, un impressionante *San Michele Arcangelo*, i quattro apostoli Filippo, Bartolomeo, Mattia e Matteo), siano tuttora esposti nel **Museo Diocesano** che si trova nella cripta. Se ci capitate per le feste pasquali, imperdibile è il **Lunissanti**, che si tiene il lunedì della Settimana Santa, restituitaci secondo l'ancora preservato rito medievale.

Massimo Onofri

ruìna che si imbocca subito dopo sulla destra (segnaletica Terme di Casteldoria). In parte interrato, il nuraghe conserva non poche delle strutture originarie.

Estuario del fiume Coghìnas

Proseguendo ci si immette nella superstrada per Santa Teresa Gallura, ma la si lascia subito in direzione della costa. Toccato l'insediamento turistico *la Muddizza* si trova sulla sinistra, dopo un piccolo cimitero di campagna, il bivio per *S. Pietro a Mare*, chiesetta campestre di fondazione medievale ma ampiamente rimaneggiata.

Dal piazzale-sagrato, che si raggiunge attraverso un bosco di eucalipti, si ha la vista dell'estuario del fiume Coghìnas, che prima di gettarsi in mare corre per lungo tratto quasi parallelo alla costa: si è creata così una zona di sabbie e di vegetazione di interesse naturalistico, frequentata da aironi, folaghe e gallinelle d'acqua e da scoprire in canoa o in kayak. Alla foce del fiume, si aprono grandi **spiagge** sabbiose, attrezzate di stabilimenti balneari nelle località costiere di *San Pietro a Mare* e *Badesi Mare*.

Ripresa la strada si attraversa **Codaruìna** (m 16), centro maggiore del comune di Valledoria (ab. 4200 circa), nel cui territorio il recente decollo turistico-balneare, favorito dalle vaste spiagge sull'estuario del Coghìnas, ha un po' messo in ombra la vocazione agricola.

Santa Maria Coghìnas e dintorni

In una fertile piana bonificata nell'ultimo dopoguerra e irrigata, il centro (ab. 1500 circa) è famoso per la produzione dei carciofi. Alla fine del lungo attraversamento dell'abitato si giunge alla piccola e leggiadra **chiesa di S. Maria**, con bella facciata gotica del XIV secolo.

La chiesa di Santa Maria Coghìnas

A breve distanza da Santa Maria, **Viddalba** (ab. 1700 circa) è un centro agricolo dove il Coghìnas è da anni una sorta di paradiso per canoisti e pescatori; un piccolo *Civico Museo archeologico* documenta la storia del territorio dal neolitico al medioevo: in particolare, una notevole raccolta di stele in arenaria, su cui sono scolpiti curiosi volti umani stilizzati, provenienti dalla vicina necropoli romana di San Leonardo, sulla sponda destra del fiume Coghìnas. Il *Parco archeologico-naturalistico S.Giovanni di Viddalba* custodisce i resti di insediamenti e necropoli databili dall'età del Bronzo all'epoca romana.

Da Santa Maria Coghìnas inizia la provinciale per Pèrfugas; dopo 2 km di salita si giunge in vista della torre del **castello dei Doria**, edificato nel XII secolo per controllare questo passaggio e la regione sottostante. A nord dell'abitato, in direzione di Viddalba, si dirama sulla destra dalla SP 33 il viale delle Terme, che in 2 km porta al complesso delle **terme di Casteldoria**, che utilizzano acque salso-bromo-iodiche.

FESTE DELLA TRADIZIONE NEL SASSARESE

- **Lunissanti** Durante la processione da **Castelsardo** a Tergu, il lunedì successivo alla domenica delle Palme, i cantori della confraternita di Santa Croce intonano un repertorio vocale medievale.
- **Discesa dei candelieri** A **Sassari**, il 14 agosto, sfilano in processione i candelieri, scenografiche macchine processionali accompagnate da pifferi e tamburi.
- **S. Sabina** A **Pattada**, il 29 agosto si celebra la patrona del paese con la festosa sfilata di *sas banderas*, con corteo di cavalieri, cavalcata e varie esibizioni.
- **Sagra della Beata Vergine del Rimedio** A **Ozieri**, la terza domenica di settembre si tiene dal 1652 la *festa manna*: tre giorni di celebrazioni religiose e civili, tra cui il corteo a cavallo con splendidi costumi.
- **Sa essida de sos candhaleris** A **Nulvi**, a Ferragosto, sono portati a braccia per le ripide vie del paese tre giganteschi apparati processionali in forma di tabernacolo di legno e canna, con variopinte decorazioni.

10.2 I colli dell'Anglona e il Logudoro

Itinerario ad anello con partenza da Sassari, 155 km *(carta a pag. 240)*

Il percorso si snoda tutto nella parte interna dell'Anglona, inizialmente in un'area di colline calcaree, strade tortuose e panoramiche, campagne a tratti coltivate, a tratti a pascolo brado. Ci si inoltra da Òsilo nel cuore dell'Anglona, toccando piccoli paesi a vocazione agricola, in un territorio ricchissimo di testimonianze archeologiche. La SS 127 segue e incrocia ripetutamente il primo tratto della suggestiva linea ferroviaria Sassari-Tempio, una delle linee turistiche del Trenino Verde. Si lascia quindi la collina per scendere sui dolci altipiani del Logudoro con le sue chiese romaniche isolate nella campagna.

Sènnori e Sorso

Da Sassari la SS 200 punta in direzione nord verso Sènnori (m 250, ab. 7300 circa) disposta ad anfiteatro a ridosso di alcuni rilievi calcarei, cittadina che forma quasi un unico agglomerato con Sorso (m 136, ab. 14 500 circa), distesa sul declivio che confina con la piana costiera. Curioso il rapporto tra queste due grosse borgate, divise un tempo da fiera rivalità e ora forzatamente 'integrate'. L'economia dei due paesi si basa sulla coltivazione della vite e dell'olivo nelle fertilissime campagne. Sènnori parla logudorese, Sorso un dialetto più simile al sassarese.
A **Sènnori** si può fare un giro nelle caratteristiche stradine del centro storico e raggiungere, nella parte alta, la **parrocchiale di S. Basilio**, che conserva un'*Incoronazione della Vergine* del Cinquecento. Nelle feste di giugno, per S. Basilio e per S. Giovanni Battista (nella chiesa campestre a 2 km dal paese) si possono ammirare i costumi tradizionali femminili, tra i più belli e preziosi dell'isola.
Entrando a **Sorso** e prendendo al primo semaforo a destra si imbocca la via Fiorentina per raggiungere la *parrocchiale di S. Pantaleo*, con grande cupola, della prima metà dell'Ottocento; in un vicino avvallamento la *fontana della Billèllara*, dalla cui acqua deriverebbe, secondo la tradizione popolare, l'estroso carattere degli abitanti. Importante istituzione dal 1955, la *cantina sociale* di Sorso e Sènnori (sulla via Marina, in direzione della costa) promuove gli ottimi vini (cannonau, vermentino e moscato), oltre agli altri prodotti del territorio. Nei due paesi un vivace evento estivo è *Calici di stelle*, con degustazioni di vini e prodotti del territorio e un percorso itinerante per i centri storici. Molte le aziende agricole e agrituristiche sparse nel territorio dei due comuni che praticano la vendita diretta dei prodotti.

Òsilo

Uscendo da Sènnori su via San Giovanni, e percorrendo poi la SP 72 in direzione nord si raggiunge questo borgo (m 673, ab. 3000 circa), appartato sulla sommità di una collina; tra i centri minori che fanno

La solitaria basilica di S. Antìoco di Bisarcio

Il pecorino di Òsilo e altre prelibatezze

Di forma ridotta, ma più alta rispetto a quello prodotto nel resto della regione, il pecorino di Òsilo si differenzia soprattutto per essere sottoposto a pressatura, il che lo rende più pastoso e fondente anche dopo lunga stagionatura. L'allevamento, praticato con metodi tradizionali al pascolo brado, è alla base di un prodotto di grande qualità, ma non di facile reperibilità perché le aziende sono molto piccole e hanno scarso accesso ai canali commerciali. Presidio Slow Food, il pecorino si produce con latte di pecora sarda in purezza, nel territorio comunale e centri limitrofi: Sassari, Ploaghe, Codrongiànus, Nulvi, Tergu. Con il siero della lavorazione del pecorino si produce la ricotta *mustia*, sottoposta a leggera affumicatura. Di particolare pregio è anche l'agnello locale, che si fregia del marchio **agnello di Sardegna Igp**. Specialità pasquale sono invece le **casadinas** o formaggelle, dolcetti somiglianti alle *pardulas*, sfoglie di pasta simili a cestini con un ripieno a base di formaggio fresco.

corona a Sassari è quello che ha saputo conservare meglio la propria identità. Le attività principali sono l'allevamento e l'agricoltura, con circa un centinaio di aziende zootecniche presenti sul territorio, dedite alla produzione artigianale o anche familiare del pregiato pecorino e della ricotta *mustia*, cioè affumicata; in occasione della *Festa della Madonna degli Angeli* (2 agosto), si possono ammirare i preziosi costumi tradizionali.
All'uscita del paese una strada a tornanti conduce alla parte più alta dell'abitato e, per strette viuzze da fare a piedi, alla sommità del colle dove si trovano i resti del **castello Malaspina** (XIII secolo), restaurati, con una bella torre quadrata: un punto dal quale la vista spazia su buona parte della Sardegna settentrionale.

Nulvi e dintorni

Da Òsilo la SS 127 Settentrionale Sarda porta a questo borgo (m 478, ab. 2800 circa) ai piedi del piccolo altopiano calcareo del monte S. Lorenzo (m 581), popolato già in epoca antica come dimostra l'alta densità di torri nuragiche: da questa deriverebbe l'antico nome *Nugulbi*, ossia 'città dei nuraghi'. Col calo delle attività agricole, imperniate sulla cerealicoltura, è cresciuto l'allevamento; rinomati i formaggi della *cooperativa San Pasquale*. Nelle strade del centro spiccano alcune belle dimore padronali dell'Ottocento e la **parrocchiale dell'Assunta**, settecentesca, con armoniosa facciata in conci calcarei e bel campanile ottagonale; all'interno, due *leoni* in marmo di stile gotico. A fianco la barocca *chiesa del Rosario* presenta una graziosa facciata del 1630. Poco dietro, nell'**oratorio di S. Filippo**, sono custoditi i tre grandi candelieri che rappresentano i tre *gremi* del paese (pastori, agricoltori e artigiani), portati in processione il 14 agosto: alti ben 9 m, non sono a forma cilindrica, come quelli di Sassari, ma di tabernacolo.
Tra le chiese campestri, è frequentatissimo in occasione della festa della seconda domenica di settembre, il **santuario della Madonna di Monte Alma**, su un *tacco* calcareo (496 m) collegato con la statale 2,5 km dopo il paese. Continuando sulla statale si incontra la segnaletica per il bel *pozzo sacro* – presso il nuraghe Irru – messo in luce sul finire degli anni '90 del Novecento: realizzato in conci di calcare miocenico, il luogo di culto dedicato alle acque ha al suo centro la camera del pozzo sorgivo, profondo 4,5 m e perfettamente circolare. Sono ben visibili la canaletta di scolo del troppo pieno sulla pavimentazione dell'atrio. La facciata del pozzo è stata realizzata con conci squadrati a coda di rondine, con una interessante decorazione a bugne.

Martis e la foresta pietrificata

Al margine sud-orientale di questo piccolo borgo agricolo (m 280, ab. 500 circa), non lontano dalla piazza con la monumentale *Fontana Nuova*, caratteristico manufatto ottocentesco, sorge l'imponente ex **parrocchiale di S. Pantaleo**, del XIV secolo; in parte in rovina, conserva la bella facciata con rosone policromo e un robusto campanile quadrato rifatto nella parte sommitale. la descrizione è corretta.
Dalla SS 127 in direzione di Laerru si stacca a destra una strada che scende alla valle dove si trovano alcuni esemplari dei tronchi di carrubo: sono quel che resta della grande **foresta pietrificata di Carrucana**, che si stende a nord di Martis e fino a Laerru. Una vasta estensione di foresta fu pietrificata nel Miocene, circa 15 milioni di anni fa, dopo essere stata sepolta dalle ceneri vulcaniche ricche di silicio. Punti di osservazione su resti dei tronchi si trovano

sparsi nella campagna in vari siti dei comuni di Martis, Laerru, Bulzi e Perfugas. Due si trovano proseguendo lungo la SS 127, in località *Carrucana*, non distante dai ruderi della chiesa di S. Pantaleo (XIV sec.), e, oltrepassato *Laerru* (m 177, ab. 900 circa), sul monte Ultana (m 254), raggiungibile a piedi dalla SS 134.

S. Pietro delle Immagini*

Dopo 2 km da Laerru, la statale 134 per Castelsardo incontra sulla destra un bivio che conduce (200 m) alla solitaria chiesa detta anche di *Simbranos* (popolarmente, *de su Rughifissu*: del Crocifisso), già dei benedettini di Montecassino. La **facciata**, a fasce alterne di calcare bianco e trachite scura, è movimentata da serie di archi e cornici ricchi di elementi decorativi a rilievo, disposti su tre livelli. L'**interno**, molto semplice, è a croce latina, con abside semicircolare, a fasce alternate di calcare bianco e pietra vulcanica nera. Vi era custodito il gruppo ligneo duecentesco della *Deposizione della Croce*, ora nella parrocchiale di Bulzi.

Bulzi e dintorni

Proseguendo sulla SS 134 in direzione di Castelsardo si arriva a questo piccolo centro (m 201, ab. 500 circa) nel cuore dell'Anglona. La neoromanica **parrocchiale di S. Sebastiano** custodisce una duecentesca *Deposizione* (cinque statue lignee policrome di cultura romanica) proveniente dalla chiesa di S. Pietro delle Immagini. Dal paese, una strada a fondo naturale che costeggia il campo sportivo conduce (km 1,5, meglio se fatti a piedi) alla valle del rio Silanis dove, immerse nel verde a poca distanza dal corso d'acqua, si conservano le suggestive rovine della **chiesa di S. Nicola di Silanis**, del XII secolo, a suo tempo tra le costruzioni romaniche più significative dell'isola.

Sèdini

Paese (m 306, ab. 1300 circa) di forma allungata e insolita, è celebre per il complesso di **domus de janas** della Rocca (all'inizio dell'abitato, segnalate) che, caso unico, vennero utilizzate senza soluzione di continuità per circa 5000 anni. Le tombe preistoriche furono adibite per lungo tempo a prigione, quindi (XIX secolo) a cava di pietra e poi, sino a non molti anni fa, ad abitazione e perfino a sede di partito. Aperte in un enorme masso calcareo, sono disposte su tre piani e comprendono numerosi vani in collegamento tra di loro. All'interno il **Museo delle Tradizioni etnografiche dell'Anglona** custodisce oggetti legati alle attività agropastorali, una ricostruzione degli ambienti di una casa tradizionale anglonese e varie raccolte naturalistiche.

Pèrfugas

Raggiungibile tornando in direzione di Laerru, sulla SS 134, e deviando poi a sinistra sulla SS 127, il paese (m 91, ab. 2400 circa) è affacciato su una zona pianeggiante di depositi alluvionali e lacustri, molto fertile, che accolse l'uomo sin dai primordi. Nel letto del rio Altana sono stati trovati attrezzi in pietra risalenti al Paleolitico inferiore (raschiatoi, punte, bulini) ora raccolti nel locale **Museo archeologico e paleobotanico**, sulla destra della centrale via Sauro; notevoli anche una *statuina di Dea madre* in marna del Neolitico e, del periodo nuragico, due pesi da telaio in selce; nella sezione paleobotanica sono esposti infine esemplari di fossili vegetali dalla foresta pietrificata dell'Anglona.
Con via Garibaldi si raggiunge, nella parte meridionale del paese, il **pozzo sacro nuragico** di Predio Canopoli che si può vedere attraverso la recinzione. A brevissima distanza dal pozzo si leva la **parrocchiale di S. Maria degli Angeli**, al cui interno è allestita la cappella museo che ospita il *retablo di S. Giorgio**, opera del Maestro di Perfugas (XVI secolo). Ha al centro un'originale statua del santo e tutt'intorno *scene della vita di Cristo*, i *padri della Chiesa* e *martiri* e *santi* incorniciati da piccoli pan-

S. Pietro delle Immagini, con la facciata a fasce alterne

nelli. In origine era collocato nella *chiesa* omonima (a 2,5 km dal paese), edificata in pregevoli linee gotico-aragonesi tra il XV e il XVI secolo.

Chiaramonti e dintorni

Da Pèrfugas si scende a imboccare la strada a scorrimento veloce SS 672 in direzione di Sassari, per poi salire a questo borgo d'altura (m 430, ab. 1600 circa) dal ben conservato nucleo storico. Collegato alla 'direttissima' per Tempio Pausania da una salita panoramica (3 km), è preceduto dal **nuraghe Ruju**, a pochi metri dalla strada: all'ingresso una garitta e, a sinistra, il cunicolo che porta al vano superiore, semidistrutto; davanti la sala maggiore, che è rimasta intatta.
Salendo attraverso l'abitato si arriva alla sommità del colle di S. Matteo, con le appariscenti rovine del **castello dei Doria***, edificato nel XII secolo e nel XVII trasformato in chiesa; per quanto non molto alto (464 m), il sito consente alla vista di spaziare fino al Limbara e alle pendici del monte Sassu.

S. Antìoco di Bisarcio*

La SS 132 sale a superare i contrafforti del monte Sassu, oltre il quale si scende nel Logudoro, nella fertile piana nota come Campo di Ozieri, quindi si svolta a destra sulla SP 67 (indicazioni per S. Antìoco di Bisarcio). La basilica appare maestosa nel silenzio del paesaggio, che domina da uno sperone roccioso. Un tempo sede vescovile, fu costruita a più riprese a partire dall'XI secolo, impiegando trachite locale e fondendo armonicamente influssi romanico-pisani e francesi. Splendida la **facciata** dell'avancorpo nel quale si apre un *porticato* finemente decorato; nella parte posteriore spiccano una grande abside e un robusto **campanile** quadrato, mozzato da un fulmine. L'interno, illuminato da monofore, ha navata centrale e due laterali sensibilmente più piccole.

S. Maria del Regno**

Capolavoro del medioevo architettonico isolano, questa basilica austera e solenne si leva imponente su un poggio alle porte di *Àrdara* (m 297, ab. 800 circa), piccolo borgo agro-pastorale un tempo capitale del giudicato di Torres. Considerata la più 'sarda' delle chiese romanico-pisane, fu edificata tra la fine dell'XI e l'inizio del XII secolo, con **facciata** in pietra lavica scura segnata da modanature verticali e una bifora; arretrato su un fianco, il campanile a vela. All'interno, a tre navate con colonne sormontate da capitelli di vari stili, si possono ammirare un bel **pulpito** in legno quattro-cinquecentesco, finemente intagliato, e il grande **retablo** dell'altare maggiore, di cui una parte fu dipinta nel 1515 da Giovanni Muru.

Ploaghe e dintorni

Proseguendo sulla SS 597 in direzione di Sassari, circa 6 km oltre S. Maria del Regno si sale al grosso borgo (m 425, ab. 4500 circa), disposto con planimetria allungata sul pendio del monte S. Michele. L'ampia piazza S. Pietro allinea un interessante

L'interno a tre navate della chiesa di S. Maria del Regno

La basilica della SS. Trinità di Saccargia nella campagna del Logudoro

complesso religioso formato da più edifici. La *Parrocchiale*, in buona parte barocca con bel campanile gugliato, ne è il fulcro: la fiancheggiano a destra l'*oratorio di S. Croce* e la *canonica*, mentre a sinistra le si affianca il recinto dell'antico camposanto (interessanti lapidi con scritte logudoresi) col seicentesco *oratorio del Rosario*. La canonica ospita la **Pinacoteca**, che deriva dalla raccolta di Giovanni Spano, archeologo e linguista ploaghese, e comprende dipinti di scuola sarda e di scuole italiane dal XV al XVIII secolo; spicca tra i primi una bella *Sacra Famiglia* del cosiddetto Maestro di Ozieri (visite su prenotazione). Nell'oratorio di S. Croce sono custoditi i due *candelieri votivi* che, a somiglianza di quelli di Sassari, vengono curati dalle due principali categorie (i *gremi*) di lavoratori tradizionali, contadini e pastori; escono in processione in agosto (i giorni 14 e 23) e al *Corpus Domini*.

Il paese è rinomato per la tessitura e i tappeti, realizzati con la tecnica a *pibiones*, a grani, e dei finissimi arazzi *a mustra de agu*, a ricamo, sempre su telaio orizzontale.

Non è semplice avvicinarsi alla **chiesa di S. Michele di Salvénero**, insigne monumento del romanico in Sardegna, ben visibile dallo svincolo di accesso al paese sulla SS 729 Sassari-Olbia. La si raggiunge imboccando una stradina situata, per chi proviene da Sassari, poco prima dell'uscita per Ploaghe. Edificio di notevoli dimensioni, fu costruito dai monaci vallombrosani tra il 1110 e il 1130, poi rimaneggiato nel XIII secolo con l'aggiunta della sacrestia a fasce alternate bianche e brune. A navata unica con transetto, ha un'alta e semplice facciata scandita da lesene e tre eleganti absidi, ingentilite da coronamento di archetti e lesene.

SS. Trinità di Saccargia**

Ripresa la SS 597 in direzione Sassari, circa 3 km più avanti si trova a sinistra l'accesso alla basilica, rilevante esempio del romanico in Sardegna in un ambiente naturale bucolico. Fu edificata nel XII secolo alternando, col sistema introdotto dalle maestranze pisane, fasce di calcare chiaro e di basalto scuro. Ha una **facciata** alta e mossa, con grande portico ad archi e in alto due serie di arcatelle con rombi e rosoni in pietra e ceramica. Al fianco svetta un **campanile** quadrangolare a cuspide di oltre 40 m; intorno sono visibili gli scarsi resti di un monastero camaldolese. All'**interno**, a navata unica con capriate in legno, l'abside è affrescata con *figure di santi* e *scene della vita di Cristo* di autore del Duecento non identificato.

10.3 La valle dei Nuraghi e il Gocèano

Itinerario ad anello con partenza e arrivo a Ozieri, 156 km escluse le deviazioni
(carta a pag. 240)

Ricca in biodiversità e tuttora dedita alle attività tradizionali della pastorizia e dell'agricoltura, la regione storica del Gocèano conserva un patrimonio di tradizioni che si esprime soprattutto in occasione delle feste e sagre di paese. Una rete di percorsi segnati si inoltra nelle foreste demaniali e costituisce una della maggiori attrattive del territorio. Tutto il comprensorio del Meilogu, tra Torralba e Bonorva, è noto come 'valle dei Nuraghi', per la straordinaria concentrazione di monumenti megalitici: oltre trenta nuraghi e dieci tombe dei giganti.
Da Ozieri il percorso punta a est verso Pattada, quindi sale alle alture del Gocèano toccando Bultei, Bono e Burgos, con una deviazione a est verso Nule e Benetutti. Devia poi verso ovest, attraversando il territorio collinare ai piedi della catena del Màrghine fino a Bonorva. Risale a nord, attraversando la valle dei Nuraghi fino a Torralba, per chiudere l'anello a Ozieri.

Ozieri

A 46 km da Sassari, il paese (m 375, ab. 10 500 circa) è raggiungibile con la SS 131 Carlo Felice, quindi con la SS 729 Sassari Olbia e la SP 63. Sorge in una conca riparata e ricca di acque, popolata sin dalle epoche più antiche: dai reperti ritrovati nella **grotta di S. Michele** (vicina agli impianti sportivi) prende il nome una delle *facies* culturali più interessanti della civiltà prenuragica sarda, sviluppatasi fra i 3000 e i 2000 anni a.C. e detta appunto Cultura di S. Michele. Grazie a una florida economia agricola e zootecnica, Ozieri ha conosciuto in passato periodi di benessere; elevata a città da Carlo Alberto nel 1836, è 'capitale' della subregione del Montacuto e maggior centro del Logudoro; vanta una viva tradizione culturale, specie per la poesia e il canto in lingua sarda.
Dalla centrale *piazza Garibaldi* si raggiunge in breve il **complesso di S. Francesco**, composto da chiesa e convento affacciati. La prima, originariamente gotico-aragonese ma rifatta nel Seicento, è ornata di un grande altare barocco in legno (notare in alto un'aquila bicipite, raro segno della breve dominazione austriaca in Sardegna, ai primi del Settecento). Contiguo al seicentesco convento è un bel *palazzo* a due altane.
Presso l'ex convento delle Clarisse, in via Pietro Micca, il **Museo civico archeologico*** custodisce nella *sezione prenuragica* reperti delle grotte Bariles e di S. Michele e nella *sezione nuragica* materiali ceramici e bronzetti; le altre sezioni sono: *punica* o *romana*, *medievale* e *numismatica*. Oltre la piazza Carlo Alberto (localmente *Cantareddu*), in via Vittorio Emanuele III si incontra dapprima la monumentale **fontana Grixoni**, dal nome del ricco ozierese che la edificò nel 1881; quindi, proseguendo sulla sinistra in via Grixoni, la **cattedrale dell'Immacolata**, con facciata neoclassica e interno barocco che custodisce, nell'aula capitolare, un importante *polittico** in sette scomparti: è attribuito all'artista del Cinquecento convenzionalmente denominato Maestro di Ozieri.
La cittadina è rinomata per la produzione artigianale di dolci tradizionali, tra i quali i *sospiri* o *gueffus*, paste di mandorla avvolte in una glassa di zucchero aromatizzato ai fiori d'arancio. La *Sagra della Beata Vergine del Rimedio*, la terza domenica di settembre, comprende manifestazioni animate da canti sardi e processioni con costumi di tutta l'isola.

Trekking nella valle dei Nuraghi

Curata dall'Ente foreste della Sardegna, una rete di percorsi segnati e attrezzati di punti sosta percorre le catene del Gocèano e del Màrghine. Nel Gocèano, punti di partenza sono la caserma forestale Fiorentini sulla strada provinciale 36, tra Bultei e Ozieri, e il paese di Bultei, dove partono i sentieri N. 510 e 511 che consentono di attraversare le **foreste demaniali di Aneta** e **Fiorentini**, con un tragitto ad anello, percorribile in 2 giorni di cammino. Descrizione e cartografia sono consultabili nel sito: *www.sardegnaambiente.it*
Percorsi segnati si trovano anche a Bono, nella **foresta demaniale di monte Pisanu**: di particolare interesse il sentiero che dal centro servizi porta al convento francescano di monte Rasu.

Pattada e dintorni

Paese d'alta collina dal caratteristico abitato di pendio (m 794, ab. 3000 circa), è noto per la produzione tradizionale del *coltello*

Sa resolza: i coltelli di Pattada

I coltelli di Pattada sono i più noti (ma non unici) dell'isola. L'arte dei fabbri ha radici profonde nella cultura pastorale, perché *sa resolza*, il coltello a serramanico, è soprattutto uno strumento di lavoro, utile per la lavorazione delle carni e delle pelli. Se a Pattada si sono affinati uno stile e competenze nella lavorazione dei metalli è perché una vena di minerale ferroso era presente nella zona. La forma della lama della *pattadesa* è 'a foglia di mirto', sottile e appuntita, con il manico in corno di montone o di muflone. Un anello di ottone (ma anche d'argento o d'oro nei modelli più pregiati), consente di fermare la lama, che non è a scatto. Lavorazione tutta artigianale per questo coltello, che richiede almeno due giorni di impegno per i modelli più semplici. A Pattada sono ancora in attività alcune botteghe artigiane specializzate, che alla produzione dei modelli usuali affiancano ricercati (e costosi) esemplari da collezione. Ogni due anni si tiene, nella seconda metà di agosto, la **Biennale del coltello di Pattada**, con artigiani provenienti da tutto il mondo, occasione unica per mettere a confronto le varie tradizioni.

a serramanico. In via Vittorio Emanuele, in una palazzina di inizio Novecento, ha sede il **Museo internazionale del Coltello Culter**, che espone esemplari della celebre *pattadesa*, di *leppe* e altri strumenti da taglio e da lavoro, dal XVIII secolo a oggi. La collezione raccoglie anche esemplari provenienti da tutto il mondo con annesso un laboratorio.
A breve distanza, raggiungibile in auto, il **monte Lerno** (m 1094) è immerso in un'antica foresta di lecci, tassi e agrifogli.

Catena del Gocèano

Per addentrarsi nella catena montuosa, da Pattada si torna sulla statale per Ozieri, quindi si seguono le indicazioni per Bultei. Percorsi 8 km si trova la strada d'accesso alla *caserma forestale Fiorentini*, punto di partenza dei **percorsi escursionistici** sulla catena del Gocèano. Dopo una lunga salita, la moderna strada provinciale raggiunge il sommo della catena e prosegue a quota 1000 in un altopiano leggermente ondulato, con ampie distese a pascolo brado, qua e là vivacizzato da gruppi di alberi. Raggiunta l'intersezione con la strada proveniente da Ozieri, la si segue sino a **Bultei** (m 509, ab. 1000), antico borgo agro-pastorale sulla 128 bis.

Escursione da Bultei a Nule

Dall'abitato di Bultei, con la SP 86 e poi con la SP 22 ci si dirige verso Benetutti raggiungendo la zona delle sorgenti che prendono il nome dal santo cui è dedicata la piccola e armoniosa **chiesa di S. Saturnino**, dalle sobrie linee medievali in trachite rossa.

Veduta di Ozieri con la cattedrale dell'Immacolata

Il complesso delle *domus de janas* di S. Andrea Priu

Le acque, che hanno natura solforosa e cloruro-bicarbonato-sodica e temperatura che supera i 30 °C, erano conosciute già dai romani col nome di *Aquae Lesitanae* e sono sfruttate nei due stabilimenti delle Terme Aurora.

Benetutti (m 406, ab. 2000 circa), paese di contadini e pastori, conserva nella **parrocchiale di S. Elena** parti di un *retablo** del Cinquecento, opera della maturità del Maestro di Ozieri, che racconta il ritrovamento della Croce da parte della madre dell'imperatore Costantino. Continuando in salita si arriva a **Nule** (m 650, ab. 1500 circa), noto per l'opera delle tessitrici: tra i *tappeti* lisci, prodotti su telai verticali, sono più noti quelli a *framas*, di colori vivaci. Si può vederli nei laboratori privati, nel centro di lavorazione promosso dall'Istituto Sardo Organizzazione Lavoro Artigiano.

Bono e dintorni

Da Bultei la SS 128 bis Centrale Sarda porta al capoluogo storico del Gocèano (m 536, ab. 3600 circa), che diede i natali (1751) a Gian Maria Angioj, anima del movimento democratico sardo e riconosciuto capo dei moti antifeudali e antipiemontesi di fine Settecento. Vive ancora nella memoria storica del paese il ricordo di un episodio glorioso di quel periodo, quando i bonesi riuscirono a respingere l'attacco delle forze legittimiste: viene rievocato in forma originale in occasione della *festa di S. Raimondo* (31 agosto), portando in processione una grande zucca.

Dallo spiazzo delle Scuole elementari una breve salita conduce alla **chiesa di S. Raimondo**, che conserva un'antica *statua di S. Francesco* e offre la vista del paese. Procedendo nella via centrale si vede sulla destra, dopo aver oltrepassato il busto di Angioj, la **parrocchiale di S. Michele**, che ha una bella facciata in stile romanico pisano.

Da Bono una deviazione (di 8 km) porta a mezza costa lungo la statale 128 bis fino agli scenografici resti del **castello del Gocèano*** o *di Burgos*, di cui rimangono una torre e imponenti muraglioni del grande complesso militare costruito dai giudici di Torres nel XII secolo, legato alle loro vicende prima e a quelle dei giudici d'Arborèa più tardi. Al centro dell'abitato di **Burgos** (m 575, ab. 900 circa), in una casa padronale di fine Ottocento il *Museo dei Castelli di Sardegna* racconta la storia di questa fortificazione e di altre della regione.

Foresta demaniale di Monte Pisanu

Da Bono la strada per Bonorva con scorci panoramici si inerpica fino al **passo Uccàidu** (m 1042) e continua poi attraverso la foresta demaniale. Presso l'ex caserma forestale hanno sede un centro servizi di educazione ambientale e una xiloteca, che illustra le varie essenze arboree della foresta. Al centro si trovano indicazioni per i vari percorsi escursionistici e in particolare per visitare il **bosco di Sos Nibberos**, che conta notevoli esemplari millenari di tasso e di agrifoglio. A ragazzi e adulti è dedicato il *parco avventura* commissionato dall'Ente Foreste della Sardegna.

Domus de janas di S. Andrea Priu*

Dalla modesta sella di *Scala Sos Pezzos* si scende nel fertile *Campo di S. Lucia*: a sinistra, una strada porta alla *chiesa campestre di S. Lucia*, e, subito dopo, all'eccezionale complesso delle *domus de janas*. Scavate in un'alta parete di trachite, utilizzate come tombe fra i 2000 e i 3000 anni a.C. e come chiesa rupestre nel primo cristianesimo, constano di una serie di affascinanti **ambienti ipogei** con vani per le sepolture e luoghi di culto; maggiore fra tutte la cosiddetta *tomba del Capo*, che ha ben 18 ambienti. Nel pianoro al di sopra si aprono altre piccole *domus* e un masso trachitico scavato dall'uomo (o modellato dalla natura) in forma di toro.

Bonorva

Borgata agricola del Logudoro (m 508, ab. 3500 circa), è patria di 'Paulicu' Mossa, poeta in sardo (1818-92), Antonio Sanna e Angelo Dettori (scomparsi entrambi nel 1981), che della lingua sarda furono studiosi e propagatori assidui. Ancora molto viva – unitamente alle manifestazioni folcloristiche – la tradizione della tessitura con telaio orizzontale: utilizzando la tecnica a *punta de agu*, ossia a ricamo, si ottengono tappeti e coperte dai disegni molto elaborati ispirati al broccato.

La piazza centrale è dominata dalla **parrocchiale della Natività di Maria**, datata 1606 e fronteggiata da un'abitazione del Cinquecento con colonne tortili nel portale, stemma e doccioni di sembianze animalesche. In un'ala dell'ex convento annesso alla *chiesa di S. Antonio da Padova*, del XVII secolo, è allestito il **Museo civico archeologico**: documenta la storia del centro e del territorio comunale, area densa di testimonianze archeologiche a partire dal Neolitico; una sezione è riservata ai miliari della strada romana da Cagliari a Olbia, che passava nei pressi del paese.

Nuraghe Santu Antine** e valle dei Nuraghi

Dalla SS 131, proseguendo in direzione nord, si esce in direzione di Bono sulla SP 21 e oltrepassata la stazione ferroviaria si trova l'accesso all'area archeologica. Il complesso della reggia nuragica di Santu Antine è intitolato all'imperatore romano Costantino. Costruito in varie fasi probabilmente fra il IX e il VII secolo a.C., era ancora in uso in epoca romana.

Al torrione centrale, che nonostante progressive demolizioni supera ancora i 17 m, si affiancano tre torri minori collegate da una serie di lunghi corridoi e camminamenti con feritoie, tra i quali è ricavato un grande cortile con pozzo. Passaggi, scale e vani minori completano la struttura: nella parete del vano principale che ha la consueta volta a *tholos* con cerchi di pietre sempre più stretti, oltre alla scala che porta ai vani superiori, è ricavato un corridoio circolare a piano terra.

Si prosegue verso Terralba tornando sulla SP 21, che sottopassa la Carlo Felice, ma non prima di aver dato un'occhiata alla *chiesetta di Nostra Signora di Cabu Abbas* (XII-XIII sec.), a sinistra della provinciale, poco prima dello svincolo. A *Torralba* (m 430, ab. 1000 circa) il ragguardevole **Museo**

Il nuraghe Santu Antine, intitolato all'imperatore Costantino

della Valle dei Nuraghi del Logudoro-Meilogu (temporaneamente chiuso per restauri) ha una sezione archeologica che nella *sala Santu Antine* conserva in otto vetrine materiali di vario genere rinvenuti nel grande nuraghe, tra cui un crogiolo con resti di bronzo e oggetti in metallo e ceramica; nella sezione etnografica vengono allestite mostre tematiche.

S. Pietro di Sorres* e dintorni

Giungendo da Torralba in vista dell'abitato di *Borutta*, si devia a destra verso la basilica, isolata su un colle, che domina la regione del Meilogu. Edificata in più tempi, a partire dall'XI secolo, in stile romanico pisano, già sede vescovile, ha larga **facciata** in pietra a due colori segnata da archi e lesene disposti su tre piani orizzontali. L'uso della pietra di due colori torna anche nelle colonne e negli archi dell'interno, a tre navate, con volte a crociera in trachite nera. È l'unico complesso religioso extraurbano in Sardegna ad aver riavuto vita: dal 1970, nei locali adiacenti, una comunità di benedettini ha attivato un apprezzato laboratorio di restauro del libro e organizza incontri e soggiorni di segno spirituale.
Si prosegue, oltre Borutta, verso **Bonnànaro** (m 399, ab. 1000 circa), borgo agricolo famoso per le ciliegie e per il vino che ha legato il suo nome a una delle culture nuragico-arcaiche più diffuse in Sardegna.

Mores e dintorni

Da Bonnànaro, con la SP 30 si prosegue in direzione di Sassari, quindi oltrepassato lo svincolo della Carlo Felice, la SS 128 bis conduce a questo borgo di tradizione pastorale (m 366, ab. 1900 circa), che vanta un *campanile* sottile ed elegante (ritenuto il più alto nell'isola: 48 m), edificato in stile neoclassico tra il 1850 e il 1871 dall'architetto locale Salvatore Calvia. Nel territorio di Mores si visita il suggestivo **dolmen Sa Coveccada***, lungo la provinciale per Bono; dopo 4 km si prende una strada sterrata che si dirama a destra passati il ponte sul rio Mannu e la ferrovia. Oltre un cancello a sinistra, si prosegue poi a piedi per circa 2 km. Il monumento sepolcrale del III-II millennio a.C., in ciclopici massi trachitici dal bel colore caldo, ha la forma di una casetta, coperta (*coveccada*) da una grossa lastra orizzontale.
Seguendo invece, da Mores, la statale 128 bis per Ozieri, presso il piccolo centro di *Ittireddu* (m 313, ab. 500 circa) merita attenzione il moderno **Civico Museo archeologico-etnografico***, diviso in due sezioni: quella archeologica, più ampia, raccoglie i materiali rinvenuti in monumenti dell'epoca prenuragica, nuragica e romana, tra i quali vasi, tegami e fornelli; quella etnografica conserva strumenti che si riferiscono ai lavori tradizionali del contadino e del pastore logudorese.

L'austera facciata della cattedrale di S. Pietro di Sorres

11 La Gallura

Profilo dell'area

Un profilo irto di promontori e inciso da fiordi in un mare cristallino, rocce granitiche, antichissime, plasmate e levigate dal vento, la bassa macchia mediterranea che coraggiosamente cresce sui suoli riarsi: sono paesaggi inconfondibili quelli della Gallura, regione delimitata a ovest dal fiume Coghìnas e a sud da una linea ideale che congiunge il monte Limbara con il piccolo centro di San Teodoro, sulla costa tirrenica. I profili costieri da nord a sud disegnano insenature, cale, porticcioli, scogliere, isole e isolotti dove lo spettacolo del mare si mostra nelle sue più limpide trasparenze e nelle tonalità più accese dell'azzurro, del turchese e dello smeraldo. Nell'entroterra domina il verde delle querce da cui si estrae il sughero, il cosiddetto 'oro morbido' la cui lavorazione, assieme a quella del granito, ha costituito per decenni – fino allo sviluppo del turismo – la principale industria produttiva della Gallura. Questi paesaggi, così diversi sotto il profilo ambientale, sono disseminati delle tracce delle antiche civiltà prenuragica, nuragica, punica, romana e medievale. Assieme alle fonti storiografiche, mettono in relazione lo sviluppo della Gallura con l'arrivo dei pastori corsi che, a partire dal XVI secolo, si stabilirono in quest'area. Ancora oggi il dialetto gallurese è profondamente influenzato dall'antico idioma parlato in Corsica. Anche lo stazzo, tipico insediamento rurale delle aziende agro-pastorali, ricalca il modello originale creato dai pastori corsi: un grosso appezzamento di terreno al centro del quale si trovano la dimora padronale, costruita in blocchi di granito, e l'ovile; tutt'intorno la terra viene in parte destinata alla coltivazione - cereali e vite - e in parte al pascolo brado. Numerosi e fiorenti fino a qualche decennio fa, molti stazzi, e più in generale le zone interne della Gallura, sono stati abbandonati. Gran parte della popolazione si è concentrata, a partire dagli anni '70, nei centri costieri a cominciare da Olbia, dove lo sviluppo economico legato al turismo ha garantito un maggior benessere.

La visita

Dopo la visita al centro di Olbia, il **primo itinerario** segue la costa a sud fino a Posada e la Caletta, alternando mete balneari e siti nuragici. Il **secondo itinerario** esplora la costa nord-est dalla Costa Smeralda sino a Isola Rossa, mentre il **terzo** si spinge tra le isole dell'Arcipelago della Maddalena. Il **quarto itinerario** si addentra nell'entroterra gallurese, con un doppio percorso che da Tempio Pausania raggiunge Luogosanto e Òschiri.

Santa Teresa Gallura, la spiaggia di Rena Majore sferzata dal maestrale

SPIAGGE DELLA GALLURA

- **Tìnnari** Tra Isola Rossa e Costa Paradiso, formata da ciottoli multicolori e incastonata tra due ripide pareti rocciose, è raggiungibile solo su sentiero, dal monte Tìnnari, o con la barca.
- **Cala di Trana** Situata sulla costa di Palau, è una stupenda baia compresa tra due grandi ammassi rocciosi granitici con dune di sabbia di media altezza e un mare color azzurro intenso.
- **Bassa Trinita** Nell'isola di La Maddalena, sul versante occidentale, è una spiaggia dalla sabbia finissima e bianca, con un'acqua dalle trasparenze azzurre e turchesi.
- **Cala Corsara** Meravigliosa insenatura nell'isola di Spargi, è sovrastata da una grossa roccia tafonica che, per le sue sembianze, prende il nome di *Testa della Strega (nella foto)*. Circondata da un mare terso dalle più svariate tonalità blu-azzurro, è raggiungibile solamente in barca.
- **Tanca Manna** A soli 3 km da Cannigione, nel comune di Arzachena, è un arenile con sabbia sottile circondato dalla macchia mediterranea. La spiaggia è ampia e attrezzata, con possibilità di noleggiare windsurf e canoe.

11 La Gallura

Quadro d'unione a pag. 6-7, riquadro n. 11

Il canto del servo pastore: Fabrizio De André all'Agnata

«La vita in Sardegna è forse la migliore che un uomo possa augurarsi: ventiquattromila chilometri di foreste, di campagne, di coste immerse in un mare miracoloso dovrebbero coincidere con quello che io consiglierei al buon Dio di regalarci come Paradiso». Pochi anni prima di morire, Fabrizio De André regalò alla Sardegna queste appassionate parole, suggellando un amore nato molto tempo prima. Erano ancora gli anni '60 quando il trentenne cantautore, agli inizi della sua straordinaria carriera, acquistò un antico stazzo semidiroccato nelle campagne di Tempio Pausania, ai piedi del monte Limbara. La zona si chiamava 'l'Agnata', termine che in gallurese, spiegava Faber, «significa 'l'angolino'; perché è una zona boscosa, ristretta e riparata, alle pendici delle montagne tra la costa e l'interno». Disse che lo faceva per inseguire un sogno, «il mio sogno da ragazzino. Avevo 14 anni quando mia nonna si disfò dell'azienda agricola che aveva nella campagna di Asti. Promisi a me stesso che avrei investito tutto in un'attività verde».

Il sogno crebbe un po' per volta, non senza difficoltà. Per lunghi anni Fabrizio e la sua compagna Dori Ghezzi vissero in un cantiere aperto, senza energia elettrica, spendendo ingenti risorse per realizzare quella che a un certo punto decisero che non fosse solo una casa ma una vera azienda agricola. Alla fine degli anni '70 De André accarezzò addirittura l'idea di abbandonare le scene e di dedicarsi solo a coltivare la terra. Si sentiva svuotato e senza ispirazione, a chi lo interrogava sul futuro rispondeva: «Lo so che c'è gente che non mi crede, che dice che ho scelto la campagna perché adesso va di moda il ritorno alla natura; ma io ho fatto una scelta di vita e adesso non c'entro più niente con quello che un tempo cantava le canzoni. A quarant'anni un uomo deve fare qualcosa di costruttivo, qualcosa in cui crede, e scrivere dei versi e poi metterli in musica non mi sembrava più troppo importante. Ho scelto di fare il contadino perché adoro la terra, perché mi dà una dimensione vera». Presto però l'aspirante contadino ritrovò la vocazione e la situazione si capovolse; dischi e concerti furono sempre più necessari per reperire fondi destinati a quel lembo di paradiso in Gallura.

Il dramma del sequestro che Fabrizio e Dori subirono da agosto a dicembre del 1979 sembrò spezzare il sogno e allontanare De André dalla Sardegna. Non andò così però. Faber perdonò i carcerieri e ribadì il suo amore per l'isola, rilanciando il progetto dell'Agnata e confermando di volervi vivere stabilmente. Il primo album che pubblicò dopo il sequestro, quello che per gli appassionati è '*l'Indiano*', stabiliva un paragone tra i sardi e i nativi americani, popoli oppressi ma fieri della propria identità, «civiltà che sono riuscite non solo a sopravvivere ma a vivere bene, accontentandosi del poco che a noi sembra sempre meno sufficiente; e questo materialmente e spiritualmente, arricchendo doti morali e realtà interiore». Faber si schierava dalla loro parte e nella terra amata ambientava più di una canzone, dopo avere aperto il disco con i rumori di una caccia al cinghiale non lontano dall'Agnata: in *Hotel Supramonte* venivano ricordati gli aspri giorni del rapimento, ne *Il canto del servo pastore* fioriva una magica Sardegna di cisti, sughere e rosmarini, fino a una toccante *Ave Maria* in lingua sarda. Nei dischi successivi De André sarebbe tornato ancora a temi e paesaggi dell'isola, da *Disamistade* a *Monti di Mola* (così, in gallurese, si denomina quella che per i continentali è la Costa Smeralda).

L'**Agnata** è oggi un rinomato agriturismo, con la casa padronale ricoperta di vite canadese, un giardino rigoglioso, una fontana in stile zen, una piscina, un lago artificiale alimentato dal *rio Caprioleddu*; e dieci camere a disposizione dei turisti che vogliono scoprire non solo il mare di Sardegna (Santa Teresa Gallura e le incantevoli spiagge circostanti distano poco più di mezz'ora d'auto) ma anche le bellezze dell'entroterra. Per informazioni: *www.agnata.com*

Riccardo Bertoncelli

11.1 Olbia e il suo litorale

Itinerario pedonale urbano, con escursioni automobilistiche nei dintorni, e un itinerario lungo la costa di San Teodoro e Posada di circa 54 km *(carta a pag. 256)*

Dopo una passeggiata nel centro storico di Olbia, ci si sposta negli immediati dintorni per visitare un paio di siti nuragici, il borgo di Golfo Aranci e il medievale Castello Pedreso. L'itinerario a sud di Olbia, di grande pregio ambientale, tocca in successione una serie di località balneari celebri per la bellezza e la varietà delle spiagge come Porto San Paolo, San Teodoro, Posada, affacciate sulla maestosa mole dell'isola di Tavolara, paradiso marino protetto.

Olbia e dintorni

Situata in un tratto di pianura litoranea declinante verso il fondo del golfo, dominato dalla possente mole dell'isola Tavolara, **Olbia** (m 15, ab. 56 000) già in età antica ha rivestito la funzione di 'testa di ponte' tra la Sardegna e la penisola, grazie alla naturale accoglienza della sua rada e alla relativa vicinanza al continente rispetto ad altri porti dell'isola. Questa funzione è stata poi amplificata dall'esplosione turistica, culminata nel 2004 con l'inaugurazione dell'aeroporto. Primo scalo in Italia per movimento passeggeri nel periodo estivo, Olbia ha conosciuto un impetuoso sviluppo edilizio che ne ha compromesso gli antichi equilibri urbani. Circondata da belle spiagge a sud e a nord, la città è ottima base di partenza per escursioni nei rinomati centri turistici della Gallura nord-orientale.

Storia e sviluppo urbano. La conca di Olbia fu densamente popolata in età prenuragica e nuragica, come attestano decine di nuraghi, tombe di giganti, fortificazioni megalitiche e numerosi pozzi sacri. La città ha le sue radici su un terrazzo a forma di quadrilatero leggermente rilevato sul mare: su questo spazio la trama urbana si definì dal momento della sua fondazione, quasi sicuramente cartaginese (V-IV secolo a.C.). A partire dall'epoca romana la crescita di Olbia corrispose a quella del porto. Dopo il crollo dell'impero, con le invasioni vandaliche Olbia conobbe il destino di distruzione e di rovina di tutti i centri costieri sardi. Nei pochi, oscuri, documenti altomedievali compare col nome di *Fausania* o *Fausiana*. Nuove acquisizioni sulla storia di Olbia in quei secoli stanno arrivando da un eccezionale ritrovamento archeologico durante i lavori per la costruzione di un tunnel nell'area del porto, dove sono affiorati i relitti di una decina di navi romane e di un'imbarcazione di età giudicale. Fu nell'XI secolo, sotto il dominio dei pisani, saldamente insediati in Gallura fino al XIII secolo, che il centro venne ricostruito nell'antico sito della città punica. Le sue rinate fortune, col nome di *Terranova* (che rimase in uso sino al 1939), sono documentate dalla ritrovata frequenza dei traffici marittimi e dallo sviluppo dell'agricoltura nella piana. Capitale di curatoria e sede vescovile, Terranova vide sorgere diversi edifici tra cui la bella chiesa romanica di S. Simplicio, costruita tra XI e XII secolo, in posizione eccentrica rispetto al centro cittadino.
La successiva lunghissima stagnazione economica, demografica, edilizia – cui contribuirono, unitamente all'inerzia e al malgoverno aragonese e spagnolo, carestie, epidemie e malaria – si protrasse fino all'Ottocento. La costruzione della strada di collegamento alla direttrice Carlo Felice (la statale 131) e, quindi, l'apertura della ferrovia e la canalizzazione dei torrenti diretti al mare determinarono la nuova struttura della città, il cui sviluppo si accompagnò alla rinascita della funzione portuale. L'impianto di diversi caseifici e, poi, lo sviluppo dell'industria mitilicola negli anni '20 del Novecento, modificarono la base economica della città con fenomeni d'immigrazione dalle regioni centro-meridionali della penisola. Nell'ultimo trentennio del XX secolo l'impetuoso sviluppo demografico ha fatto balzare Olbia al quarto posto nella gerarchia urbana della Sardegna, mentre il boom turistico della Costa Smeralda, complici anche l'apertura dell'aeroporto e l'inaugurazione dell'ospedale, ha reso la città il punto di riferimento di un'industria turistica in costante espansione.

Porto. Costruito nel 1930 con l'ampliamento della superficie degli isolotti Isola Fiorita e Isola Bianca, lo scalo di *Olbia Marittima* *(B3, f.p.)* è collegato alla terraferma da una diga di 1400 m sulla quale passa la linea ferroviaria da Cagliari e da Sassari-Porto Torres. Sull'isolotto di Peddone ha sede il **Museo archeologico** *(B3)*, dove sono esposte tre delle 24 navi rinvenute nel corso degli scavi nel porto antico per la costruzione del tunnel per Nùoro e San Teodoro. L'allestimento illustra la storia olbiese dal Neolitico all'età giudicale, con un repertorio di oggetti ceramici, frammenti lapidei, corredi funerari e altri reperti tra cui costumi femminili e maschili della tradizione del Nord dell'isola, risalenti al XIX e inizio del XX secolo.

Centro storico. Nei pressi dell'alberato corso Vittorio Emanuele si segnalano il *Municipio* liberty *(B2-3)* e la **chiesa di S. Paolo** *(B2)*, del 1747, in conci di granito a vista con cupola maiolicata del secondo dopoguerra. Notevole il tessuto urbano intorno a **corso Umberto** *(B2)*, perpendicolare a corso Vittorio Emanuele, dove gli edifici recano gli architravi originali in granito. A lato del municipio sopravvive un tratto di selciato del foro della città romana. Alla confluenza fra il corso e via delle Terme il restaurato *Palazzetto Umbertino* ospita la Biblioteca comunale 'Simpliciana' e una raccolta di reperti d'età nuragica. In *piazza Regina Margherita (B2)* in seguito a scavi è stata riportata alla luce una delle *cisterne* puniche.

S. Simplicio* *(B1-2)*. Al termine del corso Umberto, oltre il passaggio a livello sulla destra, la chiesa è tra i più interessanti esempi di romanico dell'isola. Fu costruita in fasi successive tra XI e XII secolo su un'area cimiteriale cristiana interamente in conci di granito e rivela nella facciata la fusione di elementi toscani e lombardi. L'**interno** è scandito da pilastri e colonne che sostengono il tetto a capriate e le volte delle navate laterali. Vi si trova un'interessante raccolta di iscrizioni funerarie provenienti dalle vicine necropoli e pietre miliari romane.

I DINTORNI DI OLBIA

Spiagge di Olbia

Olbia ha zone balneabili prossime all'abitato a sud, oltre la zona umida di Padrongianus, al **Lido del Sole** e alla successiva **spiaggia delle Saline**. Nell'impervio promontorio di Capo Ceraso si aprono piccole, deliziose calette come la **spiaggia del Dottore*** e **Sas Enas Appara**, raggiungibili a piedi su un tortuoso sentiero o, ancora meglio, dal mare. Raccolta tra gli scogli rosati, la spiaggia di **Porto Istana** sembra disegnata con il compasso, con un mare dai riflessi esotici. Ben attrezzata, ci si arriva in bus da Olbia o in auto (ma l'ampio parcheggio si riempie in fretta). Poco più a sud, la **punta Corallina*** offre un delizioso susseguirsi di scogli e calette, raggiungibili dal sentiero in costa.
A nord del porto di Olbia, oltre la zona industriale e artigianale, si trova un tratto di litorale sorprendentemente incontaminato, con piccole cale accessibili a piedi. La spiaggia di **Pittulongu** si raggiunge facilmente dal sito archeologico del pozzo sacro Sa Testa, lungo la strada per Golfo Aranci. Sull'ampia distesa di sabbia color crema con vista su Tavolara si possono

Olbia 1: 20 000 (1 cm = 200 m)

noleggiare ombrelloni, sdraio, fare sport d'acqua e ritemprarsi nei ristorantini lungomare. Da qui si può raggiungere su sterrata lungo i binari la bella spiaggia di **Cala Moresca**, ai piedi del promontorio di Capo Figari, proprio davanti all'isolotto di Figarolo, insenatura sabbiosa con tratti rocciosi e con alle spalle una pineta.

Complesso nuragico di Cabu Abbas

Si raggiunge in circa 5 km, uscendo da Olbia a nord per corso Umberto e via D'Annunzio (tratto urbano della statale 125); l'ultima parte del percorso, che sale sulla cresta granitica (m 246), si svolge a piedi. Il complesso nuragico comprende in alto, a dominio del golfo di Olbia, una torre a camera circolare con due nicchie contrapposte e pozzo centrale, rinforzata da muratura di rifascio; al momento dello scavo (1937) il pozzo fu trovato colmo di resti di sacrifici, quali ossa bruciate e ceneri miste a frammenti ceramici.

Pozzo sacro Sa Testa

A pochi metri dalla strada panoramica per Golfo Aranci (circa 5 km da Olbia), è ascrivibile al periodo nuragico medio (secoli VIII-VI a.C.). Dal vasto recinto circolare lastricato, presumibile luogo di sosta dei fedeli durante i riti sacri, si accede al vestibolo dotato di sedili e posto a un piano inferiore. Vi si apre l'imbocco della scala a 17 gradini, coperta da architravi, che porta alla camera a *tholos* dal cui pavimento sgorga l'acqua di vena.

Golfo Aranci

Già minuscolo borgo di pescatori ponzesi (ab. 2400; 18 km da Olbia) si è sviluppato in funzione del suo porto, divenuto capolinea dei servizi marittimi con la penisola già nel 1888. Animatissimo durante la stagione estiva, il paese è situato in un'incantevole posizione in vista del suggestivo **isolotto di Figarolo**, fitto di macchia mediterranea e rifugio di una colonia di mufloni. All'ampliamento delle opere portuali si è accompagnata una disordinata crescita edilizia a cui ha contribuito lo sviluppo degli insediamenti turistici lungo l'arco costiero. A monte del paese, nei pressi della stazione ferroviaria, si visita il **pozzo sacro nuragico di Milis**.

Castello Pedreso

Lo si raggiunge seguendo a sud la provinciale per Lòiri (circa 3,5 km), quindi su stradina (segnalata) che sale (circa 1 km) sul colle olivato che regge la fortificazione.

Il doppio arco di porto Brandinchi, lungo la costa di San Teodoro

I resti del medievale castello, in cima a una roccia, si contrappongono alle moderne architetture dell'aeroporto di Olbia-Costa Smeralda. La poderosa struttura (restaurata), eretta nel XII secolo a difesa dei confini del giudicato di Gallura, si compone di una cinta muraria poligonale che racchiude i resti della torre a pianta quadrata.

DA OLBIA A POSADA

Il litorale tra Porto San Paolo e San Teodoro**

Porto San Paolo (m 13), frazione del comune di Lòiri-Porto San Paolo, è un agglomerato sparso di insediamenti residenziali abitati quasi solo d'estate, punto di partenza dei battelli che in circa 20 minuti raggiungono l'isola di Tavolara. La spiaggia di *Porto San Paolo*, a fianco del porticciolo, ha sabbia scura e a grana grossa. Poco più a sud, ci si immerge a **punta Don Diego** fra gli scogli granitici nei pressi di un vecchio relitto che emerge dall'acqua. Il fondale torna basso a **Costa Dorata** e **Porto Taverna**, sabbia chiara e dune, ideale per famiglie ma anche per i surfisti. Per raggiungere **Cala Ghjlgolu*** vale la pena rischiare le gomme con qualche chilometro di sterrata: uno stagno retrodunale prelude a una dolce spiaggia dalla sabbia grigio-ocra e a una spettacolare varietà di anfratti dalle rocce modellate in forme bizzarre. Superata la **punta Molara** – anche qui piccoli tratti sabbiosi si alternano alla scogliera – splendide spiagge si aprono su entrambi i lati del Capo Coda Cavallo. A nord, **Le Farfalle - Cala Suaraccia***, fine arenile di color grigio chiaro, e **Punta Est***, magnifica lingua di sabbia da cui si diparte un sentiero a pedaggio per il capo. A sud, **Baia Salinedda** e **Salina Bamba**, con alle spalle uno specchio d'acqua salata. Già in prossimità di San Teodoro, il soprannome Tahiti dato alla spiaggia di **porto Brandinchi*** dà conto della suggestione di colori esotici. Con una breve camminata nella macchia si raggiunge più a sud la spiaggia gemella di **Lu Impostu***, 2 km di sabbia bianca che un sottile istmo separa dallo stagno retrostante.

Isola Tavolara* e Area marina protetta

Chiamata *Hermaea Insula* nelle antiche carte nautiche, Tavolara è un immenso tavolato calcareo che emerge dal mare come un enorme bastione. Di forma trapezoidale, è alta in media 555 m, lunga 6 km e larga 1. Agli estremi orientale e occidentale ha due appendici: **Spalmatore**

Il profilo di Tavolara dal litorale di Porto San Paolo

di Fuori, montuosa e ripida, e **Spalmatore di Terra**, quasi totalmente pianeggiante. Qui si trova un minuscolo insediamento di alcune case, due ristoranti, un piccolo suggestivo cimitero e un porticciolo.
L'isola conserva il suo paesaggio naturale grazie al divieto di edificabilità imposto dal comune di Olbia ed è tutelata dall'**Area marina protetta Tavolara - Punta Coda Cavallo**. Le sue vaste e impervie distese di macchia mediterranea danno cibo e riparo alla capra selvatica, e custodiscono imponenti esemplari di ginepro, corbezzolo e fillirea. La fauna avicola annovera tra gli altri l'uccello delle tempeste (*Hydrobates pelagicus melitensis*), il più piccolo uccello marino europeo, e il falco pellegrino. Scrigno di riserva di biodiversità marina, i fondali di Tavolara sono tappezzati da vaste praterie di *Posidonia oceanica*. In tutta l'Area marina protetta la pratica delle attività di diporto, di ormeggio, di immersione subacquea, di pesca, di visite guidate sono sottoposte a una severa regolamentazione.

San Teodoro e le sue spiagge

Il minuscolo centro storico (m 15, ab. 4500) si raccoglie intorno alle piazzette Gallura e Mediterraneo con qualche bassa casa tradizionale superstite. I molti negozi denunciano la vocazione tutta balneare del centro, ma l'*Icimar - Istituto delle Civiltà del Mare*, con annesso un piccolo museo archeologico, testimonia la fitta e antica trama di traffici marittimi del litorale.
La fama del borgo è legata a una delle spiagge più spettacolari del litorale gallurese, **La Cinta***, raggiungibile dall'abitato: circa 3 km di sabbia bianchissima e fondali turchesi. Alle spalle, una fascia di rispetto recintata protegge la duna, colonizzata da specie vegetali specifiche dei litorali: tra queste il giglio di mare forma veri tap-

La Cinta a San Teodoro,
candido arenile di circa 3 km

Immersioni a Tavolara

Una gita in barca nel mare di Tavolara permette di ammirare le sinuose **grotte** che traforano i bordi granitici dell'isola: quella del *Papa*, della *Mandria*, del *Bue Marino*, dei *Colombacci* e dei *Fiori d'arancio*, con le sue curiose stalattiti non verticali. Le immersioni subacquee (regolamentate) consentono invece di scoprire le vaste estensioni di prateria a *Posidonia oceanica* e le forme di coralligeno mediterraneo che popolano i meravigliosi fondali. I punti migliori per le immersioni sono **Tegghja Liscia**, a sud di Tavolara, **punta del Papa**, a nord, e la secca a nord dello **scoglio di Molarotto**: nel profondo blu, tra il rosso delle stelle marine e il giallo delle gorgonie, si fa conoscenza ravvicinata con branchi di ricciole e con cernie, dentici, murene.

peti di corolle bianche. Sulla duna alcuni percorsi pedonali portano alla scoperta dello **stagno di S. Teodoro**, che si stende alle spalle della spiaggia, frequentato da varie specie di uccelli e punto di sosta dei fenicotteri durante la stagione migratoria.

Il litorale tra San Teodoro e Posada

A sud di San Teodoro si aprono in successione le spiagge dell'**Isuledda**, **Cala Ottiolu** e **Li Cucutti**, con finissima sabbia chiara dai riflessi brillanti, ben servite e amate da subacquei e surfisti. Fino a *porto Ainu* si stendono infine i 4 km della **Cala di Budoni**, contornata da piccole dune, stagni salmastri e pinete.

Posada

Aggrappata a un isolato sperone calcareo e coronata da un antico castello, è il più scenografico fra i paesi (m 22, ab. 3000) della Baronìa di Siniscola. Due i nuclei di cui è costituito l'abitato: uno di origine medievale e uno sviluppatosi ai piedi del colle. Il **borgo vecchio**, un tempo interamente cinto da mura, si dispone a gradoni lungo le pendici della rupe ed è caratterizzato da vie strette su cui si allinea una cortina di piccole abitazioni dai tenui colori pastello, quasi tutte adibite a case vacanze. Nella parte alta sorge la *parrocchiale di S. Antonio abate*, risalente al 1324 ma ricostruita nel Seicento. Ancora più in alto è il **castello della Fava**: costruito dai pisani poco prima del 1200, fu baluardo dei giudici di Arborèa e sede, a partire dall'epoca aragonese, dei baroni che governavano il vasto feudo delle Baronìe. Della struttura si conservano alcuni tratti murari, le cisterne e una torre alta circa 20 m che offre una bella vista panoramica.

L'ampia **spiaggia di Posada** si stende tra la *punta Orvili* e *Su Tiriarzu*, area di grande interesse naturalistico rinomata per la purezza delle acque, poi prosegue fino alla *Torre di San Giovanni*, lambita da una bella pineta.

11.2 La Costa Smeralda e il Nord-est

Itinerario da Olbia a Tempio Pausania di circa 224 km *(carta a pag. 256)*

Uscendo da Olbia si segue la statale 125 (direzione Palau), lasciandola oltre un breve tratto per raggiungere, dopo 16 km, il lussuoso centro turistico-marinaro di Porto Rotondo. La macchia mediterranea, punteggiata di ville e di rocce granitiche, guarda un mare color smeraldo lungo tutto il perimetro della cosiddetta Riviera di Gallura, che tocca in successione le principali località della Costa Smeralda, proseguendo verso nord fino a Santa Teresa Gallura. Da qui a Isola Rossa corre la splendida strada panoramica costiera da cui numerose deviazioni portano alle spiagge della Costa Paradiso. Da Isola Rossa si consiglia una breve puntata verso l'entroterra fra le rocce incantate della Valle della Luna.

Porto Rotondo

L'insediamento, nato tra il 1965 e il 1967 su iniziativa dei fratelli Donà delle Rose, sorge su una baia tondeggiante, con costruzioni di misurata eleganza che gravitano sulla piccola piazza. Da visitare la **chiesa di S. Lorenzo**, opera di Andrea Cascella, con 20 statue sacre in legno scolpite da Mario Ceroli. Il porto turistico, attrezzatissimo, è il più noto tra i centri balneari a nord di Olbia.

San Pantaleo

Il piccolo borgo sorge a pochi chilometri dal bivio per la Costa Smeralda, in posizione rialzata sulle colline di Milmegghju. Incastonato nel granito, era popolato, sino a pochi decenni fa, unicamente dagli abitanti degli stazzi circostanti. A partire dagli anni '70 è stato colonizzato da un gruppo di artisti e pittori attratti dalla sua atmosfera fuori dal tempo e assolutamente informale, lontana dalla mondanità della Costa. Ancora adesso, nel periodo estivo il borgo si anima con feste e sagre che danno risalto alle numerose attività artigianali, mentre il noto mercatino degli artisti si svolge ogni giovedì mattina.

Costa Smeralda*

Lasciata Porto Rotondo e costeggiato il golfo di Cugnana, si entra nella Costa Smeralda propriamente detta. Il toponimo, ispirato ai colori tipici del mare di Gallura, indica oggigiorno l'intero tratto, circa 60 km, compreso tra *Cala Razza di Giunco* e l'insenatura di *Poltu Quatu*. Tuttavia l'espressione, coniata negli anni '60, indicava originariamente il solo tratto della costa di Arzachena, quello su cui nacque l'omonimo consorzio.

La baia di Porto Cervo, la perla della Costa Smeralda

Di cala in cala fra i tesori della Costa Smeralda*

La Costa Smeralda, frastagliata e rocciosa, è caratterizzata da un susseguirsi di incantevoli calette, spesso raggiunte da sentieri nella macchia. Nei dintorni di Porto Rotondo si apre l'ampio e sabbioso **golfo di Marinella**, ma per trovare una spiaggia più tranquilla il consiglio è di seguire la sterrata che porta a **Cala Sabina**, dove si trova anche una stazione della linea ferroviaria Cagliari-Golfo Aranci. Oltrepassato il golfo di Cugnana, si dispiega un tratto di costa con insediamenti sparsi e quasi invisibili nella macchia: bellissima la serie di falci di sabbia di **Razza di Giunco**, **Cala Petra Ruja** e **Liscia Ruja**, attrezzate con ogni comfort e tutte raggiungibili dalla strada provinciale 94. Oltre **Cala di Volpe** si arriva alla **spiaggia di Caprìccioli**, chiusa al largo da una ridente cortina di isolette. Piccole ed esclusive le cale intorno a **Romazzino**, più ampie quelle del **Piccolo** e **Grande Pevero**, raggiungibili facilmente dalla provinciale 59. Dal Grande Pevero una pista porta alla suggestiva e appartata spiaggia di **Porto Nibani**, di fronte alle isole omonime.

Le origini della Costa Smeralda sono legate a Karim Aga Khan, principe ismailita discendente di Mahommed Shah Aga Khan III e guida spirituale della più grande branca dell'islam sciita. Secondo la leggenda il suo primo incontro con la costa gallurese avvenne, in maniera quasi fortuita, nel 1960 durante un volo aereo. L'anno successivo 5000 ettari di terreno erano già in mano al principe, che fondò un consorzio per la trasformazione del territorio in un centro esclusivo, destinato, nelle intenzioni, ad accogliere i vertici dell'alta società internazionale. Le attività collegate al turismo permisero una repentina crescita del territorio, che interessò dapprima il comune di Arzachena per poi allargarsi ai comuni limitrofi. Le cronache mondane diffusero le immagini di una natura ancora vergine e di un mare meraviglioso, oltre a quelle dei vip indaffarati nella dolce vita rivierasca. Il boom economico che ne seguì ha modificato il volto dell'intera costa con la diffusione di centri residenziali, villaggi e porti turistici che hanno beneficiato nel tempo della crescita del porto di Olbia e dell'inaugurazione dell'aeroporto Costa Smeralda, portando all'apice l'espansione turistica del tratto di costa tra Olbia e Santa Teresa, a nord, e a sud da Badesi a San Teodoro.

RISTORANTI DI GALLURA

- **Da Bartolo** Nel pieno centro di **Olbia**, prelibata cucina di mare: pesce, frutti di mare e crostacei. Particolarmente consigliati i piatti a base di cozze di cui la città è eccellente produttrice. *Viale A. Moro 181, www.ristorantedabartolo.it*
- **Tenuta Pilastru** Ad **Arzachena**, sulla SP 115, questo agriturismo elegantemente ristrutturato offre un menu tipico della cucina di terra gallurese con salumi e formaggi di produzione propria. Prezzi contenuti. *Loc. Pilastru, SP 115 km 5, www.tenutapilastru.it*
- **La Kustera** Nel piccolo comune di **Sant'Antonio di Gallura**, è una delle eccellenze agrituristiche della zona. Offre i piatti tipici della tradizione locale come la *zuppa cuata* e la *mazza frissa*. Di particolare qualità le pietanze a base di funghi di cui il territorio è ricco. *Località Scupetu snc, www.agriturismolakustera.it*
- **L'Avventura** Nel pieno centro di **La Maddalena**, sul versante del lungomare, è un piccolo ristorante con cucina tipica di pesce. Ricette tipiche della cucina isolana come lo *zimino* (zuppa di pesce povero) e la pasta coi ricci. Prezzi medio-alti. *Via Amendola 21, www.lavventuraristorante.it*
- **Il Giardinaccio** A pochi chilometri dal mare, nel comune di **San Teodoro**, propone una vasta gamma di pietanze in prevalenza di mare. I frutti di mare crudi come le prelibate ostriche provengono dalla vicina laguna. *Via Sardegna 39, www.ilgiardinaccio.com*

La Costa Smeralda si presenta ancora come un autentico 'paradiso per ricchi': alcune decine di alberghi di lusso, centinaia di ville, un grande campo da golf, un porto turistico e un centro nautico fra i più attrezzati e famosi del mondo sono la cornice di vacanze esclusive. Ville e hotel sono stati costruiti in uno stile definito neomediterraneo, che ha cercato, in molti casi riuscendoci, di inserirsi nel paesaggio senza stravolgerne le linee e le caratteristiche. Il litorale risulta così intarsiato da piccoli insediamenti, ciascuno per ogni cala, che penetrano fin dentro la fitta macchia creando una serie di contrasti cromatici.

Porto Cervo

Il prestigioso centro è adagiato in una cala riparata e fornito di numerose strutture ricettive, negozi, locali di ritrovo, campi da golf. L'abitato ruota intorno alla famosa 'piazzetta' e culmina con la **chiesa di Stella Maris*** *(B2)*, opera dell'architetto Michele Busiri Vici. Il portale in bronzo a bassorilievi rappresentanti l'*Annunciazione* si deve a Luciano Minguzzi; all'interno sono custoditi una *Mater Dolorosa* attribuita a El Greco e un organo del Seicento. Il porto turistico *(A-B1)* dispone di 700 posti-barca dislocati in sette pontili. Nei dintorni di *Caprìccioli* l'**Hotel Cala di Volpe**, progettato da Jacques Couëlle, è l'edificio più rappresentativo del cosiddetto 'stile Costa Smeralda'.

Arzachena

Centro (ab. 13 000 circa) nevralgico della Gallura, grazie agli insediamenti turistici

Il tempietto Malchittu, nell'area archeologica di Arzachena

La roccia dell'orso, sulla costa di Palau

della Costa Smeralda ha conosciuto uno straordinario sviluppo economico e demografico al punto da triplicare, dagli anni '60 a oggi, la propria popolazione. Il centro storico, l'antico cuore della città, sorge a circa 10 km dalla costa su un piccolo colle granitico. La sua fondazione risale al 1716, quando un gruppo di sacerdoti inviati da Carlo Emanuele III fondò la chiesa di S. Maria Maggiore (oggi *S. Maria della Neve*) con l'intento di evangelizzare la comunità di pastori refrattaria al dominio sabaudo.

L'area archeologica di Arzachena

Interessanti vestigia della civiltà nuragica sono, a circa 2 km dal centro di Arzachena sulla strada per Olbia, l'imponente **nuraghe Albucciu** e a sinistra, collegato da un viottolo percorribile anche in auto, il **tempietto di Malchittu**, piccola costruzione a *mègaron*, unica nel suo genere in tutta la Sardegna in granito. Gli archeologi la datano al periodo del Bronzo medio (1500-1200 a.C.).

Prendendo il bivio per Luogosanto, sulla strada per Sant'Antonio di Gallura, la **tomba dei giganti di Lu Coddhu 'Ecchju*** (ossia 'collo vecchio' ma anche 'altura antica') appare quasi sul bordo della strada: il vasto fronte della tomba è dominato dalla stele di granito alta oltre 4 m; lunga quasi 14 m, la tomba poteva accogliere decine di defunti. Nei pressi, l'interessante **nuraghe di La Prisgiona** è tuttora oggetto di scavi.

Dopo circa 1 km un segnale turistico indica la necropoli di Li Muri; 500 m prima di giungervi, una deviazione di poche decine di metri porta alla **tomba dei giganti di Li Lolghi***, dal nome degli anelli con cui si legavano i cavalli alle pareti esterne delle case: le due grandi tombe sono fra le meglio conservate dell'isola.

La **necropoli di Li Muri***, scavata a partire dal 1940, è costituita da cinque grandi ciste dolmeniche, tombe costruite su lastre di pietra circondate da brevi circoli di pietre fitte. Qui gli archeologi hanno individuato la testimonianza di una cultura originale denominata appunto di Li Muri o 'delle tombe a circolo', coeva della primissima civiltà nuragica.

Palau e dintorni

Superata tra bianche rocce e macchie verdi *Baia Sardinia*, insediamento popolatissimo durante l'estate, il litorale meridionale del golfo di Arzachena accompagna a questo vivace centro marittimo (ab. 4500) trasformatosi negli ultimi decenni dell'Ottocento da piccolo villaggio di contadini-pescatori in avamposto marittimo e turistico gravitante sulla Maddalena. Tra le **spiagge** prossime a Palau si segnalano il bell'arenile sabbioso di **Porto Liscia** e **Porto Pollo**, paradiso del windsurf e del kitesurf.

Una bizzarra attrattiva naturale di Palau è la famosa **roccia di Capo d'Orso***, a 6 km dal centro verso est, citata nella *Geografia* di Tolomeo e nota come punto di riferimento per i naviganti. Ai piedi di questo grandioso tafone (roccia granitica erosa dagli agenti atmosferici in forma di plantigrado) si dipana un interessante percorso naturalistico.

A ovest, in direzione del vicino Porto Rafael, si può salire alla **fortezza** militare **di Monte Altura**, costruita in blocchi di granito nel XIX secolo, che faceva parte del sistema difensivo della base militare della Maddalena.

Porto Rafael è un sofisticato borgo turistico raccolto intorno a una breve insenatura e al promontorio di *punta Sardegna*, costellato da insediamenti turistici.

La costa da Palau a Santa Teresa Gallura

Abbandonata la statale 133 diretta a Tempio Pausania, si prosegue sulla 133 bis fino al bivio di **San Pasquale** (m 139), paesello sorto nel 1776 e affacciato come un poggiolo sull'arcipelago maddalenino. Più avanti merita una sosta il borgo marino di **Porto Pozzo**, già villaggio di contadini-pescatori (secondo un assetto sociale comune a tutti i piccoli paesi costieri) e oggi dotato di porticciolo turistico. La statale tra Porto Pozzo e Santa Teresa Gallura corre lungo una pianura immersa nella macchia mediterranea, dove primeggiano le eriche nane e gli olivastri secolari piegati dal vento. Dal lato destro della strada si staccano gli svincoli che, in 4 o 5 km, portano alle località balneari affacciate su un mare dalle incantevoli tonalità verde-azzurre.

Santa Teresa Gallura e il suo litorale*

Il centro balneare (ab. 5200, ma da luglio a settembre lievitano fino a 40 000) si affaccia da un piccolo promontorio roccioso sulle Bocche di Bonifacio. La caratteristica più significativa di questa cittadina, la cui pianta di fondazione fu disegnata nel 1808 di propria mano da Vittorio Emanuele I, che le diede il nome della regina, è la struttura regolare delle sue strade originarie. Quando i piemontesi costruirono Santa Teresa era già presente la cilindrica **torre di Longosardo**, eretta nel XVI secolo da Filippo II. E c'è ancora, alta e ferma sentinella sulla roccia. Di fronte alla cittadina si staglia, oltre l'azzurro del mare, l'ampia mole della Corsica (distante appena 14 km), con i suoi bianchi bastioni calcarei della costa di Bonifacio. Dal porto, protetto da una profonda insenatura che penetra nell'entroterra a fianco dell'abitato, partono i traghetti di linea per Bonifacio (quotidiani, più numerosi durante l'estate: il viaggio dura circa un'ora).

È di questi ultimi decenni la trasformazione di Santa Teresa da borgo di ortolani-pescatori in sito turistico di risonanza europea. Un fitto avvicendarsi di **spiagge** e spiaggette dalla sabbia finissima – a cominciare dalla bella **Rena Bianca**, a nord del centro storico – anima la costa da *punta Falcone* alla penisoletta di Capo Testa; mare, granito, sabbia e macchia dispiegano qui la straordinaria gamma dei loro colori. Da Santa Teresa una bella strada panoramica si allontana dal mare riguadagnando la costa presso il verde dosso di **Rena Majore**, dove gli antichi localizzavano le porte dell'inferno per il suo mare mugghiante nei giorni di forte maestrale; oggi vi sorge un vasto complesso residenziale. Dopo il lungo litorale alberato che fronteggia il promontorio granitico di *Montirussu*, s'incontra il piccolo centro di **Vignola Mare**, ex villaggio di pescatori e oggi rinomata località di bagni con alberghi, camping e una bella pineta.

Capo Testa

Poderoso, incantevole promontorio granitico a 5 km da Santa Teresa Gallura, è collegato alla terraferma da uno stretto

La cilindrica torre di Longosardo a Santa Teresa Gallura

Uno scorcio della Costa Paradiso, con le sue scogliere di granito rosa

istmo. Nella parte nord-occidentale presenta ancora tracce delle cave di granito sfruttate dai romani e nel medioevo dai pisani, che usarono questo materiale per erigere i colonnati del Duomo di Pisa. Sulla costa che fronteggia la penisoletta è sorto un vasto insediamento, chiamato **Santa Reparata** dai resti di una chiesetta medievale, dalla quale deriva il nome la baia. All'estremità del promontorio svetta **Cala Spinosa**, con le sue acque verdi racchiuse da un anfiteatro di bianche rocce granitiche.

Costa Paradiso

Da Santa Teresa la strada corre tra la macchia mediterranea costellata di stazzi fino a questo insediamento che ha invaso parzialmente un bellissimo tratto di costa caratterizzato da scogliere di granito rosa, modellate dagli agenti atmosferici, assieme alla vicina Isola Rossa Sito di interesse comunitario, esteso su oltre 6000 ettari. Prima della deviazione per questo centro, volgendo a destra su una strada (segnalata) e proseguendo su sterrata per circa 2 km, quindi a piedi per un altro chilometro su sentiero, si può scendere alla **baia di Tìnnari***, con le sue rocce color corallo e un'incantevole spiaggia di ciottoli. La baia è raggiungibile anche via mare da Costa Paradiso.

Isola Rossa

Si staglia sulle suggestive rocce di porfido color amaranto questo piccolo paese (ab. 130 stanziali e 10-12 000 in estate) di pescatori riconvertito al turismo. L'isoletta omonima, della stessa rosseggiante pietra, ne delimita a ovest il porticciolo. Il borgo nacque agli inizi del Novecento per iniziativa di un gruppo di pescatori e contadini napoletani e galluresi che sfruttarono il mare antistante soprattutto per la pesca dei mitili e dei crostacei. Vicino all'abitato, scura sulla roccia, si erge una cinquecentesca *torre* spagnola di difesa.

Trinità d'Agultu

Sede del comune sparso di *Trinità d'Agultu e Vignola* (ab. 2200), si affaccia come da un belvedere sul golfo dell'Asinara, l'Isola Rossa, Baia Trinità e punta li Canneddi. È un piccolo centro formatosi nella seconda metà dell'Ottocento attorno a una chiesa campestre, con economia tradizionalmente agricola e un turismo particolarmente vivace nelle frazioni costiere. Vicine al paese si trovano le antiche *chiese di S. Antonio di Li Colti* e *di S. Pietro Martire*.

Valle della Luna

Si raggiunge da Isola Rossa, inoltrandosi verso l'entroterra fra un'armoniosa fuga di colline: la suggestiva denominazione turistica ha sostituito quella originaria di *Piana dei Grandi Sassi*, a designare questa landa d'aspetto desolato caratterizzata dalla presenza di rocce granitiche scavate dall'erosione naturale, molte con forme animali. Purtroppo cavatori senza scrupoli ne hanno ridotto il numero; tra le forme superstiti spicca la **testa di Platone** (o *del Frate Cappuccino*), come viene chiamata l'enorme roccia vicina alla strada, sulla destra.

11.3 Arcipelago della Maddalena

Itinerario pedonale e automobilistico con escursioni in battello

Posto all'estremità nord-orientale della Sardegna e formatosi per effetto della sommersione provocata dall'innalzamento postglaciale del livello del mare, l'arcipelago è costituito da un gruppo di belle isole granitiche, per una superficie complessiva di 49,3 km^2. Delle sette isole maggiori, quattro – Santo Stefano, Spargi, la Maddalena, Caprera – si trovano vicino alle coste galluresi; le altre tre – Budelli, Razzoli, Santa Maria – circondate da uno sciame di isolotti e scogli, si affacciano sulle Bocche di Bonifacio. Lo spettacolare paesaggio delle isole e dei fondali marini, la fantasmagoria delle forme e dei colori, la varietà delle specie ornitologiche ne fanno uno dei più suggestivi arcipelaghi dell'intero bacino del Mediterraneo. La quasi totalità degli abitanti è concentrata nella cittadina di La Maddalena, sulla costa meridionale dell'isola omonima. Le attività prevalenti sono quelle del turismo e dei servizi collegati, del commercio, della Difesa militare e del comparto marittimo (trasporti e pesca). La vocazione turistica ha ricevuto un forte impulso grazie anche alla presenza di strutture attrezzate come il Centro Velico di Caprera e il villaggio turistico del Touring Club Italiano alla Maddalena, mentre l'area dell'ex Arsenale militare è stata oggetto di interventi di ristrutturazione e riqualificazione (porto, albergo di lusso, centro congressi) per il programmato svolgimento del Vertice G8 del 2009, poi spostato a L'Aquila. Queste strutture giacciono oggi inutilizzate e in progressivo degrado. I valori ambientali non esauriscono comunque i motivi di inte-

Arcipelago della Maddalena 1: 150 000 (1 cm = 1,5 km)

Arcipelago della Maddalena

La Maddalena è raggiungibile dal porto di Palau in circa 15 minuti con **traghetti** gestiti da due compagnie di navigazione, che trasportano sia passeggeri che auto; le corse, soprattutto in estate, sono assai frequenti ed è previsto anche un servizio notturno (*www.maddalenalines.it*, *www.delcomar.it*). Per gli spostamenti nelle due isole principali è consigliabile l'uso di un'auto. Con battelli gestiti da privati si possono effettuare appassionanti escursioni alle altre isole.
La tutela dell'arcipelago è affidata a un regolamento di salvaguardia ambientale che disciplina l'esercizio di numerose attività; il **diporto nautico,** con l'esclusione delle zone marine di massima tutela, è consentito solo previo rilascio di autorizzazione (in alcuni casi a pagamento). Norme precise regolano anche la **pesca sportiva**, vietata nelle zone di maggiore protezione e ristretta ad alcune specie, così come vi sono divieti relativi all'ormeggio, alla navigazione e alla pratica delle **immersioni subacquee.** Inaccessibile ai bagnanti e alle barche rimane la famosa spiaggia rosa di **Budelli**. Per informazioni dettagliate: *www.lamaddalenapark.it*

resse della visita all'arcipelago. Muovendo dal centro della città di La Maddalena, si suggerisce il circuito dell'isola (20,6 km) lungo la 'strada panoramica' e quindi la visita a Caprera (5,3 km più eventuali deviazioni) e al Museo garibaldino.

Storia. Abitate sin dal Neolitico, le isole dell'arcipelago acquisirono importanza in epoca romana come base di appoggio delle navi sulle rotte del Tirreno. Abbandonate per un lungo periodo, furono frequentate nel XII secolo da pisani e genovesi, ma solo nel XVI le migrazioni temporanee di pastori corsi, alla ricerca di pascoli per le loro mandrie, portarono alla nascita di un primo nucleo abitato alla Maddalena. Successivamente, col passaggio della Sardegna al Piemonte, la resistenza della riottosa comunità fu piegata, nel 1767, dall'occupazione dell'arcipelago con un distaccamento militare. Cominciò così per la Maddalena la prima fase di sviluppo legato alla presenza della piazzaforte militare della Marina sarda. Furono realizzate in questo periodo le principali strutture urbane a partire dal primitivo nucleo di Cala Gavetta. Nel 1887 il governo italiano scelse come base strategica della Marina militare l'isola che è stata, sino alla fine della seconda guerra mondiale, un'importante base navale. Dagli anni '70 del Novecento vi ha avuto sede una base Nato per sommergibili nucleari statunitensi, dismessa nel 2008.

Parco nazionale dell'Arcipelago della Maddalena*

Istituito nel 1996 e destinato a rappresentare anche una parte significativa dell'istituendo *Parco marino internazionale delle Bocche di Bonifacio*, tutela una superficie superiore ai 20 000 ettari – 5134 terrestri, 15 046 marini – e ben 180 km di coste. Vi rientrano tutte le isole (e isolotti) appartenenti al territorio del comune della Maddalena, tra le quali è di particolare interesse l'isola di Caprera, censita tra i siti di maggiore importanza per la conservazione della natura dall'Unione Europea e già Riserva orientata (dal 1980). Le forme dei litorali, di natura granitica, si caratterizzano per un andamento frastagliato in un alternarsi di falesie e rias. La vegetazione è quella tipica della fascia costiera mediterranea.

La Maddalena

Con i suoi 19,61 km² e uno sviluppo costiero di 45 km, l'isola più grande dell'arcipelago (ab. 12 000), di forma triangolare, si eleva al centro con un accidentato altopiano dall'altezza media di 100 m. Il punto più alto – *Guardia Vecchia* – raggiunge i 156 m. L'isola è poverissima di suoli utili alla coltivazione, per via della forte prevalenza dei terreni granitici.

Centro storico. Lo sbarco dal traghetto conduce immediatamente a **Cala Gavetta**, porticciolo peschereccio e turistico che rappresenta l'antico cuore della città. Da *piazza XXIII Febbraio 1793* (giorno in cui le milizie locali riuscirono, durante la guerra tra Francia e Piemonte, a respingere il tentativo di occupazione francese) si imbocca *via XX Settembre* e subito di seguito **via Garibaldi**, corso del passeggio cittadino, lungo il quale si susseguono affollati caffè e edifici di rappresentanza come il Municipio. Nel suggestivo centro storico, piacevolmente mosso da scalinate e vicoli, la **parrocchiale di S. Maria Maddalena** conserva, in un piccolo museo diocesano, *due candelabri* e un *Crocifisso d'argento* donati da Horatio Nelson. La via principale conduce all'animata **piazza Umberto I** (meglio nota ai locali come piazza Comando), ricca di edifici di pregio e nel periodo estivo teatro di un piccolo mercatino dell'artigianato.

Cala Coticcio a Caprera, con le sue tipiche rocce rosate

Verso il ponte-diga. Superata piazza Comando, al termine della quale è ben visibile l'edifico dell'Ammiragliato, si prosegue sulla strada del lungomare raggiungendo il popolare sobborgo di *Moneta*, che conserva la parlata del primitivo nucleo d'insediamento. Superato il quartiere si arriva al *ponte-diga* (600 m, costruito nel 1891) che congiunge la Maddalena con l'isola di Caprera.

La Valigia dell'Attore

Ogni estate, dal 2003, si svolge a La Maddalena questo festival cinematografico intitolato a **Gian Maria Volonté**, figura speciale della storia del cinema e cittadino onorario dell'isola. La manifestazione, che negli anni ha premiato il talento di attori come Toni Servillo, Luigi Lo Cascio, Fabrizio Gifuni, Valerio Mastandrea ed Elio Germano, mira a coinvolgere gli interpreti della miglior produzione artistica italiana ed europea sul terreno della recitazione nelle sue diverse forme espressive. Il calendario dell'evento, che prevede proiezioni, dibattiti e spettacoli dal vivo a ingresso gratuito, è consultabile sul sito *www.lavaligiadellattore.it*

Periplo dell'isola. La gita classica della Maddalena, indicata a chi vuole godere del magnifico panorama dell'arcipelago, si svolge lungo i 20,5 km della strada panoramica che ne percorre il periplo, costeggiando in più tratti il mare e toccando, a oriente e a occidente, alcune delle opere difensive dell'epoca piemontese.

Caprera

Indicata dai geografi come l'antica *Phintonis* di Tolomeo, si trova a est della Maddalena ed è la seconda tra le isole dell'arcipelago quanto a superficie (15,75 km^2) e sviluppo costiero (34 km). Gli aspri rilievi dell'accidentata costa orientale, dove si erge il monte Teialone (212 m), lasciano il posto, in quella occidentale, a spazi pianeggianti occupati da pascoli e pinete. Caprera è famosa per l'intatta, smagliante bellezza del suo paesaggio. Sulle inaccessibili pareti del versante orientale nidificano molte specie di uccelli come il gabbiano reale, il gabbiano corso, il marangone dal ciuffo

e il falco pellegrino. Dichiarata Riserva naturale orientata nel 1980, l'isola è stata liberata l'anno dopo dalle servitù militari.

Compendio garibaldino*. Da sempre disabitata e frequentata solo in alcuni periodi dell'anno da pastori transumanti, Caprera fu in parte acquistata nel 1855 da Giuseppe Garibaldi che vi costruì una casa e alcuni edifici di servizio, poi riuniti nel complesso statale (1978) del Compendio garibaldino di Caprera. Il nucleo principale trova collocazione nella *Casa Bianca*. La costruzione occupa il lato occidentale del cortile su cui domina, sovrastante a un abbeveratoio, il pino piantato in occasione della nascita della figlia Clelia. L'allestimento museale segue nell'insieme la destinazione dei singoli ambienti dove sono raccolti oggetti d'uso, arredi, quadri e numerosi cimeli come la cassa da campo e la rete metallica che l'eroe usò in tutte le campagne di guerra. Nella camera dove Garibaldi morì è conservato il letto circondato da una balaustra donata dalla Società Reduci di Livorno. Sul retro della casa, all'uscita dall'ultimo vano, si possono vedere il forno e il mulino a vento costruiti dallo stesso Garibaldi. Su una roccia è collocato il *busto* realizzato da Leonardo Bistolfi dopo il 1882. Al termine del viale si trova la *tomba*, un semplice sarcofago costituito da un masso di granito affiancato da quelli dei figli e della moglie.

Memoriale Giuseppe Garibaldi. Prendendo la strada asfaltata che costeggia le pendici del monte Telaione, vetta dell'isola, si raggiunge il restaurato **forte Arbuticci**, dove si visita il Memoriale, museo multimediale che esplora e racconta la parabola umana e politica dell'eroe dei due mondi.

Le spiagge. La più bella dell'isola è, sulla costa orientale, **Cala Coticcio****, raggiungibile a piedi attraverso un lungo sentiero che si diparte dalla strada per forte Arbuticci. Di sabbia fine e chiusa da rocce rosate su cui cresce la macchia, la spiaggia è compresa nella zona di massima tutela del Parco nazionale, motivo per cui l'accesso a piedi per i non residenti è consentito solo al seguito di una guida autorizzata. A sud dell'isola, nell'istmo di *Punta Rossa*, la **spiaggia del Relitto**, di sabbia bianca finissima e con un mare color turchese, prende il nome dal relitto di una nave carboniera naufragata nel 1922 e i cui resti giacciono ancora a riva.

Santo Stefano

Si trova di fronte alla cittadina di La Maddalena, a metà percorso della traversata da Palau. È visibile dal traghetto il **forte di S. Giorgio** (detto anche di Napoleone), parte del sistema di fortificazioni realizzato dal governo piemontese alla fine del Settecento. Da qui, durante l'attacco francese del 1793, il futuro imperatore Napoleone Bonaparte, allora ventiquattrenne, venne respinto dall'eroica impresa di Domenico Millelire, ufficiale maddalenino della Regia marina sarda e prima medaglia d'oro al valore nella storia delle Forze Armate italiane.

Spargi

Di forma tondeggiante e dall'aspro rilievo, raggiunge la massima elevazione nel monte Guardia Preposti (m 55). Tra le isole dell'arcipelago è la più lussureggiante, con una vegetazione bassa ma ampiamente diffusa e una serie di insenature sul versante sud-orientale (Cala Corsara, Cala Soraya, Cala Conneri) particolarmente ambite dal turismo nautico e balneare.

Budelli, Razzoli e Santa Maria

A nord di Spargi, disabitata, Budelli è conosciuta soprattutto per la **spiaggia rosa***, composta dai minuscoli gusci calcarei di *Miniacina miniacea,* un foraminifero che vive tra i rizomi di *Posidonia oceanica* portati a riva dalle correnti. Oggi la spiaggia è sottoposta a rigorose misure di tutela: la si può solo ammirare a distanza poiché sono vietati l'accesso all'arenile, l'ormeggio e la balneazione. A nord-ovest e a nord-est, affacciate sulle Bocche di Bonifacio e separate dal passo degli Asinelli, sorgono le isole di **Razzoli** e **Santa Maria**. La prima, disabitata, ha coste scoscese ed è accessibile solo nella parte occidentale, al fondo dell'insenatura di *Cala Lunga*. La seconda, quasi pianeggiante, conta diverse residenze abitate quasi esclusivamente nel periodo estivo.

Il Deserto Rosso di Budelli

La celebre spiaggia rosa di Budelli ha fatto da cornice a una delle sequenze più suggestive di *Deserto Rosso* (1964), capolavoro di **Michelangelo Antonioni**. Altrimenti girato a Ravenna, fu un film tra l'altro basato sulla sperimentazione cromatica e la ricerca sulla fotografia. L'episodio di Budelli è una sorta di abbacinante film nel film, metafora del desiderio di fuga dalla realtà da parte della protagonista Giuliana (Monica Vitti), che racconta come una favola al figlio il suo sogno di evasione nella solitaria cornice del cuore della Maddalena.

La spiaggia rosa dell'isola di Budelli

La Maddalena, il contro-tempo della lontananza

Se ci si basa sulle testimonianze risorgimentali – Garibaldi, del resto era spesso da quelle parti, a Caprera, non importa se confinato o esule volontario – come quella di **Candido Augusto Vecchi** del 1861, La Maddalena, isola d'un'isola e dunque affetta di 'isolitudine' al quadrato, ha un'aria civile e ordinata, urbanisticamente assai diversa da quella degli altri paesi sardi dell'entroterra, forse per la sua origine tutta sabauda, quando alla fine del Settecento cominciò a svilupparsi attorno alla parrocchiale, sul progetto d'un ingegnere inglese, sebbene capitano del Genio piemontese. Candido Augusto Vecchi denuncia l'ostilità della Natura, tra sole ardente ed eminenze rocciose di vegetazione ispida e avara, nel mentre però sottolinea l'industriosità dell'uomo che però quell'ostilità l'ha vinta, imponendo ovunque decoro e dignità. È la stessa grande e riposata civiltà che si ritrova, cento anni dopo, nelle pagine di *Fuori* (1968), un libro tra i più singolari di **Mario Soldati**. Ancora una volta, l'impressione che ci raggiunge è quella d'un luogo poco sardo, un poco *british* e un poco Nord Europa, d'un frammento estremo e remoto dell'Italia, epperò capace di rifletterla tutta intera in un piccolo spicchio, un microcosmo autosufficiente, «una vera e propria 'città minima'», che possiede tutto ciò che è necessario per una vita associata, comoda e civile.
A differenza di Candido Augusto Vecchi, però, Soldati registra un dato che è, ancora oggi, quello che più s'impone al viaggiatore, il quale pure ha già potuto magnificare, stupendosene, le spettacolari spiagge della Gallura. Quale? La struggente prepotenza dei paesaggi dell'isola, la forza primaria degli elementi naturali: le acque «d'un blu freddo e nordico, increspate dalla perenne brezza»; il vento che mai cessa di soffiare e che vivifica; le rocce di Capo d'Orso, modellate da venti d'una potenza ciclopica, che assumono la forma bizzarra mostruosa di animali enormi, «vere proprie sculture» davanti a cui quelle della Biennale veneziana di quegli anni farebbero persino ridere. Ma è un altro aspetto che Mario Soldati sa cogliere impeccabilmente, che si esperisce ineludibilmente se alla Maddalena ci si va magari d'inverno, un inverno di soli alti e cieli tersissimi: quel senso di mare e lontananza, quel vagheggiamento di esili irredimibili e di viaggi mai fatti, quell'ipotesi di solitudine radicale che, se non ti sottrae al consorzio civile, ti introduce però in una specie di contro-tempo, che costringe con dolcezza ad altre gerarchie di valori, che non quelle d'una vita di corsa e senza requie, la sola che ci concedono le nostre grandi città.

Massimo Onofri

11.4 Tempio Pausania e l'entroterra gallurese

Due itinerari automobilistici nella Gallura interna di circa 151 km *(carta a pag. 256)*

L'entroterra della Gallura, dove la lontananza dal mare ha conservato quasi intatti natura e stili di vita, presenta caratteri assai diversi dalle zone costiere. Le strade si snodano in un paesaggio disseminato di stazzi, rocce tafonate di granito grigio e chiese campestri; anche la vegetazione si fa più fitta e la macchia mediterranea cede il passo a boschi di querce, pini e lecci. Il territorio è presidiato a est dal massiccio del Limbara (1359 m), a sud dalla collina del Monteacuto, nel territorio di Berchidda, a ovest dal fiume Coghìnas e dal bacino artificiale omonimo. L'itinerario suggerito parte dal capoluogo Tempio Pausania per poi spingersi in due direzioni, la prima a est sulle statali 127 e 133 nelle direzioni, rispettivamente, di Luras e Luogosanto. La seconda a sud, percorrendo la statale 392 in direzione di Òschiri.

Tempio Pausania

La storica cittadina (m 566, ab. 14 300), di fondazione romana, sorge su un altopiano granitico fitto di sughere e di vigneti cui fanno da sfondo le cime a guglie del maestoso massiccio del Limbara. Importante centro sughericolo e vitivinicolo, è stazione di villeggiatura collinare nel verde dei boschi, conosciuta per le qualità terapeutiche delle sue acque oligominerali. Fin oltre la metà del Novecento è stata considerata la 'capitale' della Gallura e il riflesso urbanistico di questo ruolo è leggibile nell'omogeneo tessuto di edilizia civile e religiosa sette-ottocentesca che fa corpo attorno alle piazze Gallura e S. Pietro. Gli opifici abbandonati, veri e propri monumenti di archeologia industriale, caratterizzano ancora parti della città che accoglie la **Stazione sperimentale del sughero**, istituto scientifico di rinomanza europea, con il *Museo storico delle Macchine del Sughero.*

Via Roma, animato fulcro della vita cittadina, collega *piazza Gallura* – che offre un suggestivo scorcio urbano – e piazza d'Italia lambendo il piccolo e scenografico **slargo di S. Pietro**, dove tra severi edifici in granito sono raccolti gli episodi architettonici più interessanti. Tra questi, la maestosa **Cattedrale** dedicata a S. Pietro, ricostruita nell'Ottocento: della preesistente fabbrica tardoquattrocentesca rimangono il *portale* e il *campanile* absidato; all'interno spiccano due *altari lignei* del Settecento. Fronteggia la Cattedrale l'elegante facciata del settecentesco *oratorio del Rosario*, che mescola motivi stilistici diversi. Al N. 7 dello stesso slargo è visitabile su appuntamento la **Raccolta ornitologica «Francesco Stazza»**, che comprende più di 400 specie di volatili sardi ed eritrei, oltre a documenti storici e oggetti relativi alla campagna d'Africa del 1896, alla prima guerra mondiale e alla storia locale. Nel palazzo Pes di Villamarina il *Museum Templense*, polo espositivo diocesano, espone argenti e suppellettili sacre oltre a materiali archeologici. Al termine di via Garibaldi si accede all'ombroso *parco delle Rimembranze,* con il *Museo «Bernardo De Muro»* dedicato al celebre tenore locale (1881-1955), mentre il **viale della Fonte Nuova*** – passeggiata estiva dei cittadini tempiesi – prende il nome dalla fonte perenne di acque fresche che vi si trova. Più in alto sono situate le **fonti di Rinaggiu** con annesso uno stabilimento termale.

Tempio è nota in tutta la Sardegna per il suo *Carnevale** straordinariamente partecipato: alla sfilata dei carri allegorici in cartapesta animati da centinaia di figuranti e al 'processo' al fantoccio carnevalesco, detto re Giorgio, assistono, nella giornata di Martedì grasso, migliaia di persone.

Àggius e dintorni

Raggiungibile da Tempio Pausania in poco più di 6 km sulla SS 127, questo paese (m 514, ab. 1600), Bandiera Arancione del Tci, sorge sul versante sud-orientale del *monte della Croce* (m 666), dal caratteristico aspetto seghettato. Nell'Ottocento fu tormentato da tremende faide (la più celebre è raccontata nel *Muto di Gallura*, romanzo di Enrico Costa), oggi il borgo è noto per le tradizionali lavorazioni del granito e del sughero e per la tessitura dei tappeti. Entrambe sono illustrate nel **Museo etnografico «Oliva Carta Cannas» - Meoc**, dove è ospitata la *Mostra permanente del Tappeto aggese**. Nel centro storico svettano quattro chiese antiche: la *parrocchiale di S. Vittoria* (1536), la *Madonna d'Itria* (1750) e gli *oratori del Rosario* (1717) e *di S. Croce* (1709).

Nel territorio sono custoditi resti preistorici imponenti: circoli megalitici nella zona di *Pitrischeddhu* e tracce di villaggi prenuragici a *li Pàrisi*.

DA TEMPIO PAUSANIA A LUOGOSANTO

Luras e dintorni

Questo abitato antico (m 508, ab. 2700) dalle belle case in granito si dispone sulle estreme pendici del Limbara e si distingue dagli altri paesi della Gallura perché vi si parla il logudorese. Nel centro storico spiccano la settecentesca *Parrocchiale* e la bella casa padronale che ospita il museo etnografico **Galluras - Museo della femina agabbadora,** impostato sulla fedele ricostruzione degli ambienti tipici della civiltà materiale del territorio tra la fine del Seicento e la prima metà del Novecento, attraverso oltre 3000 reperti.
Significativi monumenti preistorici del territorio sono quattro dolmen funerari prenuragici risalenti al III-II millennio a.C. fra cui il **Ladas**, a un paio di chilometri sulla strada che porta alla statale 133 per Palau.

Calangiànus

Il ricco centro gallurese (m 518, ab. 4300) sorge in un territorio abitato fin dalla preistoria, come testimoniano significativi resti prenuragici. Nel 1698, con poco più di 1000 abitanti, era la seconda città dell'*Incontrada de Gallura* dopo Tempio Pausania. Oggi con Tempio è la capitale italiana del sughero, con una specifica scuola professionale. La lavorazione iniziò a Calangiànus nel 1851, prima a livello artigianale e poi industriale e attualmente contribuisce per il 90% circa alla produzione nazionale. Dal 1978 vi si tiene un'importante *Fiera del sughero*. Meritano una visita la **chiesa di S. Maria degli Angeli**, che conserva un bel coro settecentesco, e la **Parrocchiale** del 1378, che custodisce al transetto destro un'*Assunzione* di Andrea Lusso.

Sant'Antonio di Gallura e lago del Liscia

Raggiungibile da Tempio lungo la statale 427 prima del bivio per Luogosanto, è un piccolo borgo (ab. 1500 circa) situato in leggera collina, erede di un antico villaggio medievale ancora percepibile dal grazioso *belvedere di 'Lu Nuraco'*. Il vicino **lago artificiale del Liscia**, invaso di 104 milioni di m^3 utilizzato per l'irrigazione e i consumi civili di numerosi centri della Gallura, nei giorni di piena sommerge la **chiesetta di S. Nicola di Carana**. Presso la sponda meridionale offre lo spettacolo del cosiddetto *S'ozzastru**, un gigantesco

Da Berchidda al mondo, il lungo viaggio di Paolo Fresu

La tromba di Paolo Fresu e il suo flicorno sono segni forti del jazz del nostro tempo; jazz e basta, perché sarebbe riduttivo aggiungere 'italiano' per un artista famoso in tutto il mondo che non ha mai posto limiti, men che meno geografici, alle proprie idee e collaborazioni. Questa apertura assolutamente internazionale si sposa con un fortissimo radicamento nella sua terra, la Sardegna. Fresu è di **Berchidda**, un borgo collinare di tremila anime in Gallura, e lì ha mosso i primi passi musicali con la gloriosa banda del paese, la Bernardo De Muro. Ha studiato al Conservatorio di Sassari e si è diplomato presso quello di Cagliari, scoprendo il jazz e trovando subito il modo di suonare dal vivo e registrare. Il 1985 è l'anno del primo LP, *Ostinato*, della fondazione di un leggendario quintetto che nel 2015 ha festeggiato con tutti gli onori il trentennale. Da allora sono venuti decine di progetti e incontri in tutto il mondo; con il quintetto ma non solo, con grandi del jazz come Uri Caine, Carla Bley, Michel Portal, Dave Holland, Richard Galliano, anche nel campo della canzone d'autore, con Lucio Dalla e Fabi, Silvestri & Gazzé. In tutto questo *tourbillon* Fresu non ha dimenticato la Sardegna, cui anzi ha dedicato nel 2012 un reportage di viaggio molto speciale (*In Sardegna - Ogni giorno un posto diverso. Ogni giorno un concerto diverso. Per cinquanta giorni consecutivi*). Nell'amatissima Berchidda si è sposato nel 2003, uno straordinario matrimonio di paese con quattromila persone ad assistere, e lì dal 1988 organizza ad agosto un festival, **Time In Jazz**, nella centrale Piazza del popolo che è il suggestivo cuore del borgo. Fresu è stato anche direttore artistico del Festival Jazz di Bergamo e, non pago, dal 2010 ha una propria etichetta discografica, **Tuk Music**, impegnata a diffondere la sua musica e altre voci di jazz italiano.

Riccardo Bertoncelli

La spiaggia del Liscia, circondata da dune e da una ricca vegetazione

olivastro (la circonferenza, a 1,3 metri da terra, è di circa 12 metri; l'altezza di 8) che, secondo gli studiosi, è uno dei più vecchi alberi d'Europa, con un'età compresa tra i 3000 e i 4000 anni. Dichiarato monumento naturale, è posto sotto tutela.

Luogosanto

Piccolo borgo di circa 2000 abitanti, votato all'allevamento e alla viticoltura, deve il suo nome al forte sentimento religioso che ne ha tracciato la storia. Il paese conta infatti ben 22 chiese, la più importante delle quali è la basilica duecentesca di **Nostra Signora di Luogosanto** cui nel 1227 Papa Onorio III concesse il titolo di Porta Santa. Questa, secondo la tradizione, viene aperta ogni sette anni per un anno intero. L'apertura viene celebrata nel corso di una cerimonia, nota come *Festa Manna di Gaddhura,* che attrae fedeli e curiosi da tutta la Sardegna.

DA TEMPIO PAUSANIA A ÒSCHIRI

La statale 392 si inoltra nella fitta vegetazione tra numerose fonti, delle quali le più copiose sono le *sorgenti di Fundu di Monti* con i loro cinque bocchettoni che versano acqua modicamente diuretica. Superato il passo del Limbara (676 m), si scende tra suggestive vallate boscose fino al lago artificiale del Coghìnas.

Monte Limbara

Paradiso degli escursionisti, il massiccio è ricchissimo di fonti, ruscelli, laghetti tanto ameni quanto facili da raggiungere. Una rete di percorsi tematici è allestita a cura dell'Ente foreste della Sardegna. La strada per Vallicciola sul monte Limbara sale lungo un tracciato a tornanti ma dal fondo stradale buono, attraverso fitti boschi di pini e querce, fino allo spiazzo alberato dell'ex **albergo Vallicciola**. Punto di partenza di varie escursioni, da qui si gode l'ampio panorama dell'intera Gallura con la Corsica sullo sfondo.
Da Vallicciola la strada s'inerpica per altri 6 km fino alle vette di **punta Balistreri** (m 1359) e di **Ghjucantinu**, da dove lo sguardo spazia anche sul Logudoro e la Baronìa.

Òschiri

Situato dove la subregione logudorese del Monteacuto si spinge nella Gallura, il borgo (m 202, ab. 3500) vive soprattutto di agricoltura, pastorizia e pesca. Ottimi e rinomati i formaggi e le *panadas*, gustosi involucri di pasta finissima, cucinati in forni speciali, con un ripieno d'anguille del lago o di carne di maiale e vitella. Interessante la *chiesetta di S. Demetrio*, innalzata nel XII secolo in semplici e arcaiche forme romaniche.

Nostra Signora di Castro*

A 5 km da Òschiri, è una chiesa romanica di derivazione lombarda, realizzata alla fine del XII secolo, con facciata in trachite rosa abbellita da un imponente campanile a vela. Poco distanti, presso la sponda del lago, le rovine del medievale *castello di Castro*.

INDIRIZZI UTILI

Informazioni sempre aggiornate on line su **touringclub.it/guideverdi** - Registrati e inserisci il codice **H2680A** per consultare gli aggiornamenti e scaricare il relativo pdf sfogliabile.

Abbasanta

VISITARE

Nuraghe Losa. SS 131 al km 123, tel. 078552302-3297260732, www.nuraghelosa.net - Visite: 9-un'ora prima del tramonto.

DORMIRE

€€€ DA 130 A 200 EURO

Mandra Edera. Località Mandra Edera, tel. 3201515170, www.mandraedera.com - 12 camere - In una zona di boschi rigogliosi e ricchi di fauna, si trova questa fattoria dedita all'allevamento di cavalli di razza anglo-arabo-sarda e al turismo equestre. Sistemazioni accoglienti e curate, punto ristoro con i prodotti dell'azienda.

MANGIARE

€ FINO A 30 EURO

Su Carduleu. Via S. Agostino 1, tel. 0785563134-3458342224, www.sucarduleu.it - Cucina sarda - Il giovane chef Roberto Serra ha una grande esperienza alle spalle, da Bruno Barbieri fino a Vissani, e offre ai propri clienti piatti della cucina tradizionale sarda rielaborati in chiave moderna e creativa. Ambiente accogliente e luminoso.

Aggius

DORMIRE

€ FINO A 80 EURO

Li Criasgi. Via di Li Criasgi 10, tel. 079620132-3358039827, www.licriasgi.wix.com - 3 camere - Una piacevole struttura che dispone di camere semplici e curate, per sentirsi come a casa, in un'atmosfera cordiale e calda.

MANGIARE

€ FINO A 30 EURO

Il Muto di Gallura. Località Fraiga, SP 27, tel. 079620559, www.mutodigallura.com - Cucina sarda, del territorio - L'ambiente è rustico e i commensali sono attirati dalle gustose proposte della cucina che elabora i prodotti stagionali, prevalentemente biologici, dell'azienda agrituristica. Possibilità di pernottamento.

SHOPPING

L'Albero Padre. Via E. De Cupis 11, tel. 079620196-3407414490, gabriellalutzu@yahoo.it - Laboratorio artigianale tessile e vendita di tappeti di lana, lino e cotone a disegni tradizionali. Le coperte sono tinte con colori vegetali.

Alghero

Porti turistici

Base Nautica Usai. Località Fertilia, SS 127 bis, ponte Calik, tel. 079930233-3339182734, www.basenauticausai.it - Molto vicino all'aeroporto internazionale di Alghero, il porto dispone di una banchina per ormeggiare fino a 100 imbarcazioni.

Porto di Alghero. Banchina porto, molo Visconti, tel. 0799893117-3397329921, www.portodialghero.com - Situato a ridosso del centro storico della città, può ospitare imbarcazioni fino a 50 m. Offre numerosi servizi al diportista. (B2)

Taxi

Radio Taxi Alghero. Via Brigata Sassari 7, tel. 0799892028, www.taxialghero.it - Quattro parcheggi di stazionamento, uno situato in aeroporto di fronte all'uscita degli arrivi e tre in città. (B3)

Noleggio bici

Cicloexpress. Via Garibaldi, tel. 079986950-3292903650, www.cicloexpress.com - Biciclette elettriche e non, scooter, tandem, moto e minicar elettriche. Anche escursioni guidate. (A2, f.p.)

VISITARE

Grotta di Nettuno. Località Capo Caccia, tel. 079979054, www.alghero-turismo.it - Visite: aprile-ottobre 9-19; novembre-marzo 10-15.

Museo archeologico della città. Via Carlo Alberto, tel. 079979054 - Visite: prossima apertura. (C1-2)

Museo Casa Manno. Via S. Barbara, www.museocasamanno.it - Visite: giovedì-sabato 10-12.30 e 16-19. (B1)

Museo del Corallo. Via XX Settembre 8, tel. 0799897502 - Visite: martedì-domenica 10.30-13 e 17.30-19. (C2)

Museo diocesano d'Arte sacra. ★ Piazza Duomo 1, tel. 0799733041, www.alghero-turismo.it - Visite: gennaio-marzo, venerdì-domenica 10.30-13 e 16.30-19; aprile-giugno, settembre e ottobre, lunedì, martedì e giovedì-domenica 10.30-13 e 17-20; luglio-agosto, lunedì, martedì e giovedì-sabato 10.30-13 e 18-21; dicembre, lunedì, martedì e giovedì-domenica 11-13 e 16-19. (B1)

Necropoli di Anghelu Ruju. Località Li Piani, strada per Porto Torres, tel. 3294385947-3490871963, www.coopsilt.it - Visite: novembre-febbraio 10-14; marzo 9.30-16.30; aprile-ottobre 9-19.

Nuraghe Palmavera. SS 127 bis al km 45, tel. 3294385947-3490871963, www.coopsilt.it - Visite: novembre-febbraio 10-14; marzo 9.30-16.30; aprile-ottobre 9-19. (A2, f.p.)

S. Francesco. Via Carlo Alberto 46, tel. 079979258 - Visite: 7.30-12.30 e 16-19.30. (C1)

S. Michele. Largo S. Francesco 14, tel. 079979234 - Visite: 9.30-12.30 e 15-18. (C1)

DORMIRE

€ FINO A 80 EURO

Le Camelie. Località Arenosu 45, tel. 3494144846, www.agriturismolecamelie.it - 6 camere - Immersa tra i vigneti e i frutteti di un'azienda agricola, offre camere semplici e funzionali; area attrezzata con barbecue per grigliate all'aperto.

Le Tre Grazie. Località Santa Maria la Palma 74, tel. 079999093, www.letregrazie.it - 4 camere, 1 appartamento - Casa colonica ristrutturata e confortevolmente dotata, punto d'appoggio ideale nel viaggio alla scoperta dell'isola. Ristoro riservato agli ospiti con cucina tipica e biologica.

€€€ DA 130 A 200 EURO

Antonella Ledà d'Ittiri. Località Arenosu 23, tel. 079999263-3292528891, www.margallo.

it - Stagionale - 6 camere - Un'antica casa colonica sapientemente restaurata ospita un lussuoso agriturismo che offre camere e suites dai pregevoli arredi artigianali d'epoca. Curatissimo giardino con piscina.

€€€€ OLTRE 200 EURO

Villa Mosca. Via A. Gramsci 17, tel. 0799577203, www.villamosca.it - 10 camere - Ricavata all'interno di un incantevole edificio in stile liberty, una dimora di charme che offre ospitalità in lussuose camere dotate di tutti i comfort. (D2)

Campeggi e villaggi

Laguna Blu. ★ Località Fertìlia, SS 127 bis al km 41, tel. 079930111, www.campinglagunablu.com - Stagionale - La gestione assicura una buona organizzazione anche durante il periodo di grande affollamento. A disposizione, oltre alle ombreggiate piazzole, casemobili e alcune camere doppie.

MANGIARE

€ FINO A 30 EURO

Al Gambero. Largo S. Francesco 10, tel. 079978317, www.pizzeriaalghero.com - Cucina hamburger, panini e dintorni, pizze - Dal 1973, un luogo assai frequentato in città, per un pasto veloce o una cena frugale, da asporto o da consumare in loco, seduti a uno dei pochi tavolini a disposizione. La pizza al trancio (si consiglia di scegliere la margherita), è ottima. Poi ci sono i panini, di varie imbottiture, e le patatine fritte. (C2)

Bar Focacceria Milese. Via Garibaldi 11, tel. 079952419, www.barmilese.it - Cucina pani, pizze e focacce, hamburger, panini e dintorni - Noto bar del centro storico con vista sul porto, dove fermarsi è un obbligo per assaggiare la "Milese", una focaccia bassa che viene farcita con pomodori, insalatina, cipolla, pancetta, tonno, uova sode e acciughe spezzettate. (B2)

Jo'Pier. Via Garibaldi 25, tel. 0799739154-3368185233, www.ristorantejopier.it - Cucina di pesce, pizze - Nel cuore della città e di fronte al porto turistico, lo chef propone prevalentemente piatti a base di pesce. Ottimi i risotti e l'aragosta algherese. (B2)

La Botteghina Cucina e Pizza. Via Principe Umberto 63, tel. 0799738375, www.labotteghina.biz - Cucina sarda, pizze - In pieno centro storico, questo piccolo locale è una rivendita di formaggi e salumi locali, un accogliente ristoro la cui cucina si concentra sui piatti dell'entroterra sardo e una pizzeria che utilizza le farine di kamut e di farro. Ampia scelta di vini e birre artigianali. (C1)

Lo Romanì. Via Principe Umberto 29, tel. 0799738479 - Cucina sarda - Gigi e Vittoria gestiscono questa bella trattoria del centro storico, ricavata sotto le volte in pietra di un palazzo storico e arredata con gusto e semplicità. Dalla cucina: ravioli di Tonara, pitzudu di Ovodda, stufato di pecora, cappone in umido, tagliata di tonno giallo al pesto della riviera del Corallo. Deliziosi i dolci fatti in casa. (C1)

Maristella. Via Kennedy 9, tel. 079978172, www.facebook.com/trattoriamaristella - Cucina di pesce - Ambiente semplice e una grande cucina di mare in questa trattoria a due passi dal lungomare. Da non perdere il polpo all'agliata e i filetti di rombo soffritti, con pinoli e uva passa. Ma la specialità, quando la stagione lo permette, sono i crostini e gli spaghetti ai ricci. (D2)

Poco Loco. Via Gramsci 8, tel. 079983604, www.pocolocoalghero.it - Cucina classica, pizze - Un grande spazio in cui assaporare un'ottima pizza, servita al metro e in vari gusti, oltre a fritture di pesce e grigliate di carne. Il tutto accompagnato da concerti jazz. (D2)

Sa Mesa. Via Calaresu, ang. via Don Minzoni, tel. 0799739857, www.ristorantesamesa.eu - Cucina sarda - Ravioli alle erbette in crema di pecorino, maccarrones de poddighe alla campidanese, carne grigliata, porcetto al meglio della tradizione sono alcune delle proposte dello chef. (A2, f.p.)

€€ DA 30 A 50 EURO

Pavone. Piazza Sulis 3/4, tel. 079979584, www.ilpavoneristorante.com - Cucina di pesce, sarda - Una terrazza estiva che dà sul mare della riviera del Corallo e una cucina che dal mare attinge la sua ragion d'essere con vivaci spunti creativi in abbinamento a un'accurata selezione di vini. Tra le specialità: spaghetti ai ricci, calamaro grigliato con salsa ai carciofi scottati. La sua costola, il Pavoncello, accoglie gli avventori che non vogliono rinunciare al buon cibo, ma prediligono un ambiente più giovanile e un menu più economico. (C2)

FARE

Per una sosta

Ciro. Via Sassari 35/B, tel. 079979960 - Il punto di riferimento per la colazione di molti algheresi. Ottimi cappuccini, cornetti, pasticceria mignon e dolci tipici. Un must è però la pesca, due semisfere di pasta biscotto rosata ripiene di crema pasticcera. (C2)

K2. Via Roma 73, tel. 3495800960 - In una delle vie del centro storico, gelateria artigianale con un vasto assortimento di gusti. Personale gentile. (C2)

Piter. Via Carlo Alberto 125, tel. 3287561954 - In una piazzetta vicina al centro di Alghero, propone gelato artigianale, naturale e fresco. Da provare il gusto mirto. (C1-2)

Per la sera

Il Ruscello. Località Angeli Custodi 57, tel. 079953168 - Il Club, aperto dagli anni '80, è ideale per trascorrere belle serate sulla Riviera del Corallo; musica dance, chiusura invernale.

€ I prezzi per l'ospitalità si riferiscono alla **camera doppia**, quelli della ristorazione al **costo medio di un pasto di due portate** bevande escluse.

The MillInn. Via Maiorca 37, tel. 0794460265 - In una delle zone più pittoresche del centro, accogliente pub birreria dall'autentica atmosfera irlandese che offre un'ottima scelta di birre alla spina, vini sardi e liquori. In genere il fine settimana si ascolta musica dal vivo di vari generi. (C1)

Sport

Cicli Porto Conte. Via Catalogna 28, tel. 079952992-3488325887, www.cicliportoconte.it - Noleggio city bike e mountain bike, escursioni guidate nella splendida cornice della baia di Porto Conte e Capo Caccia. (B2)

Nautisub. Via Garibaldi 45, tel. 079952433, www.nautisub.com - La base operativa è rappresentata da un'imbarcazione in legno di 18 m che propone gite giornaliere; il centro vi offrirà tutta l'attrezzatura necessaria per le vostre immersioni. (A2-3)

SHOPPING

Agostino Marogna Galleria Orafa e Coralli. Piazza Civica 34, tel. 079984814, www.marognacoralli.com - Pezzi dal design raffinato e corallo di prima scelta contraddistinguono le preziose lavorazioni di questa gioielleria del centro città. (B1-2)

Cantina Santa Maria la Palma. Località Santa Maria la Palma, tel. 079999008, www.santamarialapalma.it - Cantina prestigiosa che produce alcuni dei vini sardi più conosciuti, fra cui Vermentino di Sardegna, Cabiròl rosso (ottenuto dal vitigno autoctono Cagnulari) e Le Bombarde (da uve Cannonau). Eleganti le confezioni regalo.

Cyrano. Via Vittorio Emanuele 11, tel. 0799738303, cyranolibri.wordpress.com - Non solo libri: questo potrebbe essere il motto di questa libreria che offre un angolo-enoteca dove acquistare o degustare vini selezionati accompagnati da formaggi e salumi locali. Anche luogo d'incontro per reading, mostre e laboratori. (B-C2)

Efisio Marras. ★ Piazza Civica 9, tel. 079979363, www.antoniomarras.it - Uno dei negozi di abbigliamento della famiglia di Antonio Marras, il celebre stilista conosciuto in tutto il mondo, che si caratterizza per il suo attaccamento alla tradizione sarda. (C2)

Libreria il Labirinto. Via Carlo Alberto 119, tel. 079980496, nuke.librerialabirinto.it - Nel cuore del centro storico di Alghero, la libreria è anche punto di riferimento per iniziative culturali e incontri. (C1)

Marina Ferraro Gioielli in Corallo. Via Lido 55, tel. 079952328, www.marinaferraro.it - Il golfo di Alghero è ancora la migliore zona di pesca del corallo e in questo contesto l'artigiana Marina Ferraro si è specializzata nella creazione e lavorazione in corallo e oro di gioielli unici e originali. (A2, f.p.)

Mercato Civico. Via Cagliari - Si tratta del mercato storico di Alghero: propone pesce freschissimo. Non lontano, in via Sassari, da non mancare la visita al vivace e colorato mercato ortofrutticolo. (C2)

Mercato di Campagna Amica. Quartiere di S. Agostino, www.campagnamica.it - Se siete alla ricerca di prodotti genuini e naturali, la Fondazione Campagna Amica organizza il mercato settimanale dedicato alle aziende agricole locali; tutti i giovedì mattina. (C3)

Oleificio San Giuliano. Via Carrabuffas 56, tel. 079977215-079980349, www.sangiuliano.it - Una delle più antiche case olearie italiane che ha saputo mantenere inalterata la tradizione olearia italiana e isolana; presso lo showroom aziendale è possibile acquistare gli ottimi prodotti. (C3, f.p.)

Sella&Mosca. Località I Piani, tel. 079997700, www.sellaemosca.it - Qui si producono da oltre un secolo vini di pregio, molti Doc, tra cui il Cannonau di Sardegna Riserva. Nel complesso aziendale si possono visitare le cantine storiche, il Museo e l'Enoteca con adiacente auditorium.

Arbatax

Porti turistici

Marina di Arbatax. C/o porto turistico, tel. 0782667405, www.marinadiarbatax.it - Numerosi i servizi disponibili in questo porto che dispone di oltre 650 posti barca; la lunghezza massima è di 85 m.

DORMIRE

€€ DA 80 A 130 EURO

La Perla. ♿ Viale Europa 15, tel. 0782667800, www.hotel-laperla.com - Stagionale - 29 camere - Villa poco distante dalla spiaggia, qui i colori del mare si ritrovano nei locali comuni e nelle camere; bella veranda, ampio giardino, ristorante e un attrezzato centro benessere.

Sa Contonera. ♿ Viale Arbatax 148, tel. 0782665011, www.sacontonera.it - 34 camere - Raffinata ed elegante, la struttura riprende, nello stile e nei colori, le vecchie case cantoniere. L'ambiente è accogliente e le camere curate nei dettagli. A disposizione anche una piscina scoperta.

€€€ DA 130 A 200 EURO

La Bitta. ★ ♿ Località Porto Frailis, tel. 0782667080, www.hotellabitta.it - Stagionale - 63 camere - Villa raffinata e confortevole, con camere curate in ogni dettaglio, pavimenti in cotto e tessuti fatti a mano. Per gli ospiti, spiaggia riservata, piscina e idromassaggio.

Campeggi e villaggi

Telis. Località Baia di Porto Frailis, tel. 0782667140, www.campingtelis.com - Impianto con spiaggia attrezzata e piscina con idromassaggio, buona ombreggiatura, dotazioni funzionali e disponibilità di numerose casemobili.

MANGIARE

€ FINO A 30 EURO

La Capannina. ♿ Riva di Ponente, tel. 0782665045-3290267224, www.ristorantelacapanninatortoli.it - Cucina di pesce - Situato proprio di fronte al mare, con tavoli ombreggiati da un giardino tropicale, il locale propone pesce preparato in modo semplice per esaltarne gusto e freschezza.

FARE

Attività e divertimenti

Cala Moresca. Ai piedi del promontorio di Capo Figari, davanti all'isolotto di Figarolo, è una bellissima insenatura sabbiosa con tratti rocciosi, con una pineta alle spalle.

Arborea

VISITARE

MUB-Museo della Bonifica di Arborea. C/o ex mulino, corso Italia 24, tel. 078380331, www.comune.arborea.or.it - Visite: mercoledì e venerdì 10-12 e 17-19; variazioni in base ai periodi stagionali.

DORMIRE

€ FINO A 80 EURO

Le Mimose. Strada 24 Ovest, tel. 0783800587-3397991339, www.agriturismolemimose.com - 12 camere - Situato a 2 km dall'abitato, si sviluppa attorno a una grande aia; la ristorazione utilizza soprattutto i prodotti dell'azienda. Possibilità di usufruire delle strutture sportive di un vicino maneggio ed escursioni via mare.

MANGIARE

€ FINO A 30 EURO

Locanda del Gallo Bianco. Piazza Maria Ausiliatrice 8/10, tel. 0783800241, www.locandadelgallobianco.it - Cucina veneta, sarda - La locanda propone pasti originali con un mix di ricette sarde e della gastronomia veneta. Atmosfera familiare e possibilità di soggiornare in dieci camere.

FARE

Per la sera

Saloon. Strada a Mare 24, tel. 0783805138 - Situato accanto al Resort Horse Country, propone un'autentica atmosfera western, dove sorseggiare una birra, mangiare un pasto tex-mex o cimentarsi in giochi per veri cow-boy.

Attività e divertimenti

Horse Country. Strada a Mare 24, tel. 078380500, www.horsecountry.it - Il centro equestre si trova vicino al resort: propone attività all'aperto e in maneggio. Gli istruttori sono a disposizione per passeggiate e trekking.

Arbus

VISITARE

Museo del Coltello sardo. Via Roma 15, tel. 0709759220-3490537765, www.museodelcoltello.it - Visite: lunedì-venerdì 9-12 e 16-20, sabato 8-12. Sabato pomeriggio e domenica visite a richiesta.

DORMIRE

€ FINO A 80 EURO

Il Quinto Moro. ★ Località Costa Verde, vico I Costituzione 4, tel. 0709759943, www.ilquintomoro.it - 5 camere - Una casa di nuova costruzione con finiture ricercate e sobrie allo stesso tempo. Le camere da letto sono luminose e confortevoli. La colazione è uno dei fiori all'occhiello della struttura.

La Caletta. ♿ Località Torre dei Corsari, via A. Vespucci, tel. 070977133, www.lacaletta.it - Stagionale - 32 camere - Affacciata su una splendida caletta, da cui il nome, una moderna struttura dotata di tutti i comfort: ampie camere, terrazza, solarium e piscina con idromassaggio.

FARE

Per una sosta

La genuina. Via Libertà 87, tel. 0709190947 - Questo è il posto giusto per gustare e acquistare i tipici dolci sardi: pardulas, piricchittos, gueffus, pabassinos, pan 'e saba, bianchini e amaretti per tutti i gusti. Anche gelati e pasta fresca.

Attività e divertimenti

Arbus Naturquad Experience. Via T. Tasso 35, tel. 3487711654, www.arbusnaturquad.com - Escursioni in quad e fuoristrada circondati dalla natura incontaminata: dai villaggi di minatori abbandonati alle straordinarie dune di Piscinas, fino a raggiungere il monte Linas.

SHOPPING

Coltelleria l'Arbusera. Via Roma 15, tel. 0709756228, www.arbusera.it - Un laboratorio e un museo. Diverse sale espongono coltelli tradizionali e vecchi attrezzi del mestiere, mentre nel laboratorio si producono coltelli classici (arbures) e vere e proprie opere d'arte decorate con maestria.

Funtanazza azienda agricola. Località Funtanazza, tel. 3895928765, www.funtanazza.it - Un'azienda agricola che si estende per 160 ettari in uno dei più incantevoli territori della Sardegna; con un'esperienza di 150 anni, si producono formaggi pecorini fatti esclusivamente con il latte delle pecore dell'azienda, alimentate con foraggi coltivati biologicamente.

Vitivinicola Santu Domini. Via Repubblica 105, tel. 0709759537-3472441638, atzeni63@libero.it - Nel particolare areale granitico di Santu Domini, si coltiva l'autoctono vitigno a bacca rossa, dal quale l'azienda produce il classico Cannonau; vendita diretta presso i locali della cantina.

Aritzo

VISITARE

Carcere spagnolo Sa Bovida. Via G. Marconi, tel. 0784629801, aritzo.segreteria@tiscali.it - Visite: inverno, martedì-domenica 10-13 e 15-18; estate, martedì-domenica 10-13 e 16-19.

Ecomuseo della montagna sarda o del Gennargentu. Via G. Marconi, tel. 0784629801 - Visite: inverno, martedì-domenica 10-13 e 15-18; estate, martedì-domenica 10-13 e 16-19.

S. Michele Arcangelo. Corso Umberto 143, tel. 0784629217 - Visite: inverno 10-12 e 16-18; estate 9-12 e 16-20.

DORMIRE

€€ DA 80 A 130 EURO

Aradonì. Località Aradonì, SS 295 al km 12, tel. 0784629786, www.aradoni.it - 6 camere - Un ambiente rustico molto curato e originale, inserito in una fittissima vegetazione. Si alloggia nelle

"Pinnettas", caratteristiche capanne in pietra tipiche del Gennargentu, arredate con mobili in castagno.

Sa Muvara. Località Funtana Rubia, tel. 0784629336, www.samuvarahotel.com - Stagionale - 80 camere - Un accogliente complesso turistico immerso in un ampio parco; prima colazione a buffet e ristorante tipico che impiega prodotti biologici. Inoltre, tante possibilità di praticare sport o effettuare escursioni.

FARE

Per una sosta

Su Tzilleri de su Poeta. Via Bachis Sulis 8, tel. 3381479683 - Il nome di questo accogliente wine bar significa "l'osteria del poeta", e le sue caratteristiche principali sono il senso dell'ospitalità e il buon vino. Si degustano i vini di Sorgono, Atzara e Meana Sardo accompagnati da formaggi, torrone e carapigna (il tradizionale gelato sardo).

Armungia

VISITARE

Sistema museale Sa Domu de is Ainas. Piazza Municipio, tel. 0709589011, www.armungiamusei.it - Visite: ottobre-marzo, giovedì 9-13, venerdì-domenica 9-13 e 15-19; aprile-giugno, giovedì-domenica 9-13 e 16-20; luglio-settembre, mercoledì-domenica 10-13 e 16.30-20. Variazioni in base ai periodi stagionali.

Arzachena

Porti turistici

Porto di Cannigione. Località Cannigione, via Lungomare, tel. 078988422, coop.sardamar@tiscali.it - Il porto, situato nel cuore della Costa Smeralda, dispone di 480 posti barca, per imbarcazioni lunghe fino a 25 m.

Taxi

Blue Car Service. Località Abbiadori, tel. 078996615-0789970079, www.bluecarservice.net

VISITARE

Tomba dei Giganti di Li Lolghi. SS 427 per Calangianus, tel. 0789844055, turismoarzachena costasmeralda.it - Visite: 9-20.

DORMIRE

€ FINO A 80 EURO

La Mesenda. Località Malchittu, tel. 078981950-3381586299, www.lamesenda.it - 6 camere - Ospitalità in una vecchia stalla trasformata in residenza di campagna secondo il tipico stile della fattoria gallurese. Tutte le camere sono personalizzate con i colori e le decorazioni di una pianta. Area benessere con vasca idromassaggio e zona relax.

€€ DA 80 A 130 EURO

Ca' la Somara. Località Sarra Balestra, tel. 078998969, www.calasomara.it - Stagionale - 6 camere - Ospitalità in un'antica stalla ristrutturata, con camere dagli arredi rustici ma curati. La piscina all'aperto e la buona colazione a buffet completano l'offerta.

€€€ DA 130 A 200 EURO

Stazzo lu Ciaccaru. Località Lu Ciaccaru, tel. 0789844001, www.stazzoluciaccaru.it - Stagionale - 17 camere - Un tipico stazzo gallurese, oggetto di un accurato restauro conservativo, ospita un lussuoso hotel di turismo rurale. Camere accoglienti, tra cui dieci suites, due belle piscine esterne e un ottimo ristorante.

€€€€ OLTRE 200 EURO

Li Finistreddi. Località Micalosu, tel. 0789869144, www.finistreddi.it - Stagionale - 14 camere - Circondata da un paesaggio collinare, con vista sulla Maddalena, accogliente struttura che mette a disposizione camere dallo stile gallurese, tutte con ingresso indipendente. Possibilità di pranzare a bordo piscina.

Campeggi e villaggi

Golfo di Arzachena. Località Cannigione, tel. 078988101, www.campingarzachena.it - Stagionale - Quiete, pulizia e cortesia del personale contraddistinguono questo villaggio dotato, tra l'altro, di bella piscina e zona solarium.

MANGIARE

€ FINO A 30 EURO

Lu Branu. Località Cuncosu, SS 125 al km 348, tel. 078983075-3331816877, www.lubranu.it - Cucina sarda - In questa fattoria didattica è possibile gustare i sapori genuini della cucina locale. Ortaggi, frutta e olio sono di produzione propria, così come i salumi. Anche pasta, pane e dolci sono fatti in casa. Inoltre l'azienda ospita un vigneto che produce Vermentino e Rosso di Gallura.

Tenuta Pilastru. Località Pilastru, strada Arzachena per Bassacutena al km 5, tel. 078982936-3394006628, www.tenutapilastru.it - Cucina sarda - Inserito in un elegante resort, offre un menu tipico, con salumi e formaggi di produzione propria. Prezzi contenuti. Da aprile a ottobre chiuso a mezzogiorno.

€€ DA 30 A 50 EURO

Lu Stazzu. ★ Località Picuccia, SP Porto Cervo-Arzachena, tel. 078982711, www.ristorantelu stazzu.com - Cucina sarda - Locale con due ampie sale con vetrate e piacevole veranda panoramica. Si preparano sulla griglia, davanti agli ospiti, porcetto e cinghiale, ma si possono anche ordinare pesce e crostacei. La prenotazione è consigliata.

Madai. Via del Porto Vecchio 1, tel. 078991056, www.ristorantemadai.it - Cucina classica - Una splendida terrazza e un giardino accolgono gli ospiti e li introducono all'esperienza gastronomica che questo elegante ristorante propone. Lo chef prende spunto dalle diverse cucine regionali, rielaborando le ricette con estro e genuina autenticità.

FARE

Per la sera

Cutter Bistrò. Località Cannigione, via Nazionale, tel. 078988416-3408078494, www.cutterbistro.it - Buoni cocktail e ambiente confortevole per un aperitivo al tramonto con vista sul mare o per un drink dopo cena.

Attività e divertimenti

Cala Liscia Ruja. Una perla della Costa Smeralda, offre ogni comfort, dal massaggio in spiaggia al chiosco, oltre al mare turchese e alla lussureggiante macchia mediterranea.

Tanca Manna. Località Cannigione - È un arenile con sabbia sottile circondato dalla macchia mediterranea. La spiaggia è ampia e attrezzata: è possibile mangiare, fare sport e noleggiare windsurf e canoe.

SHOPPING

Fresi Giovanni Gavino. Via A. Lamarmora 9/A, tel. 078983293 - L'indirizzo giusto a cui rivolgersi se si è alla ricerca di una produzione orafa artigianale.

Smeralfer. Località Mulgianu, tel. 078981936-3388196184, smeralfer.blogspot.it - Produzione e vendita di arredi e lavori artistici in ferro battuto.

Tenute Capichera. Località Capichera, tel. 078980800-078980612, www.capichera.it - Produzione e vendita di ottimi vini regionali ottenuti esclusivamente da uve autoctone di Vermentino e Carignano.

Vigne Surrau. SP Porto Cervo-Arzachena al km 1, tel. 078982933-078982974, www.vignesurrau.it - In un moderno edificio dall'architettura ricercata, caratterizzato da muri in pietra e ampie vetrate, si organizzano percorsi degustazione, mentre nella wine boutique si possono acquistare i vini prodotti dall'azienda.

Asinara (Isola)

DORMIRE

€ FINO A 80 EURO

SognAsinara. Cala d'Oliva, tel. 3461737043, www.sognasinara.it - Stagionale - 12 camere - Dormire nel Parco nazionale dell'Asinara si può, l'isola è un luogo incantevole per i suoi panorami, i suoi animali e la sua storia. Camere di varie tipologie e sala tv con frigorifero in comune.

FARE

Attività e divertimenti

Ciao Sardinia. Tel. 0789641074, www.ciaosardinia.com - Con il Train Tour si attraversa a bordo del trenino il Parco nazionale dell'Asinara per ammirarne le bellezze naturalistiche.

Sinuaria. Tel. 3334679085-3343451596, www.sinuaria.org - Vari percorsi escursionistici, effettuati da guide competenti, con diversi gradi di difficoltà; ad esempio, "Sentiero del Granito" e "Sentiero del Castellaccio".

Assemini

DORMIRE

€ FINO A 80 EURO

Riu Sa Murta. Località Riu Sa Murta, tel. 3491989508-3498577424, www.agriturismoriusamurta.it - 7 camere - Un soggiorno all'insegna del relax e della quiete ritrovata: in questo agriturismo non manca nulla per l'ospite che, a contatto con la natura, vuole appagare la voglia di mare e scoprire le tipicità gastronomiche di una terra che offre prodotti eccezionali.

MANGIARE

€ FINO A 30 EURO

Antica Casa Marini. Via delle Saline, tel. 070247038, www.anticacasamarini.it - Cucina sarda, pizze - Casa Marini era una residenza agricola costruita tra l'Ottocento e il Novecento, poi abbandonata e ora restaurata. Il ristorante offre menu sia di terra sia di mare.

FARE

Per una sosta

Jolly. Via Cagliari 28, tel. 070940114-0709459345, www.pasticceriabarjolly.it - Fra le proposte, dolci sardi e torte di produzione propria.

Sport

Golf e Country Club Ercole Cellino. Località Sa Ruina, tel. 0709438039, www.golfsardegna.it - Dotata di un campo da golf che si snoda su 6 buche par 3, questa struttura comprende anche una palestra, una piscina, un centro benessere e un'attrezzata sala meeting.

SHOPPING

Ceramiche Artistiche Nioi. Via Carmine 91, tel. 070941224-070947469, www.ceramichenioi.it - Luigi Nioi offre una vasta gamma di prodotti, realizzando oggetti originali e pezzi unici per l'arredo delle case.

Emporio del Tessuto. Via Italia 25, tel. 070946004, www.emporiodeltessuto.com - Tutto per l'arredamento della casa: tessuti, tende, biancheria e inoltre una vasta scelta di mobili etnici e antichità, tappeti, cuscini e complementi d'arredo.

Atzara

VISITARE

Museo d'Arte moderna e contemporanea «Antonio Ortiz Echagüe». Piazza A. Ortiz Echagüe 1, tel. 078465508-3477983242, www.comune.atzara.nu.it - Visite: inverno, martedì-domenica 10-13 e 15-18; estate, martedì-domenica 10-13 e 16-19.

SHOPPING

La Robbia. Via Vittorio Emanuele 75, tel. 078465185-3382773369, www.larobbia.it - Laboratorio nato nel 2005, realizza manufatti di vario genere: prodotti e accessori d'abbigliamento, articoli di maglieria con filati, tessuti e tinture rigorosamente naturali; organizza anche corsi e seminari.

Nuova Macelleria Su Fruscu. Via Sassari 1, tel. 078465284-3343849162, macelleriasufruscu@gmail.com - Una macelleria da sempre sinonimo di genuinità e qualità: carni selezionate, finemente lavorate e offerte col calore e la simpatia di chi svolge il proprio lavoro con passione.

Vitivinicola Nuraghe 'e Sole. Località Sedda Orta, tel. 078465511-3351282290, nuraghesole@tiscali.it - Giovane azienda vitivinicola che ha saputo creare un vino d'eccellenza, antico, che racchiude in sé la storia millenaria delle colline dove viene prodotto.

Baia Sardinia

DORMIRE

€€€ DA 130 A 200 EURO

Cormorano. Strada dei Pini, tel. 078999020, www.hotelcormorano.it - Stagionale - 74 camere - Circondato da un rigoglioso giardino, un complesso dotato di camere ben arredate, confortevoli e con terrazzino vista mare.

MANGIARE

€ FINO A 30 EURO

Corbezzolo. Piazzetta della Fontana, tel. 078999893 -3207818931, www.ristorantecorbezzolo.it - Cucina sarda, mediterranea, pizze - A pochi passi dal mare, in un'elegante villa degli anni '60 ammodernata, una cucina di pesce che unisce tradizione e nuovi sapori. In alta stagione un'ampia terrazza offre una bellissima vista panoramica.

€€ DA 30 A 50 EURO

Baia Blu. Piazzetta Centrale Due Vele, tel. 078999085, cantonimicol@tiscalinet.it - Cucina mediterranea - Grazioso e curato locale situato nella piazza centrale, nel quale a una eccellente materia prima ittica si affianca qualche buon piatto di terra. Cantina di sole etichette regionali.

FARE

Per la sera

Ritual Club. SP 59, tel. 3396866533, www.ritual.it - Il posto giusto per chi cerca un locale dove ballare fino a notte fonda. Il castello sulla montagna e il suo interno scavato nella roccia lo rendono davvero unico.

Attività e divertimenti

Aquadream. Località La Crucitta, tel. 078999511, www.aquadream.it - Grande parco giochi che offre piscine con scivoli e aree attrezzate per il relax. Ideale per il divertimento dei più piccoli. C'è anche un fast food e un bar, ampio parcheggio custodito a pagamento. Aperto da metà giugno a metà settembre.

Barumini

VISITARE

Nuraghe Su Nuraxi. Viale Su Nuraxi, tel. 0709368128 -0709361039, www.fondazionebarumini.it - Visite: 9-un'ora prima del tramonto.

Polo museale Casa Zapata. Piazza Giovanni XXIII 2, tel. 0709368476-0709361039, www.fondazionebarumini.it - Visite: maggio-agosto 10-20; variazioni in base ai periodi stagionali; visite a richiesta per gruppi.

DORMIRE

€ FINO A 80 EURO

Su Nuraxi. ♿ Viale Su Nuraxi 6, tel. 0709368305, www.hotelsunuraxi.it - 11 camere - Come suggerisce anche il nome, l'albergo si trova vicino alla reggia nuragica di Barumini. All'interno di un'azienda agricola, la costruzione richiama le tradizionali case padronali sarde. Camere arredate con gusto e dotate di tutti i comfort moderni.

MANGIARE

€ FINO A 30 EURO

Sa Lolla. ♿ Via Cavour 49, tel. 0709368419, salollarist@libero.it - Cucina sarda, pizze - Nato dal recupero di una vecchia casa padronale tipica del Campidano, un simpatico locale in cui convivono pietra a vista, legno e pavimenti in cotto. In tavola piatti tipici della Sardegna interna.

Su Nuraxi. ♿ SP Barumini-Tuili, tel. 0709368305-3484075029, www.hotelsunuraxi.it - Cucina sarda - In zona periferica, un locale spazioso che prende il nome dal vicino complesso nuragico. Propone una cucina di tradizione (antipasti di terra, ravioli e fregula sarda, porceddu, agnello e cinghiale, dolcetti di mandorla) e qualche piatto vegetariano; olio di produzione propria.

FARE

Attività e divertimenti

Artigianarte. C/o centro Giovanni Lilliu, viale Su Nuraxi, tel. 0709361041, www.fondazionebarumini.it - Mostra-mercato permanente dell'artigianato artistico, che coinvolge l'intera provincia, con vetrine disposte lungo un percorso ricco di immagini raffiguranti le antiche botteghe e le fasi di realizzazione di manufatti di pregio.

Baunei

DORMIRE

€ FINO A 80 EURO

La Terrazza. Via Canonico Sanna 3, tel. 3200686623, bandblaterrazza.blinkweb.com - 2 camere - In un piccolo paese sulla costa orientale, base ideale per andare alla scoperta di sorprendenti angoli incontaminati, una struttura che propone camere luminose e confortevoli.

MANGIARE

€ FINO A 30 EURO

Il Golgo. Località Golgo, tel. 0782610675, www.ristorantetipicogolgo.com - Cucina del territorio - Atmosfera tipicamente sarda: personale vestito a tema, musica tradizionale e un panorama mozzafiato sulle cime delle montagne. Propone genuini piatti locali.

FARE

Attività e divertimenti

Cooperativa Goloritzé. Località Golgo, tel. 3687028980, www.coopgoloritze.com - Storica cooperativa nata negli anni '90 per promuovere il turismo nel Supramonte di Baunei: escursioni guidate a piedi e in fuoristrada, arrampicata sportiva. La cooperativa gestisce anche il rifugio omonimo, con sei camere, ristorante e posti tenda all'esterno.

Belvì

VISITARE

Museo di Scienze naturali. Via S. Sebastiano 56, tel. 0784629216-3397531025, www.comune.belvi.nu.it - Visite: 10.30-13.30 e 15.30-19.30; visite a richiesta per gruppi.

SHOPPING

Sabores Antigos. Vicolo Lamarmora 3, tel. 0784628036, www.saboresantigos.eu - Nel centro storico il laboratorio di pasticceria tramanda le tradizioni dolciarie della Barbagia e per questo ha scelto per i propri prodotti il semplice nome di "Sabores Antigos", sapori antichi.

Berchidda

VISITARE

Museo del Vino ed Enoteca regionale. Via G.G. Casu 5, tel. 079705268, www.muvisardegna.it - Visite: inverno, martedì-domenica 9-13 e 15-19; estate, martedì-domenica 16-20.

DORMIRE

€ FINO A 80 EURO

Nuovo Limbara. ♿ Vicolo Coghinas 1, tel. 079704165-3336434171, www.nuovolimbara.it - 35 camere - Un albergo molto tranquillo, ideale per chi vuole trascorrere momenti di completo relax. Immerso nel verde, dispone di un buon ristorante con specialità tipiche del territorio.

Sos Chelvos. Via Umberto I 52, tel. 079704935, www.hotelsoschelvos.it - 19 camere - Questo piccolo albergo offre camere semplici e funzionali, tutte dotate di aria condizionata. Il ristorante, a gestione separata, propone piatti tradizionali e ottime pizze.

MANGIARE

€ FINO A 30 EURO

Nuovo Limbara. ♿ Via Coghinas 1, tel. 079704165, www.nuovolimbara.it - Cucina classica, del territorio - Un piccolo albergo con annesso ristorante. L'ambiente è classico, il servizio è curato. La cucina propone piatti della tradizione isolana che variano con le stagioni, con largo uso di prodotti genuini provenienti da aziende locali.

FARE

Per una sosta

Muretto Lounge Café. Piazza del Popolo 20, tel. 3332163398, nannitaras@hotmail.it - Locale adatto per ogni esigenza, dall'aperitivo prima di pranzo al cocktail serale, dal panino a un piatto veloce.

Per la sera

Big Bar. Via Roma 10, tel. 3319482504 - Ottimi gelati artigianali, ma anche tanta musica e feste a tema nei fine settimana.

Bonarcado

MANGIARE

€ FINO A 30 EURO

Sa Mola Gest. ♿ Via Giardini 39, tel. 078356588, www.samola.it - Cucina sarda - Antico frantoio circondato da un parco per un locale a conduzione familiare di ambiente elegante e accogliente. La cucina propone i gusti della tradizione elaborati con sapienza professionale.

SHOPPING

La Bottega dell'Intreccio. Via Europa 53, tel. 3283382133, cestosardo@tiscali.it - In vendita oggetti realizzati con l'arte dell'intreccio: cestini, ma anche lampade e complementi d'arredo.

Bonorva

VISITARE

Civico Museo archeologico di Bonorva. Piazza S. Antonio 16, tel. 3485642611 - Visite: martedì-domenica 10-13 e 15-17; variazioni in base ai periodi stagionali.

Necropoli di S. Andrea Priu. Località Sant'Andrea Priu, tel. 3485642611, santandreapriu@libero.it - Visite: inverno visite a richiesta; estate 9-tramonto.

MANGIARE

€ FINO A 30 EURO

Su Lumarzu. Località Rebeccu, piazza Regina Elena, tel. 079867933-3474463995, www.ristorantesulumarzu.com - Cucina sarda - Arredi tradizionali e ambiente familiare fanno da contorno a una cucina di carne tipicamente sarda, con possibilità di mangiare pesce su prenotazione; in menu: pane a fittas, arrosti e dolci tipici.

Borore

VISITARE

Museo del Pane rituale. Viale Baccarini, tel. 0785879003-3665829853, www.museodelpanerituale.it - Visite: martedì 15.30-17.30 e venerdì 9.30-12.

Bosa

VISITARE

Castello di Serravalle. Via del Castello, tel. 3403955048-3298505079, www.castellodibosa.it - Visite: 10-19; variazioni in base ai periodi stagionali. (B3)

Museo civico Casa Deriu. Corso Vittorio Emanuele 59, tel. 0785377043, www.bosaonline.com - Visite: martedì-domenica 10-13 e 16-18; variazioni in base ai periodi stagionali; anche visite a richiesta. (B2)

Museo delle Conce. Via delle Conce, tel. 0785377043-0785376220, www.museodelleconcebosa.it - Visite: lunedì-venerdì 10-13 e 15-17, sabato-domenica 10-13 e 15-18; variazioni in base ai periodi stagionali. (C2)

Nostra Signora de Sos Regnos Altos. Via del Castello, tel. 3298505079-3403955048, www.castellodibosa.it - Visite: 10-19; variazioni in base ai periodi stagionali. (B3)

S. Pietro extra muros. Strada per San Pietro, tel. 3298505079-3403955048, www.castello

Per contattare la redazione, comunicare segnalazioni, suggerimenti o consigli, potete scrivere a:
bancadatituristica@touringclub.com

dibosa.it - Visite: martedì-domenica 9.30-12.30 e 15-18; variazioni in base ai periodi stagionali. (C3, f.p.)

DORMIRE

€ FINO A 80 EURO

La Torre di Alice. Via del Carmine 7, tel. 0785850404-3298570064, www.latorredialice.it - 5 camere - In una storica torre in pieno centro, ogni camera ha un diverso colore ed è arredata con gusto. Biciclette a disposizione dei clienti. (B2)

Sa Domo 'e Madalena. Via S. Allende 19, tel. 0785376082-3381530655, www.sadomoemaddalena.com - 3 camere - Accoglienza in camere ampie e confortevoli, ricche colazioni a base di prodotti genuini. Su richiesta, possibilità di pranzi e cene con piatti della tradizione. (C3)

€€ DA 80 A 130 EURO

Baja Romantica. Località Bosa Marina, via C. Colombo, tel. 0785373557, www.hotelbajaromantica.it - Stagionale - 42 camere - Struttura di recente costruzione, con camere di diverse tipologie, arredate in tipico stile mediterraneo e tutte dotate di veranda o terrazza con affaccio sul grazioso porticciolo.

Corte Fiorita. Via Lungo Temo de Gasperi 45, tel. 0785377058, www.albergo-diffuso.it - Stagionale - 30 camere - Incantevole struttura affacciata sul fiume Temo e articolata in differenti edifici storici vicini fra di loro e dotati di ogni comfort, dove l'accoglienza è sempre cordiale e raffinata. (B2)

MANGIARE

€ FINO A 30 EURO

Al Gabbiano. Località Bosa Marina, viale Mediterraneo 5, tel. 0785374123, www.hotelalgabbiano.it - Cucina classica, sarda, pizze - È il ristorante dell'omonimo albergo, situato vicino al mare. Molto frequentato per gli squisiti piatti preparati con prodotti locali di prima qualità e le gustose pizze.

Borgo Sant'Ignazio. Via S. Ignazio 33, tel. 0785374129, www.ristorantebosa.it - Cucina sarda - Nel borgo medievale un locale che propone piatti della tradizione, arricchiti con un pizzico di raffinatezza: ravioli di verdure, agnello in umido con olive, aragosta alla bosana, seadas fatte in casa e dolci alle mandorle. (B2)

Sa Pischedda. Via Roma 8, tel. 0785372000, www.hotelsapischedda.it - Cucina sarda, pizze - Il ristorante, che offre una cucina tipica locale e marinara, ha ampie terrazze da cui si gode un'incantevole vista. Il connubio tra i sapori del mare e del bosco propone spesso accostamenti inediti; la sera, c'è anche la pizza cotta nel forno a legna. (C2-3)

€€ DA 30 A 50 EURO

L'Essenza. Località Bosa Marina, viale Mediterraneo, tel. 0785373013, nannisolinas@tiscali.it - Cucina di pesce, mediterranea - Il locale ha una bellissima terrazza con vista sul mare e sulla spiaggia; qui lo chef propone ottimi piatti di pesce fresco a seconda del pescato del giorno. Le porzioni sono abbondanti, il servizio è cortese e il conto adeguato.

FARE

Attività e divertimenti

Anfibia. Via Marghine 8, tel. 3474392889, anfibia.giobby.com - Organizzazione di itinerari cicloturistici alla scoperta dell'isola e di vacanze "su misura". (A2, f.p.)

Esedra Sardegna. Corso Vittorio Emanuele 64, tel. 0785374258-3481544724, www.esedrasardegna.it - Escursioni naturalistiche e archeologiche. Visite guidate della cittadina medievale di Bosa e dello storico quartiere Sa Costa, ma anche proposte di trekking e gite in mare con gommone, attività di birdwatching e possibilità di pranzare con i prodotti tipici del territorio. (B2)

Nautica Pinna. Via Sas Covas 17, tel. 0785373554, www.nauticapinna.it - Porto fluviale, noleggio barche e gommoni per gite giornaliere, vendita accessori nautici, imbarcazioni e moto d'acqua. (A1, f.p.)

Spiaggia S. Maria del Mare. Località Santa Maria del Mare - Alte scogliere e spiaggia bianca.

Spiaggia Turas. Località Bosa Marina - Bella spiaggia di sabbia scura, con un lungo e ampio arenile di sassolini colorati e frammenti di corallo e fondali che diventano subito profondi. Meta preferita dei surfisti, che qui trovano le onde giuste.

Sport

Bosa Diving Center. Località Bosa Marina, piazza P. Harris, tel. 3358189748, www.bosadiving.com - Il diving organizza immersioni nell'Area marina protetta dell'isola di Maldiventre e lungo la costa di Alghero. Offre supporto tecnico di alto livello ai sub. Noleggio gommoni, kayak e attrezzature, officina per piccole riparazioni.

SHOPPING

Apicoltura Brisi. Viale Repubblica 16, tel. 0785374591-3888464246, apicolturabrisi@alice.it - Questo è il posto giusto dove trovare il miele amaro di corbezzolo, ma provate anche quelli di rosmarino, eucalipto, cardo e il raro miele di asfodelo. (B1, f.p.)

Gian Battista Columbu. Via Carmine 104, tel. 0785605827-3395731677, www.malvasiacolumbu.com - La Malvasia dei vitigni di Gian Battista Columbu è una delle più famose e ha ricevuto diversi riconoscimenti a livello nazionale. Un vino dorato e profumato, ideale souvenir. (A2)

Buggerru

VISITARE

Museo del minatore. Via Marina, tel. 078154303, www.comune.buggerru.ci.it - Visite: 10-12.30 e 14.30-18.30.

MANGIARE

€ FINO A 30 EURO

Da Natalino. Via A. Diaz 38, tel. 0781548000, ristorantelacaletta@yahoo.it - Cucina sarda - In un ambiente piacevole e curato si è accolti da un personale gentile e professionale. Dalla cucina, piatti ricercati che abbinano sapientemente i sapori genuini della terra con quelli freschissimi del mare.

La Baia da Tore. ♿ Via Roma 28, tel. 078154205, www.labaiadatore.com - Cucina sarda, pizze - Situato nel pieno centro del noto borgo minerario e a pochi metri dalle splendide spiagge del litorale sud-occidentale, si distingue da anni per la correttezza del servizio, la gentilezza dei proprietari e la qualità delle proposte culinarie tradizionali.

FARE

Sport

Shardana. Spiaggia di Buggerru, tel. 3406627508-3395631141, shardana.surf@hotmail.com - Organizza vacanze all'insegna dello sport, corsi di surf, escursioni in bicicletta e gite in gommone.

Burgos

VISITARE

Castello del Goceano. Via XX Settembre 62, tel. 3479018930, www.sareggia.it - Visite: 9.30-12.30 e 15.30-18.30.

Busachi

VISITARE

Domus de Janas-Necropoli di Campu Maiore. Largo Cavour, tel. 078362010, www.comune.busachi.or.it - Visite: a richiesta.

Museo del Costume tradizionale e della Lavorazione del Lino. Via A. De Gasperi 1, ang. piazza Italia, tel. 078362010-3402607197, www.comune.busachi.or.it - Visite: giovedì 10.30-12.30, venerdì-domenica 10.30-18.30.

Cabras

VISITARE

Area archeologica di Tharros. Località San Giovanni di Sinis, tel. 0783370019, www.penisoladelsinis.it - Visite: inverno 9-17; estate 9-20.

Ipogeo di S. Salvatore. Località San Salvatore, tel. 07833971, www.comunedicabras.it - Visite: inverno 9-13; estate 9.30-13 e 15.30-18; lunedì 9-13.

Museo civico «Giovanni Marongiu». Via Tharros 121, tel. 0783290636, www.museocabras.it - Visite: inverno, martedì-domenica 9-13 e 15-19; estate 9-13 e 16-20.

S. Giovanni di Sinis. Località San Giovanni di Sinis, tel. 0783370019, www.penisoladelsinis.it - Visite: inverno 9-13 e 15-17; estate 9-13 e 16-20.

DORMIRE

€€ DA 80 A 130 EURO

Aquae Sinis. ♿ Via C. Battisti 44, tel. 07831856050-3201831501, www.aquaesinis.it - Stagionale - 16 camere - Albergo diffuso nato dal recupero di tre dimore di origine secentesca. Camere con soffitti in canna e mobili di artigianato locale. Nel più grande dei tre edifici si trovano la reception e il centro benessere.

Villa Canu. ★ ♿ Via Firenze 9, tel. 0783290155, www.hotelvillacanu.com - Stagionale - 23 camere - Accoglie i propri ospiti in un cortile interno dominato da un'antica macina in pietra e da terrazze coperte, ideali per i momenti di relax. Camere ampie e luminose.

MANGIARE

€ FINO A 30 EURO

Il Caminetto. ♿ Via C. Battisti 8, tel. 0783391139, www.ristorante-ilcaminetto.com - Cucina sarda - In posizione centrale, un locale moderno con cucina impostata sulla tradizione, a prevalenza di pesce.

€€ DA 30 A 50 EURO

Dune. ♿ Località San Giovanni di Sinis, tel. 0783370089, info@ristoranteledune.net - Cucina di pesce, sarda - In tavola viene servito quanto di meglio offrono il mare e gli stagni di Cabras. Tra le specialità i gamberi di paranza appena pescati accompagnati da un ottimo vino locale.

FARE

Attività e divertimenti

Alea. Via Tharros 145, tel. 0783299033-3492152577, www.aleambiente.it - La cooperativa organizza escursioni nelle zone umide dell'Oristanese e sul monte Arci.

Pescaturismo San Giovanni. Corso Umberto 143, tel. 3462295180, www.ittiturismoinsardegna.com - A bordo del San Giovanni per partecipare attivamente a una giornata di pesca, con pranzo a base del pescato del giorno e possibilità di ammirare la suggestiva costa e di sbarcare in località da visitare. Anche escursioni notturne.

Sa Pischera 'e Mar 'e Pontis. SP 6, tel. 0783391774-3357497626, www.consorziopontis.net - Ittiturismo che mantiene un forte legame con i metodi tradizionali di pesca e di lavorazione del pescato, che viene cucinato e servito in loco. Il prodotto di punta è il muggine selvatico, ma non sono da tralasciare neppure anguille, orate, spigole e latterini.

Sinis Yachting. Via Torino 24, tel. 3296136190, www.sinisyachting.com - Noleggio per uno o più giorni di barche a vela con l'assistenza di skipper di provata esperienza.

SHOPPING

Azienda Agricola Francesco Atzori. SP 4 al km 2,5, tel. 0783290576, www.vitivinicolatzori.it - Immersa nel suggestivo paesaggio del Sinis, questa azienda produce vino e olio extravergine, caratterizzato da una leggera nota piccante.

Contini Azienda Vinicola. Via Genova 48/50, tel. 0783290806, www.vinicontini.com - Azienda familiare che produce vini da oltre cent'anni. Vernaccia di Oristano e Vermentino sono alcuni dei fiori all'occhiello di questa attività che ha ricevuto molti premi nazionali e internazionali.

Coop. Pescatori e Molluschicoltori. Via G. Cima 5, tel. 0783290848, www.orodicabras.it - "L'oro di Cabras" è la bottarga di muggine, nota per la sua bontà fin dai tempi dei fenici.

Giovanni Spanu. Via Carducci, tel. 0783391161, www.spanubottarga.com - Bottarga di muggine o tonno prodotta con cura e con metodi che ne garantiscono la qualità.

Safir. Via Brigata Sassari 34, tel. 0783558023-3339668581, www.maskere.it - Nel suo laboratorio da anni Graziano Viale si dedica alla lavorazione artigianale di maschere in cuoio, dall'evidente eleganza estetica e finezza esecutiva. Realizzate in più dimensioni, sono pensate per essere indossate o usate come oggetto decorativo dall'importante valenza scenografica.

Cagliari

Porti turistici

Marina del Sole. Località Su Siccu, molo S. Elmo, tel. 070308730-3398198458, www.marinasolesantelmo.com - Il molo, molto vicino al centro di Cagliari, dispone di 200 posti barca e può ospitare natanti lunghi fino a 40 m.

Taxi

Cooperativa Taxi 4 Mori. Via Is Maglias 5, tel. 070400101, www.cagliaritaxi.com (B1, f.p.)

Radiotaxi Cagliari Rossoblù. Via del Duomo 9, tel. 0706655-3495114618, www.radiotaxirossoblu.com (C3)

VISITARE

Anfiteatro romano. Viale S. Ignazio da Laconi, tel. 0702310022-0706776400, itinerarituristici.lms@gmail.com - Visite: temporaneamente chiuso. (B2)

Cattedrale di S. Maria. Piazza Palazzo 4, tel. 070663837, www.duomodicagliari.it - Visite: lunedì-sabato 8-20, domenica 8-13 e 16.30-20.30. (C3)

Centro Polivalente Exmà. Via S. Lucifero 71, tel. 070666399, www.camuweb.it - Visite: inverno 9-13 e 16-20; estate 10-13 e 16-21; chiuso lunedì. (D4)

Complesso di S. Lucifero. Via S. Lucifero 7/8, tel. 070656996-070653617, www.cagliariturismo.it - Visite: sabato 10-12.30 e 17-20, domenica 10.30-12.30; anche visite a richiesta. (D4)

Galleria comunale d'Arte. Viale S. Vincenzo 2, tel. 0706777598, www.galleriacomunalecagliari.it - Visite: inverno 10-18; estate 10-21; chiuso martedì. (B3)

Ghetto. Via S. Croce 18, tel. 0706670190, www.camuweb.it - Visite: inverno 9-13 e 16-20; estate 10-13 e 16-20; chiuso lunedì. (C3)

Grotta della Vipera. Viale S. Avendrace 87, tel. 0704092306-07066710168, www.beniculturalicagliari.it - Visite: inverno 9-17, estate 10-14 e 15-19. (A1, f.p.)

Lazzaretto di S. Elia. Via dei Navigatori, tel. 0703838085, www.lazzarettodicagliari.it - Visite: martedì-domenica 9-13 e 16-20. (F5, f.p.)

Museo archeologico nazionale. C/o cittadella dei Musei, piazza Arsenale 1, tel. 070655911-07060518245, www.archeocaor.beniculturali.it - Visite: 9-20. Chiuso lunedì. (B3)

Museo d'Arte siamese «Stefano Cardu». C/o cittadella dei Musei, piazza Arsenale 1, tel. 070651888, www.museicivicicagliari.it - Visite: inverno 10-18; estate 10-20; chiuso lunedì. (B3)

Museo del Duomo. Via Fossario 5, tel. 070680244-3282687731, www.museoduomodicagliari.it - Visite: martedì-venerdì 16.30-19.30, sabato e domenica anche 10-13. (C3)

Museo del Santuario di Nostra Signora di Bonaria. Piazza Bonaria 2, tel. 070301747, www.bonaria.eu - Visite: a richiesta. (F5)

MUTSEU-Museo del Tesoro e Area archeologica di Sant'Eulalia. Vico del Collegio 2, tel. 3914694189, www.mutseu.org - Visite: 10-13 e 16-19. Chiuso lunedì. (D3)

Necropoli punica di Tuvixeddu. Via Falzarego, www.regione.sardegna.it/tuvixeddu - Visite: tutti i giorni; sabato e domenica visite guidate a pagamento. (A1, f.p)

Orto botanico-Dipartimento di Scienze botaniche. Via S. Ignazio da Laconi 9-11, tel. 0706753512-0706753322, www.ortobotanicoitalia.it - Visite: inverno, martedì-domenica 9-14; estate, martedì-domenica 9-18. (B2)

Palazzo di Città. Piazza Palazzo 6, tel. 0706776482, www.museicivicicagliari.it - Visite: inverno 10-18; estate 10-21; chiuso lunedì. (C3)

Pinacoteca nazionale. C/o cittadella dei Musei, piazza Arsenale 1, tel. 070662496-3409824303, www.pinacoteca.cagliari.beniculturali.it - Visite: 9-20. Chiuso lunedì. (B3)

S. Agostino. Via L. Baylle 80, tel. 070664236, www.cagliariturismo.it - Visite: 9-12 e 17-21. (D2)

S. Anna. Via Azuni, tel. 070663963, www.cagliariturismo.it - Visite: martedì-domenica 7.30-10.30 e 17-20. (C2)

S. Domenico. Piazza S. Domenico 4, tel. 070662837, www.cagliariturismo.it - Visite: 8-11 e 17.30-20. (C4)

S. Efisio. Via S. Efisio, tel. 070668632, www.cagliariturismo.it - Visite: 9-12.30 e 16-20. (C2)

S. Eulalia. Piazza S. Eulalia, tel. 070663724, www.cagliariturismo.it - Visite: inverno 8-12 e 16-18.30; estate 8-12 e 17-19.30. (D3)

S. Giacomo. Piazza S. Giacomo 3, tel. 070662871, www.cagliariturismo.it - Visite: 7.30-11 e 17-19. (C3)

S. Michele. Via Ospedale 2, tel. 070658626, www.cagliariturismo.it - Visite: 8-11 e 19-20.30, domenica e festivi 9-12 e 19-21. (C2)

S. Saturnino. Piazza S. Cosimo, tel. 070659869, www.cagliariturismo.it - Visite: in occasione di eventi. (D4)

S. Sepolcro. Piazza S. Sepolcro 5, tel. 070663724, www.cagliariturismo.it - Visite: 9.30-12 e 16.30-19. (D3)

Santuario e Basilica di Bonaria. Piazza Bonaria 2, tel. 070301747, www.bonaria.eu - Visite: inverno 6.30-11.45 e 16-19; estate 6.30-11.45 e 16.30-19.45. (F5)

Torre dell'Elefante. Via S. Croce, tel. 0704092306-0706670168, www.beniculturalicagliari.it - Visite: inverno 9-17; estate 10-19. (C3)

Torre di S. Pancrazio. Piazza Indipendenza, tel. 0704092306-0706670168, www.beniculturalicagliari.it - Visite: inverno 9-17; estate 10-19. (B3)
Villa di Tigellio. Via Tigellio, tel. 0704092306-0706670168, www.cagliariturismo.it - Visite: inverno 9-17; estate 10-14 e 15-19. (C2)

DORMIRE

€ FINO A 80 EURO

Hostel Marina. ♿ Scalette S. Sepolcro 2, tel. 070670818, www.hostelmarinacagliari.it - 35 camere - In pieno centro, un antico monastero del XVI secolo è stato convertito in un ostello con camere confortevoli e climatizzate. La struttura dispone anche di due sale meeting. È richiesta la tessera Aig. (D3)
Numero 3. Via Lanusei 3, tel. 3474187510, www.bbnumero3.com - 3 camere, 1 appartamento - A due passi dal Bastione San Remy, in uno degli angoli più esclusivi della città. Ideale per chi vuole girare la città a piedi, offre camere con arredi lineari e dotate di buon comfort. (D3)

€€ DA 80 A 130 EURO

Donna Pomptilla. ♿ Viale Trento 124, tel. 070283532, www.donnapomptilla.com - 6 camere - Deliziosa struttura nata dal recupero di un'antica dimora estiva che ha mantenuto il gusto della residenza di campagna. Ambienti curati e confortevoli, così come le spaziose camere. (B1)
Relais Santa Croce. Via Corte d'Appello 42, tel. 3296182532, relaisantacroce@gmail.com - 5 camere - Nel quartiere Castello, palazzo Azara ospita gli ambienti di questo suggestivo relais, che conserva ancora gli antichi pavimenti di maioliche dipinte a mano e gli alti soffitti affrescati; le camere sono arredate in stile classico. (C3)

€€€ DA 130 A 200 EURO

La Villa del Mare. Lungomare Poetto 248, tel. 070389296, www.lavilladelmare.com - 10 camere - Residenza d'inizio Novecento in stile liberty sul lungomare cittadino. Dispone di camere con travi a vista e pavimenti in parquet, impreziosite da oggetti contemporanei; alcune con accesso diretto al giardino, altre con balcone con vista mare. Possibilità di alloggio anche in miniappartamenti. (F6, f.p.)
Nautilus. ♿ Lungomare Poetto 158, tel. 070370091, www.hotelnautiluspoetto.com - 15 camere - Un albergo moderno che si ispira negli arredi e nell'architettura allo stile marinaro coloniale. I colori blu e bianco degli interni e i richiami nei decori agli elementi del mare conferiscono agli ambienti carattere e classe. (F6, f.p.)
T Hotel. ★ ♿ Via dei Giudicati 66, tel. 07047400, www.thotel.it - 207 camere - Si trova non lontano dal Teatro Lirico. L'ambiente è vivo e dinamico, caratterizzato dal gusto per il moderno e per il design. Ristorante con cucina sarda, barbistrot e centro benessere. (A4)

€€€€ OLTRE 200 EURO

Miramare Hotel. ♿ Via Roma 59, tel. 070664021, www.hotelmiramarecagliari.it - 18 camere - Boutique hotel situato all'interno dell'ottocentesco palazzo Devoto. In posizione centrale e vicino alla stazione e ai principali mezzi di trasporto, mette a disposizione camere e suite panoramiche dotate di ogni comfort. (D2)

MANGIARE

€ FINO A 30 EURO

Ammentos. ♿ Via Sassari 120, tel. 070651075, andreagraziella@yahoo.it - Cucina sarda - Cucina di terra, tipicamente regionale, in questo piccolo locale nel quartiere Marina. Ambiente rustico, con arredi e stoviglie tradizionali, porzioni abbondanti e servizio originale su vassoi in sughero. (C2)
Basilio. ♿ Via S. Satta 112/A, tel. 070480330, www.ristorantebasiliocagliari.com - Cucina sarda, mediterranea - Un ristorante che da oltre cinquant'anni propone il ricettario della cucina cagliaritana: spaghetti arselle e bottarga, pesce spada alla carlofortina, per citare solo alcuni piatti. In estate, servizio in terrazza. (C4)
Ci Pensa Cannas. Via Sardegna 37, tel. 070667815, www.cipensacannas.it - Cucina sarda - In un vicolo a ridosso del porto c'è questo grazioso ristorante. La gestione familiare, la cortesia e l'ottima cucina tipica preparata con ingredienti stagionali sempre freschi hanno fatto diventare questo posto una delle mete preferite dai cagliaritani. (D2)
Crackers. ♿ Corso Vittorio Emanuele 195, tel. 070653912, robertocinus58@gmail.com - Cucina classica, piemontese - Un angolo di Piemonte in terra sarda è la sintesi di questo esercizio di consolidata esperienza, dal tono familiare e informale. In menu piatti di varia ispirazione, ma comunque con prevalenza di risotti e bolliti misti. (C2)
Cucina.Eat. Piazza G. Galilei 1, tel. 0700991098, www.shopcucina.it - Cucina hamburger, panini e dintorni - Locale molto accogliente e particolare: è negozio di specialità alimentari, bottega di attrezzature per cucina, libreria, scuola di cucina e, non ultimo, luogo in cui si assaggiano le creazioni del giorno accomodandosi al tavolo comune o al bancone. (C4)
Fritto Mania. Viale Regina Margherita 29, tel. 3388373158, frittomania@email.it - Cucina hamburger, panini e dintorni - Qui troverete tutto quello che si può friggere, dai grandi classici come gli anelli di calamari, i fiori di zucca, la mozzarella in carrozza, alle specialità come le orziadas (le attinie di mare in pastella) e i culurgiones (ravioli fritti ripieni di pecorino sardo). (D3)
Il Pepe Rosa. Via della Pineta 108, tel. 070303313, www.ilpeperosasrl.it - Cucina sarda, pizze - Conosciuto in città soprattutto per le pizze, questo locale è anche un buon ristorante che propone piatti di qualità. Specialità sarde e non solo, da gustare nella veranda all'aperto. (F6)
La Pola. Vico Barcellona 10, tel. 070650604 - Cucina di pesce, sarda - Ristorante dall'atmosfera familiare, in cui Damiano lavora la materia prima

con cura, proponendo piatti ottimi e gustosi, a un prezzo correttissimo. (D2-3)

Locanda dei Buoni e Cattivi. Via Vittorio Veneto 96, tel. 0707345223, www.locandadeibuoniecattivi.it - Cucina sarda - Il locale è gestito dalla Fondazione Domus de Luna Onlus, che ha come obiettivo il riscatto di donne e giovani in difficoltà; con l'aiuto del rinomato chef Roberto Petza i ragazzi creano una cucina che vuole essere ricca nella sua semplicità, genuina ed etica. (A1)

Luigi Pomata. Viale Regina Margherita 14, tel. 070672058, www.luigipomata.com - Cucina di pesce, di ricerca, mediterranea - Tre sale, una terrazza e un bistrot compongono questo locale immerso nella quiete. Ingredienti di primissima qualità, biologici e a chilometro zero sono la base di una cucina creativa che propone la specialità locale, il tonno, cucinato in diversi modi. (D3)

Retroburger. Via D.A. Azuni 98, tel. 3888506085 - Cucina hamburger, panini e dintorni - Locale moderno e curioso per l'arredo, molto popolare tra i giovani che qui trovano hamburger per tutti i gusti, coniugati con molti tipi di carne (anche di asino) e con interessanti abbinamenti, dai classici ai più fantasiosi. (C2)

Stella Marina di Montecristo. Via Sardegna 140, tel. 3475788964 - Cucina di pesce - Atmosfera familiare e tanti richiami al mare in questo locale che propone un'ottima cucina a base di pesce sempre fresco. (D-E3)

Trattoria Lillicu. Via Sardegna 78, tel. 070652970, lillicu@live.it - Cucina di pesce - Una trattoria dall'ambiente semplice, dove si mangia su solidi tavoli di marmo, senza tovaglia. La proposta è quasi esclusivamente di pesce freschissimo. Non c'è menu scritto, i piatti sono elencati a voce e, a parte alcuni classici, cambiano spesso in base all'estro degli chef. (D2)

Zenit. Viale Pula 2, tel. 070250009, www.ristorantezenit.com - Cucina di pesce, sarda - Una delle osterie senza dubbio più antiche e originali della città, fondata dalla stessa famiglia che attualmente la gestisce. L'ambiente mantiene lo spirito marinaro, la cucina propone piatti tradizionali. (D1, f.p.)

€€ DA 30 A 50 EURO

Antica Hostaria. Via Cavour 60, tel. 070665870, www.anticahostaria.it - Cucina classica, sarda, del territorio - Locale elegante che mette in tavola piatti che spaziano dalla cucina internazionale a quella tipica sarda, con qualche interessante innovazione. Meditata selezione di vini. (D3)

Dal Corsaro-Spinnaker. Via Marina Piccola, tel. 070370295, www.dalcorsaroalmare.it - Cucina sarda, mediterranea, pizze - In posizione incantevole sul porticciolo di Marina Piccola, tre sale eleganti e una bella terrazza sul mare. Le proposte gastronomiche sono tutte realizzate con i prodotti del territorio e variano secondo il pescato del giorno. (F6, f.p.)

FARE

Per una sosta

Antico Caffè. Piazza Costituzione 10/11, tel. 070658206, www.anticocaffe1855.it - Inaugurato nel 1855, è il più antico tra i caffè del centro città. (D3)

Chocolat Giambastiani. Via Garibaldi 20, tel. 3490603597 - Qui il gelato è veramente artigianale e i gusti, particolari e preparati con materie prime sempre fresche, cambiano quotidianamente. Ottimi anche gli yogurt e i frullati. (D3)

Il Gelato Aresu. Corso Vittorio Emanuele II 244, tel. 070684646 - Gelateria artigianale di eccezionale qualità; ingredienti freschi per gusti originali e dai sapori tutti isolani: spiccano il gelato al corbezzolo, ai fichi d'india e alle more di rovo (esclusivamente di stagione), o ancora i gusti salati e alle erbe. (C2)

L'Isola del Gelato. Piazza Yenne 35, tel. 070659824 - Per tanti cagliaritani e turisti gustare il gelato in piazza Yenne è ormai un'abitudine. Vasta la scelta tra gusti classici e originali; si mangia seduti sotto gli ampi gazebo all'esterno proprio sulla piazza davanti alla statua di Carlo Felice. (C2-3)

La Cantina. Via dei Mille 3, tel. 070672039 - In zona centrale, in una traversa di via Roma, quasi di fronte al porto, è un locale informale e giovanile dove consumare un pasto veloce. Difficile scegliere tra le tante stuzzicanti e originali proposte: dai panini agli snack, ai piatti composti. (D2)

Per la sera

Babeuf. Via Giardini 147/A, tel. 3397067706-3913730629, babeufcagliari.com - «Tè, vino e letture lente»: così si definisce questo particolarissimo locale dove si può sorseggiare una bevanda e assaggiare una fetta di torta, magari sfogliando una rivista o leggendo uno dei tanti libri sistemati sugli scaffali. Anche reading, mostre ed eventi musicali. (A3-4)

Caffè Libarium Nostrum. Via S. Croce 33, tel. 3465220212 - Dispone del bar, di due ampie sale e di una terrazza da cui si gode di uno dei più bei panorami di Cagliari; è un "classico", dove ci si ritrova per bere qualcosa in tranquillità, accompagnati da un piacevole sottofondo musicale. (C3)

Donegal. Via Caprera 7, tel. 070654777-3381507236 - L'irish pub oltre a ottime birre offre serate speciali, dalla danza irlandese al karaoke, passando per i gruppi live e le feste a tema. (C1)

Enò. Vicolo C. Felice 10/12, tel. 0706848243, www.enorestaurant.it - Un posto unico dove fermarsi per un aperitivo, un drink, un appetitoso stuzzichino o un pasto completo. Un locale accogliente e vivace dove è piacevole sostare a chiacchierare o partecipare agli eventi che vi si organizzano. (D2)

Il Merlo Parlante. Via Porto Scalas 69, tel. 3400788929 - In centro, nel quartiere Stampace, è uno dei pub più noti di Cagliari. Tante le birre speciali da gustare insieme ai panini della casa in un locale arredato in legno. (C2)

Pizza 74. Via D. Alighieri 7, tel. 070654836 - Ideale per una sosta veloce o per uno spuntino notturno, è una vera istituzione per i cagliaritani. Pizzette semplici (margherita o con capperi e acciughe) ma buone. Interessante anche la proposta delle birre artigianali. Accoglienza cortese, sempre gioviale e prezzi davvero economici. (C5)

Red Fox. Via S. Giovanni 400, tel. 070401614-3420042223 - Birre alla spina, in bottiglia e anche artigianali in questo pub dall'atmosfera un po' british. Buona scelta di pietanze per una cena informale. (A4)

Attività e divertimenti

Andromeda. Corso Vittorio Emanuele II 221, tel. 070652746, www.andromedacharter.it - Noleggio di imbarcazioni nuove e ben accessoriate, ma anche crociere e mini crociere, organizzazione di escursioni a terra con itinerari gastronomici e assistenza tecnica marina e terrestre. (C2)

Ichnusa. Porto di Cagliari, via Roma, tel. 3486543763, www.ichnusacharter.it - Naviga in tutte le stagioni per le acque cristalline della Sardegna; tra le attività, oltre al noleggio dell'imbarcazione, non si dimentichino i corsi di vela, le regate o le feste a bordo. (D2)

Lugori. Via Garigliano 2, tel. 0707326371-3384592082, www.lugori.com - Visite guidate della città ed escursioni a piedi nella provincia di Cagliari e in Ogliastra; anche scuola di nordic walking. (B1, f.p.)

Parco naturale regionale Molentargius-Saline. Via La Palma, tel. 070379191, www.parcomolentargius.it - È in Europa uno tra i più importanti esempi di ecosistema: rappresenta infatti l'habitat ideale per molte specie animali, come il fenicottero. Visite: aprile-metà ottobre 6.30-21; metà ottobre-marzo 7-18; visite guidate a richiesta, infopoint 8.30-18. (F6, f.p.)

Sport

IchnusaBike. ★ Via Sassari 26, tel. 0707738424, www.ichnusabike.it - Operatore con sede a Cagliari, organizza diversi tour dell'isola, fra cui la Transardinia, traversata da nord a sud, con partenza da Olbia e arrivo a Cagliari. (D2)

Windsurfing Club Cagliari. Via Marina Piccola, tel. 070372694-3333025583, www.windsurfingclubcagliari.org - Nella splendida cornice della spiaggia del Poetto di Cagliari, uno dei più noti club di windsurf in Italia, con tanti campioni e una grande scuola. (F6, f.p.)

SHOPPING

Antonello Puddu «Mastr'e linna». Piazza Italia 5, tel. 3471839263-3474375226, www.mastrelinna.com - Complementi d'arredo, giocattoli, oggetti intagliati e colorati escono dalle abili mani di questo artigiano che lavora il legno con maestria e originalità. (A5, f.p.)

Ariuceramiche. Via Costituzione 16, tel. 070651684, www.ariuceramiche.it - Nel laboratorio di Cristina e Stefania Ariu, nel centro storico di Cagliari, da oltre dieci anni si realizzano manufatti in ceramica. Prodotto di punta è la pecora realizzata interamente a mano in argilla pirofila, decorata a incisione su sovrapposizione di engobbi. (D3)

Artigianato Sardo. Via Roma 49, tel. 070663416, fior.elisa@yahoo.it - Sotto i portici di via Roma, di fronte al porto; all'interno, manufatti eccellenti dell'artigianato sardo: dai coralli alla filigrana, dai tappeti alla ceramica, incluse le famose fedi sarde. (D2-3)

Bonu-Cose Buone dalla Sardegna. Viale A. Diaz 162, tel. 070306453, www.bonu.it - Punto vendita di un'importante catena che promuove i sapori della Sardegna: dolci, liquori, vini, pane, oli di qualità. (F5)

Bottega delle Meraviglie. Via A. Lamarmora 82, tel. 070653020, bottegameraviglie@libero.it - Tipico negozio della zona di Castello che espone diverse curiosità: abiti d'epoca, tovaglie e tende dell'Ottocento, pizzi e merletti di ieri e di oggi. (C3)

C+C di Carlo Budroni. Via S. Domenico 42, tel. 0702341128 - Design contemporaneo e tessuti tradizionali danno vita in questo laboratorio a borse, cuscini, pannelli decorativi e altri complementi d'arredo. (C4)

Cagliari Antiquaria. Piazza del Carmine - Tutte le domeniche (la terza domenica del mese si tiene in piazza Giovanni XXIII), mostra-mercato di collezionismo e artigianato. (C-D2)

Delizie di Sardegna. Via Sardegna 22, tel. 070669380-070680371 - I prodotti tipici della Sardegna, sia dell'artigianato sia dell'enogastronomia: l'indirizzo giusto per portarsi a casa un ricordo di questa terra. Anche in via Baylle 10. (D2)

Enoteca Cagliaritana. Piazza Jenne 8, tel. 070670532, www.enotecacagliaritana.it - Oltre ottant'anni di tradizione e di esperienza fanno di questa enoteca un luogo imprescindibile per gli appassionati. Punto vendita anche in via Rovereto 6/8. (C3)

Il Guscio Gioielleria. Via Manno 54, tel. 070658857, www.ilgusciogioielleria.com - Gioielli, orologi e bigiotteria d'epoca originali e raffinati proposti in un piccolo negozio dall'atmosfera accogliente. (D3)

La Feltrinelli Point. Via Roma 63, tel. 03336080928, www.libreriafeltrinellicagliari.com - Vicino al Porto, non solo libri, ma anche punto d'incontro e di relax. (D2)

Liquorvini. Viale Trieste 51, tel. 070650825-070240866, www.cantina.it/liquorvini - Ampi locali dove sono esposte le specialità dolciarie sarde e non solo: vini, liquori, champagne, spumanti delle più famose cantine della Sardegna. (C1)

€ I prezzi per l'ospitalità si riferiscono alla **camera doppia**, quelli della ristorazione al **costo medio di un pasto di due portate** bevande escluse.

Loredana Mandas. Via Sicilia 31, tel. 070667648, www.loredanamandas.com - Innovazione e tradizione danno vita a gioielli raffinati dal gusto sia antico che moderno; tra le molteplici tecniche usate per produrli, spicca la filigrana. (B4)

Love Retrò. Via V. Sulis 26, tel. 0708005025, www.loveretro.it - Nello storico quartiere di Villanova, una boutique dall'atmosfera romantica dove si trovano bellissimi abiti e accessori vintage, selezionati con molto gusto dalla giovane proprietaria. (D3)

Mercato di Campagna Amica. Piazza dei Centomila, www.campagnamica.it - Per trovare prodotti naturali e genuini, questo mercato settimanale che si tiene il giovedì mattina è il posto giusto: le aziende agricole locali espongono qui le loro merci e le loro primizie. (F4)

TRAmaRE. Via dei Genovesi 6, tel. 070666988-3286981367, www.tramare.it - Tradizione e sperimentazione si fondono nei tessuti che Maria Cristina Boy e Margherita Usai tessono e dipingono nel loro negozio-laboratorio per dar vita a complementi d'arredo, vestiti, accessori, tutti originali e coloratissimi. (C3)

Tuttestorie-Libreria per ragazzi. Via V.E. Orlando 4, tel. 070659290, www.libreriatuttestorie.it - È la prima libreria della Sardegna dedicata a bambini e ragazzi. Nei 170 m^2 dai vivaci colori vengono anche organizzati incontri e laboratori per i piccoli lettori. (C4)

Cala Gonone

VISITARE

Grotta del Bue Marino. Tel. 0784927235, www.dorgali.it - Visite: giugno-settembre 9-17 (una barca ogni ora); marzo-maggio, settembre e ottobre 11 e 15; variazioni in base ai periodi stagionali.

DORMIRE

€€ DA 80 A 130 EURO

Bue Marino. ♿ Via A. Vespucci 8, tel. 0784920078-3477713099, www.hotelbuemarino.it - Stagionale - 31 camere - In posizione panoramica, a pochi metri dalla spiaggia, è dotato di camere accoglienti e funzionali. Dispone di una grande terrazza con bar e di solarium fornito di vasca idromassaggio.

€€€ DA 130 A 200 EURO

Costa Dorada. Lungomare Palmasera 45, tel. 078493332, www.hotelcostadorada.it - Stagionale - 28 camere - Sul lungomare, una bianca struttura dall'atmosfera romantica, con camere in stile sardo-spagnolo e alcune suites diverse tra loro, dotate di vasca idromassaggio. Ampie terrazze attrezzate, con vista sul golfo di Orosei.

Campeggi e villaggi

Cala Gonone. Via C. Collodi 1, tel. 078493476-3421028249, www.calagononecamping.com - Stagionale - Offre dotazioni di buon livello, fra cui una piscina, spaccio e ristorante-pizzeria; sistemazione in piazzole ombreggiate, caravan e bungalow (con affitto a turni settimanali o bisettimanali in alta stagione).

MANGIARE

€ FINO A 30 EURO

Il Pescatore. Via Acqua Dolce 7, tel. 078493174, romanopatrizia@tiscali.it - Cucina sarda - Affacciato sul mare e ben gestito dal 1970, questo ristorante è sinonimo di buona cucina. In tavola, i sapori del mare con piatti a base di pesce fresco; in evidenza frittelline di capesante e coda di rospo alla catalana.

€€ DA 30 A 50 EURO

Al Porto-da Simone. ★ ♿ Piazza del Porto 2, tel. 078493185, www.hotelpop.it - Cucina classica, sarda - Come si intuisce dal nome, si trova presso il porto e propone piatti classici del territorio; in estate si pranza all'aperto sulla terrazza.

FARE

Attività e divertimenti

Acquario di Cala Gonone. Via La Favorita, tel. 0784920052-078493047, www.acquariocalagonone.it - Con le sue 25 vasche l'acquario ripropone ai visitatori l'ambiente marino del Mediterraneo e dei mari tropicali.

Escursioni Cala Gonone. Via C. Colombo, ang. via A. Vespucci, tel. 3477209696-3400560861, www.escursionicalagonone.it - Minicrociere con piccole imbarcazioni o gommoni alla Grotta del Bue Marino o verso le incontaminate spiagge del golfo di Orosei. Escursioni anche a terra, in direzione di Orgosolo e il suo entroterra o a Gola Gorroppu.

Skipper Cala Gonone. C/o porto box n. 0, tel. 3342328707-3384349114, www.skippercalagonone.com - Noleggio di gommoni, servizio taxi boat e minicrociere nel golfo di Orosei.

Calangianus

DORMIRE

€€ DA 80 A 130 EURO

Li Licci. Località Valentino, tel. 079665114-3471440896, www.lilicci.com - 5 camere - Lecci, sughereti e macchia mediterranea fanno da cornice a questa azienda con camere ricavate dalla ristrutturazione delle antiche stalle, annesse alla casa padronale; il ristorante offre un menu degustazione con specialità della Gallura.

SHOPPING

Artigianato Pasella. Località Ignazioni, tel. 079661381, www.artigianatopasella.com - Oggetti tradizionali in sughero e in ceramica, tessuti, gioielli, mobili di legno intagliati con motivi geometrici e floreali (come le classiche cassapanche).

Calasetta

Porti turistici

Marina di Calasetta. Lungomare C. Colombo 1, tel. 078188083, www.portocalasetta.it - Il bel porto di Calasetta dispone di 400 posti barca ben protetti, di cui 55 destinati a ospitare visitatori in transito con barche fino a 25 m di lunghezza.

VISITARE

MACC-Museo Arte contemporanea Calasetta. Via Savoia 2, tel. 0781887219-0781810072, www.

fondazionemacc.it - Visite: settembre-maggio, sabato 17-20 e domenica 10-13.

DORMIRE

€ FINO A 80 EURO

Fjby. Via Solferino 83, tel. 078188444, www.hotelfjby.it - 18 camere - Nei pressi del porto, un piccolo hotel d'impostazione semplice ed essenziale. Offre camere curate dotate di diversi comfort.

€€ DA 80 A 130 EURO

Cala di Seta. ♿ Via Regina Margherita 61, tel. 078188304, www.hotelcaladiseta.it - 25 camere - Edificio moderno in stile mediterraneo, offre camere rinnovate negli arredi e nelle attrezzature, alcune con vista sul mare. Convenzioni con spiagge, centro estetico, noleggio biciclette ed escursioni turistiche.

Tupei. Località Vigna Grande, tel. 0781810025-3394752458, www.agriturismotupei.com - 5 camere - Un patio e un cortile interno consentono di accedere al corpo centrale, in cui si trovano le camere e la sala ristoro. Ideale per gli amanti dei cavalli, che potranno seguire lezioni di equitazione o fare escursioni alla scoperta delle bellezze dell'isola.

MANGIARE

€€ DA 30 A 50 EURO

Perla. ♿ Lungomare C. Colombo 16, tel. 078188483-3343502843, www.ristorante-perla.it - Cucina di pesce, del territorio - Nuova location e nuovo nome per "U Palacca"; il ristorante si trova ora a pochi metri dal porto, con una graziosa veranda vista mare dove gli ospiti possono degustare i piatti tipici della zona.

FARE

Per la sera

Whim cafe Sardinia. Via Roma 16, tel. 07811865645 - Atmosfera moderna ed elegante, ottimi aperitivi spesso accompagnati da musica dal vivo.

Capoterra

MANGIARE

€ FINO A 30 EURO

Sa Cardiga e su Schironi. ♿ Località Maddalena Spiaggia, SS 195, tel. 07071652, www.sacardigaesuschironi.it - Cucina di pesce, sarda - Tipicamente marinaro, sia in cucina sia negli arredi in legno che, con cordami e lampade, ricreano l'atmosfera di un vecchio galeone. Piccola cantina, visitabile per la degustazione dei vini, e grappoteca.

FARE

Attività e divertimenti

Luciotti. Località Isca e Su Loi, tel. 3492616011, www.luciotti.net - Escursioni e visite guidate lungo le coste e sui monti della Sardegna sud-occidentale; noleggio scooter e moto, anche da enduro; scuola di motocross.

Caprera (Isola di)

VISITARE

Compendio garibaldino di Caprera. Tel. 0789727162, www.compendiogaribaldino.it - Visite: martedì-domenica 9-20; variazioni in base ai periodi stagionali.

FARE

Attività e divertimenti

Centro equituristico Cavalla Marsala. Località Stagnali, tel. 3472359064, cavallamarsala@tiscali.it - Passeggiate a cavallo di una o più ore, escursioni giornaliere nell'entroterra o lungo le spiagge dell'isola. Anche lezioni di equitazione.

Ciao Sardinia. Tel. 0789641074, www.ciaosardinia.com - Con l'escursione guidata in quad scoprirete le bellezze naturali dell'isola di Garibaldi: il quad tour parte alle 9.30 da La Maddalena centro e segue un tracciato panoramico di 20 km studiato appositamente.

Carbonia

VISITARE

Museo archeologico Villa Sulcis. Via Campania, tel. 078163512, www.comune.carbonia.ci.it - Visite: ottobre-marzo, mercoledì-domenica 10-15; aprile-settembre, martedì-domenica 10-14 e 15-19.

Museo del Carbone. ★ C/o Grande Miniera di Serbariu, tel. 078162727-0781670591, www.museodelcarbone.it - Visite: inverno martedì-domenica 10-17; estate 10-18.

Parco archeologico Monte Sirai. Località Sirai, via Nazionale, tel. 078163512, www.mediterraneacoop.it - Visite: inverno, mercoledì-domenica 10-17; estate, martedì-domenica 10-19.

DORMIRE

€ FINO A 80 EURO

Oasi. Località Bacu Abis, via Alessandria, tel. 078165095-3471454683, www.bboasi.com - 4 camere - Le camere sono accoglienti e luminose e le colazioni, a base di prodotti fatti in casa, quando il tempo lo consente possono essere servite in giardino.

FARE

Per una sosta

Enocaffè. Vico Costituente 1, tel. 07811896464-3347867123, info@enocaffe.it - Dalla colazione all'aperitivo, dall'ora del tè alla degustazione degli ottimi vini qui proposti. Taglieri di salumi e formaggi, oltre ad altre sfiziosità dolci e salate, completano l'offerta.

Gran Bar Europa. Via A. Gramsci 31, tel. 078161508 - Bar-pasticceria con ampia scelta di dolci, soprattutto specialità sarde.

Per la sera

Bliss. Via Costituente, tel. 3477846133 - Un ambiente dinamico, dj coinvolgenti, barman esperti e divertimento assicurato in pista.

SHOPPING

Erboristeria Sarda. Via delle Cernitrici, tel. 3402440036-3274299215, www.erboristeriasarda.it - Vasta gamma di prodotti naturali per la bellezza e il benessere. Vengono anche fornite consulenze per l'utilizzo delle piante officinali e dei loro preparati.

Carloforte

Porti turistici

Marine Sifredi. Viale Osservatorio Astronomico, tel. 0781857008-0781854437, www.marinesifredi.it - Il porto dispone di 250 posti barca, distribuiti in due approdi situati rispettivamente nelle parti nord e sud del porto di Carloforte.

VISITARE

Museo civico Casa del Duca. Via Cisterna del Re 20/24, tel. 0781855880, www.carloforte.net/museo - Visite: inverno, martedì-domenica 9-13, giovedì-domenica anche 15-19; estate, martedì-domenica 17-21, giovedì-domenica anche 9-13.

Torre di San Vittorio - museo multimediale. Viale Osservatorio Astronomico 51, tel. 3331816535 - Visite: sabato e domenica 9-13 e 16-20.

DORMIRE

€€ DA 80 A 130 EURO

Guardia dei Mori. ♿ Località Nassetta, tel. 0781855973, www.hotelguardiamori.it - Stagionale - 14 camere - La struttura si trova in collina, poco distante dal mare che separa l'isola di San Pietro dalla Sardegna. Al ristorante, i piatti della cucina locale sono serviti sotto la deliziosa pergola.

Villa Pimpina. ♿ Via Genova 106/108, tel. 0781854180-3381365705, www.villapimpina.it - 10 camere - Piccolo hotel di charme nato dalla completa ristrutturazione della casa di famiglia; è arredato con i mobili d'epoca in stile tabarkino e con complementi d'arredo moderni abbinati con gusto e originalità.

€€€ DA 130 A 200 EURO

Poecylia Resort. ★ Località Becco, tel. 3337629790-3338964250, www.poecyliaresort.it - 7 camere - Nata da un sapiente restauro di alcuni casolari, la dimora sorge in un'oasi incontaminata, a breve distanza dal mare. Le camere, arredate con semplicità e charme, si affacciano sulla bella terrazza adiacente il giardino.

MANGIARE

€ FINO A 30 EURO

Da Andrea Osteria della Tonnara. ♿ Corso dei Battellieri 36, tel. 0781855734, www.ristoranteda andrea.it - Cucina di pesce, sarda - Rigorosamente pesce in un locale che merita una sposta anche solo per la splendida vista sul mare e sul canale delle Saline dove si possono ammirare i fenicotteri rosa.

Da Nicolò. ♿ Corso Cavour 32, tel. 0781854048, www.danicolo.net - Cucina sarda - Storico locale che propone un'ottima cucina sarda con forti influenze sia liguri che tunisine, con due distinte linee gastronomiche, una tradizionale e una creativa.

Galman. ♿ Località Bellavista, tel. 0781852088, www.galman.it - Cucina del territorio - Ambiente informale, con menu tipici curati personalmente dai titolari e ispirati alle ricette della tradizone carlofortina.

€€ DA 30 A 50 EURO

Da Vittorio. Corso Battellieri 16, tel. 0781855200, ristorantedavittorio@gmail.com - Cucina di pesce, del territorio - La vicinanza del mare e i prodotti della tavola rendono apprezzabile questo locale dal tono rustico, costruito in pietra viva; possibilità di pranzare tutto l'anno nel bel gazebo in stile liberty o di usufruire del servizio di take-away nella nuova gastronomia posta all'interno del locale.

FARE

Per una sosta

Pescheria Sandolo. Corso Battellieri 28, tel. 0781854355, www.pescheriasandolo.it - Pesce sempre freschissimo, scelto nella pescheria che si trova proprio a fianco, da gustare sul posto o da asporto.

Per la sera

Barone Rosso. Via XX Settembre 26, tel. 3387752272 - Classica birreria con ampia scelta anche di piatti sfiziosi e stuzzichini in un'atmosfera animata.

L'Incudine. Via Roma 78, tel. 3401534839 - Ottimi cocktail, oltre a stuzzichini e piatti freddi buoni da mangiare e belli da vedere.

Marlin. Località Calalunga, tel. 0781850121-3929663709 - L'unica discoteca sull'isola di San Pietro dove si può ballare fino al mattino.

Attività e divertimenti

Carloforte Sail Charter. Via B. Danero 52, tel. 3472733268, www.csailcharter.it - Skipper e velisti professionisti organizzano escursioni e gite giornaliere a bordo di stupendi yacht a vela. Tra i servizi, anche noleggio barche e corsi di vela.

Prima Luna. C/o calata Mamma Mahon, via Cavour, tel. 3333509999, www.nuraghia.com - Una meravigliosa imbarcazione per splendide escursioni alla scoperta dell'isola di San Pietro e della costa sud-occidentale della Sardegna.

SHOPPING

Enoteca Nasacca. Corso Battellieri 3, tel. 0781854919, gluxoro@gmail.com - Vasto assortimento di vini regionali e nazionali.

Castelsardo

Porti turistici

Porto di Castelsardo. Località Porto Turistico, tel. 079479010, www.portodicastelsardo.com - Situato ai piedi del borgo di Castelsardo, il porto ha una capacità di 800 posti barca.

VISITARE

Castello. Via G. Marconi, tel. 079471380, www.castelsardoturismo.it - Visite: 10-22; variazioni in base ai periodi stagionali.

Museo dell'Intreccio Mediterraneo. C/o castello dei Doria, via G. Marconi, tel. 079470220-3471118547, www.mimcastelsardo.it - Visite: 9-19; variazioni in base ai periodi stagionali.

Museo Diocesano Polo S. Antonio Abate. Via Manganella 42, tel. 0796393099 - Visite: inverno visite a richiesta; estate 10-13 e 15-22.

DORMIRE

€ FINO A 80 EURO

Ostello della Gioventù Golfo dell'Asinara. ♿ Località Lu Bagnu, via Sardegna 17, tel. 079474031, www.ostellodicastelsardo.com - Stagionale - 19 camere - Proprio di fronte al Golfo dell'Asinara, dispone di veranda con panorama mozzafiato sul mare. Offre camere da 2 a 4 posti letto e dormitori che possono ospitare fino a 15 persone. Piscina scoperta e connessione wi-fi gratuita.

€€ DA 80 A 130 EURO

Ampurias. ♿ Località Lu Bagnu, via Genova 12/14, tel. 079474008-079474376, www.ampurias.net - 17 camere - A pochi metri dalla spiaggia, offre camere dotate di servizi moderni e colazione inclusa nel pernottamento; completano l'offerta il ristorante e una capiente sala congressi.

€€€€ OLTRE 200 EURO

Bajaloglia Resort. ♿ Località Bajaloglia, tel. 079474544, www.bajalogliaresort.it - Stagionale - 20 camere - Piccolo resort con camere accoglienti, dotate dei più moderni comfort; splendido giardino con piscina panoramica e ristorante che propone i piatti della tradizione sarda.

MANGIARE

€ FINO A 30 EURO

Il Cormorano. ♿ Via Colombo 5, tel. 079470628, www.ristoranteilcormorano.net - Cucina sarda, di ricerca - Locale con interni impreziositi da elementi che evocano il ricordo del mare e da oggetti di artigianato. All'esterno, una bella terrazza per le serate estive. La cucina è quella tipica isolana a base di pesce e prodotti locali.

Pensione Pinna. Lungomare Anglona 7, tel. 079470168, infopensionepinna@gmail.com - Cucina sarda - Piatti di carne o pesce e porzioni abbondanti in questo accogliente ristorante a conduzione familiare dotato di una rilassante veranda sul mare. Possibilità anche di pernottare.

€€ DA 30 A 50 EURO

Baga Baga. Località Terra Bianca, via Colombo 7, tel. 079479125, www.hotelbagabaga.it - Cucina mediterranea, pizze - Locale con vista mozzafiato sul mare, ambiente elegante e raffinato che propone piatti di pesce, grigliate di carne e gustose pizze cotte nel forno a legna.

Fofò. ♿ Lungomare Anglona 1, tel. 079470143, www.fofo.it - Cucina di pesce, sarda - Locale di tono classico con cucina tradizionale, gestito fin dal 1960 dalla stessa famiglia. Si mangia in sala o anche nella bella terrazza panoramica che si affaccia sul mare.

La Guardiola. ♿ Piazza Bastione 4, tel. 079470755-079470428, www.ristorantelaguardiola.it - Cucina classica, sarda - Situato nel centro storico, il locale ha solo una sala, che è anche una splendida terrazza con vista sul golfo dell'Asinara. In menu si trova il classico porceddu, ma il punto di forza è nei piatti a base di pesce.

Rocca 'Ja. Via Sedini, tel. 079470164, www.ristoranteroccaja.com - Cucina di pesce, sarda - Il ristorante si trova su un promontorio sul mare e si può mangiare in un'ampia veranda. I piatti sono quasi esclusivamente a base di pesce, anche se non mancano specialità di carne e pizze.

FARE

Per la sera

Sax Bar. Via Sedini 46, tel. 079471467 - Noto locale frequentatissimo dai giovani, con musica anche dal vivo; dall'ampia veranda si può godere di un fantastico panorama.

Benessere

Terme di Casteldoria. Località Santa Maria Coghinas-Villalba, via delle Terme, tel. 0795850005, www.termecasteldoria.it - Aperte tutto l'anno, queste terme sfruttano le sorgenti di acqua calda del fiume Coghinas utilizzate già in epoca romana.

Castiadas

VISITARE

Museo del Territorio. Località Praidis, tel. 07099450307-3284629860 - Visite: giugno-ottobre 9-13 e 16-24.

DORMIRE

€€ DA 80 A 130 EURO

S'Obreschida. ♿ Località San Pietro, tel. 070995038, www.sobreschida.it - Stagionale - 7 camere - Tra il mare e la vicina foresta di Minni Minni, l'hotel rurale si trova all'interno di un'azienda agricola. Le camere sono dotate di aria condizionata e tv.

€€€ DA 130 A 200 EURO

Sant'Elmo Beach Hotel. ♿ Località Sant'Elmo, tel. 070995161, www.hotelsantelmobeach.it - Stagionale - 175 camere - All'interno di un parco non lontano dalla spiaggia, un corpo centrale con servizi principali e costruzioni a schiera dove si trovano le camere, elegantemente arredate e dotate di comfort moderno.

MANGIARE

€ FINO A 30 EURO

Sa Marighedda. ♿ Località Malocu, tel. 0709949270-3381116460, www.samarighedda.it - Cucina classica, sarda - Arredamento rustico in legno e spazi ampi, con caminetto acceso d'inverno. La cucina è quella tipica dell'entroterra: le specialità sono i primi di pasta, il porceddu al forno e le panadas.

FARE

Per una sosta

Iki Beach. Località Monte Turno, tel. 3287797747, www.ikibeach.it - Chiosco mare per pasti veloci, aperitivi, gelati. Aperto anche la sera. È un angolo di paradiso nella splendida spiaggia di Monte Turno.

Attività e divertimenti

Cooperativa Monte dei Sette Fratelli. Via Centrale, tel. 0709947200, www.montesettefratelli.com - Escursioni in fuoristrada o mini bus. Trekking e birdwatching nel territorio montuoso di Castiadas e non solo. Servizio di noleggio mezzi.

SHOPPING

Sa Domu de S'Abi. Località Camisa, tel. 3476135009, marimurru@live.it - Azienda a conduzione familiare che produce mieli sani naturali e non pastorizzati nel rispetto dei metodi tradizionali. Vendita diretta.

Codrongianos

MANGIARE

€ FINO A 30 EURO

Saccargia. ♿ Località Saccargia, SS 597 al km 2, tel. 079434013-3408383771, www.ristorantesaccargia.com - Cucina di pesce, sarda, pizze - Ristorante immerso nel verde che offre abbondanti porzioni di specialità sarde, soprattutto a base di pesce.

SHOPPING

Tenute Soletta. Località Signor'Anna, tel. 079435067, info@tenutesoletta.it - Umberto Soletta coltiva e segue con amore il vigneto e l'oliveto di famiglia ottenendo prodotti di alta qualità: eccellenti vini, grappe monovitigno e un olio extravergine fruttato e intenso.

Cuglieri

MANGIARE

€ FINO A 30 EURO

Desogos. Vico Cugia 6, tel. 078539660, ristorante.desogos@tiscali.it - Cucina sarda - Questa locanda-trattoria propone da tempo una cucina a base di sapori del territorio e attenta alla stagionalità, dagli sfiziosi antipasti alle portate principali.

FARE

Attività e divertimenti

Spiaggia Sa Capanna. Località Torre del Pozzo - Piccolo e tranquillo arenile affacciato sul mare di colore azzurro-verde, sotto l'antica torre del Pozzo.

Spiaggia Stella. Località S'Archittu - All'inizio del centro abitato, è caratterizzata da un fondo di sabbia chiara da cui spuntano molti scogli. Molto frequentata per i colori turchesi del suo mare.

SHOPPING

Pievi. Corso Umberto I 172, tel. 078536147, www.iformaggio.it - Pecorino sardo, caprini di produzione propria, vini e altri prodotti tipici della terra sarda.

Desulo

VISITARE

Museo etnografico Casa Montanaru. Via Montanaru 34, tel. 0784619624-0784619415, www.sardegnacultura.it - Visite: a richiesta.

Dolianova

VISITARE

Sa Mola de su Notariu-Museo della tradizione olearia. Viale Europa 18, tel. 070740651, www.museolio.it - Visite: a richiesta.

SHOPPING

Argiolas Formaggi. SP 14 n. 3/5, tel. 070740293-070741694, www.argiolasformaggi.com - Un'azienda affermata che fa consegne in tutta Italia: tra i prodotti di spicco i pecorini di diverse stagionature, i formaggi molli e gli spalmabili. Possibili visite guidate presso il caseificio.

Cantine di Dolianova. Località Sant'Esu, SS 387 al km 17,15, tel. 070744101, www.cantinedidolianova.it - Nate oltre sessant'anni fa, offrono un'ampia varietà di vini Doc e Igt.

D'Olia. Via Conte Boyl 8, tel. 070740715, www.oliodolia.com - L'azienda della famiglia Loddo produce olio Dop e olio biologico e ha ricevuto diversi premi nazionali e regionali. L'ultima creazione è l'olio al limone, lavorato con prodotti di alta qualità.

Domus de Maria

DORMIRE

€€€ DA 130 A 200 EURO

Il Gabbiano. ♿ Località Chia, viale Tanit 22, tel. 0709230160, www.hotelilgabbiano.net - Stagionale - 21 camere - L'hotel offre camere confortevoli in unità abitative indipendenti; a disposizione dei clienti anche un grazioso giardino privato. La spiaggia più vicina si raggiunge in pochi minuti.

Campeggi e villaggi

Torre Chia. Località Chia, via del Porto 21, tel. 0709230054, www.campeggiotorrechia.com - Stagionale - Ombreggiato da pini ed eucalipti, in bella posizione vicino alla spiaggia. Offre locali comuni in ottimo stato, attrezzature sportive essenziali ma funzionali e grande tranquillità.

MANGIARE

€ FINO A 30 EURO

Mirage. ♿ Località Chia, viale Chia 10, tel. 0709230249, www.miragechia.it - Cucina del territorio, mediterranea, pizze - A pochi passi dalla spiaggia, in un ambiente sobrio e accogliente, si servono piatti della tradizione locale preparati con prodotti provenienti dalle aziende agricole della zona.

Domusnovas

VISITARE

Esposizione etnografica Sotgiu. Via G. Garibaldi 57, tel. 078170356-3402855473, www.sulcisiglesiente.eu - Visite: a richiesta.

Dorgali

VISITARE

Grotta di Ispinigoli. SS 125 al km 32,6, tel. 0784927235, www.dorgali.it - Visite: 10-17; variazioni in base ai periodi stagionali.

Museo archeologico. Via A. Lamarmora 69, tel. 078496243-3475012131, www.museoarcheologicodorgali.it - Visite: inverno martedì-domenica 9.30-13 e 15.30-18; estate martedì-domenica 9.30-13 e 16-19.

Museo civico «Salvatore Fancello». Corso Umberto 37, tel. 0784927242-0784927250, www.museoarcheologicodorgali.it - Visite: estate, martedì-domenica 9.30-12.30 e 17.30-19.30; anche visite a richiesta.

S. Caterina. Piazza S. Caterina, tel. 078496116 - Visite: 9-10.30.

Villaggio nuragico di Monte Tiscali. Monte Tiscali, tel. 3388341618, www.ghivine.com - Visite: inverno 9-17; estate 9-19.

Villaggio nuragico di Serra Orrios. Località Gollei, tel. 3388341618, www.ghivine.com - Visite: aprile-giugno 9-12 e 14-17; luglio e agosto 9-12 e 16-18; settembre 9-12 e 15-17; ottobre-marzo 9-12 e 14-16.

DORMIRE

€ FINO A 80 EURO

Biriddo. Località Biriddo, SP 38 al km 25, tel. 3382110395, www.biriddo.com - 7 camere - L'azienda è immersa nella rigogliosa campagna ed è circondata da alberi di olivastro. Si alloggia, solo su prenotazione, in bungalow in legno con camere ampie, bagno e veranda.

€€ DA 80 A 130 EURO

Rifugio Gorropu. Località Ortunuli, tel. 078494897-3478816639, www.rifugiogorropu.it - 10 camere - Circondato da boschi e macchia mediterranea, questo rifugio dispone di camere arredate con mobili in legno fatti a mano, tutte con ingresso indipendente e dotazioni essenziali. Il ristorante offre ottimi menu a base di prodotti tipici.

MANGIARE

€ FINO A 30 EURO

Ilogħe. Località Ilogħe, SP 38 al km 27, tel. 3481468492, lucianastara@tiscali.it - Cucina del territorio - In mezzo alla campagna, tra cavalli, asini e pecore, questo agriturismo propone piatti di carne tipici dei paesi dell'entroterra, come gli arrosti allo spiedo, ma la vera specialità sono i numerosi antipasti.

Ispinigoli. Località Ispinigoli, tel. 078495268, www.hotelispinigoli.it - Cucina sarda - La cucina offre spunti per ricette di pesce ma anche di carne, come gli anzelottos alla dorgalese, i maccarrones furriaos al profumo di armidda e zafferano, la minestra estiva vegetariana, il porceddu arrostu, la grigliata mista di pesci del Golfo.

€€ DA 30 A 50 EURO

Colibrì. Via Floris 7, tel. 3407211564, www.ristorantecolibridorgali.it - Cucina sarda - Un indirizzo sicuro per gli estimatori della cucina dell'entroterra sardo, dove gustare taglieri di formaggi e salumi, la capra al timo, il cinghiale, ma anche le seadas o la ricotta con il miele.

FARE

Attività e divertimenti

Cooperativa Ghivine. Via A. Lamarmora 31, tel. 3388341618, www.ghivine.com - La cooperativa organizza escursioni in Ogliastra e soprattutto visite guidate nei siti archeologici altrimenti difficili da raggiungere, come Tiscali (villaggio nuragico situato all'interno di una grotta).

SHOPPING

Ceramica Loddo. Via A. Lamarmora 110, tel. 078496327, www.ceramicaloddo.it - Ceramisti da oltre settant'anni, producono opere artigianali con tecniche di lavorazione che sono un incontro tra antico e moderno, mentre la scelta dei disegni rispecchia quella della tradizione sarda.

Cooperativa Olearia Dorgalese. Via A. Fleming 4, tel. 078496522 - L'olio extravergine di oliva di Dorgali è tra i migliori della Dop Sardegna.

Libero Gioielli. Via A. Lamarmora 132, tel. 078496928-3391900182, liberopatteri@tiscali.it - La tradizione orafa, in particolare quella della filigrana, a Dorgali è di casa, e i gioielli realizzati da Libero Patteri ne sono un esempio.

Fluminimaggiore

VISITARE

Grotta Su Mannau. Località Su Mannau, tel. 0781580411-3473313665, www.sumannau.it - Visite: aprile-giugno 9.30-17.30; luglio-ottobre 9.30-18.30; novembre-marzo visite a richiesta.

Museo etnografico Antico Mulino ad Acqua Licheri. Piazza A. Gramsci, tel. 0781580990-3478174989, www.comune.fluminimaggiore.ca.it - Visite: inverno 10-13 e 16-19; estate 10-13 e 17-20; chiuso lunedì. Anche visite a richiesta.

Museo paleontologico. Piazza Giovanni XXIII, tel. 07815850200, www.comune.fluminimaggiore.ca.it - Visite: a richiesta.

Tempio di Antas. Località Antas, SS 126, tel. 0781580990-3478174989, www.startuno.it - Visite: maggio-settembre 9.30-19.30; ottobre-aprile 9.30-16.30; variazioni in base ai periodi stagionali; anche visite a richiesta.

DORMIRE

€ FINO A 80 EURO

Golfo del Leone. Località Capu de Figu, tel. 078154952, www.hotelgolfodelleone.it - 14 camere - Dall'albergo si può raggiungere in breve la spiaggia di Buggerru, ma anche partire per escursioni a cavallo e visitare le miniere abbandonate della zona. Le camere hanno vista panoramica, tv e aria condizionata.

€€ DA 80 A 130 EURO

Sardus Pater. ★ Località Portixeddu, SP 105 al km 0,8, tel. 078154949-3278349260, www.hotelsarduspater.it - 14 camere - Offre camere dotate di veranda e ingresso indipendente, arredate in tono classico. Il ristorante, di antica e consolidata fama, propone piatti sardi da gustare anche sulla veranda affacciata sul mare.

FARE

Attività e divertimenti

Naturalmente Sardegna. Via R. Laconi 14/A, tel. 3476757476, www.naturalmentesardegna.

Per contattare la redazione, comunicare segnalazioni, suggerimenti o consigli, potete scrivere a: bancadatituristica@touringclub.com

org - Escursioni guidate a piedi, in mountain bike, a cavallo o in fuoristrada nel territorio del Sulcis-Iglesiente.

Shangrilà-Circolo ippico. Località San Giovanni, tel. 3403349570-3482431837, cavallolibero@tiscali.it - Escursioni a cavallo che possono durare poche ore oppure una settimana, in paesaggi dalla natura selvaggia, tra montagne rocciose e fitti boschi, fino a spiagge bagnate da un mare cristallino.

Fonni

VISITARE

Madonna dei Martiri. Piazza Martiri, tel. 078457009 - Visite: 7-19.

DORMIRE

FINO A 80 EURO

Cualbu. Viale del Lavoro 19, tel. 078457054, www.hotelcualbu.com - 50 camere - Moderna struttura dotata di camere spaziose, arredate con cura; giardino con piscina e solarium, area benessere. Il ristorante propone le antiche ricette della cucina barbaricina.

MANGIARE

FINO A 30 EURO

Francolovai. ♿ Località Francolovai, SP Nuoro-Lanusei, tel. 3497102268, francolovai@virgilio.it - Cucina del territorio - L'agriturismo si trova vicino al lago di Govossai, luogo ideale per escursioni e passeggiate. Cucina tipica dell'entroterra: ottime la carne e i formaggi. Nella tenuta si può anche soggiornare o sostare con i camper.

FARE

Sport

Bruncu Spina. Tel. 3286743235-3292243464, www.bruncuspina.it - L'impianto sul Monte Spada è aperto per brevi periodi l'anno, ci sono tre piste, una funziona anche da campo scuola. È l'unico comprensorio sciistico dell'isola.

SHOPPING

Biscottificio Giovanni Moro. Zona industriale Lotto n.7, tel. 078457274, www.savoiardisardi.it - Produzione artigianale di dolci tipici e, soprattutto, dei famosi pistoccus di Fonni, biscotti morbidi utilizzati tradizionalmente per accompagnare il caffè.

Ebanistica Piras. Via G. Deledda 14, tel. 3471922284, raffaele.piras@gmail.com - Nell'unica bottega artigiana presente in zona si eseguono lavori artistici in legno, come cassepanche, mobili e arredi su misura, seguendo rigorosamente le più antiche tradizioni.

Gioielleria Pirisi. Via Umberto I 34, tel. 078458471, www.gioielleriapirisi.com - Il laboratorio orafo è situato nel centro storico, dove, da circa trent'anni, vengono progettati e realizzati a mano gioielli in filigrana che richiamano quelli antichi della tradizione sarda.

Naturarte. Via Pacifico 1, tel. 3291281350 - Ceramiche, tappeti, arazzi, filigrane d'argento, riproduzioni di vasi e ciotole antiche: tutti oggetti che esprimono la millenaria tradizione dell'isola.

Fordongianus

VISITARE

Casa Madeddu-Casa Aragonese. Via Traiano, tel. 078360157 - Visite: 9.30-13 e 15.30-20. Chiuso lunedì.

Terme. Località Caddas, tel. 078360156 - Visite: inverno 9.30-13 e 15-17; estate 9.30-13 e 15-20; variazioni in base ai periodi stagionali.

FARE

Benessere

Terme di Fordongianus. SP 23 n. 1, tel. 0783605016, www.termesardegna.it - Situato a fianco delle antiche rovine traianee, un complesso termale di grande interesse storico e culturale, che offre una vasta gamma di trattamenti estetici e curativi.

Galtellì

VISITARE

Museo etnografico Sa domo de Marras. Via Garibaldi 12, tel. 078490472-3280207329, proloco.galtelli@tiscali.it - Visite: maggio-settembre 10-12 e 16-18; giugno-agosto 9.30-12.30 e 16.30-19.30; ottobre-aprile 10-12 e 16-18; chiuso lunedì; anche visite a richiesta.

Gavoi

VISITARE

Museo della civiltà dell'altopiano. Via Cagliari, tel. 3498018561 - Visite: 10-13 e 16-20.

DORMIRE

FINO A 80 EURO

Antichi Sapori-da Speranza. Via Cagliari 168, tel. 078452021-3497329406, www.agriturismodasperanza.com - 6 camere - Siamo a nord del Gennargentu, vicino al lago di Gusana. Tra le attività proposte in azienda, anche corsi di cestineria. La cucina propone piatti della tradizione contadina.

Gusana. ★ ♿ Località Lago di Gusana, tel. 078453000, www.hotelgusana.it - 35 camere - Esercizio a gestione familiare da oltre trent'anni, propone innumerevoli servizi per lo sport e il tempo libero, tra cui il maneggio con scuola di equitazione. Ristorante con cucina tipica barbaricina.

MANGIARE

FINO A 30 EURO

Osteria Borello. ♿ Viale Repubblica 104, tel. 078453741, www.osteriaborello.it - Cucina classica, sarda - Ospitalità vera, esperienza, intimità e calore sono le piacevoli sensazioni che si assaporano in questo locale. Accurata la selezione delle materie prime, trasformate con abilità e passione in saporite portate.

Santa Rughe. ♿ Via C. Felice 2, tel. 078453774, www.santarughe.it - Cucina sarda, pizze - Nel cuore della Barbagia, un ristorante caratteristico e accogliente dove gustare piatti della cucina tipica. Nel menu è presente anche la pizza cotta nel forno a legna. Possibilità di pernottamento.

FARE

Sport

Centro equestre Taloro. Località Lago di Gusana, tel. 078458422-3463562624, centroequestretaloro@tiscali.it - Vicino al lago di Gusana, questo centro organizza escursioni a cavallo (Supramonte di Orgosolo, Barbagia di Seulo, Ogliastra e Mandrolisai). I cavalli sono di razza autoctona o anglo-araba-sarda.

SHOPPING

Aurum Gioielli. Via Roma 235, tel. 078452175-3383803403, www.arteorafaaurum.it - Laboratorio orafo artigiano che produce gioielli tipici della tradizione sarda, ma anche gioielli moderni dal disegno originale.

Lavra Coltelli. Via Dante 4, tel. 3478032128, www.lavracoltelli.it - Qui i coltelli vengono realizzati artigianalmente, riprendendo la linea dei classici coltelli sardi, con tutta l'interpretazione e la creatività che contraddistingue l'artigiano Michele Lavra.

Genoni

VISITARE

Museo del Cavallino della Giara. Via Chiesa 7, tel. 3391676863, www.museocavallinodellagiara.it - Visite: mercoledì-giovedì 16-19; venerdì-domenica 10-13 e 16-19; anche visite a richiesta.

Gesturi

DORMIRE

€ FINO A 80 EURO

L'Antica Locanda. Via Nazionale 35, tel. 0709369133-3288021083, www.anticalocandagesturi.net - 3 camere - Tipica struttura campidanese restaurata, nel centro abitato di Gesturi. Le camere per gli ospiti sono tre, tutte semplici e confortevoli, abbastanza spaziose. All'esterno un gradevole cortile.

MANGIARE

€ FINO A 30 EURO

La Taverna del Conte. Via Frà Nicola 20, tel. 0709360030-3408377655, tavernadelconte.jimdo.com - Cucina classica, sarda, pizze - Nelle caratteristiche sale interne, ricavate dai locali di un antico frantoio, vengono serviti piatti della tradizione o pizze. Piacevole anche lo spazio esterno per la bella stagione.

Ghilarza

VISITARE

Casa Museo di Antonio Gramsci-Centro di Documentazione, Ricerca e Attività museale. Corso Umberto I 57, tel. 078554164, www.casagramsci ghilarza.org - Visite: inverno, sabato e domenica 10-13 e 16-19; estate 10-13 e 16-19; chiuso martedì.

Torre Aragonese. Piazza S. Palmerio, tel. 07855610, www.comune.ghilarza.or.it - Visite: a richiesta.

Golfo Aranci

Porti turistici

Marina di Baia Caddinas. Via Concas Caddinas 65, tel. 078946813-3803164655, www.marinadibaiacaddinas.it - Il porticciolo dispone di 104 posti barca e può ospitare imbarcazioni fino a 25 m di lunghezza.

DORMIRE

€€ DA 80 A 130 EURO

King's Hotel. ♿ Via Libertà 233, tel. 078946032-3384416876, www.kingshotel.it - Stagionale - 16 camere - Offre camere confortevoli e rinnovate negli arredi, con vista sul golfo e servizio di prima colazione in veranda. La struttura dispone di connessione wi-fi gratuita.

MANGIARE

€€ DA 30 A 50 EURO

Manzoni. ★ ♿ Via dei Caduti 4, tel. 078946859, marina.manzoni69@gmail.com - Cucina sarda - Ristorante recentemente ristrutturato, meta ideale per chi vuole gustare ottime specialità marinare. Oltre ai piatti di pesce, che arriva freschissimo dalla laguna adiacente, da segnalare anche la pizza.

FARE

Per una sosta

Rorò. Via della Libertà 81, tel. 3939097629 - Nel centro del paese, ottimo gelato artigianale e ampia varietà di gusti. Da provare il pistacchio di Bronte e il fiordo latte di bufala! Gusti anche per i vegani.

Per la sera

Clipper. Via C. Colombo 15, tel. 3208508142 - Ottimi cocktail accompagnati da olive verdi, salatini e tramezzini e atmosfera elegante e familiare in questo locale con piacevole musica jazz in sottofondo.

Attività e divertimenti

Blu oltre la Prua. Tel. 360367603, www.bluoltrelaprua.it - La barca Franco vi aspetta per emozionanti battute di pesca, escursioni e meravigliosi bagni in acque cristalline. Anche uscite di pesca notturne con le lampare.

Ciao Sardinia. Tel. 0789641074, www.ciaosardinia.com - Con il DolphinWatchingCruis Tour si potranno vedere i delfini da vicino. Si esce alle 18 con le imbarcazioni e lo spettacolo è praticamente assicurato, con l'80% di possibilità di avvistamento.

Marefun Charter & Marina. Via dei Marinai, tel. 0789615233-3386525512, marefun141.sitonline.it - Un buon posto per noleggiare gommoni e imbarcazioni, ma anche per cimentarsi in attività quali lo sci nautico o il wakeboard, accompagnati da istruttori qualificati. Anche porticciolo con 40 posti barca.

Sport

Alpha Diving. Piazzetta dei Pescatori 4, tel. 3463509725-3471664682, www.alphadiving.it - Si organizzano immersioni in alcune tra le località più belle dell'isola e corsi di immersione per principianti e professionisti; noleggio gommoni.

Gonnesa

DORMIRE

€ FINO A 80 EURO

S'Anninnia. Via Iglesias 107, tel. 078145132, www.sanninnia.it - 6 camere - Struttura di recente costruzione, a soli 3 km dal mare, offre camere ben arredate e dotate di tutti i comfort. Anche servizio ristorante che propone i piatti tipici della Sardegna.

MANGIARE

€ FINO A 30 EURO

Piedra del Sol. SS 126 al km 26,8, tel. 078136394-3932430512, www.ristorantepiedra delsol.it - Cucina sarda - Azienda agricola a produzione biologica, dedita in particolare alla coltivazione di viti e ortaggi e all'allevamento di suini, pecore e animali di bassa corte, da cui provengono le materie prime utilizzate in cucina. Dalla cantina, vini per lo più sardi.

Guspini

VISITARE

Miniera di Montevecchio. Località Montevecchio, piazza Rolandi, tel. 070973173-3891643692, www.minieramontevecchio.it - Visite: luglio e agosto 10-13 e 15.30-18.30; variazioni in base ai periodi stagionali; anche visite a richiesta.

DORMIRE

€€€ DA 130 A 200 EURO

Tartheshotel. Località Funtana Leo, via Parigi 1, tel. 0709729000, www.tartheshotel.com - Stagionale - 39 camere - Atmosfera calda e accogliente in un ambiente raffinato in stile orientale: luogo ideale per un soggiorno rilassante e meditativo. Ristorante d'atmosfera che propone i piatti tipici della cucina sarda.

FARE

Attività e divertimenti

Sa Rocca. Località San Giorgio, SS 196 al km 42, tel. 07097615200-070976151, www.sarocca.it - Centro polifunzionale che, per il giorno, offre calcetto, nuoto, palestra, centro benessere, mentre la sera diventa ristorante, pizzeria, bowling, disco-pub e spazio all'aperto per esibizioni live di artisti e comici.

SHOPPING

Arte Terra e Fuoco. Via G.A. Sanna 26, tel. 070970314-3280274865, www.arteterraefuoco.it - Nel centro storico si può visitare la bottega artigianale di ceramiche artistiche dove Patrizia Cara produce tanti articoli originali e della tradizione sarda, tutti ideati da lei stessa e interamente foggiati e decorati a mano.

Coltelleria il Folletto. Via Genova 27, tel. 3804554253 - La Sardegna può essere senz'altro definita terra di metalli e di coltelli: il tipo "guspinese" ha la forma un po' panciuta e il manico leggermente ricurvo. Un buon indirizzo con una vasta scelta di coltelli tipici sardi.

L'Armentizia Moderna Soc. Coop. Agricola. Regione Is Arais, tel. 070970211-3351238839, www.larmentiziamoderna.it - La Cooperativa, nata nel 1963, si è evoluta nel tempo, arrivando a offrire la vasta produzione odierna di formaggi ovini e caprini, sia freschi che stagionati; il caseificio è dotato di uno spaccio aziendale aperto tutto l'anno.

MR Arte Antica. Via Carducci 19, tel. 3453320318, www.ricamificiorobertomaccioni.com - Roberto Maccioni, appassionato artigiano, realizza con maestria bellissimi scialli e costumi sardi, riadattando la tradizione alle esigenze del committente.

Iglesias

VISITARE

Castello di Salvaterra. Colle di S. Guantino, tel. 0781274429-0781274200 - Visite: a richiesta. (A-B2)

Cattedrale di S. Chiara. Piazza del Municipio, tel. 078122142 - Visite: 8-18. (B2)

Museo dell'Arte mineraria. Via Roma 47, tel. 3394051486-3389221392, www.museoartemineraria.it - Visite: aprile-giugno, sabato e domenica 18-20; luglio-settembre, venerdì-domenica 19-21; anche visite a richiesta. (C1-2)

S. Francesco. Piazza S. Francesco, tel. 078124226, www.sanfrancescoigl.altervista.org - Visite: 9-18. (B2)

Santuario di Nostra Signora delle Grazie. Piazza A. Manzoni 7, tel. 078122504 - Visite: 8.30-17.30. (B2)

DORMIRE

€ FINO A 80 EURO

Il Sillabario. Località Martiada, SS 130 al km 47,4, tel. 078133833-078133830, www.sillabario.com - 12 camere - Accogliente, con servizi completi e camere ben arredate. La struttura dispone di piscina coperta semiolimpionica, ampio giardino interno, sala congressi e ristorante con cucina tipica regionale.

MANGIARE

€ FINO A 30 EURO

Gazebo Medioevale. Via Musio 21, tel. 078130871, www.gazebomedioevale.it - Cucina classica, di ricerca - In uno dei più antichi palazzi del centro, due sale che conservano i motivi architettonici d'epoca. Cucina di pesce attenta alla selezione delle materie prime, proposte secondo la stagione e il mercato. (B2)

Pintadera. Via Mannu 22, tel. 3466770183, chefvivarelli@gmail.com - Cucina sarda - Ambiente rustico e accogliente per una cucina che rispetta fedelmente le tradizioni gastronomiche locali. L'offerta culinaria si basa su materie prime locali e stagionali, e anche i vini provengono tutti dal territorio. (B2)

FARE

Per una sosta

Atzeni. Corso C. Colombo 30, tel. 078142186 - Tipici dolci sardi, pasticcini classici e altre golosità prodotte artigianalmente. (D3, f.p.)

Caffè Lamarmora. Piazza A. Lamarmora 6 - Locale storico, ex sede della "Offelleria svizzera". Ha conservato la facciata liberty, dipinta a inizio Novecento con pubblicità di bevande, dolciumi e liquori. (B2)

Per la sera

Alex Pub. Via Valverde 10, tel. 3483715489 - Pub in stile irlandese che propone birre nazionali ed estere, cocktail, taglieri di stuzzicherie e musica dal vivo; ambiente piacevole e cordiale. (B3)

SHOPPING

Ceramiche Alessandro Lai. Via Satta 23, tel. 3389102798, lai.mad@libero.it - Nel centro storico della città, un laboratorio dove le belle produzioni sono frutto delle diverse tecniche di lavorazione della ceramica, dalla formatura al tornio al naked raku. (C2)

Frammenti. Via Vescovo Ridolfi 6, tel. 07811989457 - I colori, i simboli e le tradizioni della Sardegna ispirano le creazioni in vetro di Nicoletta Pinna; gioielli, lampade, cornici e molto altro ancora. (B2)

Isili

VISITARE

Museo per l'Arte del Rame e del Tessuto. Piazza S. Giuseppe 8, tel. 0782802641-3804553856, www.marate.it - Visite: inverno 10-13 e 16-19; estate 10-13 e 16.30-19.30; chiuso lunedì.

Nuraghe Is Paras. Località Su Idili, tel. 0782802641-3804553856, www.comune.isili.ca.it - Visite: inverno visite a richiesta; estate 9.30-12.30 e 15.30-17.

SHOPPING

L'Angolino. Via Umberto I 11, tel. 0782804029-3498560334, www.langolino.it - Tessuti di lino lavorati a "pibiones" con la medesima manualità e passione che contraddistingueva le giovani ricamatrici sarde impegnate nella realizzazione dei propri corredi.

Ittireddu

VISITARE

Museo civico archeologico ed etnografico. Via S. Giacomo 3, tel. 079767623, www.comune.ittireddu.ss.it - Visite: inverno 10-13 e 15-18; estate 10-13 e 16-19; chiuso domenica.

Jerzu

DORMIRE

€ FINO A 80 EURO

Rifugio d'Ogliastra. Località Sant'Antonio, SP 13 al km 5,3, tel. 3206063728-3388683414, www.rifugiodogliastra.net - 20 camere - Tra mare e monti, vicino ai tacchi d'Ogliastra, è un ottimo punto di appoggio per chi desidera cimentarsi in escursioni e arrampicate. Camere con ingresso indipendente stile bungalow con vista panoramica.

SHOPPING

Antichi poderi. Via Umberto I 1 , tel. 078270028, www.jerzuantichipoderi.it - Nella cantina si acquistano le bottiglie di vino e si partecipa a degustazioni in una panoramica sala. Il vitigno tipico è il rosso Cannonau, ma ci sono anche diverse linee di bianco Vermentino e rosé. Si producono anche distillati.

Antico berrettificio della Sardegna. Via Umberto I 274, tel. 0782729052, www.berrettificiodemurtas.com - Storica azienda artigiana che dagli anni '20 produce berretti per uomo, donna e bambino, finemente realizzati a mano.

Le Tradizioni di Jerzu. Via Umberto I 17/19, tel. 078270036-3282941901, www.letradizionidijerzu.it - Il pastificio offre i prodotti tipici dell'Ogliastra e di Jerzu. Tra le specialità ci sono i culurgiones, i ravioli a forma di goccia cuciti a mano con un motivo a spiga e ripieni di formaggio, patate e menta. Da assaggiare i coccoi de tamata e i coccoi prena. In vendita anche dolci artigianali, vini e formaggi.

Laconi

VISITARE

Museo della Statuaria preistorica in Sardegna-Menhir Museum. Piazza Marconi 10, tel. 0782693238-3423507760, www.menhirmuseum.it - Visite: inverno, martedì-domenica 10-13 e 15-18; estate, martedì-domenica 10-13 e 15.30-19.

Museo parrocchiale di Sant'Ignazio. Piazza Chiesa 1, tel. 0782869027, www.prolocolaconi.it - Visite: aprile-novembre 9.30-13 e 16-19.30.

Parco Villa Aymerich. Via S. Antonio, tel. 0782867064, comune.laconi.or.it - Visite: inverno 8-16; estate 8-20.

DORMIRE

€ FINO A 80 EURO

Genna 'e Corte. ♿ Località Stunnu, tel. 0782869135-3687544639, www.gennaecorte.it - 10 camere - Al centro dell'isola, una struttura immersa nella natura incontaminata e selvaggia, tipica delle zone interne. Per il tempo libero, escursioni e passeggiate, ma anche l'opportunità di condividere la vita agricola dell'azienda.

MANGIARE

€ FINO A 30 EURO

Sardegna. ♿ Corso Garibaldi 107, tel. 0782869033, www.albergosardegna.it - Cucina sarda, del territorio - In mezzo al verde, con grandi vetrate panoramiche sulla vallata; a tavola si raccomandano i ravioli al tartufo locale, i culurgiones (rigorosamente fatti a mano), le zuppe di verdura, le grigliate di carni miste locali.

SHOPPING

Apicoltura Matta Giovanni. Vicolo I Gramsci 31, tel. 0782869687 - Produzione di miele in diverse varianti: millefiori, corbezzolo, eucalipto, rosmarino, asfodelo, cardo. L'azienda produce anche crema di miele e nocciole, caramelle gommose al miele e alla propoli, miele in favo, propoli.

Formaggi Porcu Mario. Corso A. Gramsci 49, tel. 0782869171, marioporcu74@tiscali.it - Piccola azienda che produce provola di latte vaccino da un allevamento di circa 50 vacche che pascolano allo stato brado nelle campagne circostanti.

Liquori Rosa Lugas. Via Mazzini 24, tel. 0782869514-3487556159, liquorilugas@tiscali.it - Per assaporare la vera essenza del luogo bisogna provare questi liquori prodotti con l'utilizzo delle piante tipiche del territorio: mirto del Sarcidano, gineprino, timo montano, liquore di finocchietto.

Pasticceria Fulghesu. Corso Garibaldi 38, tel. 0782869644 - Pasticceria artigiana specializzata nella produzione di dolci della tradizione locale.

La Maddalena

Porti turistici

Marina di Cala Mangiavolpe. Tel. 3318659946-3456093992, www.marinadicalamangiavolpe.it - Il porto dispone di 80 posti barca e può ospitare imbarcazioni fino a 35 m di lunghezza. Anche noleggio gommoni.

VISITARE

S. Maria Maddalena. Via Ilva 1, tel. 0789737400, www.santamariamaddalena.net - Visite: inverno 7.30-18; estate 7.30-20.

DORMIRE

€€ DA 80 A 130 EURO

Garibaldi. Via La Marmora, tel. 0789737314, www.hotelgaribaldilamaddalena.it - Stagionale - 19 camere - Un meublé di tono classico degli anni '80, rinnovato; offre camere di buon comfort e abbondante prima colazione a buffet dolce.

€€€€ OLTRE 200 EURO

Cala Lunga. Località Porto Massimo, tel. 0789738401, www.hotelcalalunga.it - Stagionale - 70 camere - Affacciata sulla baia di Porto Massimo, una struttura in pietra locale che racchiude camere di differenti tipologie, ma tutte ampie e luminose e arricchite di comfort di standard elevato. Bella area solarium attrezzata attorno alla piscina, spiaggia riservata e romantico ristorante.

Campeggi e villaggi

Villaggio Vacanze T.C.I. ★ Località Punta Cannone, tel. 0789737542-840888802, www.villaggi.touringclub.it - Stagionale - Un esclusivo angolo riservato, dove regna un'atmosfera ideale per creare amicizia e convivialità. La spiaggia privata è uno dei tanti motivi per trascorrere una vacanza indimenticabile.

MANGIARE

€ FINO A 30 EURO

Locanda del Mirto. Località Punta della Gatta, tel. 0789739056-3473397069, www.locandadelmirto.it - Cucina del territorio - In un'atmosfera suggestiva e quasi surreale, con i rustici tavoli esterni illuminati solo dal chiarore del cielo stellato e dallo scoppiettante fuoco, si assaggiano carni di Chianina, pancetta, fagotto di pecorino, spiedini di agnello e porcetto. Anche specialità di mare.

Osteria da Liò. Via Vittorio Emanuele 4, tel. 0789737507, www.osterialio.com - Cucina classica, di pesce, del territorio - Al centro del paese, un'affezionata clientela apprezza l'accoglienza dei gestori, oltre al tris di antipasti e ai primi piatti a base di pesce. Buona la scelta dei vini tipicamente sardi.

Osteria da Zione. Via Cairoli 113, tel. 0789738060, settimo.tola@alice.it - Cucina del territorio - Un po' defilato, fuori dai percorsi turistici canonici, un locale intimo e accogliente. La cucina è quella della tradizione, con qualche proposta di terra, ma sicuramente più votata alle ricette a base di pesce.

€€ DA 30 A 50 EURO

L'Avventura. Via Amendola 21, tel. 0789736578-3395884748, www.lavventuraristorante.com - Cucina di pesce, del territorio - Nel centro cittadino, sul versante del lungomare, piccolo locale che propone cucina di pesce sempre fresco e ricette tipiche come lo zimino (zuppa di pesce povero) e la pasta coi ricci. In inverno è chiuso il lunedì.

FARE

Attività e divertimenti

Bassa Trinita. Sul versante occidentale dell'isola di La Maddalena, questa spiaggia è una delle principali attrazioni dell'arcipelago per la sabbia finissima e bianca e il mare dalle trasparenze azzurre e turchesi.

Cala Corsara. All'isola di Spargi - Meravigliosa insenatura, è sovrastata da una grossa roccia tafonica che, per le sue sembianze, prende il nome di Testa della Strega, ed è circondata da un mare terso dalle più svariate tonalità blu/azzurro. Si raggiunge solo in barca.

Cala Peticchia. Località Testa del Polpo, tel. 3297267148, www.calapeticchia.it - Noleggio gommoni, affitto posti barca per escursioni, vendita nuovo e usato, riparazioni.

Ciao Sardinia. Tel. 0789641074, www.ciaosardinia.com - Con il Cruise Tour visiterete le isole più belle dell'arcipelago. La prima tappa è l'isola di Spargi, poi si prosegue verso le isole di Budelli, Razzoli e Santa Maria. Si continua la crociera lungo le coste di La Maddalena e di Santo Stefano. Per il pranzo, piatto di pasta servito a bordo (da maggio a ottobre).

Veliero d'epoca Maria 1899. Tel. 3408672434-3450640880, www.velieromaria.it - Su questa imbarcazione di gran fascino potrete godervi un'escursione diversa dal solito.

SHOPPING

Arte Regalo. Via Garibaldi 39, tel. 0789736181 - Un negozio dove trovare oggettistica, complementi d'arredo, tessuti, prodotti artigianali sardi e souvenir.

La Boutique della Carne. Via B. Cellini 21, tel. 0789727373, web.tiscali.it/laboutiquedellacarne - Qui troverete soltanto prodotti di altissima qualità: ottime carni, salumi artigianali, ampia scelta di latticini, ma anche pasta, conserve, olio e altri prodotti locali.

Lanusei

VISITARE

Museo diocesano dell'Ogliastra. Via Roma 102, tel. 078242158, www.bibliotecadiocesana.it - Visite: a richiesta.

Parco archeologico Bosco Seleni. Bosco Seleni, tel. 078241051, www.lanuovaluna.it - Visite: guidate a richiesta.

DORMIRE

€ FINO A 80 EURO

La Nuova Luna. ♿ Via Indipendenza 35, tel. 078241051, www.lanuovaluna.it - Stagionale - 6 camere - L'ostello, in centro città, è associato AIG e si pone come ottimo punto di partenza per escursioni naturalistiche e archeologiche.

MANGIARE

€ FINO A 30 EURO

Nuova Verace. ♿ Viale Europa 73, tel. 078240725, lanuovaverace@gmail.com - Cucina sarda, pizze - Con vista panoramica sul mare, un ristorante che propone una buona cucina soprattutto di pesce con piatti locali eseguiti correttamente e un buon rapporto qualità-prezzo.

Loiri Porto San Paolo

MANGIARE

€€ DA 30 A 50 EURO

Da Tonino. ♿ A Porto San Paolo, via Tavolara, tel. 078958570, www.ristoranteditavolara.com - Cucina mediterranea - Sulla parte pianeggiante dell'isola di Tavolara sorge questo ristorante, che propone ai suoi ospiti solo pesce freschissimo locale. La famiglia Bertoleoni ha trasformato l'indirizzo in una meta sicura per i buongustai. La prenotazione è consigliata.

Portolano. Via Molara 11, tel. 078940670-3483137210, www.ristoranteilportolano.it - Cucina mediterranea - Suggestiva location sulla spiaggia per una cucina isolana prevalentemente di mare. Si possono trovare anche piatti di carne e vegetariani.

Lunamatrona

VISITARE

Museo naturalistico del Territorio Sa Corona Arrubia. Località Sa Corona Arrubia, SP Lunamatrona-Collinas, tel. 0709341009, www.sacoronarrubia.it - Visite: martedì-venerdì 9-13 e 15-19, sabato-domenica 9-19.

Luras

VISITARE

Museo etnografico Galluras-Museo della Femina agabbadora. ★ Via Nazionale 35/A, tel. 3683376321, www.galluras.it - Visite: a richiesta.

SHOPPING

Ceramiche Leoni Arte. Via della Scuola, tel. 3497947464, www.leoniarte.wixsite.com/leoniarte - Ceramiche realizzate e dipinte a mano: lampade, applique, ciotole di diverse misure, vasi e sculture che spesso si richiamano, per ispirazione, al mondo marino.

Macomer

MANGIARE

€ FINO A 30 EURO

Da Gigi. ★ Via Vittorio Emanuele II 3, tel. 078570737, www.hotelmarghine.it - Cucina sarda - Locale di buon tono, gestito in famiglia; cucina accurata, dal sapore deciso e naturale. Da non perdere i formaggi arrosto, gli spaghetti con bottarga e arselle e i piatti a base di funghi.

SHOPPING

Fornaio Atzori. Piazza S. Antonio, tel. 078570315, www.fornaio-atzori.com - Per una sosta golosa alla scoperta delle tipicità, dolci e salate. Anche in via Sicilia 13 e piazza della Vittoria.

Franco Satta. Corso Umberto I 24, tel. 078571213 - Bottega orafa che propone gioielli realizzati artigianalmente, attingendo nello stile sia alla tradizione sarda che al design moderno.

Risorzas. Via Alagon, tel. 3298177493, risorzas.macomer@tiscali.it - Produzione artigianale dei tradizionali coltelli sardi.

Valeria Tola. Corso Umberto I 64, tel. 078572700-3403555054, valeriatolaceramiche@gmail.com - Ceramiche artistiche variopinte e originali realizzate secondo le tecniche della tradizione locale.

Magomadas

SHOPPING

Emidio Oggianu. Località Badde Nuraghe, strada vicinale Pischina, tel. 0785359329-3393877179, www.malvasiaoggianu.it - In questa azienda situata in splendida posizione panoramica dal 1956 si produce Malvasia. Il prodotto di punta è la Doc Malvasia di Bosa Riserva, un vero vino da meditazione custodito pazientemente. Su prenotazione, visite e degustazioni guidate.

Zarelli Vini. Via Vittorio Emanuele 36, tel. 078535311, www.zarellivini.it - Il rispetto della natura nella coltivazione e l'attenzione nelle fasi di lavorazione si traducono nella produzione di vini pregiati e raffinati. Ampia e diversificata l'offerta: non solo Malvasia, ma anche spumante, vino rosso, grappa e Vermentino.

Mamoiada

VISITARE

Museo delle Maschere mediterranee. ★ Piazza Europa 15, tel. 0784569018, www.museodelle

€ I prezzi per l'ospitalità si riferiscono alla **camera doppia**, quelli della ristorazione al **costo medio di un pasto di due portate** bevande escluse.

maschere.it - Visite: martedì-domenica 10-13 e 15-18.

SHOPPING

Maschere e Artigianato di Ruggero Mameli. Via A. Crisponi 19, tel. 078456222-3477717931, www.mascheremameli.com - Originali maschere artigianali di Mamoiada, ma anche degli altri carnevali barbaricini. Mameli lavora il legno del pero selvatico e dell'ontano per ottenere espressioni uniche e beffarde. Potrete anche visitare il laboratorio.

Maracalagonis

FARE

Attività e divertimenti

Antichi cammini. Località Villaggio dei Gigli, tel. 3406768153 - Servizio di accompagnamento escursionistico per singoli o gruppi in tutta l'isola. Anche mountain bike, snorkeling e kayak.

Milis

VISITARE

Palazzo Boyl. Piazza Martiri, tel. 078351666-078351665, www.dimoresarde.it - Visite: a richiesta.

DORMIRE

€ FINO A 80 EURO

Sa Domu Desogus. ★ ♿ Via S. Giorgio 69, tel. 078351622-3481859953, sadomudesogus@gmail.com - 1 camera - Tipica casa rurale in pietra, una fra le cinque più vecchie del paese, con un grande cortile attrezzato. Gli ambienti sono accoglienti e familiari, arredati con mobili tradizionali.

Modolo

SHOPPING

Fratelli Porcu. Località Su e Giagu, tel. 078535420-3404803081 - Due i prodotti di punta dell'azienda, fonte di soddisfazioni e riconoscimenti di qualità: la Doc Malvasia di Bosa Riserva e la Doc Malvasia di Bosa Dolce. Su prenotazione si effettuano visite e degustazioni guidate.

Mogoro

VISITARE

Cuccurada - Area archeologica. Tel. 078399301-3297871055, www.comune.mogoro.or.it - Visite: guidate, aprile-ottobre 10-12.50 e 15.10-19; metà giugno-metà settembre 10-12.50 e 16.10-20; novembre-marzo visite a richiesta; chiuso lunedì.

MANGIARE

€ FINO A 30 EURO

Da Egisto. ♿ SS 131 al km 62,5, tel. 0783997021-3406170726 - Cucina sarda - Un posto semplice, con molti coperti, che offre una cucina tipica locale, soprattutto di pesce, rispettosa dei sapori autentici della tradizione. Pasta e dolci sono tutti fatti in casa.

SHOPPING

Cantina di Mogoro. SS 131 al km 62, tel. 0783990285, www.cantinadimogoro.it - La cantina produce vini Doc e Igt. Tra i prodotti più originali spicca il vino bianco Semidano di Mogoro.

Ercole Spanu. Vico II Trieste 10, tel. 3495441326 - Ettore realizza manufatti (credenze, cucine, madie, tavoli, tavolini da salotto, sgabelli, soppalchi, cabine armadio ecc.) in legno originali su misura e personalizzati dal design professionale, forme consuete o creative occasionalmente arricchite da decori rivisitati di intaglio tradizionale sardo.

Fatteri. Via Santu Miali 26, tel. 0783990854-3495062176, www.fatteri.it - Nel loro laboratorio le sorelle Fatteri realizzano a mano un'ampia varietà di manufatti per l'arredamento della casa come tappeti, arazzi, cuscini, copritavolo, copriletti, soddisfando esigenze specifiche e personalizzate con la variazione delle misure, degli accostamenti cromatici e dei motivi decorativi.

Su Trobasciu. Via A. Gramsci 1, tel. 0783990581, www.sutrobasciu.com - Le artigiane della cooperativa creano al telaio manuale originali arazzi con decorazioni geometriche o floreali, tovaglie, asciugamani e tappeti in cotone, lana e lino. Bellissima la lavorazione a "pibiones", rialzata sul tessuto.

Monserrato

VISITARE

Museo delle Ferrovie. Via Pompeo, tel. 070579301, arst.sardegna.it - Visite: temporaneamente chiuso.

Museo di Fisica. Città universitaria di Monserrato, tel. 0706754775-0706754838, www.museodifisica.it - Visite: a richiesta.

Monteleone Rocca Doria

VISITARE

Museo della Panificazione. Via Doria 59, tel. 079925117-3337113794 - Visite: guidate a richiesta.

Morgongiori

VISITARE

MUVAT-Museo Vivente dell'Arte Tessile. Via Chiesa 16, tel. 0783932112, www.comunas.it - Visite: temporaneamente chiuso.

SHOPPING

Pastificio artigianale Farras. Piazza Cannamega, tel. 3491024564 - Produzione artigianale di lorighittas, un tipo di pasta tradizionale preparata fin dall'antichità intrecciando su se stesso un doppio filo di pasta fino a creare una treccina chiusa ad anello. Il laboratorio conserva tutt'oggi la stessa tecnica manuale tramandata da centinaia di anni.

Muravera

VISITARE

Museo Casa dei Candelai. Via Speranza, tel. 07099000313-3479481832, info@comune.muravera.ca.it - Visite: giugno e settembre, lunedì 10.30-12.30, martedì-domenica 18.30-21; luglio e agosto, lunedì 10.30-12.30, martedì-domenica 18.30-24; ottobre-maggio visite a richiesta.

Museo Donna Francesca Sanna Sulis. Via Marconi 99, tel. 07099000313-3479481832, info@comune.muravera.ca.it - Visite: temporaneamente chiuso.

DORMIRE

€ FINO A 80 EURO

Il Nuraghe. ♿ Località Tuerra, tel. 0709948020-3405795491, www.agriturismoilnuraghe.it - 8 camere - Azienda agricola immersa nella campagna a pochi passi dal mare. Accoglienza deliziosa a tavola. Nelle vicinanze, percorsi naturalistici, resti archeologici e insenature bianche e sabbiose.

Il Portico. ♿ Via Marconi 117, tel. 0709930818-3288812593, www.bbilportico.it - 5 camere - Bella casa padronale del Settecento nel centro di Muravera; cinque stanze arredate con cura e colazione servita nel soggiorno ricavato dall'antico portico affacciato sulla corte.

Campeggi e villaggi

Capo Ferrato. ★ Località Costa Rei, via del Cisto, tel. 070991012, www.campingcapoferrato.it - Stagionale - In riva al mare e ben ombreggiato da alberi di alto fusto, offre animazione e discoteca in luglio e agosto, manifestazioni a tema in bassa stagione.

MANGIARE

€ FINO A 30 EURO

Il Falconiere. ♿ Località Torre Salinas, SS 125 al km 57,4, tel. 070999156, www.ilfalconiere.net - Cucina classica, sarda, pizze - Dalle vetrate del ristorante si vede il mare della costa orientale. La cucina propone piatti caratteristici del territorio e specialità marinare che variano in base al pescato del giorno. Ottimo il rapporto qualità-prezzo.

L'Aragosta. Località Costa Rei, via C. Colombo 20, tel. 070991118, laragosta@libero.it - Cucina classica, mediterranea - A soli 50 m dal mare, a gestione familiare dal 1973, questo ristorante offre in particolare cucina mediterranea e di pesce.

Sa Cardiga e su Pisci. ♿ Località Costa Rei, piazza Sardegna 10, tel. 070991108, www.samurta.com - Cucina sarda - "Graticola e pesce", così recita il nome del locale e così si può sintetizzare la sua proposta gastronomica. Bel giardino esterno per i pranzi estivi.

FARE

Per una sosta

Gelateria Jo. Via Roma 73/B, tel. 0709932248 - Molto frequentata d'estate, ottimi i gusti alla crema.

Attività e divertimenti

Sardinia Charter. Località Costa Rei, tel. 3454396721-3497713151, www.sardiniacharter.it - Nella costa sud orientale della Sardegna, il centro offre escursioni con o senza skipper con imbarcazioni a vela o a motore in alcune delle cale più suggestive tra Costa Rei e Villasimius. Anche scuola di vela, sci nautico e windsurf.

Sport

AllDive Rei Diving Service. Località Costa Rei, tel. 3466971455, www.reidiving.com - Immersioni nell'Area marina protetta di Villasimius (isola dei Cavoli, Capo Carbonara, Capo Ferrato) con istruttori preparati ed esperti, corsi e noleggio attrezzature. Il centro si trova anche a Castiadas, in località Sant'Elmo.

SHOPPING

Artè-Il Vetro Sardo d'Autore. Via dell'Erica 1, tel. 3494137692 - Oggetti in vetro intesi come produzioni artistiche: i disegni vengono realizzati a mano e i colori spesso creati al momento dell'applicazione.

Laboratorio Tessile Corona. Via Sarrabus 3, tel. 0709930614, www.tessutisardi.it - Copriletti, tende, asciugamani e altre creazioni personalizzate in linea con i disegni tradizionali.

Sa Bresca Dorada. Località Cann'e Frau, tel. 0709949163, www.brescadorada.it - Un'azienda immersa nel verde, in cui si producono i liquori tipici con qualche variante: mirto bianco e scuro, fil'e ferru, la grappa locale e altri liquori a base di fico d'India o di agrumi. Ottimi anche il miele e le marmellate.

Nule

SHOPPING

L'Arte della Tessitura di Pina Crasta. Via Nuoro 25, tel. 079798390-3498417901 - I tappeti sono rigorosamente realizzati in maniera artigianale su un telaio verticale a doppia faccia. Hanno colori brillanti e disegni geometrici. La tessitrice Pina Crasta è conosciuta in tutta l'isola ed espone le sue opere in numerose mostre itineranti.

Nuoro

VISITARE

Duomo. Piazza S. Maria della Neve 1, tel. 078430149 - Visite: 8-12 e 16.30-19. (B-C3)

MAN-Museo d'Arte Provincia di Nuoro. ★ Via S. Satta 27, tel. 0784252110, www.museoman.it - Visite: inverno 10-13 e 15-19; estate 10-20; chiuso lunedì. (B3)

Museo archeologico nazionale «Giorgio Asproni». Via Mannu 1, tel. 078431688, www.museoarcheologiconuoro.beniculturali.it - Visite: martedì e giovedì 9-13 e 15-17, mercoledì, venerdì e sabato 9-13. (B3)

Museo del Costume. Via A. Mereu 56, tel. 0784257035-0784242900, www.isresardegna.it - Visite: metà marzo-settembre, martedì-domenica 10-13 e 15-20; ottobre-metà marzo, martedì-domenica 10-13 e 15-19. (C3)

Museo deleddiano-Casa natale di Grazia Deledda. Via G. Deledda 42, tel. 0784258088-0784242900, www.isresardegna.it - Visite: metà marzo-settembre, martedì-domenica 10-13 e 15-20; ottobre-metà marzo, martedì-domenica 10-13 e 15-19. (B3)

DORMIRE

€€ DA 80 A 130 EURO

Costiolu. Località Lardine, SS 389 Nuoro-Bitti al km 90, tel. 3335630740-3483834178, www.

agriturismocostiolu.com - 10 camere - Si alloggia nell'ambiente curato e originale al piano superiore di un'articolata casa colonica, che intorno alla corte comprende vari locali di lavoro, la cantina e una grande sala ristoro.

Grillo. ♿ Via Mons. Melas 14, tel. 078438678, www.grillohotel.it - 45 camere - Un palazzo anni '70 di sette piani, completamente rinnovato, con camere confortevoli e funzionali, alcune dotate anche di vasca o doccia idromassaggio. (C3)

MANGIARE

€ FINO A 30 EURO

Ai Monti del Gennargentu-Maria Giovanna. ♿ Via Angioy 16, tel. 078438796 - Cucina sarda - I piatti sono quelli tipici dell'entroterra. Tra le specialità, zuppa di granturco o di castagne, su filindeu cotto in brodo di pecora e insaporito da formaggio fresco, bortigalese (fiorentina sarda) e agnello con finocchietto o olive; su richiesta, porceddu declinato in vari modi. (B3)

La Locanda. Via Brofferio 31, tel. 3382653650-078431032 - Cucina sarda - In un vicolo del centro storico, c'è questa trattoria di semplice impostazione ma che stupisce con gustosi piatti della tradizione, preparati con ingredienti genuini. (B3)

Montiblu. Piazza S. Satta, tel. 0784231443-3356267516, www.montiblu.com - Cucina sarda - In centro città, un locale che racchiude una boutique di abbigliamento, accessori e altri oggetti, una caffetteria e sala da tè e il ristorante. Gli ambienti sono accoglienti, arredati con ricercatezza. I piatti, serviti in una sala che mette in bella mostra opere di artisti locali, sono gustosi e presentati con cura. Da non perdere le specialità a base di pesce. (B3)

FARE

Per una sosta

Caffè Tettamanzi. Corso Garibaldi 71 - Antico caffè che mantiene intatto il suo fascino d'antan, con i divanetti in velluto rosso, gli specchi e le foto d'epoca alle pareti. (B2-3)

SHOPPING

BAM Design - Bottega Artigiana Metalli. Via Mughina 14, tel. 07841944551, www.bam-design.it - Produzioni originali in ferro battuto e non solo: tradizione di famiglia e continua innovazione danno vita a complementi d'arredo raffinati e funzionali. (B2)

Bottega orafa di Giuseppe Satta. Piazzetta Ortobene 2, tel. 078430242-3337691911, g.satta65@libero.it - Gioielli unici frutto di lavorazione artigiana che si richiamano sia alla tradizione orafa locale sia alla ricerca di forme nuove e originali. (B2)

Costumenes. Via A. Lamarmora 75, tel. 0784232492-3286918429, www.costumenes.com - Negozio specializzato nel confezionamento di costumi tradizionali sardi. Bellissimi sono gli scialli di varie fogge e colori. (C2)

Maddalena. Via A. Lamarmora 40, tel. 0784399052 - Oggettistica per la casa di buona qualità, sia dal design moderno che dal fascino antico. Anche bigiotteria e articoli regalo. (C2)

Mercato di Campagna Amica. Piazza Vittorio Emanuele, www.campagnamica.it - Tutti i martedì mattina le aziende agricole locali fanno sfoggio dei propri prodotti per la vendita diretta al pubblico, grazie all'organizzazione della Fondazione Campagna Amica. (C3)

Salvatore Goddi. Via Gonario 5, tel. 0784230263, goddis@tiscalinet.it - Il laboratorio è specializzato nella lavorazione di gioielli in filigrana, spaziando dalle linee tradizionali a quelle contemporanee. (A3)

Sinzos. Via Chironi 81, tel. 0784399007-3391242269, www.sinzos.it - Centrotavola, pannelli decorativi, gioielli e altro ancora in questo laboratorio dove la ceramica si richiama ad altre forme artigianali, come la tessitura e l'oreficeria, per dare vita a pezzi unici di sorprendente originalità. (B2)

Olbia

Porti turistici

La Marina di Costa Corallina. Località Porto Spurlatta, SS 125 al km 304, tel. 078936176-3357707900, www.spurlatta.it - Il porto può ospitare fino a 137 imbarcazioni, la lunghezza massima è di 11 m. Attenzione soprattutto alle barche a vela poiché l'ingresso ha una profondità massima di soli 1,4 m.

Taxi

Taxi. C/o aeroporto Costa Smeralda, tel. 078969150-078922718 (C2, f.p.)

Taxi. Località Pittulongu, via del Molo, tel. 078935791

Taxi. Corso Umberto I 1, tel. 078922718 (B2)

DORMIRE

€ FINO A 80 EURO

Porto Romano. Via A. Nanni 2, tel. 3491927996, www.bedandbreakfastportoromano.it - 2 camere, 1 appartamento - Alloggi semplici e confortevoli, completi delle principali dotazioni, ricavati all'interno di un villino, che si affaccia su un giardino del centro storico. (A-B2)

Sa Crescia Ezza. Località Sa Castanza, tel. 078941906-3357065508, www.sacresciaezza.it - 8 camere - Immersa nella vegetazione mediterranea, un'azienda dall'aspetto semplice e curato, che offre accoglienza in piccoli stazzi indipendenti o in una casa colonica. Nei locali comuni, arredati in stile rustico, attrezzi della vita contadina e fiori essiccati dai profumi intensi.

Spridda. ♿ Località Spridda 37, tel. 3407874159, www.agriturismospridda.com - 4 camere - Immerso nelle colline della campagna gallurese, l'agriturismo si sviluppa in un vecchio stazzo restaurato e in un corpo nuovo che ospita le stanze, con vista sul verde del giardino, tutte con ingresso indipendente e arredate in stile locale.

€€€€ OLTRE 200 EURO

The Pelican Beach Resort. ♿ Località Pittulongu, via Mar Adriatico 34, tel. 078939094, www.thepelicanbeachresort.com - Stagionale - 67 camere - In mezzo a giardini e bouganville, il luogo ideale per un piacevole soggiorno tra comfort e relax: camere dotate di ogni comodità, piacevole bar per aperitivi, spiaggia riservata e attrezzata. Al ristorante cucina sarda e mediterranea, servizio attento e cordiale.

MANGIARE

€ FINO A 30 EURO

Dolceacqua. Via G. Pala 4, tel. 07891969084-3938401260, www.ristorantedolceacqua.com - Cucina ligure, sarda - Locale familiare e accogliente dove la cucina sarda e quella ligure si incontrano in un mix perfetto. Tra le offerte del menu, i culurgiones alla bottarga di muggine e, come secondo, una tagliata di tonno fresco con rucola e cipolla rossa di Tropea. (B2)

Gambero. Via A. Lamarmora 6, tel. 078923874, ilgamberoolbia@gmail.com - Cucina mediterranea - Ambiente raccolto con pochi tavoli disposti di fronte al caminetto gradevolmente acceso in inverno. Cucina che si esprime al meglio nei piatti di pesce e frutti di mare. (B2)

Sa Mendhula. Località Cugnana, tel. 078933654, www.samendhula.com - Cucina del territorio - Piatti della tradizione sarda, in particolare gallurese. Da non perdere, tra gli antipasti, la carne di cinghiale. Tra le specialità, la zuppa gallurese e il porceddu allo spiedo. Possibilità di pernottamento.

€€ DA 30 A 50 EURO

Da Bartolo. Viale A. Moro 181, tel. 078951348-3471806385, www.ristorantedabartolo.it - Cucina sarda - Un locale capace di esaltare la cucina di mare della zona. Pesce, frutti di mare e crostacei sono alla base del suo menu. Particolarmente consigliati i piatti a base di cozze di cui la città è eccellente produttrice. (A2, f.p.)

FARE

Per una sosta

Pasticceria il Viale. Viale A. Moro 425, tel. 07891840745-3296263799, www.barpasticceriailvialeolbia.com - Da oltre quarant'anni è rinomata per la pasticceria mignon, secca e salata, e per le sue torte; non mancano aperitivi da sorseggiare nella veranda. (A2, f.p.)

Attività e divertimenti

Pittulongu. Sulla strada tra Olbia e Golfo Aranci, è un'ampia distesa di sabbia color crema con vista su Tavolara. Il lido è tra i più attrezzati: si possono noleggiare ombrelloni, sdraio e fare sport d'acqua; offre ottimi ristoranti e bar di fronte al mare.

Sport

Tavolara Diving Center. Località Porto San Paolo-Loiri, via Molara 4/6, tel. 078940360-3408392154, www.tavolaradiving.it - Da quasi trent'anni un solido punto di riferimento per i sub di tutto il mondo.

SHOPPING

Anticas Licanzias. Via Olbia 42, tel. 3278820797-07891890481, www.anticaslicanzias.it - Piccola bottega nel cuore del centro storico di Olbia che offre un ampio assortimento di prodotti tipici quali pasta fresca, vini, liquori e olio di aziende selezionate per valorizzare i sapori e la genuinità delle tradizioni locali. (B2)

Artigianato Pasella. Via Principe Umberto 3, tel. 078926787, www.artigianatopasella.com - Oggetti certificati di artigianato sardo, sia in sughero, sia in ceramica. Il negozio fa parte dell'ampia rete di botteghe di Artigianato Pasella di Calangianus. (B2)

Giunti al Punto. ★ C/o centro comm.le Terranova, SS 125, tel. 078957112, www.giuntialpunto.it - Le librerie di questa nota catena offrono, oltre alle ultime novità editoriali, un'ampia scelta di manuali e di libri per ragazzi. Altro punto vendita in località Sa Marinedda Poltu Quadu, c/o centro comm.le Auchan, tel. 078967296. (C3, f.p.)

Intagli artistici. Via Niger 103, tel. 3338959254 - Nel laboratorio vengono realizzati bassorilievi, altorilievi e sculture in legno su commissione. In molte ville della Costa Smeralda si possono ammirare le lavorazioni di questi bravi artigiani. (A2, f.p.)

La Cantina di Luca. Via Lituania 7, tel. 0789622229-3809025912, www.vinisfusiolbia.it - Propone una selezione di vini sfusi e vini locali imbottigliati, come Vermentino e Cannonau, oltre a prodotti tipici come formaggi, salumi, pane carasau e liquori. Anche vendita online. (C1-2)

Lo Scrigno. Via Fausania 5, tel. 078929216-3884592777 - Oro, argento, granito, sughero e corallo si fondono con il folclore sardo, in particolare quello gallurese, e l'esperienza di un orafo valenzano per soddisfare i sogni di ogni cliente. (B2)

MediterraneoSport. C/o centro Martini, via G. D'Annunzio 45, tel. 078921759 - Tutti i migliori prodotti per la pesca subacquea, l'apnea, la pesca sportiva, ma anche per trekking e climbing; due volte l'anno viene organizzato un corso per istruttori subacquei. (A2)

Mercato di Campagna Amica. Piazza Nassirya, tel. 06489931, www.campagnamica.it - Il lunedì mattina la piazza si anima con le colorate bancarelle delle aziende agricole locali che vendono direttamente al consumatore. Un'ottima occasione per acquistare prodotti genuini. (B1, f.p.)

Oliena

DORMIRE

€ FINO A 80 EURO

Camisadu. Località Logheri, tel. 3683479502, www.agriturismocamisadu.com - 6 camere - Ospitalità in una struttura di moderna concezione in una vallata ricca di ginestre, mirto, querce da sughero e lecci. L'azienda, che accoglie un piccolo museo etnografico, è anche fattoria didattica.

Luxury Santa Maria. Corso G. Deledda 76, tel. 0784287278-3281178551, www.bbsantamaria.it - 3 camere - Struttura completamente restaurata nel pieno rispetto della tradizione. Le camere sono moderne e confortevoli, mentre al piano superiore la terrazza offre una stupenda vista sul paese.

Sa Tappa. Via Nuoro 40, tel. 0784287419-3462167640, www.satappa.com - 3 camere - Nel suggestivo centro barbaricino, offre camere ben arredate, luminose e confortevoli. Delizioso l'ampio giardino di macchia mediterranea nel quale, in estate, vengono servite le colazioni.

€€€€ OLTRE 200 EURO

Su Gologone Experience Hotel. Località Su Gologone, tel. 0784287512, www.sugologone.it - Stagionale - 68 camere - Costruzione di gran fascino, circondata dal verde, dispone di centro benessere e ampia piscina. Le camere sono impreziosite da soffitti con travi a vista e arredi di artigianato sardo.

MANGIARE

€ FINO A 30 EURO

Enis Monte Maccione. Località Monte Maccione, tel. 0784288363-3292243732, www.coopenis.it - Cucina sarda, pizze - Locale ampio e luminoso che propone anche brevi soggiorni, escursioni sul Supramonte e un piccolo punto vendita di pregiate specialità locali. La cucina propone i gusti del territorio elaborati con particolare cura della stagionalità.

Guthiddai. Località Guthiddai, tel. 0784286017-3492672159, www.agriturismoguthiddai.com - Cucina del territorio - Si tratta di un podere restaurato che si sviluppa attorno a una corte centrale. L'agriturismo è circondato dalle vigne, gli uliveti e gli orti dell'azienda. Le proposte culinarie sono quelle tipiche dell'entroterra: da provare gli arrosti di agnello, capretto, vitello e cinghiale.

Masiloghi. ★ Via Galiani 68, tel. 0784285696, www.masiloghi.it - Cucina sarda, del territorio, mediterranea - Un grazioso locale dall'arredamento mediterraneo, dove si respira un'atmosfera fresca e familiare. In tavola arriva tutta la tradizione agricola e pastorale del territorio, con ricette tipiche e qualche piatto a base di pesce. Pasta e dolci sono fatti in casa.

€€ DA 30 A 50 EURO

Su Gologone. Località Su Gologone, tel. 0784287552, www.sugologone.it - Cucina del territorio - Questo storico ristorante si caratterizza per tradizione e qualità. Nelle salette raccolte e ben arredate viene proposta una cucina a base di carni e verdure fedeli alla tradizione gastronomica barbaricina. Da non perdere il gelato al mirto fatto in casa.

FARE

Attività e divertimenti

Centro Escursioni Sardegna Nascosta. Tel. 0784288550-3494434665, www.sardegnanascosta.it - L'esperienza e la passione delle guide del centro vi faranno scoprire una Sardegna dal fascino selvaggio. Escursioni per tutti i gusti: avventurose, culturali, in fuoristrada, a piedi, in canoa.

Le Fonti. Località Su Gologone, tel. 3285649983-3923925165, www.sorgentisugologone.it - L'agenzia nasce con l'intento di valorizzare le sorgenti di Su Gologone; guide esperte vi accompagneranno alla scoperta del parco adiacente le fonti. Propone anche escursioni in kayak o trekking a tutti i livelli.

SHOPPING

Azienda agricola Fratelli Puddu. Località Orbuddai, tel. 0784288457, www.aziendapuddu.it - Salumi artigianali tipici: dalle salsicce ai salami e poi ancora la pancetta, la coppa e uno squisito prosciutto locale. Anche vini e olio.

Cantina sociale. Via Nuoro 112, tel. 0784287509, www.cantinasocialeoliena.it - Vino forte e corposo, quello prodotto nelle vigne di Oliena, all'ombra del monte Corrasi. Tra le bottiglie di pregio della cantina, il Nepente (da cui si ottiene anche una formidabile grappa) e il Lanaitto rosso.

Corrias 1940 calzoleria pelletteria. Via G.B. Melis 10, tel. 3334517003 - Attiva dal 1940, questa calzoleria e pelletteria artigianale è specializzata nella produzione di articoli tradizionali prevalentemente su misura, disponibili in vari colori e personalizzabili.

Dolci Tradizioni. Via Ing. M. Galiani 66, tel. 0784285454 - Per gustare i sapori antichi della tradizione sarda: i cuori, suadenti dolci di miele e mandorle, le meline e i sospiri al mirto.

Orani

VISITARE

Museo «Costantino Nivola». Via Gonare 2, tel. 0784730063, www.museonivola.it - Visite: inverno 10-13 e 15.30-19; estate 10-13 e 15.30-20; chiuso mercoledì.

Orgosolo

MANGIARE

€ FINO A 30 EURO

Ai Monti del Gennargentu. Località Settiles, tel. 0784402374 - Cucina sarda - Piatti tipici della tradizione dell'Antica Barbagia in un'atmosfera al contempo suggestiva e familiare. Tra le varie portate ci sono i ravioloni con spinaci e formaggio, i macarrones de punzu, ossia gli gnocchi sardi, il porceddu allo spiedo.

FARE

Sport

Equiturs. Località Monte Nieddu, SP 58 Nuoro-Orgosolo, tel. 0784401005-3397018522, snieddu6@gmail.com - Tra le proposte più interessanti di questo centro ippico la scoperta dei sentieri dei pastori, da percorrere a piedi o a cavallo. Offerta di pacchetti integrati con servizi di ospitalità e ristorazione.

Oristano

Porti turistici

Porto Turistico di Torregrande. Località Torregrande, tel. 078322189, www.marineoristanesi.it - Situato al centro della costa occidentale della Sardegna, il porto può ospitare fino a 400 imbarcazioni, la lunghezza massima è di 22 m.

Taxi

Servizio Taxi Oristano. Tel. 330430498-3497140595, www.taxioristano.com

Taxi. Piazza Roma 1, tel. 078370280 (A1)

VISITARE

Antiquarium arborense-Museo archeologico «G. Pau». Piazza G. Corrias, tel. 0783791262, www.antiquariumarborense.it - Visite: inverno, lunedì-venerdì 9-20, sabato e domenica 9-14 e 15-20; estate, lunedì-venerdì 9-14.30 e 15.30-21, sabato-domenica 9-14 e 16-21. (B1)

Muru Cubeddu. Località Nureci, tel. 078396600-3400794528, www.comune.nureci.or.it - Visite: a richiesta.

S. Chiara. Via Garibaldi, tel. 0783766361 - Visite: lunedì-sabato 7.30-12.30 e 16.30-20, domenica 8.30-13 e 17-20. (B2)

S. Francesco. Piazza Duomo 10, tel. 078378275 - Visite: inverno 7.30-11.30 e 16-18.30; estate 7.30-11.30 e 17-20 (B1)

Torre di S. Cristoforo. Piazza Roma, tel. 07837911, www.comune.oristano.it - Visite: temporaneamente chiusa. (A1)

DORMIRE

€ FINO A 80 EURO

Archelao. ★ ♿ Località San Quirico, SP Fenosu Tiria, Podere 80, tel. 3293570571, www.agriturismoarchelao.it - 7 camere, 1 appartamento - Immerso nella campagna sarda, è composto da bungalow indipendenti e da un corpo centrale, che ospita, tra l'altro, il ristorante. Per il tempo libero, escursioni naturalistiche e archeologiche e arrampicata su roccia per gli appassionati.

Hostel Rodia. ♿ Viale Repubblica, tel. 0783251881-3397769234, www.hostelrodia.it - 70 camere - Dispone di varie soluzioni ospitative, dalle camere doppie agli appartamenti, alle camere in comune nella classica formula ostello. Offre ai clienti la possibilità di praticare equitazione, golf e tennis. (A1, f.p.)

Mistral. Via Martiri di Belfiore, tel. 0783212505, www.hotelmistraloristano.it - 48 camere - Confortevole e moderno, offre camere ampie e luminose e un'attrezzata sala per piccoli convegni o incontri di lavoro. (A1, f.p.)

MANGIARE

€ FINO A 30 EURO

Archelao. ♿ Località San Quirico, SP Fenosu-Tiria, Podere 80, tel. 3293570571, www.agriturismoarchelao.it - Cucina sarda - È anche una fattoria didattica che offre ricette con chiaro richiamo sardo, rivisitate, a base di prodotti propri di alta qualità. Possibilità di soggiornare e punto di sosta attrezzato per i camper.

Da Gino. Via Tirso 13, tel. 078371428 - Cucina sarda - Simpatica trattoria a gestione familiare, con cucina che porta in tavola pesce e crostacei sempre freschi. (A1)

Ele Bistrot. Via Parpaglia 11, tel. 078371672, elebistrot@gmail.com - Cucina sarda, pizze - Locale piccolo e raccolto, offre una cucina sarda rivisitata; le proposte variano in base alla stagionalità delle materie prime e comprendono sia piatti di pesce che di carne. Ottimo anche il servizio di pizzeria. (B1)

Il Giglio. ♿ Località Massama, SP 9 Massama-Oristano, tel. 3473483744-3491447955, www.agriturismoilgiglio.com - Cucina sarda - Il ristorante (aperto su prenotazione) dell'azienda agrituristica propone una cucina sana e genuina che, sulla scia della tradizione, offre piatti dai sapori pieni impiegando solo materie prime biologiche qui prodotte.

Osteria del Vicolo. Vico Episcopio 14, tel. 0783300138, osteriadelvicolooristano@gmail.com - Cucina classica, vegetariana, vegana - Toni caldi e quadri contemporanei alle pareti, arredi in legno e una cordiale accoglienza in questo locale che dà spazio alla cucina di tradizione (come le linguine all'astice), all'estro (trofie con gorgonzola, curcuma e spinaci) e ad altre molteplici scelte internazionali (gulash, chili, paella). Inoltre, buone proposte vegane. (B1)

FARE

Per la sera

Brix. Via De Castro 24, tel. 3402885922 - Pub accogliente del centro storico con vasta proposta di birre artigianali. (B1)

Nuovo Mondo Disco Club. Via Ghilarza 5, tel. 3409967005, nuovomondo.discoclub@gmail.com - Il locale propone serate ed eventi in autunno, primavera e inverno. Molto frequentato dai ragazzi della zona. (C3, f.p.)

Retrò Lounge Bar. Via De Castro 32, tel. 3930209601 - Colazioni, aperitivi, drink e cocktail in un ambiente in cui non manca la buona musica. (B1)

SHOPPING

Anna Paola Sanna. Viale Risorgimento 58, tel. 0783359683-3489356447, sanna@sannagioielli.it - In questa bottega artigianale si lavora con maestria il corallo per produrre gioielli e sculture. (C3, f.p.)

Arte Orafa Rocca. Via Figoli 37, tel. 0783302733, www.roccaprendas.it - Da oltre trent'anni nel laboratorio di Giovanni Rocca, appassionato di gioielli tradizionali e amuleti, si producono gioielli in oro e argento secondo la tradizione orafa di famiglia. (A1)

Arte Sarda il Tessile. C/o centro comm.le Porta Nuova, via Cagliari, tel. 0783213080-3406062703, www.artesardailtessile.com - Tappeti, tendaggi e altri splendidi manufatti realizzati a telaio con materiali e motivi tradizionali. (A1, f.p.)

Cantina sociale della Vernaccia. Località Rimedio, via Oristano 6/A, tel. 078333383, www.cantina

Per contattare la redazione, comunicare segnalazioni, suggerimenti o consigli, potete scrivere a: bancadatituristica@touringclub.com

dellavernaccia.it - La cantina, nata nella metà del secolo scorso, è una interessante realtà vitivinicola che conta su tanti soci che conferiscono le loro uve per produrre ottimi vini.

Caseificio Marcello Cuozzo. Via Cagliari 21/23, tel. 0783212441, www.caseificiocuozzo.com - Azienda rinomata per i suoi ottimi formaggi, soprattutto pecorini; ottime anche le mozzarelle e le ricotte. Nel punto vendita si possono acquistare anche miele, dolci tipici, salumi e vini. (A1, f.p.)

Ceramiche artistiche di Valentina Pisu. Via Vittorio Veneto 55/B, tel. 3289475516, valentinapisu ceramiche@gmail.com - Le due passioni della giovane artigiana, la ceramica tradizionale oristanese e il mondo dell'illustrazione, danno vita a una produzione originale e coloratissima. (B2)

Giunti al Punto. ★ C/o centro comm.le Porta Nuova, via Cagliari, tel. 0783213049, www.giuntialpunto.it - L'offerta editoriale è molto ampia e diversificata e la scelta è agevolata da un sistema espositivo facile e immediato. (C1)

Mercato di Campagna Amica. Piazza S. Martino, www.campagnamica.it - Tutti i giovedì mattina piazza S. Martino si anima con le colorate bancarelle delle aziende agricole locali dove si possono trovare prodotti garantiti per la loro freschezza e genuinità. (C1)

Punto e Pasta. Via Gialeto 76, tel. 078378070 - Pasta artigianale in tutti i formati, fra cui malloreddus e seadas. (C2)

Orosei

Porti turistici

Porto di Cala Gonone. Tel. 078493261, calagonone@guardiacostiera.it - Questo accogliente porticciolo può ospitare fino a 200 imbarcazioni, la lunghezza massima dei natanti è di 14 m.

VISITARE

Museo dei Teatrini in Miniatura «G. Guiso». Via G. Musio 2, tel. 0784997084 - Visite: giugno-settembre, lunedì-sabato 10-12.30 e 18-20.30; variazioni in base ai periodi stagionali.

DORMIRE

€€ DA 80 A 130 EURO

Anticos Palathos. Via Nazionale 51, tel. 078498604, www.anticospalathos.com - Stagionale - 11 camere - Da un'attenta ristrutturazione di un palazzo d'epoca sono state ricavate ampie e confortevoli suites; per i momenti di relax ci sono terrazze e suggestivi cortili interni profumati da essenze mediterranee.

Cala Ginepro. ♿ Località Cala Ginepro, viale Cala Ginepro 76, tel. 078491048, www.calaginepro.com - 144 camere - Si articola in tre corpi separati disposti su due o tre piani e inseriti nel verde dei giardini. Dispone di camere comunicanti adatte per nuclei familiari e di alcune suites.

Mannois. ♿ Via G. Angioy 32, tel. 0784991040, www.mannois.it - 19 camere - Nel centro di Orosei, un albergo diffuso ricavato da tre differenti edifici nel pieno rispetto del contesto storico e culturale in cui sono inseriti. Colazione a buffet nel cortile interno di una tradizionale casa rurale.

Campeggi e villaggi

Sa Prama. Località Cala Liberotto, tel. 078491072-3492368596, www.saprama.it - L'ombreggiatura naturale e i servizi sanitari ben tenuti fanno parte dell'offerta di ospitalità che si completa con alcuni bungalow in legno. Buona ristorazione, con disponibilità del barbecue.

Ortacesus

VISITARE

Museo del Grano. Via Kennedy 25, tel. 0709819027, www.museodiortacesus.it - Visite: martedì-domenica 9-13 e 16-19.

Ozieri

VISITARE

Civico museo archeologico Convento delle Clarisse. Piazza P. Micca 3, tel. 0797851052, museo.comune.ozieri.ss.it - Visite: martedì-venerdì 9-13 e 15-19, sabato-domenica 9-13 e 15-18.

Grotta di S. Michele. Via S. Michele, tel. 079787638 - Visite: inverno, martedì-domenica 10-13 e 14-17; estate, martedì-domenica 10-13 e 15-18; variazioni in base ai periodi stagionali.

S. Antioco di Bisarcio. Località Bisarcio, SS 597 Sassari-Olbia, tel. 079781236, www.bisarcio.comune.ozieri.ss.it - Visite: inverno, martedì-domenica 10-13 e 14-17; estate, martedì-domenica 9.30-13 e 15-19.

DORMIRE

€ FINO A 80 EURO

Montiju. Via A. Volta 11, tel. 079788420-3498168877, www.montiju.it - 3 camere - Una casa restaurata con interni in tufo e legno. Si trova in uno dei quartieri storici del paese e ha conservato la struttura tipica delle abitazioni tradizionali. I mobili sono originali.

FARE

Sport

ASD Centro di equitazione ozierese. C/o Ippodromo di Chilivani, tel. 3469426334, aniedda@alice.it - L'associazione propone lezioni e organizza manifestazioni per valorizzare la filiera del cavallo nato e allevato in Sardegna.

SHOPPING

Azienda Niedda. Regione Binzas de Melas, tel. 079770481 - In vendita la specialità del luogo, il formaggio greviera, oltre a diversi tipi di pasta filata.

La Copuleta. Via Alagon 26, tel. 079770810-3420279531 - Sono le copulettas (dolce tipicamente nuziale) le specialità della casa: soffice pan di spagna ricoperto da una candida glassa.

Panificio Sanna. Via G. Aspromi 13, tel. 079787897 - La spianata di Ozieri, pane sottile morbido e profumato, si acquista in questo panificio gestito dalla stessa famiglia da tre generazioni.

Padria

VISITARE

Museo civico archeologico. Via Nazionale, tel. 079807018, www.comune.padria.ss.it - Visite: martedì e domenica 9-13, mercoledì, venerdì e sabato 15.30-19.30.

Palau

Porti turistici

Marina di Porto Rafael. Località Punta Sardegna, tel. 0789700302-3385921318, www.marinadiportorafael.net - Punto strategico per raggiungere le isole dell'arcipelago della Maddalena, la marina offre 80 posti barca per imbarcazioni fino a 30 m.

Porto Turistico Palau. Darsena est porto turistico, tel. 0789708435-3357700486, www.palauturismo.com - 400 i posti barca disponibili in questo porto costituito da sette pontili galleggianti e uno in muratura; può ospitare imbarcazioni lunghe fino a 18 m.

DORMIRE

€€ DA 80 A 130 EURO

La Roccia. Via dei Mille 15, tel. 0789709528, www.hotellaroccia.com - Stagionale - 22 camere - Meublé di tono classico, interamente ristrutturato, il cui nome deriva dall'imponente massa di granito che domina il giardino e si protrae all'interno della hall. Offre ampi spazi comuni, con arredi moderni.

€€€€ OLTRE 200 EURO

Palau Hotel. Via Tirso, tel. 0789708468, www.palauhotel.it - Stagionale - 97 camere - In posizione panoramica con vista sulle isole della Maddalena. Offre camere ben arredate e suites con vista mare; a disposizione, centro congressi, piano bar nella stagione estiva, terrazza solarium e bel giardino.

Campeggi e villaggi

Capo d'Orso. ★ Località Golfo delle Saline, tel. 0789702007-0789702155, www.capodorso.it - Stagionale - Immerso nel verde, offre dotazioni di ottimo livello: bungalow in muratura, cottage con aria condizionata, casemobili, caravan, ristorante con terrazza panoramica e piano bar, market con un'ampia scelta di prodotti freschi.

MANGIARE

€ FINO A 30 EURO

Faro. ♿ Località Porto Faro, tel. 0789709565, ristorantefaropalau@gmail.com - Cucina sarda, mediterranea - Sul mare, ai margini di una piazzetta proprio di fronte al faro che ne ha ispirato il nome. I piatti serviti sono esclusivamente a base di pesce fresco.

€€ DA 30 A 50 EURO

La Gritta. ★ ♿ Località Porto Faro, tel. 0789708045, www.ristorantelagritta.it - Cucina classica, di pesce, sarda - Splendido è il panorama sulle isole della Maddalena e di Caprera che si gode da questo piacevole ristorante, con una saletta piena di oggetti e di bottiglie di valore. Cucina legata al territorio per esecuzione e scelta dei prodotti.

FARE

Per la sera

Moon Light Café. Piazza Due Palme 1, tel. 0789709277, moonlightcafe.palau@gmail.com - Nella piazza più suggestiva di Palau, a due passi dal porto turistico, il locale propone aperitivi, cocktail, birre e vini di qualità, ottimi piatti freddi e tanta musica, dal jazz al chill out.

Attività e divertimenti

Cala di Trana. Località Punta Sardegna - Sulla costa di Palau, è una stupenda baia compresa tra due grandi ammassi rocciosi granitici con dune di sabbia di media altezza e un mare color azzurro intenso.

Sport

Nautilus Diving Center. Piazza G.D. Fresi 8, tel. 0789709058-3406339006, www.divesardegna.com - Un diving che vanta un'esperienza pluriennale; propone la scoperta dei fondali dell'arcipelago della Maddalena e della Riserva Marina di Lavezzi in Corsica. Tutte le attività sono svolte sotto la responsabilità del titolare, specializzato in biologia marina.

Velamare Club. Località le Saline, golfo delle Saline, Capo d'Orso, tel. 0789702163, www.velamare.it - Il mare, una grande passione: d'estate o d'inverno, dai nove anni in su, dal neofita al campione, sulle derive o sui cabinati. Tra le attività, anche i corsi racing, dove si lotta contro il tempo e gli avversari, e i corsi sugli skiff, le velocissime derive ultraplananti.

SHOPPING

Sardiniae Ars. Via Nazionale 142, tel. 0789708162, www.artigianatopasella.com - Uno dei negozi dell'artigianato Pasella dove si può trovare una vastissima selezione di oggetti certificati dell'artigianato sardo.

Pau

VISITARE

Museo dell'Ossidiana. Via S. Giorgio 8, tel. 0783934011, www.museossidiana.it - Visite: inverno, mercoledì-domenica 10-12 e 15-18; estate, mercoledì-domenica 10-12 e 16-19.

Paulilatino

VISITARE

Museo archeologico etnografico Palazzo Atzori. Via Nazionale 127, tel. 078555438-3477746747, museoatzori.altervista.org - Visite: inverno, martedì-domenica 9.30-13 e 15-17.30; estate, martedì-domenica 9.30-13 e 15.30-18; variazioni in base ai periodi stagionali.

Santuario nuragico di S. Cristina. SS 131 al km 115, tel. 078555686, www.archeotour.net - Visite: inverno 9.30-13 e 15-18; estate 9-13 e 15-19.30.

Perfugas

VISITARE

Museo archeologico e paleobotanico di Perfugas. Via N. Sauro, tel. 079564241-3497777103, www.sarundine.com - Visite: giugno-settembre, martedì-domenica 9-13 e 16-20; ottobre-maggio, martedì-domenica 9-13 e 15-19.

MANGIARE

€ FINO A 30 EURO

Putzu Canu. ♿ Località Putzu Canu, tel. 3289867464-3473154831, pieruccio88@tiscali.it - Cucina del territorio - Posizione ideale per un agriturismo, immerso nel verde e poco distante da un nuraghe e altri siti archeologici. Da non perdere gli gnocchetti con mazza frissa e i secondi di carne.

SHOPPING

Società Cooperativa Pastori Perfughesi. Via N. Sauro 6, tel. 079564086, web.tiscali.it/coopastori perfughesi - Nata nel 1948, raggruppa 150 soci e produce vari pecorini, Fiore Sardo, caciotte molli, provoloni e un'apprezzata "peretta". Punto vendita al dettaglio in via Cavallotti.

Piscinas

FARE

Attività e divertimenti

Escursioni Sardegna Segreta. Tel. 3455742421, www.escursionisardegnasegreta.it - Escursioni a Piscinas, Scivu, Pistis per ammirare le famosissime dune di sabbia e la deliziosa Cala Domestica.

Ploaghe

VISITARE

Pinacoteca Spano. Piazza S. Pietro, tel. 3460196300, info@domusmaiore.it - Visite: a richiesta.

Porto Cervo

Porti turistici

Marina dell'Orso. Località Poltu Quatu, direzione Marina, C.P. 80, tel. 078999477-0789950084, www.poltuquatu.com - Questo bel porto dispone di 311 posti barca per una lunghezza massima di 35 m.

DORMIRE

€€ DA 80 A 130 EURO

Selis. ★ ♿ Località Azzacultedda, tel. 078998630, www.selishotel.com - 18 camere - Casa di architettura rustica, con buone attrezzature nelle camere dotate di letti in ferro battuto; ristorante con cucina regionale, curato giardino per i momenti di relax.

€€€ DA 130 A 200 EURO

Valdiola. ♿ Località Cala di Volpe, tel. 078996215, www.hotelvaldiola.it - Stagionale - 32 camere - In stile mediterraneo con giardino attrezzato, propone camere dotate di balcone, sale comuni con pavimenti in cotto, arredi in bambù e richiami all'artigianato sardo.

€€€€ OLTRE 200 EURO

Le Ginestre. Località Pevero, tel. 078992030, www.leginestrehotel.com - Stagionale - 80 camere - Immerso in un parco naturale, un complesso di bassi edifici piacevolmente integrato nell'ambiente e collegato alla spiaggia privata da un sentiero che attraversa la macchia mediterranea.

MANGIARE

€€ DA 30 A 50 EURO

Gianni Pedrinelli. ♿ Località Piccolo Pevero, SP 59, tel. 078992436, www.giannipedrinelli.it - Cucina classica, sarda - Luogo romantico dal cui giardino, utilizzato anche per il servizio estivo, si cattura una piccola veduta del golfo Pevero. In tavola pesce e crostacei, ma anche pasta di busa e porcetto allo spiedo.

Spinnaker. ♿ Località Liscia di Vacca, tel. 078991226, www.ristorantespinnaker.com - Cucina emiliana, pizze - La vocazione marinara è già nel nome e continua in cucina con l'aggiunta dell'esperienza emiliana, che abbina pasta fresca fatta a mano a verdure e a piatti di carne.

€€€ DA 50 A 100 EURO

La Pergola. Piazzetta del Cervo, tel. 0789931621, www.hotelcervocostasmeralda.com - Cucina classica, mediterranea - Nel raffinatissimo scenario della Costa Smeralda, un elegante locale che propone una cucina d'impronta creativa, prevalentemente di pesce, e che offre la possibilità di cenare fino a tarda sera, anche sul suggestivo terrazzo con vista mare.

FARE

Per una sosta

Cafè du Port. Località Porto Vecchio, tel. 078992348 - Uno dei locali più caratteristici di Porto Cervo, qualsiasi occasione è buona per una sosta, folla permettendo.

La Terrazza Rosa. Località Abbiadori, SP 94, tel. 0789971099 - Ottimi drink e un servizio cordiale e attento per un piacevole aperitivo nella splendida terrazza panoramica.

Per la sera

Billionaire. Via Rocce sul Pevero, tel. 078994192-3496732847, www.billionairelife.com - L'esclusivo locale di Flavio Briatore, ritrovo dei vip in vacanza: ristorante, lounge bar e discoteca.

Sottovento Club. Località Golfo di Pevero, tel. 078992472-3920043072, www.sottoventoclub.it - È uno dei locali più frequentati della Costa Smeralda. Molto esclusivo e amato dai vip, organizza feste a tema e serate musicali. Aperto esclusivamente d'estate.

Attività e divertimenti

Yacht Club Costa Smeralda. Via della Marina, tel. 0789902200, www.yccs.it - Storico club nautico, con corsi di vela per principianti ed esperti.

Sport

Pevero Golf Club. Località Cala di Volpe, tel. 0789958000, www.peverogolfclub.com - È uno dei campi più belli e più richiesti al mondo, con i suoi stagni naturali tra le rocce e un sottobosco profumato di ginepro, mirto e corbezzolo. Ogni buca è diversa dall'altra, ogni punto di arrivo o di partenza offre un panorama da ammirare.

SHOPPING

Cristina Bertacchi. Piazza degli Ulivi, tel. 078992696 -3351026291, www.cristinabertacchi.com - Per un regalo raffinato, da fare agli amici o a se stessi: ceramiche, vetri, argenteria, tessuti delle migliori marche, oppure oggettistica artigianale, ma sempre all'insegna della qualità. Aperto da Pasqua a novembre.

Enoteca Fratelli Azara. Località Abbiadori, tel. 078996178 - Vendita al dettaglio di vini regionali, nazionali e internazionali, oltre a prodotti tipici sardi di ottima qualità.

I.S.O.L.A. Sottopiazza, villaggio fase 1, tel. 078994428, info@isolaportocervo.com - Il marchio I.S.O.L.A. certifica l'autenticità delle produzioni dell'artigianato artistico sardo e ne garantisce l'alta qualità e l'unicità.

Mercato di Porto Cervo. Località Sopravento, www.mercatoportocervo.com - Ogni venerdì mattina, tante bancarelle espongono prodotti d'artigianato di qualità. Vi si trova di tutto un po': abbigliamento, maglieria in cashmere, accessori, bijoux e gioielli, articoli vintage e di seconda mano, oltre a prodotti agroalimentari tipici, biologici e a chilometro zero.

Porto Rotondo

Porti turistici

Marina di Porto Rotondo. Tel. 078934203, www.marinadiportorotondo.it - Il porto, ubicato in una conca naturale utlizzata sin da tempi antichissimi, dispone di ben 640 posti barca e può ospitare imbarcazioni fino a 70 m di lunghezza.

MANGIARE

€ FINO A 30 EURO

Palumbalza. ♿ Località Golfo di Marinella 52, tel. 078932005, www.hotelpalumbalzaportorotondo.it - Cucina classica, sarda, mediterranea - Locale spazioso in splendida posizione, con terrazza panoramica coperta affacciata sul mare; in cucina accurate proposte sia di terra sia di mare, fra le quali spicca l'aragosta alla catalana; propone anche menu "leggero" a prezzo contenuto.

€€ DA 30 A 50 EURO

Da Giovannino. Piazza Quadra 11, tel. 078935280, www.ristorantedagiovannino.com - Cucina sarda - Ambiente elegante e accogliente, con un gradevole giardino interno. La cucina, soprattutto di pesce, propone piatti di grande impatto sia per il gusto sia per la vista; anche la cantina è di ottimo livello.

FARE

Per la sera

Black Moon. Località Villaggio Ladunia, tel. 078932852 - Ambiente raffinato, musica di tutti i generi, ottimi cocktail. Aperto in estate e, di rado, anche in primavera.

Country Club. Località Villaggio Rugiarda, via Ostro 13, tel. 078934208-3937517510, www.countryportorotondo.it - Uno dei locali più famosi e apprezzati di Porto Rotondo, dall'atmosfera chic e modaiola, comprende ristorante, piano bar e angolo discoteca. Ottima cucina e deliziosi cocktail prima di scatenarsi fino all'alba. Aperto sempre in estate e saltuariamente in primavera.

Portoscuso

Porti turistici

Marina di Portoscuso. Lungomare C. Colombo, tel. 0781507248, www.marinadicapitana.it - Il porto dispone di 385 posti barca e può accogliere imbarcazioni fino a 20 m di lunghezza.

DORMIRE

€ FINO A 80 EURO

Don Pedro. ♿ Via A. Vespucci 15, tel. 0781510002, www.hotel-donpedro.com - 45 camere - Un albergo classico con camere dotate di bagno privato, aria condizionata, frigobar e balconi con vista mare. Connessione wi-fi gratuita.

MANGIARE

€€ DA 30 A 50 EURO

Sa Musciara. ♿ Lungomare C. Colombo, tel. 0781507099-3383791599, www.ristorantesamusciara.it - Cucina classica, di pesce, sarda - Il nome del locale richiama la tradizionale pesca del tonno. La cucina, accurata e professionale, propone specialità marinare e legate alla stagione. La cantina dispone di vini prevalentemente sardi.

SHOPPING

Il Coccio. Via Giulio Cesare 60, tel. 0781509744-3395880265 - Creazioni artigianali, dai gioielli in argento alle ceramiche per arredare la casa.

Porto Torres

Porti turistici

Cormorano Marina. Darsena interna porto, tel. 079512290, www.cormoranomarina.it - Ottimo approdo per chi intenda esplorare il parco dell'Asinara, il porto dispone di 400 posti barca e può ospitare comodamente barche lunghe fino a 35 m.

VISITARE

Antiquarium turritano. C/o palazzo Re Barbaro, via Ponte Romano 99, tel. 079514433-3928383254, www.ibiscoop.com - Visite: martedì-sabato 9-20, domenica 9-14.

Basilica di S. Gavino. Via Atrio Metropoli Turritana, tel. 079515184-3488996823, www.comune.porto-torres.ss.it - Visite: 9-13 e 15-18.

Museo del Porto. Via D.A. Azuni, ang. via Dogana, tel. 3472751234 - Visite: inverno, martedì e sabato 10-13; estate, martedì e giovedì 17-20, sabato 10-13.

DORMIRE

€€ DA 80 A 130 EURO

Libyssonis. ♿ Località Serra dei Pozzi, via del Lentischio 1, tel. 079501613, www.hotellibyssonis.it - 36 camere - Buone le strutture e le dotazioni di questo complesso sobrio ed elegante, un po' decentrato; prima colazione a buffet dolce e salata, cucina sarda e classica al ristorante.

FARE

Per una sosta

Bar Pasticceria Acciaro. Corso Vittorio Emanuele 38, tel. 079514605 - Locale storico, luogo di ritrovo per l'aperitivo domenicale, ma anche per una "sosta dolce", con gli ottimi prodotti di pasticceria o i gustosi gelati.

Attività e divertimenti

Asinara 4x4. Via Monti 19, tel. 079502177-3472151286, www.asinara4x4.com - Escursioni all'isola dell'Asinara su fuoristrada, anche al tramonto; tour dei porti dell'isola con pranzo a bordo.

Nesos Fuoristrada. Tel. 3289442167-3427783449, www.nesosfuoristrada.it - Escursioni giornaliere in fuoristrada all'isola dell'Asinara: si arriva al mattino a Fornelli e poi si esplora il territorio circostante, ammirando paesaggio e animali, tra cui gli asinelli bianchi.

Scoprisardegna. Via Giotto 9, tel. 0794816604-3284564682, www.scoprisardegna.com - Vari tipi di escursioni con le guide del Parco nazionale dell'Asinara: su fuoristrada, a piedi, in mountain bike, a cavallo. Si organizzano anche corsi per sub.

SHOPPING

Ceramiche artistiche Budroni. Corso Vittorio Emanuele II 70, tel. 079512242-3394827573, budroni.c@tiscali.it - Ceramiche colorate, spesso ispirate al mondo marino, si trovano in questo laboratorio di Porto Torres che, in estate, si trasferisce nell'isola dell'Asinara.

Mercato di Campagna Amica. Largo Sabelli, www.campagnamica.it - Per chi cerca i veri prodotti naturali e artigianali, il mercato di Campagna Amica, dove si riuniscono le aziende agricole locali per vendere i propri prodotti direttamente ai consumatori, si tiene a Porto Torres il martedì mattina.

Posada

DORMIRE

€ FINO A 80 EURO

Posada. ♿ Via Vittorio Veneto 2, tel. 0784854408-3287562610, www.posada.it - 12 camere - Nel centro di Posada, una struttura di recente costruzione offre camere ampie e luminose caratterizzate dalla presenza di suggestivi murales. Servizio wi-fi e parcheggio riservato.

Pula

Porti turistici

Marina di Calaverde. Località Santa Margherita, porto di Calaverde, SS 195 al km 38,7, tel. 070921214-3426970065, www.portocalaverde.com - Questo porto, ideale per imbarcazioni di medie dimensioni, dispone di 88 posti barca e può ospitare imbarcazioni fino a 12 m di lunghezza.

VISITARE

Centro di Educazione Ambientale «Laguna di Nora». Località Nora, tel. 0709209544, www.lagunadinora.it - Visite: aprile-maggio venerdì-domenica 10-18.30; giugno-agosto 10-20; settembre 10-19; anche visite a richiesta.

Museo archeologico «Giovanni Patroni». Corso Vittorio Emanuele 67, tel. 0709209138, www.coptur.net - Visite: temporaneamente chiuso.

Parco archeologico Rovine di Nora. Località Nora, tel. 0709209138, www.coptur.net - Visite: 10-tramonto.

DORMIRE

€ FINO A 80 EURO

Sa Domu Sarda. Località Porto Columbu, via A. Doria 27, tel. 0709253298-3287125139, www.sadomusarda.it - 3 camere - Villa su due livelli ispirata, nella scelta dei materiali, alle antiche case dell'isola. Al piano terra, un ampio salone con grande camino, al piano superiore le camere, complete delle principali dotazioni.

€€ DA 80 A 130 EURO

Del Corso. ♿ Corso Vittorio Emanuele 113/115, tel. 0709209120, www.hotel-delcorso.com - 14 camere - Tutti i comfort moderni in questa struttura ricostruita in modo da restituire l'atmosfera della vecchia casa sarda. Possibilità di noleggio macchina e biciclette, centro benessere interno e sauna.

Rocca Dorada. ♿ Località Santa Margherita, SS 195 al km 41,2, tel. 0709290037, www.roccadorada.it - Stagionale - 100 camere - Le camere sono distribuite in più strutture in un vasto parco privato. La spiaggia, per la quale è disponibile un servizio navetta, dista meno di 1 km. Anche piscina scoperta e campo da tennis.

Campeggi e villaggi

Flumendosa. ★ Località Santa Margherita, via Flumendosa 12, tel. 3929623094, www.campingflumendosa.com - Dispone di piazzole con discreta ombreggiatura di pini ed eucalipti, oltre a casemobili attrezzate; animazione in alta stagione e ristorante-pizzeria con specialità del posto.

MANGIARE

€ FINO A 30 EURO

Blu Moon. ♿ Località Sa Perda Fitta, strada per Nora, tel. 0709245467, www.bluemoonristorante.it - Cucina classica, sarda, pizze - Un ristorante pizzeria con sale all'aperto e terrazza per una serata all'insegna del buon umore; tra le specialità, pizze e piatti della cucina tipica sarda.

Fradis Minoris. ♿ Località Laguna di Nora, tel. 0709209544, www.lagunadinora.it - Cucina di pesce - Tra la laguna e il mare, con una bella terrazza, questo ittiturismo fa dell'ecosostenibilità la sua ragion d'essere. Gli arredi sono in materiali riciclati o riciclabili, il menu cambia settimanalmente sulla base del pescato locale abbinato alle materie prime del territorio.

Su Gunventeddu. Località Su Gunventeddu, tel. 0709209092, www.sugunventeddu.com - Cucina classica, sarda - Ambiente gradevole, con terrazza e giardino per il servizio estivo, dove la qualità della cucina, che privilegia il pescato giornaliero, è sempre di buon livello.

FARE

Per una sosta

Gelateria Sottozero. Via Nora 91, tel. 3202573750, gelateriasottozeropula@gmail.com - Gusti classici e non in questa apprezzata gelateria, oltre a prodotti per celiaci, vegani e intolleranti al lattosio.

Su Nuraghe. Piazza del Popolo 57, tel. 0709209144, www.sunuraghebarristorante.it - Gelateria e pasticceria di alto livello con tavolini anche all'aperto, offre pure servizio pizzeria e ristorante.

Sport

Is Molas Golf Club. Località Is Molas, SS 195, tel. 0709241006, www.ismolas.it - Nato oltre trent'anni fa, è stato uno dei primi campi da golf in Sardegna e, con le sue 27 buche, è il più grande dell'isola. È uno dei campi più tecnici e spettacolari di tutto il Mediterraneo. Si possono noleggiare car, set di mazze e le attrezzature; a richiesta, anche lezioni e corsi di golf.

Benessere

Centro benessere Ippocampo. C/o hotel Flamingo, SS 195 al km 33,8, tel. 0709208361, www.hotelflamingo.it - Centro benessere aperto da aprile a ottobre. L'ideale per concedersi un weekend all'insegna del relax; offre i consueti trattamenti in un ambiente piacevole e rilassante.

Forte Village. Località Forte Village, SS 195 al km 39,6, tel. 0709218818, www.fortevillageresort.com - Il centro offre piscine all'aperto, palestra, trattamento ayurveda, bagno al sale marino, fanghi, massaggio orientale, shiatsu, massaggio terapeutico, bagno turco, piscina con acqua termale, massaggio classico. Le terme sono a uso esclusivo degli ospiti.

SHOPPING

Cabai Artigianato. Corso Vittorio Emanuele 18, tel. 0709245174 - Una vasta scelta di manufatti di certificata provenienza isolana; il laboratorio esegue lavori su misura, sia per quanto riguarda le ceramiche che per i tappeti, le lampade e gli oggetti in ferro battuto.

Quartu Sant'Elena

Porti turistici

Marina di Capitana. Località Marina di Capitana, via Serchio 139, tel. 070805460, www.marinadicapitana.it - Il porto può ospitare fino a 480 imbarcazioni per una lunghezza massima di 27 m; disponibili anche servizi di affitto e vendita di natanti.

Taxi

Radio taxi. Via della Musica 138, tel. 070826060

VISITARE

Museo etnografico «Il Ciclo della Vita». Via E. Porcu 271, tel. 070812462 - Visite: 9,30-13 e 17-20; visite a richiesta per gruppi.

DORMIRE

€€ DA 80 A 130 EURO

Califfo. ♿ Via Leonardo da Vinci 118, tel. 070890131, www.hotelcaliffo.com - 130 camere - Camere confortevoli e luminose, ampio ristorante e centro congressi. La struttura è dotata di attrezzature sportive quali piscina scoperta e campo da tennis; anche noleggio biciclette.

Setar. ♿ Località S'Oru de Mari, via Lipari 1/3, tel. 070892031, www.hotelsetar.it - 118 camere - Un complesso degli anni '80, con camere dotate di tutti i comfort. A completare l'offerta, un attrezzato centro congressi, piscina, campi da tennis e centro estetico; il ristorante propone ricette tipiche.

MANGIARE

€ FINO A 30 EURO

Arke Ristorante. ♿ Viale C. Colombo 3, tel. 070883663-3492434424, www.arkeristorante.it - Cucina classica, sarda - Perfetto per una serata romantica, con luci soffuse e musica lounge in sottofondo. La cucina utilizza ottime materie prime preparate con cura e creatività.

Su Meriàgu. ♿ Località Sant'Andrea, via Rimini 1, tel. 070890842-070892442, www.sumeriagu.it - Cucina sarda, pizze - Spizzulus ai funghi porcini o ai frutti di mare, cinghiale al Cannonau, oltre a paste e dolci fatti in casa sono alcune delle proposte di questo locale situato vicino al mare. Possibilità di alloggio in otto confortevoli camere.

FARE

Per la sera

FBI Club. C/o Vecchie Fornaci Maxia, via Brigata Sassari 68, tel. 3421029849 - Una delle discoteche più frequentate del Cagliaritano, soprattutto venerdì e sabato. Tra le proposte, le serate con i dj più famosi, ma anche spettacoli live e cabaret.

Zum Löweneck. Via Magellano 16, tel. 070811719, www.birreriadamichele.it - In un ambiente tipicamente bavarese potrete assaggiare birre rigorosamente tedesche da accompagnare, se lo desiderate, da portate anch'esse d'oltralpe.

Sport

Sa Tanca Golf Club. Località Flumini, via Palma fiorita, tel. 0707327960 - A due passi da Cagliari, propone uno scenografico campo da golf, valorizzato da club house, ristorante, pro shop e sala meeting. Invidiabile la sua posizione, molto vicina alle bianche spiagge della costa sud-occidentale, a validi alberghi della zona e al porto turistico di Capitana.

Scuola Italia in Vela-Circolo AICS. Via Serchio 139, porto di Marina di Capitana, tel. 070805671-3924101257, scuolaitaliainvela.it - Istruttori qualificati vi insegneranno a condurre una barca a vela veloce in sicurezza, affiancando il tutto al piacere di una vacanza nello splendido paesaggio del sud della Sardegna.

€ I prezzi per l'ospitalità si riferiscono alla **camera doppia**, quelli della ristorazione al **costo medio di un pasto di due portate** bevande escluse.

Benessere

Sighientu. Località Marina di Capitana, via Serchio, tel. 0586409875-070870072, www.sighientu resort.com - Il Centro Thalasso dell'hotel Sighientu offre tutti i migliori trattamenti per il relax e il benessere: piscine termali, trattamenti olistici, massaggi, percorsi sensoriali.

Sadali

VISITARE

Grotte de Is Janas. Località Padenteddu, SS 198 al km 32,2, tel. 0782599004-3284979486, www.grottesadali.com - Visite: a richiesta.

Samugheo

VISITARE

Museo unico regionale dell'Arte tessile sarda. Via Bologna, tel. 0783631052, murats.it - Visite: inverno, mercoledì-domenica 9.30-13 e 16-19; estate, mercoledì-domenica 10-13 e 17-20.

MANGIARE

€ FINO A 30 EURO

Su Pinnatzu. ♿ Località Tonnaese, tel. 3289475486 - Cucina del territorio - Un agriturismo da cui si possono effettuare numerose escursioni verso i siti naturalistici o archeologici della zona. Il ristoro propone piatti locali preparati con i prodotti dell'azienda. Anche alcune camere per il pernottamento.

San Giovanni di Sinis

FARE

Attività e divertimenti

Spiaggia Maimoni. SP 6 - Si distingue per la sua sabbia chiarissima con granelli di quarzo rosa e bianco dalle mille sfumature, per la lunghezza dell'arenile e per la graduale profondità dei fondali; è fruibile dai bambini e adatta a ogni passatempo.

Sanluri

VISITARE

Castello di Eleonora d'Arborea. Via Gen. Villa Santa 1, tel. 0709307105-3339499572, www.castellodisanluri.it - Visite: 9.30-13 e 16-19.30.

Museo etnografico dei Padri Cappuccini. Via S. Rocco 6, tel. 0709307107, museocappuccini@tiscali.it - Visite: a richiesta.

MANGIARE

€€ DA 30 A 50 EURO

Su Stai. ♿ Località Sanluri Stato, tel. 3480446461, www.agriturvalbella.it - Cucina sarda - L'agriturismo è una vera fattoria, in cui si possono anche acquistare i prodotti dell'azienda. La cucina varia a seconda delle stagioni. Possibilità di pernottamento in graziose camere.

FARE

Per la sera

Free Time's Pub. Piazza Porta Nuova 13, tel. 3442434439 - Locale accogliente che si ispira alla tradizione dei pub irlandesi con arredi in legno e cartelli pubblicitari della Guinnes alle pareti; due megaschermi trasmettono musica ed eventi sportivi. Aperto anche la mattina per una piacevole pausa caffè.

San Sperate

VISITARE

Giardino Sonoro. Via Oriana Fallaci, tel. 3245875094, www.psmuseum.it - Visite: marzo, aprile, ottobre-novembre, lunedì-venerdì 10-13, sabato e domenica 10-17; maggio-settembre, lunedì-domenica 10-13 e 16.30-19.30; dicembre-febbraio, lunedì-venerdì visite a richiesta, sabato e domenica 10-17.

MANGIARE

€ FINO A 30 EURO

Ada. Via Cagliari 21, tel. 0709600972 - Cucina mediterranea, pizze - Locale dalla cucina rustica fatta di paste fresche con vari ripieni, carni con funghi e verdure dell'orto, buoni dolci come la sbriciolada. Nel menu serale è disponibile anche la pizza. Interessante la carta dei vini e la ricca selezione di birre artigianali.

Santadi

VISITARE

Casa Museo Sa Domu Antiga. Via Mazzini 37, tel. 0781941010 - Visite: inverno, martedì-domenica 9-13 e 15-17; estate, martedì-domenica 9-13 e 17-19.

Grotte di Is Zuddas. Località Is Zuddas, tel. 0781955741-3400616233, www.grotteiszuddas.com - Visite: aprile-settembre 10-12 e 14.30-18; variazioni in base ai periodi stagionali.

Museo civico archeologico. Via Umberto I 17, tel. 0781954203, www.museoarcheologicosantadi.it - Visite: inverno 9-13 e 15-17, estate 9-13 e 17-19.

FARE

Attività e divertimenti

Centro di turismo equestre Monte Fracca. Località Barrua, tel. 3495283829 - Il circolo ippico, che possiede otto splendidi cavalli di razza anglo-arabo-sarda, è specializzato in trekking a cavallo di uno o più giorni al mare o in montagna.

SHOPPING

Antica Tradizione. Piazza G. Marconi 20, tel. 0781954064 - Paste di qualità per le produzioni locali: sa fregula, fatta con semola di grano duro, su farri, prodotto con semola d'orzo, malloreddus, maccarones e altre paste ancora.

Cantina Sociale di Santadi. Via Cagliari 78, tel. 0781950127, www.cantinadisantadi.it - Tempio dell'enologia sarda dove dal 1960 si trattano e curano le uve per ricavarne ottimi vini.

La Casa del Miele. Via Is Collus 53, tel. 0781955787-3281459700 - Piccola azienda familiare che produce miele di eucalipto, cardo, asfodelo e millefiori; in vendita anche un ottimo torrone.

Laboratorio produzione zafferano di Spada Mara. Via Casa del Frate, tel. 3493751783 - Una piccola realtà che garantisce un'ottima qualità di un prodotto raro e prezioso come lo zafferano puro in fili.

Latteria Sociale Santadi. Via Cagliari 72, tel. 0781950009, www.santadiformaggi.it - Attiva dal 1962, la latteria lavora latte di prima qualità in un caseificio moderno dove si produce formaggio certificato: pecorini di diverse stagionature, caprini e formaggi spalmabili.

Panificio Pilloni. Via delle Fontane 19, tel. 0781954099 - Un giardino di fragranza e sapori: civraxiu, pane alle olive, focacce farcite, coccoetti, pardulas, gueffus, amaretti e altre specialità dolci e salate.

Santa Maria Navarrese

Porti turistici

Marina di Baunei-Santa Maria Navarrese. Via Lungomare Montesanto, tel. 0782614020, www.portosantamaria-baunei.it - Premiato Bandiera Blu degli approdi turistici, il porto può ospitare fino a 375 imbarcazioni con una lunghezza massima di 40 m.

DORMIRE

€ FINO A 80 EURO

Ostello Bellavista. ♿ Via Pedralonga, tel. 0782614039, www.ostelloinogliastra.com - 18 camere - L'ostello si trova nel cuore dell'Ogliastra, vicino al mare e al piccolo porto. Dispone di comode camere con bagno, due attrezzate per disabili; ristorante con cucina tipica sarda.

€€€€ OLTRE 200 EURO

Lanthia Resort. ♿ Via Lungomare, tel. 0782615103, www.lanthiaresort.com - Stagionale - 28 camere - Esclusivo resort nato dal restauro di un edificio in pietra degli anni '60; camere ben accessoriate (ciascuna dedicata a un paese della Sardegna), dotate di ampie verande che si affacciano sul parco e sulla piscina esterna.

Nascar Hotel. ♿ Viale Pedras 1, tel. 0782615314, www.nascarhotel.eu - Stagionale - 12 camere - Ricavato in uno degli edifici più antichi del paese, offre ospitalità in camere realizzate con pregiati materiali locali e arredi creati da artisti del posto.

MANGIARE

€ FINO A 30 EURO

Il Pozzo. ♿ Viale Plammas, tel. 0782615039-3391331676, www.vacanzeportuquau.it - Cucina classica, sarda, pizze - Un locale molto frequentato, caratterizzato da una splendida terrazza sul mare, che propone ricette ottime, non solo a base di pesce. Paste sempre fresche e una cantina che spesso prende le distanze dal "continente".

FARE

Per una sosta

Fruttu's-Fruit Bar. Piazza Principessa di Navarra, tel. 3393202669 - Per una sosta veloce, un simpatico locale dove gustare ottimi gelati e tanti prodotti a base di frutta fresca.

Sant'Anna Arresi

FARE

Per la sera

Just discoclub. Località Porto Pino, via del Porticciolo, tel. 3271962725 - Ambiente giovane e allegro, buoni cocktail e musica per ballare fino a tarda notte.

Sant'Antioco

Porti turistici

Marina di S. Antioco. Lungomare Caduti di Nassyria, tel. 0781800238-3479173684 - Il porticciolo, che dispone di 220 posti barca, può ospitare imbarcazioni fino a 25 m di lunghezza.

VISITARE

Fortino Sabaudo de Su Pisu. Tel. 0781800596-3897962114, www.archeotur.it - Visite: aprile-settembre 9-20, ottobre-marzo 9.30-13 e 15-18.

MuMa - Museo del Mare e dei Maestri d'Ascia. Lungomare C. Colombo 25, tel. 0781840070-3911377062, www.mumahostel.it - Visite: tutti i giorni 10-13 e 17-22.

Museo archeologico «Ferruccio Barreca». Piazza Insula Plumbea, tel. 3897962114, www.archeotur.it - Visite: 9-19.

Museo etnografico. Via Necropoli 24/D, tel. 3897962114, www.archeotur.it - Visite: aprile-settembre 9-20; ottobre-marzo 9.30-13 e 15-18; variazioni in base ai periodi stagionali.

Necropoli Punica-Villaggio Ipogeo. Via Necropoli, tel. 3897962114, www.archeotur.it - Visite: aprile-settembre 9-20; ottobre-marzo 9.30-13 e 15-18; variazioni in base ai periodi stagionali.

S. Antioco. Piazza Parrocchia 22, tel. 0781921887, www.basilicasantantiocomartire.blogspot.it - Visite: 9-12 e 15.30-17.30; variazioni in base ai periodi stagionali.

Tophet di «Sulcis». Piazza Cartagine, tel. 3897962114, www.archeotur.it - Visite: 9-19.

DORMIRE

€€ DA 80 A 130 EURO

La Rosa dei Venti. Piazza Sardegna 3, tel. 3476364566, www.rosaventi.it - Stagionale - 3 camere - Piacevole B&B all'interno di una bella villa con giardino mediterraneo, dagli arredi antichi e d'artigianato locale; prima colazione servita nel patio o nell'ampio soggiorno con caminetto.

Moderno. ♿ Via Nazionale 82, tel. 078183105, www.hotel-moderno-sant-antioco.it - 16 camere - Dispone di camere con pavimenti in cotto e pareti in riposanti tinte pastello; ottimo ristorante con servizio estivo in una gradevole terrazza-giardino.

Campeggi e villaggi

Tonnara. Località Calasapone, tel. 036562093-0781809058, www.camping-tonnara.it - Stagionale - Affacciato su un'insenatura naturale di notevole bellezza, presenta piazzole ben delimitate, bungalow mono-bilocali con bagno, campo in erba per calcetto, campo per pallavolo e piscina.

FARE

Attività e divertimenti

Pescaturismo Nuova Antonina. Porto turistico, lungomare Cristoforo Colombo, tel. 3299612195-3206918215, www.nuovantonina.it - Per passare una giornata in mare all'insegna della pesca e del buon cibo, senza trascurare le meraviglie offerte dalla costa.

Saline di Sant'Antioco. Tel. 3402369249, www.destinazionesulcis.it - Tuttora attive, ma visitabili con escursioni guidate a cura della cooperativa Destinazione Sulcis, offrono uno scenario spettacolare grazie ai giochi di luce che si creano fra gli specchi d'acqua.

Sardinia Sailing. Via Monsignor Armeni 13, tel. 3333367448-3484898571, www.sardiniasailing.com - Azienda di charter e noleggio barche a vela che propone vacanze ed escursioni in alcuni dei più bei luoghi dell'isola; è anche scuola di vela.

Sport

Kitesurf Sardinia. Via Torino 5, tel. 0781802027-3472956306, www.kitesurfsardegna.it - Offre tutti i servizi per un vacanza di kitesurfing: noleggio attrezzatura, corsi per principianti ed esperti e alloggio. La sede operativa si trova al lido Oasi Azzurra di Sant'Anna Arresi, in località Porto Pino.

Sant'Antonio di Gallura

MANGIARE

€ FINO A 30 EURO

La Kustera. Località Scupetu, SP 100, strada Arzachena-S. Antonio, tel. 3395792103, www.agriturismolakustera.com - Cucina del territorio, di carne - In un antico stazzo gallurese, immerso nel verde della macchia mediterranea, il locale propone una cucina legata alla tradizione. Tra i piatti, degni di nota sono la zuppa e il porceddo cotto su letto di mirto e servito con salsiccia al forno. Da marzo a ottobre è chiuso a mezzogiorno.

Santa Teresa Gallura

Porti turistici

Porto Turistico. Località Terravecchia, tel. 0789751936-3487347267, www.portosantateresa.com - Molti i servizi a disposizione in questo porto che può ospitare 700 imbarcazioni fino a 35 m di lunghezza.

DORMIRE

€ FINO A 80 EURO

Santa Teresa. Via Nazionale 73, tel. 3386808576-3287173499, www.bbsantateresa.com - 2 camere - Accoglienza all'interno di una villetta a due passi dal mare, che mette a disposizione due camere dotate di tutti i comfort, con vista sul giardino.

€€ DA 80 A 130 EURO

Club Esse Shardana. ★ Località Baia Santa Reparata, tel. 0645439344-0789754391, www.clubesse.it - Stagionale - 75 camere - Paesaggio suggestivo tra ginepri e mirti che digradano dolcemente verso la scogliera e il mare cristallino. Si alloggia in villini con ingresso indipendente. Piscina, miniclub e animazione. Ristorante con cucina tradizionale sarda e mediterranea.

Da Cecco. Via Po 3, tel. 0789754220, www.hoteldacecco.com - Stagionale - 32 camere - Uno fra i primi hotel della città, dispone di camere con balcone o terrazzo, curate, confortevoli e accoglienti. Prima colazione a buffet dolce e salato, connessione wi-fi gratuita nelle aree comuni.

Campeggi e villaggi

La Liccia. SP 90 al km 59, tel. 0789755190, www.campinglaliccia.com - Stagionale - Tranquillo e in bella posizione, offre locali comuni in stile rustico e gradevoli bungalow in legno. Biciclette e scooter a noleggio.

MANGIARE

€ FINO A 30 EURO

La Lampara. Via Pertini 6, tel. 0789741093, lamparasantateresa@gmail.com - Cucina di pesce, sarda, pizze - Uno tra i più rappresentativi locali della Gallura, con un'elegante sala interna e una bella terrazza all'aperto. Propone specialità prevalentemente di pesce, con ricette elaborate e ben eseguite.

FARE

Sport

Centro Sub Marina di Longone. Via Tibula 11, tel. 3386270054, www.marinadilongone.it - Dispone di aula per la teoria, spazi per le attrezzature, vasche per il risciacquo e docce con acqua calda. Lezioni teoriche anche per bambini e tutto il necessario per diving e immersioni.

Benessere

La Perla del Porto. Molo II Chiostro, tel. 0789754444-3403036970, www.perladelporto.it - In un ambiente rilassante e rigenerante si può scegliere fra il tepidarium, il bagno turco, la sauna, l'idromassaggio e le docce emozionali.

SHOPPING

Casa dell'Artigianato. Via Cavour 12, tel. 0789754679 - Vasto emporio di oggetti tipici, tra cui tappeti, ceramiche, corallo e filigrane.

Sardiniae Ars. Strada S. Teresa, tel. 0789754320, www.artigianatopasella.com - Laboratorio specializzato in oggetti in sughero e ceramica decorati con disegni tipici della tradizione.

San Teodoro

Porti turistici

Marina di Puntaldìa. Località Puntaldia, tel. 0784864590 - 400 posti barca dai 5 ai 24 m in un contesto che comprende un complesso residenziale e un campo da golf.

VISITARE

I.CI.MAR-Istituto delle Civiltà del Mare. Località Niuloni 1, tel. 0784866010-3387913386, www.icimar.it - Visite: lunedì-venerdì 11-13 e 16-19.

DORMIRE

€€ DA 80 A 130 EURO

La Palma. Via del Tirreno, tel. 0784865962-3291799645, www.hotellapalmasanteodoro.

it - Stagionale - 24 camere - Ottima la posizione dell'albergo, da cui si può raggiungere a piedi la spiaggia La Cinta. Camere luminose e confortevoli; tra le dotazioni, servizio wi-fi e ristorante-pizzeria.

€€€ DA 130 A 200 EURO

Bonsai. ♿ Via Golfo Aranci, tel. 0784865061, www.hotelbonsai.com - 33 camere - In comoda posizione per raggiungere a piedi la nota spiaggia La Cinta e il centro del paese. Tra i servizi: piscina interna, terrazza comune con vista mare, centro benessere e palestra.

€€€€ OLTRE 200 EURO

Due Lune Resort Golf & SPA. ♿ Località Puntàldia, tel. 0784864075, www.duelune.com - Stagionale - 66 camere - Complesso moderno ed elegante, con camere ampie e confortevoli, impianti per il tempo libero e lo sport, compreso un campo da golf a nove buche; ottimo il centro benessere interno.

Campeggi e villaggi

San Teodoro-la Cinta. Via del Tirreno, tel. 0784865777, www.campingsanteodoro.com - Stagionale - In comoda posizione, sia per il centro abitato che per il mare, offre piazzole delimitate, servizi sanitari suddivisi in due blocchi e alcuni bungalow in muratura completi di bagno, angolo cottura e veranda coperta.

MANGIARE

€ FINO A 30 EURO

Il Giardinaccio. Via Sardegna 39, tel. 0784865678, www.ilgiardinaccio.com - Cucina sarda, pizze - A pochi chilometri dal mare, locale con un ricco menu che elenca prevalentemente pietanze a base di pesce. Apprezzati i frutti di mare crudi (specie le ostriche) provenienti dalla vicina laguna.

L'Alculiciu Punto di Ristoro. ♿ Località Lu Lioni, stazzu Brandanu, tel. 3491479495, info@agriturismolalculiciu.it - Cucina mediterranea - Tra viti, olivi e alberi da frutta, un ristorante di campagna che propone una cucina tipica, semplice e genuina, accompagnata da vini e liquori di propria produzione. Aperto su prenotazione.

€€ DA 30 A 50 EURO

Da Silvio. ★ ♿ Via degli Asfodeli 18, tel. 3387147875, www.ristorantedasilviosanteodoro.it - Cucina sarda - Il locale si è trasferito ma conserva lo stesso stile, con una nota di modernità in più; non mancano giardino e terrazza dove pranzare nella bella stagione. Specialità soprattutto a base di pesce.

FARE

Per una sosta

Caffè delle Rose. Località Capo Coda Cavallo, via Punta Est, tel. 0784834243 - Dopo una giornata al mare, il posto ideale per un aperitivo rigenerante nella splendida terrazza panoramica.

Per la sera

Ambra Night. Località Cala d'Ambra 1, tel. 3939996469, www.ambranight.it - Musica dance per questa discoteca attiva da fine maggio a metà settembre. Si esibiscono i dj più noti a livello nazionale; bel giardino, atmosfera da sogno.

Buddha del Mar. Via Toscana 8, tel. 3495140794, www.buddhadelmar.club - È il posto ideale per l'happy hour; organizza numerose serate a tema con ospiti provenienti dal mondo della musica e dello spettacolo.

Attività e divertimenti

Cala e Porto Brandinchi. Tra Porto San Paolo e San Teodoro, due cale gemelle di bellezza assoluta per finezza della sabbia e trasparenza dell'acqua.

La Cinta. Circa 3 km di sabbia bianchissima e fondali turchesi: è una delle più belle spiagge del litorale gallurese. L'arenile è attrezzato e dispone di parcheggio e chiosco-bar.

Sport

Golf Club Puntaldia. Località Punta Sabatino, tel. 0784864477, www.golfclubpuntaldia.it - Il campo da golf è all'interno di una struttura ricettiva di alto livello, che comprende anche una Spa. Il green è circondato da piccole palme ed è quasi a ridosso del mare; ci sono nove buche di precisione, campo pratica e putting green. Dopo la partita si consiglia la Club House.

SHOPPING

Ceramare. Via Li Banditi 12, tel. 3278145020, ceramare.santeodoro@gmail.com - Ceramica tradizionale sarda declinata in mille modi, dalle piastrelle ai vasi, dai piatti alle bomboniere.

Disizos Sardos. Via dei Gerani, tel. 3342019054, www.disizos-sardos.com - Prodotti tipici sardi, anche biologici, e fornita enoteca: il posto giusto dove "acquistare" il gusto della Sardegna.

La Dolce Bottega. Via Gramsci 32, tel. 0784866156-3382791189, ladolcebottega@gmail.com - Pasta fresca e dolci tipici secondo le ricette di famiglia.

Mercatino serale Coclearia. Tel. 07848600 - Nel periodo estivo, dalle 20 fino a tarda notte, le vie del centro si animano con numerose bancarelle di prodotti tipici, artistici e artigianali, dove trovare curiosità e manufatti di ogni materiale e colore e tanti souvenir.

Pescheria Spano. Via Sardegna 18, tel. 0784865933-368498537, www.pescheriaspano.it - Vasta offerta di ottimo pesce fresco e prodotti ittici, garantita dall'arrivo giornaliero del pescato delle barche che riforniscono il punto vendita; si organizzano anche uscite di pescaturismo con pranzo a bordo.

Wet Dreams Surf Shop. Via Sardegna, tel. 0784852015, www.wetdreams.it - Non solo un negozio dove trovare l'equipaggiamento e l'abbigliamento tecnico specifico, ma un vero e proprio punto di incontro per gli appassionati di surf, windsurf o kitesurf (per quest'ultima attività si organizzano corsi a tutti i livelli).

Santu Lussurgiu

VISITARE

Museo della Tecnologia contadina. Via D. Meloni 1, tel. 0783550617-3496868600, www.museotecnologiacontadina.it - Visite: a richiesta.

DORMIRE

€ FINO A 80 EURO

Antica Dimora del Gruccione. ★ Via M. Obinu 31, tel. 0783552035-0783550300, www.anticadimora.com - 12 camere - Nel cuore della città, una dimora patrizia trasformata in albergo diffuso. Le camere sono tutte differenti l'una dall'altra; prima colazione a base di dolci della casa.

€€ DA 80 A 130 EURO

Sas Benas. Via S. Cambosu 6, tel. 0783550379-3299423033, www.sasbenas.it - 13 camere - Nel centro storico della città, non molto distante dal mare e dai principali siti archeologici della zona. L'esercizio si articola in sei antiche residenze padronali, con camere e suites funzionali dagli arredi classici.

MANGIARE

€ FINO A 30 EURO

Sas Benas. Piazza S. Giovanni, tel. 0783550870, www.sasbenas.it - Cucina sarda - Accogliente locale del centro che propone una sorta di viaggio nella tradizione e nei sapori locali. Portate prevalentemente a base di carne.

FARE

Attività e divertimenti

Cascate di Sos Molinos. SP 15 - Una suggestiva cascata di circa 30 m distribuiti in cinque diversi salti. Tutt'intorno boschi, pianori erbosi, fiori e alberi di ogni specie.

SHOPPING

Su Crastu e S'Abba-Azienda agricola. Località Su Crastu e S'Abba, via S. Giuseppe 64, tel. 0783550824-3407104148, maryardu@hotmail.it - Per trovare le pezzature più piccole del casizolu, tipico formaggio di Santu Lussurgiu, bisogna venire nei mesi invernali, altrimenti le forme più grandi hanno stagionatura di 5/6 mesi e gusto forte e deciso.

San Vero Milis

VISITARE

Nuraghe S'Urachi. Località Su Pardu, SP Putzu Idu, tel. 078353611-3456415094, www.comune.sanseveromilis.or.it - Visite: temporaneamente chiuso.

FARE

Attività e divertimenti

Spiaggia S'Arena Scoada. S'Arena Scoada - Tra Punta s'Incudine e Putzu Idu, ha un fondale di sabbia bianca finissima, poco profondo e digradante, e pietre e scogli levigati. Alterna piccole calette a tratti di roccia calcarea. Adatta al gioco dei bambini.

Sport

Capomannu-Naturawentura. Località Marina di San Vero Milis, lungomare Mandriola, tel. 3296120372, www.capomannu.it - Il centro organizza escursioni in mare, snorkeling sul relitto del vaporetto dell'isola di Mal di Ventre, gite in mountain bike e su fuoristrada. E soprattutto corsi di kite surf sulla costa, meta prediletta dei surfisti.

Is Benas Surf Club. Località Putzu Idu, tel. 07831925363, www.isbenas.com - Prima scuola italiana di surf, fondata nel 1997, organizza lezioni per imparare a cavalcare le onde.

San Vito

DORMIRE

€ FINO A 80 EURO

Hostel San Priamo. Località San Priamo, via Rio Cannas 16, tel. 3337119728, www.ostellosanpriamo.it - Stagionale - 8 camere - Immerso nel verde del Sud-est dell'isola, l'ostello è a circa 4 km dalla spiaggia ma servito dai mezzi pubblici. Punto di partenza ideale per escursioni verso il monte dei Sette Fratelli e i vicini stagni di Feraxi.

SHOPPING

Apicoltura Bellosi. Località Bau Espas San Priamo, tel. 070999002-3401562884, apicoltura.bellosi@tiscali.it - Produzione di ottime qualità di miele: Corbezzolo, Lavanda Stoechas, Eucalyptus, Cisto, Cardo e vari tipi di Millefiori sia primaverili che autunnali. In vendita anche pappa reale, propoli, polline e una fragrante cera dal profumo intenso venduta sia in blocchi che già lavorata (candele, piccole sculture, cera per legno e crema).

Sardara

VISITARE

Area archeologica Sant'Anastasia. Via S. Anastasia, tel. 0709387304-0709386183, www.coopvillabbas.sardegna.it - Visite: inverno 9-13 e 16-19; estate 9-13 e 17-20.

Civico Museo archeologico Villa Abbas. ★ Piazza della Libertà 7, tel. 0709386183-3332502621, www.coopvillabbas.sardegna.it - Visite: inverno, martedì-domenica 9-13 e 16-19; estate, martedì-domenica 9-13 e 17-20.

FARE

Per una sosta

Pizze e Focacce. Via Ticino 7, tel. 0709385041 - Produzione artigianale di pane, pizze e dolci della tradizione sarda (tra gli altri, pistoccus e papassinas, gueffus e amaretti).

Sassari

Taxi

Taxi Sassari Service. Via G. Deledda 81/B, tel. 079253939, www.cts.ss.it (A2)

VISITARE

Casa Farris. Corso Vittorio Emanuele II 23 - Visite: ogni primo lunedì del mese 10-12; anche in occasione di eventi. (B2)

Castello aragonese-Il Barbacane. Piazza Castello, tel. 0792008072 - Visite: guidate a richiesta per gruppi. (B-C2)

Collezione Sironi. C/o Banco di Sardegna, viale Umberto I, tel. 079227016-079226154 - Visite: 9-13 e 14-18. (C2)

Duomo. Piazza Duomo, tel. 079232067 - Visite: 8.30-12 e 16-19. (B1)

MUS'A-Museo Sassari Arte. C/o palazzo Canopoleno, via S. Caterina 4, tel. 079231560, www.pinacotecamusa.it - Visite: lunedì-venerdì 9-13.30, lunedì e martedì anche 15-17. (B2)

Museo della Città. C/o palazzo di Città, corso Vittorio Emanuele II, ang. via S. Satta, tel. 0792008072 - Visite: novembre-aprile, lunedì-sabato 9-14 e 16-20; maggio-ottobre, lunedì-sabato 9-14 e 16-21. (B2)

Museo diocesano del Tesoro del Duomo. Piazza Duomo, tel. 079232574 - Visite: a richiesta. (B1)

Museo nazionale «Giovanni Antonio Sanna». Via Roma 64, tel. 079272203, www.museosannasassari.beniculturali.it - Visite: martedì-sabato 9-20, domenica e festivi 9-14; prima domenica del mese 9-20. (C3)

Palazzo d'Usini - Biblioteca comunale. Piazza E.P. Tola, tel. 0792017500, www.dimoresarde.it - Visite: lunedì-giovedì 9-13.30 e 16-18.15; venerdì 9-13.30. (B2)

S. Caterina. Via S. Caterina, tel. 079231692 - Visite: 17.30-20. (B2)

S. Maria di Betlem. Piazza S. Maria, tel. 079235740-0792008403 - Visite: inverno 7-12 e 16-19; estate 7-12 e 17-20. (B-C1)

S. Pietro in Silki. Piazza S. Pietro 1, tel. 079216067, www.silki.org - Visite: 7-12.30 e 16-19. (D1, f.p.)

Tempio-altare di Monte d'Accoddi. SS 131 per Porto Torres al km 222,4, tel. 079206741-3348074449, www.museosannasassari.beniculturali.it - Visite: martedì-sabato 9-18, domenica 9-14; variazioni in base ai periodi stagionali. (A1, f.p.)

DORMIRE

€ FINO A 80 EURO

Capo di Sopra. Corso Vittorio Emanuele II 24, tel. 0792028095-3391192757, www.capodisopra.com - 3 camere - Nel centro storico, è il luogo ideale per chi vuole respirare l'atmosfera autentica della città. Camere dotate di tutti i comfort, tra cui servizio wi-fi. (B1-2)

Domus Latina. Località Ottava, strada vicinale Giagumona 94, tel. 3384151479, www.domuslatina.com - 3 camere - Residenza in stile tipicamente mediterraneo, con camere che si affacciano sul patio interno, tutte arredate in stile sardo. Solarium e piscina completano l'offerta.

Finagliosu. Località Finagliosu-Palmadula, tel. 079530474-336777141, www.agriturismofinagliosu.it - 5 camere, 2 appartamenti - Dalle finestre del vecchio casale della Nurra in cui ha sede l'azienda, tra macchia mediterranea e animali al pascolo, si vede l'azzurro del mare. La gestione è familiare, la cucina usa i prodotti della casa.

La Palma. ★ Via S. Pietro d'Ottava 32, tel. 079398233-3293979473, www.bedandbreakfastlapalma.com - 2 camere - Piacevole villetta che mette a disposizione ambienti curati e accoglienti, ampie terrazze e l'ospitalità cortese e calda dei gestori. (A1, f.p.)

€€ DA 80 A 130 EURO

Leonardo da Vinci. ★ ♿ Via Roma 79, tel. 079280744, www.leonardodavincihotel.it - 114 camere - Accogliente struttura con camere ampie e arredate con stile; i piacevoli ambienti comuni e le buone attrezzature per congressi ne fanno il posto ideale per una clientela d'affari. (D3)

MANGIARE

€ FINO A 30 EURO

Da Gesuino. ♿ Via Torres 17/G, tel. 079273392, tratt.gesu@tiscali.it - Cucina classica, sarda, pizze - Locale riservato, di ambiente classico, con arredo curato e atmosfera raccolta. La cucina propone gusti sia di mare che di terra. In alternativa, una vasta scelta di pizze. (D3)

Fainè Sassu. Via Usai 17, tel. 079236402 - Cucina del territorio - Locale antico e caratteristico, nel centro storico della città. Tra le specialità, la fainé, un piatto tipico sassarese di derivazione genovese: si tratta di una farinata di ceci cotta al forno con cipolle, salsiccia e funghi. (B2)

Giamaranto. ♿ Via Alghero 69/A, tel. 079274598, giamaranto.ss@gmail.com - Cucina classica, di pesce, sarda - Ambiente raffinato e discreto per questo ristorante in cui la cucina è un'esplosione di gusti e sapori legati al territorio sardo e alla stagionalità delle materie prime. (D2)

La Vela Latina. Via Sisini 3, tel. 079233737, www.lavelalatina.com - Cucina classica, sarda, del territorio - Servizio impeccabile in un locale unico, con volta a botte, dove gustare specialità sarde e sassaresi, come la zuppa di pesce o la coratella d'anguilla; d'estate c'è la possibilità di mangiare all'aperto. (C2)

Pozzo d'Ussi. ♿ Località Pozzo d'Ussi, tel. 079535027 - Cucina sarda - Un piccolo agriturismo di assoluta qualità, immerso nella Nurra, tra la bassa macchia mediterranea e tanto silenzio. Cucina di terra, ottime le carni e i liquori della casa, preparati dal gestore.

FARE

Per una sosta

Cafè Coco Loco. Via Roma 170, tel. 079281521 - Numerose le proposte, fra caffetteria, cocktail e piatti caldi o freddi. (D3)

Caffè Accademia. Via Torre Tonda 11, tel. 079230241 - Un comodo locale in pieno centro, ideale per un caffè, un aperitivo o un piacevole dopocena. (C2)

Le Botticelle di Bacco. Via Torre Tonda 42, tel. 3933922634-3473433746 - In un'atmosfera accogliente viene proposta un'ampia scelta di vini

Per contattare la redazione, comunicare segnalazioni, suggerimenti o consigli, potete scrivere a: bancadatituristica@touringclub.com

e birre, ma non solo: anche taglieri di formaggi e salumi, oltre a ottimi piatti caldi. (C2)

Pan Café. Via Torre Tonda 46, tel. 3489201451 - Come non sostare in questo delizioso caffè? Pasticcini e torte cui è impossibile resistere in un ambiente che ricorda i bistrot d'oltralpe. (C2)

Pasticceria Sechi. Viale Italia 52, tel. 079217043, www.pasticceriasechi.it - Con più di cento anni di attività alle spalle, è una delle pasticcerie più rinomate e frequentate della città. (D1)

Per la sera

Gambrinus Pub. Viale Trieste 6, tel. 3477021854 - Qui si possono bere buone birre artigianali e mangiare abbondanti piatti composti. È il luogo ideale per una cena informale o per trascorrere una serata in compagnia. (B2)

Vintage Cafè. Viale Adua 6, tel. 0799106269-3392862125, www.vintagerockcafe.com - Ottima musica dal vivo per una serata da trascorrere in un ambiente giovane e alla moda. (D3, f.p.)

Attività e divertimenti

Assial Cavalcando l'Asinara. Località Campu Perdu, via Prunizzedda 44, tel. 3492388352-3317603054, www.assial.it - Escursioni a cavallo sull'isola dell'Asinara: a Cala Reale, Campu Perdu, Campo Faro e altri suggestivi luoghi del Parco. (D3)

Sport

Corrado Conca. Via Barzini 15, tel. 3472903101, www.corradoconca.it - Molte le proposte di questa esperta guida escursionista: la via ferrata del Cabirol, la grotta Donini, l'isola Foradada e altro ancora. (C3, f.p.)

Sassari Golf Club. C/o ippodromo Pinna, via Rockfeller 59, tel. 3489254780, www.sardiniagolf.net - Il campo offre 25 postazioni per la pratica sull'erba; cinque postazioni coperte con pedane; un ampio driving range; putting green in erba sintetica; bunker di allenamento; bar per drink e pranzi veloci. (D1, f.p.)

SHOPPING

Alberti dal 1925. Via Roma 23, tel. 079236659 - Storico negozio nato negli anni '20 del secolo scorso, offre prodotti tipici sardi come la bottarga di muggine e di tonno, oltre a pecorini, salumi locali, dolci e vini del territorio. (C2)

Bagella. Corso Vittorio Emanuele 20, tel. 079235033, www.bagella.it - Abbigliamento tradizionale sardo: giacche e pantaloni in velluto su misura e camicie di straordinaria fattura. Ottime anche le calzature. (B2)

Black Market. Piazza Ittiri 5, tel. 079235595 - Situato nel centro storico di Sassari, è il primo "core surf shop" del nord Sardegna: qui potete trovare tutto ciò che vi serve per cavalcare le onde. Organizza anche corsi con istruttori qualificati. (B-C2)

Bottega Sarda. Via Cavour 50, tel. 079235268, www.artigianatobottegasardasassari.it - Da oltre trent'anni un vasto assortimento delle migliori realizzazioni dell'artigianato artistico dell'isola. (C2)

Carlo Righi 1870. Via Roma 20, tel. 079234780-3283611909, carlorighi1870@gmail.com - Con l'esperienza di una solida tradizione vengono proposti mobili, stampe, quadri e oggetti d'antiquariato che spaziano tra il Settecento e l'Ottocento. (C2-3)

Enoteca Club-Antica Dolceria. Via Roma 19, tel. 079232044, info@enotecaclub.it - Vasto e selezionato assortimento di dolci tradizionali: aranzada nuorese, tiliccas, copulette, sospiri e biscotti. Altrettanto vasta la selezione di vini, liquori e distillati. (C2)

Galleria ArteSpazio. Via Principessa Maria 29, tel. 079219063-3347805659, www.artespaziosassari.com - Questa galleria d'arte, attiva dagli anni '70, è una delle poche della Sardegna che allestisce importanti mostre di pittori contemporanei. (D1, f.p.)

Giunti al Punto. ★ Via Cavour 16/18, tel. 0792013118, www.giuntialpunto.it - Uno dei punti vendita della catena, che si distingue per la completezza dell'offerta e la capacità di interpretare le nuove tendenze del mercato. Un altro punto vendita in Galleria Auchan, zona industriale Predda Niedda Nord. (C2)

Le Pavoncelle di lino. Via Carlo Felice 40/A, tel. 0799107250, lepavoncelledilino@gmail.com - Negozio specializzato in tessuti di lino, lavorati secondo le più antiche tradizioni. (D3, f.p.)

Mercato di Campagna Amica. Emiciclo Garibaldi, www.campagnamica.it - Il mercato settimanale delle aziende agricole del territorio si tiene la mattina del sabato ed è un'ottima occasione per acquisti diretti dal produttore. (C2)

RR Orafi in Sassari. Vicolo S. Leonardo 1/B, tel. 079231184, www.rrorafi.it - Da oltre vent'anni in questo negozio si producono manufatti orafi di alta qualità e dal design esclusivo, risultato di una lavorazione manuale in tutte le sue fasi. (B2)

Salumeria Mangatia. Via Università 68, tel. 079234710, www.mangatia.com - Una delle botteghe storiche di Sassari, in pieno centro, aperta dal 1922. Vende salumi tipici di ottima qualità, formaggi, vini e pasta fresca. (B-C2)

Senorbì

VISITARE

Civico Museo archeologico Sa Domu Nosta. Via Scaledda 1, tel. 0709809071 - Visite: martedì-domenica 9-13 e 16-19.

DORMIRE

€ FINO A 80 EURO

Il Rosmarino. Via Carona 13, tel. 0709809269-3293276921, www.ilrosmarino.it - 3 camere - Le camere sono arredate con mobili d'epoca e altri oggetti d'artigianato in ferro battuto. La gestione familiare offre un'atmosfera calorosa e tranquilla.

€€ DA 80 A 130 EURO

Hammam. ♿ Via G. Atzeni 25, tel. 0709808578, www.hotelhammam.com - 7 camere - Casa padronale di fine Ottocento sapientemente restaurata; le camere sono arredate con arazzi in lino realizzati al telaio e con suppellettili dell'artigianato sardo. Attrezzata area benessere.

SHOPPING

Cantina Trexenta Soc. Coop. Agricola. Via Piemonte 40, tel. 0709808863-0709809005, www.cantina trexenta.it - Un'azienda che ha saputo fondere esperienza e tecnologia, producendo un vino di ottima qualità che ha ricevuto innumerevoli riconoscimenti; nello stabilimento è attivo un punto vendita con degustazione dei prodotti.

Serri

VISITARE

Santuario nuragico di S. Vittoria. Tel. 3460669068-3488893945, www.santuarionuragicoserri.it - Visite: estate 9-tramonto.

Settimo San Pietro

VISITARE

Arca del Tempo. Località Cuccuru Nuraxi, via Alagon 36, tel. 070781966, www.comune.settimosanpietro.ca.it - Visite: martedì 17.30-19.30, mercoledì 16.30-19.30, venerdì 11-13, sabato 9-13.

Seui

VISITARE

Percorso museale monumentale sehuiense. Via Roma 241, tel. 0782539002-3403693909, www.comune.seui.og.it - Visite: inverno 9-13 e 15-17.30; estate 9.30-13 e 15-19.30; chiuso lunedì.

Siddi

VISITARE

Museo delle Tradizioni agroalimentari della Sardegna. Via Roma 2, tel. 0709341028-3496304621, www.museocasasteri.it - Visite: inverno, domenica 9.30-13; estate, domenica 18-20; anche visite a richiesta.

Museo ornitologico della Sardegna. Piazza Leonardo da Vinci 8, tel. 070939888-3475116787, www.villasilli.it - Visite: martedì-domenica 10-13 e 16-19; anche visite a richiesta.

MANGIARE

€€ DA 30 A 50 EURO

S'Apposentu di Casa Puddu. ♿ Vico Cagliari 3, tel. 0709341045, www.sapposentu.it - Cucina del territorio - In un vecchio palazzo signorile nel centro della cittadina, in un ambiente semplice e accogliente, si può gustare un menu stagionale di grande spessore. Lo chef Roberto Petza prende spunto e stimolo dalla tradizione per ripresentarla con senso critico e attuale.

SHOPPING

Pastificio Sapori Antichi. Via Regina Elena 37, tel. 070939157-3886066284 - La vera specialità dell'azienda sono i tipici dolci sardi a base di mandorle, molto semplici negli ingredienti, ma allo stesso tempo gustosi e raffinati.

Sindia

VISITARE

Abbazia di S. Maria di Corte. Località Corte, corso Umberto 42, tel. 078541003 - Visite: inverno visite a richiesta; maggio-settembre 8-20.

DORMIRE

€ FINO A 80 EURO

Nuragh'Elighe. ★ ♿ Località Nuragh'Elighe, SP 44 al km 6,5 al km 6,200, tel. 3476704534-3403227918, www.agriturismonuragheligh e.com - 6 camere - Nel contesto di un'azienda zootecnica, un rustico recentemente ristrutturato racchiude alcune camere, semplici e confortevoli, e un ristoro che propone soluzioni anche per celiaci e vegetariani. All'esterno, area per camper e tende.

Siniscola

DORMIRE

€€ DA 80 A 130 EURO

L'Aragosta. ♿ Località La Caletta, via Ciusa 33, tel. 0784810046, www.laragostahotel.com - Stagionale - 24 camere - Una villa degli anni '70, con molteplici verande e terrazze, offre un'accoglienza familiare e di collaudata esperienza. Ristorante, aperto solo durante la stagione estiva, con specialità di pesce.

Punta Lizzu. Località Ofricatu, SS 125 al km 255,5, tel. 3391077654, www.puntalizzu.com - 1 camera, 9 appartamenti - Portabandiera della cucina locale, l'azienda si propone per un'ospitalità in appartamenti con belle camere, terrazza panoramica con vista mare, spiagge facilmente raggiungibili.

Campeggi e villaggi

Selema. ★ Località Santa Lucia, tel. 0784819068-3428149801, www.selemacamping.com - Stagionale - All'ombra di una bella pineta prospiciente la spiaggia, un complesso dotato di buone attrezzature e servizi, bungalow in muratura e ristorante a gestione separata.

MANGIARE

€ FINO A 30 EURO

Su Meriacru. ♿ Località Berchida, SS 125 al km 242, tel. 0784814014, sumeriacru@gmail.com - Cucina sarda - Piatti della cucina tipica isolana: ravioli, gnocchi e arrosto di maialetto, per citarne solo alcuni. L'agriturismo organizza anche escursioni a cavallo ed è una sede funzionale per i camper di passaggio.

€€ DA 30 A 50 EURO

Fuffuraju. ♿ Località La Caletta, via Livorno 39, tel. 0784812069, www.fuffuraju.com - Cucina classica, sarda - Locale in pietra e legno, con bel pergolato all'esterno: è il posto ideale per gli amanti del pesce fresco ma anche della carne, cucinati secondo le ricette tradizionali sarde.

FARE

Per una sosta

Pasticceria Charlotte. Via A. Gramsci 128, tel. 0784875042, www.pasticceriasiniscola.it - Accogliente pasticceria artigianale che usa materie prime di qualità e propone dolci sardi, ma anche torte per cerimonie; gelateria artigianale.

Attività e divertimenti

Andejos. Località Ofricatu, c/o agriturismo Punta Lizzu, SS 125 al km 255,5, tel. 3391077654-3274756160, www.andejos.com - Escursioni guidate nel territorio del comune di Siniscola, ma anche in luoghi più lontani, con un'ampia varietà di proposte che soddisfano gli appassionati di trekking più esigenti; anche itinerari in mountain bike.

Centro servizi turistici Rosa Peonia. Località La Caletta, piazza del Porto, tel. 0784878400-3888848182, www.rosapeonia.it - Un centro servizi che saprà consigliarvi l'escursione più adatta alle vostre esigenze, via terra o via mare, a piedi oppure a bordo di un quad, alla scoperta della natura o dell'offerta enogastronomica del territorio.

SHOPPING

Enoteca Carlo Farris. Località La Caletta, via Livorno 6/8, tel. 0784810369, www.enotecasarda.com - Nato come bottiglieria, lo storico locale di via Livorno ha acquisito negli anni una solida esperienza nella selezione di vini e liquori sardi e nazionali, oltre a proporre altri prodotti tipici.

Sinnai

DORMIRE

€ FINO A 80 EURO

Arasole. Località Solanas, via Porcileddu 7, tel. 3492973461, www.arasolebedandbreakfast.com - 3 camere - Una casa circondata da uno scenografico giardino roccioso offre ospitalità in camere arredate con mobili d'epoca. La spiaggia si trova a meno di 1 km.

FARE

Attività e divertimenti

Alla scoperta di... Via dei Gerani 19, tel. 070758033-3489305607, www.allascopertadi.it - Maria Stefania Contini, grande amante della natura, vi accompagna alla scoperta del territorio sardo per ascoltare e apprezzare suoni, colori e profumi, con la dovuta tranquillità e un'attenzione speciale alle componenti naturalistiche.

Amos Cardia. Via G.B. Pergolesi 51, tel. 3493420005, www.amoscardia.com - Amos Cardia organizza itinerari cicloturistici per singoli o gruppi.

SHOPPING

Knife Sardinia. Via Montanaru 39, tel. 0707600024-3487255153, zebra.mar@alice.it - Il simbolo della pavoncella contraddistingue i coltelli disegnati e forgiati da Pier Giacomo Saddi all'insegna della tradizione e della contemporaneità.

Sorgono

VISITARE

Museo dei segni sul legno. Corso Vittorio Emanuele 72, tel. 0784622520, museodellegno.wixsite.com - Visite: martedì 9-13, giovedì 15-19.

Sorso

DORMIRE

€ FINO A 80 EURO

Antico Casolare. Località Lu Tuvaraggiu, SP 25 al km 8,5, tel. 079352776-3687030047, www.anticocasolaresorso.it - 3 camere - B&B ricavato in una dimora risalente ai primi del Novecento, immerso nella campagna ma a pochi passi dal mare. Alloggi eleganti e colazioni gustose.

€€ DA 80 A 130 EURO

Buddi Hotel. ★ ♿ Località Platamona, via degli Oleandri, tel. 079310149-3487044182, www.buddihotel.com - Stagionale - 9 camere - A pochi passi da una spiaggia di sabbia bianca e a ridosso di una bella pineta, si propone come luogo ideale per una vacanza rilassante. Ambienti di tono moderno dotati di tutti i comfort.

MANGIARE

€ FINO A 30 EURO

La Chicca Piperita. ♿ Località Porchile, SP 81, tel. 079367150 - Cucina classica, sarda - Davanti al mare, il ristorante offre abbondanti piatti di pesce freschissimo. Le specialità sono gli antipasti e i gamberi pesto e zucchine.

Macondo. ★ ♿ Località Platamona, via degli Oleandri, tel. 079310149-3487044182, www.buddihotel.com - Cucina mediterranea - Moderno, con ampie vetrate vista mare, propone una cucina mediterranea a base di pesce. A mezzogiorno menu a prezzo fisso.

FARE

Per una sosta

Pasticceria Peru. Via F.lli Borio 27, tel. 079350056 - Una pasticceria artigianale attiva da più di quarant'anni che produce ottimi dolci sardi e pasticceria tradizionale, senza dimenticare pizzette, tramezzini e torte salate.

Attività e divertimenti

Water Paradise. SP 81 al km 1, tel. 0792005113, www.waterparadise.it - Grande parco acquatico con aree verdi, scivoli per i tuffi e aree attrezzate per i bambini.

SHOPPING

Cantina di Sorso. Via Marina 5, tel. 079350118 - Si possono acquistare non solo bottiglie di Cannonau, tra cui il Barone di Sorso, ma anche altri prodotti alimentari di qualità come l'olio extravergine di oliva, i formaggi e i pani tipici.

Stintino

Porti turistici

Marina di Porto Minore. Via Porto Minore, tel. 079523381 - Il porticciolo è dotato di buoni servizi e può ospitare 110 barche lunghe fino a 30 m.

Marina di Stintino. Via Cala Sant'Andrea, tel. 079523180-3347404583, www.marinadistintino.com - Il porto, situato a ridosso del centro storico di Stintino, dispone di 320 posti barca di cui 50 per imbarcazioni in transito.

VISITARE

MUT- Museo della Tonnara di Stintino. ★ Via Lepanto 36, tel. 3459718686, www.mutstintino.com - Visite: gennaio-aprile, in occasione di eventi; maggio, giugno e settembre, martedì-domenica 11-13 e 15.30-19; luglio e agosto 18-23, giovedì anche 11-13; ottobre-dicembre, venerdì 15.30-19.30, sabato e domenica 11-13 e 15.30-19; visite a richiesta per gruppi.

DORMIRE

€ FINO A 80 EURO

Depalmas. Località Preddu Nieddu, tel. 079523129-3880453479, www.agriturismodepalmas.com - 6 camere - Azienda cerealicola che offre alloggio in camere semplici, di tono moderno. Ambiente naturale e riposante; nelle vicinanze, il Parco dell'Asinara, tiro a segno e maneggio. Apertura su prenotazione.

Il Porto Vecchio. Via Tonnara 69, tel. 079523212-3394353582, www.bbstintino.com - 3 camere - La struttura è arredata con accessori e complementi dell'artigianato, in stile tipicamente sardo. Le camere sono accoglienti, luminose e complete delle principali dotazioni.

Sul Porto. Lungomare C. Colombo, tel. 3923860048, www.bedandbreakfaststintino.com - 4 camere - Davanti al porto turistico, gode di una splendida vista sul vecchio borgo di pescatori. Atmosfera giovanile e allegra; a disposizione anche una piccola biblioteca di testi turistici.

MANGIARE

€ FINO A 30 EURO

Silvestrino. Via Sassari 14, tel. 079523007, www.hotelsilvestrino.it - Cucina di pesce, sarda - In posizione panoramica, con servizio estivo all'aperto e ricche proposte a base di pesce: antipasti misti di mare, zuppetta di vongole, fregula sarda ai crostacei e, come dessert, dolci al cucchiaio e torte della casa.

FARE

Per una sosta

Skipper. Lungomare C. Colombo 57, tel. 079523460 - Con la sua bella terrazza affacciata sul mare, a ridosso del Porto Vecchio, rappresenta una tappa obbligata per un caffè, un aperitivo o uno stuzzicante snack.

Attività e divertimenti

Antonio I. SP Stintino-Porto Torres, tel. 3209444514-3209444544, www.antonioprimo.it - Di proprietà di uno dei tanti pescatori arrivati qui dall'isola di Ponza, l'imbarcazione onoraria Antonio I è stata restaurata e adesso si presta ad accompagnare i turisti e gli appassionati a gite di un giorno verso le cale dell'Asinara, con inclusa pesca e pranzo a bordo.

Sport

Centro Nautico Isola d'Ercole. ★ Porticciolo L'Ancora, viale La Pelosa, tel. 3355205865-3357864047, www.gommonistintinoasinara.it - Noleggio gommoni, escursioni in barca, scuola vela e charter sull'isola dell'Asinara e nelle acque cristalline della Sardegna settentrionale.

Roccaruja Diving Center. Viale La Pelosa 6, tel. 3393984451-3475127472, www.roccarujasub.com - Il centro organizza immersioni guidate alla scoperta dei fondali del parco dell'Asinara e di altre straordinarie località della costa nord occidentale della Sardegna. Sono inoltre disponibili corsi di immersione, noleggio e assistenza per l'attrezzatura.

Windsurfing center. Località Roccaruja, tel. 079527006-330740130, www.windsurfingcenter.it - Escursioni all'isola dell'Asinara, noleggio windsurf, catamarani e gommoni.

Suelli

VISITARE

Casa Ruda. Via Centrale 6, tel. 070988222-070988018, www.casaruda.it - Visite: a richiesta.

DORMIRE

€€ DA 80 A 130 EURO

Corte Antica. ♿ Via Chiesa 1, tel. 0707326384-3391326693, www.corteantica.com - 5 camere - Nel cuore della Trexenta, è una casa padronale tipica restaurata mantenendo la struttura a corte nei due edifici. Le camere sono arredate con mobili in legno, opera di artigiani locali.

Suni

VISITARE

Casa Museo «Tiu Virgiliu». Via Regina Margherita 9, tel. 0709538480-3288789521, www.gooristano.com - Visite: inverno 9.30-12.30; estate 9.30-12.30 e 15.30-19; chiuso il lunedì; anche visite a richiesta.

Nuraghe Seneghe. SS 292, www.comune.suni.or.it - Visite: guidate, maggio-settembre, martedì-sabato 9.30-13 e 15-19; ottobre-aprile visite a richiesta per gruppi.

Tadasuni

VISITARE

Museo Strumenti della Musica popolare della Sardegna «Don Giovanni Dore». Via Adua 7, tel. 078550113-078550047 - Visite: temporaneamente chiuso.

Tempio Pausania

VISITARE

Cattedrale. Piazza S. Pietro, tel. 079630600 - Visite: 7-12.30 e 15.30-19.

DORMIRE

€ FINO A 80 EURO

Il Gallo di Gallura. Corso Matteotti 28, tel. 079632025-3497932811, www.ilgallodigallura.com - 3 camere - Nel centro della cittadina, è il luogo di soggiorno ideale per chi vuole assistere al carnevale tempiese: in tanti guardano infatti la sfilata dei carri direttamente dalle finestre dell'edificio. Le camere sono arredate con gusto in stile sardo.

Stazzo la Cerra. ★ ♿ Località Pulchiana, tel. 3475606462, www.agriturismolacerra.it - 5 camere, 1 appartamento - Il giro d'orizzonte è quello della Gallura interna, tra pascoli e sughere, animali bradi e voli di falchi, strade bianche e rare fattorie: l'ideale per una vacanza all'insegna della tranquillità. Anche posto per tende e camper.

SHOPPING

Casa della Nonna. Zona industriale, tel. 079670088, www.casadellanonna.it - Un mondo da collezionare; il negozio è presente da cinquant'anni sul mercato dell'antiquariato e garantisce professionalità e competenza.

Suberis. Via Roma 47, tel. 079633632, annagrindi@libero.it - La stilista Anna Grindi ha avuto l'intuizione di trasformare un prodotto tipico della sua terra, il sughero, in tessuto, dando vita ad abiti e accessori apprezzati anche dalle firme dell'alta moda.

Terme di Sardara

FARE

Benessere

Antiche Terme di Sardara. Località Santa Maria Aquas, tel. 0709387200, www.termedisardara.it - La struttura offre numerosi servizi, tra cui centro benessere, albergo e terme; un luogo perfetto per rilassarsi all'interno di un bel parco di eucalipti.

Teulada

DORMIRE

€ FINO A 80 EURO

Is Truiscus. ♿ Località Is Truiscus, SS 195 al km 63,3, tel. 3475772248-3482545510, www.istruiscus.it - 4 camere - Per gli amanti del rustico e della semplicità, ospitalità in ampie camere arredate con mobili d'artigianato e un bel patio che si affaccia sul giardino ben tenuto. In cucina i piatti sono espressione della tradizione locale. Apertura su prenotazione.

Campeggi e villaggi

Portu Tramatzu. Località Portu Tramatzu, tel. 0709283027, www.campingportutramatzu.it - Stagionale - Complesso ben attrezzato, con accesso diretto alla spiaggia; ristorante-pizzeria, servizi igienici funzionali, pista da ballo, zona ricreativa e attività di animazione.

MANGIARE

€ FINO A 30 EURO

Sa Tiria. ♿ Località Sa Tiria, SS 195 al km 67,5, tel. 0709283704-3333517775, www.satiria.it - Cucina sarda - È un'azienda agricola attiva da anni nell'allevamento e nella produzione di formaggi. Pasta, pane e dolci sono fatti in casa. La tenuta ora è diventata anche agriturismo, con la possibilità di soggiornare.

€€ DA 30 A 50 EURO

Da Gianni. ♿ Località Porto Budello, tel. 0709283015, www.trattoria-dagianni.it - Cucina di pesce, sarda - Trattoria ricavata da un cascinale isolato, di cui conserva l'impronta rustica. La cucina si basa sul pescato giornaliero e si abbina a una ristretta selezione di vini regionali.

FARE

Sport

Blue Brothers Scuba Center. Località Su Portu Nou, via Amsicora 7, tel. 0709273316-3407540205 - Vasta offerta di servizi per il diving, corsi per principianti ed esperti, noleggio attrezzature e immersioni guidate alla scoperta dei magnifici fondali dell'isola.

Tonara

VISITARE

Casa Museo Porru. Via Asproni, www.comunetonara.gov.it - Visite: a richiesta.

MANGIARE

€ FINO A 30 EURO

Mattalé. Località Mattalé, tel. 078463319 - Cucina sarda - Nel cuore della Barbagia, all'interno dell'omonimo agriturismo specializzato nella produzione di frutta e ortaggi, si gustano ottime ricette legate ai sapori del territorio, ma anche piatti vegeteriani. Possibilità di pernottamento in sei camere.

SHOPPING

Pruneddu. Via Ing. Porru 5, tel. 078463805, www.pruneddu.it - Qui troverete il torrone artigianale fatto con miele e frutta secca di alta qualità (mandorle e noci), senza conservanti, e poi i torroncini, anche morbidi.

Torralba

VISITARE

Museo della Valle dei Nuraghi del Logudoro-Meilogu. Via Carlo Felice 143, tel. 079847481-3664353484, www.nuraghesantuantine.it - Visite: aprile-settembre 9-20; ottobre-marzo 9-17.

Nuraghe Santu Antine. Località Valle dei Nuraghi, tel. 079847481-3664353484, www.nuraghesantuantine.it - Visite: 9-20.

Torre Grande

FARE

Attività e divertimenti

Spiaggia di Torregrande. SP 1 - Lunga spiaggia, molto frequentata e ben attrezzata, dall'arenile sabbioso e circondata da palme. I fondali che digradano dolcemente la rendono ideale per famiglie con bambini.

Tortolì

VISITARE

Museo d'Arte contemporanea «Su Logu de S'Iscultura». Corso Umberto 36, tel. 0782600700-3209010999, www.menir.it - Visite: 10-12.30 e 17-20.

DORMIRE

Campeggi e villaggi

Orrì. Località Orrì, tel. 0782624695, www.campingorri.it - Stagionale - A ridosso di un'ampia spiaggia di sabbia bianca, propone casette in legno, casemobili e bungalow in muratura, tutti con servizi.

Sos Flores. Località San Gemiliano, tel. 0782667485, www.sosflores.net - Stagionale - Situato su un'ampia spiaggia, bagnato da un mare limpido e cristallino e immerso nel verde, si caratterizza per l'atmosfera molto rilassante e la possibilità di effettuare escursioni nella zona; buone attrezzature sportive che comprendono anche un'area fitness.

MANGIARE

€ FINO A 30 EURO

La Peschiera. Località Santu Micheli, tel. 0782664415, www.pescatortoli.it - Cucina di pesce, del territorio - Circondato dalla suggestiva atmosfera della peschiera, questo locale dall'atmosfera semplice propone pesce sempre fresco e piatti preparati con i prodotti locali esposti al vicino punto vendita. Il vino è quello della cantina sociale di Jerzu.

Lucitta. Località Porto Frailis, viale Europa, tel. 0782664095, www.ristolucitta.com - Cucina sarda - Nell'incantevole baia di Porto Fraili, questo locale offre una cucina regionale ma rivisitata, particolarmente attenta nell'impiego delle materie prime; possibilità di menu degustazione di carne o di pesce.

FARE

Attività e divertimenti

Flamar Vacanze. Via del Carrolante 8, tel. 3297909471, www.flamarvacanze.com - Noleggio di imbarcazioni e organizzazione di escursioni via mare o via terra per scoprire le meraviglie dell'Ogliastra. La sede operativa si trova al porto turistico della Marina di Arbatax.

Sport

Bike Town. Via Iosto 3/A, tel. 0782695135-3314338709, biketown.todosmart.net - Punto di riferimento per gli appassionati di mountain bike; escursioni e servizio navetta per affrontare alcuni dei percorsi più affascinanti dell'isola. Anche noleggio e vendita.

SHOPPING

Culurgionis e Coccois. Via Piemonte 11/A, tel. 0782622156 - Il punto vendita del pastificio artigianale propone i tipici culurgionis ogliastrini oltre a una vasta scelta di paste fresche, secche e prodotti da forno, tra cui i coccois prenas, pasta di pane farcita con lo stesso ripieno dei culurgionis.

Tessile d'Autore. Via Pirastu 10, tel. 0782624811-3282062007, www.tessiledautore.it - Tessuti tradizionali ricamati con motivi caratteristici sardi sono alla base di tendaggi, tovaglie, centrotavola e arazzi.

Tratalias

VISITARE

Museo del Territorio trataliese. Piazza della Chiesa, tel. 0781688046, www.borgoditratalias.com - Visite: a richiesta.

Tresnuraghes

DORMIRE

€€ DA 80 A 130 EURO

Maison Tresnuraghes. ★ Via Cagliari 5, tel. 078535566, www.maisontresnuraghes.com - 11 camere - Albergo diffuso composto da più case padronali, splendidamente restaurate, raccolte attorno a una grande corte adibita a giardino. A colazione, dolci fatti in casa, yogurt fresco e specialità locali.

FARE

Attività e divertimenti

Cala di Punta Foghe. Estrema e solitaria, incorniciata da falesie rocciose, da torri di avvistamento aragonesi e dai faraglioni di Corona Niedda, con un arenile di ciottoli scuri piccoli e medi e un fondale profondo e roccioso. Si può fare il bagno nel punto in cui il rio Mannu sfocia nel mare. Nessun servizio spiaggia.

Spiaggia di Porto Alabe. Spiaggia ampia e splendida caratterizzata da sabbia grossa e di vari colori, dal bianco all'ocra, al rosso dei frammenti ferrosi, da acque cristalline e fondali bassi. Particolarmente adatta alle famiglie con bambini.

SHOPPING

Angelo Angioi. Località Salto di Coloras, tel. 3409357227, www.saltodicoloras.com - Da diversi anni Angelo Angioi, esperto enologo, si prende cura e coltiva in un terreno di 3 ettari il vigneto che produce solo Malvasia di Bosa. Dalle uve acquistate da amici viticoltori si produce invece Cannonau di Sardegna Dop e Vermentini di Sardegna Dop.

Trinità d'Agultu e Vignola

DORMIRE

€ FINO A 80 EURO

La Tana di Li Mazzoni. Località Cascabraga, litoranea Isola Rossa-Costa Paradiso al km 25, tel. 079681442, www.latanadilimazzoni.it - 12 camere - Struttura a gestione familiare che propone camere con ingresso indipendente arredate nel tipico stile sardo. Degno di nota il ristorante interno che propone i piatti della cucina tradizionale.

FARE

Attività e divertimenti

Tinnari. Tra Isola Rossa e Costa Paradiso, è una delle più belle e selvagge spiagge del Nord della Sardegna. Formata da ciottoli multicolori e incastonata tra due ripide pareti rocciose, si raggiunge solo su sentiero, dal monte Tinnari, o con la barca.

Tuili

DORMIRE

€ FINO A 80 EURO

Il Borgo dell'Arcangelo. Via Amsicora 10/12, tel. 3475084887, www.ilborgodellarcangelo.com - 5

€ I prezzi per l'ospitalità si riferiscono alla **camera doppia**, quelli della ristorazione al **costo medio di un pasto di due portate** bevande escluse.

camere - Nel centro storico, un edificio della fine del '700, un tempo appartenente a una nobile famiglia del posto, offre ospitalità in camere ben arredate, in stile rustico. Al ristorante interno si gustano i prodotti dell'azienda; si organizzano passeggiate naturalistiche guidate.

FARE

Attività e divertimenti

Sardegna in Miniatura. Località Su Nuraxi, SP Las Plassas, tel. 0709361004-3701357035, www.sardegnainminiatura.it - Il parco riproduce in miniatura le opere più importanti della Sardegna, a partire dai nuraghi fino alle chiese e ai monumenti simbolo delle città. All'interno, si trovano anche un planetario e un padiglione dedicato all'epoca nuragica con costruzioni in dimensioni reali.

Ulassai

VISITARE

Museo d'Arte contemporanea-Stazione dell'Arte. C/o ex stazione ferroviaria, SP 11, tel. 0782787055, www.stazionedellarte.com - Visite: 9-20; anche a richiesta per gruppi.

FARE

Attività e divertimenti

Monte dei Sette Fratelli-Castiadias. Tel. 0709947200-3201184883, www.montesettefratelli.com - Con questa escursione si visita, accompagnati da una guida speleologica, Su Marmuri, una maestosa grotta formata da un susseguirsi di enormi sale, opera della forza dell'acqua.

SHOPPING

Su Marmuri. Via Fontana Serì, tel. 078279076, www.sumarmuri.it - La cooperativa realizza tessuti secondo le antiche tecniche tradizionali, tutti lavorati al telaio con fibre naturali di produzione locale.

Viddalba

VISITARE

Parco archeologico-naturalistico S. Giovanni di Viddalba. Località San Leonardo, tel. 3273480104, www.sistemamuseo.it - Visite: aprile-settembre 10-13 e 16-19; ottobre-marzo 9-15; chiuso lunedì. Anche visite a richiesta.

Villacidro

VISITARE

Farmamuseo Sa Potecaria. Via Roma 17, tel. 070932017 - Visite: lunedì-venerdì 9-12 e 16.30-19; anche visite a richiesta.

SHOPPING

Fabbrica Orafa Artigiana Marrocu. Via Nazionale 302, tel. 0709310010, www.marrocu.it - Filigrane, anelli, orecchini, collane e altri gioielli tradizionali di superba fattura.

Villanovaforru

VISITARE

Museo civico archeologico «Genna Maria». Piazza Costituzione 4, tel. 0709300050, www.gennamaria.it - Visite: aprile-settembre 9.30-13 e 15.30-19; ottobre-marzo 9.30-13 e 15.30-18. Chiuso lunedì.

Villaggio nuragico di Genna Maria. Strada per Collinas, tel. 0709300050, www.gennamaria.it - Visite: martedì-domenica 9.30-13 e 15.30-18; variazioni in base ai periodi stagionali.

DORMIRE

€ FINO A 80 EURO

Funtana Noa. ♿ Via Vittorio Emanuele III 66/68, tel. 0709331020, www.hotelfuntananoa.it - 30 camere - Recente costruzione che riprende il tema dell'architettura contadina locale, con cortile e fontana interna. Camere ampie e confortevoli più alcuni appartamenti.

Sa Muredda. ♿ Vico S. Sebastiano, tel. 0709331142, www.samuredda.it - 3 camere - Costruita interamente in pietra, è circondata da un ampio giardino; all'interno, pareti ornate da tappeti, pavimento in cotto e mobili in legno.

SHOPPING

Coltelleria Is Lunas. Via Umberto I 56, tel. 0709300176-3396748403, web.tiscali.it/coltelleriaislunas - Coltelli classici sardi che si caratterizzano per la lavorazione artistica dei manici e la particolare qualità della lama.

Villanovafranca

VISITARE

Civico Museo archeologico Su Mulinu. Piazza Risorgimento 6, tel. 0709367458, ilcocciopicoop@tiscali.it - Visite: inverno, martedì-domenica 9.30-13 e 14.30-18; estate, martedì-domenica 10.30-13 e 15-19.30.

Villanova Monteleone

VISITARE

Museo etnografico Sa Domo Manna. Via Roma 13, tel. 079960400 - Visite: settembre-giugno, martedì-domenica 8.30-12.30 e 15.30-19.30; luglio-agosto martedì-domenica 16.30-20.30; lunedì visite a richiesta per gruppi.

Villaperuccio

VISITARE

Necropoli di Montessu. Località Montessu, tel. 078164040-3383818283, www.mediterraneacoop.it - Visite: inverno 9-13 e 14-17; estate 9-13 e 15-20.

Villaputzu

Porti turistici

Marina di Villaputzu. Località Porto Corallo, tel. 3461655337-3939238909, www.marinadivillaputzu.it - Il porto, situato fra Capo San Lorenzo e Capo Ferrato a sud di Arbatax, può ospitare 400 barche, la lunghezza massima è di 30 m.

DORMIRE

Campeggi e villaggi

Porto Corallo. ★ Località Porto Corallo, tel. 070997017, www.portocorallocamping.it - Stagionale - Dispone di piazzole molto ampie, nonché di bungalow, caravan e casemobili. L'accurata gestione offre corsi di aerobica e ginnastica acquatica, parco giochi ben attrezzato e animazione in luglio e agosto.

Villasimius

Porti turistici

Marina di Villasimius. Località Porto, via Porto nuovo, tel. 0707978006, www.marinavillasimius.it - All'interno dell'area marina protetta di Capo Carbonara, il porto dispone di 840 posti barca per una lunghezza massima di 60 m.

VISITARE

Museo archeologico. Via A. Frau 5, tel. 0707930290, www.villasimiusweb.com - Visite: metà giugno-metà settembre, martedì-domenica 10-13 e 21-24; metà settembre-metà giugno, martedì-domenica 10-13, venerdì-domenica anche 17-19.

DORMIRE

€€€ DA 130 A 200 EURO

Tanka Village Golf & SPA. ♿ Località Tanca Elmas, viale degli Oleandri 7, tel. 07079351, www.valturtankavillage.com - Stagionale - 903 camere - Situato su un terreno digradante verso il mare e immerso nella macchia mediterranea, offre confortevoli bungalow, tre ristoranti e una pizzeria; servizio di animazione, attrezzature sportive, sale per meeting.

Campeggi e villaggi

Spiaggia del Riso. Località Campulongu, via degli Aranci 2/A, tel. 070791052, www.villaggiospiaggiadelriso.it - Stagionale - Situato vicino al mare, offre attrezzature di buon livello, ottima ombreggiatura e tanto spazio a disposizione; ristorante e bar sulla spiaggia, servizio di animazione nei mesi estivi.

MANGIARE

€ FINO A 30 EURO

Carbonara. Via Umberto I 60, tel. 070791270, ristorantecarbonara@gmail.com - Cucina di pesce - Un locale caratteristico dove provare l'ottima cucina sarda casalinga a base di pesce, dolci tipici preparati in casa e vini esclusivamente sardi.

Il Moro. ♿ Villaggio dei Mandorli, via Cagliari 24, tel. 070798180 - Cucina sarda - Ambiente molto curato, con ampio giardino per il servizio estivo; in cucina i sapori e i profumi della tradizione, con carni alla griglia e arrosti misti in evidenza.

FARE

Per una sosta

Gelateria Amore Mio. Via del Mare 86, tel. 3476074605 - Qui troverete un buon gelato artigianale con una grande varietà di gusti. Da non perdere il gelato al mirto e i ghiaccioli alla frutta.

La Perla. Via del Mare 104/106, tel. 070791326, www.pasticcerialaperlavillasimius.com - Dolci della tradizione sarda e non solo in questa pasticceria artigianale che non usa conservanti o additivi per le proprie lavorazioni.

Per la sera

Lo Sciabecco. Via Cagliari 21/A, tel. 070791512-3453202997, www.sciabecco.it - Conosciuta e frequentata discoteca della provincia, offre serate alternative in un contesto esclusivo. Feste anche a bordo piscina (necessaria la prenotazione).

Sport

Air Sub Service. Via Roma 121, tel. 070792033, www.airsub.com - La struttura di Villasimius dello storico Air Sub Service di Cagliari organizza corsi sub per tutti i livelli e immersioni sia per i propri corsisti che per gruppi di appassionati.

Tanka Golf Club. Località Elmas, viale degli Oleandri 7, tel. 3428856244, www.golftanka.it - Percorso inserito in un contesto di grande pregio paesaggistico: l'isola dei Cavoli, uno scorcio dell'isola di Serpentara e l'area marina protetta di Capo Carbonara sono solo una parte dello spettacolo che si presenterà al giocatore in attesa di colpire la palla.

Benessere

Thalassa Sea & Spa. Località Notteri, viale dei Ginepri 3, tel. 07079791, www.pullman-timiama-sardegna.com - Il centro, presente nell'hotel Pullman Timi Ama, offre innumerevoli servizi: sauna, bagno di vapore, piscina interna ed esterna, cabina aromatica e molto altro ancora per il benessere.

SHOPPING

Non solo coltelli. Via Umberto I 88, tel. 3297942563, efisio59@yahoo.it - Infatti sembra riduttivo definire semplicemente coltelli quelli creati da Efisio Spiga: sono vere e proprie opere d'arte, con i manici che riproducono animali e soggetti locali.

Villasor

VISITARE

Casa forte degli Alagon-Castello Seviller. Via Baronale, tel. 0709646375-0709648023, www.comune.villasor.gov.it - Visite: a richiesta.

Villa Verde

VISITARE

Museo interattivo della Civiltà nuragica. C/o ex Casa Carcangiu, via Indipendenza, tel. 0783939000 - Visite: prossima apertura.

Zeppara

VISITARE

Museo del Giocattolo tradizionale della Sardegna. Via Vittorio Emanuele 10 - Visite: temporaneamente chiuso.

Indice dei luoghi

Sono in azzurro le località dotate di pianta. Il numero di pagina in *corsivo* è riferito alla sezione Indirizzi utili.

Referenze iconografiche

123RF: alkanc, p. 180; L. Apogeo, p. 148 (a); E. Locci, p. 226-227; milosk, p. 241; F. Mou, p. 188; A. Orrù, p. 124; A. Zappalorto, p. 191. *AGF:* P. Curto, p. 186; Robert Harding Picture Library, p. 122. *Archivio Fotografico Touring Club Italiano/V. Aragozzini*, p. 187. *Dreamstime:* M. Agron, p. 129; Alkan2011, p. 219; Ewamewa2, p. 279; Imagoinsulae, p. 82-83; Milosk50, p. 218; pic.r, p. 229. *M. Esposito:* p. 33, 133, 134, 139 (b), 148-149 (b), 222, 252, 253, 266, 267, 268, 272-273, 274, 275, 277, 278. *R. Ferraris:* p. 26, 50-51, 64, 65, 70, 84, 89, 92-93, 100, 102. *Fotolia:* Atropos Images, p. 80; banepetkovic, p. 59; S. Crisman, p. 156; ezioman, p. 217; fotodigital12, p. 251; frenk58, p. 85; E. Locci, p. 152-153; G. Maltinti, p. 220; milosk50, p. 42; murasal, p. 66, 128; nextyle, p. 144; A. Orrù, p. 68, 190; G. Peis, p. 160; F. Presutti, p. 247; replica73, p. 249; scabrn, p. 256; The Factory , p. 230; F. Zaia, p. 116. *V. Giannella:* p. 21, 27, 34, 38, 39, 46, 60 (d/s), 95, 96-97, 98, 99, 101, 104, 106-107, 112, 114-115, 118, 120-121, 127 (b), 146, 192, 193, 194, 197, 202, 204, 221, 237 (b), 269. *iStock:* Card76, p. 208-209; S. Crisman, p. 155; fotoember, p. 209 (a); francescomoufotografo, p. 119, 203; gianluigibec77, p. 73; kekko73, p. 238-239; E. Locci, p. 78-79; lucien82, p. 264-265; maximkabb, p. 243; NatureNow, p. 212; ominojarre, p. 260-261; SilvaAna, p. 244. *M. Lauro:* p. 23, 25, 49, 166, 174-175, 207, 210-211, 237 (a), 242, 255, 262 (a), 262-263 (b). *Marka:* C. Ciabochi, p. 44, 126-127; N. Doz, p. 142; P. Giovannini/imageBROKER, p. 67, 86; IFPA, p. 45; A. Leiva, p. 123; G. Reani, p. 130; J. Reuther/imageBROKER, p. 214-215; C. Silvestro, p. 257. *M. Mura:* p. 53, 61, 69, 71, 77, 90, 91 (d/s), 105, 182-183, 189, 195, 200, 224-225, 227 (d), 231, 232, 234. *Photoshot/Mauritius Images*, p. 108-109. *Realy Easy Star:* P. Dessì, p. 184; A. Maisto, p. 145; M. Piacentino, p. 135; Res, p. 154; E. Trainito, p. 111, 136; P. P. Tuveri, p. 132; M. Vacca, p. 159. *N. Russo:* 11, 24, 28, 31, 36, 37, 58, 139 (a), 141, 143, 147, 164, 167, 168, 169, 170, 171, 172, 173, 177, 178-179, 194, 196, 213, 228. *Sintesi:* D. Balducci, p. 199; D. Fusaro, p. 74-75; M. Marcotulli, p. 201. *Shutterstock:* P. Kazmierczak, p. 76; G. Maltinti, p. 56-57; G. Maltinti, p. 150-151; G. Maltinti, p. 235; milosk50, p. 245; milosk50, p. 248; D. Naumov, p. 254; Pecold, p. 63; G. Peis, p. 161; M. Starodubov, p. 162-163.

Touring Editore è disponibile ad assolvere i propri impegni nei confronti dei titolari di eventuali diritti sui materiali pubblicati.

OSPITALITÀ
L'AUTENTICITÀ DELLE COSE VERE

NATURA E ARCHEOLOGIA
DOVE LE EMOZIONI NASCONO

ENOGASTRONOMIA
IL SUBLIME NATURALE

TRADIZIONI E ARTIGIANATO
PRESERVARE PER RINNOVARE

OLIENA

NON SOLO UN VIAGGIO

COMUNE DI OLIENA
ASSESSORATO AL TURISMO

Assessorato al Turismo tel. 0784 280200
Presidio Turistico tel. 0784 286078
Proloco tel. 346 6612992
www.comune.oliena.nu.it
www.sardegnaclickandgo.it

Grimaldi Lines ti porta anche in Spagna, Grecia, Tunisia, Marocco e Sicilia.

GRIMALDI LINES

ALGHERO - SARDEGNA

Una terra che non assomiglia a nessun altro luogo, una terra che è come la libertà stessa. La spiaggia bianca incastonata tra la scogliera regala sin dal primo momento i colori e l'emozioni del mare Mediterraneo. Il dolce suono del mare e quella sensazione di benessere che si prova solo quando la pelle è accarezzata da una lieve brezza che profuma di salsedine.

Strada Fertilia - Porto Conte
07041 ALGHERO - SS
T. +39 079 93 02 22
info@hotelpuntanegra.it

PRENOTA ONLINE
www.hotelpuntanegra.it
scopri le nostre
offerte esclusive

MUSEO DEL CARBONE
GRANDE MINIERA DI SERBARIU - CARBONIA - CI
Tel. 0781 62727 - info@museodelcarbone.it - www.museodelcarbone.it
Visita della lampisteria, con l'esposizione permanente sulla storia della miniera e della città.
Visita guidata della galleria sotterranea e della sala argani.

ForteVillage
SARDEGNA
World's Leading Resort
Ogni giorno qualcosa
di straordinario
fortevillage.com
+39 070 9218820
holiday@fortevillage.com

HOTEL II COLONNE
HOTEL DUE COLONNE
La cura dei dettagli, la scelta delle finiture, la raffinatezza
degli ambienti, sono il frutto delle ricerche effettuate per
soddisfare i clienti più esigenti. Lasciatevi accogliere
dall'atmosfera ovattata e dalla professionalità del personale!
Via Sardegna, 4 - Cagliari | Tel: 070 658710 | hotelduecolonne@libero.it | www.hotel2colonne.it

RM
Hotel
Rio Molas
Il RELAIS RIO MOLAS
è un'esclusiva oasi
di pace e di relax
per chi vi soggiorna.
Affacciata sul mare di un blu cobalto in uno dei posti
più suggestivi della costa sud orientale e immersa in un
parco naturale di 7 ettari di piante secolari e mille profumi
della macchia mediterranea, Rio Molas è un piccolo
paradiso intimo e accogliente.
Loc. Rio Molas - Ex S.S. 125 km 59,400 Muravera
Tel. +39 070 9930176 - Fax +39 070 307703
hotelriomolas@gmail.com - www.residenzariomolas.com

Parchi nazionali, spiagge e aree marine protette

Porto-Vecchio
PARCO NAZIONALE DELL' ARCIPELAGO DI LA MADDALENA
la Maddalena
Spiaggia Rosa
Cala Spalmatore
I. Maddalena
I. Caprera
Cala Coticcio
Cala Andreana
Cala Granu
Portisco
Rena Bianca
Razza di Juncu
Liscia Ruju
Long Beach
la Celvia
Spiaggia d. Principe
Romazzino
Porto Pollo
Palau
Baia Sardinia
Porto Cervo
Costa Smeralda
Ira
Porto Rotondo
Marinella
TAVOLARA-PUNTA CODA CAVALLO
Golfo Aranci
Pittulongu
Arzachena
OLBIA
Porto Ìstana
Porto S. Paolo
Porto Taverna
Cala Coda Cavallo
lu Impostu-Brandinchi
1359
M. Limbara
Monti
S. Teodoro
la Cinta
l'Insuledda
S. Anna
Budoni
Alà d. Sardi
Orvili
Lodè
la Caletta
S. Lucia
1057
Monte Albo
Siniscola
Capo Comino
Tirso
Bitti
1127
Bérchida
Bidderosa
Cala Ginepro
Cala Liberotto
Orosei
Cala Gonone
NÙORO
Dorgali
Cala Fuili
Cala Luna
Mamoiada
GROTTA D. BUE MARINO
Golfo di Orosei
Cala Sisine
Cala Mariolu
Fonni
Cala Goloritzé
Monti d. Gennargentu
1834
P. La Marmora
Baunei
Tortolì
Lotzorai
Àrbatax
Aritzo
Lido di Orrì
Cea
Iscoglius Arrùbius
Seui
LANUSEI
Bari Sardo
Cardedu
Jerzu
Marina di Gairo
su Sirboni
Coccorrocci
Foxi Manna
Tertenia
Senorbì
Flumendosa
Muravera
Dolianova
S. Giovanni
S. Priamo
Colostrai
M. dei Sette Fratelli
1023
Quartu S. Elena
Costa Rei
Cala Sinzias
Il Poetto
Cala Regina
Mari Pintau
Cala Pira
Punta Molentis
Simius-Porto Giunco
Torre d. Stelle
Solanas
CAPO CARBONARA
Campus
Campulongu
Villasimìus
MAR TIRRENO
DITERRANEO
Spiagge principali
Parco Nazionale
Area marina protetta